"十四五"国家重点出版物出版规划项目

东莞民盟30年

中国民主同盟东莞市委员会◎编著

群言出版社
QUNYAN PRESS
·北京·

图书在版编目（ＣＩＰ）数据

东莞民盟 30 年 ／ 中国民主同盟东莞市委员会编著
. -- 北京 ：群言出版社，2024.7
　　（民盟历史文献）
　　ISBN 978-7-5193-0926-8

　　Ⅰ.①东… Ⅱ.①中… Ⅲ.①中国民主同盟—史料—
东莞—1991-2021 Ⅳ.① D665.2

　　中国版本图书馆 CIP 数据核字（2024）第 065401 号

责任编辑：周连杰　宋盈锡
封面设计：李士勇

出版发行：群言出版社
地　　址：北京市东城区东厂胡同北巷1号（100006）
网　　址：www.qypublish.com（官网书城）
电子信箱：qunyancbs@126.com
联系电话：010-65267783　65263836
法律顾问：北京法政安邦律师事务所
经　　销：全国新华书店

印　　刷：北京九天万卷文化科技有限公司
版　　次：2024年7月第1版
印　　次：2024年7月第1次印刷
开　　本：710mm×1000mm　1/16
印　　张：41.75
字　　数：573千字
书　　号：ISBN 978-7-5193-0926-8
定　　价：328.00元

序　言

欣逢盛世修志书，乐著文章盼引玉。

2021年适逢中国共产党成立100周年、中国民主同盟成立80周年，在这极具特殊历史意义的一年，欣闻《东莞民盟30年》纪念稿编纂完成，并以参政党地方志形式出版，实乃喜事一件。这是民盟地方组织收集整理盟史资料、深入开展盟史研究的一次很好的尝试，也是深入开展中共党史学习教育、学习贯彻习近平总书记"以史为鉴、开创未来"新要求的一份实实在在的成果。

东莞作为中国近代史开篇地、华南抗日根据地、改革开放先行地，拥有光荣的革命传统和光辉的发展历程。在这片土地上溯源回望，早在解放战争期间就有民盟组织活动，此后，从省直属小组、支部、县委会到市委会，民盟东莞地方组织走过了七十多载与中国共产党携手并进、艰苦奋斗的光辉历程。民盟东莞市委会成立于1991年，今年正值而立，是一个朝气蓬勃、团结奋进的集体。30年来，民盟东莞市委员会带领全市盟员始终秉持"奔走国是，关注民生"的优良传统，时常葆有知识分子的赤诚和对国家前途命运的思考，不断加强学习，提高综合素质，坚定理想信念，凝心聚力助力东莞经济社会发展；始终把握"出主意、想办法，做好事、做实事"的履职方针，发挥人才荟萃、智力密集的优势，长期关注教育改革和发展、环境保护和生态建设、科学发展和法治建设、医疗卫生和城市管理等问题，开展深入调研，建诤言、谋良策；长期关心社会实际需求和帮助弱势群体，善于整合盟内资源，致力扶贫助学、环保公益、普法宣传、健康义诊等方面的工作，创立了系列活动品牌，树立了良好的社会形象。

历史是最好的教科书。习近平总书记在"七一"重要讲话中强调，"我们要用历史映照现实、远观未来，从中国共产党的百年奋斗中看清楚过去我们为什么能够成功、弄明白未来我们怎样才能继续成功，从而在新的征程上更加坚定、更加自觉地牢记初心使命、开创美好未来"。回顾中国共产党百年光辉奋斗历程，回顾中国共产党领导的统一战线和多党合作事业不断发展壮大的光荣历史，回顾民盟与中国共产党共克时艰、共历风雨、共同前进、共襄伟业的 80 年，我们备受鼓舞、深感光荣、获益良多，同时我们也深知，如何以党为师，进一步加强盟史资料的搜集、考证、整理和利用，做好盟史研究工作，从而在回望与中国共产党携手奋进的历程中更好的传承民盟的优良传统、增进团结合作的思想政治共识、凝聚同心奋斗的强大力量，这是摆在我们面前的时代命题。

怀着对初心使命的回顾和对新时代命题的探索，程发良同志带领民盟东莞市委会编纂了《东莞民盟 30 年》。本书以翔实的史料为依据，分组织建设、参政议政、社会服务、集体荣誉和重要资料五大部分，较为客观、规范、系统地记述了民盟东莞地方组织的发展历程、各阶段的重要会议活动和重大事件，并保留了大量的履职资料和优秀成果，内容切合时代主题、体现地方特色，真实体现了一个参政党地方组织在盟务工作、服务改革开放和社会主义现代化建设中的积极探索。虽为纪念稿，但以参政党地方志形式记录并出版，对盟员及有志研究东莞盟史的社会各界人士而言都颇有裨益，而通过盟史的研究和宣传，将民盟的优良传统薪火相传、发扬光大，则更具有感染力和现实教育意义。

抚今追昔承先志，继往开来谱新篇。希望本书不仅能让盟员和广大群众更加了解东莞民盟的盟史、盟情，同时也促使我省各地盟组织提高对盟史编写和盟史研究工作重要性的认识，不断推动盟史研究工作向纵深发展。希望民盟东莞市委会把从历史中汲取的经验、智慧和方法运用到实际工作中，进一步凝聚共识、汇聚力量，带领盟员奋进新征程、建功新时代，为推动东莞在"双万"新起点上加快高质量发展贡献民盟的智慧和力量，为广东在新征程中走在全国前列、创造新的辉煌做出新的更大贡献。

2021 年 8 月

编委会

目 录

组织建设

第一章 组织机构

一、历史沿革和历任领导机构情况

中国民主同盟（简称民盟）是主要由从事文化教育以及相关的科学技术领域高、中级知识分子组成的，具有政治联盟特点的，接受中国共产党领导、同中国共产党通力合作，进步性与广泛性相统一的中国特色社会主义参政党。

早在解放战争期间，民盟就在东莞建立了活动基地。1948 年的秋天，民盟广州市分部负责人龙劲风与当时在东莞厚街涌口小学担任校长的盟员王祥（民盟惠东部特派员）、主要教师盟员谢若萍（东莞盟组织最早期负责人之一）、彭天等人在涌口小学建立了民盟联络站，并与中共东莞党委取得联系，在党委的领导与支持下开展革命工作。其主要完成的任务有：一是办好学校，开办夜校，密切联系群众；二是组织动员青年学生参加革命斗争，并接受党的任务，接送十多批青年学生和知识分子进入游击区；三是利用各种关系，策反国民党军警起义投诚；四是为革命部队设法购买军事物资和药品。

据龙劲风的《民盟动员青年学生参加游击队的回忆》一文介绍，东莞的联络站是当时盟组织发展、动员和输送青年学生参加游击队的一个主要活动基地。

民盟东莞小组于 1950 年 8 月成立，直属民盟广东省支部，劳岳云（现东莞市第一中学创校校长）任组长。小组成立后，积极开展思想政治学习、投身土改运动、推进"三反"运动、支持抗美援朝。1957 年开始，"反右斗争"逐步展开，民盟东莞小组成员长期分散，"文化大革命"期间，按上级要求停止活动。

1983 年，在中共东莞县委的领导与关怀下，民盟东莞小组重建，组长劳岳云，小组隶属民盟惠州市委员会。1984 年 3 月，民盟东莞县支部委员会成立，主任委员为劳岳云；支部下设三个小组。1986 年 4 月支部换届，选举梁家裕（时任东莞中学教师、东莞市政协常委兼提案委副主任）为主任委员。1988 年 12 月，东莞升格为地级市，按民盟广东省委员会的要求，民盟东莞市委员会筹备组成立，马汉民（时任东莞市地方志编纂办公室主任）任组长。1990 年 1 月，民盟东莞市委员会（筹）机关调入首位专职干部袁剑茹（后改名为袁景荷）。

1991 年 7 月 5 日，民盟东莞市委员会（以下简称"民盟东莞市委"）正式成立，成立时共有盟员 84 人。第一届主任委员梁家裕，第二、三、四、五届主任委员朱伍坤，第六届主任委员程发良。2021 年 7 月，民盟东莞市委第七次代表大会召开，程发良继续当选为第七届委员会主任委员。目前第七届市委会有 17 人，领导班子职数为 1 正 4 副（含专职副主委 1 名）。实际成员 16 人，含主委 1 人，副主委 3 人（含专职副主委 1 人），委员 11 人。主委程发良，副主委林海川、王雪萍（专职）、陈莉，秘书长蔡子萍，其他委员：朱继良、张华、张念华、张勇、欧阳华金、钟煜铎、曾平英、孔迪、杨劲松、陈佰满、涂华。

民盟东莞市委下辖松山湖、高校、莞城、南城、东城、直属共 6 个总支部委员会，总支下辖 24 个支部委员会。截至 2021 年 7 月底，共有成员 483 人。以教育界别为主体，其中，高等教育 98 人，占 20.29%；基础教育

147 人，占 30.43%；文化艺术界 44 人，占 9.11%，科学技术等界别与文化教育相关的 22 人，占 4.55%；其他界别占 35.61%。成员中本科以上学历的人数占 90.44%，具有中高级职称的人数占 81.99%，其中正高职称 26 人，占 5.38%，副高职称 186 人，占 38.51%，中级职称 184 人，占 38.10%。成员中，有市政协副主席 1 人，市政协常委 3 人，市政协委员 6 人。

现届民盟东莞市委设监督委员会，对市委会领导班子及其成员和各基层组织遵守民盟章程的情况进行监督；设参政议政工作委员会、社会服务工作委员会、宣传工作委员会、盟史工作委员会共 4 个专门工作机构，主要负责市委会调研、提案和信息、理论研究、思想宣传、"莞盟"系列社会服务活动等工作；民盟东莞市委机关办公室现有工作人员 5 名，含专职副主委 1 名，专职干部 3 名，聘员 1 名，主要负责实施各项具体盟务工作、协助领导班子参政履职、助推市委会在统战和政协工作中发挥作用。

1. 民盟广东省委直属小组

（1950—1957 年）

1950 年 8 月民盟广东省支部成立，同时在东莞成立了省直属小组。盟员 6 人。

组长：劳岳云

2. 民盟东莞小组（直属民盟惠州市委领导）

（1979—1984 年）

组长：劳岳云

3. 民盟东莞县第一届支部委员会

（1984 年 3 月 16 日—1986 年 4 月 1 日）

1984 年 3 月 16 日民盟东莞县支部在政协会堂召开成立大会。盟员 9 人，支部下分三个小组。

1984 年，中国民主同盟东莞县支部委员会成立

主 任 委 员：劳岳云

副主任委员：马汉民

委　　　员：梁家裕

增 补 委 员：李兆昂（女）、萧恺政、梁永钦

劳岳云简介

劳岳云，1913 年 9 月生，广东廉江人，东莞市第一中学（东莞县建设中学）创校校长。1945 年 11 月加入民盟，历任民盟东莞小组组长，民盟东莞县第一届支部委员会主任委员，民盟东莞市第一、二届委员会顾问。东莞市第三、四届政协常委。

劳岳云

4.民盟东莞县第二届支部委员会

（1986 年 4 月 1 日—1988 年 12 月 27 日）

1986 年 4 月 1 日，民盟东莞市支部委员会换届改选。盟员 20 多人，支部下仍分三个小组。

主 任 委 员：梁家裕

副主任委员：梁永钦

委　　　员：李兆昂（女）、萧恺政

梁家裕简介

梁家裕，1928 年 8 月生，广东罗定人，东莞中学物理教师。1984 年 2 月加入民盟，历任民盟东莞县第二届支部委员会主任委员、民盟东莞市第一届委员会主任委员。东莞市第六届政协常委、第七届政协副主席。

梁家裕

5. 民盟东莞市委员会筹备组

（1988 年 12 月 27 日—1991 年 7 月 5 日）

1988 年东莞升格为地级市。根据民盟广东省委的要求，12 月 27 日，民盟东莞市委员会筹备组成立。

组　　　长：马汉民

副　组　长：梁家裕

组　　　员：萧恺政、梁永钦

马汉民简介

马汉民，1921 年 7 月生，广东东莞人，东莞市地方志编纂办公室主任。1984 年 1 月加入民盟。历任民盟东莞县支部第一届委员会副主任委员、组织委员，民盟东莞市委员会筹备组组长。东莞县第七届人大常委会副主任，东莞县（市）政协第三、四、五、六届副主席。

马汉民

6. 民盟东莞市第一届委员会

（1991 年 7 月 5 日—1996 年 12 月 17 日）

中国民主同盟东莞市委员会成立大会于 1991 年 7 月 5 日在莞城召开，会议选举产生民盟东莞市第一届委员会委员 5 人。

民盟东莞市第一届市委会领导与机关专干合影

顾　　　问：劳岳云、马汉民

主 任 委 员：梁家裕

副主任委员：曾华仁、黄文忠

委　　　员：何志伟、萧恺政、
　　　　　　梁永钦

注：1995 年 8 月增补黄文忠为委员，1995 年 9 月一届二十次扩大会议增补黄文忠为副主委，增补马

民盟东莞市第一届市委会领导、机关专干与盟员参观林则徐硝烟纪念馆并合影

小平、李石榆、许重、朱伍坤、程金花（女）为委员，任命洪晓杨为副秘书长。

7. 民盟东莞市第二届委员会

（1996 年 12 月 17 日—2001 年 11 月 21 日）

民盟东莞市第二次盟员大会于 1996 年 12 月 17 日在东莞市政协大堂召开。会议选举产生民盟东莞市第二届委员会委员 9 人。

顾　　　问：劳岳云、马汉民

主 任 委 员：朱伍坤

副主任委员：黄文忠、梁永钦

秘　书　长：洪晓杨

委　　　员：马小平、李石榆、许重、何志伟、洪晓杨、程金花（女）

朱伍坤简介

朱伍坤，1960 年 2 月生，广东东莞人，东莞市环保产业促进中心技术总顾问。1989 年 12 月加入民盟，历任民盟东莞市第二、三、四、五届委员会主任委员。东莞市第八届政协委员、第九届政协常委，第十、十一、十二届政协副主席。

朱伍坤

8. 民盟东莞市第三届委员会

（2001 年 11 月 21 日—2006 年 12 月 12 日）

民盟东莞市第三次盟员大会于 2001 年 11 月 21 日在莞城召开。会议选举产生民盟东莞市第三届委员会委员 10 人，空缺 1 人。

民盟东莞市第三次盟员大会合影

顾　　　问：曾华仁

主 任 委 员：朱伍坤

副主任委员：黄文忠、梁永钦、李奎山

秘　书　长：洪晓杨

委　　　员：马小平、杨志红（女）、洪晓杨、韩春雷、程发良、
　　　　　　程金花（女）

9. 民盟东莞市第四届委员会

（2006 年 12 月 12 日—2011 年 9 月 5 日）

民盟东莞市第四次代表大会于 2006 年 12 月 12 日在莞城召开。会议选举产生民盟东莞市第四届委员会委员 11 人。

民盟东莞市第四次代表大会合影

主 任 委 员：朱伍坤

副主任委员：李奎山、程发良、
　　　　　　汤瑞刚

秘　书　长：洪晓杨

委　　　员：洪晓杨、韩春雷、
　　　　　　黄虔、袁华强、
　　　　　　郭志明、赵一杰、
　　　　　　程金花（女）

民盟东莞市第三、四届市委会部分领导和委员合影

注：2009 年 9 月 22 日四届七次委员（扩大）会议增补汤瑞刚为副主委。

10. 民盟东莞市第五届委员会

（2011 年 9 月 5 日—2016 年 6 月 25 日）

民盟东莞市第五次代表大会于 2011 年 9 月 5 日在莞城举行。会议选举产生民盟东莞市第五届委员会委员 11 人。

民盟东莞市第五次代表大会合影

主 任 委 员：朱伍坤

副主任委员：李奎山、程发良、汤瑞刚

秘 书 长：林海川

副 秘 书 长：王雪萍（女）、刘笃锋

委 员：韩春雷、黄虔、袁华强、郭志明、赵一杰、王雪萍（女）、林海川

注：2013 年 5 月洪晓杨退休，秘书长一职从 2013 年 10 月 18 日起由林海川担任，同时任命王雪萍、刘笃锋为副秘书长。

11. 民盟东莞市第六届委员会

（2016年6月25日—2021年7月11日）

民盟东莞市第六次代表大会于2016年6月25日在东莞市行政办事中心召开。会议选举产生民盟东莞市第六届委员会委员16人，空缺1人。

民盟东莞市第六次代表大会合影

主 任 委 员：程发良

副主任委员：汤瑞刚、林海川、袁华强、王雪萍（女，专职）

秘 书 长：王雪萍（女）

副 秘 书 长：张育涛、吴志光

委 员：赵一杰、朱继良、张华（女）、张念华、张勇（女）、
陈莉（女）、欧阳华金、钟煜铎、
唐章辉、曾平英（女）、温信均

注：2019年3月16日，六届十次委员（扩大）会议增补王雪萍为专职副主委。

程发良简介

程发良，1967年11月生，安徽和县人，博士、教授、英国诺丁汉大学博士生导师。1996年1月加入民盟，现任东莞理工学院研究生处处长，民盟东莞市委员会主任委员，东莞市政协副主席。

程发良

12. 民盟东莞市第七届委员会

（2021 年 7 月 11 日至今）

民盟东莞市第七次代表大会于 2021 年 7 月 11 日在东莞市行政办事中心召开。会议选举产生民盟东莞市第七届委员会委员 16 人，空缺 1 人。

民盟东莞市第七次代表大会合影

主 任 委 员：程发良

副主任委员：林海川、王雪萍（女，专职）、陈莉（女）

秘 书 长：蔡子萍（女）

委 员：朱继良、张华（女）、张念华、张勇（女）、欧阳华金、钟煜铎、曾平英（女）、孔迪、杨劲松（女）、陈佰满、涂华、蔡子萍（女）

现届民盟东莞市委会领导

程发良	林海川	王雪萍	陈莉
主任委员	副主任委员	副主任委员	副主任委员
		（专职）	

二、机关设置

　　1991 年起，民盟东莞市委办公地址为可湖街一号，与市政协机关及其他民主党派在同一大院内。2005 年 6 月至 2006 年 4 月，市盟办公地址临时搬迁至东莞市总商会五楼。2006 年 5 月起，市盟办公地址为莞城万寿路 72 号之一民主党派办公楼二楼。

　　1991 年起，机关编制 2 人。

　　1990 年 1 月至 1995 年 4 月机关在职 1 人：

　　袁景荷（1993 年任办公室副主任）

　　1995 年 5 月至 1997 年 8 月机关在职 2 人：

　　洪晓杨（1995 年 9 月任副秘书长，1996 年 12 月任秘书长）

东莞市民主党派在机关大楼揭牌

袁景荷（1997 年任办公室主任）

1997 年 9 月至 2003 年 6 月机关在职 1 人：
洪晓杨（秘书长）

2003 年 7 月至 2007 年 7 月机关在职 2 人：
洪晓杨（秘书长）
王雪萍（2006 年 8 月任办公室副主任）

2006 年 4 月起，机关编制 3 人。

2007 年 8 月到 2008 年 6 月机关在职 1 人：
王雪萍（办公室副主任）

2008 年 7 月至 2010 年 6 月机关在职 2 人：
王雪萍（办公室副主任）
蔡子萍（机关干部）

2010 年 7 月至 2011 年 7 月机关在职 3 人：
王雪萍（办公室副主任）
蔡子萍（机关干部）
肖驰宇（机关干部）

2011 年 8 月至 2013 年 11 月机关在职 4 人，其中聘员 1 人：
王雪萍（2011 年 8 月任办公室主任，2013 年 10 月任副秘书长）
蔡子萍（2011 年 8 月任办公室副主任）
肖驰宇（机关干部）
张琪苑（聘员）

2013 年 12 月至 2014 年 6 月机关在职 3 人，其中聘员 1 人：

王雪萍（副秘书长、办公室主任）

蔡子萍（办公室副主任）

张琪苑（聘员）

2014 年 7 月至 2016 年 9 月机关在职 4 人，其中聘员 1 人：

王雪萍（副秘书长、办公室主任）

蔡子萍（办公室副主任）

简锐姬（机关干部）

张琪苑（聘员）

2016 年 10 月至 2020 年 8 月机关在职 4 人，其中聘员 1 人：

王雪萍（2016 年 10 月任秘书长，2019 年 3 月任专职副主委）

蔡子萍（2016 年 11 月任办公室主任）

简锐姬（2019 年 10 月任办公室副主任）

张琪苑（聘员）

2020 年 9 月至今机关在职 5 人，其中聘员 1 人：

王雪萍（专职副主委）

蔡子萍（2021 年 7 月任秘书长）

简锐姬（2021 年 8 月任办公室主任）

黄杰文（机关干部）

张琪苑（聘员）

三、专门委员会

（一）专委会前身

民盟东莞市委在 1995 年 9 月 22 日第一届第二十次委员会议上决定组建 5 个工作小组。

（1）参政议政及议案提案工作小组

组长：黄文忠

组员：艾家国、卢满江、许重、李桂定、陈巨隆、陈良发、何志伟、
　　　秦曙红、梁永钦、曾华仁、熊江兰

（2）科技工作小组

组长：许重

组员：李玉铫、朱伍坤、秦加林、张英、翟柱中

（3）文教工作小组

组长：何志伟

组员：马小平、于仲平、方志坚、罗文惠、高波、蒋欣

（4）三胞联络工作小组

组长：曾华仁

组员：李石榆、袁剑茹

（5）宣传工作小组

组长：梁永钦

组员：邓春玲、沈英、杨志红、屈长江、钟文晖、洪晓杨、
　　　梅娟、曾平英、程金花

（二）2003 年，民盟东莞市第三届委员会专委会

2003 年 10 月 16 日，朱伍坤主委在东莞宾馆主持召开民盟东莞市委专委会成立大会暨三届一次专委会联席会议，民盟东莞市委成立三个专委会：参政议政委员会、科技委员会、文教委员会。

（1）参政议政委员会

主 任 委 员：朱伍坤

副主任委员：程金花、汤瑞刚

委　　　员：李云霞、何传波、
姚建文、莫畏、
黄江明

（2）科技委员会

主 任 委 员：程发良

副主任委员：韩春雷

委　　　员：王勇、李玫、
华松林、赵一杰、
侯旭、黄江明、
曾平英

（3）文教委员会

主 任 委 员：李奎山

副主任委员：彭桂芳

委　　　员：李少钧、刘笃锋、
杜春玲、杨志红、
周丽华、周琼平、
郑虹辉、郭志明

（三）2007 年，民盟东莞市第四届委员会专委会

2007 年 8 月 13 日，民盟东莞市委四届三次主委会决定，对三个专委会进行调整。

（1）参政议政委员会

主 任 委 员：汤瑞刚

民盟东莞市委第三届参政议政委员会委员合影

民盟东莞市委第三届科技委员会委员合影

民盟东莞市委第三届文教委员会委员合影

副主任委员：王勇、曾平英

委　　　员：李云霞、郑玉敏、张华、李玮平、周冬根、陈宇明

（2）科技委员会

主 任 委 员：袁华强

副主任委员：赵一杰、黄虔

委　　　员：李玫、华松林、付国良、罗柱洪、王与祥、黄江明、
　　　　　　王淼珍

（3）文教委员会

主 任 委 员：彭桂芳

副主任委员：郭志明、韩春雷

委　　　员：刘笃锋、杨志红、周琼平、廖定标、陈莉、王燕、
　　　　　　袁定鹏

（四）2010 年，专委会调整

2010 年 8 月 2 日，经民盟东莞市委四届十七次主委会议讨论，为让三个专委会更好地发挥作用，拟参照市政协专委会组织架构，对三个专委会的人员再次进行调整，设立经济与资源环境委员会、社会法制及农村工作委员会、科教文卫体委员会。

（1）经济与资源环境委员会

主 任 委 员：袁华强

副主任委员：李玫、彭桂芳

委　　　员：王勇、华松林、温信均

（2）社会法制及农村工作委员会

主 任 委 员：洪晓杨

副主任委员：张雷杰、熊剑锐

委　　　员：林跃、骆涛、吴晓燕、袁富胜、张念华、赵永桥、钟蓉萍

（3）科教文卫体委员会

主 任 委 员：张华

副主任委员：韩春雷

委　　　　员：刘笃锋、杨志红、周琼平、黄虔、曾平英

（五）2011—2012年，筹备并成立文艺与体育工作委员会

2011年11月1日召开筹备工作会议，2012年8月7日正式成立文艺与体育工作委员会。

主 任 委 员：李玫

副主任委员：刘笃锋

骨 干 成 员：夏治会、李云霞、姜丽娟、江务学、王淼珍、许红军、
　　　　　　　朱美华、张彪杰、王艳、曾平英、林跃、侯旭

（六）2013年，专委会调整

2013年5月29日，经民盟东莞市委五届十三次主委会议讨论，对原有的专委会（除文艺与体育工作委员会外）进行调整，重新设立理论学习与社会法制工作委员会、环境与资源工作委员会、

朱伍坤主委为专委会主任、副主任颁发聘书

科技工作委员会、教育与文化工作委员会和医疗与健康工作委员会5个专委会。

（1）理论学习与社会法制工作委员会

主 任 委 员：洪晓杨

副主任委员：吴晓燕、张雷杰、郑玉敏、骆涛

委　　　　员：朱继良、陈朝远

（2）环境与资源工作委员会

主 任 委 员：李玫

副主任委员：华松林、张华、温信均

委　　　员：刘志然、李云霞、李虔、何建武、林正强、周冬根、钟煜铎、
　　　　　　夏治会、韩圳钊

（3）科技工作委员会

主 任 委 员：袁华强

副主任委员：王勇、曾平英

委　　　员：卢启超、张念华、赵永桥、袁富胜、黄明秀、蔡隆良、
　　　　　　潘春艳

（4）教育与文化工作委员会

主 任 委 员：刘笃锋

副主任委员：李少钧、何凤梅、周琼平、詹伟文

委　　　员：王淼珍、江务学、邹零、陈莉、赵希、莫畏、袁定鹏、
　　　　　　唐章辉、廖定标

（5）医疗与健康工作委员会

主 任 委 员：黄虔

副主任委员：侯旭

委　　　员：王志刚、朱静生、杨波、杨小雄、林跃、曹文斌、彭易清、
　　　　　　韩春雷

（七）2014 年，民盟东莞市第五届委员会专委会

2014 年 6 月 12 日和 26 日分别增设成立了社会服务工作委员会和经济工作委员会，并对原环境与资源工作委员会人员组成结构进行了调整，共设有 8 个专门工作委员会。

（1）理论学习与社会法制工作委员会

主 任 委 员：洪晓杨

副主任委员：吴晓燕、张雷杰、郑玉敏、骆涛

委　　　员：朱继良、陈朝远

特 邀 委 员：袁定鹏、周虹

（2）环境与资源工作委员会

主 任 委 员：华松林

副主任委员：李虔、温信均

委　　　员：刘志然、韩圳钊、钟煜铎、周冬根、夏治会

顾　　　问：李玫

（3）科技工作委员会

主 任 委 员：袁华强

副主任委员：王勇、曾平英

委　　　员：卢启超、张念华、赵永桥、袁富胜、黄明秀、蔡隆良、
　　　　　　潘春艳

（4）教育与文化工作委员会

主 任 委 员：刘笃锋

副主任委员：李少钧、何风梅、周琼平、詹伟文、张华

委　　　员：王淼珍、江务学、邹零、陈莉、赵希、莫畏、袁定鹏、
　　　　　　唐章辉、廖定标

（5）医疗与健康工作委员会

主 任 委 员：黄虔

副主任委员：侯旭

委　　　员：王志刚、朱静生、杨波、杨小雄、林跃、曹文斌、
　　　　　　彭易清、韩春雷

（6）文艺与体育工作委员会

主 任 委 员：李玫

副主任委员：刘笃锋

骨 干 成 员：王艳、冯芙叶、朱美华、江务学、许红军、李云霞、李腊梅、
何龙超、林跃、姜丽娟、夏治会、侯旭、曾平英等

（7）社会服务工作委员会

主 任 委 员：李玫

副主任委员：刘笃锋（助学）、陈朝远（普法）、钟煜铎（环保）

委 员：王艳、李云霞、李虔、林正强、温信均、曾平英、
蔡子萍等

顾 问：汤瑞刚、吴志光、何晓明、何建武、张念华、林海川、
欧阳华金、洪晓杨等

（8）经济工作委员会

主 任 委 员：欧阳华金

副主任委员：何晓明、周虹

委 员：杨立平、肖驰宇（兼任专委会秘书）、何建武、张念华、
赵一杰

（八）2017 年，民盟东莞市第六届委员会专委会

民盟东莞市委以"精简、实干、高效"为原则，经 2017 年 6 月 16 日六届三次市委（扩大）会议研究决定，将 8 个专委会调整为 4 个，分别是参政议政工作委员会、组织宣传工作委员会、

程发良主委为专委会主任、副主任颁发聘书

社会服务工作委员会及盟史工作委员会。名单如下：

（1）参政议政工作委员会

主　　　任：郑玉敏

副　主　任：赵一杰、骆涛

委　　　员：蔡隆良、罗兆婧

（2）组织宣传工作委员会

主　　　任：张育涛

副　主　任：夏治会、熊华

委　　　员：周熙、陈佰满、黄明秀

（3）社会服务工作委员会

主　　　任：李玫

副　主　任：詹伟文

委　　　员：李云霞、段广亮、叶淑群

（4）盟史工作委员会

主　　　任：梁永钦

副　主　任：黄虔、韩春雷

委　　　员：陈良发、侯旭、姜丽娟

四、监督委员会

为充分发扬民主，加强内部监督，努力建设政治坚定、组织坚实、履职有力、作风优良、制度健全的中国特色社会主义参政党，2019 年 10 月 11 日，六届二十一次主委会议讨决定成立监督委员会，并通过了《民盟东莞市监督委员会工作试行条例》等文件，开始筹备工作。2019 年 12 月 4 日，民盟东莞市六届二十二次主委会议研究并拟定了监督委员会成员人选名单，经民盟东莞市六届十二次全体委员会议审议通过，并征求民盟广东省委、市委统战部意见后，于 2020 年 1 月 4 日的年度工作总结大会上，宣布正式成立监督委员会。由于是在民盟东莞市六届市委会中成立的，沿袭民盟中央、民盟广东省委的做法，监督委员会命名为"中国民主同盟东莞市第六届委员会监督委员会"（简称民盟东莞市委会监督委员会），后续随市委会换届同时更改名称届数。

民盟东莞市委会第六届监督委员会合影

中国民主同盟东莞市第六届委员会监督委员会

规　　模：7 人，含主任 1 名，副主任 2 名，委员 4 名

实际组成人员：

主　　任：汤瑞刚

副主任：曾平英

委　　员：李秀源、陈佰满、熊华

中国民主同盟东莞市第七届委员会监督委员会

规　　模：7 人，含主任 1 名，副主任 2 名，委员 4 名

主　　任：陈莉

副主任：孔迪、周虹

委　　员：李秀源、黄明秀、刘鑫增、刘科明

第二章 基层组织

一、基层组织架构

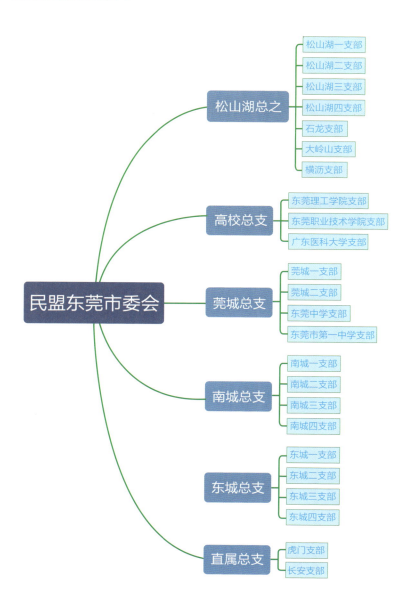

松山湖总之
- 松山湖一支部
- 松山湖二支部
- 松山湖三支部
- 松山湖四支部
- 石龙支部
- 大岭山支部
- 横沥支部

高校总支
- 东莞理工学院支部
- 东莞职业技术学院支部
- 广东医科大学支部

莞城总支
- 莞城一支部
- 莞城二支部
- 东莞中学支部
- 东莞市第一中学支部

南城总支
- 南城一支部
- 南城二支部
- 南城三支部
- 南城四支部

东城总支
- 东城一支部
- 东城二支部
- 东城三支部
- 东城四支部

直属总支
- 虎门支部
- 长安支部

民盟东莞市委会

二、基层组织简况

（一）各支部历史沿革

1. 文艺支部，成立于 1988 年 8 月 26 日，2020 年 6 月更名为南城一支部

第一届支部委员会：李兆昂

第二届支部委员会：不详

第三届支部委员会：张磊（主委）

第四届支部委员会：程金花（主委）、曾平英（副主委）

第五届支部委员会（2001 年 1 月 17 日—2006 年 3 月 25 日）：程金花（主委）、曾平英（副主委）

第六届支部委员会（2006 年 3 月 26 日—2010 年 7 月 28 日）：曾平英（主委）、王雪萍（副主委）

第七届支部委员会（2010 年 7 月 29 日—2015 年 5 月 22 日）：曾平英（主委）、王雪萍（副主委）（2013 年 3 月 28 日起不再担任支部副主委职务）、李少钧（副主委）、蔡隆良（2014 年 9 月 27 日增补为副主委）

第八届支部委员会（2015 年 5 月 23 日—2020 年 6 月 18 日）：曾平英（主委）、李少钧（副主委）、蔡隆良（副主委）、黄明秀（委员）、涂强（委员）

第九届支部委员会（2020 年 6 月 19 日至今）：黄明秀（主委）、蔡隆良（副主委）、刘严红（副主委）、朱美华（委员）、冯椿（委员）、赵怀杰（委员）

2. 东莞中学支部，成立于 1988 年 12 月

第一届支部委员会（1988—1991 年）：何志伟（负责人）

第二届支部委员会：李桂定（主委）、洪晓杨（委员）、罗文慧（委员）

第三届支部委员会：不详

第四届支部委员会：马小平（主委）、姜丽娟（副主委）

第五届支部委员会（2001年1月17日—2006年6月9日）：周琼平（主委）、姜丽娟（副主委）

第六届支部委员会（2006年6月10日—2010年5月20日）：刘笃锋（主委）、姜丽娟（副主委）、袁定鹏（副主委）

第七届支部委员会（2010年5月21日—2015年6月16日）：刘笃锋（主委）、姜丽娟（副主委）、袁定鹏（副主委）

第八届支部委员会（2015年6月17日—2020年6月30日）：唐章辉（主委）、袁定鹏（副主委）、周熙（副主委）、张育涛（委员）、苏霞（委员）

第九届支部委员会（2020年7月1日至今）：唐章辉（主委）、周熙（副主委）、陈宇明（副主委）、苏霞（委员）、李雁英（委员）、朱月梅（委员）

3. 莞城支部，成立于1988年12月，2020年7月更名为莞城一支部

第一届支部委员会：刘汉光、张炳森、劳婷

第二届支部委员会：不详

第三届支部委员会：不详

第四届支部委员会：刘汉光（主委）、劳婷（副主委）

第五届支部委员会（2001年1月17日—2005年11月24日）：劳婷（主委）、刘汉光（副主委）

第六届支部委员会（2005年11月25日—2010年10月17日）：劳婷（主委）、张华（副主委）、王淼珍（委员）

第七届支部委员会（2010年10月18日—2015年10月31日）：张华（主委）、王淼珍（副主委）

第八届支部委员会（2015年11月1日—2020年7月3日）：张华（主委）、王淼珍（副主委）、李腊梅（副主委）、钟达（委员）

第九届支部委员会，（2020 年 7 月 4 日至今）：孔迪（主委）、钟达（副主委）、吴晓燕（委员）、杨巧源（委员）、李建成（委员）、张悦（委员）

4. 石龙支部，成立于 1990 年 4 月

第一届支部委员会：陈巨隆（主委）、袁浩泉（副主委）、钟丽英（副主委）

第二届支部委员会：陈巨隆（主委）、方志坚（副主委）、袁浩泉（副主委）

第三届支部委员会：陈巨隆（主委）、陈良发（副主委）、姚建文（副主委）

第四届支部委员会：莫畏（主委）、陈良发（副主委）、姚建文（副主委）

第五届支部委员会：莫畏（主委）、陈良发（副主委）、姚建文（副主委）

第六届支部委员会（2006 年 8 月 26 日—2011 年 3 月 30 日）：莫畏（主委）、陈良发（副主委）、姚建文（副主委）

第七届支部委员会（2011 年 3 月 31 日—2015 年 9 月 14 日）：莫畏（主委）、陈良发（副主委）、姚建文（副主委）

第八届支部委员会（2015 年 9 月 15 日—2020 年 7 月 12 日）：何龙超（主委）、管俭生（副主委）、陈良发（副主委）、莫然（委员）

第九届支部委员会（2015 年 9 月 15 日—2020 年 7 月 13 日）：何龙超（主委）、管俭生（副主委）、曾令林（副主委）、莫然（委员）、蔡卫健（委员）

5. 医卫支部，成立于 1991 年 6 月，于第八届，即 2020 年 7 月更名为东城一支部

第一届支部委员会（实际为医卫小组）：万中流（组长）

第二届支部委员会：李石榆（主委）、曾善棠、卢满江

第三届支部委员会：韩春雷（主委）、黄江明（副主委）

第四届支部委员会（2001年1月17日—2006年4月1日）：韩春雷（主委）、黄江明（副主委）

第五届支部委员会（2006年4月2日—2010年10月16日）：汤瑞刚（主委）、朱文雄（副主委）、华松林（副主委）

第六届支部委员会（2010年10月17日—2015年6月5日）：韩春雷（主委）、朱文雄（副主委）、杨波（副主委）

第七届支部委员会（2015年6月6日—2020年7月16日）：杨波（主委）、骆涛（副主委）、林跃（副主委）

第八届支部委员会（2020年7月17日至今）：熊华（主委）、刘东明（副主委）、吴昊（委员）、郑博丹（委员）、王晓震（委员）

6. 东莞理工学院支部，成立于 1995 年 11 月

第一届支部委员会：屈长江（主委）、李奎山（副主委）

第二届支部委员会：李奎山（主委）、屈长江（副主委）、邵锦（副主委）

第三届支部委员会：程发良（主委）、彭桂芳（副主委）、杜春玲（副主委）

第四届支部委员会（2006年8月24日—2010年6月9日）：彭桂芳（主委）、袁华强（副主委）、詹伟文（副主委）

第五届支部委员会（2010年6月10日—2015年5月7日）：袁华强（主委）、詹伟文（副主委）、陈莉（副主委）

第六届支部委员会（2015年5月8日—2020年6月22日）：陈莉（主委）、詹伟文（副主委）

第七届支部委员会（2020年6月23日至今）：陈佰满（主委）、罗兆婧（副主委）、谢世磊（副主委）、金具涛（委员）、李超（委员）

7. 镇区一支部，成立于 1996 年 1 月，成立时名称为"横沥支部"，2005 年 11 月更名为镇区一支部，2015 年 9 月更名为大岭山支部

第一届支部委员会：罗文慧（主委）、钟文辉（副主委）

第二届支部委员会（2001 年 1 月 17 日—2005 年 11 月 15 日）：罗文慧（主委）、钟文辉（副主委）

第三届支部委员会（2005 年 11 月 16 日—2010 年 10 月 30 日）：廖定标（主委）、侯旭（副主委）、苏伊（副主委）

第四届支部委员会（2010 年 10 月 31 日—2015 年 9 月 1 日）：廖定标（主委）、侯旭（副主委）、杨权治（副主委）

第五届支部委员会（2015 年 9 月 2 日—2020 年 7 月 22 日）：廖定标（主委）、郑志华（副主委）

第六届支部委员会（2020 年 7 月 23 日至今）：曾锦胜（主委）、林召（副主委）、魏子桉（委员）

8. 科技支部，成立于 1998 年 8 月，2015 年 9 月更名为南城支部，2020 年 7 月更名为南城二支部

第一届支部委员会（科技支部）（1999 年 8 月 11 日—2006 年 4 月 14 日）：翟柱中（主委）、艾家国（副主委）、张英（副主委）

第二届支部委员会（2006 年 4 月 15 日—2010 年 5 月 21 日）：赵一杰（主委）、王勇（副主委）

第三届支部委员会（2010 年 5 月 22 日—2015 年 9 月 17 日）：赵一杰（主委）、熊剑税（副主委）、袁富胜（副主委）

第四届支部委员会（2015 年 9 月 18 日—2020 年 7 月 15 日）：欧阳华金（主委）、袁富胜（副主委）、叶德利（副主委）

第五届支部委员会（2020 年 7 月 16 至今）：袁富胜（主委）、陈东明（副主委）、张华宇（委员）、李想（委员）、叶锦鸿（委员）

9~10. 东城支部，成立于 2000 年 12 月，2020 年 7 月拆分为东城一支部、东城二支部

第一届支部委员会（2001 年 1 月 17 日—2006 年 1 月 11 日）：杨志红（主委）、李云霞（副主委）

第二届支部委员会（2006 年 1 月 12 日—2010 年 10 月 19 日）：杨志红（主委）、李云霞（副主委）、曾治（副主委）

第三届支部委员会（2010 年 10 月 20 日—2015 年 10 月 26 日）：李云霞（主委）、杨志红（副主委）、马筠（副主委）

第四届支部委员会（2015 年 10 月 27 日—2020 年 7 月 16 日）：李云霞（主委）、马筠（副主委）、杨立平（副主委）

第五届

东城一支部委员会（2020 年 7 月 17 日至今）：刘鑫增（主委）、杨立平（副主委）、孟宪新（副主委）、王立怀（委员）、柴佳（委员）、胡卫东（委员）、龚志超（委员）

东城二支部委员会（2020 年 7 月 17 日至今）：马筠（主委）、刘旭（副主委）、宗绿明（副主委）、王刚（委员）、孙日新（委员）、叶娴（委员）、张远平（委员）

11. 虎门支部，成立于 2001 年 7 月

第一届支部委员会（2001 年 7 月 9 日—2006 年 8 月 24 日）：郭志明（主委）、周丽华（委员）

第二届支部委员会（2006 年 8 月 25 日—2011 年 3 月 24 日）：郭志明（主委）、王长凯（副主委）、郑志华（委员）

虎门支部成立大会全体合影

第三届支部委员会（2011年3月25日—2015年12月2日）：郭志明（主委）、王长凯（副主委）

第四届支部委员会（2015年12月3日—2020年7月29日）：涂华（主委）、王长凯（副主委）、张伍坤（副主委）

第五届支部委员会（2020年7月30日至今）：涂华（主委）、张伍坤（副主委）、段广亮（副主委）、梁毅强（委员）、李夏萌（委员）

12. 城建环保支部，成立于2008年7月，2011年3月更名为城建支部，2020年7月更名为南城三支部

第一届支部委员会（2008年7月23日—2011年3月15日）：王勇（主委）、华松林（副主委）

第二届支部委员会，（2011年3月16日—2015年6月10

城建环保支部成立大会合影

日）：王勇（主委）、华松林（副主委）、李玫（副主委，担任至2013年4月19日）

第三届支部委员会（2015年6月11日—2020年7月16日）：王勇（主委）、罗柱洪（副主委）

第四届支部委员会，（2020.7.17至今）：张念华（主委）、杨挺立（副主委）、张海艳（委员）、李瑞才（委员）、卢进波（委员）

东莞职业技术学院支部成立大会合影

13. 东莞职业技术学院支部，成立于 2012 年 3 月

第一届支部委员会（2012 年 3 月 12 日—2015 年 6 月 2 日）：何凤梅（主委）、江务学（副主委）

第二届支部委员会（2015 年 6 月 3 日—2020 年 6 月 17 日）：刘志然（主委）、朱卫华（副主委）

第三届支部委员会（2020 年 6 月 18 日至今）：周虹（主委）、葛新旗（副主委）、黑靖国（副主委）、何晓红（委员）、袁明智（委员）、伍兴国（委员）

14. 松山湖支部，成立于 2013 年 4 月，2015 年 8 月 29 日升格为松山湖总支

第一届支部委员会（2013 年 4 月 19 日—2015 年 8 月 28 日）：李玫（主委）、郑虹晖（副主委）、林正强（2014 年 9 月 30 日增补为副主委）、陈朝远（2014 年 9 月 30 日增补为副主委）

松山湖支部成立大会合影

15. 横沥支部，成立于 2015 年 3 月

第一届支部委员会（2015 年 3 月 4 日—2020 年 7 月 26 日）：朱继良（主委）、程志荣（副主委）

第二届支部委员会（2020 年 7 月 27 日至今）：朱继良（主委）、朱婉仪（副主委）、王志刚（副主委）、邓卓超（副主委）、杨小宝（委员）

横沥支部成立大会合影

16. 水务支部，成立于 2015 年 3 月，2020 年 7 月更名为莞城二支部

水务支部成立大会合影

第一届支部委员会（2015 年 3 月 18 日—2020 年 7 月 15 日）：华松林（主委）、夏治会（副主委）

第二届支部委员会（2020 年 7 月 16 日至今）：夏治会（主委）、余和存（副主委）、陈传玉（副主委）、潘春艳（委员）、韩圳钊（委员）、冷成保（委员）、甘梁（委员）

17. 广东医学院支部，2015 年 9 月由民盟湛江市委会转入，后学校更名为广东医科大学，支部同步更名为广东医科大学支部

第一届支部委员会（2015 年 9 月 21 日—2020 年 6 月 23 日）：杨劲松（主委）、胡新荣（副主委）、李华文（副主委）、叶淑群（委员）、杨慧龄（委员）

第二届支部委员会（2020 年 6 月 24 日至今）：杨劲松（主委）、叶淑群（副主委）、李华文（副主委）、王松（委员）、郑碧英（委员）、杨慧龄（委员）、田苗（委员）

18. 健康支部，成立于 2015 年 10 月 31 日，后于 2020 年 6 月基层组织换届时与其他支部合并

第一届支部委员会（2015 年 10 月 31 日—2020 年 6 月）：张念华（主委）、侯旭（副主委）、王志刚（副主委）

19. 教师支部，成立于 2015 年 10 月 31 日，后于 2020 年 6 月基层组织换届时与其他支部重组为松山湖二支部

第一届支部委员会（2015 年 10 月 31 日—2020 年 6 月）：周琼平（主委）、郑虹晖（副主委）

第二届支部委员会（2020 年 6 月 24 日至今）：周琼平（主委）、敬罕涛（副主委）、张贤滔（副主委）、梅龙伟（委员）、周晓晴（委员）、刘文波（委员）

20. 园区支部，成立于 2015 年 11 月 4 日，后于 2020 年 6 月基层组织换届时与其他支部合并

第一届支部委员会（2015 年 11 月 4 日—2020 年 6 月）：林正强（主委）、吴志光（副主委）、叶润裳（副主委）

21. 环保支部，成立于 2015 年 11 月 5 日，后于 2020 年 7 月基层组织换届时与其他支部重组为松山湖一支部

第一届支部委员会（2015 年 11 月 4 日—2020 年 7 月）：钟煜铎（主委）、温信均（副主委）、李虔（副主委）

第二届支部委员会（2020 年 7 月 10 日至今）：钟煜铎（主委）、李利霞（副主委）、苏崎（副主委，担任至 2021 年 3 月后转入河源市委会）、小英（副主委，2021 年增补）、彭华（委员）、徐智林（委员）、王占彬（委员）、李宜恩（委员，2021 年增补）

22. 松山湖三支部，成立于 2019 年 9 月

第一届支部委员会（2019 年 9

松山湖三支部成立大会合影

月 30 日至今）：周丹（主委）、龙望华（副主委）、叶卫东（副主委）

23. 东莞市第一中学支部，成立于 2020 年 6 月

第一届支部委员会（2015 年 9 月 21 日— 2020 年 6 月 23 日）：李腊梅（主委）、王燕（副主委）、程书山（副主委）、涂强（委员）、景志龙（委员）、罗淑桢（委员）、梁琼华（委员）

东莞市第一中学支部成立大会合影

24. 松山湖四支部，成立于 2020 年 7 月

第一届支部委员会（2020 年 7 月 13 日至今）：程志荣（主委）、吴中有（副主委）

25. 南城四支部，成立于 2020 年 7 月

第一届支部委员会（2020 年 7 月 18 日至今）：陈朝远（主委）、李秀源（副主委）、华宗晟（委员）

南城四支部成立大会合影

26. 东城四支部，成立于 2020 年 7 月

第一届支部委员会（2020 年 7 月 17 日至今）：张育涛（主委）、陈美平（副主委）、刘易居（副主委）

东城四支部成立大会合影

（二）各总支历史沿革：

1. 松山湖总支，成立于 2015 年 12 月 29 日

第一届总支委员会（2015 年 12 月 29 日—2020 年 8 月 2 日）：李玫（主委）、林正强（副主委）、周琼平（副主委）、钟煜铎（副

松山湖总支成立大会合影

主委）、张念华（副主委）、陈朝远（副主委）、黄虔（委员）、温信均（委员）、李虔（委员）、吴志光（委员）、叶润裘（委员）、彭华（委员）

第二届总支委员会（2020 年 8 月 3 日至今）：林正强（主委）、吴志光（副主委）、童剑飞（副主委）、刘科明（副主委）、朱继良（副主委）、叶润裘（委员）、彭颖（委员）、李泳（委员）、肖文良（委员）、曾锦胜（委员）、程志荣（委员）、王志刚（委员）

2. 高校总支，成立于 2017 年 6 月 29 日

第一届总支委员会（2017 年 6 月 29 日—2020 年 7 月 5 日）：陈莉（主委）、杨劲松（副主委）、刘志然（副主委）、陈佰满（委员）、叶淑群（委员）、朱卫华（委员）

高校总支成立大会合影

第二届总支委员会（2020 年 7 月 6 日至今）：陈莉（主委）、杨劲松（副主委）、陈佰满（副主委）、周虹（副主委）、罗兆婧（委员）、谢世磊（委员）、王松（委员）、黑靖国（委员）

3. 莞城总支，成立于 2017 年 7 月 6 日

第一届总支委员会（2017 年 7 月 6 日—2020 年 11 月 29 日）：张华（主委）、唐章辉（副主委）、何龙超（副主委）、钟达（委员）、周熙（委员）、管俭生 （委员）

莞城总支成立大会现场

第二届总支委员会（2020 年 11 月 30 日至今）：张华（主委）、唐章辉（副主委）、孔迪（副主委）、夏治会（副主委）、钟达（委员）、周熙（委员）、李腊梅（委员）、陈南柏（委员）

4. 南城总支，成立于 2017 年 8 月 17 日

第一届总支委员会（2017 年 8 月 17 日—2020 年 7 月 28 日）：曾平英（主委）、欧阳华金（副主委）、王勇（副主委）、夏治会（委员）、蔡隆良（委员）、袁富胜（委员）

南城总支成立大会合影

第二届总支委员会（2020 年 7 月 29 日至今）：曾平英（主委）、陈朝远（副主委）、申明鹤（副主委）、郝先成（副主委）、袁富胜（委员）、黄明秀（委员）、蔡隆良（委员）、陈东明（委员）

5. 东城总支，成立于 2017 年 8 月 24 日

第一届总支委员会（2017 年 8 月 24 日— 2020 年 12 月 3 日）：李云霞（主委）、杨波（副主委）、马筠（副主委）、骆涛（委员）、杨立平（委员）、刘旭（委员）

第二届总支委员会（2020 年 12 月 4 日至今）：马筠（主委）、张育涛（副主委）、熊华（副主委）、刘鑫增（副主委）、杨立平（委员）、刘旭（委员）、孟宪新（委员）、成放（委员）

东城总支成立大会合影

6.直属总支，成立于 2017 年 11 月 13 日

第一届总支委员会（2017 年 11 月 13 日— 2020 年 7 月 29 日）：涂华（主委）、廖定标（副主委）、郑志华（副主委）、张伍坤（委员）、陈舟（委员）、曾锦胜 （委员）

第二届总支委员会（2020 年 7 月 30 日至今）：涂华（主委）、陈舟（副主委）、段广亮（副主委）、张伍坤（委员）、李秀群（委员）、匡琪琦（委员）、李夏萌（委员）、梁毅强（委员）

直属总支成立大会合影

第三章 思想建设

一、思想政治、理论学习和培训重要事及摘略

1950 年

9 月，盟员学习周恩来总理在 4 月 13 日全国统战工作会议上发表的《发挥人民民主统一战线积极作用的几个问题》讲话精神。这个讲话明确地提出民主党派的性质和社会主义多党合作的观点。

1954 年

6 月 11 日，《中华人民共和国宪法（草案）》公布，民盟东莞小组成员认真学习并纷纷表示拥护。

1956 年

7 月 29 日，民盟东莞小组就"长期共存、互相监督"方针举行座谈会。

1989 年

7 月 26 日，东莞市盟员学习和讨论中共十三届四中全会公报，统一了认识，决心同党中央保持一致，在中共领导下，加强思想建设，做好本职工作。本次学习的新闻简讯刊载到了《东莞市报》上。

10 月，东莞市盟员在各自单位学习座谈江泽民总书记在庆祝中华人民共和国成立 40 周年大会上的讲话。大家一致认为江泽民总书记的讲话科学地总结了新中国成立以来特别是改革开放以来近十多年的经验，指明了今

后一个时期全国人民前进的方向和面临的任务，是指导全国各项工作的纲领性文件。

1990 年

借鸦片战争 150 周年的时间节点，盟内教师成员配合各自学校党组织开展爱国主义教育，坚持的教育原则是：社会主义时代的爱国主义就是完全地、不折不扣地为广大人民群众服务，努力进行现代化建设，使国家昌盛，人民幸福。

4 月，马汉民和梁家裕同志赴社会主义政治学院分别参加第一、二批培训班学习。

7 月，曾华仁同志赴社会主义政治学院参加第三批培训班学习。

10 月，袁剑茹同志到省社会主义学院参加专干、秘书第 9 期培训学习。

1991 年

民盟东莞各支部学习和讨论中共中央〔1989〕14 号文，取得 3 点共识：①共产党领导的多党合作和政治协商制度是我国的一项基本制度；②民盟是接受共产党领导的、同中国共产党通力合作致力于社会主义事业的亲密友党、参政党；③必须加强自身建设以适应形势对我们的要求。全盟上下在认识上真正转移到政党意识上来，把民盟作为参政党来建设。

1992 年

10 月 15 日，何志伟同志出席统战部召开的会议，学习和讨论中共十四大报告。中共十四大确定今后一个时期的战略部署，这对加快改革开放和现代化建设步伐，夺取具有中国特色社会主义事业的重大胜利具有重大而深远的意义。

1993 年

3 月 5 日，民盟广东省委韩大建副主委来民盟东莞市委传达民盟中央七大精神。

1995 年

东莞市盟员在本单位学习《邓小平文选》三卷，了解理论的科学体系，弄清社会主义本质，提高执行党的基本路线的自觉性和坚定性。大家认识到要真正掌握这个理论，必须抓住解放思想，实事求是思想精髓，在理论联系实际上下功夫。

主委会议学习江泽民主席题为《为促进祖国统一大业的完成而继续奋斗》新春茶话会的讲话。会议认为：江主席的讲话总结了历史，尊重与现实相结合，是面对未来，实现国家统一大业的重要宣示。它符合中华民族包括台湾同胞在内的中国人民心愿。其实质是：在坚持一个中国原则立场基础上，提出了八条发展两岸新的建议。

1997 年

8 月 25 日至 28 日民盟广东省委直属基层骨干学习班在东莞绿色世界举办，民盟东莞市委主委朱伍坤、副主委黄文忠、梁永钦等 8 人参加学习。会上，听取了省统战部副部长林森权，省统战部党派处处长邓红军，东莞市政协副主席、统战部部长游敏达，民盟广东省委主委韩大建，民盟广东省委副主委秘书长彭洁开，民盟广东省委副主委卢菁光，组织处处长郭于烽，民盟东莞市委主委朱伍坤等 9 位领导的重要讲话，参加了三个小组的热烈讨论，实地考察了长安、虎门等地在两个文明建设方面的新成就，凭吊鸦片战争古战场，展望虎门大桥世纪路，收获丰厚。通过承办民盟广东省委的暑期学习班，我们"离盟省委更近了""对政策的理解更深更透了"，从而使政治交接和具体操作更有底了。

中共十五大召开之后，遵照民盟中央和民盟广东省委的指示精神，民盟东莞市委组织了多项活动学习、贯彻中共十五大精神。9 月 23 日，民盟东莞市委副主委梁永钦同志主持召开了民盟东莞市委委员和基层骨干学习中共十五大的座谈会。

1998 年

民盟东莞市委成功在省社会主义学院举办第一期中青年盟员培训班和知识经济学习研讨会。本期培训班和研讨会以邓小平理论和中共十五大精神为指导思想，以知识经济为学习重点，以东莞实际工作为研讨对象，采用自学、辅导、研讨、

1998 年，民盟东莞市委第一期中青年盟员培训班

考察和娱乐相结合的教学方法，进一步提高了我们中青年盟员参政议政的理论水平、政治素质和研讨能力，并为今后各项参政议政活动做了准备。

2000 年

民盟东莞市委组织全体盟员参加民盟深圳市委和民盟东莞市委联合举办的"2000 年思想建设研讨会"，对"三个代表"重要思想和素质教育等问题进行深入探讨。

民盟东莞市委组织中青年盟员 6 人参加中共东莞市委组织部和统战部联合举办的"东莞市党外中青年干部培训班"。

民盟东莞市委主委、副主委、秘书长参加中共东莞市委统战部举办的横沥、常平暑期学习班，在加强思想建设和开展组织发展工作方面进行了学习和研讨。

2001 年

8 月 17 日至 18 日，朱伍坤主委，黄文忠、梁永钦副主委和洪晓杨秘书长参加中共东莞市委统战部在河源举办的民主党派暑期学习班，深入学习了"三个代表"重要思想和"七一"讲话精神，并就东莞市民主党派工作进行了研讨。

2008 年

7 月 22 日上午，民盟东莞市委举行了《搞好政治交接，推动参政党建设》专题报告会。报告会由广东省人民政府参事、原民盟广东省委专职副主委王则楚主讲，市政协副主席、民盟东莞市委主委朱伍坤，与近 90 位盟员共同听取了此次报告

王则楚同志讲座后与盟员合影

会。王则楚副主委的专题报告在理论上站得高，看得远，并结合改革开放 30 年的史实与现状，广征博引，深入浅出。会后秘书长洪晓杨总结了报告的三个重点：一是坚持中国绝大多数人的利益，坚持与中国共产党通力合作，强调参政党的政党意识、参政党与执政党共同的政治理念在政治交接中的重要性；二是敦促参政党把参政议政工作作为本分去做，争取"有为"；三是明确了有序的政治参与是我们参政议政的着力点。这次报告对我们今后搞好参政党的建设，做好参政议政工作是一个重要的推动。

2009 年

4 月 24 日，由民盟东莞市委主办，广东省政府参事、原民盟广东省委专职副主委王则楚主讲的专题讲座《世界经济的衰退及对策》在市科技馆开讲，东莞市政协副主席、民盟东莞市委主委朱伍坤亲临现场听讲，讲座还吸引了各民主党派人士和机关干部约 70 人到场。

2008 年下半年，在全球经济初现衰退迹象时，王则楚正好身处美国，目睹了美国的次贷危机给整个国家所造成的严重冲击。他以他的见闻和感受生动地阐释了什么是经济衰退，科学地对比了中国经济和美国经济近 30 年的发展，指出"虚假的货币所支持的过度消费"致使美元地位的动摇，

以及国际货币体系从商品金本位制转向信用本位制的情况下，西方政府的金融政策导向出现偏差，使市场在金融危机来临时陷入无序状态，毫无招架之力。在经济衰退的情况下，王则楚提出"拉动内需，造福于民"，建议"我国继续加大基本建设投资""退税、减税，藏富于民"并"坚持独立自主的外汇政策"，最后强调团结的重要性，提倡各民主党派坚持民主和党际监督，携手走出经济衰退期。民盟东莞市委举办《当今的中国改革和参政党的任务》专题讲座。

2010 年

4 月 25 日，民盟东莞市委在市科技馆科学家俱乐部会议室举办了《当今的中国改革和参政党的任务》专题讲座，由广东省政府参事、原民盟广东省委专职副主委王则楚主讲。参与讲座的除了民盟的盟员以外，还有民革、九三学社等党派的成员。

讲座以今年两会值得注意的现象如"两会关注热点前十位""垄断行业的国企现状""温总理明确以推进公平、正义为本届政府的中心工作"等作为切入点，深入分析了这些现象背后所显示的，是我国当前人民群众对社会公共服务的强烈需求和我国社会事业发展相对滞后的深层矛盾。在这种背景下，当今中国改革的"两步走"（即经济体制改革和政治体制改革）将面临很多实际问题，王则楚指出："在社会矛盾多发的情况下，在社会基础、公民素质没有准备好的条件下，强调'执政方式和领导方式'的政治体制改革很可能会出现不稳定的状况。"他认为，周瑞金提出的"当今中国需要推进一个以社会体制改革为重点的'社会进步运动'，这将为今后进入政治体制改革为重点的阶段，真正实现宪政民主，打下扎实基础"，这个观点值得我们参政党思考、理解和贯彻。对今后一个时期内参政党的工作，王主委提出了四大任务：一是坚持自己的特色，坚持以党派名义在人民政协参政议政，努力成为公民有序参与的渠道；二是"奔走国是，关注民生"，努力反映社情民意，积极建言献策；三是"做好事、做实事"，救灾扶贫，发挥作用；四是敢于直言，履行民主监督职能，促进社会公平正义。

讲座结束后，部分盟员和王则楚进行了现场提问交流；民革东莞市委会余毅主委也发表了感想，称此为一次难得的学习机会；九三学社东莞市委会王旭珍副主委则认为讲座观点精辟，分析独到，让他收获良多。

2011 年

4 月 14 日，民盟东莞市委召开四届二十次主委会议。会议由民盟东莞市委主委、东莞市政协副主席朱伍坤主持，主要传达了民盟广东省委会十三届五次全体会议精神，并按照省委地方工委暨地方组织负责人会议的要求，布置 2011 年的重点工作及民盟东莞市委换届的主要任务。

会上，根据朱伍坤主委所传达的内容，大家重点学习了全国两会的主要精神和民盟广东省第十三届常委会工作报告。今年全国两会的主要特点是会期比往年长，委员履职积极性高，媒体报道充分。其中，"十二五"规划、国家发展转型以及宏观调控等是今年热议的重点，会议期间收到的提案数量多、立案及时而且立案率高，这是值得我们民盟东莞市委学习的地方。朱主委还指出，要关注"十一五"时期诸如节能减排等一些未能完成的指标，在新一个五年计划里，要着重加强。建议大家结合广东和东莞的实际，围绕中心，服务大局，为加快转型发展，建设幸福广东、幸福东莞积极出力，建言献策。对于民盟广东省十三届常委会工作报告，大家一致认为很好地总结了过去一年的工作，也对今年的工作有重要的指导意义。朱主委结合工作报告，对民盟东莞市委的工作也提了四点希望：一是加强思想建设；二是按质按量做好组织发展；三是利用好两会这个平台，积极履行职能；四是结合东莞实际，做出社会服务品牌。

12 月 3 日，由民盟东莞市委主办的《应急救护知识培训》专题讲座在东莞市科学技术博物馆报告厅举行，民盟东莞市委主委、市政协副主席朱伍坤出席了本次活动。讲座请来了东莞红十字会的专业急救知识培训老师主讲，民盟东莞市委70多名盟员和部分九三学社的社员前来学习。主讲老师重点阐述了掌握应急救护知识的重要性和在现实生活中的意义，并针对突发灾害如地震、火灾等应该如何避难逃生，和常见伤病如溺水、烧伤、窒息等的急救处理方法做了详细的讲解及模拟道具示范，深入浅出，生动易懂。讲座期间的互动环节和最后的心肺复苏实践环节吸引了现场多名听众的参与，气氛热烈。民盟东莞市委近年来正积极

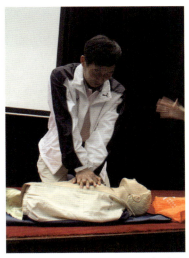

朱伍坤主委现场操作"心肺复苏"

尝试以不同的形式活动来丰富盟的组织生活，举办专题知识讲座是其中一种操作性强而效果不错的形式，既能传播有用的知识，又能达到互动交流、增强凝聚力的目的。

2012 年

7月7日和7月10日，民盟东莞市委举办盟员综合能力测试活动，民盟东莞市委领导朱伍坤、李奎山、程发良、汤瑞刚、洪晓杨，民盟东莞市委委员和各支部的在职盟员共121人参加了本次活动。

活动开始前，朱伍坤主委传达了民盟广东省委十四届代表大会精神，介绍了民盟广东省十四届代表大会和十四届一次全会的情况，并宣读了民盟广东省十四次代

盟员综合能力测试现场

表大会决议。接着，朱伍坤主委对本次活动做了动员讲话。他强调，测试只是手段，举行本次活动的主要目的是为了促进学习、加强沟通、提升能力，希望广大盟员通过学习贯彻盟章，增强履行参政党职能的使命感和责任感；通过学习和回顾民盟发展历程，成为优良传统和高尚风范的传承者和受益者；通过关注了解时事政治，认清国情、省情、市情和身边事情，更好、更有成效地发挥参政党的作用。

本次测试共有 25 道填空题和 10 道问答题，涉及盟章、盟史、时事、政治、常识等，内容丰富，有浓厚的地方特色。参加测试的盟员都认真准备、认真思考、认真答卷，测试结束后仍意犹未尽，普遍反映良好，认为本次测试的信息量比较大，既加深了对盟章、盟史的了解和理解，又增长了知识、开阔了视野，同时对东莞市委市政府当前的中心工作有了较系统的印象，对提升参政议政能力很有帮助和启迪，并建议以后多举办类似活动。

对盟员进行综合能力测试是东莞盟市委对如何提高盟员的学习热情、活跃盟内气氛、提升盟员参政议政的能力和增强民盟组织的凝聚力做出的一次有益的探索，也是盟务工作的创新。

2013 年

3 月 27 日，民盟东莞市委组织领导班子成员和机关专干学习贯彻东委发〔2012〕32 号文件精神，朱伍坤主委，李奎山、程发良、汤瑞刚副主委，洪晓杨秘书长及机关全体专干对 32 号文件认真学习，并交流心得。

朱伍坤主委表示，作为民主党派，对 32 号文件不仅要认真学习贯彻，更要深刻领会把握，把文件精神与自身建设有机结合，不断夯实多党合作的政治基础，不断提高履职能力和水平，为东莞实现高水平崛起做出新的更大贡献，更好更实更优地发挥作用。他强调：一是要突出重点，加大组织发展力度，要根据文件精神，挖掘、培养一批政治立场坚定、综合素质高、履职能力强、年龄上有优势的后备干部；二是要优化结构，加强基层组织建设，不断夯实党派的履职基础；三是要统一思想，领导班子成员要以身作则，带领全体盟员坚定政治共识，增强大局意识、责任意识和自律意识，始终要将思想统一到坚定不移地坚持走中国特色社会主义社会主义政治发展道路上来。

大家纷纷表示，32 号文件给民主党派的发展带来了新的机遇，是市委市政府为民主党派量身打造的腾飞翅膀。但是，也期望对 32 号文件中的党外干部条件能进一步放宽，打破体制限制，更大程度地发挥民主党派中大量专业人才的作用。

4 月 26 日，民盟东莞市委召开纪念中共中央发布"五一口号"65 周年座谈会。市政协副主席、民盟东莞市委主委朱伍坤，民盟东莞市委秘书长洪晓杨，民盟东莞市委委员黄虔、韩春雷、王雪萍，莞中支部主委刘笃锋，东城支部主委李云霞，城建支部王勇，松山湖支部主委李玫等骨干盟员参加了座谈会。

会上，朱伍坤主委与参会人员一同回顾了"五一口号"发布的历史背景和民盟与中国共产党通力合作的历史进程，对《中国民主同盟响应中共"五一"号召致全国各民主党派各人民团体各报馆暨全国同胞书（1948 年6 月 14 日）》进行了学习，指出中共中央发布"五一口号"，各民主党派、无党派人士积极响应，是我国多党合作历史上具有里程碑意义的重要事件。在民盟先贤的带领下，民盟做出了与中国共产党团结奋斗，走上新民主主义、进而走上社会主义道路，致力于中国特色社会主义伟大事业的正确选择。民盟东莞市委要以纪念中共中央发布"五一口号"65 周年为契机，继承和发扬民盟的先进性，更加坚决地拥护中国共产党的领导，始终坚持中国共产党领导的多党合作和政治协商制度，坚定不移地走中国特色社会主义政治发展道路，不断加强党派自身建设，更好更优地发挥参政党作用，为实现东莞高水平崛起贡献更多力量。

与会人员纷纷表示，通过学习"五一口号"和回顾历史，加深了对"长期共存、互相监督、肝胆相照、荣辱与共"十六字方针的认识，更加坚定了民盟"革命的传统、切实的知识、正直的作风"的精神，不断提高履职能力，积极发挥作用，以更高的社会责任感，更大的政治信念和理想抱负，投身社会建设，为实现加快转型升级、建设幸福东莞做出新的成绩。

2014 年

11 月 6 日至 9 日，民盟东莞市委盟员综合素质培训班在江西干部学院举办，朱伍坤主委带领 137 名盟员一起参加了培训。

此次培训活动是对新时期、新形势下开展坚持和发展中国特色社会主义学习实践活动的积极响应，同时也是对进一步加强参政党地方委员会的自身建设，以更加便于盟员参与和接受的方式、更为丰富和深刻的学习内容，提高盟员综合素质的有益尝试。培训班通过专题教学、现场教学、多媒体教学、体验式教学、情景教学、互动教学等丰富多彩的形式，让盟员们深切地感受了井冈山革命烈士陵园、井冈山革命博物馆、黄洋界哨口、小井红军医院、小井红军烈士墓的肃穆；通过观看井冈山斗争全景画、大型革命斗争实景演出《井冈山》和重走朱毛红军挑粮小道，亲身体会了红军穿越河谷、山林的艰辛。

培训期间朱伍坤主委强调"革命的传统，切实的知识，正直的作风"是民盟盟员一直坚守的信念，井冈山斗争在我国革命历史中占有无可取代的重要地位，这次来井

盟员综合素质培训班在江西干部学院举行

冈山不仅是要学习这段艰苦卓绝的历史，更是要深刻领会其中的革命精神，坚定我们的信念，进一步增强责任意识，大局意识，在以后的不管是本职工作、党派工作乃至个人生活中，都让这份精神影响着我们，永葆先进，团结奋斗。

对于这次培训班，盟员们给予高度的评价，一致认为这次学习让他们思想上受到了洗礼，灵魂上受到了震撼，作风上得到了锻炼。大家无不感慨革命的胜利来之不易，油然地唤起那种坚定的信念，就是在艰苦斗争的纷乱年代里必胜的信念；珍惜实事求是的可贵，就是凡事都脚踏实地做起；崇拜卓越的创新精神，就是创造性地开拓革命事业；赞叹坚持群众路线的方针，就是党坚定站在广大人民群众的立场上，紧密与群众结合在一起。盟员们通过学习培训更加深刻理解了井冈山精神，进一步坚定信念，在新时期勇担责任，积极发挥参政党的作用。

2015 年

4 月 18 日，松山湖支部盟员在民盟东莞市委主委朱伍坤的带领下，来到普宁市洪阳镇的革命传统教育基地和爱国主义教育基地林则徐纪念馆和方方纪念馆参观学习，接受革命传统教育和爱国主义教育。民盟广东省委社会服务处处长林春鹏、民盟东莞市委副秘书长刘笃锋、民盟普宁市总支主委陈蔓英等领导一同参加了学习活动。

林则徐因虎门销烟的壮举而震惊中外，是中国近代史上伟大的爱国主义者、抵抗侵略的爱国政治家、禁毒先驱、民族英雄。在普宁市洪阳镇文昌阁建成的林则徐纪念馆是林则徐病逝之处。

方方是我国新民主主义革命运动的先驱、老一辈无产阶级革命家、国家侨务事业的卓越领导人，为巩固和发展爱国统一战线做出了卓越的贡献。

通过参观学习，大家一致认为，加强爱国主义教育，继承和发扬爱国统一的光荣传统，对于振奋民族精神，增强民族凝聚力，实现中国梦，具有重要的现实意义和深远的历史意义。朱主委强调，林则徐"苟利国家生死以，岂因祸福避趋之"的精神，是我们永远的楷模，我们要继承民盟爱国忧民的优良传统，在新形势下围绕党委政府的中心工作服务大局，努力为建设美丽幸福东莞建真言、献良策。

2017 年

9 月 18 日，为进一步加强各民主党派干部队伍建设，不断提高其思想政治素质，增强合作共事和参政议政能力，中共东莞市委统战部举办了 2017 年民主党派领导班子后备干部培训班，重点针对东莞市 2016 年换届后新进各民主党派市委会的成员及各基层支部负责人。民盟东莞市委委员朱继良、曾平英等 7 人参加了培训。

本期培训班由理论授课与现场教学组成，安排紧凑、内容丰富、针对性强。其中理论学习在市社会主义学院举行，现场教学为参观福建古田会议旧址、闽西革命历史博物馆、东肖红色旧址群等革命传统教育基地。

参加培训的民盟市委委员严格遵守培训纪律，专心听课，认真学习，积极参加讨论与座谈。培训班结束后，大家一致表示，通过本次学习，进一步坚定了多党合作政治信念，进一步增强盟员的使命感和责任感，进一步学习老一辈革命家为了民族独立和人民解放浴血奋战的大无畏精神。大家还表示将更加充满信心地带头发挥盟员的智力优势和专业特长，为推动东莞在更高起点上实现更高水平发展出力，以优异成绩迎接中共十九大的胜利召开，为实现中华民族伟大复兴的中国梦贡献力量。

12 月 28 日，文艺支部开展政治学习与年终总结活动。活动由支部主委曾平英主持。共 11 名支部盟员参加了活动。

活动分两项议程，首先是政治学习。学习结束后，支部根据民盟东莞市委的工作部署和要求，对 2017 年的各项工作进行总结与自评，参会盟员一起回顾了本年度在思想建设、参政议政、组织建设、社会服务和本职工作中的点点滴滴，也对 2018 年的工作提出了很多具有建设性的意见。

2018 年

1 月 5 日，东城总支组织盟员进行了 2018 年第一次学习活动，主要学习中国民主同盟第十二次全国代表大会会议报告和新修订的《中国民主同盟章程》。会议由总支主委李云霞主持。

会前，李云霞主委介绍了新盟员孟宪新、李秀源、李爱辉和刚转入的老盟员——著名儿童文学作家邱观潮教授，并代表东城支部欢送原民盟东莞市委秘书长洪晓杨同志转入莞中支部。

会上，李云霞主委宣读了中国民主同盟第十二次全国代表大会会议报告，并带领大家逐章学习了《中国民主同盟章程》，并要求大家重点学习盟章修正案中新增加的内容。

1 月 5 日，松山湖总支先后开展了两期"学报告学盟章强素质"专题学习活动，组织盟员认真学习党的十九大报告全文、新修订的《中国民主同盟章程》和民盟广东省委《社情民意信息工作手册》等。学习活动由总支主委李玫主持。

本次专题学习活动通过考试的方式检验大家的学习情况，考题除了选择题和问答题外，还有写作题，要求盟员结合民生问题和社会热点，写一篇社情民意信息，着实提升议政建言能力。接下来，松山湖总支还将继续分期分批组织学习活动，力争让全体盟员都有机会参加学习培训，为进一步做好基层组织盟务工作夯实基础。

1 月 11 日下午，为深入学习中共十九大报告、民盟十二大报告和新修订的《中国民主同盟章程》，城建支部联合水务支部开展学习活动。学习以分发学习材料、盟员交流、做试题的方式进行。试题共分三个篇章，分别是党的十九大、盟的十二大和新盟章。两个支部共有 19 名盟员参加学习活动，活动还邀请了南城总支主委曾平英参加。

1 月 15 日，莞城总支组织"学习十九大，盟章牢记心"主题学习活动。活动由莞城总支主委张华主持。

活动以"学习十九大，盟章牢记心"为主题开展了学习及知识测验，全体参会人员都认真学习了中共十九大精神及新修订的盟章，并进行了知识测验。活动还表彰了 2017 年度积极参与提案写作的盟员，并现场颁发了奖金。

2018 年 1 月 15 日，莞城总支主题学习活动盟员合影

这次活动，大家在学习之余更是增进了友谊，极大地增强了总支的行动力和凝聚力。活动取得了圆满的成功。

1 月 26 日，城建支部组织召开全体盟员会议，由支部主委王勇主持，传达了盟市委 2017 年工作会议精神并组织学习了《中国民主同盟章程》，重点学习新修订内容。

会议总结了城建支部 2017 年工作，部署了 2018 年努力的方向。

会议还增补了郝先成同志为支部副主委。

本次活动是在省政协十二届一次会议、市政协十三届二次会议、盟市委总结大会后召开的一次传达上级精神的会议，非常及时，切实增强了支部盟员的凝聚力、向心力。

2019 年

3 月 4 日至 8 日，市委统战部联合市社会主义学院举办了 2019 年民主党派干部培训班。盟员代表陈莉、朱继良、廖定标、陈传玉、刘旭 5 人参加了培训班。

此次培训不但开设了"多党合作制度与参政党能力建设""学习习近平总书记关于加强和改进统一战线工作的重要思想""习近平论知识分子和党外知识分子工作"等理论学习课程，还组织学员赴石龙东征博物馆、黄埔军校旧址、辛亥革命纪念馆等地进行了现场教学。

最后，参加培训的 5 位盟员都顺利结业并获得考核优秀的成绩。

3 月 22 日至 26 日，民盟东莞市委在华侨大学举办了 2019 年盟员综合素质提升培训班，来自各总支及民盟东莞市委办公室共 52 人参加了培训。民盟东莞市委副主委袁华强、华侨大学工商管理学院院长孙锐出席了开班典礼。

孙锐院长为开班典礼致辞。

袁华强副主委代表民盟东莞市委对华侨大学校方的精心安排表示衷心的感谢，介绍了本次培训班的开班背景与意义，最后，袁华强预祝此次培训班取得圆满成功，并向培训班班长

2019 年，盟员综合素质培训班合影

曾平英授予班旗。

本次培训班由理论学习和现场教学组成，内容丰富、形式多样。其中理论学习在华侨大学举行，主要内容有：《认识文化泉州》《晋江经验分享》《中美贸易战》《"一带一路"与国家发展战略》等，老师上课旁征博引，见解独到；现场教学为参观中国闽台缘博物馆与泉州武术文化。

结业仪式上，培训班班长曾平英为学员颁发了结业证书。

培训结束后，学员们纷纷表示，通过本次培训，增强了对当今国际形势的认识，加深了对国家发展战略的理解，并表示在以后的工作中，深调查、细研究，说真话、道实情，勠力同心，为东莞加快推动高质量发展、争当全省实现"四个走在全国前列"排头兵、当好"两个重要窗口"做出新的更大贡献。

5 月 18 日至 20 日，民盟东莞市委在广东省社会主义学院举办了 2019 年新盟员培训班，来自各总支及盟市委机关办公室近 40 人参加了培训。民盟东莞市委专职副主委、秘书长王雪萍，广东省社会主义学院教务处处长戚志恒出席了开班典礼。

戚志恒处长为开班典礼致辞。

王雪萍副主委代表民盟东莞市委对参加培训的新盟员表示热烈的欢迎，对省社院精心安排的教学课程及提供的优美学习环境表示衷心的感谢。她希望全体学员在本次培训中做到积极学习、深刻领会；完善自我、学以致用；增强素质、发挥作用；通过学习所得，踊跃地投身到"湾区都市、品质东莞"建设中，不断为东莞高质量发展贡献盟员应有的智慧和力量。

本次培训班理论学习部分在广东省社会主义学院进行。内容涵盖：《民盟历史和优良传统》《新型政党制度下民主党派的责任与担当——民主党派学习贯彻中共十九大报告精神》《提案撰写与参政能力建设》《粤港澳大湾区发展规划纲要解读》等，授课老师知识渊博、治学严谨。现场教学则安排在民盟传统教育基地——"同舟小屋"。

2019 年，新盟员培训班学员在"同舟小屋"合影

学习结束后，学员们纷纷表示，在以后的工作中，要秉承先辈优良传统，理解新时代、适应新时代，进一步凝聚共识，增强自信，发挥优势，履职尽责，彰显民盟的责任与担当。

6 月 29 日，民盟东莞市委在市行政办事中心召开"不忘初心、牢记使命"主题学习会暨 2019 年参政议政工作会议。东莞市政协副主席、民盟东莞市委主委程发良，民盟东莞市委副主委林海川、袁华强、王雪萍出席了会议，各民盟市委委员，各总支及下属支部主委、副主委，各专委会主任、副主任及获表彰的提案（信息、材料）撰稿者共 100 余人参加了会议。会议由程发良主持。

会上，程发良主委结合"不忘初心、牢记使命"主题教育工作会议精神，就做好民盟参政议政工作做了重要讲话。程发良指出，今年是中华人民共和国成立 70 周年，在这个时刻开展"不忘初心、牢记使命"主题教育，正当其时。为中国人民谋幸福，为中华民族谋复兴，是中国共产党人的初心和使命。程发良强调，作为民盟盟员，我们要不忘多党合作建立之初心，秉承"奔走国是，关注民生"的优良传统，将这一传统继承并转化为在新时代建言献策的责任感，在做诤友、讲真话的责任担当上、在建有效之言献精准之策的能力和水平上不断实现自我提升。程发良要求，全体盟员要做到"四个一"：一是深学一遍民盟章程；二是了解一段民盟历史；三是提供一篇高质量的提案、社情民意信息；四是参加一次社会服务活动。希望全体盟员切实践行"四个一"的具体要求，努力做一名不辱时代使命、勇于担当作为的高素质的民盟盟员。

会议邀请了广东省政协提案工作研究会副会长谢岳铭做"如何做好新时代政协提案工作"专题讲座。

8 月 23 至 25 日，东城总支赴湛江市中共广州湾支部旧址开展"不忘合作初心，继续携手前进"主题教育活动。

中共广州湾支部旧址展示了菉塘村当地的历史遗留物，经过参观学习及与当地村民的交流后，盟员们除了感受到菉塘村丰厚的文化底蕴，也被菉塘革命先烈在中国共产党的领导下，在抗日战争和解放战争中英勇奋斗的事迹所感动，也一致认为今天的幸福生活来之不易，作为参政党成员，应该要坚守初心，提高思想共识，发挥专业优势，积极议政建言，做适应新时期要求的高素质参政党成员，为社会进步多贡献智慧和力量。

9 月 27 日，城建支部召开"不忘合作初心，继续携手前进"专题学习会，传达学习了全市庆祝新中国成立 70 周年和人民政协成立 70 周年座谈会会议精神，组织参观了东莞市规划展览馆。

支部主委王勇领着大家学习了 9 月 23 日召开的全市庆祝新中国成立 70 周年和人民政协成立 70 周年座谈会的会议精神，重温了东莞政协 63 年发展的光辉历程。

会后，支部全体盟员参观了我市规划展览馆。

活动中，各位盟员畅谈感想、热烈讨论，认为此次活动组织及时、收获极大，激发了大家了解东莞、热爱东莞、建设东莞的热情。

10月11日，民盟东莞市委召开"不忘合作初心，继续携手前进"主题教育活动专题会暨六届十一次委员（扩大）会议。民盟东莞市委主委程发良，副主委汤瑞刚、林海川、袁华强、王雪萍出席了会议，各民盟市委委员，副秘书长，各总支主委及专委会主任参加了会议。会议由程发良主持。

会上，袁华强副主委带领学习了《民盟东莞市委开展"不忘合作初心，继续携手前进"主题教育活动方案》（以下简称《方案》），并部署了下一阶段工作。他指出，开展"不忘合作初心，继续携手前进"主题教育活动，是持续深入学习贯彻习近平新时代中国特色社会主义思想和中共十九大精神的重要举措，是坚持好、发展好、完善好我国新型政党制度的迫切需求。他强调，民盟各级组织要结合实际认真贯彻落实《方案》内容，将主题教育活动贯穿于各项盟务工作，进一步增强领导班子围绕中心服务大局的能力和水平，引导广大盟员更好地履职尽责，切实增强主题教育成效，力争理论学习有收获、思想认识有提高、敢于担当有作为、服务发展有成就、作风建设有提升。

汤瑞刚副主委传达了民盟广东省组织工作会议精神和《各民主党派中央关于新时代组织发展工作座谈会纪要》（以下简称《纪要》）精神。他提出，要高度重视组织发展工作，在今后的工作中要按照《纪要》的最新精神，注意保持主界别特色，坚持质量优先，大力发展和培养代表人士，严格组织发展程序，争取组织工作取得更大进步。

最后，林海川副主委为高校总支和莞城总支获评"民盟广东省教育界别基层组织先进集体"颁发了奖牌。

10 月 13 日上午，为贯彻落实《方案》精神，莞城总支召开学习座谈会。会议传达了民盟广东省组织工作会议精神和《纪要》精神，通报了莞城总支获评民盟广东省委教育界别基层组织先进集体的喜讯，同时就总支下一阶段围绕主题教育活动的开展进行座谈。

座谈会由莞城总支主委张华主持，莞中支部主委唐章辉及莞城、莞中、石龙支部的班子成员参加。

参会盟员一起回顾了莞城总支的发展历程，围绕如何更好地开展"不忘合作初心、继续携手前进"主题教育活动踊跃发言，并就下一阶段总支的组织和发展提出了很多有建设性和前瞻性的良好建议。会议在大家的热烈讨论声中圆满结束。

10 月 17 日，南城总支组织开展"不忘合作初心，继续携手前进"主题教育系列活动。民盟南城总支班子成员，各支部正副主委、委员及部分骨干等共 15 人参加了活动。本次活动分三个环节进行，得到南城统战办的大力支持。

一是专题学习会前，南城统战办张美仔副主任与参会盟员进行了亲切友好的交流。二是召开"不忘合作初心，继续携手前进"主题教育专题学习会。会上，曾平英主委向参会盟员传达学习了《方案》，王勇副主委介绍了民盟东莞市委"不忘合作初心，继续携手前进"主题教育工作安排。参会盟员踊跃发言，谈学习体会、学习感想，纷纷表示通过学习，自己的思想认识有了进一步提高，更加认识到作为民盟盟员的担当，要主动作为，努力提升"五种能力"，做到"四新""三好"，并纷纷提出意见建议。三是会后，在南城统战办工作人员的陪同下，参会盟员来到南城慈善超市参观考察。参会盟员对南城慈善超市表示非常赞赏，并十分珍惜此次献爱心的机会，争先恐后用实际行动表达爱心，希望自己的举手之劳能够为有需要的困难群众增添一点温暖，为帮助更多有需要的困难群众，创建和谐、美好南城奉献一分力量。

10月18日，为学习贯彻民盟东莞市委"不忘合作初心，继续携手前进"主题教育专题会精神，广医支部组织支部盟员召开了专题学习会。会议邀请了总支主委陈莉出席。会议由支部主委杨劲松主持。

本次专题学习会首先传达了《方案》，接着学习了中央党校校长陈希在部分高校"不忘初心、牢记使命"主题教育工作座谈会上的讲话精神，最后学习了《教育部关于深化本科教育教学改革、全面提高人才培养质量的意见》。

会上对支部今后的工作做了部署，支部根据"规定动作做到位，自选动作有创新"的工作思路，将继续有计划有步骤地开展好系列主题教育活动。

10月23日上午，为贯彻落实《方案》精神，学院支部在东莞理工学院的"盟员之家"召开了"不忘合作初心，继续携手前进"主题教育专题学习会，民盟东莞市委主委程发良出席了会议，支部委员及部分骨干盟员参加了会议。会议由支部主委陈莉主持。

本次会议传达了《方案》、民盟广东省组织工作会议精神和《纪要》精神，学习了中央党校校长陈希在部分高校"不忘初心、牢记使命"主题教育工作座谈会上的讲话精神。

随后，支部举行了民主生活会。会上，陈莉总结了支部2019年上半年工作的成绩与不足，并就接下来的工作进行了部署。与会盟员积极交流了学习心得，对支部近期的工作提出了宝贵的建议和意见，大家一致表示要心往一处想，劲往一处使，形成合力，为圆满完成支部本年度的工作做出贡献。最后，程发良做了重要讲话，他指出，开展"不忘合作初心，继续携手前进"主题教育系列活动是持续深入学习贯彻习近平新时代中国特色社会主义思想和中共十九大精神的重要举措，意义重大。他对学院支部积极践行使命担当，高质量开展好主题教育活动给予了充分的肯定。他叮嘱盟员要始终不忘合作初心，坚守理想信念、传承优良传统、敢于担当作为，鼓励大家进一步发挥民主党派参政议政的职能作用，发挥盟员的专业优势，积极为东莞经济社会的发展建言献策，为建设"湾区都市、品质东莞"做出自己应有的贡献。

10 月 30 日，水务支部组织召开"不忘合作初心，继续携手前进"主题教育专题学习会。支部全体盟员共 18 人参加了学习。学习会议在市生态环境局一楼会议室召开。

会上，支部主委夏治会向盟员传达了《方案》，对支部盟员提出了学习要求及计划。盟员们纷纷表示要充分发挥自身的专业优势，配合民盟东莞市委做好提案工作，积极为东莞经济社会的发展建言献策，为建设"湾区都市、品质东莞"做出自己应有的贡献。

11 月 2 日下午，东城总支在东城区府七楼会议室召开了"不忘合作初心，继续携手前进"主题教育学习活动。

总支盟员一起学习了民盟东莞市委下发的《习近平新时代中国特色社会主义思想学习纲要》和《习近平关于"不忘初心、牢记使命"论述摘编》。紧接着，盟员代表根据自己的读书心得结合自己所在的行业分别交流了心得体会。

市委委员张勇谈了自己的亲身体会；东城总支副主委杨波作为医生代表进行了交流；骆涛作为律师代表进行了交流；刘鑫增作为教师代表进行了交流；最后，东城总支原主委李云霞也交流了心得体会。

11月5日，为学习贯彻民盟东莞市委《关于开展"不忘合作初心，继续携手前进"主题教育活动的通知》精神，南城总支文艺支部开展了"不忘合作初心，继续携手前进"主题教育学习会。总支主委曾平英与刘严红等8名盟员参加了主题学习。学习会议由支部委员黄明秀主持。

支部盟员首先集中学习了《方案》，对照方案和民盟东莞市委主题教育工作安排表，文艺支部制订了初步的主题教育行动计划，并责任到人，分步落实。接着，支部盟员一起学习了民盟东莞市委下发的《习近平关于"不忘初心、牢记使命"论述摘编》和《习近平新时代中国特色社会主义思想学习纲要》。

接下来，支部盟员将围绕新时代多党合作"四新""三好"的总体要求，继续坚守合作初心，提高思想共识，发挥专业优势，积极参政议政，为进一步夯实多党合作的共同思想政治基础和建设"湾区都市、品质东莞"贡献智慧和力量。

11月13日下午，广医支部组织召开"不忘合作初心，继续携手前进"专题会议，传达学习中共第十九届中央委员会第四次全体会议精神。会议由支部主委杨劲松教授主持，高校总支主委陈莉参加了本次学习。

会议重点围绕三个方面的内容展开学习：一是中国特色社会主义制度的优势；二是学习宣传贯彻党的十九届四中全会精神；三是认真学习中国共产党第十九届中央委员会第四次全体会议精神。会议讨论环节，盟员们纷纷表示，把学习贯彻全会精神与深入开展"不忘合作初心，继续携手前进"主题教育紧密结合起来，发挥优势，建言献策，切实履行好参政党职能是每位盟员的使命与担当。

11月14日至17日，民盟东莞市委在瑞金干部学院举办了以"不忘合作初心，继续携手前进"为主题的骨干盟员培训班，来自各总支及盟办公室共 47 人参加了培训。民盟东莞市委副主委林海川，瑞金干部学院潘九根院长出席了开班典礼。

潘九根院长为开班典礼致辞并向培训班班长朱继良、副班长吴志光授予班旗。

林海川副主委代表民盟东莞市委对瑞金干部学院的周密安排表示衷心的感谢，介绍了本次培训班之所以在瑞金举办，是希望骨干盟员们"零距离"感悟瑞金丰富的红色历史遗存和文化积淀，希望全体学员要加强学习，深刻领悟苏区精神；抓紧消化，迅速转化学习成果；端正学风，确保培训取得实效；积极履行参政党职能，为实现广东"四个走在全国前列"和建设"湾区都市、品质东莞"目标做出新的更大贡献。

本次培训班教学形式多样，内容丰富。通过仪式教学、现场教学、主题教学、红军后代讲述的红色故事相互联系交叉，充分地为学员们再现了中央苏区时期中国共产党人的艰苦奋斗精神，以及与广大人民群众的深厚"鱼水之情"。

培训结束后，学员们表示，通过参观叶坪旧址群、中华苏维埃共和国临时中央政府大礼堂旧址、中央革命根据地历史博物馆、中革军委旧址群、中共中央政治局旧址群及沙洲坝红井

"不忘合作初心，继续携手前进"民盟东莞市委 2019 年骨干盟员培训班顺利举办，图为授予班旗现场

旧址群，充分感受到当时革命生活的艰苦，感受到共产党人为理想而奋斗的坚定决心。通过《信念的力量》《中央苏区与苏区精神》《一生守望》的专题教学，让他们深入了解了无产阶级革命家不惧牺牲，为无产阶级事业奋斗终生直至牺牲的光荣事迹和军民鱼水情深的历史，瑞金儿女为革命舍生忘死、慷慨赴战场的牺牲精神为他们上了一堂生动的爱国主义教育课，激励着全体学员要不忘初心，立足本职，用饱满的工作热情，昂扬的精神状态，切实履行好新时代参政党职能。

12月20日，南城总支开展"不忘合作初心，继续携手前进"主题教育活动暨2019年总结工作交流会，南城总支班子成员、总支下属各支部正副主委、委员及部分骨干共22人参加。会议由民盟东莞市委委员、南城总支主委曾平英主持。

会上，曾平英主委组织大家共同回顾了2019年开展的各项工作，并向大家通报了南城总支2019年参政议政、调查研究、社会服务、组织建设和组织发展等各方面的总体情况，取得的成绩令人鼓舞。曾平英指出，南城总支配合民盟东莞市委和民盟广东省委开展文化界别基层组织建设调研工作，认真全面搜集素材并进行了详细的整理；配合民盟东莞市委举办"同心筑梦，乐献华诞——庆祝新中国成立70周年交响音乐会"，积极发挥文艺人才的专业优势等，为民盟组织的建设和发展做出了贡献，值得发扬光大。

为积极响应民盟东莞市委"不忘合作初心，继续携手前进"主题学习活动，南城总支对主题学习做了进一步动员和部署，总支班子成员和支部正副主委要带头全面、系统、深入学习并深刻领会习近平新时代中国特色社会主义思想的重大意义、科学体系、丰富内涵、精神实质、实践要求，并用以指导自己的本职工作和生活实践。

2020 年

8 月 6 日，市委常委、统战部部长陈志伟率市各民主党派、知联会负责人在韶关市仁化县开展主题为"重走长征路，担当新使命"的政治教育活动。市政协副主席、民盟东莞市委主委程发良，民盟东莞市委专职副主委王雪萍参加了活动。

程发良主委参加市各民主党派、知联会负责人政治教育活动，图为参加活动人员的合影

活动以铜鼓岭红军烈士纪念园为起点，瞻仰烈士纪念碑，缅怀先烈，赞美先烈们英勇奋战、不怕牺牲的崇高革命精神。其后，陈志伟一行参观了红军长征粤北纪念馆和红军街，详细了解红军在粤北地区穿越敌人封锁的壮烈斗争，体会红军与当地老百姓军民同心的生动场景。市各民主党派、知联会负责人表示，接下来将结合本次活动，引领本党派成员把思想政治教育推向深入，始终牢记合作初心，弘扬伟大长征精神，努力走好新时代的长征路。

陈志伟表示，市各民主党派、知联会要以此次政治教育活动为契机，深刻学习领会习近平总书记在纪念红军长征胜利 80 周年大会上的重要讲话精神，不断提高思想认识，在新时代长征路上展现中国特色社会主义参政党的责任担当。

8 月 21 日下午，民盟东莞市委召开六届二十六次主委会议，传达学习习近平总书记在中共中央党外人士座谈会上的重要讲话精神、学习研讨《习近平谈治国理政》第三卷，传达学习民盟广东省委、中共东莞市委统战部近期重要会议及政治教育活动精神等。民盟东莞市委主委程发良，副主委林海川、袁华强、王雪萍出席了会议。

民盟东莞市委召开六届二十六次主委会议，传达学习习近平总书记重要讲话精神

会议指出，习近平总书记的重要讲话精神深刻分析了当前经济形势，增强了夺取疫情防控和经济社会发展"双胜利"的信心，并肯定了党外人士在疫情防控、建言献策和脱贫攻坚中所做出的的重要贡献。

会议强调，全市各级民盟组织和广大盟员要传达好、学习好习近平总书记在党外人士座谈会上的重要讲话精神，努力推动民盟各项工作的开展。一是要深入开展政治教育活动，提高政治站位；二是要发挥专业及资源优势，建可行之言、献务实之策；三是要积极开展社会服务活动，扎扎实实把脱贫攻坚战推向前进，为决胜全面建成小康社会、决战脱贫攻坚贡献力量。

会议还讨论了民盟东莞市委下半年工作计划，重点探讨了组织建设、社会服务及党派经费使用等问题。

10月26日至30日，民盟中央于北京中央社会主义学院举办民盟中青盟员培训班。此次参加培训的110名盟员均来自全国各地的中青年盟员代表，皆属民盟重点分工领域，民盟东莞市委会东莞理工学院支部主委陈佰满博士参加了此次培训。

全国政协副主席、民盟中央常务副主席陈晓光出席本次培训开班仪式，以"继承优良传统，提升履职能力"为题向学员提出谆谆教导和期望。为期 5 天的培训课程安排紧密、内容精彩丰富，围绕中共中央关于加强参政党建设等三个文件精神解读、习近平新时代中国特色社会主义思想、民主党派的廉洁自律与政德修养、"不辱使命，作新时代有为盟员"等内容集中开展了学习。此外，本次培训还参观了民盟中央委员会办公会址，并开展了微讲座和学员论坛活动，参训盟员就"新时代盟员的责任与担当"为主题，结合自身专业领域前沿知识、社会热点问题等展开了踊跃的交流和学习。

盟员陈佰满博士表示，这次培训不仅加深了他作为一名盟员对民盟光荣历史和传统的理解，更让他坚定应不断加强基层盟组织干部的履职能力，更好履行参政议政义务，为建设和服务社会做出应有的贡献的决心。

11 月 5 日，民盟东莞市委会 2020 年"不忘合作初心，继续携手前进"基层骨干政治交接学习活动开班仪式在东莞理工学院举行。东莞理工学院党委副书记、校长马宏伟，市政协副主席、民盟东莞市委主委程发良，东莞理工学院继续教育学院院长刘伟，民盟东莞市委副主委袁华强，民盟东莞市委专职副主委王雪萍等出席了开班仪式，各基层组织骨干盟员共 45 人参加本次开班。

马宏伟校长对参加本次政治交接学习活动的学员提出殷切希望，鼓励学员们珍惜学习机会，加强理论学习和实践探索。程发良主委给本班次的班长授班旗。刘伟院长为开班仪式致辞，他介绍了东莞理工学院的基本情况，对各位学员的到来表示热烈欢迎，结合本次学习活动的学员特点提出要深入学习和思考，抓准政治交接工作的关键，做好传承与创新。

袁华强副主委做开班动员，他表示本次学习活动选择在东莞理工学院举行，体现了民盟紧密联系高校、充分发挥高教界别特色的优势。对参训的骨干盟员提出三点学习要求：一是初心如磐，以本次政治交接学习活动为抓手传承与学习优良作风，筑牢理想信念根基；二是学以致用，紧跟课程安排，提升综合素质和履职能力；三是永不懈怠，深入转化培训学习成果，把本职工作、党派工作及大局工作有机结合起来，推动基层参政议政力量在更高层面上发挥作用。

本次政治交接学习活动分两期进行，第一期时间为 11 月 5 日至 8 日，第二期时间为 11 月 19 日至 22 日，王雪萍专职副主委带队并全程参加第一期的学习。

本次活动以在校学习培训和赴传统教育基地现场教学相结合的形式进行，通过理论学习、专题分享课程及富有地方特色的现场教学，加强基层骨干盟员对政党理论、时政热点和省情市情等方面的学习，进一步开阔眼界、拓展思路，从而充分认识和主动适应新常态，以更高的责任感和更饱满的热情投入到盟务工作中，切实履行好新时代参政党职能。

2021 年

1 月 9 日上午，民盟东莞市委在市行政办事中心召开 2020 年度工作总结大会，传达学习中共十九届五中全会精神。东莞市政协副主席、民盟东莞市委主委程发良，副主委袁华强、王雪萍，与来自 6 个总支 25 个支部的盟员共同参加了会议。东莞市委统战部副部长、东莞市民主党派办公室主任梁燕玲，市委统战部党外干部科科长叶亮荣应邀出席了会议。会议由王雪萍主持。

本次总结大会特别邀请到了东莞市委教育工委书记、东莞市教育局党组书记、局长叶淦奎为各位盟员做专题讲座报告，他围绕东莞教育发展的历史方位、"十四五"时期东莞教育发展的基础及面临的形势等内容，与大家分享他对东莞打造品质教育的初步思考，以及"十四五"时期东莞教育发展目标愿景及主要举措等，让盟员们受益匪浅。

会议传达学习了中共十九届五中全会精神。会议指出，党的十九届五中全会站在"两个一百年"的历史交汇点上，专题研究"十四五"规划和二〇三五年远景目标，时机非同寻常，影响极其深远，对乘势而上开启全面建设社会主义现代化国家新征程、向第二个百年奋斗目标进军具有重大现实意义和深远历史意义。会议要求，全体盟员要坚持好、发展好、完善好我国社会主义政党制度，加强中国特色社会主义参政党建设，把思想和行动统一到全会精神上来，把学习贯彻全会精神作为一项重要政治任务抓好抓实，与落实履职工作紧密结合，做到有机统一、开创工作新局面。

会上，程发良做了题为《不忘初心担使命履职尽责促发展》的工作报告，总结了民盟东莞市委 2020 年在思想建设、组织建设、参政议政、社会服务及同心抗疫等方面的工作内容。

2020 年度工作总结大会现场

2021 年是"十四五"规划开局之年，也是中国共产党建党 100 周年。在新的一年里，程发良要求，要强化思想政治引领，实现新提高；不断深化政治交接，激发新活力；切实提升履职能力，展现新作为。要继续对标新时代参政党建设"四新""三好"的要求，以更高站位、更严标准、更实作风，在构建以国内大循环为主体、国内国际双循环相互促进的新发展格局中实现更大作为，奋力推动"湾区都市、品质东莞"建设迈上新台阶。

梁燕玲对民盟东莞市委在过去一年里围绕市委中心工作，切实履行新时期参政党职能，为我市多党合作事业履职建言，为我市经济社会发展做出的积极贡献表示肯定。她表示对民盟东莞市委新一年的发展规划充满期待，希望民盟东莞市委在新的一年里百尺竿头、再创佳绩，并提出三点希望与大家共勉：一是围绕中心大局，切实提高履职水平；二是深化社会服务，进一步提升党派形象；三是提高政治站位，扎实做好市委换届和政治交接。

会上各总支逐一介绍了新盟员。

为表彰先进、树立典型，会上，民盟东莞市委对2020年各项盟务工作表现突出的总支和盟员进行了表彰。

3月5日，南城总支召开政治学习和组织工作会议，会议由总支副主委郝先成主持，南城总支班子成员、各支部班子成员共16人参加了会议。

会上，南城总支副主委陈朝远带领与会人员共同学习近平同党外人士共迎新春讲话精神。会议要求，全体盟员要将学习宣传贯彻习近平同党外人士共迎新春讲话精神作为一项政治任务，在学深悟透上下功夫，切实用党的创新理论武装头脑、指导实践、推动工作。要以庆祝中国共产党成立100周年为重要契机，按照民盟广东省委、民盟东莞市委有关工作部署，全面学习中共党史，深化"不忘合作初心，继续携手前进"主题教育活动成果，发扬光荣传统，坚守合作初心，加强自身建设。

会议还传达学习《中国民主同盟广东省委员会2021年工作要点》精神；部署了开展民盟广东省委调研课题申报工作；传达了民盟东莞市委《关于

选举民盟东莞市第七次盟员代表大会代表的通知》，研究了民盟东莞市第七次盟员代表大会代表选举有关事项。会议还讨论了总支庆"三八"活动、2021 年总支经费预算情况等工作。

3 月 6 日，民盟横沥支部在横沥镇逸颐艺舍博物馆举行了学党史盟史暨上半年工作会议，会议由支部主委朱继良主持，支部成员共 14 人参加了会议。

在参观逸颐艺舍博物馆后，支部召开上半年工作会议。会上，朱继良带领与会盟员围绕"中国共产党建党 100 周年、中国民主同盟成立 80 周年"的主题，重温党史盟史。与会盟员一致表示，通过开展学习党史和盟史，更加牢固树立"四个意识"，坚定"四个自信"，坚决做到"两个维护"，自觉在思想上政治上坚持同以习近平同志为核心的党中央保持高度一致。

会议传达学习《中国民主同盟广东省委员会 2021 年工作要点》精神，动员并要求支部盟员积极向民盟广东省委申报调研课题，各与会盟员结合工作实际，交流分享申报调研课题的心得体会。会上还就《支部 2021 年度经费预算》、2021 年度盟费缴纳事宜进行讨论及确认，并对《支部 2021 年度的工作计划》开展工作部署。

4 月 30 日下午，民盟长安支部与长安镇统战办在镇政府同心之家开展学党史暨调研课题座谈会。会议由长安镇统战办李敏芝主持，民盟长安支部主委陈舟及相关参政议政骨干盟员参加了本次会议。

会上，与会人员一同回顾了中国共产党艰辛曲折、奋发图强、与时俱进、波澜壮阔的百年历史，共同学习了新修订的《中国共产党统一战线工作条例》。随后，与会人员就下一步提案的课题研究方向进行广泛讨论，从岭南文化传承发展到民俗特色及创意墙如何落地，从为东莞吸引和留住高端人才的整体策略到住房补贴政策如何落实，从当今青少年心理健康教育系

统深入开展到职校学生入校后如何选择合适的专业等课题内容深入展开讨论，积极献言献策。

5月11日，民盟广东省委召开中共党史学习教育动员部署会议。广东省人大常委会副主任、民盟广东省委主委王学成出席会议并讲话，专职副主委程昆主持会议。民盟东莞市委主委程发良，副主委汤瑞刚、林海川、袁华强、王雪萍及机关全体工作人员以视频会议的形式参加了本次会议。

王学成在讲话中向全省各级民盟组织和广大盟员提出三点要求：一要充分认识开展中共党史学习教育的重大意义，二要高质量高标准开展中共党史学习教育，三要着力提高中共党史学习教育成果转化。

会后，按照民盟东莞市委领导班子的部署，民盟东莞市委办公室召开机关工作例会，全体工作人员共同学习了中共党史、多党合作史及《中国共产党统一战线工作条例》，进一步提升学习实效。会议强调要尽快制定《民盟东莞市委会开展中共党史学习教育实施方案》，丰富学习载体形式，开展形式多样的中共党史学习教育，团结带领广大盟员学史明理、学史增信、学史崇德、学史力行，以更加昂扬的精神状态和奋斗姿态开创民盟工作新局面。

6月6日下午，民盟东莞市委联合市图书馆举办了一期主题为"新形势下东莞的城市水安全保障"的市民学堂，邀请了市水务局倪佳翔局长

倪佳翔局长受邀为盟员和市民讲课

主讲。民盟东莞市委专职副主委王雪萍出席了讲座，各总支盟员和市民群众纷纷参加了讲座。

倪佳翔局长从水安全重要性和治水工作的历史起源开始讲起，结合东莞基本水情和近年来治水工作的实际案例、主要工作成效深入浅出、旁征博引地对东莞城市水安全现状进行了分析讲解；同时，他结合自己丰富的水务工作经历，从城市防灾减灾、供水安全保障、河湖治理保护、水务智慧化程度与城市水安全保障需求匹配四个方面分析了新形势下东莞水安全面临的形势与挑战，并从实施"十四五"水务发展规划就构建东莞水安全保障体系提出解决路径的思考。倪佳翔局长广博的知识面、创新的思维方式让听众印象深刻、深受启发，在交流互动环节，现场盟员及市民听众纷纷举手提问求解，倪佳翔局长一一答疑。

本次讲座创新授课载体形式，通过与市图书馆联合举办市民学堂的形式，授课对象不仅面对盟员亦面向全体市民群众，进一步提升民盟东莞市委社会服务工作的成效，也加强了广大盟员对时政热点和市情民情等方面的了解，开阔了盟员眼界、理清了履职思路，从而以更高的责任感和更饱满的热情投入到盟务工作中，切实履行好新时代参政党职能。

7月11日，民盟广东省委来东莞开展中共党史学习教育现场教学。当日下午，民盟东莞市第七次代表大会在东莞市行政办事中心召开，广东省人大常委会副主任、民盟广东省委主委王学成莅临大会做党史学习教育宣讲。民盟东莞市委会主委程发良、副主委林海川、王雪萍、陈莉、全体市委委员及大会代表共同参加了学习。

王学成指出，习近平总书记"七一"重要讲话内涵丰富、振奋人心，全面回顾了一百年来中国共产党取得的伟大成就，庄严宣告我们实现了第一个百年奋斗目标，深刻诠释了伟大建党精神，系统阐述了以史为鉴、开创未来的"九个必须",是指引全党全国各族人民立足百年大党新起点、置身百年未有大变局、接力百年奋斗新征程的马克思主义纲领性文献,为我们做好工作提供了根本遵循。

王学成在会上对民盟东莞市委开展党史学习教育提出了三点意见:一是凝聚思想共识,深刻学习领会习近平总书记"七一"重要讲话的丰富内涵;二是掀起学习热潮,把学习"七一"讲话精神与党史学习教育紧密结合起来;三是提升学习成效,把学习教育成果

民盟广东省委来东莞开展中共党史学习教育,王学成主委重点宣讲习近平总书记"七一"重要讲话精神

作为提升履职效能的强大动力。2021年也是中国民主同盟成立80周年,东莞民盟成立30周年,民盟东莞市委会要组织策划好相关纪念活动,并把纪念活动作为凝聚政治共识、加强思想建设的重要抓手,把学习成效转化为奋进新征程、建功新时代的实际行动,努力为党和国家做出更大贡献,努力为民盟争取更大光荣。

除作集中宣讲外,本次中共党史学习教育还进行了现场教育活动。7月11日上午,民盟广东省委宣传处处长林春鹏、副处长肖莉、三级主任科员李清塑一行带队来到位于东莞市大岭山镇的广东东江纵队纪念馆参观学习,民盟东莞市委会副主委陈莉及十余名骨干盟员参加活动。

东莞的盟员们通过党史学习,也纷纷表示从中汲取了前进的智慧和力

量，进一步坚定了走中国特色社会主义发展道路的信心和决心，接下来将把中共党史学习教育转化为提升履职效能的强大动力，为东莞高质量发展做出民盟盟员应有的贡献。

2018 年 11 月 15 日，民盟学院支部"盟员之家"成立，程发良主委出席揭牌仪式

2019 年 5 月 14 日，民盟横沥支部"盟员之家"成立

2019 年 10 月 29 日，民盟松山湖总支"盟员之家"（大岭山基地）成立，程发良主委出席揭牌仪式

2020 年 4 月 21 日，民盟松山湖总支成立"盟员之家"（宏川驿站），程发良主委出席揭牌仪式

2020 年 6 月 28 日，程发良主委出席松山湖总支"盟员之家"（书画驿站）揭牌仪式

2020 年 7 月 30 日，民盟东莞市委"社会服务实践基地"和松山湖总支"盟员之家"顺利揭牌暨"莞盟公益课堂"成功开讲

盟员之家情况统计表

序号	名称（盟员之家名称＋地点）	成立时间
1	高校总支盟员之家——东莞理工学院民主党派活动室	2018 年 11 月 15 日
2	横沥支部盟员之家——横沥镇政府	2018 年 11 月 30 日
3	松山湖总支盟员之家（大岭山驿站）——东莞市今塑精密机械有限公司	2019 年 10 月 29 日
4	松山湖总支盟员之家（宏川驿站）——广东宏川集团有限公司	2020 年 4 月 21 日
5	松山湖总支盟员之家（书画驿站）——东莞市常平镇视界美术馆	2020 年 6 月 28 日
6	松山湖总支盟员之家（社会服务驿站）——松山湖绿荷居社区综合服务中心	2020 年 7 月 30 日

二、宣传工作

思想是行动的先导，理论是实践的指南。一直以来，宣传工作是民主党派思想建设的核心组成部分，是民主党派加强自身建设的重要环节和基础工程。随着经济社会的发展和改革的深化，民盟东莞市委会（以下简称"盟市委"）的宣传载体应时而生，在继承中创新，在改革中发展。为做好新形势下的宣传工作，盟市委以"六新"为原则，把握新形势、适应新常态、开创新思路、活用新平台、挖掘新亮点，不断提高民盟在社会上的知名度和影响力。

（一）《东莞盟讯》应运而生

中国民主同盟东莞市委员会成立于 1991 年 7 月 5 日，虽盟员仅有几十人，但我们始终认识到加强思想宣传工作是民主党派加强自身建设，实现可持续发展的前提，也是不断巩固和发展统一战线的关键。当时报纸或书刊等传统媒介是思想宣传工作的主要载体，盟市委适应时代需求，最早于 1995 年创办了《东莞盟讯》，这在当时是一件创举，东莞民盟率先创办了属于自己的宣传阵地，从前零零散散的宣传动态，终于有了归属，此后盟市委历次重要会议、重大活动都被《东莞盟讯》所记录和刊发。

《东莞盟讯》

　　随着思想宣传工作的深入发展，我们意识到做活刊物，必须要重视其可读性，需把更加多样、更加生动的内容呈现给读者。对此，盟市委密切沟通交流，通过借鉴盟省委和其他兄弟城市的做法，不断丰富《东莞盟讯》内容，设置了更多的栏目，并开放个别栏目向盟员征文，目前共设"盟务要闻、领导讲话、专题讲座、参政议政、理论研究、自身建设、资料汇编、盟员风采、艺苑天地、心得体会"等 10 余个栏目（视每期内容而定），截至 2021 年，《东莞盟讯》已编印至第 36 期，为盟市委保留了有影响力和极具参考价值的宣传材料。

（二）网站相继建立

　　随着市场经济的发展与新闻事业的进步，网络的普及和发展为民盟宣传事业提供了更加丰富多彩的传播形式。民主党派新一代成员大

东莞民盟网站

多适应电脑、手机这些现代通信工具，他们习惯了信息的快速传播和可以随手翻查的方式。为进一步适应时代潮流，运用更便利的媒介平台做好思想宣传工作，盟市委从操作的便易度、内容的可控性、信息反馈的流畅性等角度来看，认为网站是较为合适的且短期内不会被淘汰或取代的载体。加之考虑到思想宣传工作涉及的内容理论性强，代表了官方的意愿和观点，且信息量大，而网站能承载各种图文音像信息，且具备官方唯一性及不容篡改，便成了最好的选择。于是，2011 年盟市委正式开通"中国民主同盟东莞市委员会"网站，使得东莞民盟的活动报道更加迅速及时。

经过网站的开通及不断完善，网站共设"莞盟概况、盟务动态、统战要闻、参政议政、社会服务、自身建设和莞盟社区"等 7 个栏目，进一步实现了盟务动态等信息的及时、全面发布，避免了传统宣传媒体的滞后性。2014 年，盟市委制定并试行《民盟东莞市委宣传信息和理论研究工作奖励办法》，在《民盟东莞市委支部工作量化考核办法》中加大对信息和宣传工作的分数比重等，通过加强制度建设和强化激励措施来鼓励更多的盟员参与到这项工作中来，实现从盟市委机关单打独斗到全体盟员纷纷参与进来的重大转变，大大提高了信息来源的覆盖率，宣传工作得到突破和变革。

后来随着微信的广泛使用，网站所发挥的作用越来越微薄，盟市委就把宣传主阵地转移到微信公众号上。

（三）微信公众号开启新征程

随着经济社会的发展和改革的不断深化，民盟也进入了发展黄金时期。民盟盟员主要

"东莞民盟"微信公众号

由从事文化教育及相关的科学技术领域的高级、中知识分子组成，他们受教育水平普遍较高，知识面广，思维活跃，富有改革创新精神，同时，他们受各种各样社会思潮的影响，看待问题善于从多维度、多角度加以分析，独立思考能力较强，因此我们的思想宣传工作必须也与时俱进，形成更加有利于民盟事业发展的良好氛围。

近年来，随着微信的广泛普及，微信注册用户量不断刷出新高，不知不觉中，微信已经成为人们交流分享的主要通信软件。为更好地做好新时代民主党派思想宣传工作，2016 年，盟市委正式开通"东莞民盟"微信公众号，不断创新宣传内容，一方面，把握重要时间节点，保持一定频率的专题策划发布机制，如两会期间的民盟履职专题、定期发布盟员风采专题、年底总结和亮点工作纵览专题等，另一方面，把握党派工作规律，实行重要活动预告制，提前发布社会服务活动预告、政协议政厅广播节目预告等，扩大受益对象，同时积极运用本地主流媒体，多篇信息被刊登在《东莞日报》，扩大宣传覆盖面。

此外，通过组建微信群、开通微信公众号的方式，盟市委创造了机会让盟员突破时间限制，随时随地把盟市委、支部、专委会等举办的活动实况直接分享到微信群，还及时发布重要盟务动态信息至公众号，盟员们转发信息至朋友圈，这样一来，不仅在全盟掀起了一股学习与交流的热潮，还让更多的社会公众了解民盟，增强宣传成效。

（四）市级宣传平台相得益彰

除《东莞盟讯》、"东莞民盟"微信公众号等媒介外，我们还积极发挥电台电视直播、城市论坛活动等市级平台作用，不断扩大宣传工作影响。其中，值得一提的是，2014 年 12 月起，《政协议政厅》（由东莞市政协办公室与东莞人民广播电台联合举办的电台直播节目）增设了《党派之声》栏目，盟市委以此为契机，借用新平台，共参与了多期节目，专门介绍了

中国民主同盟的成立、历史沿革、代表人物及盟市委的发展历程、参政议政及社会服务等内容，增进市民群众对市各民主党派包括民盟的了解；在充分利用新平台的基础上，盟员代表在各种座谈会与访谈节目上踊跃发言，各领域专家盟员积极担任《周末访谈》《焦点关注》《行走东莞》《洁净东莞》等电台、电视台直播、城市论坛活动的特邀嘉宾，与主持人和听众共同探讨热点问题，发出了民盟好声音，产生了良好的社会效应，进而在社会上不断扩大东莞民盟的知名度，也为相关的市级宣传平台刷新了关注量，相得益彰。

三、理论研究

（一）民盟广东省委参政党理论研究会成员名单

2013—2018 年：陈朝远、袁定鹏

2018 年至今：陈朝远、张育涛、熊华

（二）参政党理论研究文章采用及获奖情况

序号	文章名称	供稿人	采用及获奖情况
1	对高校民盟基层组织开展科技服务、创新发展的思考——以民盟东莞理工学院支部为例	程发良	2014 年，获民盟广东省委《参政党理论研讨会论文汇编》刊登
2	培养海外青年爱国爱乡情感	刘笃锋	2015 年，获民盟广东省委《参政党理论研讨会论文汇编》刊登
3	新阶层代表人士入盟后发展情况的跟踪研究	郑玉敏	2015 年，获民盟广东省委《参政党理论研讨会论文汇编》刊登
4	社会服务品牌建设与维护发展研究	陈朝远	2015 年，获民盟广东省委《参政党理论研讨会论文汇编》刊登

（续表）

序号	文章名称	供稿人	采用及获奖情况
5	基于新媒体从业人员在青少年群体的影响力调查的统战策略	张育涛	获 2016 年全市统战理论政策研究创新三等奖；获 2016 年全省统战理论政策研究创新成果优秀奖
6	新形势下充分发挥民主党派民主监督作用的问题研究	程发良、汤瑞刚、林海川、袁华强	获 2017 年东莞市委统战理论政策研究成果二等奖
7	基于东莞地区基层统战工作现状进行"大统战"策略的研究和探索	张育涛	获 2017 年东莞市委统战理论政策研究成果优秀奖
8	促进粤港澳大湾区科技创新的对策及建议	梅龙伟、田浩来、童剑飞、袁华强、李玫、蒋孟奇	2018 年，广东"四个走在全国前列"专题研讨会发言材料，同时获民盟广东省委刊登
9	统一战线如何服务"推动四个根本性提升 实现八大领域新突破"	张育涛	2018 年，获民盟广东省委《参政党理论研讨会论文汇编》刊登
10	新形势下对台招才引智工作研究	熊华	2018 年，获民盟广东省委《参政党理论研讨会论文汇编》刊登
11	铸牢中华民族共同体意识——城市少数民族服务管理工作研究	曾凡忠、黄明秀	获 2020 年度东莞统战理论政策研究创新成果三等奖
12	全面小康社会背景下预防贫困社会保障机制建设的建议	龙望华	获民盟广东省委采用提交 2020 年第十一届民生论坛

四、重要文件

民盟东莞市委开展"不忘合作初心，继续携手前进"主题教育活动方案

2019 年

坚持中国共产党的领导，共同致力于国家富强、民族复兴、人民幸福，是中国共产党领导的多党合作的初心所在。今年是中华人民共和国成立 70

周年，也是中国共产党领导的多党合作和政治协商制度确立 70 周年。为持续深入学习贯彻习近平新时代中国特色社会主义思想和中共十九大精神，坚持好、发展好、完善好我国新型政党制度，推动实现"两个一百年"奋斗目标和中华民族伟大复兴的中国梦，民盟中央决定在全盟开展"不忘合作初心，继续携手前进"主题教育活动。为贯彻盟中央〔2019〕137 号文件和盟粤〔2019〕42 号文件的要求，结合东莞实际，现就我会开展"不忘合作初心，继续携手前进"主题教育制定如下方案。

（一）目标任务

民盟东莞市委会主题教育活动要按照"新时代多党合作要有新气象、思想共识要有新提高、履职尽责要有新作为、参政党要有新面貌""做中国共产党的好参谋、好帮手、好同事"的总要求，深入学习贯彻习近平新时代中国特色社会主义思想和中共十九大精神，深刻学习领会习近平总书记关于多党合作的重要论述，认真贯彻落实《中共中央关于加强中国特色社会主义参政党建设的意见》，传承弘扬长期以来同中国共产党风雨同舟、休戚与共的优良传统，增强"四个意识"，坚定"四个自信"，做到"两个维护"，更加紧密地团结在以习近平同志为核心的中共中央周围，不忘合作初心，继续携手前进，倾情助力粤港澳大湾区建设，为实现广东"四个走在全国前列"和建设"湾区都市、品质东莞"目标做出新的更大贡献。

1. 加强理论武装。这次主题教育的根本任务是深入学习贯彻习近平新时代中国特色社会主义思想。全体盟员要不断加深对其重大意义、科学体系、丰富内涵的理解，学深悟透、融会贯通，切实用以武装头脑、指导实践、推动工作，增强贯彻落实的自觉性坚定性。

2. 巩固政治共识。深化多党合作历史传统教育，丰富政治交接时代内涵，不断增进对中国共产党和中国特色社会主义的政治认同、思想认同、理论认同、情感认同，自觉在思想政治上行动上同以习近平同志为核心的中共中央保持高度一致，夯实多党合作共同思想政治基础。

3. 强化责任担当。围绕中心，服务大局，紧密联系应对中美经贸斗争、实施粤港澳大湾区战略、防范化解重大风险等挑战，开拓进取、攻坚克难，激发履职热情，提高履职能力，贯彻落实习近平总书记对广东重要讲话和重要指示批示精神，大力推进粤港澳大湾区建设，积极为落实省委"1+1+9"工作部署和市委"1+1+6"工作安排献计出力，在新时代展示新面貌、彰显新作为。

4. 推进自身建设。按照政治坚定、组织坚实、履职有力、作风优良、制度健全的中国特色社会主义参政党标准要求，全面加强思想政治建设、组织建设、履职能力建设、作风建设和制度建设。端正思想作风、改进工作作风，强化纪律教育、严格纪律要求，力戒形式主义、官僚主义，加强教育监督管理，树立作风优良、清正廉洁的良好形象。

（二）基本要求

民盟东莞市委会各级组织要将学习教育、履职尽责、查找不足、整改提高贯穿主题教育活动全过程，不断提升主题教育活动的政治性、时代性、针对性和时效性。

1. 学习教育的基本要求。将学习教育贯彻始终，通过召开市委（扩大）会议、组织工作会议、总支（支部）会议、座谈研讨会等集中学习方式，引导全体盟员加强自学，深入学习习近平新时代中国特色社会主义思想和中共十九大精神，深刻领会习近平总书记关于加强和改进统一战线工作的重要思想、关于多党合作的重要论述，跟进学习习近平总书记关于多党合作和民主党派工作的重要指示批示精神，系统学习中共党史、国史、多党合作史，认真学习多党合作理论政策和优良传统、盟史盟章等。

2. 履职尽责的基本要求。突出主题教育活动的实践性，围绕落实党中央决策部署、省委"1+1+9"工作部署和市委"1+1+6"工作安排，围绕解决我市统一战线领域存在的突出问题和基层反映的热点难点问题，围绕实施粤港澳大湾区战略、建设省制造业供给侧结构性改革创新实验区、坚决打好三大攻坚战、应对和化解各种风险挑战、促进民营经济高质量发展等重点课题深入开展调研，积极建言献策，将学习教育激发的动力转化为履行参政党职能、做好本职工作的具体行动和实际成果，做到学以致用、用有所成、学用相促。

3. 查找不足的基本要求。对照习近平新时代中国特色社会主义思想和中共中央决策部署，对照中共中央关于加强多党合作、中国特色社会主义参政党建设方面的重要文件，对照《中国民主同盟章程》《中国民主同盟广东省委员会五年工作规划（2018—2022年）》和民盟东莞市委会每年的年度计划，成立监督委员会，广泛听取意见，找出自身不足，针对政治把握能力、参政议政能力、组织领导能力、合作共事能力、解决自身问题能力的短板，深刻检视剖析，明确努力方向。

4. 整改提高的基本要求。坚持边学边查边改，对工作中存在的问题、调研发现的问题、盟员反映强烈的问题等，列出清单、深入研究、逐项整改，能改的立即改，一时解决不了的盯住改、限期改，确保一件一件整改到位。针对存在的问题和不足，民盟东莞市委会领导班子、基层盟组织分别召开专题民主生活会、专题组织生活会，认真开展批评与自我批评，共同查找原因，提出整改措施，并在年度工作报告和明年工作计划中做出安排，共同提升自身建设水平。

（三）工作原则

民盟东莞市委会主题教育活动要突出政治导向、主题引领、共识教育，

确保主题教育活动有序推进、深入开展。

1. 坚持中国共产党的领导。将坚持中国共产党的领导贯穿于主题教育活动全过程、各环节，自觉接受中共党委的政治领导和市委统战部的工作指导，确保主题教育活动正确政治方向。在主题教育期间涉及重大问题或重要事项及时向市委统战部请示沟通。

2. 坚持自我教育。弘扬自我教育传统，体现"自觉、自主、自为"，自己提出问题，自己分析问题，自己解决问题，增强思想自觉、行动自觉，积极开展符合自身实际、体现各自特色的主题教育活动。

3. 坚持突出重点。要以市委会、总支（支部）、专委会领导班子成员、代表人士为重点，分类引导、精准施策，引领带动全体盟员深入开展主题教育活动。

4. 坚持继承与创新相统一。认真总结近年来开展坚持和发展中国特色社会主义学习实践活动等主题教育活动经验规律，适应新时代新任务新要求，创新理念思路、载体形式、方式方法，注重线上线下引导有机结合，及时把好经验好做法用制度形式运用好、坚持好，确保主题教育活动贴近时代、贴近盟员、贴近实际。

（四）组织实施

1. 成立领导机构

民盟东莞市委会成立"不忘合作初心，继续携手前进"主题教育活动领导小组，负责主题教育活动的具体组织领导和实施。领导小组下设办公室，负责主题教育活动的统筹协调和日常工作。

（1）领导小组

组　长：程发良

副组长：汤瑞刚、林海川、袁华强、王雪萍

（2）领导小组办公室

主　任：王雪萍

副主任：蔡子萍

成　员：李玫、陈莉、张华、曾平英、李云霞、涂华、简锐姬

2. 认真组织实施

盟市委领导班子要集体研究，结合自身实际，制定具体实施方案，落实各项任务，推进主题教育活动深入开展。

自方案下发之日起至 10 月下旬为盟员自学阶段。学习内容包括：中共十九大报告，《习近平关于"不忘初心、牢记使命"重要论述选编》《习近平新时代中国特色社会主义思想学习纲要》，习近平总书记关于加强和改进统一战线工作的重要思想、关于多党合作的重要论述，"新型政党制度"理论等。

10 月中旬至 12 月上旬，开展集中学习交流。盟市委领导班子充分利用主委会议、市委（扩大）会议等多种方式，开展集中学习，提出问题，交流学习心得体会。基层组织领导班子参照盟市委领导班子做法开展集中学习交流，并将主题教育与新盟员培训、全体盟员综合素质提升培训、骨干盟员培训等各类学习活动结合起来，与各类工作会议结合起来，充分利用"盟员之家"的示范作用，开展内容丰富、形式多样的学习活动。

3. 抓好督导落实

主题教育活动建立每月情况通报制度，各总支（支部）要及时向盟市委报送活动情况，盟市委做好分析研讨、督导推动、支持保障等工作，通过网站和微信公众号等宣传平台及时报道活动开展情况、阶段成效、特色做法，方便学习交流，防止形式主义，确保主题教育活动质量。

4. 加强整改提高

主题教育活动坚持边学边查边改，做到立查立改、即知即改，一时改

不了的盯住改、限期改，确保一件一件整改到位。

年底前，盟市委领导班子召开民主生活会，严肃认真开展批评和自我批评，督促整改提高，确保主题教育活动取得实效，同时注重总结活动经验，形成长效机制。

附件：民盟东莞市委会"不忘合作初心，继续携手前进"主题教育工作安排表

民盟东莞市委会"不忘合作初心，继续携手前进"主题教育工作安排表

序号	时间	内容
1	8 月 20 日	召开民盟东莞市委六届二十次主委会议，传达学习民盟广东省委"不忘合作初心，继续携手前进"主题教育活动动员大会暨组织工作会议精神和《各民主党派关于新时代组织发展工作座谈会纪要》精神，讨论、部署盟市委关于开展主题教育活动的工作目标和具体做法，确定以新中国成立 70 周年纪念活动作为"不忘合作初心，继续携手前进"主题教育活动的开篇
2	8 月底至 9 月初	领导班子和机关干部集中学习，结合主题教育活动的要求和学习内容组织骨干盟员筹备新中国成立 70 周年纪念活动
3	9 月 12 日	联合市委统战部、市文广旅体局、市妇联主办"同心筑梦，乐献华诞"——东莞市庆祝新中国成立 70 周年交响音乐会，组织全体盟员观看演出，奏响主旋律，为"不忘合作初心，继续携手前进"主题教育活动打开工作局面
4	9 月下旬至 10 月上旬	成立主题教育活动领导小组及办公室，制定《民盟东莞市委开展"不忘合作初心，继续携手前进"主题教育活动方案》
5	10 月 11 日	召开主题教育活动专题会议暨六届十次市委（扩大）会议，集中学习和交流，向基层组织下发主题教育活动方案，提出活动要求和落实基层开展主题教育活动的工作部署

（续表）

序号	时间	内容
6	10月11日至30日	盟员自学。通读《习近平关于"不忘初心、牢记使命"重要论述选编》《习近平新时代中国特色社会主义思想学习纲要》，深入学习习近平总书记关于加强和改进统一战线工作的重要思想、关于多党合作的重要论述，跟进学习习近平总书记最新重要讲话文章、关于多党合作和民主党派工作的重要指示批示精神，认真学习多党合作史、盟史、盟章等
7	10月11日至10月25日	集中学习交流。盟市委领导班子充分利用主委会议、市委（扩大）会议等多种方式，开展集中学习，提出问题，交流学习心得体会。基层组织领导班子参照盟市委领导班子做法开展集中学习交流
8	10月下旬至11月上旬	举办"不忘合作初心，继续携手前进"——民盟东莞市委2019年骨干培训班
9	10月11日至12月10日	各总支（支部）、专委会将主题教育活动与盟内各项工作结合起来，深入调查研究，查摆问题，督导落实，整改提高
10	12月底前	召开民主生活会，总结反思主题教育活动开展情况，联系整改落实情况，认真开展批评和自我批评
11	9月至12月	广泛宣传引导。主题教育活动建立每月情况通报制度，各总支（支部）及时向盟市委报送活动情况。大力宣扬盟员勇于担当、干事创业的先进事迹，及时反映我会主题教育进展实效，总结经验做法，为主题教育营造良好氛围。主题教育结束后，客观评估主题教育效果，注重健全制度，把主题教育中形成的好经验好做法用制度形式运用好、坚持好，巩固整改成效

中国民主同盟东莞市委员会

盟莞〔2021〕23 号

关于印发《民盟东莞市委开展中共党史学习教育方案》的通知

各总支：

　　根据民盟中央《关于印发＜民盟中央开展中共党史学习教育方案＞的通知》（盟中办〔2021〕61 号）及民盟广东省委《关于印发＜民盟广东省委开展中共党史学习教育方案＞的通知》（盟粤〔2021〕65 号）要求和中共东莞市委统战部指导意见，结合东莞民盟实际，民盟东莞市六届十五次委员（扩大）会议通过了《民盟东莞市委开展中共党史学习教育方案》（以下简称《方案》），现将《方案》印发给你们，请各总支按照《方案》要求，认真组织实施，务求取得实效。

中国民主同盟东莞市委员会

2021 年 6 月 7 日

民盟东莞市委开展中共党史学习教育方案

2021年是中国共产党成立100周年。习近平总书记2月1日在同党外人士共迎新春时指出，中共中央决定，今年在全党开展中共党史学习教育，激励全党不忘初心、牢记使命，在新时代不断加强党的建设。各民主党派和无党派人士要结合庆祝中国共产党成立100周年，全面回顾同中国共产党团结合作的奋斗历程，发扬光荣传统，坚守合作初心，加强自身建设。

作为接受中国共产党领导、同中国共产党通力合作的中国特色社会主义参政党，加强对中共党史的学习教育是民盟的重要政治任务，是持续深入学习贯彻习近平新时代中国特色社会主义思想的必然要求，是坚持好发展好完善好我国新型政党制度的应有之义，是加强中国特色社会主义参政党建设的重要举措，对于激励广大盟员积极投身全面建设社会主义现代化国家新征程，具有重要意义。根据民盟中央《关于印发＜民盟中央开展中共党史学习教育方案＞的通知》（盟中办〔2021〕61号）及民盟广东省委《关于印发＜民盟广东省委开展中共党史学习教育方案＞的通知》（盟粤〔2021〕65号）要求和中共东莞市委统战部指导意见，结合东莞民盟实际，制定本方案。

一、目标任务

坚持以习近平新时代中国特色社会主义思想为指导，深入学习贯彻中共十九大和十九届二中、三中、四中、五中全会精神，紧紧围绕学懂弄通做实中国共产党的创新理论，坚持学习中共党史与学习新中国史、改革开放史、社会主义发展史、多党合作史以及民盟历史相贯通，做到学史明理、学史增信、学史崇德、学史力行，团结引领广大盟员增强"四个意识"，坚定"四个自信"，做到"两个维护"，不断提高政治判断力、政治领悟力、政治执行力，始终做中国共产党的好参谋、好帮手、好同事，确保多党合作事业持续高水平发展，为"湾区都市、品质东莞"建设汇聚智慧及力量。

二、学习重点

以学习中共党史为重点，注重与学习新中国史、改革开放史、社会主义发展史、多党合作史及民盟历史紧密结合，深化历史教育、认识历史规律、增强历史自觉。

1. 深入学习中共党史。中国共产党百年历史，是党领导人民进行新民主主义革命、进行社会主义革命和建设、进行改革开放、奋进新时代并取得伟大胜利的历史。通过深入学习，深刻铭记中国共产党百年奋斗的光辉历程，深刻认识中国共产党为国家和民族做出的伟大贡献，深刻感悟中国共产党始终不渝为人民的初心宗旨，系统掌握中国共产党推进马克思主义中国化形成的重大理论成果，学习弘扬中国共产党在长期奋斗中铸就的伟大精神，深刻领会中国共产党成功推进革命、建设、改革的宝贵经验，进一步增强听党话、跟党走、与党同心奋斗的政治自觉。

2. 系统学习新中国史、改革开放史、社会主义发展史。中国共产党的百年历史与中国近现代史紧密相连，中国共产党领导人民团结一心、艰苦奋斗，推翻了"三座大山"，建立了新中国，建立了社会主义制度，开辟了中国特色社会主义道路，创造了世所罕见的经济快速发展奇迹和社会长期稳定奇迹，实现了从落后时代到大踏步赶上时代、引领时代的历史性跨越。通过系统学习，深刻认识中国共产党是中国人民和中华民族的主心骨，没有共产党就没有新中国，就没有中国特色社会主义，就没有中华民族的伟大复兴，不断加深对中国共产党为什么"能"、马克思主义为什么"行"、中国特色社会主义为什么"好"的理解。

3. 认真学习多党合作史及民盟历史。中国共产党的百年历史，包含着中国共产党与包括民盟在内的各民主党派肝胆相照、携手前进的同心奋斗史，共同谱写了多党合作的辉煌篇章。通过认真学习，深刻认识多党合作制度孕育、形成、发展的历史必然，深刻认识中国共产党同包括民盟在内的各民主党派长期团结合作中形成的坚定信念、优良传统、经验启示，深刻认识新中国的多党合作是中国共产党、中国人民和各民主党派、无党派人士的伟大政治创造，是从中国土壤中生长出来的新型政党制度，坚持好发展好完善好中国共产党领导的多党合作和政治协商制度。

三、组织实施

民盟东莞市委开展中共党史学习教育贯穿 2021 年全年，在"七一"庆祝中国共产党成立 100 周年大会前，以全面学习中共党史为重点；从"七一"庆祝大会到年底，重点学习习近平总书记在庆祝中国共产党成立 100 周年大会上的重要讲话精神，不断深化对中共党史的系统把握。要紧扣重温光辉历史、发扬光荣传统、坚定合作初心、提升履职水平主题，加强政治引领、理论武装、思想引导、共识教育，融入日常、抓在经常、务求实效。

1. 压实政治责任。民盟东莞市委把开展中共党史学习教育作为一项重要政治任务，成立相应领导机构和工作机构，高度重视、认真谋划、精心组织，结合实际做出安排部署；弘扬自我教育传统，增强政治自觉、思想自觉、行动自觉，把中共党史学习教育与庆祝中国共产党成立 100 周年、民盟成立 80 周年、民盟东莞市委会成立 30 周年结合起来，与贯彻落实《中国共产党统一战线工作条例》结合起来，积极开展符合民盟实际、体现民盟特色的学习教育；把握正确导向，将坚持中国共产党的领导贯穿于学习教育全过程、各环节，旗帜鲜明地反对历史虚无主义，坚决抵制歪曲和丑化历史的错误倾向，团结引领广大盟员树立正确的历史观、民族观、国家观、文化观。

2. 注重突出重点。全市各级盟组织开展中共党史学习教育要以各级民盟组织领导班子成员、代表人士为重点，覆盖各级组织及全体盟员。全市各级盟组织领导班子及盟员要坚持更高标准、更严要求，采取理论学习中心组学习、举办读书活动、开展辅导宣讲、撰写发表学习文章、参加基层组织学习研讨等多种形式，带头加强自学、集中学、领学促学，充分发挥"关键少数"的示范带动作用。要加大基层盟组织学习力度，规范盟内政治生活，将中共党史学习教育作为盟支部活动的重要内容，打通基层"毛细血管"微循环，不断激发盟组织活力。民盟东莞市委会领导班子及成员组织参与中共党史学习教育情况要作为述职和民主评议、民主生活会的重要内容。

3. 丰富载体形式。要创新理念思路、方式方法，针对不同层次、不同领域成员的特点要求，因地制宜、分类引导，精准施策。将中共党史作为各级各类培训班次的核心内容、深化历史传统教育；要充分利用好民盟传统教育基地、盟史馆、盟员之家、重要人物故居、重要事件发生地等资源；利用好红色资源，参观革命遗址遗迹、革命博物馆、纪念场馆、党史主题展览等，开展中共党史学习教育现场活动；要及时发现树立、宣传报道学习教育中涌现出的先进典型，充分发挥典型引领、榜样激励作用；要发挥基层组织思想政治教育功能，通过专题学习、主题活动等形式，结合实际开展主题突出、特色鲜明、形式多样的学习教育活动。

四、活动安排

1. 召开中共党史学习教育动员部署会。召开民盟东莞市委开展中共党史学习教育动员部署会议，对全市各级盟组织和广大盟员深入开展中共党史学习教育进行专题部署，进一步明确目标任务、基本要求和重点举措，确保学习教育扎实深入开展。

2. 开展理论学习中心组学习宣讲。民盟东莞市委领导班子带头加强自学、集中学、领学促进,采取理论学习中心组学习、开展辅导宣讲等多种形式,扎实推进中共党史学习教育。

3. 开展"读党史、学理论、悟初心"专题读书活动。为盟员推荐并购买 1~2 本书籍,支持总支(支部)至少召开一次专题读书活动,鼓励盟员认真研读,撰写学习心得,做到学深悟透、入脑入心。学习内容包括:《论中国共产党历史》《毛泽东邓小平江泽民胡锦涛关于中国共产党历史论述摘编》《习近平新时代中国特色社会主义思想学习问答》《中国共产党简史》《中国共产党统一战线史》《大道——多党合作历史记忆和时代心声》等。

4. 开展集中研讨交流活动。召开中共党史专题学习会暨 2021 年参政议政工作会议,回顾民盟与中国共产党风雨同舟、携手共进 80 年的光辉历程,开展集中学习研讨,探索在新时代如何更好传承民盟优良传统,如何更好地担负参政党的历史使命和责任担当,为全面建设社会主义现代化国家做出贡献。各总支(支部)要将中共党史学习教育作为组织活动的重要内容,积极开展集中学习研讨交流,切实提升学习效果。

5. 开展系列庆祝活动。举办庆祝中国共产党成立 100 周年、中国民主同盟成立 80 周年、民盟东莞市委会成立 30 周年主题征文、文艺演出、专题展览和刊物出版等系列活动,传承政治薪火,凝聚精神力量。支持盟员参加由市委统战部组织的"巾帼心向党 奋斗新征程——唱支赞歌给党听"合唱活动、"永远跟党走"东莞市第六届合唱节等。

6. 开展实地现场教学活动。鼓励各总支(支部)到各地中共党史纪念馆、革命纪念馆、爱国主义教育基地、民盟传统教育基地等开展学习教育现场教学活动,组织盟员到东莞市科学技术博物馆开展沉浸式党建体验项目,引导广大盟员牢记光荣传统,坚定跟党走、共赴新征程的理想信念。

7. 开辟学习教育专题专栏。要注重线上线下学习教育相结合,用好中央党史和文献研究院网站《党史百年·天天读》栏目、南方+"学党史"频道、

"共产党员"教育平台等,在《东莞盟讯》、"东莞民盟"微信公众号设置有关学习专题,盟市委领导率先垂范,公开发表党史学习心得,并带领广大盟员常态化开展线上线下学习,深入宣传全市各级盟组织开展学习教育的先进做法和典型事迹,刊发中共党史学习教育的学习研讨文章。

8.开展"我为群众办实事"活动。一是组织开展莞盟"助学行、环保行、普法行、健康行"社会服务品牌活动,用好"莞盟公益课堂",聚焦重点民生领域,发挥盟员专业优势,围绕助学兴教、环保宣传、医疗健康、法律普及、乡村振兴等领域扎实开展内涵丰富、效果显著的社会服务活动,彰显我市参政党的履职效能。二是深入开展课题调研工作,深入基层一线实地调研,探索助推社会治理、打造新动能的有效途径,切实把参政议政的制度效能转化为助力实现我市高质量发展的强劲动能。三是扎实开展民主监督,围绕我市法治社会建设、生态环境保护、城市治理等民生工程,探索开展民主监督的有效途径,切实发挥特约人员的民主监督作用,努力为东莞改革发展凝心聚力,做出更大贡献。

五、工作要求

1.加强组织领导。盟市委成立中共党史学习教育领导小组,负责学习教育的组织领导和具体实施。领导小组下设办公室,负责学习教育的统筹协调和日常工作。

（1）领导小组

组　　长：程发良

副组长：汤瑞刚、林海川、袁华强、王雪萍

（2）领导小组办公室

主　　任：王雪萍

副主任：蔡子萍、林正强、陈莉、张华、曾平英、马筠、涂华

2. 认真落实责任。全市各级盟组织要充分认识开展中共党史学习教育的重大意义，按照民盟东莞市委统一部署，切实履行主体责任，高标准高质量抓好各项工作落实。全市各级盟组织要结合实际，出台实施方案，及时做出安排，把学习教育覆盖到每个盟支部，确保组织到位、措施到位、落实到位。各级盟组织领导班子要切实承担起责任，层层传导压力，从严从实抓好学习。

3. 强化监督指导。民盟东莞市委中共党史学习教育办公室将坚持分类指导、因地制宜、务求实效的原则，对全市各级盟组织开展的中共党史学习教育情况进行监督指导，及时发现和解决苗头性、倾向性问题，防止形式主义、走过场，确保学习教育取得实效。全市各级盟组织开展主题教育活动相关信息及时报送民盟东莞市委中共党史学习教育办公室。

民盟东莞市委办公室　　　　2021 年 6 月 7 日印发

第四章 组织生活

一、民盟东莞市委特色活动

1995 年

7 月 11 日，市各民主党派举办纪念抗战胜利 50 周年文艺演出。盟员姜丽娟参加主持文艺演出，莞中支部和石龙支部表演小合唱，梅娟独唱，袁剑茹、姜丽娟表演了舞蹈。

9 月 7 日，民盟东莞市委假座东莞理工学院卡拉 OK 厅举办中秋盟员联欢会。会上，民盟广东省委副主委卢菁光做了重要讲话，民盟东莞市委主委梁家裕宣布了新增选市委副主委、委员和任命副秘书长的名单。卢副主委、东莞理工学院党委副书记李新柳、市政协副秘书长黎锦辉，以及盟省委、市政协、中共东莞市委统战部的其他领导与参加联欢会的全体盟员共度佳节。

1996 年

8 月 20 日，民盟东莞市委召开了女盟员座谈会，参加座谈会的女盟员 11 人，占民盟东莞市委会女盟员总数的 42.3％。民盟东莞市委副主委黄文忠、曾华仁和办公室专职干部袁剑茹、洪晓杨参加了座谈会。

座谈会上反映出的社会问题主要有两个：一个是当前不正的女性充当"第三者"的问题，一个是下岗女工的问题。

6月27日，香港回归倒计时14天，市政协大礼堂灯火通明，观众爆满，由东莞市政协、统战部和各民主党派联合举办的庆祝香港回归主题晚会正在这里举行。盟员邓春玲、杨志红分别表演了独唱伴

庆祝香港回归主题晚会上参演女盟员的合影

舞《春天的故事》等节目。盟员卢满江演唱了《平湖秋月》自填词。盟员杨志红、袁剑茹、程金花、曾平英、姜丽娟与统战部及农工党、环保局的同志合演了新疆舞《欢乐的节日》。上述盟员与友党、友人一起，克服了场地、时间等诸多困难，表达了我们洗雪百年耻辱、拥抱东方明珠的喜悦之情和爱国之心，受到社会各界与会者的赞赏与好评。

1997 年

11月4日，为庆祝香港回归和中共十五大召开，由民盟广东省委、民盟东莞市委和东莞市美术家协会联合主办的"祖国颂——广东省盟员书画作品展"在东莞市博物馆开幕。

开幕式由民盟东莞市委主委朱伍坤主持，民盟广东省委副主委孙稚雏、东莞市美术家协会主席郭同江、中共东莞市委统战部领导沈新娥分别发表了讲话，民盟广东省委副主委、秘书长彭洁开，中共东莞市统战部部长游敏达，民进东莞市筹委会主委黎承枝，东莞市美术家协会副主席黄泽森，

东莞市书法家协会主席罗阳、副主席岑贻立，东莞市博物馆馆长钟创坚，民盟广东省委组织处副处长骆海斌等应邀出席并参观了书画展。

　　书画展展出了费孝通等中央和省领导的题词 9 幅，省盟书画展精品 54 幅。市文艺支部李少钧、李兆昂、张磊，电大支部陈荫余，石龙支部陈良发，虎门小组温育香等人的书画作品也一起参加了展出。《东莞日报》、东莞电视台对开幕式做了报道。

　　6 月 16 日，朱伍坤主委和莞城地区部分盟员参加市政协、市委统战部、市各民主党派联合举办的"庆祝中国共产党建党八十周年联欢晚会"。学院支部副主委邵锦（女）演出了独唱《唱支山歌给党听》，东城支部主委杨志红（女）演出了歌舞剧《绣红旗》，文艺支部卢满江（原文艺支部主委）演出了粤曲填词《同庆光辉八十年》。

2005 年

　　2 月 1 日，黄文忠副主委主持召开市盟 2005 年新春茶话会，市统战部沈新娥科长和朱伍坤主委发表讲话，全体盟员和领导、嘉宾近 90 人参加。茶话会在欢声笑语和击掌放歌中融入了深深的党情盟谊。

2008 年

　　3 月 30 日，民盟东莞市委举办女盟员"三八"活动——游从化石门森林公园、宝趣玫瑰园 1 天，共有 30 人参加。

　　9 月 11 日，民盟东莞市委组织离退休老盟员举行中秋茶话会。副主委程发良、秘书长洪晓杨，以及市委委员韩春雷与 30 多位老盟员一起进行了座谈，了解他们退休后的生活，听取他们对民盟工作的意见和建议。茶话会气氛融洽，不仅增进了盟员之间的了解，加深了感情，更在中秋来临之际表达了民盟东莞市委对各位老盟员的关心及美好祝愿。

8月11日至13日，民盟东莞市委组织各支部主委、副主委及骨干盟员共26人到阳江市参观学习，市政协副主席、民盟东莞市委主委朱伍坤，民盟东莞市委秘书长洪晓杨一同参加了这次活动。11日当天，我们受到了当地盟市委朱慧萍等人的热情招待。在双方交流学习中我们了解到，民盟阳江市委会已发展盟员200多名，并组有自己的篮球队，是对内促团结、对外宣传交流的一个好渠道。

此次活动我们参观了阳江闸坡大角湾、建筑中的广东海上丝绸之路博物馆主体"水晶宫"、阳江风筝展览馆、十八子刀具工业点等，当地迷人的沿海风光、丰富的渔产品和独具特色的风筝文化使我们开阔了眼界，阳江市对旅游资源的开发、规划、利用，对相关企业、配套设施和服务人员的规范管理等都值得我们学习和借鉴。

2009 年

1月12日，民盟东莞市委2009年新春茶话会在一片喜乐融融的气氛中举行。市政协副主席、民盟东莞市委主委朱伍坤，副主委李奎山、程发良与130多位盟员齐聚一堂，市委统战部许守干副部长及党派科的领导也出席了茶话会，与盟员们共迎新春。

2008年对民盟东莞市委来说是特殊的一年、充满考验的一年。国家正面临前所未有的挑战，社会正值关键的转型期，而全体盟员无论是在"5·12"汶川大地震的艰难时刻，还是在平常点点滴滴的工作、生活中，都始终坚持团结，坚持党的领导，围绕社会民生和盟的要务默默付出，建言献策、脚踏实地为民办实事，做出的成绩也受到了社会和人民的肯定。朱主委为获得优秀支部的东城、莞城、医卫支部颁发了证书及奖金，并以简单的祝酒词表达了对全体盟员的谢意，寄托对2009年的期望。茶话会在一片欢声笑语中进行，由盟员自愿参与表演的二胡独奏、男声小合唱、萨克斯演奏、女声独唱等文艺节目精彩而丰富，曾治老师的即场挥毫"牛年大吉"更是赢得了全场的掌声。最后，许副部长的一曲《北国之春》为茶话会画上圆满的句号。

3 月 15 日，民盟东莞市委组织全体女盟员到惠东开展"三八"活动。惠州是东莞的兄弟城市，一衣带水，两地在改革开放过程中都取得了可喜的成绩，最近还被评为全国文明城市。我们的女盟员参观游览了惠东有名的巽寮湾，感受大海的气息，体验当地渔民的朴实生活，还有海滨温泉、稔山土豆生产基地等。有规划地开发和利用自然资源，旅游业与农、林、渔业相得益彰，使惠东区的发展呈现一片生机，盟员们为此留下了深刻的印象。

2010 年

1 月 27 日，民盟东莞市委在宏远酒店举行 2010 年新春茶话会，130 多位盟员齐聚一堂，共迎佳节，喜乐融融。市委常委、市常务副市长冷晓明，市政协副主席、民盟东莞市委主委朱伍坤，市政协副主席、市委统战部常务副部长钟淦泉，市委统战部副部长许守干及市委统战部党派科的领导，还有民盟东莞市委副主委李奎山、程发良、汤瑞刚出席了茶话会。朱伍坤主委代表民盟东莞市委作新春致辞。

2009 年民盟东莞市委在民盟广东省委的带领和市领导、市委统战部的关心支持下，以党的十七大和民盟第十次全国代表大会精神为指导，解放思想，开拓创新，切实加强自身建设，不断提高参政议政、服务社会的能力，各项工作都取得了让人欢欣鼓舞的好成绩。在过去的一年里，民盟东莞市委关注民生，建言献策，提案工作和社情民意信息工作有明显的突破；结合形势，创新模式，承办各类专题讲座，以及"农村教育烛光行动"等社会服务和智力扶贫工作做得有声有色；立足基层，激发活力，形式多样且内容丰富的支部活动使盟组织越发团结向上。可以说，民盟的社会影响力在不断加强，盟员的自身素质和参政议政水平也在不断提高。2009 年是和谐、进步的一年。冷晓明副市长给盟员们带来了节日的问候，他对民盟东莞市委这一年来的工作给予了肯定，同时希望盟员们继续以高度的社会责任感，做好参政党的工作。为表彰先进，鼓励盟员继续进步，民盟东莞市委邀请冷晓明、朱伍坤、钟淦泉等领导为获得 2009 年度民盟东莞市委优秀支部的莞城支部、城建环保支部、莞中支部颁发了证书和奖金。

5 月 7 日，为纪念辛亥革命 100 周年、中国民主同盟成立 70 周年，以追溯革命历史、重踏红色征程为两大学习主题，民盟东莞市委组织骨干盟员到湖南、江西等地进行了参观学习活动。

由东莞市政协副主席、民盟东莞市委主委朱伍坤带队，民盟东莞市委一行约 30 人先后参观了萍乡秋收起义广场、全国优秀教育基地安源路矿工人运动纪念馆，接着游览了 20 世纪 20 年代初期由工人出资建造的中国工人阶级的第一座大厦——安源路矿工人俱乐部，以及毛泽东去安源铜像，总平巷口，谈判大楼等地。参观期间，盟员们怀着极大的热情和崇高的敬意，随着工作人员的讲解，一同重温无产阶级革命的风雨历程和光荣历史，认真学习毛泽东等卓越领导人和工农革命军坚强伟大、顽强不息的奋起精神。通过参观学习，盟员们深刻地体会到正是这星星之火照亮了革命的前程，更加坚定了走中国特色社会主义道路的信心，以及坚持党的宗旨、担起社会责任、切实履行参政党职能的决心。

活动还组织盟员齐登有"江西最高峰"之称的武功山金顶，以及古朴自然、充满中国农耕文化气息的天工开物主题公园，既锻炼了身体，又陶冶了情操，盟员们都对这次活动留下了深刻的印象。

9 月 10 日上午，民盟东莞市委一如既往地为退休盟员举办了中秋座谈会，民盟东莞市委副主委程发良，秘书长洪晓杨，市委委员韩春雷、袁华强等出席了座谈会。会上，各领导代表民盟向各退休盟员致以节日的问候，更表达了民盟组织对他们的关心、尊敬和感谢。民盟东莞市委提倡向老同志学习，继承民盟的优良传统，也希望各退休盟员继续发扬先进性，"生命不息，战斗不止"，为党派建设继续做出贡献。值此教师节之际，所有盟员都应以各位退休盟员为师，加强学习，努力奋斗，将民盟建设成一个和谐团结的大家庭。

2011 年

8 月 19 日，正是中秋佳节前夕，民盟东莞市委举办退休盟员中秋座谈会，民盟东莞市委副主委李奎山，秘书长洪晓杨，市委委员韩春雷、郭志明等与 40 多位退休盟员欢聚一堂，共庆佳节。会上，李奎山副主委代表民盟东莞市委对退休盟员致以节日的问候，并表示在座各盟员虽然从工作岗位上退下来了，可是依然保持对社会的关心，对盟工作的支持，这份热忱值得年轻盟员学习。同时，李奎山副主委也希望各退休盟员多发光发热，在参政议政、社会服务工作中给予民盟东莞市委更多的支持，为党派建设继续做出贡献。

12 月 4 日，民盟东莞市委员会 2011 年运动会在东莞中学高中部体育馆隆重开幕。市政协副主席、民盟东莞市委主委朱伍坤，市人大常委、民盟东莞市委副主委李奎山，市政协常委、民盟东莞市委副主委程发良出席了运动会开幕式。

这次运动会是民盟东莞市委为响应市委、市政府关于全民健身的号召、丰富盟员的业余生活而举办的首届运动会，希望通过运动竞技的方式，展现盟员们团结、进取、健康、向上的良好精神风貌，同时发扬"友谊第一、比赛第二"的精神，鼓励盟员重在参与，以达到增强体质、增强民盟的凝聚力的效果。运动会的竞赛项目有接力投篮、持球竞跑、自行车竞慢、引体向上＋仰卧起坐＋毽球＋跳绳组合、乒乓球、保龄球和棋牌七大项，集运动性和趣味性于一体，吸引了由 100 多名盟员组成的 9 支代表队伍参赛，他们来自全市各行各业，有教师、律师、医生、机关干部、工程技术人员等，还有部

2011 年 12 月 4 日，民盟东莞市委员会 2011 年运动会开幕

分退休盟员。参赛盟员中年龄最小的 25 岁，最大的有 75 岁。

民主党派独立举办运动会，在东莞市还是第一次，这对推动东莞市党派的体育运动有重要意义。

运动会的举办得到了东莞中学高中部、东莞理工学院城市学院、东莞职业技术学院、广东省赋诚律师事务所和其他有关单位的大力支持，充分体现了社会各界对党派工作的关心和重视。

2012 年

1 月 4 日，民盟东莞市委在篁胜酒店举行 2012 年新春茶话会，180 多位盟员齐聚一堂，共迎佳节，喜乐融融。市常务副市长冷晓明，市政协副主席、民盟东莞市委主委朱伍坤，市政协副主席、市委统战部常务副部长钟淦泉，市委统战部副部长许守干及市委统战部党派科的领导，还有民盟东莞市委副主委李奎山、程发良、汤瑞刚等出席了茶话会。朱伍坤主委代表民盟东莞市委做新春致辞。

2011 年，在中共东莞市委和民盟广东省委的领导下，在中共东莞市委统战部的关心支持下，切实履行政治协商、民主监督、参政议政职能，不断加强自身建设，带领全市盟员积极发挥作用，为建设幸福东莞建言谋策。

朱伍坤主委在总结过去一年的工作时，用四个"新"概括了民盟东莞市委的发展：一是组织发展实现了新跨越，截至 2011 年年底，全市共有盟员 211 名，盟员人数突破两百大关；二是

2012 年，新春茶话会现场

参政议政取得新突破，呈现"三突破、一提升"的好势头，即提案数量、信息数量、调研数量的突破，提案、信息质量的提升；三是组织活动焕发新活力，民盟东莞市委的活动有数量、有特色，有创新、有保障，大大增强了民盟的凝聚力；四是顺利完成了换届选举工作，产生新一届领导班子，带领民盟东莞市委踏上新征途。2011 年，民盟东莞市委还成功举办了第一届运动会，在我市各民主党派中首开先河。

茶话会上，为表彰先进，鼓励盟员继续进步，朱伍坤主委、李奎山副主委、程发良副主委等领导分别为 2011 年度优秀支部、先进支部、表扬支部和在第一届运动会上获得优异成绩的支部和盟员颁发了证书及奖金。颁奖结束后是文艺节目环节，合唱、独唱、诗朗诵等节目展现了盟员们的热情和独特的才能，节目中间穿插的抽奖活动更是掀起了一波又一波热烈而喜庆的小高潮。最后一曲《明天会更好》响起时，盟员和领导嘉宾纷纷走上舞台，挽起手放声高歌，茶话会在一片欢歌笑语中圆满结束。

9 月 6 日，正值中秋佳节前夕，民盟东莞市委一如既往地为退休盟员举办了中秋座谈会，主委朱伍坤，秘书长洪晓杨，市委委员韩春雷、袁华强、王雪萍、林海川等出席了座谈会。会上，朱伍坤主委代表民盟东莞市委向

各退休盟员致以节日的问候，并对各退休盟员多年来对党派建设做出的贡献表示感谢，希望各退休盟员好好保重身体，继续发扬先进性，积极参加民盟的各项活动，支持民盟的各项工作，多多发光发热，为党派建设继续做出贡献。同时，邀请部分退休盟员就民盟东莞市委的参政议政和组织发展工作谈经验，讲体会，说方法，在交流中汲取进步的活水。朱伍坤主委表示，老同志的经验是宝，这次与他们座谈是民盟东莞市委"参政议政和组织发展工作座谈会"的一个延续，接下来希望举办一次与新盟员的座谈，尽可能地倾听和搜集全体盟员对民盟东莞市委工作的意见和建议。

会后，民盟东莞市委员会"喜洋洋"俱乐部组织所有与会盟员参观了东莞市展览馆，重温了东莞的发展历程，了解了东莞的城市建设，学习了东莞的精神文化，许多退休盟员纷纷表示此次活动非常有意义，寓学习于活动当中，不但收获了快乐，也收获了知识。

2012年5月24日，民盟东莞市委员会"喜洋洋"俱乐部成立暨"东莞本土文化考察行"活动举行，图为俱乐部盟员在茶山南社的合影

11月18日至12月8日，民盟东莞市委举办第二届运动会，本届盟运会以"弘扬体育精神、展现民盟风采"为主题，在民盟东莞市委领导朱伍坤、李奎山、程发良、汤瑞刚等人的亲自带领下，在文体委员会的精心筹划和办公室以及各支部的鼎力支持下，100多名盟员以支部联合的方式组成6支代表队，参加了拔河、定点投篮、持球竞跑、自行车竞慢、引体向上、仰卧起坐、毽球、跳绳、乒乓球、保龄球、拖拉机和象棋共12个项目的比赛。可喜可贺的是，在本届运动会上，共有23人次在6个项目的比赛中打破

了东莞盟运会纪录。盟员们一致认为，盟运会的召开不仅展现了我会盟员积极向上、团结奉献的精神面貌，更重要的是让我们收获了健康、友谊、欢乐。

东莞盟运会的成功举行，对推进我市全民健身运动和党派的体育运动，以及构建和谐社会都有着重要意义。

2013 年

1 月 12 日，民盟东莞市委 2013 年新春茶话会在会展酒店举行，200 多位盟员齐聚一堂，共迎佳节，喜乐融融。市委常委、市委统战部部长李小梅，市政协副主席、民盟东莞市委主委朱伍坤，市委统战部副部长许守干及市委统战部党派科的领导，还有民盟东莞市委副主委李奎山、程发良出席了茶话会。

朱伍坤主委代表民盟东莞市委作新春致辞。首先，朱伍坤主委传达了民盟中央十一次全国代表大会的精神，希望广大盟员认真学习贯彻，进一步开创民盟工作新局面。其次，朱伍坤主委对 2012 年的工作做了总结，表示在过去的一年里，民盟东莞市委在民盟广东省委和中共东莞市委的领导下，在中共东莞市委统战部的帮助指导下，突出和谐、发展两大主题，加强政治理论和经济形势的学习，弘扬民盟的优良传统和正派作风，创新工作机制，切实履行政治协商、民主监督、参政议政职能，各项工作都取得了新的成绩。一是在组织发展上亮点纷呈，实现了速度提升、结构改善、组织壮大、能力提高。二是在参政议政上热情高涨，不仅提案素材多，调研活动多，而且形成的提案多，发言发声多。三是在组织活动上有声有色，如创新项目再次成功举办了东莞盟运会、创新形式举办了盟员综合能力测试、创建了专门组织退休盟员活动的"喜洋洋"俱乐部等；四是在社会服务上润物无声，众多盟员在做好本职工作的同时，积极发扬先进性，做了大量的社会服务工作，力求奉献。最后，朱伍坤主委对明年的工作提出了

四点希望，希望广大盟员再接再厉，做到参政议政求深入、组织发展稳推进、组织活动更多彩、社会服务创品牌。

市委常委、统战部部长李小梅致辞，对民盟东莞市委 2012 年取得的成绩表示祝贺，对民盟东莞市委多年来为东莞的经济社会发展做出的贡献表示感谢，并希望民盟东莞市委继续发扬先进性，在未来的工作中再创佳绩，再立新功。

同时，为表彰先进，鼓励盟员继续进步，朱伍坤主委、李奎山副主委、程发良副主委等领导为 2012 年度民盟东莞市委优秀支部、先进支部、表扬支部和在东莞民盟第二届运动会上获得优异成绩的各支部颁发了证书和奖金。在颁奖结束后，由莞中支部赵希老师主持，多才多艺的盟员们表演的文艺节目把现场的气氛带动了起来，合唱、独唱、相声、舞蹈、诗朗诵等节目都展现了盟员们的热情和独特的才能，感染了在座的领导和盟员们，赢得了满场的赞叹声和掌声。茶话会结束时，大家纷纷到台上合影留念，互相送上新春的祝福。

3 月 14 日，为庆祝一年一度的"三八"国际劳动妇女节，加强女盟员间的联系与交流，民盟东莞市委组织全体女盟员到我市同沙生态公园举行

2013 年 3 月 14 日，民盟东莞市委组织女盟员在同沙生态公园举行健康游园活动时合影

健康游园活动，洪晓杨秘书长、文体委员会李玫主任、各支部文体骨干，以及各支部女盟员共 40 多人参加了这次活动。同沙生态公园位于我市东城南部，交通便利，于 2006 年 5 月正式对外开放，兼具休闲度假和生态旅游功能。因整个园区环绕水库而建，内有湖光山色，绿道蜿蜒，空气清新，所以被称为东莞的"都市绿肺"。女盟员们骑着自行车沿着环湖小道一路游览，欣赏十里荷塘的莲影摇曳、七姐妹山旁的清幽湖景，不骑车的盟员则在湖边凉亭小憩，或于山间小径漫步，尽情享受这一片绿色的祥和与宁静。

此次活动得到了东城区政府的大力支持，活动结束后，盟员们与东城区政府的相关领导和园区工作人员就园区的建设和发展进行了交流，大家对同沙生态公园的赞美和喜爱也溢于言表，同时一致认为，活动不仅让大家加强了沟通，加深了了解，更主要的是通过轻松、健康的方式达到了学习的目的，让大家对东莞的生态文明建设有了更深的了解，对建设幸福东莞、美丽东莞有了更大的信心，对今后的参政议政、社会服务等工作也起到了促进作用。

7 月 4 日，由朱伍坤主委带队，市政协教科文卫体专委会和民盟东莞市委员会"喜洋洋"俱乐部的部分成员到桥头参加了"第 27 届全国荷花展暨第 10 届东莞桥头荷花节"活动。

在荷花展现场，大家兴致勃勃地参观了广东、东莞、东北、华中、华东、西北、西南和精品展区 8 个主要展区。本届展会有来自全国各地的 105 个参展单位，共展出了 420 个优良品种的荷花。在荷花数量、荷花品种、参展单位等方面都创历届之最。大家都被楚楚动人的荷花所吸引，"喜洋洋"俱乐部的盟员们更是在荷花园中流连忘返。桥头镇朱晓敏党委陪同大家参观并详细介绍了展会情况。朱伍坤主委对本届展会和荷花节给予了高度评价。他指出：人流决定展会成败、人气决定节日气氛。从现场的人流和人气可以充分证明桥头的这次"展会"和"节日"相当有人气和节日气氛，说明这个"展会"和"节日"办得相当成功，而且越办越好。他勉励桥头继续努力，并借此推动桥头形象提升和社会经济的发展。

9月5日，为了迎接即将到来的中秋佳节，民盟东莞市委一如既往地为退休盟员举办了中秋座谈会。朱伍坤主委，洪晓杨秘书长，市委委员韩春雷、王雪萍，支部主委廖定标、李玫等出席了座谈会。会上，朱伍坤主委代表民盟东莞市委向各退休盟员致以节日的问候，并对各退休盟员多年来对党派建设做出的贡献表示感谢，叮嘱退休盟员要注意保持身心健康，以愉悦的心情享受退休生活，并希望各退休盟员继续发扬先进性，积极参加民盟的各项活动，支持民盟的各项工作，多多发光发热，为党派建设继续做出新的贡献。中秋老盟员活动，是民盟东莞市委历年来都会组织的一次特色活动。主要目的是为了弘扬中华民族敬老爱老的传统美德，向老盟员学习，感恩老盟员多年来为民盟组织做的贡献。老盟员对这项活动热情很高，每年都会积极参加，特别是一位已经住在广州的退休盟员，每年早早地坐车来到东莞，参加这项活动。

10月14日，东莞民盟第三届运动会筹备会议召开。朱伍坤主委、洪晓杨秘书长、部分支部的主委和各支部的文体活动骨干参加了会议。会议确定由民盟东莞市委文体委员会负责牵头筹办此次运动会，本届运动会是民盟东莞市委举办的第三届全盟运动会，运动会将由100多名在职盟员以支部联合的方式组成4支代表队，在2013年11月期间，进行排球、拔河、定点投篮、持球竞跑、自行车竞慢、引体向上、仰卧起坐、键球、跳绳、乒乓球、保龄球、拖拉机和象棋共13个项目的比赛。至此，2013年东莞盟运会正式拉开了序幕。

11 月 1 日，为丰富盟员的组织生活，加强盟员的沟通联系，增强民盟组织的凝聚力，针对我市盟员当中登山、摄影和棋牌爱好者较多的情况，经过文体委员会的策划和各位盟员的共同努力，民盟东莞市委于 11 月 1 日正式成立登山队、摄影队和棋牌队。在三支专业运动队成立当天，市政协副主席、民盟东莞市委主委朱伍坤亲自带领 30 多名队员到增城白水寨举行了登山、摄影和棋牌友谊赛等活动。

在活动中，朱伍坤强调，要实现社会和谐，首先要盟内和谐；要做好参政议政工作，首先要有健康的身体和满腔的热情。成立运动队的目的是促进全盟的体育健身活动和文化娱乐活动健康发展，增进团结，增强盟的凝聚力和吸引力，让盟员们以健康的身体和饱满的政治热情做好各项工作，为发展盟的事业、为履行参政党职责做出贡献。他勉励文体活动委员会不断总结经验，把盟的文体活动办得更加丰富多彩。

12 月 29 日，民盟东莞市委 13 个支部共 80 多位盟员组成的 4 支代表队，齐聚东莞市商业学校，进行第三届盟运会剩余项目的比赛。2013 年，民盟东莞市委第三届运动会从 10 月下旬开赛，继排球、乒乓球、保龄球和棋牌等团体、竞技类项目之后，这次进行的是定点投篮、持球竞跑、自行车竞慢、引体向上、仰卧起坐、毽球、跳绳等趣味性项目。各代表队积极召集盟员参赛，不少退休盟员也在赛场上赛出了风采。比赛结束后，仰卧起坐、男子跳绳、保龄球等项目都刷新了上一届盟运会的记录，第三届盟运会在一片欢呼声中顺利结束。盟员们都表示东莞盟运会的举办，不仅倡导了健康、团结、向上的体育精神，还能增强盟员的健康意识，对盟员体能和身体素质的提高也是显而易见的。在党派的组织生活中，盟运会是提高民盟的凝聚力，展现盟员精神风貌所不可或缺的活动。

2014 年

9 月 2 日，为了迎接即将到来的中秋佳节，民盟东莞市委一如既往地举办了退休盟员中秋座谈会。主委朱伍坤，副主委李奎山，秘书长林海川，市委委员韩春雷、王雪萍等出席了座谈会，众多盟员欢聚一堂，其乐融融。

中秋老盟员活动，是民盟东莞市委历年来都会组织的一次特色活动。主要目的是为了弘扬中华民族敬老爱老的传统美德，向老盟员学习，感恩老盟员多年来为民盟组织做的贡献。座谈会上，朱伍坤主委首先代表民盟东莞市委向各位退休盟员致以节日的问候，接着对民盟在思想建设、组织发展、参政议政、社会服务等方面的工作向退休盟员进行了介绍，同时对各位退休盟员多年来对党派建设做出的贡献表示感谢，叮嘱退休盟员要注意保持身心健康，以愉悦的心情享受退休生活，并希望各位退休盟员继续发扬先进性，积极参加民盟的各项活动，支持民盟的各项工作，发挥余热，为党派建设继续做出新的贡献。

11 月 15 日，民盟东莞市委第四届运动会在东莞市经贸学校拉开序幕。主委朱伍坤和来自各基层支部的 100 多名盟员一起参加了比赛。运动会既有跳绳、仰卧起坐、引体向上、毽球、定点投篮、乒乓球、保龄球等竞技性项目，也有象棋、拖拉机等智力型项目。经过两天的紧张角逐，共有 3 人创造了新的莞盟运动会纪录。

盟运会以盟员兴趣和重在参与为原则，以联谊、健康、快乐为宗旨，为盟员们搭建了一个沟通交流、娱乐健身的平台，为民盟组织营造了一个团结、和谐、向上的氛围。本届运动会总结了往届运动会的经验，对报名参赛方式和计分方式进行了完善，扩大了盟员的参与度，提高了盟员的参与热情。许多支部还组织了啦啦队进行助威。随着比赛紧张有序的进行，现场欢声笑语此起彼伏，非常热烈。

2015 年

4 月 26 日，民盟东莞市委召开 2015 年首次新盟员座谈会，市政协副主席、民盟东莞市委主委朱伍坤，市人大常委、民盟东莞市委副主委李奎山，民盟东莞市委委员、办公室主任王雪萍与 20 位新入盟的成员进行了座谈交流。本次新入盟成员平均年龄为 38 岁，本科以上学历占了 86.4%，涵盖了教育、环保、非公经济等多个界别的精英骨干，是民盟东莞市委于近年来发展新盟员数量最多的一次，为民盟东莞市委增添了活力，补足了后劲，迎来发展黄金期。

座谈会由李奎山副主委主持，李奎山副主委向新盟员介绍了民盟东莞市委的基本情况，详细阐述了民盟是什么，民盟干什么，民盟怎么干，以及盟市委近几年来为推动东莞经济社会发展在参政议政、民主监督、社会服务等各项工作中所做的努力和贡献。会上新盟员分别做了自我介绍。

朱伍坤主委对新盟员的加入表示欢迎，并向新盟员提出了三点希望：一是希望新盟员加强认识。以中国民主同盟盟员的身份重新认识自己，注意言行，时刻牢记自己的盟员身份。二是希望新盟员履行职能。继承和发扬民盟的优良传统，积极履行参政党职能，充分利用民盟东莞市委已搭建的参政议政和社会服务平台，积极撰写提案、社情民意等信息，踊跃参加东莞民盟的助学行、环保行、普法行、健康行等活动，多为民盟、为社会做贡献。三是希望新盟员摆正心态。通过对民盟章程和民盟历史的学习，树立正确的参政党意识，要具有奉献精神，做好盟务工作，同时也要处理好本职工作与盟务工作的关系。

9 月 11 日、13 日和 19 日下午，第五届东莞盟运会徒步慢跑初赛在东莞市黄旗山公园绿道顺利举行。本届运动会的主题是：让组织充满活力，让盟员收获健康。经过三天的激烈争夺，共有 30 名优胜者顺利进入决赛。民盟东莞市委主委朱伍坤、副主委程发良等领导带头参加了比赛。

本次比赛共吸引了来自15个支部的161名盟员参加，占在职盟员人数的2/3以上，是历届运动会参与人数最多的一次，充分体现了盟组织的活力和盟员参加体育活动的热情。

领导重视、精心策划、严密组织、开心参与，盟运会已经成为东莞广大盟员交流、交友、展现才智、展现活力的平台，有效地提升了民盟组织的吸引力和凝聚力。"有活动才会有活力，有运动才能更健康。"朱伍坤主委不但亲自参加运动会比赛，而且寄语广大盟员要积极参加运动，在运动中获得快乐，在运动中收获健康。他勉励文体活动委员会要不断总结经验，把莞盟运动会越办越好，越办越精彩，成为民盟东莞市委一道越来越亮丽的风景线。

9月17日，正值中秋佳节前夕，民盟东莞市委为退休盟员举办了中秋座谈会，民盟东莞市委会主委朱伍坤，市委委员黄虔、王雪萍，原民盟东莞市委秘书长洪晓杨等出席了座谈会。

会上，主委朱伍坤代表民盟东莞市委向各位退休盟员致以节日的问候，并对各退休盟员多年来对党派建设做出的贡献表示感谢。接着还对民盟近来在组织发展、参政议政、社会服务等方面的工作进行了介绍。在组织发展方面，近年来盟市委的发展进入快车道，预计到2015年年底，盟员数量将超过300名；在参政议政方面，民盟东莞市委在市政协十二届四次会议上共提交了集体提案16件，委员提案15件，其中有4件提案被评为重点提案，占全市重点提案的1/2，成绩非常突出；在社会服务方面，民盟东莞市委已创建了四个社会服务品牌，分别是"莞盟助学行""莞盟环保行""莞盟普法行""莞盟健康行"，社会服务工作做得有声有色，其中莞盟爱心基金目前已收到热心盟员的捐款高达100万元，社会服务工作不断取得新的突破。

10 月 31 日，民盟东莞市委召开 2015 年第二次新盟员座谈会。市政协副主席、民盟东莞市委主委朱伍坤，市人大常委、民盟东莞市委副主委李奎山与 8 位新入盟的成员进行了座谈交流。

本批新入盟的成员平均年龄为 39 岁，本科以上学历占了 87.5%，其中有 3 名具有高级职称，分布在教育、医卫、经济领域。新入盟的成员都是各自单位里的佼佼者，他们在欢快愉悦的气氛中分别做了自我介绍，加深了彼此的认识。

主委朱伍坤介绍了民盟东莞市委的概况，并对新盟员提出了四点要求。一是希望有"认识"，希望新盟员对党派有个全面的认识，要加强学习，了解民盟的历史、章程和作为盟员应尽的义务，强调加入民盟后要严守纪律，做一名合格的盟员；二是希望有责任，希望新盟员敢于承担、有所作为，勇于负责，在民盟组织中实现自我价值，做一名有责任感的盟员；三是有担当，奔走国是，关注民主的道义担当精神是民盟的优良传统，希望新盟员在参政议政过程中讲真话、讲实话，同时把握好话语权，积极建言献策，讲话要有艺术，做一名有水平的盟员；四是有快乐，希望新盟员在加入民盟后，在民盟组织里过得快乐、和谐。朱主委表示，要想在民盟组织里过得快乐，要懂得付出。希望新盟员好好利用民盟东莞市委已搭建的社会服务平台，积极参加助学行、环保行、普法行及健康行活动，加深对民盟组织的了解，促进盟员间的交流，为民盟组织奉献自己的力量，做一名优秀的盟员。

2016 年

9 月 4 日，民盟东莞市委召集市委委员和 35 名退休盟员共聚一堂，同贺中秋。市政协常委、民盟东莞市委主委程发良，市政协委员、民盟东莞市委副主委袁华强，市委委员王雪萍、朱继良、张华、唐章辉、曾平英和温信均出席了座谈会。

会上，程发良主委首先向与会盟员致以节日的问候，向为民盟事业发展做出贡献的老领导、退休盟员致以衷心的感谢和崇高的敬意，并叮嘱退休盟员要注意保健养生，保持心情愉悦，好好享受退休生活，同时也发挥好传帮带作用，通过言传身教，向支部盟员传授宝贵经验，继续为党派建设做出新的贡献。参会盟员欢聚一堂，谈笑甚欢，其乐融融。

健走队队员合影

乒乓球队队员合影

桥牌队队员合影

网球队队员合影

羽毛球队队员合影

2018 年

3 月 11 日，民盟东莞市委举行运动队成立仪式。副主委汤瑞刚、秘书长王雪萍出席了成立仪式，共有 40 余名盟员参加。成立仪式由副秘书长张育涛主持。

在成立仪式上，汤瑞刚副主委代表民盟东莞市委致辞并宣布莞盟运动队正式成立，指出目前共组建了 5 支运动队，分别是网球队、乒乓球队、羽毛球队、健走队及桥牌队，并强调了莞盟运动队的组建充分发挥了盟员自主性，都是由盟员根据自身特长及爱好选择队伍，在运用微信群等新媒体基础上，在群上自觉接龙报名参与，自行讨论各自运动方案和计划，方式非常灵活。最后，汤瑞刚副主委希望通过各运动队的活动，通过各位队员的积极参与，实现盟员健康，促进盟员幸福，加强盟员凝聚力的作用。

会上，各运动队队长依次上台介绍各自运动队的组建情况及活动计划，简单介绍了队员，并接收了民盟东莞市委赠送的队旗及体育器材。

9 月 13 日，民盟东莞市委召开 2018 年退休盟员中秋座谈会，此次座谈会共有 41 名退休盟员参加。大家互致问候，其乐融融。市委委员王雪萍、朱继良、陈莉，副秘书长吴志光，盟史工作委员会主任梁永钦参加了座谈会。

会上，梁永钦代表退休盟员感谢民盟东莞市委，感谢组织时刻惦记着他们，提供了一个好平台，让他们可以经常相聚，叙友情，为退休生活增添精彩。

随后，王雪萍代表民盟东莞市委向各位退休盟员致以节日的问候，并感谢他们多年以来积极支持盟的各项工作，为民盟事业发展所做出的努力，并希望退休盟员继续发挥余热，为党派建设做出新的贡献。

2019 年

9 月 12 日晚，"同心筑梦，乐献华诞"庆祝新中国成立 70 周年交响音乐会在东莞市文化馆隆重举行。广东省人大常委会副主任、民盟广东省委会主委王学成，东莞市委常委、统战部部长陈志伟，民盟东莞市委主委、东莞市政协副主席程发良，惠州市政协副主席、民盟惠州市委主委黄晓霞，梅州市政协副主席、民盟梅州市委会主委韩小林，深圳龙岗区政协副主席陈红，东莞市妇女联合会主席黄伟青，东莞市委宣传部副部长赵国营，东莞市文化广电旅游体育局副局长曾玉如，以及东莞日报社，东莞广播电视台，市各民主党派、知联会、新阶联等相关负责人，部分镇街、部门领导，民盟佛山市委、民盟江门市委领导，东莞民盟盟员代表，广东宏川集团有限公司员工代表，广东天福连锁商业集团有限公司员工代表，交响音乐爱好者及新闻媒体朋友共 800 余人出席了音乐会。

此次交响音乐会由中共东莞市委宣传部指导，中共东莞市委统战部、东莞市文化广电旅游体育局、中国民主同盟东莞市委员会、东莞市妇女联合会主办，东莞市文化馆、广东宏川集团有限公司、广东天福连锁商业集团有限公司、东莞市音乐家协会承办，东莞市文化馆管弦乐团和东莞市黄江音协合唱团联袂演出。

"同心筑梦，乐献华诞"东莞市庆祝新中国成立70周年交响音乐会全体演出者合影

这场音乐会采用音、诗、画结合交响乐的艺术形式，以爱国情怀、同心思想为主线，抒发了热爱祖国、团结向上、奋发进取的时代主旋律。当《信仰》《红烛》《你是这样的人》《七子之歌》《天耀中华》等经典曲目再次唱响，现场观众感受到的不仅仅是音乐本身，更是一部中华民族觉醒与奋起的悲壮史诗。短短一个半小时的音乐会，熟悉的旋律，出彩的表演，全场响起数次掌声，当《天耀中华》音乐声刚落，全场更是响起长时间雷鸣般的掌声，这掌声既是对演出人员的衷心感谢，也为国家送上最真挚的华诞祝福。通过欣赏音乐，全场观众产生感情共鸣，激发爱国热情，切实把参与庆祝活动变成增进思想共识、凝聚奋进力量的过程，深化了"不忘初心，牢记使命"主题教育活动的核心要义，宣扬了为"湾区都市、品质东莞"建设贡献力量的精神。

最后，全场观众身穿统一红色衣服，全体起立，手挥国旗，在一片红色的海洋中齐唱《歌唱祖国》，共同以歌声抒发爱国情怀。本场交响音乐会在《歌唱祖国》中完美落幕。

二、基层特色活动

2011 年

4 月 16 日，民盟东莞市委积极响应民盟广东省委关于开展"我为幸福广东建功业"系列行动方案，集中盟员力量，开展各种有意义、有成效的组织活动。由东莞市政协副主席、民盟东莞市委主委朱伍坤带队，文艺支部、莞中支部、莞城支部、东城支部、科技支部 5 个支部 50 多名盟员在东莞市现代农业科技园进行支部联合活动。此次活动主题是"低碳环保绿色行"，大家通过参观、学习东莞市现代农业科技园，认识到在绿色环保理念下，现代农业科技的蓬勃发展。活动中，盟员参观了科技园区内的"奥运蔬菜室外区"和"奥运蔬菜大棚区"，了解了"奥运蔬菜"的由来和在东莞的发展历程，并纷纷下田采摘蔬菜，体验农活，全程欢声笑语不断。

许多盟员表示，此次活动收获很大，来到蔬菜基地不仅呼吸到了新鲜空气，更增长了见识，看到了高科技农业的发展成果；直接下田采摘蔬菜，不仅锻炼了身心，更加深了对土地和农业资源的了解。

2013 年

7 月 28 日，由虎门支部主办的 2013 年"东林杯"羽动虎门俱乐部团体赛在虎门镇华池羽毛球馆落下了帷幕。本次比赛为混合团体赛，得到了虎门东林培训中心的大力赞助，吸引了来自虎门镇太平人民医院、虎门医院、虎门中医院、虎门电视台等多个单位和行业的 16 支队伍近百名羽毛球爱好者参加。在经过一天的精彩角逐后，虎门体校队勇夺桂冠，羽动虎门绿叶队获得亚军，羽动虎门五星队夺得季军。

本次活动取得了圆满的成功，李奎山副主委表示，举行该项比赛主要是为了给虎门全民运动创造一个快乐交流的平台，从而达到全民健身、快乐运动的目的，为虎门镇的群众活动更好更优地开展贡献民盟的力量。本次活动以基层组织之力，主办全镇级别的运动比赛，在我市各民主党派的基层组织活动中首开先河，它的成功举办对推动东莞市民主党派的体育运动有着重要意义，活动不仅受到了虎门镇各新闻媒体的广泛关注，提升了

虎门支部主办的"东林杯"羽动虎门俱乐部团体赛取得圆满成功

民盟的社会影响力而且让虎门镇群众更加深入了解到了民盟是一个什么样的组织，成功树立了民盟的良好形象。

10 月 23 日，为加强政府与民主党派人士的联系，积极推进统一战线各项工作的高效有序进行，大力搭建政府与民主党派的沟通交流平台。横沥镇人民政府盛情邀请镇区一支部的全体盟员作为嘉宾出席东莞横沥 2013 百年牛墟风情节开幕式。开幕式完成后，横沥镇人民政府安排专人引领镇区一支部的盟员到指定的地点召开支部会议。会上，镇区一支部主委廖定标就民盟东莞市委 2013 年运动会的有关要求做出说明并动员大家积极履行参政议政职责，围绕东莞的发展，多多撰写提案，盟员们各抒己见，讨论热烈。会后，横沥镇人民政府专责统战事务的谢钰青主任与镇区一支部的盟员们进行亲切交流，共叙做好统战工作的新思路、新做法。

下午，镇区一支部的盟员们还受邀参加"百年牛墟"风情节的部分主题活动和参观横沥牛行。通过切身体验，从中品尝了牛美食，体验"牛花车巡游"，还过了一把"牛中瘾"，考了考自己的眼力，猜一猜牛的重量，并与不同种类的牛"零距离"接触，从而感受 500 年牛墟风情和牛耕文明。一路上，当地媒体还为镇区一支部盟员参加的所有活动进行全程录制，廖定标主委接受了当地媒体的采访。他表示，通过此次活动，有力加强了政府与民主党派人士的联系，确有成效地推进了镇街统战工作的高效有序进行，为日后党派与镇街人民政府的联系、组织专题调研搭建了更顺畅的沟通平台。

2015 年

9 月 12 日，为庆祝我国第 31 个教师节，莞城、石龙、大岭山 3 个支部开展了联合活动，组织盟员们于 9 月 12 日前往石排镇鲤鱼洲参观当地生态农业，享受难得的休闲时光。在东莞为数不多的小岛中，石排鲤鱼洲知名度很高，这里临市区，傍东江，风光旖旎，洲上空气清新、气候宜人，村民多数长寿，是石排镇有名的长寿村。从石排镇田边村到鲤鱼洲只有一条船，一个渡口，我们登上渡轮，两分钟后就到达了近乎世外桃源的鲤鱼洲。小岛上有成片的果园、蔗林，因为季节的关系，农家菜更能吸引大家的眼球，盟友们一边采摘一边欣赏田园风光，不亦乐乎。中午在岛上唯一的鲤鱼岛农庄就餐，因为食材基本上都取自岛上，那些原本熟悉的菜式居然有了不一样的味道，赢得了大家的一致称赞。赏田园风光，享农家乐趣，品地道美食，大家纷纷表示不虚此行，感受到"回归自然"的快乐！

2016 年

6 月 6 日，在端午节来临前夕，文艺支部举行了一次以端午传统文化为主题的茶话会。

活动当天，虽然下着阵雨，但丝毫不减支部盟员参加活动的兴致。年轻的几位盟员热情地驾车，载着几位退休盟员前往道滘，品尝当地知名特色美食粽子等富有地方特色的美食。

在活动中，大家互相畅谈端午传统文化，如：纪念爱国诗人屈原；包米粽、品大众美食；酷暑前采插艾叶、菖蒲，避瘟驱毒，取蟾酥，涂饮雄黄酒，防疫祛病；举行龙舟赛，弘扬中华传统文化；等等。通过交谈，加深了盟员之间的交流，增长了见识，增强了对民族文化的认同感和热爱之情，并学习了屈原的爱国主义精神，给大家留下了最深刻的印象。

2018 年

3 月 9 日，民盟高校总支组织全体女盟员参观中国农民画博物馆，开展庆"三八"活动。

中国农民画博物馆代表着中国文化文明和经济文明相结合的典范，是和谐发展、和谐共赢、和谐社会的里程碑。博物馆开创了惠州地区企业开办博物馆的先河，用艺术之美陶冶游客的心灵，促进旅游与文化的有效结合。此次活动，使盟员对中国农村文化、农民生活的基本情况，尤其是惠州地区的农民文化有了进一步的认识，同时也促进了盟员之间的交流和了解，为今后更好地开展工作打下了扎实的基础。

3 月 20 日，民盟东城总支主委李云霞组织总支女盟员赴石排海仔湖原生态区，开展"畅游东莞 四季如歌"主题活动。通过此次实地参观体验活动，大家对东莞如何加强城市原生态环境保护以及如何引导和发展东莞旅游业两个课题的研究有了新的看法，活动过程中大家积极建言献策，提出一系列改善现状的可行性方案和新措施。

此次活动意义深远，不仅增强了女盟员们对"美丽东莞"的认识和认同，同时也凝聚东莞盟员巾帼力量，展现新时代妇女风采，增强女盟员获得感知美好生活幸福感正能量，为传播"美丽东莞"形象、展示东莞旅游城市魅力贡献一分力量。

9 月 23 日，以倡导尊重自然、绿色环保为理念，民盟广医支部的盟员们，迎着金秋的阳光开始了迎中秋"全民健身·快乐运动"活动。盟员们在拔河的游戏中扬起团队合作进取的高风，在跳绳的比赛中提倡躬身力行的行为，在结队爬山的路途中，话家常、问冷暖，唱响和谐的曲子。中秋佳节是一个团圆的日子，民盟是盟员们的大家庭，本次活动拉近了盟员们心与心的距离，增强了民盟组织的凝聚力。

2019 年

3 月 2 日，民盟高校总支在总支主委陈莉的带领下来到松山湖光大 We 谷产业珍珠展厅开展迎"三八"庆祝活动。本次活动让女盟员们学会了如何鉴别珍珠的真伪，如何搭配服饰。通过鉴赏，还让她们提高了珠宝搭配格调，提升了审美情趣，品味美好人生，更体验了珍珠带给女人不一样的魅力。

一张张笑脸，一个个灿烂的笑容，本次活动让姐妹们度过了快乐的节日，大家深感人与人的相通，人与珍珠的相融，其乐融融。

3月13日，民盟东城总支组织女盟员赴东莞市植物园的名树名花园，开展以赏花为主题的三八妇女节庆祝活动。经过此次实地参观活动，总支女盟员不仅认识和了解到世界上的各种名树名花：弥勒佛树、猴面包树、龙血树、华盖木、大腹木棉、见血封喉、伯乐树、金花茶、双色杜鹃、樱花等，普及了植物科学知识，参观了百花涧、华芳苑、沙生植物园等各具特色的园区，还促进了女盟员间的感情，增强了组织凝聚力。

这次活动，女盟员们不仅切身感受到东莞市推进美丽东莞建设的亮点工程，增强了对"湾区都市、品质东莞"的认识和认同，通过交流，还提升了女盟员们要展现新时代妇女风采的意识。

东城总支三八妇女节活动合影

3月16日，民盟南城总支组织女盟员赴东莞的遇见多肉花场参观学习，开展以认识多肉为主题的观赏和种植多肉盆栽学习活动。

通过参观，女盟员认识了各种多肉，它们也都配有好听的名字，有白牡丹、柴珍珠、紫佛珠、星美人……数不胜数。参观的同时，经验丰富的花场园丁还为我们上了一堂如何种植多肉的课。在园丁的指导下，最后每人手上都做出了一个自己满意的盆栽！

通过这次活动，促进了女盟员间的感情，增强了组织凝聚力，女盟员们都深感到民盟组织的温暖，我们都要珍惜现在的大好时机，在各自的岗位上多做贡献，为民盟争光。

2020 年

1 月 20 日，民盟南城总支开展了 2020 年迎新春慰问老盟员活动。

上午，总支主委曾平英等前往退休盟员翟学良家探访，为翟老送去新春的慰问和新年的美好祝福，表达南城总支全体盟员对翟老的敬意和关心；同时配合南城统战办新春慰问活动，转达南城统战办对民主党派成员的关心，为翟老送上一份沉甸甸的新春慰问礼品，表达南城统战办和民盟南城总支对翟老的敬重和爱戴。

下午，总支副主委王勇和委员袁富胜等前往厚街探望身患疾病的老盟员许重，为许重送去新春的慰问和新年礼物，表达南城总支全体盟员的关心，并转达了民盟东莞市委的新春慰问，安慰许重安心治病，祝他老人家早日康复！

午间，民盟南城总支组织了退休盟员茶话会。老盟员在新春来临之际，欢聚在一起，其乐融融，互相倍感亲切，畅所欲言。

最后，曾平英主委带领班子成员和代表共同祝福退休老盟员们鼠年有"鼠"不尽的欢乐，"鼠"不尽的健康，"鼠"不尽的幸福。

2021 年

4 月 24 日，为丰富精神文化活动，为象棋爱好者搭建沟通交流的平台，由松山湖宣传与社会工作局主办，民盟松山湖总支联合东莞市松山湖象棋协会协办的"茂青文旅杯"中国象棋友谊赛在松山湖生产力大厦一楼拉开帷幕。民盟松山湖总支多名盟员积极参加了此次友谊赛。

赛场上，象棋爱好者们汇聚一堂，同场竞技。棋手们沉着应战，斗智斗勇，享受着博弈的乐趣，充分展示了他们机智灵活、顽强拼搏的精神风貌和良好的棋艺水平。历时一天，经过多轮角逐，本次友谊赛决出前十名。民盟代表队的盟员邓卓超和欧阳华甫分别获得第三名和第十名。

赛后，松山湖总支盟员与松山湖管委会干部进行了座谈交流。盟员们纷纷表示，本次友谊赛不仅提升了象棋竞技技能，丰富了业余文化生活，更结识了不少松山湖片区爱好象棋的朋友，让外地来东莞创业就业的盟员们更有归属感。

第五章 制度建设

一、工作历程

1990 年 6 月 5 日，民盟东莞市委（筹）召开领导班子会议，制定了 3 个制度，即《民盟东莞市委（筹）工作简则》《民盟东莞市委（筹）机关工作简则》和《民盟东莞市委（筹）基层工作简则》。另外，还制定了《自身建设三年规划概要（草案）》。

1992 年 4 月 19 日，民盟东莞市委一届五次会议讨论了机关办公及其他制度，会上还建议建立 4 项制度、社会服务的 5 个原则及文教和科卫工作的思路。

1995 年 9 月 22 日，民盟东莞市委会议初步讨论了《民盟东莞市委办公会议制度》《民盟东莞市委支部生活制度》《民盟东莞市委公章保管使用制度》《民盟东莞市委财务制度》和《民盟东莞市委办公室制度》的修订一稿，会后形成修订二稿，印发给全体市委委员，广泛征求意见。11 月 29 日，民盟东莞市委扩大会议通过了上述 5 个制度。

2005 年 4 月 27 日，民盟东莞市委三届八次（扩大）会议暨三届二次参政议政联席会议召开，审议通过了《民盟东莞市委提案提出、受理与奖励制度》。

2013 年 10 月 18 日，民盟东莞市委五届三次会议讨论通过了《民盟东莞市委支部工作量化考核办法》。

2018 年 5 月 25 日，经民盟东莞市委六届十次主委会议通过，《民盟东莞市委员会制度汇编》正式公布执行并印发给各基层。汇编包括了《民盟东莞市委会组织工作细则（试行）》《民盟东莞市委会领导班子职责及分工》《民盟东莞市委会参政议政工作制度》《民盟东莞市委会信息工作制度》《民盟东莞市委会基层组织工作量化考核办法（试行）》《民盟东莞市委会财务管理办法》。

2021 年 8 月 12 日，民盟东莞市委七届二次主委会议讨论通过了《民盟东莞市委会正副主委、秘书长、委员职责与工作制度（修订）》，原《民盟东莞市委会领导班子职责及分工》同时废止；对《民盟东莞市委会财务管理办法》部分条款进行了修改。

二、现行制度汇编

民盟东莞市委会正副主委、秘书长、委员职责与工作制度
（七届二次主委会议讨论通过）

为加强自身建设，完善参政党机制，建立民主、团结、高效的班子集体，进一步推动民主集中制科学化、规范化，根据《中国民主同盟章程》和民盟中央、民盟广东省委的有关规定，结合民盟东莞市委会的实际情况，制订本工作制度。

第一章　职责分工

第一条 主委主要职责包括：

（一）主持班子、盟市委工作，对工作全局负有领导责任；

（二）代表盟市委参加市委、市政府召开的各种协商会并充分发表意见建议；代表盟市委参加中央、省、市等各级组织召开的要求民盟地方组织负责人参加的各种重要会议和活动；

（三）在盟市委履行参政党职能过程中把握大局，掌握方向。负责抓

各重大事项的议事、调研和决策，审定盟市委重要文件、文章、调研报告等；

（四）通过主持市委会议、主委会议对盟市委组织的工作实施集体领导；

（五）负责协调领导班子的内部关系，支持领导班子其他成员做好分管的工作。

第二条 专职副主委主要职责包括：

（一）认真贯彻执行市委会议、主委会议的决议和研究决定的有关事项，制订实施方案；

（二）当好主委的参谋和助手，协助主委做好市委会议、主委会议前的准备工作，及时向主委会议和主委汇报工作；

（三）在主委会议领导下，根据具体分工开展工作。同时，分管机关工作，对盟市委办公室工作负总责；

（四）主动加强与统战部的沟通协商，加强与政协、政府的联系，协调好各方面的关系；

（五）完成主委委托的其他工作。

第三条 兼职副主委主要职责包括：

（一）坚持集体领导，坚持民主集中制，共同维护领导班子的团结，积极支持和协助主委开展工作；

（二）在主委会议领导下，根据主委会议做出的具体分工开展工作；

（三）参加市委会议、主委会议和盟市委召开的与分管工作相关的重要会议，并充分发表意见；代表盟市委参加中央、省、市等各级盟组织以及政府职能部门召开的与分管工作相关的重要会议和活动，并充分发表意见；

（四）积极发挥自身优势参政履职，为各种高层协商和专题协商提出切实可行的意见建议；

（五）审定与分管工作相关的盟市委重要文件、文章、调研报告等。

第四条 秘书长主要职责包括：

（一）在主委、专职副主委领导下，落实市委会议、主委会议各项决议的实施方案；

（二）办理会务、公文；

（三）完成市委会议、主委会议授权范围内的盟务管理，协助专职副主委管理机关日常事务；

（四）协调机关工作，加强与各民主党派及有关方面的联系。

第五条 委员主要职责包括：

（一）坚持集体领导，坚持民主集中制，共同维护盟内团结，积极支持和协助领导班子开展工作；

（二）在正、副主委的领导下，根据市委会议或主委会议做出的具体分工，协助分管领导开展工作；

（三）参加市委会议和盟市委召开的与分管工作相关的重要会议，并充分发表意见；代表盟市委参加市委、市政府召开的与自身分工相关的重要会议和活动，以及分管领导委托参加的其他重要会议和活动；

（四）积极发挥自身优势参政履职，为各种高层协商和专题协商提出切实可行的意见建议；

第二章　联系制度

第六条 盟市委领导班子成员要经常深入基层组织，加强联系、了解需求、掌握信息，以帮助决策和及时调整市委会工作思路；要主动了解盟员思想动态和社情民意，以指导基层开展具体盟务工作。

第七条 盟市委领导班子成员根据市委会议或主委会议做出的具体分工和决定，分管对应的专委会，联系各基层组织。

第八条 盟市委领导成员要参加所分管和联系对象的重要会议、活动，听取相关工作汇报。

第九条 盟市委领导成员要及时向所分管和联系对象通报市委会有关会议和文件精神、工作任务，提出指导意见，检查督促有关任务落实和完成情况；要及时掌握所分管和联系对象的工作情况，协助解决困难和问题；要定期向主委会议和市委会议汇报联系情况。

第三章　学习制度

第十条 盟市委领导班子、全体委员和机关干部要不断加强学习，增强"四个意识"，坚定"四个自信"。以身作则，带领基层组织和盟员通过学习不断提高履职尽责的能力水平。

第十一条 建立领导班子理论学习中心组，盟市委主委为组长，专职副主委为副组长，兼职副主委为成员。要每年制订学习计划，原则上每两个月集中学习一次，必要时可临时集中学习。

第十二条 盟市委主委负责召集领导班子理论学习中心组学习；专职副主委负责指导机关干部开展学习；全体市委委员要积极参加盟市委组织的各种理论学习专题会议、活动，注重日常主动学习并指导所联系的基层组织开展学习。

第十三条 学习内容主要包括：

（一）中国特色社会主义理论体系；

（二）中共中央、中共广东省委、中共东莞市委重要会议和文件精神，重大决策部署；

（三）统一战线和多党合作理论、政策，盟章、盟史以及盟中央、盟省委重要会议和文件精神；

（四）国际国内以及省市经济、社会、科技、文化等方面发展变化的新趋势、新知识。

第十四条 学习形式要灵活多样，要树立理论联系实际的学风，注重学习实效。

第四章　民主生活会、述职和民主评议制度

第十五条 为充分发扬民主，加强内部监督，增进内部团结，提高解决自身问题能力，努力建设政治坚定、组织坚实、履职有力、作风优良、制度健全的中国特色社会主义参政党，盟市委应定期召开民主生活会、述职和民主评议。

第十六条 民主生活会由主委主持，盟市委领导班子全体成员参加，每年召开一次，具体时间由主委会议确定。主要内容是：总结工作，沟通情况，增进了解，加强团结，研究解决工作中存在的问题；以讲学习、讲政治、讲正气的态度正视问题，研究解决问题的办法；利用批评和自我批评的方式，交流沟通，互相监督，促进团结。民主生活会召开前，领导班子成员要深入开展谈心谈话，广泛听取意见建议。

第十七条 述职和民主评议由主委主持，盟市委全体委员参加，每年进行一次，具体时间由市委会议确定。主要内容是：主委代表班子围绕贯彻执行盟章、坚持民主集中制、加强自身建设、落实组织决定等情况进行述职，班子成员（或扩大到全体市委委员）围绕个人思想作风、合作共事、履行职责、廉洁自律等情况进行述职；全体市委委员以无记名方式对盟市委领导班子及其成员进行评议。

第十八条 民主生活会、述职和民主评议要邀请盟省委、盟市委监督委员会成员和市委统战部有关同志列席。

第十九条 未尽事宜按照《各民主党派中央关于加强内部监督工作座谈会纪要》以及《各民主党派中央关于建立健全述职和民主评议制度座谈会纪要》相关规定执行。

第五章　附则

第二十条 本制度自公布之日起执行，原 2018 年 4 月颁布的《民盟东莞市委会领导班子职责及分工》不再使用。本制度解释权属民盟东莞市委会。

民盟东莞市委会组织工作细则（试行）

（六届十次主委会议讨论通过）

第一章　总则

第一条　为全面加强盟的自身建设，促使组织工作制度化、规范化，根据《中国民主同盟章程》和组织工作相关文件精神，结合工作实际，制定本细则。

第二条　盟的组织工作应有利于坚持和完善中国共产党领导的多党合作和政治协商制度，有利于贯彻"长期共存、互相监督、肝胆相照、荣辱与共"的方针，有利于加强自身建设，有利于更好地发挥参政党的作用，继承和发扬盟的优良传统，为推进中国特色社会主义事业、维护安定团结的政治局面、实现祖国统一服务。

第二章　组织发展

第三条　组织发展的基本方针是：坚持以从事文化教育以及科学技术工作的知识分子为主、坚持以大中城市为主、坚持以有一定代表性的中上层知识分子为主，注重政治素质，发展与巩固相结合，有计划地稳步发展。

第四条　组织发展的基本原则是：发展是为了工作和在工作中发展，把组织发展与搞好参政议政，加强自身建设，尤其是后备干部队伍建设结合起来。

第五条　注重质量是盟组织发展工作的核心，要坚持政治标准，发展具有较高专业水平和社会影响力的代表性人士入盟，充分体现盟的特色和优势。为做好盟的政治交接和新老交替工作，还要重点吸收政治素质好、知识层次高、代表性强的中青年知识分子入盟。

第六条　要重视高等院校的组织发展工作，以保持盟的自身特色和优势。同时也要注意适当吸收其他方面的知识分子，使盟的知识和专业结构适应参政议政工作的需要。

第七条　发展新的社会阶层人士，要从严掌握，择优、少量发展其中政治素质好、层次高、与民盟重点分工范围相关的代表性人士。新的社会阶层人士入盟除应符合《盟章》规定的条件外，还应具备以下条件：（1）已作一定政治安排或担任一定的社会职务；（2）私营企业主还应具备以下条件：诚实守信，合法经营，遵纪守法，热爱公益事业，在同行业中影响好、代表性强。

第八条　盟员的年度净增率由上级盟组织总体掌握，其指标可作为盟员发展数量的参考，但组织发展关键是要严格履行发展盟员程序，坚持发展符合条件的盟员。

第九条　组织发展程序：

（一）提出申请

以入盟自愿为原则，凡从事文化教育以及科学技术和其他工作的知识分子，自愿遵守《中国民主同盟章程》，可以申请加入中国民主同盟。入盟申请人应向所在单位或区域盟的基层组织递交入盟申请书及个人简介。若申请人所在单位或区域无盟的基层组织，则可向市委会提出申请。

（二）联系培养

1.对符合发展条件的申请人，基层组织应指派专人（一般是组织委员）与其联系，向市委会提出申请的，由盟市委办公室负责组织工作的工作人员与其联系，进行必要的了解，同时增强申请人对盟的性质、章程、历史和优良传统的认识，介绍作为盟员的权利和义务。

2.对申请人的政治表现、工作情况、思想品德、家庭和主要社会关系、入盟动机等全面把关后，可被列为发展对象的，由联系人安排其填写《入盟申请个人简历》，与所需材料一同提交市委会议或主委会议审议。

3.通过审议的发展对象，可列入新盟员培养发展计划，接受组织培养和考察，考察期一般为 6 个月以上，期间可邀请发展对象列席参加基层组织或市委会的活动以加深了解。

（三）组织考察

1.盟市委办公室应及时向基层组织公布列入新盟员培养发展计划的发展对象名单，并联系发展对象所在单位的党组织或行政组织对其进行考察。考察时应着重了解发展对象的政治表现和工作情况，并取得由单位（或单位党组织）加盖公章的书面证明材料。

2.有条件组织考察的基层组织（在工作单位创建的基层组织，能直接与单位党组织取得联系的），市委会可委托基层组织代为考察并取得证明材料，考察人员应在材料上签名。

（四）见面谈话

盟市委办公室和基层组织应将考察情况及时汇总并提出初步意见，向市委会分管领导汇报。凡经过考察符合资格的发展对象，须在规定时间内与市委会分管领导见面谈话，凡在考察中发现问题或未经考察的，不能发展为盟员。

（五）填写表格

经组织考察、见面谈话后，发展对象须按要求填写《中国民主同盟入盟申请表》一式四份。每位发展对象要有两名盟员作为入盟介绍人。入盟介绍人应本着对盟组织负责的精神，对发展对象的政治表现、工作表现有全面的了解，同时指导其认真填写入盟申请表，填写完毕经介绍人审核签名后，上交基层组织。

（六）基层组织讨论

吸收新盟员应经过基层组织讨论通过。原则上应召开基层组织全体盟员会议，由入盟介绍人介绍申请人情况，然后以举手表决的方式（表决时申请人应回避），过半数同意为通过。通过后基层组织应在申请表上签署具体意见、加盖基层组织公章，并呈报市委会审核、批准。

（七）市委会批准

入盟申请表经市委会审核后，由市委会分管领导签署意见，加盖市委会公章并注明批准日期（此日期即为入盟时间），申请人即成为正式盟员。市委会应给本人寄发入盟通知书、盟费证等材料，并通知所在基层盟组织和工作单位。基层组织应及时通知新盟员参加基层组织活动，新盟员从加入组织后开始收取盟费。

（八）建立盟籍

盟市委办公室汇总入盟材料，逐级呈报盟省委、盟中央备案。同时，为新盟员建立个人档案，以及在盟员信息系统录入电子档案，获取盟中央分配的盟籍号后，新盟员的盟籍关系正式确立。

第十条　市委会将适时举办新盟员培训班，组织新盟员学习盟章、盟史，统一战线、多党合作制度等政治理论知识和时政方针等。新盟员应积极主动参加培训学习，其学习情况将作为评优、后备干部培养的参考。

第三章　后备干部培养和干部任用

第十一条　根据《中国民主同盟章程》及有关干部培养、选拔和任用规定，结合实际，市委会后备干部培养和干部任用应遵循以下原则：

（一）年龄界限

后备干部原则上要求 45 岁以下，副高以上职称或副科以上职务，特别优秀的可以适当放宽。干部选拔和任用年龄遵照民盟广东省委会和中共东莞市委组织部、统战部的相关文件执行。

（二）干部任用提名基本条件：

1. 有强烈的政治责任感，坚持正确的政治方向，遵守政治纪律、政治规矩，信念坚定，经得起各种考验。

2. 有履行职责所需要的政治理论水平，熟悉统一战线理论、方针、政策。

3. 热心民盟事业，有胜任领导工作的组织能力、开拓创新能力、文化水平和专业知识，坚持求真务实，反对形式主义。

4. 坚持和维护民主集中制，有民主作风，有全局观念，善于团结同志。

5. 严格遵守和执行盟的章程和制度，积极参加组织生活，接受组织的教育和管理。自觉接受组织和盟员的批评和监督。

6. 遵纪守法，勤政务实，敢于担当，清正廉洁，以身作则，艰苦朴素，不谋私利。

7. 属于下列情况之一者不宜提名：本人获得外国国籍或拥有国（境）外永久居留权、长期居留许可的；长期不参加民盟组织生活和工作的；自身情况发生变化，不再有代表性的；因身体原因不能坚持正常工作的；本人主动要求不再提名的；已办理退休手续或一年内即将退休的；由于其他原因不宜提名的。配偶已移居国（境）外，或者没有配偶、子女均已移居国（境）外的，不宜提名为主委、专职副主委、秘书长。

8. 提名市委委员原则上要求有担任基层组织主委或专委会主任的经历；提名市委会副主委原则上要求是在任市委委员；提名市委会主委原则上要求是在任副主委。

第四章　基层组织

第十二条　我市民盟的基层组织是总支部委员会、支部委员会及小组。基层组织按盟员所在单位、业务系统、行政区域或盟员界别等建立。凡基层单位有盟员 3 人以上者，可成立小组，也可以加入邻近地区或相近行业的支部；5 人以上者，可成立支部；根据工作需要，同一单位、业务系统、行政区域等设有两个以上支部，且盟员人数达到 30 人（含）以上的，可设总支。

第十三条　根据工作需要，除了市委会的直属基层组织（如直属支部）由市委会直接联系和管理外，我市盟组织实行"市委会—总支—支部—小组"分级管辖模式，即市委会下一级为总支，以此类推。

第十四条　总支部委员会、支部委员会由盟员大会或盟员代表会议选举产生，委员会名额由上一级盟组织以及市委会决定。经批准，总支、支部推选主任委员、副主任委员以及组织、宣传等委员，小组推选组长。

第十五条　总支部委员会、支部委员会、小组长，每届任期 5 年，必要时可以提前或延期改选。基层组织的建立、合并、撤销、调整以及换届、届中调整，因特殊情况需提前或推迟换届、改选时，须报上一级盟组织以及市委会批准。

第十六条　基层组织的工作职责：负责协调所属基层组织的工作，向上一级盟组织和盟员大会负责；负责基层组织的日常盟务工作，组织盟员完成基层组织的各项任务和协助市委会履行各项职能，并定期向上一级盟组织汇报工作。

第十七条　基层组织的基本任务：

（一）组织盟员学习政治理论，学习时事政策，学习民盟章程和民盟历史。

（二）传达并贯彻上级盟组织的决议、决定，根据上级的工作部署，围绕所在单位和地区的中心任务，开展组织活动。

（三）反映盟员对国家和地方的大政方针以及所在单位工作的意见和建议，发挥民主监督作用。

（四）培养、推荐民盟的后备干部。

（五）关心盟员的工作、学习和生活，开展思想政治工作，推动盟员做好本职工作，组织盟员参加面向社会的活动。

（六）反映盟员及民盟所联系的知识分子的意见和要求，维护其合法权益。

（七）维护和执行民盟的纪律，讨论对盟员的奖励和处分。

（八）吸收盟员，收缴盟费。

（九）加强同盟员所在单位、系统、行业或地区中共党组织的联系。

第十八条　基层组织日常工作：

（一）制订工作计划，并组织实施；总结工作情况，并书面报上一级盟组织。

（二）每季度至少召开 1 次以上会议，必要时随时召开。定期开展活动，原则上要求每年至少开展 4 次以上组织生活，力求方式多样，讲求实效，使参加的盟员得到启发和帮助。鼓励基层组织间联合开展活动。所有会议、活动都应有考勤、会议纪要或简讯记录。基层组织生活的数量和质量将作为量化考核的重要依据。

（三）坚持中国共产党领导的多党合作和政治协商制度，引导盟员有序地参与国家政治生活，遵纪守法。定期组织盟员学习时事政策、盟章盟史、统一战线和多党合作等政治理论，开展中国特色社会主义学习实践活动，提高盟员的政治理论修养和综合素质。

（四）围绕当地中共党委、政府、本单位或业务系统的中心工作，以推动发展为目的，组织盟员开展各种社会调研和社会服务活动，反映社情民意，提出意见建议。

（五）关心离退休盟员，根据他们的特点开展活动。对体弱多病不能参加活动的盟员，要有专人负责联系，予以关心。

（六）做好盟员盟籍变动、信息动态等各种情况的收集工作，并及时向上一级盟组织报告。

（七）做好盟员参加组织生活的情况记录。盟员无特殊情况，连续一年不参加组织活动，不与组织联系，不交纳盟费，经教育仍不改正者，应予注销盟籍，由基层组织讨论通过，报上级民盟组织审核，经盟省委批准，报盟中央备案。

（八）管理好基层组织经费和盟费，每年定期向盟员公布收支情况，按财务工作的要求向市委会提交相关票据及收支明细表。

（九）不断总结经验，加强横向联系。重大活动应邀请基层中共党组织派人参加，增进了解，争取支持帮助；同时还应通知上级盟组织或基层联系人，以便及时沟通情况。

第十九条 基层干部的职责范围：

（一）总支、支部一般设主任委员、副主任委员、组织委员、宣传委员等，小组一般设组长。基层组织要贯彻民主集中制原则，实行集体领导，分工负责。要认真贯彻上级盟组织的决定，密切与同级、下级基层干部和联系人的沟通，支持和配合他们的工作，重大问题应及时向上级盟组织汇报。同时也要勇于负责，独立处理职责范围内的事务。

（二）主委的主要职责：

1.负责基层的全面工作，定期召开委员会议和盟员大会，制订基层工作计划。

2.定期向上级盟组织和本单位（或本地区）中共党组织汇报及反映基层工作开展情况，征求意见。

3. 组织好基层学习和活动，各项活动要经常化、制度化，并不断提高基层组织活动的质量。

4. 关心盟员的工作和生活，及时反映他们的意见和要求。

5. 代表基层参加本单位（或本地区）中共党组织召开的座谈会、协商会等，会前应做好充分准备。

6. 收集、保存、管理基层盟务工作中的各种重要材料、档案。

（三）副主委的主要职责：

协助主委工作，主委不在时行使主委职责。

（四）组织委员的职责：

1. 了解和掌握基层的组织状况，督促检查盟员遵守盟章和履行义务的情况。

2. 负责对要求入盟的知识分子培养和考察，负责发展新盟员工作。

3. 管理盟员名册，办理盟员的组织关系，收缴盟费，并在年底向盟员公布收支情况。

4. 协助主委向上级盟组织推荐人才，完成上级交给的对后备干部的考察等工作。

5. 掌握盟员情况，如有盟员职务、职称、工作单位、联系方式等变动情况，以及盟员的先进事迹、死亡情况，应及时报上级盟组织。

（五）宣传委员的职责：

1. 了解基层盟员的思想状况，提出宣传教育工作的意见和建议。

2. 根据上级盟组织的指示和本单位（或本地区）中共党组织的要求，围绕每个时期的工作任务，开展宣传工作。

3. 为盟的各级刊物撰写和征集稿件，及时分发盟的有关文件和刊物，并将刊物送与单位（或本地区）的中共党组织，让他们了解认识盟组织。

4. 组织盟员开展联谊活动。

（六）小组长的职责：

贯彻上级盟组织的指示，领导小组的全面工作。

第二十条　盟费的交纳及使用：

（一）盟员应向所属基层组织交纳盟费。直接联系的盟员，应向直接联系的盟组织交纳盟费。

（二）盟员交纳盟费的标准，按照本人工资收入的千分之五计算。盟费应按月交纳，也可在年内定期交纳。

（三）盟员无固定收入的，可以根据本人经济情况交纳盟费或经盟组织同意免交盟费。

（四）关于交叉党员，原则上也应交纳盟费，至于个别有困难的经盟组织同意可以免交。

（五）基层组织所收缴的盟费，由基层组织保管使用，用于盟务活动。

第二十一条　盟员在国内因工作调动、户口迁移或到某地长期工作生活等原因转移到另一地区时，应依照相关程序办理组织关系转移手续。具体如下：

（一）由本人向所在基层组织提交书面申请。

（二）基层组织主委加具意见并签名后交市委会。

（三）市委会根据相关规定办理组织关系转移手续，转出盟员电子档案，寄出纸质档案到盟员转入地区的盟组织。同时，盟员本人到盟市委办公室领取《组织关系转移通知书》用以向转入地区盟组织报到。

第五章　附则

第二十二条　本细则经 2018 年 4 月 9 日民盟东莞市委六届十次主委会议通过后试行。

第二十三条　本细则根据实际逐步完善，如需修改须经市委会议或主委会议通过。本细则解释权属民盟东莞市委会。

民盟东莞市委会参政议政工作制度

（六届十次主委会议讨论通过）

为进一步规范和完善参政议政工作机制，强调课题调研工作的重要性，建立长效机制，充分发挥专委会人才荟萃的优势，调动总支和广大盟员的热情，提高参政议政和议政建言的水平，民盟东莞市委会根据实际工作需要，特修订本制度。

课题调研工作

及早部署，精选课题，深入调研，是做好参政议政工作的根本。盟市委根据实际工作需要，建立课题调研工作机制，鼓励各专委会、总支、盟员积极主动承担课题调研任务，撰写高质量、有影响的调研报告，提高参政议政水平。

（一）课题分类

按课题成果的用途分三类：

一是高层协商材料：拟在每年召开的党外人士新春座谈会、暑期座谈会、市长约请人大代表和政协委员座谈会上提交的发言材料，及通过"直通车"向市领导建言的书面材料等，每年 3 个左右。

二是盟省委课题：拟向民盟广东省委以盟市委名义提交的提案稿，每年不超过 3 个。

三是盟市委课题：拟在市政协大会上以盟市委名义提交的集体提案稿、大会发言材料，每年约 10 个。

（二）课题申报

各专委会、总支、盟员就本年度的调研课题（可参考民盟广东省委、东莞市政协的调研课题范围，亦可自行选题）向盟市委提出书面申请，对课题执笔人或团队的主要情况、承担课题所具备的优势或条件、课题调研的思路和计划等做出说明。

计划申报盟省委课题应于每年 3 月中旬（或按盟省委指定的时间）前提出申请。

计划申报高层协商材料、盟市委课题，于每年 5 月中旬（或按盟市委办公室通知的时间）前提出申请。

（三）课题评审

每年 6 月份，或在年度参政议政工作会议会后，召开以分管市委委员及提案初审小组成员为主要评审人员的立项评审会议，课题组成员代表在会上对申报的课题进行介绍与说明，评审人员经讨论，对所申报的课题进行分类、立项。所有课题总数在 15 个左右。

课题评审过程应秉承公平、公正的原则，必要时可邀请盟外专家参与评审。

（四）课题成果

根据立项评审会议的分类建议，依时提交课题成果，暑期座谈会发言材料在 8 月上旬前完稿；盟省委课题成果在 9 月中旬前完稿；市长约请人大代表和政协委员座谈会发言材料、党外人士新春座谈会发言材料在 10 月下旬前完稿；盟市委课题在 11 月下旬前完稿。以上课题的完稿时间若盟市委办公室有最新通知，以盟市委办公室通知时间为准。

（五）经费与奖励（略）

提案工作

为强调调查研究在参政议政工作中的重要性，盟市委把课题调研工作中形成的提案稿作为每年提案的主要来源。各专委会、总支、盟员在日常以及每年两会前若有好的选题及素材，也可以提案稿的形式提交盟市委。

（一）提案的提出

每年 11 月下旬，承担调研课题的各专委会、总支、盟员以提案稿的形式报盟市委办公室；其他提案稿由各专委会、总支统一汇总并进行初审后报盟市委办公室；盟内政协委员提出的提案稿可直接报盟市委办公室。

（二）提案的受理

每年 12 月中旬，召开提案初审工作会议，对盟市委办公室收集到的提案稿进行初审，然后召开主委会议或市委会议审议提案初审工作会议上通过的提案稿。对提案稿的处理有：

1. 作为盟市委集体提案提交市政协（含大会发言）。

2. 作为盟内政协委员的个人提案提交市政协。

3. 转为信息提交省盟、市委统战部、市政协。

4. 修改或整合后再以以上三种形式之一提交。

5. 不适宜用任何形式提交。

政协委员的提案被作为盟市委集体提案提交后，该政协委员自己不再重复提交市政协；政协委员提交盟员撰稿的提案前，由盟办公室告知撰稿人所在总支，总支统一征求撰稿人同意后方可以政协委员名义提交。

（三）提案的奖励（略）

社情民意信息工作

社情民意信息是参政议政、建言谋策的常用载体，以其短小精简，针对性、时效性强等优势迅速反映社会民生问题，为市委、市政府和各职能部门及时提供决策参考。盟市委鼓励盟员关心时事，深入基层，联系群众，积极反映社情民意信息。

各专委会、总支、盟员针对日常时事焦点、社会热点问题，以及在社情民意专题征集活动中及时提交的意见建议类信息，被盟市委采用的，参照《民盟东莞市委会信息工作制度》执行；社情民意信息将不在年底提案审议会议前统一收集。

其他

本制度自颁布之日起执行。原 2015 年 4 月 27 日试行的《民盟东莞市委参政议政工作制度（试行）》不再使用。未尽事宜，另行研究决定。

本制度的解释权属民盟东莞市委会。

民盟东莞市委会信息工作制度

（六届十次主委会议讨论通过）

为加强新时代参政党的建设，积极推进盟的思想建设和自身发展，民盟东莞市委会把信息工作作为今后的重要盟务工作。为鼓励和发动广大盟员重视并参与到这项工作中，根据上级盟组织和统战部门的要求，结合工作实际，制定本制度。

指导思想

信息工作要贯彻党的路线方针政策和重要会议精神，以习近平总书记系列重要讲话精神为指导，依据国家的法律法规和盟中央、盟省委、市委统战部、市政协的有关信息工作规定，加强民盟信息工作领导，增强民盟信息工作意识，提高民盟信息工作水平。

工作原则

民盟信息工作要把握好政治原则、求真原则、效率原则。主要任务是服务决策、沟通情况、推动工作。

主要内容

（一）动态简讯类

1. 盟务工作信息：如基层组织、专委会组织活动，参政议政活动，社会服务活动，及对中央、省委、市委重要工作部署和重要会议精神的贯彻落实情况等。

2. 盟员动态信息：如个人获奖信息、代表民盟参与某些重要活动信息等。

（二）对策建议类

1. 信息约稿，如盟省委、市委统战部等对时事热点进行专题约稿。

2. 盟员对国际国内形势以及国内外重大事件的看法。

3. 盟员对中央重要文献、中央领导同志重要讲话的反映。

4. 盟员对党和国家大政方针、政策和重大改革措施的意见、建议。

5. 盟员关于国家经济和社会发展的有见地的意见，有重要参考价值的对策性思考和意见。

6. 盟员对可能影响经济、政治、国家安全和社会稳定问题的反映。

7. 盟员对党派自身建设方面的意见、建议及经验总结。

8. 其他社情民意信息。

根据信息工作的实际，要求每个总支每月至少报送2条对策建议类信息，这项要求将与基层组织工作量化考核挂钩。

（三）理论和政策研究类

1. 盟省委征集的参政党理论研究论文。

2. 市委统战部征集的统战理论研究论文。

3.理论研究的新成果，对工作中需要解决的一些问题、政策性建议和呼声等。

（四）专题征文类

1.民盟教育论坛征文。

2.民盟民生论坛征文。

3.民盟法治论坛征文。

4.盟省委、市委统战部、市政协的其他专题征文。

（五）其他

盟员报送的其他素材，如学习心得、文学、美术、摄影等作品。

信息报送

（一）信息报送方式

通过邮件报送。信息文档标题采用"日期＋信息标题"的格式，如"20180309民盟高校总支举行庆祝三八妇女节活动"，邮件名称要与信息文档标题一致。每条动态信息尽量附上 1~3 张照片，照片要求清晰，主题突出，照片与信息文档标题一致，有多张照片的用阿拉伯数字区分。

（二）信息报送要求

1.信息要求一事一报，并注明撰稿人。

2.要突出信息时效性，动态简讯类信息要求在工作结束后 3 天内报送，其他依照盟市委办公室通知时间为准。

稿酬奖励（略）

其他

本办法自颁布之日起执行，解释权属民盟东莞市委会。

民盟东莞市委会财务管理办法

（七届二次主委会议讨论通过）

第一章　总则

第一条　为进一步加强民盟东莞市委会财务管理，做到规范、合理、高效使用经费，推动各项盟务工作健康有序发展，根据国家法律、法规及东莞市有关财务规定和要求，结合我会工作实际，制定本办法。

第二条　本办法适用于民盟东莞市委会以及盟组织关系隶属于民盟东莞市委会的各基层组织。

第三条　市委会经费管理和使用的基本原则有：

（一）以年度预算为依据，在市财政规定的民主党派经费列支的科目和开支范围内实施，厉行节约、反对浪费，严格执行中央八项规定。民主党派经费列支科目包括组织建设、党派活动、基层组织生活、参政议政、社会服务、联合调研等以及市财政根据党派年度工作需要划拨的其他专项经费。

（二）分科目呈报、逐级审批。各科目各项开支的审批、实施和报销必须按照规定的权限和程序办理。市委会的开支项目，由盟市委办公室（以下简称办公室）组织实施并根据规定程序履行审批报销手续。基层组织和专门工作委员会（以下简称专委会）的开支项目，须按规定办理审批和报销手续。基层组织和专委会的财务工作接受市委会的监管。

第二章　经费审批及有关规定

第四条　市委会开展各项盟务工作时所发生的费用，必须在年度预算内、在规定的民主党派可列支科目范围内开支，且按以下金额逐级审批：（略）

第五条　会议费、差旅费、培训费等有市级规范性文件可遵行或参照的费用开支：

（一）市委会召开会议，参照《东莞市市直党政机关和事业单位会议费管理办法》（东财〔2018〕9号）实行分类管理，并按会议所属盟务工作性质从对应科目中支出会议费：

全体盟员会议、盟员代表大会参照一类会议执行。

全体委员会议、委员扩大会议根据文件规定的二类会议执行。

主委会议及其他盟务工作会议参照三类会议执行。

（二）市委会组织、委派盟员或工作人员到常驻地以外地区开展盟务工作、参加相关会议或学习培训等活动，参照我市市直党政机关和事业单位差旅费管理办法的规定，视为因公出差。期间所发生的费用（由主办方承担的费用除外）按所属盟务工作性质从对应科目中支出差旅费。

现行出差补助标准按照《东莞市市直党政机关和事业单位差旅费管理办法》（东财〔2014〕262号）、《关于调整市直党政机关和事业单位差旅住宿标准有关问题的通知》（东财〔2016〕116号）、《关于市直党政机关和事业单位差旅费管理问题的补充通知》（东财〔2016〕117号）、《东莞市市属车改单位保障区域外公务交通出行管理办法》（东车改办〔2015〕10号）执行。

（三）市委会举办学习培训，参照《东莞市市直党政机关和事业单位培训费管理办法》（东财〔2018〕10号）的规定做好年度计划和预算管理，经市委会议或主委会议讨论通过后实施，培训费按所属盟务工作性质从对应科目中支出。

按规定，除师资费外，培训费实行分类综合定额标准，分项核定、总额控制，各项费用之间可以调剂使用。市委会举办的培训一般参照二类培训的标准执行。另外，报到或返程在途期间发生的费用，按照差旅费的有关标准执行。

第六条 基层组织在开展组织生活、盟务活动及各项盟务工作中发生的费用从党派活动经费和基层组织生活经费等科目中支出，具体规定如下：

（一）市委会根据上级财政部门划拨的年度党派活动经费和基层组织生活费等制定基层组织经费下拨额度，经市委会议或主委会议审批通过后，分配给下一级基层组织（一般为总支）在年度内使用。原则上按基层组织上一年底在册盟员人数确定当年使用金额。

（二）基层组织负责人（主委或财务负责人）须于当年 1 月 31 日前，报送基层组织年度工作计划和预算，经市委会议或主委会议讨论通过后，按规定程序履行审批报销手续。逾期未使用的额度划归市委会统筹使用。

（三）基层组织自行统筹年度内经费额度的使用和分配，只能在与民盟的各项事务或活动相关的范围内开支，如开展调查研究、参政议政、社会服务等工作，以及定期召开工作会议、学习交流、组织盟员活动等。各基层组织须根据年度工作计划和预算来管理和使用经费，并严格执行市委会和市级相关文件的规定和开支标准。原则上要求基层组织经费应由 3 人管理，设出纳 1 名，会计 1 名，审批 1 名。各项开支要有事由，有经手人、证明人、审批人签名，重大开支项目要经基层组织班子会议或全体会议通过后方可实施（以与会人员签阅的会议纪要为准）。

第七条 专委会在开展职能范围内的盟务工作，以及完成市委会交予的工作任务时所需的费用，从所属盟务工作性质对应的科目中开支，须经专委会主任及分管领导审批后实施。审批金额按本办法第四条的规定执行。

专委会日常活动经费额度由市委会议或主委会议讨论确定，原则上参照基层组织经费来管理和使用。

第三章 报销规定

第八条 费用报销所需凭证：

（一）真实合法的票据，一般为发票。发票内容必须真实、全面，应具备市委会名称、填写日期、项目或品名、数量、单价、金额、收款单位盖章等。发票须有经手人和证明人背书签名，用钢笔或签字笔（复写除外）书写清楚、规范。

（二）审批材料。市委会的会议费、差旅费、培训费等需履行审批手续的开支项目，在报销时应按相关文件规定附齐报销所需材料。市委会其他盟务开支按金额逐级审批的，须有领导签名的相关审批材料或拟办意见作为报销凭证。基层组织各项开支按本办法第六条第（三）点的规定附会议纪要或由主委在相关票据上签名审批。

（三）费用报销单。报销单须用钢笔或签字笔填制，内容须正确反映开支项目情况，包括用途、大小写金额等，各签名栏根据审批权限签署。

第九条　报销程序及相关说明：

（一）各项开支的报销程序一般为：报销人（经办人）备齐报销凭证并签名—会计复核凭证并签名—领导审批签名—出纳收取凭证并支付报销款。对于程序不完善的开支出纳可拒绝支付报销款。

（二）向市委会报销的开支项目应在发生后 15 个工作日内到办公室办理报销手续，逾期不予办理，以保证财务及时入账、对账。向基层组织和专委会报销的，基层组织和专委会可根据实际情况自行设定报销时限。

（三）办公室报销时间为周一至周五工作时间，法定节假日除外，如遇特殊情况另行通知。受法定库存现金金额限制，需报销现金金额较大的须至少提前一个工作日联系办公室财务人员。

（四）支部的经费使用由总支统筹安排，在规定的时间内由总支统一办理报销手续。

第四章　附则

第十条　本办法所参照的上级有关文件如有修改或新修订的，以最新版本为准。

第十一条　本办法自颁布之日起执行，原 2018 年颁布的《民盟东莞市委会财务管理办法（试行）》同时废止。

第十二条　本办法解释权属民盟东莞市委会，未尽事宜按财务有关法律、法规、制度执行。

附件：

1. 关于印发《东莞市市直党政机关和事业单位会议费管理办法》的通知（东财〔2018〕9 号）

2. 关于印发《东莞市市直党政机关和事业单位差旅费管理办法》的通知（东财〔2014〕262 号）

3.《关于调整市直党政机关和事业单位差旅住宿标准有关问题的通知》（东财〔2016〕116 号）

4.《关于市直党政机关和事业单位差旅费管理问题的补充通知》（东财〔2016〕117 号）

5.《东莞市市属车改单位保障区域外公务交通出行管理办法》（东车改办〔2015〕10 号）

6. 关于印发《东莞市市直党政机关和事业单位培训费管理办法》的通知（东财〔2018〕10 号）

民盟东莞市委基层组织工作量化考核办法（试行）

（六届八次主委会议讨论通过）

第一章　总　　则

第一条　为进一步加强盟的自身建设，充分发挥基层组织在参政议政、组织宣传、社会服务等履职领域的积极作用，实现基层组织盟务工作规范化、科学化管理，促使基层组织在工作实践中总结经验，取得进步，根据《中国民主同盟章程》《民盟广东省委基层组织工作细则》等相关文件精神，结合盟市委实际，制定本办法。

第二条　盟市委统一领导基层组织考核工作，盟市委办公室组织实施。

第三条　本办法适用于盟组织关系隶属于民盟东莞市委的各基层总支、支部、小组。

第二章　考核内容

第四条　考核的主要内容包括：

（一）贯彻落实盟市委和上级盟组织的决策部署情况

（二）开展学习和思想建设情况

（三）组织建设和建立自身工作机制情况

（四）领导班子履职情况和后备干部培养情况

（五）组织发展和盟员自身发展情况

（六）开展组织生活和举办活动情况

（七）财务规范、经费管理及使用情况

（八）与所在镇街、单位的党委和相关部门联络交流情况

（九）调研、提案、信息等参政议政工作开展情况

（十）社会服务工作开展情况

第三章　考核方式

第五条　考核工作每年开展一次，由盟市委主委会议（市委会议）讨论确定当年考核方式，一般分为两种：

（一）盟市委组织考核

基层组织以总支为单位在规定时间内参与考核，主要包括自评、复评、审核通过三个环节：

1. 自评：各总支对本年度工作进行全面总结，对照量化考核指标和评分标准进行自评，在规定的时间内形成书面工作总结一份及自评表一份提

交盟市委办公室，逾期未提交的，视为主动放弃考核资格。另外，涉及专项检查的相关资料和票据须整理好备查。

2.复评：盟市委办公室根据本办法及盟市委对考核工作提出的具体要求，核查总支提交的量化考核自评表分数（必要时对基层组织工作档案、财务、盟费交纳及管理等进行专项检查），如有错漏须联系总支负责人核实修改，最后按总支得分高低形成考核评分总表。

3.审核：盟市委召开主委会议（市委会议），审核相关考核材料并通过考核评分总表。

（二）总支组织考核

各总支参照本办法对下辖支部进行考核，主要包括以下环节：

1.成立考核小组：原则上由总支主委担任组长，统一领导考核工作。总支副主委担任副组长，负责组织实施；总支委员以及非总支班子成员的支部主委为考核小组成员，协助完成具体考核工作。

2.开展考核工作：各支部在考核小组的指导下，熟悉量化考核办法并对照量化考核指标和评分标准进行自评。考核小组收集各支部的自评结果，核实分数无误后，召开总支班子会议审核通过各支部的考核分数，并讨论出年度优秀支部获得者。

3.上报考核结果：各总支于规定时间内将考核结果以书面形式，加盖总支公章后报盟市委办公室。考核结果应包括下辖各支部的考核分数、优秀支部名单。另外，考核的相关材料（如各支部的评分表）应作为总支工作档案归档备查。

第四章　计分标准

第六条　考核按《民盟东莞市委基层组织量化考核指标和评分标准》（见附件）进行打分，各考核项目均设有满分上限，总分为 100 分。除"提案"

和"信息"两项分数由盟市委办公室根据当年主委会议（或提案审查会议）讨论确定的提案采用情况公布分数外，其余项目均由基层组织先自评打分，再由办公室或总支核实分数。

第七条　量化考核评分85分以上为"优"，70分以上为"良"，50~69分为"合格"，49分以下为"不合格"。

第五章　考核结果运用

第八条　盟市委根据考核结果或总支上报的优秀名单，经主委会议（市委会议）议定当年的表彰形式；对考核结果"不合格"的基层组织，盟市委将视情况调整其下一年度的基层组织生活经费。

第九条　考核结果作为基层组织和基层组织负责人参与本届市委会先进集体和先进个人评选的重要依据。同一班子任期内两次考核"不合格"的基层组织，盟市委将视情况调整其主要负责人工作岗位。

第六章　附则

第十条　本办法由民盟东莞市委员会负责解释。

第十一条　本办法自2017年12月正式试行，原2015年57号文颁布的《民盟东莞市委支部工作量化考核办法》同时废止。

第一章 人大代表、政协委员、特约人员

一、人大代表

盟员担任东莞市人大代表情况表

届　别	姓　名	性　别	选任(含职务)
第十届 （1990—1994 年）	梁永钦	男	代表
	方志坚	男	代表
第十一届 （1994—1999 年）	梁永钦	男	代表
	方志坚	男	代表
第十二届 （1999—2004 年）	程金花	女	常委、代表
	方志坚	男	代表
	李奎山	男	代表
第十三届 （2004 年 4 月—2007 年 1 月）	黄文忠	男	常委、代表
	程金花	女	常委、代表
	陈良发	男	代表

（续表）

届别	姓名	性别	选任（含职务）
第十四届 （2007年1月—2012年1月）	李奎山	男	常委、代表
第十五届 （2012年1月—2017年1月）	李奎山	男	常委、代表
	危兆宾	男	代表
第十六届 （2017年1月9日—2020年1月22日）	李奎山	男	常委

二、政协委员

盟员担任东莞市政协委员情况表

届别	姓名	性别	选任（含职务）
县第一届 （1956年9月—1958年9月）	劳岳云	男	常委、委员
县第三届 （1962年4月—1980年6月）	马汉民	男	副主席、常委、委员
县第四届 （1980年6月—1984年4月）	马汉民	男	副主席、常委、委员
	劳岳云	男	委员
县第五届 （1984年4月—1987年4月）	马汉民	男	副主席、常委、委员
	劳岳云	男	常委、委员
市第六届 （1987年5月—1991年1月）	马汉民	男	地级市阶段副主席、地级市阶段常委、委员
	梁家裕	男	常委、委员
	卢满江	男	委员
	曾善棠	男	委员
市第七届 （1991年1月—1994年9月）	梁家裕	男	副主席、常委、委员
	曾华仁	男	委员
	卢满江	男	委员
	曾善棠	男	委员

（续表）

届别	姓名	性别	选任（含职务）
市第八届 （1994年9月—1998年6月）	曾华仁	男	常委、委员
	朱伍坤	男	委员（增补）
	许重	男	委员
	曾善棠	男	委员
市第九届 （1998年6月—2004年4月）	朱伍坤	男	常委、委员
	黄文忠	男	委员
	马小平	男	委员
	卢满江	男	委员
	郭志明	男	委员
	韩春雷	男	委员
市第十届 （2004年4月—2007年1月）	朱伍坤	男	副主席、常委、委员
	李奎山	男	常委、委员
	汤瑞刚	男	常委、委员（社科界别）
市第十届 （2004年4月—2007年1月）	程发良	男	委员
	洪晓杨	男	委员
	梁永钦	男	委员
	韩春雷	男	委员
	郭志明	男	委员（教育界别）
	曾平英	女	委员（科技界别）
市第十一届 （2007年1月—2012年1月）	朱伍坤	男	副主席、常委、委员
	程发良	男	常委、委员
	汤瑞刚	男	常委、委员（社科界别）
	洪晓杨	男	委员
	袁华强	男	委员
	黄虔	男	委员
	赵一杰	男	委员
	杨志红	女	委员
	郭志明	男	委员（教育界别）
	韩春雷	男	委员
	曾平英	女	委员（科技界别）

（续表）

届别	姓名	性别	选任（含职务）
第十二届 （2012年1月—2017年1月）	朱伍坤	男	副主席、常委、委员
	程发良	男	常委、委员
	汤瑞刚	男	常委、委员
	林海川	男	常委（增补）、委员
	刘笃锋	男	委员
	袁华强	男	委员
	黄虔	男	委员
	赵一杰	男	委员
	郭志明	男	委员（教育界别）
	韩春雷	男	委员
	何晓明	男	委员（经济界别）
第十三届 （2017年1月至今）	程发良	男	副主席、常委、委员
	汤瑞刚	男	常委、委员
	林海川	男	常委、委员
	袁华强	男	常委、委员
第十三届 （2017年1月至今）	王雪萍	男	委员
	张华	男	委员
	陈莉	男	委员
	赵一杰	男	委员
	曾平英	男	委员
	何龙超	男	委员（教育界别）

2005年3月22日—25日，市人大十三届和市政协十届二次会议召开时盟内人大代表和政协委员合影

2007年1月24日，市政协十一届一次会议召开时盟内政协委员在会场合影

2013 年 1 月 7 日，市政协十二届二次会议召开，朱伍坤主委与盟内部分政协委员在会场上合影

2020 年 6 月 10 日，市政协十三届五次会议召开，开幕式后盟内政协委员在会场合影

三、特约人员

民盟第三届市委会期间盟员担任特约人员名册

姓名	特邀单位	特邀名称
朱伍坤	东莞市公安局	特约交警廉政监督员
李奎山	东莞市公安局	特约警务廉政监督员
梁永钦	东莞市教育局	特约教育督导员
洪晓杨	东莞市监察局	特约监察员
	东莞市财政局	特约政府采购监督员
韩春雷	东莞市中级人民法院	特约司法公证监督员
	东莞市食品药品监督管理局	特约食品药品执政廉政监督员（第二届 2005 年 4 月）
彭桂芳	东莞市审计局	特约审计员
方志坚	东莞市教育局	特约教育督导员

民盟第四届市委会期间盟员担任特约人员名册

姓名	特邀单位	特邀名称
朱伍坤	东莞市公安局	特约交警廉政监督员
	东莞市审计局	特约审计员
李奎山	东莞市公安局	特约警务廉政监督员
	东莞市人民检察院	特约检察员
梁永钦	东莞市教育局	特约教育督导员
洪晓杨	东莞市监察局	特约监察员
	东莞市财政局	特约政府采购监督员
韩春雷	东莞市中级人民法院	特约司法公证监督员
	东莞市食品药品监督管理局	特约食品药品执政廉政监督员
彭桂芳	东莞市审计局	特约审计员
方志坚	东莞市教育局	特约教育督导员
刘笃锋	东莞市第二人民法院	第三届特约司法监督员
张华	东莞市青年联合会第五届委员会	委员
王雪萍	东莞市第二人民法院	人民陪审员

民盟第五届市委会期间盟员担任特约人员名册

姓名	特邀单位	特邀名称
朱伍坤	东莞市公安局	特约交警廉政监督员
	东莞市审计局	特约审计员
李奎山	东莞市公安局	特约警务廉政监督员
	东莞市人民检察院	特约检察员
梁永钦	东莞市教育局	特约教育督导员
洪晓杨	东莞市监察局	特约监察员
	东莞市财政局	特约政府采购监督员
汤瑞刚	东莞市监察局	特约监察员
韩春雷	东莞市中级人民法院	特约司法公证监督员
	东莞市食品药品监督管理局	特约食品药品执政廉政监督员

（续表）

姓名	特邀单位	特邀名称
彭桂芳	东莞市审计局	特约审计员
方志坚	东莞市教育局	特约教育督导员
刘笃锋	东莞市第二人民法院	第三届特约司法监督员
张华	东莞市青年联合会第五届委员会	委员
王雪萍	东莞市第二人民法院	人民陪审员
曾平英	东莞市人民检察院	人民监督员
	广东省人民检察院	人民监督员

民盟第六届市委会期间盟员担任特约人员名册

姓名	特邀单位	特邀名称
李奎山	东莞市第一人民法院	东莞市第一法院特约司法监督员
	东莞市人民检察院	特约检察员
	东莞市纪委	监督员
汤瑞刚	东莞市监察局	特约监察员
韩春雷	东莞市食品药品监督管理局	特约食品药品执政廉政监督员
张华	东莞市青年联合会第五届委员会	委员
王雪萍	东莞市第二人民法院	人民陪审员
曾平英	广东省人民检察院	人民监督员
李玫	东莞市交通运输局	政风行风监督员
唐章辉	东莞市教育局	第七届市督学
郭志明	东莞市教育局	第七届市督学
张勇	东莞市人民检察院	人民监督员
陈莉	东莞市第一人民法院	司法监督员
周熙	东莞市教育局	第九届市督学
周丹	东莞市教育局	学前教育督学
叶锦鸿	东莞市第一人民法院	人民陪审员

民盟第七届市委会期间盟员担任特约人员名册

姓名	特邀单位	特约名称
周熙	东莞市教育局	第九届市督学
陈莉	东莞市第一人民法院	第三届司法监督员
张勇	东莞市人民检察院	人民监督员
曾平英	广东省人民检察院	人民监督员
叶锦鸿	东莞市第一人民法院	人民陪审员
张进	东莞市审计局	特约审计员
周丹	东莞市教育局	学前教育督学

第二章 重要会议、调研、活动

1992 年

曾华仁同志随市政协教育组赴山东省烟台等地考察教育工作，此行目的主要学习山东省教改经验。他撰写了考察报告呈到教育局督导室。

1993 年

教师节期间，民盟成员谈教育发展规律：①教育不是一个简单的机械的操作过程，而是系统工程，是艺术和科学的结晶，为此，一定要适应经济发展要求，将应试教育转变为素质教育；②要适应竞争机制，强化竞争意识；③要从社会需求出发，更新教学内容。

为进一步贯彻落实中共中央〔1989〕14 号和中共市委〔1990〕23 号文件的指示，更好地贯彻执行中国共产党领导的多党合作制度，充分发挥民主党派、无党派人士的参政议政的作用，市委统战部组织民主党派负责人于 8 月 4 日至 5 日两天到万江、厚街视察。曾华仁受民盟东莞市委委托参加了活动，还写了视察观感呈交统战部。

1994 年

民盟成员谈《中华人民共和国教师法》（以下简称《教师法》）：《教师法》是第一部关于教师的法律。《教师法》的颁布实施，体现了党和国家对教师的尊重，对教育的重视，只有一流的教师，才有一流的义务教育。贯彻《教师法》最根本的问题是各级政府要保证教育优先发展的地位。

2004 年

3 月 5 日，莞中支部和东城支部联合活动，黄文忠副主委等 20 多位盟员参观了广东省南博职业技术学院和岭南学校，考察了东莞市民办职业教育的进展情况。

6 月 23 日，横沥支部和石龙支部联合活动，20 多位盟员考察了大岭山东纵纪念馆的建设情况，了解到旧飞鹅村在发展经济中所遇到的困难。横沥支部早在 2002 年 6 月 24 日就曾考察大岭山东纵纪念馆的建设筹备情况，并就此向市政协提交了有关的信息材料，促成了东纵纪念馆的资金到位。横沥支部和石龙支部再次联合考察了大岭山旧飞鹅村的建设情况。旧飞鹅村地处同沙水库生态旅游区的红线内，招商引资和房屋建设都受到一定限制，旅游区建设又不能立即产生经济效益，村民收入低下，生活水平不高。横沥支部表示，要像上次做东纵纪念馆信息一样，做好旧飞鹅村的提案，争取早日推动旧飞鹅村的经济发展，进一步改善老百姓的生活。

2007 年

6 月 2 日—3 日，民盟阳江市委一行 15 人到东莞学习考察，与民盟东莞市委进行了工作交流，并在市政协副主席、民盟东莞市委主委朱伍坤的陪同下参观了松山湖园区。

10 月 18 日，民盟东莞市委在筐胜酒店二楼南城厅召开 2007 年参政议政工作暨老盟员座谈会，70 多名民盟骨干成员和老盟员参加了会议，朱伍坤主委在会议上对 2006 年的提案工作进行了总结并对 2007 年的提案工作提出了新的要求。会议还对政协十届三次会议优秀提案和政协十一届一次会议集体提案和委员提案的撰稿者及其支部进行了表彰。会议还宣读了关于正式实施《民盟东莞市委基层组织工作量化考核办法》及聘请支部信息员的两个通知，并宣布了新一届的专委会主任、副主任及委员名单。

2008 年

10 月 27 日，民盟东莞市委在政协三楼会议室召开 2008 年参政议政工作会议，市政协副主席、民盟东莞市委主委朱伍坤，副主委程发良，秘书长洪晓杨，以及各支部参政议政的活跃盟员共 32 人出席了会议。会上，朱伍坤主委特别强调了提案工作在参政议政中

2008 年，民盟东莞市委参政议政工作会议现场

的重要性，并总结市政协十一届二次会议以来，民盟作为民主党派之一，其提案工作所取得的成绩主要有三点：一是提案数量继续领先；二是质量有所突破；三是效果明显提升。目前存在的问题则有"四个不"：调研力度不足；问题了解不透；精品提案不多；建议的可操作性不强。最后，他对今后的提案工作提出"四个度"的要求：对参政议政工作的认识要有深度；调研要有力度；数量要保持一定的强度；质量要求有高度。

2009 年

10 月 21 日，民盟东莞市委在市政协三楼会议室召开 2009 年参政议政工作会议，出席会议的有市政协副主席、民盟东莞市委主委朱伍坤，民盟东莞市委副主委李奎山、程发良、汤瑞刚，以及各支部主委、副主委、参政议政骨干盟员等约 40 人，会议由民盟东莞市委秘书长洪晓杨主持。

朱伍坤主委总结了民盟东莞市委 2009 年参政议政工作的开展情况：一是加强理论学习，提高参政议政的水平；二是紧抓提案工作，加强参政议政的力度；三是重视社会参与，拓宽参政议政的渠道；四是积极组织活动，把握

参政议政的动态。就 2009 年民盟东莞市委所征集到的建议和社情民意信息，以及向市政协十一届三次会议提交的提案情况做了详细的分析，肯定了民盟东莞市委在提案工作上"数量优势明显，质量保持稳定，内容切合热点，信息喜见成效"几方面的成绩，同时也对提案工作提出"加深认识，加强调研"的要求。鼓励盟员关心时事，挖掘调研课题，并将调研活动纳入支部活动当中，以多种形式开展调研。希望能在接下来的市长会见政协委员座谈会、市政协十一届四次会议上提出更多、更好、更实的提案。

在总结和动员讲话结束后，民盟东莞市委对获得 2008 年市政协十一届二次会议优秀提案、表扬提案的提案撰稿者，对被采纳为 2009 年市政协十一届三次会议盟市委集体提案、委员提案等提案的撰稿者，以及参政议政工作表现良好的支部进行了表彰，会议在一片热烈的掌声中圆满结束。

2010 年

11 月 1 日下午，民盟东莞市委于市行政办事中心西楼政协三楼会议室召开 2010 年度参政议政工作会议。市政协副主席、民盟东莞市委主委朱伍坤，副主委李奎山、程发良、汤瑞刚，秘书长洪晓杨，各支部主委及部分盟员参加了会议，会议由民盟东莞市委秘书长洪晓杨同志主持。

会上，朱伍坤主委对 2010 年参政议政工作进行了总结，并对市政协十一届五次会议提案工作做动员讲话。首先，朱伍坤主委认为在 2010 年凭借全体盟员的干劲和热情，以及民盟东莞市委对人才、制度、经费的保障，我们的参政议政工作取得了很好的成绩。其次，朱伍坤主委提出了目前在参政议政工作中的三点不足：一是参政议政的人才依旧存在不足的隐忧，二是开展调研的力度和深度有待进一步提高，三是参政议政工作的可持续性需要不断加强，希望全体盟员能"保持成绩、克服困难、再接再厉、继续前进"。最后，朱伍坤主委对以后的参政议政工作向全体盟员提出了两点希望：一是希望大家的政治敏锐性再提高一点，民主党派在社会转型期的作用是巨大的，我们需要多承担责任，积极发挥作用，为执政党更好的推进法制、服务社会起到一个桥梁和纽带的作用，要做社会的进步力量；二是希望大家继续加强自身建设，将我们的工作做的再扎实一点，对参政议政工作要"早布置、早调研、早落实"，更进一步提升提案的工作质量和工作效率。汤瑞刚副主委介绍了提案撰写的经验，并希望民盟东莞市委尽快做好网站建设，加强信息的收集，加强盟员间相互学习、交流，以促进参政议政工作的进一步提升。同时，会议还表彰了民盟东莞市委 2009 年十一届三次会议优秀提案、表扬提案、市长会见政协委员材料及 2010 年政协十一届四次会议提案、社情民意。

11 月 3 日—4 日，由市政协副主席、民盟东莞市委主委朱伍坤带队，民盟部分政协委员和盟内专家组成的调研小组约 10 人分赴东城、寮步、清溪等地，对我市"供水安全""莞香文化"两个课题进行调查研究。相关部门对调研活动十分重视，除了召开专门的座谈会，提供最新、最详尽的资料供调研组参考以外，东江水务有限公司带调研组参观了我市最新的第六水厂，详解居民生活用水的各项处理工艺。寮步、清溪、大岭山是我市莞香种植最密集的三个镇，调研组对其中两个镇进行了实地考察，寮步镇政府特别在座谈期间用熏炉熏烧莞香木，给调研组直接的感官体验，然后生动地讲述"寮步香市"的历史，展望莞香的发展前景；清溪镇政府也带调研组参观了企业的莞香园，万株野生莞香于山间林立，其历史和价值正待人们挖掘。此次调研为民盟东莞市委的两个重点课题提供了重要的参考依据，也为民盟东莞市委在 2011 年两会期间更好地建言献策打下了基础。

2011 年

11 月 12 日上午，民盟东莞市委在市行政办事中心西楼政协一楼多功能会议厅召开了 2011 年度参政议政工作会议。市政协副主席、民盟东莞市委主委朱伍坤，副主委李奎山、程发良、汤瑞刚，秘书长洪晓杨，各支部主委及

2011年，民盟东莞市委会参政议政工作会议现场

各支部部分盟员参加会议，会议由民盟东莞市委副主委程发良同志主持。会上，朱伍坤主委对2011年参政议政工作进行了总结，并对市政协十二届一次会议提案工作做动员讲话。首先，朱伍坤主委强调，参政议政不仅是民主党派三个基本职能之一，还是一个党派应具有的政治、社会责任和主要价值所在，更是党派工作的重中之重，全体盟员要始终根据"两加、三早、四度"（两加是指加深认识，加强调研；三早是指早布置、早调研、早落实；四度是指对参政议政工作的认识要有深度；调研要有力度；数量要保持一定的强度；质量要求有高度）的要求，勇担责任，做好工作。其次，朱伍坤主委表示随着机制的健全，盟员的凝心聚力，在2011年的参政议政工作中我们取得了很好的成绩，并呈现出三个特点：一是主动性越来越强；二是切入点越来越准；三是调研越来越受重视。最后，朱伍坤主委对以后的参政议政工作向全体盟员提出了"六个再"的总体要求：认识再加深、理念再提升、调研再深入、质量再提高、落实再跟进、服务再保障，并希望各支部和广大盟员再接再厉，深入调查研究，提出更多科学合理的意见和建议，为百姓谋利，为政府分忧，为党派增光。同时，洪晓杨秘书长对重新修订的《民盟东莞市委备选提案和

发言的提出、受理与奖励办法》做简要说明,并宣布该办法正式颁布实行。会议还表彰了民盟东莞市委 2011 年政协十一届五次会议优秀提案、表扬提案、市长会见政协委员材料、社情民意。

为感谢各盟员对参政议政工作的贡献,民盟东莞市委于当天下午组织所有参会盟员赴河源学习活动,旨在加强盟员间的相互学习和交流,以促进参政议政工作的进一步提升。

2012 年

5 月 15 日,民盟东莞市委 2012 年度参政议政工作会议在市行政办事中心西楼政协一楼多功能会议厅召开。主委朱伍坤,副主委李奎山、程发良、汤瑞刚,秘书长洪晓杨,各市委委员,各支部主委、副主委,以及各提案撰稿人参加了会议,会议由副主委程发良同志主持。会上,朱伍坤主委对去年的参政议政工作进行了总结,并发表讲话。首先,朱伍坤主委高度赞扬了广大盟员的政治责任感和参政议政热情,对去年取得的成绩表示肯定。其次,朱伍坤主委强调参政议政工作是只有起点没有终点的,在取得成绩的同时,我们仍有"三个不够"和"三个不足"有待改进,即调研的力度、深度还不够,专委会在参政议政上的作用发挥的还不够,盟员之间在参政议政方面的沟通还不够;调研的主动性不足、调研的能力不足、调研的深度和力度不足。最后,朱伍坤主委就以后的参政议政工作向全体盟员提出了"三加"的新要求,希望各支部和广大盟员继续发扬先进性,加油、加劲、加力,积极投入到参政议政工作中,同时力抓推进"三重"建设、促进"转型升级"和增进"民生幸福"等中心议题,做好选题工作;工作态度上,要求各支部各专委会做到"三全",即全面动员、全情投入、全力以赴,充分发挥主观能动性;工作方式上力求做到"三早",即早布置、早调研、早落实,实现"早出成果"的目标。此外,会议还表彰了民盟东莞市委 2011 年政协十一届五次会议优秀提案、表扬提案、市长会见政协委员发言,2011 年直报省盟的社情民意信息和 2012 年政协十二届一次会议的提案，2012 年的社情民意信息。此次会议还有一个显著特点，就是以往民盟东莞市委的参政议政工作会议一般在每年的 10 月左右召开，而今年民盟东莞市委提前 5 个月就拉开了深入调研，进一步做好参政议政工作序幕，为抢占新的参政议政"制高点"奠定了充实的基础。

8 月 29 日，为了解各支部近两年的组织发展和提案工作情况，以及 2012 年在这两方面的工作计划，主委朱伍坤，副主委李奎山，秘书长洪晓杨，市委委员、各支部和专委会的负责人，以及各支部的参政议政骨干盟员约 30 人参加了本次座谈。

继在全盟举办"盟员综合能力测试"之后，这次座谈会，是民盟东莞市委自 2011 年换届以来，为"建设高素质的参政党地方委员会"所做的又一新举措。创新会议模式，采用自由发言的做法，为各支部负责人和骨干提供了一个宽松和谐的交流平台。会议由洪秘书长主持，除了听取 12 个支部、3 个专委会的参政议政和组织发展工作情况，以及接下来的工作计划以外，还有一个重要的环节就是了解各支部在这两方面工作中遇到的问题，对民盟东莞市委有何意见和建议。市委委员、各支部代表踊跃发言，观点的碰撞擦出火花，精彩的对话引起共鸣，现场气氛异常活跃。将近两个小时的座谈，让民盟东莞市委更深入地了解到各支部和专委会的工作情况和需求，也收集了不少有用的建议。

朱伍坤主委做总结发言时指出，近两年民盟东莞市委的参政议政工作取得了不错的成绩，以"三个多"概括：一是提案素材数量多，2010 年至今共收到盟员提案素材 283 篇；二是提案覆盖的问题多，涉及经济发展和社会民生的方方面面；三是写类似的问题较多，证明大家都能抓住社会热点和重点问题，但要注意整合资源，避免在同一问题上投入过多的人力物力。朱主委还分别从"热情高"和"质量高"两方面对提交提案素材较多的莞中、莞城、城建环保支部，以及提案素材获采用率较高的城建环保、学院和莞城支部进行了表扬。他希望，以后的提案和参政议政工作要更加有方向，有重点，特别要围绕我市的实际，从如何助推转型升级、如何提升文化软实力和综合实力等方面加强调研、建言谋策。另外，近两年的组织发展工作也取得了一定的进步，表现为速度加快，质量提升，结构优化。朱主委强调，基层组织首先要"活起来"，不断增加新鲜血液，其次要"动起来"，多组织支部活动，才能达到"强起来"的目的。他特别表扬了在组织发展工作中取得突破的虎门支部，同时也希望未来民盟东莞市委的组织发展工作能实现"数量有保障、质量有提升、结构有改善"的"三个有"目标。

最后，朱伍坤主委还回应了座谈会上大家讨论的一个热点问题：民盟凭什么吸引人？他认为，是光荣的传统，民主与法制的价值追求，爱国强国之心和团结、民主、平等的工作氛围。如何在今后的工作中更深入地挖掘民盟的价值，升华和提炼东莞民盟的精神特质，增加盟员的组织认同感和凝聚力，提高民盟在社会上的影响力，是今后一个很重要的课题。

2013 年

7 月 5 日下午，民盟东莞市委在市行政办事中心西楼政协一楼多功能会议厅召开了 2013 年度参政议政工作会议。民盟东莞市委在市行政办事中心西楼政协一楼多功能会议厅召开了 2013 年度参政议政工作会议。朱伍坤主委，程发良、汤瑞刚副主委，洪晓杨秘书长，各市委委员，各支部主委、副主委、各提案撰稿人及部分新盟员参加了会议，会议由程发良副主委主持。会上，汤瑞刚副主委代表民盟东莞市委对去年的参政议政工作进行了总结，朱伍坤主委就今年的工作部署发表讲话。

朱伍坤主委对去年参政议政工作取得的成绩表示肯定，对广大盟员高度的政治责任感和参政议政热情表示赞扬，同时，朱伍坤主委强调虽然成绩喜人，但我们仍有一些不足和问题亟待解决，如提案数量高但质量还有待提升，参政议政热情高但能力还有待提升等等。为此，朱伍坤主委指出，在今年的

参政议政工作中，我们一是要注重加强能力建设，通过不断的学习培养和不断的实践锻炼，用好用活现有资源，充分发挥盟员潜能；二是要注重完善制度保障，科学合理的修订专委会制度、考核制度、奖励制度等；三是要注重发挥集体的智慧和力量，调动盟员的参政议政主动性，群策群力，提高建言献策的含金量；四是要注重培养盟员勇于担当的政治品格，增强盟员的参政议政意识，树立积极参政议政的良好风尚。最后，朱伍坤主委用"肝胆相照有担当、与时俱进守信念、参政议政保清醒、求真务实表真情"四句话寄语全体盟员，希望全体盟员能再接再厉，共同努力，在今年的参政议政工作中抢占新的"制高点"。

此外，会议还表彰了民盟东莞市委 2012 年政协十二届一次会议优秀提案、表扬提案、市长会见政协委员材料和 2013 年政协十二届二次会议的提案，2013 年的社情民意信息等。

7 月 31 日，朱伍坤主委带队参观中国电信东莞分公司。应中国电信东莞分公司隋海鹰副总经理邀请，由朱伍坤主委亲自带队，组织东莞民盟部分骨干盟员赴中国电信东莞分公司参观学习。隋海鹰系北京民盟盟员，自中国电

朱伍坤主委率骨干盟员参观中国电信东莞分公司

信总公司来到中国电信东莞分公司挂职锻炼一年。在隋海鹰盟员的介绍下，大家分别参观了东莞电信的机房、展示大厅和业务大厅等，深入了解了我市的通信业务和电信工程。

朱伍坤主委代表民盟东莞市委对隋海鹰盟员的到来表示欢迎，盛赞了隋海鹰盟员对民盟组织的爱戴之情，同时对东莞电信的热情接待表示感谢，充分肯定了东莞电信发展的进步，并希望以后能和东莞电信多交流、多沟通，集合党派力量在东莞电信建立一个参政议政基地，为东莞电信的又好又快发展建言献策，贡献力量。

10 月 10 日，朱伍坤主委带队到市教育局调研我市基础教育，并就"莞盟教育扶贫基金"启动事宜与教育局进行交流。市教育局局长杨靖波、副局长黄金海及相关科室负责人参与了调研座谈。

座谈开始前，朱伍坤主委热情地表示，此行借着调研实现了与教育局的首次对口联系，意义非凡。这是贯彻落实中发〔2005〕5 号和东委发〔2009〕10 号文件精神，响应市委统战部提出的"加强民主党派与政府部门之间的联系，主动扩大知情范围，丰富参政议政内容"。朱主委说，根据对口联系机制，市教育局是民盟的对口联系部门，希望借这首次的调研座谈，为日后搭建长期联系的桥梁。民盟盟员中 60% 以上是教师，理应发挥主界别优势，发出教育者的声音。然而参政议政不能闭门造车，只有切实做好社会调查和与教育部门的沟通联系，才能建真言，谋良策，帮忙而不添乱。教育局感谢民盟的主动联系，希望对口联系机制能实现双方长期的、良好的互动。

调研环节围绕素质教育的实施，以市政协委员刘笃锋为主展开了关于我市基础教育结构调整的可能性探讨，杨靖波局长也同时提出了教师教学水平和综合素质的提高对素质教育的重要性。座谈会上，朱主委还重点阐述了民盟东莞市委在社会服务创品牌方面所做的努力和创立"莞盟教育扶贫基金"

的初衷，希望今后能借助教育局的力量，让基金得到长足发展，对社会有所贡献。朱伍坤主委和洪晓杨秘书长同时指出，基金在实际操作过程中，教育局提供的信息非常重要，要使捐款落到最需要的地方，避免重复资助。市教育局局长杨靖波欣然支持，并表示助学的方式和途径有很多，民盟能发挥党派优势，集合盟员力量和可利用资源成立基金，是一种积极的尝试。目前省、市两级以及民政部门每年都对贫困生有补助，今后将视民盟的需要从宏观市情、学校资料的提供以及资助对象把关等方面给予资源和帮助。

民盟东莞市委对口联系市教育局开展调研活动

2014 年

6 月 18 日，民盟东莞市委召开 2014 年参政议政与社会服务工作会议，民盟东莞市委主委朱伍坤，副主委李奎山、汤瑞刚，以及各市委委员，各支部负责人，各支部推荐参会的参政议政骨干盟员和新盟员共 76 人参加了会议。会议由秘书长林海川主持，李奎山副主委代表民盟东莞市委向与会人员做 2013—2014 年度参政议政工作总结，汤瑞刚副主委也对民盟东莞市委社会服务品牌活动"莞盟助学行"做了阶段性情况总结。会议对 2013—2014

年提案、市长会见材料和社情民意信息撰稿者进行表彰，对 2014 年上半年积极向民盟东莞市委提供活动类、建议类信息素材，形成微博、简讯等被民盟东莞市委、市委统战部、民盟广东省委采用的盟员也进行了奖励。受表彰奖励的盟员达 88 人次。为进一步鼓励盟员做好参政议政工作，发挥骨干盟员的带头作用，会议还邀请了民盟东莞市委副秘书长、莞中支部主委刘笃锋，以及民盟东莞市委文艺支部主委、科技工作委员会副主任曾平英做参政议政工作经验介绍。

会议的最后，朱伍坤发表了题为《参政议政要用心，社会服务要用情》的重要讲话，对过去一年的参政议政工作他用"三大四多"来概括，即培训力度大、调研力度大、奖励力度大；收集素材多、形成提案多、受表彰提案多、发出奖励多，真正做到了上下齐心，成效显著。而对今年的工作他强调"四个用心"：用心组织力量，用心选好议题，用心做好调研，用心写好提案发言。对社会服务工作，朱主委用"步伐稳，跨度大，影响广，收效快"来形容前一阶段的助学成果，并向与会盟员生动地描述了"莞盟助学行"创建过程中所收获的各种支持和感动，对盟员们付出的爱心和汗水表达了深深的敬意。

目前"莞盟助学行"已建立了 4 个助学站，分别是东职院、实验中学、石龙中学、青海省三江源民族中学，资助了 110 名学生。另有"四站一点"也在紧锣密鼓地筹建中，四站分别是清远、韶关、湖南和云南站，一点是吉林支教点。这"四站一点"预计在今年年底完成。朱主委说，"莞盟助学行"如今还实现了直接与民盟中央"烛光行动"的对接，大大提高了"莞盟助学行"的知名度和影响力。而作为民盟东莞市委社会服务第二张名片的"莞盟环保行"活动也是一炮打响，在松山湖开展的"向污染宣传，从行动开始"的环保宣传和法律咨询志愿服务活动收效甚好。接下来，民盟东莞市委将通过成立民盟东莞市委社会服务工作委员会、组建社会服务志愿者队伍、设立"莞盟助学日"、颁布实施《民盟东莞市委社会服务工作暂行规定》等一系列措施，从组织架构、人员队伍、经费支持、工作制度等方面对社会服务工作给予全

方位的支持。朱主委希望盟员们能有责任、有信心，在民盟东莞市委全力搭建的这个平台上，用真心、用真情将这项工作做得更好。

2015 年

1 月 17 日上午，民盟东莞市委副主委汤瑞刚，原民盟东莞市委秘书长洪晓杨，民盟东莞市委副秘书长王雪萍、刘笃锋应邀走进政协议政厅，与主持人叶纯就民盟的创立、历史沿革、代表人物和民盟的使命及任务等问题进行交流。

《政协议政厅》是市政协办公室与东莞广播电台联合举办的电台直播节目。为了更好地适应新时期新形势的发展，进一步扩大民主党派的声音，栏目从 2014 年 12 月增设子栏目《党派之声》。《党派之声》主要是由各民主党派代表介绍党派发展历程、党派市委会情况、参政议政情况，以及发表对东莞经济社会发展的意见和建议，是宣传民主党派的重要举措。本期《党派之声》通过互动交流，从民盟的成立背景、发展历程等方面详细地介绍了民盟的发展史，从列举民盟的伟大人物到着重介绍创始人张澜和民主斗士闻一多，生动地解说了民盟的代表人物，从中国的政党制度出发，指出了民盟主要由从事文化教育以及科学技术工作的高、中级知识分子组成，是八大民主党派中人数最多，规模最大，致力于中国特色社会主义事业的参政党。此节目增进社会对民盟的了解，对党派的认识，是扩大民主党派声音的重要平台。

3 月 6 日上午，中共东莞市委统战部在市行政办事中心召开 2015 年全市统战信息宣传调研工作会议，会议表彰了 2014 年度全市统战信息工作先进单位 16 个及先进个人 8 名，表彰了 2014 年度全市统战调研工作先进单位 15 个及先进个人 8 名。其中，民盟东莞市委办公室荣获 2014 年度全市统战信息工作先进单位，蔡子萍荣获 2014 年度全市统战信息工作先进个人。去年，民盟东莞市委办公室向市委统战部所报送的信息中，被东莞统战微博采用了 99 条，被东莞统战网站采用了 68 条，被东莞统战杂志采用了 13 条，被《东莞统战信息》采用了 9 条，其累计采用（条次）成绩居全市第二。会上，蔡子萍代表民盟东莞市委办公室做了经验交流，汇报了民盟东莞市委会 2014 年的统战信息工作情况以及所实现的三个转变：一是转变思路，让信息工作实现"全盟参与"；二是转变角度，让信息内容体现党派特色；三是转变观念，让信息工作成为常态化工作。

6 月 18 日，民盟东莞市委 2015 年参政议政总结大会在市行政办事中心西楼一楼多功能会议厅召开。省政府参事、原民盟广东省委专职副主委王则楚，市政协副主席、民盟东莞市委主委朱伍坤，市人大常委、民盟东莞市委副主委李奎山，市政协常委、民盟东莞市委副主委程发良出席了会议，各市委委员，各支部负责人，以及各支部推荐参会的参政议政骨干盟员和新盟员等参加了会议。会议由李奎山主持。

程发良副主委代表民盟东莞市委做 2014—2015 年度参政议政工作总结，总结指出在过去的一年里，民盟东莞市委各支部、各专委会深入关注民生领域，建利民之言，解民生之忧，抓住重点，破解难题，同时主动适应形势变化，积极调整建言献策思路，将参政议政的落脚点由推进民生问题逐步向推进国家治理体系和治理能力现代化倾斜，所取得的成效是近年来参政议政工作的一个重大突破。李奎山副主委宣读了民盟东莞市委关于 2014 年政协十二届三次会议优秀提案、表扬提案、市长会见材料和 2015 年被采用为省盟大会发言、集体提案、市政协十二届四次会议重点提案等的表彰决定。

会上，朱伍坤主委做重要讲话。今年民盟东莞市委向市政协十二届四次会议提交的提案中，被评为重点提案的有 4 件，占全市重点提案的 1/2，之所以能取得骄人的成绩是因为民盟东莞市委参政议政工作能做到"四度"：一是选题有高度，坚持围绕中心服务大局，结合热点，敢碰难点；二是调研有深度，没有调研就没有发言权，做到调研深、发现准、针对性强；三是数量有强度，民盟东莞市委每年的提案数在 30 篇以上，数量保持领先；四是建议有力度，致力建实言、出实措、求实效。民盟东莞市委参政议政成绩可喜，但仍存在三个不足，一是人才不足，二是能力不足，三是动力不足。对此，要不断发现、挖掘和培养人才，要不断加强学习和锻炼，要不断创新制度和完善制度等。朱主委对接下来的参政议政工作提了三点要求：一是抓重点，结合社会热点焦点，紧抓重点问题，精心选题；二是找切点，调研要深入，发现问题要准确，议政建言要找好切入点；三是出亮点，建议既要有前瞻性，也要切实可行、说到点子上。

会议邀请了省政府参事、原民盟广东省委专职副主委王则楚做题为《参政参到点子上，议政议到关键处》的专题讲座。

8 月 8 日，市政协副主席、民盟东莞市委主委朱伍坤率民盟东莞市委秘书长、广东宏川集团董事长林海川和民盟东莞市委委员、东莞市人民医院主任医师黄虔博士走进由东莞市政协和东莞广播电视台联合主办的《政协议政厅》节目，介绍民盟东莞市委的发展历程和近年的主要工作。

朱伍坤主委首先介绍了民盟东莞市委的发展历程。他把民盟在东莞走过的 67 年分成萌芽、发育、停顿、成长、成熟和稳步发展 6 个阶段。尤其是在 2006 年提出了建设一个高素质参政党地方委员会的目标后，民盟东莞市委走上了快速发展的轨道，在组织发展、参政议政

朱伍坤主委带队走进《政协议政厅》

和社会服务等方面都取得了骄人的成绩，充分展现了民盟的活力和社会担当精神。紧接着，林海川秘书长重点介绍了今年民盟东莞市委参政议政工作成果。在今年的两会政协提案中，民盟有 4 件提案被选为市重点提案，占今年重点提案数量的 50%。其中，市委书记和市长亲自督办的提案都来自民盟。黄虔委员则重点介绍了民盟东莞市委社会服务工作情况。通过近 3 年的努力，民盟东莞市委的社会服务工作已经走上了品牌化的轨道，成功树起了"莞盟助学行""莞盟环保行""莞盟普法行"和"莞盟健康行"四个服务品牌，组建了"莞盟爱心基金"。

2016 年

2 月 23 日，中国人民政治协商会议第十二届东莞市委员会第五次会议在东莞市会议大厦隆重开幕。开幕大会听取了《政协第十二届东莞市委员会常务委员会工作报告》和《政协第十二届东莞市委员会常务委员会关于十二届四次会议以来提案工作情况的报告》，并对政协第十二届东莞市委员会第四次会议以来的优秀（表扬）提案和办理提案先进单位进行了表彰。其中，民盟东莞市委集体提案《关于加快现代服务业发展的建议》《关于改善东莞各火车站（高铁站）周边交通及环境的建议》和委员提案《关于东莞市积极主动对接广东自贸区的对策建议》获优秀提案奖；民盟东莞市委集体提案《关于加快建设我市餐厨废弃物无害化处理厂的建议》和委员提案《关于建立东莞市区域股权市场的建议》获表扬提案奖。

3 月 20 日—21 日，全国人大常委会副委员长、民盟中央主席张宝文率民盟中央调研组就"改革开发区管理体制，促进开发区转型创新发展"专题莅莞展开调研。调研组首站来到松山湖（生态园）高新区，了解东莞园区创新发展举措、发展中存在的问题和未来的规划，听取了东莞市委书记、市人大常委会主任徐建华和松山湖（生态园）管委会主任殷焕明的工作汇报，深入

了解东莞经济社会发展以及东莞园区规划建设各方面的情况。张宝文对东莞推动园区统筹发展实践和园区建设取得的成绩表示充分肯定，他寄望东莞园区在如何引领统筹周边镇街共同发展做更多的探索，在园区管理机制等方面大胆改革创新，积极破除体制机制障碍，探索出新举措，为全国的园区创新发展提供借鉴。

在莞期间，张宝文主席带调研组马不停蹄地深入我市四家高新民营企业调研，了解企业创新发展情况，耐心听取企业家反映的各种问题、困难和建议。当张宝文主席一行来到广东宏川集团调研，了解到宏川集团董事长林海川作为盟员，不但企业经营管理出色，而且热心盟务工作，做好事，做实事，积极为民盟的参政议政和社会服务做贡献时，深感欣慰，也给调研组留下了深刻的印象。

在莞调研期间，张宝文主席、温思美副主席还抽空接见了民盟东莞市委会的领导班子，听取了民盟东莞市委主委朱伍坤的工作汇报，了解民盟东莞市委组织建设情况，勉励民盟东莞市委要进一步继承和发扬民盟的光荣传统，为民盟的事业、为地方经济发展再立新功。

民盟中央主席张宝文莅莞调研

5月13日下午，来到东莞市轨道交通有限公司，对东莞城轨2号线的建设情况展开调研。调研组详细了解了2号线各站进出口设施、周边交通线路接驳、站点换乘等情况，实地考察了虎门地铁站和虎门高铁站的接驳情况，并亲身体验了2号线的试运行情况。通过考察和试乘，调研组对城轨2号线的规划和建设表示充分肯定，同时也对今后的运营和管理提出了一些建设性的意见。通过调研，大家对东莞公共设施建设有了新的认识，对东莞的社会发展更加充满信心。

5月14日，为进一步发掘莞香文化，在莞香花开的季节，民盟东莞市委组成调研组，在市政协副主席、民盟东莞市委主委朱伍坤的带领下，来到位于东莞市大岭山镇的莞香非物质文化遗产保护园，对莞香的保护和种植情况进行调研。

调研组在莞香非物质文化遗产保护园董事长黄欧的带领下，实地考察了面积近3 000亩（1亩=0.00067平方千米）的莞香种植园和千年莞香古树，详细了解莞香的历史、莞香的药用价值和经济价值，以及莞香的种植、生长、结香、采香、加工等过程。

通过调研，盟员们对莞香的种植、保护和利用有了更深入的了解。莞香是沉香的一种，历史上因为产于东莞的沉香以其独特的芳香而成为沉

民盟东莞市委调研组到莞香非物质文化遗产保护园调研

香中的上上之品，被指定为皇家御用品，名扬海内外，十分珍贵，因而遭到各级官吏的过度索取和掠夺，香农不堪重负，使得莞香在清末走向消亡，其种植技术也随之失传，但莞香的文化符号已深深烙在世人心中。莞香的失传是东莞人的憾事，也是世人特别是爱香人士的损失。为了发掘和弘扬莞香文化，近年来，东莞市委市政府做了许多工作，一些镇街也大力支持莞香的种植，建设了中国沉香博物馆，定期举办沉香交易博览会等，重振东莞"莞香"雄风的呼声越来越高，莞香的种植前景非常广阔。在沉香产品越来越多，种植面积越来越大，种植方式越来越丰富，"沉香""莞香"产品鱼龙混杂的今天，什么才是真正的莞香，什么样的莞香才是上上品等问题摆在人们面前。要重振和保护源远流长的"莞香"品牌，就必须为莞香制订一系列的原产地产品标准和种植加工规范，莞香非物质文化遗产保护园正在为此而努力。民盟东莞市委此次组织盟员来这里调研，除了让盟员了解莞香知识外，更重要的是为如何推动莞香产业的发展，弘扬莞香文化做深入的探讨，为今后议政建言做准备。

6月5日，为了更好地发掘东莞龙舟地方文化，为议政建言收集素材，在东莞万江龙舟文化节开幕的日子，民盟东莞市委组成调研组，在市政协副主席、民盟东莞市委主委朱伍坤的带领下来到东莞万江，对龙舟文化展开调研。万江街道办事处党委书记吴志刚等领导陪同调研。

调研组一行详细了解了东莞传统龙舟的制作工艺和制作过程，观看了来自万江28个社区的26支龙舟队的斗龙、趁景，品尝了龙船饭和古法制作的咸肉粽，深深感受到龙舟文化在当地群众心目中的地位和浓浓的节庆氛围。调研组一致认为，这种弘扬爱国主义精神和提升社会凝聚力的体育文化活动，对推动和谐社会的建设、提升地方文化的影响力，都具有十分重要的意义，值得进一步发掘、传承和发扬光大。

7 月 13 日，程发良主委偕撰稿者实地考察民盟东莞市委的提案《关于依托市科技馆对中国散裂中子源进行科普宣传的建议》受到市政协的重点关注。由市政协副主席蒋小莺带队，"散裂中子源"项目相关提案者、提案承办单位相关负责人等 20 余人赴大朗镇中国散裂中子源项目所在地进行了实地考察，并在大朗镇政府召开了提案办理协商座谈会。市政协常委、民盟东莞市委主委程发良带领盟内提案撰稿者代表曾平英、童剑飞参加了本次考察活动。

考察期间，调研组成员认真听取项目的介绍，程发良主委和盟内撰稿者还特别就民盟东莞市委提案的重点建议与承办单位进行了讨论。座谈会上，围绕与中国散裂中子源相关的 6 份提案，蒋小莺副主席认真听取了各办理单位和提案者的发言，并表示要充分利用"散裂中子源"高科技项目扎根东莞的有利条件，加大力度开展科学普及、宣传推广，并推动散裂中子源的技术运用，将散裂中子源项目建设成东莞一张亮丽的城市名片，提高东莞的知名度和影响力；强调依托市科技馆对中国散裂中子源进行科普宣传的必要性和紧迫性，并提出要尽快落实《关于依托市科技馆对中国散裂中子源进行科普宣传的建议》的答复意见和解决办法。

通过本次会议，民盟东莞市委提案的落实情况取得重大进展，为中国散裂中子源在科技馆开展科普宣传奠定了良好的基础。

民盟东莞市委调研课题《全面二孩政策背景下加强我省女职工权益保障的建议》获得民盟广东省委立项。2016 年 7 月 25 日，在民盟广东省委副秘书长欧贻宏和参政议政处处长李敬东的带领下，民盟东莞市委课题组组长、民盟东莞市委委员、东莞外国语学校学术委员张华偕课题组成员、民盟东莞市委水务支部副主委、东莞市水务工程建设运营中心高级工程师夏治会，以及民盟医卫支部副主委、广东约克律师事务所律师骆涛等分别赴省总工会和省妇联进行调研。

调研活动得到了省总工会和省妇联的大力支持。省总工会女职工部、省妇儿工委、省妇联权益部、省妇联法律服务中心、广州市总工会、广州市越秀集团工会、广州医科大学工会的同志就相关情况做了详细介绍，并围绕课题的相关问题与调研组成员进行了充分的交流和探讨。

民盟广东省委参政议政处有关负责同志参加了调研。

近日，民盟东莞市委在今年两会上提交的政协提案《关于让老弱病残孕方便出行的建议》又一次成为热点，被市政协选中作为东莞广播电视台《政协议政厅》节目的议题。8 月 6 日上午，市政协委员黄虔、民盟东莞市委委员钟煜铎、民盟东莞松山湖总支委委员李虔等该提案组成员应邀走进《政协议政厅》，就我市公共交通设施如何让老弱病残孕等更方便出行的问题与广大听众进行了交流，共同探讨让全体市民，特别是老弱病残孕等特殊人群的出行更方便的对策和措施。

公共交通不但要让健康人方便出行，更要让老弱病残孕等方便出行，公共交通设施的建设和管理要"以人为本"，让市民出行能够真正"出"得顺利，"行"得方便，真正享受到公共交通的便利，这是城市公共交通设施建设和运营的目的和追求。提案组成员就我市公共交通设施建设和运营管理中存在的问题和改善的建议做了深入的探讨，发出了民盟好声音。

9 月 4 日上午，民盟东莞市委在市行政办事中心西楼一楼多功能会议厅召开了 2016 年度参政议政工作会议。市政协副主席朱伍坤，民盟东莞市委主委程发良，副主委汤瑞刚、林海川、袁华强出席了会议，各市委委员，各支部主委、副主委，各专委会主任、副主任及获表彰的提案（信息、材料）撰稿人等参加了会议。会议由林海川副主委主持。

袁华强副主委代表民盟东莞市委做 2015—2016 年度参政议政工作总结，总结指出在过去的一年里，民盟东莞市委凝聚全盟智慧，精心选题，深入调研，健全机制，建言献策求真求诚、求深求实，求精求准，提出了不少具有科学性、前瞻性、可行性的对策和建议，助力广东和东莞的发展，也得到民盟广东省委和市领导的认同。随后，林海川副主委宣读了民盟东莞市委关于 2015 年政协十二届四次会议优秀提案、表扬提案、市长会见材料和 2016 年被采用为省盟大会发言、委员提案，及市政协十二届五次会议集体提案、委员提案等的表彰决定。

会上，汤瑞刚副主委做参政议政专题辅导报告。汤瑞刚指出，参政议政是参政党履职尽责的生命线，而参政议政离不开提案工作和社情民意信息工作，强调了提案工作是政协委员履行"政治协商、民主监督、参政议政"职能的重要形式，也是盟员履行参政党职能的重要体现。汤瑞刚重点指出提案工作要多学习多调研，要充分体现出民盟界别特色，同时要做到"三有""六要"，即有情况、有分析、有建议；一要反映大事，将内容提炼上升到一定的高度；二要有理有据，分析得当；三要开门见山，语言简练；四要深入调研，判断准确；五要建言具体、可行；六要一事一议。坚持严肃性、科学性、可行性、准确性、宏观性和超前性这六个原则，充分发挥民盟的智力优势，促进政府加快实现社会公平正义的步伐。

会议的最后，程发良主委做重要讲话。他表示，这次的参政议政总结会议是民盟东莞市委换届后的第一次参政议政工作会议，意义重大，强调过去一年里参政议政工作取得的重大进步离不开全盟上下的共同努力，同时对接下来的参政议政工作提了两点要求。一是要加强培训学习，提升素质。希望全体盟员高度重视参政议政工作，拓宽参政议政视野，增强参政议政合力。二是要畅通建言渠道，履职尽责。希望全体盟员围绕服务广东全面深化改革和科学发展，建设美丽和谐东莞，关注民主、民情，围绕我市实际，更加有方向、有重点地推进调研工作，确保数量、强调质量，畅通议政建言渠道，为发展建言，为民生呐喊，切实履行参政党职能。

9月13日，在民盟广东省委参政议政处处长李敬东的带领下，民盟广东省委调研组会同各市委会调研组来到广东省环境保护厅，就环境与健康、机动车污染减排、城镇化建设中的环境保护等相关课题展开调研，并在省环保厅会议室召开调研座谈会。民盟东莞市委调研组在市委委员、环保支部主委钟煜铎的带领下偕课题组参加了调研活动，参加调研活动的还有民盟中山市委调研组和民盟佛山市委调研组。环境保护部华南环境科学研究所研究员齐建英博士、广东省环境监测中心实验室主任肖文博士等专家，以及省环保厅各处室负责人、业务骨干应邀出席了调研座谈会。

座谈会由广东省环境保护厅政策法规处处长卢洁芬主持，她对调研组的到来表示欢迎，并对我省各级民盟组织和各地盟员对全省环保工作的关心、重视和支持表示衷心感谢。省环保厅各处室负责人分别介绍了相关环保工作的进展情况。与会人员就如何开展"环境与健康"的调查和评估工作，以及在经济发展中如何加强大气环境、水环境和土壤环境的保护，如何践行绿色发展，如何保障广大民众的身心健康等问题进行了广泛的沟通和交流。

9月20日，2016年东莞市各民主党派负责人暑期座谈会在市社会主义学院召开，主题为"为东莞构建开放型经济新体制建言献策"。市委书记吕业升出席座谈会并讲话。市政协主席、市委统战部部长李小梅主持会议。市委副书记姚康，市委常委、组织部部长白涛，市委常委、常务副市长张科等领导，以及市各民主党派、党外知识分子联谊会负责人出席会议。

座谈会上，常务副市长张科通报了我市经济社会发展情况。各民主党派、市党外知识分子联谊会负责人分别发言，围绕东莞构建开放型经济新体制建言献策。

民盟东莞市委主委程发良出席座谈会并做了题为《发挥民盟界别优势 助推东莞创新驱动发展》的发言。他指出，投身创新驱动发展是民盟的责任和使命，民盟盟员集中在高校、科研院所等科技创新活动高地，是创新驱动发展战略的一线实践者，要努力发挥自身传统和专业优势，针对产业急需突破的核心技术潜心开展技术攻关。结合目前东莞在创新驱动发展中面临的问题，程发良提出了以下建议：一是尽快改革科技投入机制，通过强化基础前沿和高技术研究不断提高科技创新源头供给；二是尽快改革科技评价机制，制订符合东莞实际，更好推动东莞科技创新和成果积淀，加快打造产业竞争优势的科技评价体系；三是尽快改革人才管理体制，建议参照中组部"千人计划"、广东省"珠江学者"等人才计划的做法，为符合设定条件的引进人才明确安排科研资助经费，切实增强吸引力；四是助推高校更好服务东莞，努力使东莞高校在服务东莞产业转型发展、推动创新驱动发展提供强有力的人才、智力和科技支撑。

民盟东莞市委副主委林海川也出席了座谈会。

10 月 11 日，东莞市政协副主席朱伍坤率民盟东莞市委调研组围绕"环境与健康"课题到东莞市疾病预防控制中心等单位调研。东莞市卫生计生局副局长尹露萍、市疾控中心副主任姚旭芳等领导全程陪同调研。陪同调研的还有市卫生计生局疾控科、市疾控中心公共卫生监测所、市职业病防治中心等单位的负责人。

"环境与健康"是各级政府高度重视、全国人民高度关心、媒体高度关注的社会热点，调研组在市疾控中心会议室召开了座谈会，与会人员就我市"环境与健康"的监测和风险评估等工作的开展情况和存在的问题进行了广泛的交流和研讨。大家一致认为，目前，我市乃至全国对环境污染、地方病、职业病防治等方面的监测、评估工作，还是各个部门各管一段，如何畅通机制，实现资源共享，更好地为市民服务，为健康服务，任重道远。

10 月 18 日，幼儿是祖国的未来，幼儿教育关系到社会发展和民族兴旺，少年儿童能否接受优质教育是广大家长高度关注的问题。民盟东莞市委调研组在东莞市政协副主席朱伍坤的带领下，来到东莞市教育局，围绕"我市幼儿园建设"课题进行调研。东莞市教育局调研员陈启明偕学前教育科、基础教育科、民办学校管理科等部门的负责人全程陪同调研。

调研组在市教育局会议室召开座谈会，与会人员围绕我市幼儿园基础设施建设、师资队伍建设、幼儿入读、财政投入等情况及存在的问题进行了广泛的交流。大家一致认为，幼儿教育是否普惠、是否优质，在很大程度上决定了东莞是否能留住人才，只有留住人才，东莞的未来才充满希望。因此，加大投入，提高办园水平，是实实在在的民心工程，凝心聚才的好环境也是提升东莞宜居城市"美誉度"的有力措施。朱伍坤副主席强调，东莞市目前学前儿童教育每年的财政投入仍有较大的提升空间，要进一步加大投资力度，切实提高我市幼儿教育的普惠水平。

10月18日下午，东莞市政协副主席朱伍坤带领民盟东莞市委松山湖总支盟员来到东莞市康复实验学校，围绕"特殊（残疾）儿童教育"课题展开调研。东莞市残疾人联合会理事长冉红宇、副调研员戚洪亮、教育与就业部部长姚志良，以及市特殊幼儿中心、市康复实验学校、市残疾人康复中心、市残疾人社会组织服务中心等单位的负责人陪同调研。

调研组首先在市康复实验学校校长王曙光的带领下参观了该校，王校长向调研组详细介绍了学校概况，调研组观摩了教学现场，详细了解学校的基础设施和软硬件配备等情况，紧接着在学校会议室召开座谈会。与会人员围绕我市特殊儿童状况、受教育情况，康复学校、康复中心的建设和管理情况、师资和专业人员的招聘和培养情况，以及存在的问题进行了广泛的交流。

特殊（残疾）儿童的学习、生活、健康状况，代表着一个地区的社会文明程度，东莞市康复实验学校虽然能够基本上满足我市 0～16 岁户籍特殊儿童的需要，但要适应我市外来人口占多数的实际需要，仍有很大的距离。朱伍坤副主席鼓励学校积极克服困难，结合社会力量，努力为更多的特殊儿童提供全方位的服务。我们作为党派成员和政协委员，也要多关注我市特殊儿童健康事业的发展，多表爱心，多传善意，为进一步推动我市的精神文明建设多做贡献。

11 月 4 日，为了发挥民盟"智力优势、人才优势"，为广东省实现"三个定位、两个率先"的总目标献计出力，民盟广东省委于 2016 年 11 月 4 日至 5 日在江门市举办"全面建设小康社会"研讨会。参加本次研讨会的人员为民盟广东省委机关领导、各地级市委会参政议政委员会委员及论文提交者共 50 多人，民盟东莞市委委员、文艺支部主委曾平英、民盟东莞市委松山湖总支副主委陈朝远、民盟东莞市委大岭山支部盟员杨权治参加了研讨会。

此次研讨会主要围绕从精准扶贫、精准脱贫，产业共建促进粤东西北协调发展，现代基础设施建设和公共服务均等化等三方面建言立论，献计谋策。研讨会还采纳了民盟各市委会和专委会报送的论文共 24 篇编辑了论文集。其中，我市盟员曾平英、蔡隆良共同撰写的《重视欠发达地区科普建设，促进全省科普教育均衡发展》、杨权治撰写的《把学前教育纳入义务教育体系，使所有孩子都能上得起幼儿园》、陈朝远撰写的《乡村贫困与精准扶贫》三篇论文均被民盟广东省委采纳。陈朝远还在大会上就《乡村贫困与精准扶贫》进行了专门发言；曾平英在交流研讨环节中针对选题和提出的建议进行了发言。

大会上，民盟广东省委参政议政处领导对民盟东莞市委积极组织盟员参政议政并且取得良好的成效进行了充分的肯定和表扬。

研讨会同期，民盟广东省委在江门市举办庆祝中国民主同盟成立 75 周年盟员书画作品展活动，并组织了与会盟员参观了本次书画作品展。

我市参会盟员会后归来，深感本次活动收获很大，研讨会促进了盟员之间的理论学习和思想交流，书画观摩陶冶了盟员的思想情操和共同信念，并思考今后如何发挥我市盟员各专业人才的特长，为提高民盟组织的影响力做贡献。

2017 年

5 月 13 日，民盟东莞市委组织盟员走进《政协议政厅》。这次节目的内容是介绍民盟东莞市委参政议政工作情况，并与主持人和广大听众交流参政议政的心得体会。参加本次节目的嘉宾有朱伍坤、黄虔、钟煜铎、陈朝远。

参政议政是民主党派的主要职能之一，民盟东莞市委一直以来高度重视参政议政工作。四位嘉宾从制度要求、社会责任和盟员义务讲起，概括了近年来东莞民盟参政议政工作的主要情况，有评价，有经验，有亮点，还有老盟员和新盟员代表谈心得体会。节目成功播出后，受到市政协办公室和主持人的一致肯定。

7 月 6 日下午，民盟东城支部成员一行 6 人在东城统战办副主任卢志勤陪同下到东城开展调研活动。此次调研主要围绕"民主党派基层组织参政议政与民主监督"的主题展开。首先，卢主任陪同调研组一行来到东城法庭。东城法庭副庭长邹国雄向调研组介绍了东城法庭在开展司法公开、司法监督等方面的做法。交流活动后调研组参观了东城法庭的司法公开与司法监督制度建设情况。调研组对东城法庭积极推进司法公开、司法监督工作所做出的努力频频点赞。之后，调研组一行来到主山社区，社区副书记邓贺球向调研组介绍了社区在民主协商、民主选举、民主监督等方面的工作和建设情况。交流活动后，调研组参观了社区党务、居务、财务公开展览室、公开栏。调研组对东城街道重视社区民主协商、民主监督制度建设工作表示肯定。

7 月 19 日，东莞盟员参加省政协主席会议督办重点提案调研活动。活动由省环保厅联合省卫计委、省科技厅、省财政厅、省环境监测中心、环保部华南环科所、民盟广东省委等有关单位组成调研组。参加此次提案办理调研活动的有各单位负责人和专家学者等，民盟东莞市委委员钟煜铎、松山湖总支主委李玫等人作为撰稿人参加了调研活动。

调研组一行由省环保厅副厅长李晖带队，先后参观考察了广东省疾病预防控制中心重点实验室、广东省环境监测中心实验室和环境保护部华南环境科学研究所环境与健康联合实验室、大气观测站等，详细了解各单位的重点实验对象、科研攻关以及常规监测工作的开展情况，听取上述单位领导对环境与健康有关工作情况的介绍。调研组对提案办理进行了充分地沟通和交流，一致认为，我们已经不可避免地走了先污染后治理的路，环境与健康的工作是惠及民生的公益事业，是实实在在的惠民工程，相信在各级领导和政府的高度注视下，这项工作会越做越好，大家对此充满信心。

9 月 11 日，程发良主委在 2017 年暑期座谈会上建言献策。市委书记吕业升出席座谈会，市委统战部部长骆招群主持座谈会，市委组织部部长郑琳，市政府副市长喻丽君等出席座谈会。民盟东莞市委主委程发良、副主委林海川、秘书长王雪萍等出席了座谈会。

在座谈会上，各民主党派市委会、市知联会负责人围绕市委"倍增计划"等中心工作，支持中小企业转型升级、突围发展，推动东莞在更高起点上实现更高水平发展进行建言献策，分别从人才要素、平台要素、资本要素、产业要素等四方面提出了支持中小企业突围发展的一系列意见和建议。

程发良主委根据今年市委统战部组织的各民主党派、市知联会联合大调研中的成果做了以《完善科技管理服务科技人才助力倍增计划》为主题的专题汇报。

东莞盟员参加广东省政协主席会议督办重点提案调研活动，图为座谈现场

　　吕业升听取报告后对今年民主党派联合大调研取得的成果给予了充分肯定，各民主党派市委会、市知联会负责人提出的意见建议很有针对性，能够切合东莞发展大局和实际，充分展现了各民主党派参政议政、出谋划策的能力。接下来市委、市政府将对相关意见建议进行认真梳理研究，充分吸纳，力求使各项决策部署更加科学合理，更加符合东莞实际，更加具有针对性和可操作性。

　　9月23日，民盟东莞市委主委程发良率调研组围绕"美丽乡村建设"课题前往梅州市开展调研。民盟梅州市委主委韩小林，专职副主委李跃文等领导陪同调研。

　　调研组先后走访岭南四大古镇之一的松口镇、广东省级生态示范村的雁洋镇长教村、入选全国第一批中国传统村落名录的溪桥村等美丽乡村，并了解其具体情况。在参观调研的过程中，程发良主委和汤瑞刚副主委结合视察过程中的所见所闻和调研组成员进行了讨论，大家各抒己见，气氛热烈。

　　经深入了解，调研组总结了梅州在美丽乡村建设方面取得一系列成就的原因。此次活动，调研组成员们收获颇丰，大家深刻认识到美丽乡村的建设，能改善居住环境，完善基础设施和公共服务设施，实现"村庄秀美、环境优美、生活甜美、社会和美"的宜居宜业宜游的美丽乡村建设目标，从而不断提升农民生活的幸福指数。

　　10月23日，在东城街道陈协、钱灿光两位党委领导的带领下，东城总支骨干盟员携东城街道政协办、统战办工作人员、民营企业家代表等一同赴东莞跨境贸易电子商务中心园区、东莞国际邮件交换局开展调研。

　　调研组先后参观了东莞邮政国际邮件互换局、海关查验监管场地和东莞跨境贸易电子商务展示厅。现场参观后，大家还进行了交流。与会人员分别就跨境电商园从优化项目建设到审批程序以及对电商园未来发展前景进行了广泛的沟通和讨论。大家纷纷交流了观摩后的真心感受，提出了诸多宝贵建议。

此次调研活动是民盟东城总支成立以来的第一次调研活动。

10 月 29 日，民盟东莞市委召开学习贯彻中共十九大精神暨参政议政工作会议。会议在市行政办事中心召开。民盟东莞市委主委程发良，副主委汤瑞刚、袁华强出席了会议，各市委委员，各总支、总支筹备组及下属支部主委、副主委，各专委会主任、副主任及获表彰的提案（信息、材料）撰稿者共 90 余人参加了会议。会议由汤瑞刚副主委主持。

会上，程发良主委结合中共十九大精神，就做好民盟参政议政工作做了重要讲话。程发良指出，中共十九大明确了习近平新时代中国特色社会主义思想，从 14 个方面绘制了未来中国发展的宏伟蓝图，这是我们实现中国梦要奋斗的目标。程发良要求，全体盟员要把学习贯彻中共十九大精神作为当前和今后一个时期最重要的政治任务来抓，要用中共十九大精神指导工作实践，不断提高参政议政工作水平，围绕我省、我市的新常态，主动适应发展方式的转变、发展动力的调整、经济增速的换挡、经济结构的优化，科学选题，深入调研，多建睿智之言，多献务实之策。

袁华强副主委代表民盟东莞市委做 2016—2017 年参政议政工作总结。随后，汤瑞刚副主委宣读了民盟东莞市委关于 2016—2017 年度获奖提案、建议、获采用材料等的表彰决定。会议还为新成立的四个专委会主任颁发了聘书。

10 月 31 日，民盟松山湖总支召开参政议政工作会议。会议在松山湖宏川集团有限公司会议室召开，这是松山湖总支在中国共产党第十九次全国代表大会胜利召开后的第一次工作会议。会议由总支主委李玫主持，松山湖总支班子成员、各支部参政议政骨干盟员代表和部分新盟员出席了会议。

会上钟煜铎副主委传达了民盟东莞市委六届四次委员会议和民盟东莞市

委 2017 年参政议政工作会议精神。与会人员认真学习中共十九大报告精神，围绕市委市政府的中心工作和社会热点等问题进行了热烈讨论。大家一致认为，要以中共十九大报告精神为指导，精心选题，抓住重点，深入调查调研，积极建言献策，为建设幸福新东莞贡献力量。

11 月 6 日，民盟东城总支召开学习贯彻中共十九大精神及参政议政工作部署会。按照民盟东莞市委和东城统战办的统一部署，东城总支召开了全体会议。会议由李云霞主持。

会上，李云霞要求总支全体盟员把学习中共十九大精神与提高自身政治把握能力、参政议政能力、做好本职工作三者结合起来，把学习的最终成果落实在不断提高参政能力和水平之上，围绕我市在新形势下发展方式的转变，充分发挥总支盟员在教育、医疗、法律等界别方面的优势，深入调研、科学选题，确保所提提案建议科学合理切实可行，为东莞的经济社会发展积极建言献策，为"新时代、新征程、新东莞"的建设发展做出应有的贡献。

参会盟员纷纷发表自己的意见，并一致认为作为一名参政党成员，应该要把学习中共十九大精神与提高参政议政能力紧密联系起来，积极建言献策，为广东东莞贡献自己的力量。

11 月 30 日，民盟松山湖总支到东莞市房产管理局调研。此次调研的内容主要针对小区物业管理等相关课题。松山湖总支主委李玫、市房管局房产市场管理科科长吴鉴忠等参加了调研活动。吴鉴忠首先对我市物业服务行业的概况及有关法律法规等做了详细介绍。接着，与会人员对我市物业服务行业存在的主要问题和解决办法进行了深入地交流和探讨，对解决物业公司与业主之间的矛盾提出了一些意见和建议。通过调研，同时也了解了房管局的一些主要职能，为课题的完成提供了丰富翔实的素材。

11 月 30 日，民盟东城总支到东莞市电子科技学校调研。调研的主题是关于中职学校招聘企业专职教师的内容。调研活动受到了该校校长肖胜阳、广东省名班主任阳海华等热忱欢迎。东莞市塘厦弘法法律律师事务所负责人等有关人员也参加了会议。

会上，肖校长介绍了东莞电子科技学校办学成果，东城总支盟员对该校人才培养取得的成效表示赞许，并就肖校提出"中职学校专业人才引进模式"与广东省名班主任提出"给予班主任职称评定"的两个建议表示肯定。调研成员还参观了该校的实训基地。

12 月 8 日，民盟松山湖总支到梅州开展学习实践及调研活动。民盟梅州市委专职副主委李跃文对东莞松山湖总支一行的到来表示欢迎，并全程陪同参与学习和调研活动。

调研组首先参观了梅州东升工业园污水处理厂，深入平远县差干镇、上举镇等地，围绕环境保护、绿色发展等相关课题进行调研。随后来到广东省统一战线基地中国客家博物馆、爱国主义教育基地平远红军纪念园等地参观学习，缅怀革命先烈，接受精神洗礼。

这次活动是松山湖总支在党的十九大胜利召开后的第一次学习实践及调研活动，是迈进习近平新时代中国特色社会主义新征程的新起点。

2018 年

4 月 7 日，民盟东莞市委提案走进《政协议政厅》。随着我国"全面二孩"政策放开，儿童人口呈阶段性增长。儿科患者也不断增多，儿科医师常年加班加点全员上阵，这样的应急状态渐渐成为各个医院儿科的常态。在这背后，是儿科医师日益短缺的严峻现实。民盟东莞市委委员张勇携《关于解决我市儿科医师紧缺问题的建议》提案做客东莞广播电视台《政协议政厅》节目。张勇指出儿科医师劳动强度大、压力大、风险高，以及儿科医师工资待遇不高是导致儿科医师流失量大的主要原因，再加上儿科医师的生存现状导致儿科医学生招生难、从业意愿低，临床医学专业毕业生主动愿意从事儿科专业的人少，且培养一名合格的儿科医师需要长达 15~20 年的时间，相较大量儿科医师的流失来讲，往往是入不敷出，造成了儿科医师数量逐年下降。

就相关问题，参加节目的市卫计局和人力资源局等相关领导也及时做出了回应。

5 月 12 日—13 日，民盟广东省综合第一总支调研组来我市与松山湖总支联合开展学习交流和课题调研活动，松山湖总支班子成员、参政议政骨干和新盟员参加了学习和调研活动。

调研组就"促进粤港澳大湾区科技创新与合作"和"坚持科学系统治理，全面提升水环境质量"等民盟广东省委立项课题，对松山湖高新区的建设和发展及其周边村镇的农村人居环境、水环境治理等进行调研，参观考察了中科院高能所东莞分部的中国散裂中子源基地，为进一步做好参政议政工作夯实基础。

活动同时还邀请了民盟广东省委参政议政处符立宇同志做关于《如何写好社情民意信息》专题讲座。符老师通过列举大量案例，生动形象地阐述了社情民意信息应如何选材、立意、命题、谋篇，盟员们结合实际边学习边讨论，共同提高信息写作能力。

5 月 18 日，民盟广东省 2018 年参政议政工作会议在广州召开。出席本次会议的有民盟广东省委主委王学成，民盟广东省委副主委卢传坚、吴以环，民盟广东省委专职副主委程昆，民盟广东省委秘书长朱虹，以及民盟广东省委机关各部门、全省各地方委员会、省直属各基层的负责人，民盟广东省委参政议政专委会相关领导等 120 余人。民盟东莞市委秘书长王雪萍率队参加了会议。会议由民盟广东省委副主委张志兵主持。

会上，程昆副主委传达了 2018 年民盟参政议政工作会议精神，强调了丁仲礼主席对今年参政议政工作提出的三点希望：一是加强参政议政的能力建设，着力聚焦新时代、新矛盾、新问题；二是加强参政议政的机制建设，形成上下联动、区域互动、内外结合的工作格局；三是加强参政议政的人才建设，为建言献策提供切实充足的智力支持。

王学成主委对参会人员及积极参政议政的盟员表示了衷心的感谢，并对全体盟员提出了三点要求。一是要提高政治站位。坚持中国共产党的领导，坚持以习近平同志为核心的党中央的坚强领导，在参政议政工作中，必须要与执政党同心同向同行。二是明确职责定位。民盟作为中国特色社会主义参政党，参政议政是各项工作的第一要务、重中之重，全体盟员要积极建言献策，提出更多高质量、高水平的意见建议。三是找准建言方位。充分发挥教育文化科技界别特色和优势，找准参政议政工作的切入点，参政参到要点上，议政议到关键处。

会上，对 2017 年度参政议政工作先进单位、反映社情民意信息工作先进集体和个人进行了表彰。民盟东莞市委荣获 2017 年度民盟广东省参政议政工作优秀成果奖，和反映社情民意信息工作先进集体三等奖；东城总支盟员李秀源律师荣获反映社情民意信息工作先进个人二等奖。

6 月 23 日，民盟东莞市委召开纪念中共中央发布"五一口号"70 周年暨 2018 年参政议政工作会议。民盟东莞市委主委程发良，副主委汤瑞刚、林海川、袁华强出席了会议，各市委委员，各总支、各支部主委、副主委，各专委会主任、副主任，获表彰的提案、信息撰稿人以及 2017 年全体新盟员和转入盟员共 89 人参加了会议。会议由林海川主持。

会上，程发良主委充分肯定了民盟东莞市委一年来参政议政工作所取得的成绩，并对以后的工作提出三点要求：一是提高认识，认真贯彻落实会议精神，希望各位盟员深入学习贯彻习近平新时代中国特色社会主义思想、习近平总书记在全国政协联组会上的重要讲话和在全国人大广东代表团上的重要讲话，认真学习全盟、全省和本次参政议政工作会议精神，提高认识，凝聚合力，共同推动参政议政工作迈上新台阶。二是汇聚合力，打造"大参政"工作格局，希望全体盟员深刻地认识到我们肩负的责任，用好政党协商这个民主形式和制度渠道，把更多的资源向参政议政工作倾斜，凝聚智慧，努力在"会协商、善议政"上取得实效。三是积极参与，推进社情民意信息工作，民盟东莞市委首次将每月至少报送一条对策建议类信息作为一项考核指标写进《民盟东莞市委基层组织工作量化考核办法（试行）》，并构建、充实信息员队伍，希望盟员平时多结合各自工作岗位实际和专业特长，密切联系群众，积极撰写社情民意信息，实现由少数人参与向多数人参政转变。

林海川副主委在会上传达了民盟中央《关于开展中共中央发布"五一口号"70周年纪念活动的通知》精神，并代表民盟东莞市委做了2017—2018年参政议政工作总结。

袁华强副主委传达了民盟中央参政议政工作会议和民盟广东省参政议政工作会议精神。随后，汤瑞刚副主委宣读了民盟东莞市委关于2017—2018年度获奖及获采用提案（信息、材料）的表彰决定，并对获得民盟中央、民盟广东省委采用的提案和信息，获得省政协、市政协优秀提案、表扬提案的，以及获民盟东莞市委采用为集体提案的撰稿者进行了表彰。

7月5日，民盟南城总支召开参政议政工作会议。总支及下属各支部负责人，提案（建议）、信息撰稿人等23位盟员参加了本次会议。民盟东莞市委秘书长王雪萍参加了会议，会议由总支主委曾平英主持。

会议表扬了年度提案和信息等获奖盟员并发放了奖金，各位盟员因自己的提案、信息、材料等被采用和重视深受鼓舞。获奖盟员互相分享和学习撰写提案和信息的经验和体会，个个畅所欲言，气氛十分热烈。

会议还组织大家深入学习和贯彻落实习近平新时代中国特色社会主义思

想、中共十九大精神和习近平总书记在今年全国两会的重要讲话精神，要求各位盟员牢记习近平总书记赋予广东的新时代新使命——"四个走在全国前列"并为之奋斗。参会盟员纷纷表示要以习近平新时代中国特色社会主义思想为指引，进一步加强理论学习和实践观察，围绕省、市和南城街道的中心工作，一要出色地做好本职工作，二要明确自己政治上的角色定位，做共产党的"好参谋、好帮手、好同事"。深入调查研究，认真撰写提案和社情民意信息，进一步提高参政议政质量和水平。

7 月 6 日—8 日，民盟东城总支 40 名盟员赴潮汕开展调研交流活动。此次活动先后赴涵碧楼爱国主义教育基地、抗战阵亡将士纪念碑、南澳大桥等地参观学习。盟员们现场缅怀革命先烈，接受精神洗礼。

调研参观结束后，东城总支召开工作会议，围绕本年度上报民盟东莞市委的四个课题分组进行交流讨论，部署了下半年的调研活动安排，会议还欢迎了新盟员李萍、刘东明的加入。会后，盟员们纷纷表示本次活动通过实践与交流，使他们深深地领会了中共十九大精神，提升了思想政治觉悟和参政议政能力，并表示在以后工作中，要充分发挥自身在教育、医疗、法律等方面的优势，多参与盟务活动，多为城市建设、教育医疗发展等方面提出可行性、合理性建议。

7 月 18 日，盟员夏治会参加市政协专题协商座谈会。水务支部主委夏治会作为提案撰稿者，参加市政协组织召开的"全面推进垃圾分类体系建设"专题协商座谈会。会上，专家、政协委员、提案者围绕"全面推进垃圾分类体系建设"协商会提纲纷纷发言。

其中，夏治会做了题为《关于在我市建设专业园林绿化垃圾处理站的建议》的发言，就我市目前在园林绿化垃圾的分类及处理方面提出了建议：一是加强宣传引导；二是制定政策措施；三是加大资金支持；四是加快设施建设；五是加强废物利用。

　　7月19日，市政协深入学习习近平总书记关于加强和改进人民政协工作的重要思想理论研讨会召开，广东省政协副主席林雄出席会议。民盟东莞市委副主委袁华强，高校总支主委陈莉，石龙支部主委何龙超应邀参加会议。

　　民盟东莞市委向本次研讨会共提交了3篇论文，其中《人民政协在推进国家治理体系和治理能力现代化中的作用》等获入选论文集。会上，袁华强副主委代表民盟东莞市委做题为《新形势下充分发挥民主党派民主监督作用问题研究》的发言。袁华强指出民主党派监督的时代价值，以及在发挥民主党派监督作用所面临的主要困境，并且强调了进一步发挥民主党派民主监督作用的政策实施路径。一是要建设良性政治生态，构建有效监督机构；二是要明确角色定位，充实监督权力；三是要积极探索监督新路径，不断推进监督方法创新。何龙超作为专家学者在会上做了题为《与数据仅加强我市镇街政协小组履职能力建设》的发言。

　　林雄在会上对袁华强的发言给予高度评价，并对东莞市政协深入学习习近平总书记关于加强和改进人民政协工作的重要思想来统领人民政协工作，并将学习研讨成果运用到政协工作中提了四点意见：一是要坚持讲政治、抓政治；二是要发挥政协人才荟萃、智力密集的优势；三是要运用好协商民主这一民主形式，用协商民主画出最大同心圆；四是加强履职能力建设，推进新时代政协工作提质增效。

　　7月26日，为进一步做好2018年市各民主党派、无党派人士联合调研工作，按照调研工作方案，民盟东莞市委召开专题座谈会，会议邀请了力星激光、凯格精密、德瑞精密设备、鸿宝科技、德科摩等5家企业相关负责人出席，会议由袁华强副主委主持。

　　会议听取了各企业代表发言后进入交流讨论环节，交流过程中，民盟调

民盟东莞市委开展城区高端装备制造业专题调研，图为实地考察现场

研组深入了解了城区高端装备制造业的发展状况、融资状况、人才状况、面临的问题及对政府的诉求等。各参会人员畅所欲言，向调研组反馈了真实的情况，提供了翔实的数据，为调研打下了坚实的基础。

会后，调研组还走访了东莞市力星激光科技有限公司，通过实地考察，更加详细地了解了企业的研发投入、核心技术掌握情况等，较好地掌握了调研材料。

8月9日，民盟广东省委专职副主委程昆率调研组来莞进行"培育高成长性科技型企业，推动广东经济高质量发展"的专题调研。民盟东莞市委主委程发良、副主委林海川热情接待了调研组。活动得到了市科技局的大力支持。

在座谈会上，程昆介绍了专题调研背景，指出广东省政府把抓高成长性科技型企业作为抓高质量发展的一个重要抓手，着力培育一批高成长性和极具创新潜力的企业，强调了本次调研旨在了解高成长性科技型企业的创业孵化、创新环境、商业成长模式及面临的问题，探索中小科技型企业的创新发展路径，从政策扶持、体制建设、服务体系等多方面探讨培育和扶持成长性科技企业的对策建议，为广东省委省政府的科学决策提供参考。

会议听取了市科技局杨静副调研员及 3 家企业代表发言。在交流过程中，调研组深入了解了东莞市高成长性科技企业的总体发展情况、东莞市政府对高成长性科技企业的政策扶持情况、企业的经营现状、经营痛点及对政府的政策诉求等。各参会人员畅所欲言，为本次调研打下了坚实的基础。

调研组一行在林海川的陪同下实地考察了广东拓斯达科技股份有限公司。

8 月 21 日，为了更好地将东莞打造成为深莞惠经济圈生态腹地，实现水系统空间格局持续优化、生物多样性保护系统科学、人居环境质量明显改善、城乡一体游憩系统完善、城市环境安全有效保障的目标。民盟莞城总支一行 28 人赴惠州市惠城区开展生态城市建设的调研。

调研组通过听取情况介绍、实地查看、随机询问等形式，较为全面了解了惠州市水生态与城市建设的发展轨迹。调研活动结束后，课题组负责人、莞城总支主委张华希望课题组的成员汇集众智，根据调研的结果，认真梳理问题，形成调研报告，提出具有前瞻性、操作性强的务实建议。

民盟广东省委会专职副主委程昆带队来莞调研

8 月 31 日，中共东莞市委召开市各民主党派负责人暑期座谈会。市委书记、市人大常委会主任梁维东，市委副书记、市长肖亚非，市政协主席、市委统战部部长骆招群，市委副书记、滨海湾新区党工委书记张科，市委常委、秘书长陈志伟，市政府秘书长吴志刚，市委统战部常务副部长马凤彪以及各民主党派、知联会、新阶联的负责人出席了会议。座谈会由骆招群主持。

会上，肖亚非通报了我市经济社会发展情况，并介绍市委市政府关于下半年重点工作的安排。

程发良做了题为《东莞高层次人才引进的问题与对策建议》专题调研汇报，并提出了五点建议：一是优化政策环境，加大支持力度；二是拓宽引智渠道，加大政策宣传和推广力度；三是创新体制，合理使用高层次人才；四是完善工作体系，创新服务方式；五是强化沟通，做好人才服务工作。

梁维东书记充分肯定大家提出的意见建议，对各民主党派、知联会和新阶联为推动东莞经济社会发展做出的积极贡献表示衷心感谢。为了进一步做好我市多党合作与政党协商工作，他强调：一是要持续深入学习贯彻习近平新时代中国特色社会主义思想，打牢多党合作的共同思想政治基础；二是要充分发挥参政党的作用，为东莞争当全省实现"四个走在全国前列"的排头兵凝心聚力，贡献力量；三是要按照新型政党制度的要求，不断加强自身建设，提高履职水平。民盟东莞市委副主委汤瑞刚、林海川、袁华强参加了会议。

11 月 2 日，民盟韶关市委主委林炜东率队来东莞进行"传统文化传承与发展"专题调研及盟务交流活动。民盟东莞市委主委程发良，副主委林海川、袁华强等陪同调研。

调研组一行首先参观了民盟学院支部预备挂牌的"盟员之家"，并进行了座谈。座谈会上，学院支部主委陈莉向调研组介绍了"盟员之家"的建设情况及经验，指出东莞理工学院"盟员之家"是本市首个盟员之家，分享了学院支部组织活动的心得。林炜东主委肯定学院支部的组织建设，并强调"盟员之家"作为民盟思想建设和组织建设"建在基层"的创新平台，是民盟深入开展坚持和发展中国特色社会主义学习实践活动的重要抓手，民盟韶关市委借此机会学习东莞经验，希望在以后的日子里不断加强组织建设，打造"有为之家"。

会后，调研组一行来到莞城开展"传统文化传承与发展"专题调研，并参观考察了李章达故居，了解了李章达故居目前的保护现状、管理情况，以及李章达的生前事迹等。

11月17日，民盟肇庆市委主委温树斌率队来东莞进行"提升城市文化品质"专题调研及盟务交流活动。民盟东莞市委主委程发良、副主委汤瑞刚等陪同调研。

调研组一行首先来到东莞市科学技术博物馆，通过讲解员讲解，观看图片展及机器人表演和各式各样的工业展品等，深入了解东莞的城市文化。随后调研组来到东莞理工学院进行盟务交流，两地民盟组织就双方的市委概况、机关工作、参政议政工作等情况进行了交流讨论。

翌日，调研组一行考察了东莞可园，在讲解员的详细介绍下，深入了解了东莞历史文化，并一致表示通过保护好传统文化也是提升城市品质的好途径。

11月23日，文艺支部曾平英主委等一行5人前往茶山镇圣心糕点博物馆进行调研，调研主题为"加强馆校合作，充分发挥科普场馆在科学教育中的校外基地作用"，圣心糕点雷总经理和王馆长亲自接待并就该馆开展科普教育工作的情况进行了介绍。

课题组实地参观了该馆的展厅和相关配套园区，并就该馆的经营性质、门票价格、游客数量和构成，以及与当地教育部门合作的现状等方面进行了座谈，了解到民营科普场馆的生存现状和存在的问题。

调研活动结束后，课题组将根据调研结果，结合其他场馆基地的情况，认真梳理问题，集思广益，形成调研报告，提出具有导向性和可操作性的建议。

12月12日，民盟嘉兴市委专职副主委任军率队来东莞进行"大湾区创新成果转化和先进制造业中心工作"专题调研，秘书长王雪萍陪同调研。

调研组一行首先来到中科院云计算中心，通过讲解员讲解，参观展厅及机房，了解中科院云计算研发、创新与运营等情况。随后，调研组一行来到华南协同创新研究院，先后参观了展厅、生物活性分子开发与利用创新中心、绿色功能日化产品创新中心等车间，经过交流讨论，调研组更深入了解了华南协同创新研究院在创新中心建设、人才队伍建设、投资基金组织和孵化器建设等情况。

调研结束后，两地民盟组织进行了座谈。

2019 年

4月1日下午，中共东莞市委召开2019年党外代表人士座谈会，市委书记、市人大常委会主任梁维东，市委副书记、市长肖亚非，市委常委、统战部部长陈志伟等领导出席了会议。会议由陈志伟常委主持。民盟东莞市委副主委林海川，专职副主委、秘书长王雪萍参加了会议。

会上，肖亚非市长通报了2018年东莞经济社会发展情况，介绍了2019年市委市政府重点工作。市各民主党派、市工商联、市知联会、市新阶联有关负责人纷纷围绕建设"湾区都市、品质东莞"提出意见建议。其中，林海川副主委做了题为《着力打造高水平高等教育体系全面服务支撑产业创新发展》的发言，他强调要深刻认识高等教育的重要性，要抢抓机遇，加强谋划，下好区域高等教育结构优化调整的"先手棋"，一是要支撑区域高水平创新体系构建，以新机制、新模式创建高水平创新型大学；二是要面向湾区先进制造业中心定位，建设高水平应用型大学；三是要聚焦劳动者素质提升，建设高职院校旗舰品牌；此外，进一步扩大落实高校自主办学的主体地位，而且要加强高等教育政策创新，有效整合和利用区域优质教育资源，将东莞打造成为湾区高等教育和人才高地，为东莞当前和未来产业创新发展提供强有力的人才支持和智力支持。

梁维东书记充分肯定了党外代表人士的相关意见建议，并对党外代表人士提出了三点希望：一是要继续深入学习贯彻习近平总书记对广东重要讲话精神和重要指示批示精神及 2019 年全国两会精神，进一步夯实共同思想政治基础；二是要围绕市委市政府的中心工作，找准着力点，深调研、献实策、强监督，为"湾区都市、品质东莞"建设凝聚更广泛的智慧和更强大的力量；三是各民主党派要加强新时代中国特色社会主义参政党建设，要进一步把思想统一到习近平新时代中国特色社会主义思想上来，更加广泛地凝聚社会各界共识，不断提升业务能力，发挥好在各自领域的引领带动作用，团结社会各界一起推动东莞高质量发展。

4 月 10 日至 11 日，全国政协副主席、民盟中央常务副主席陈晓光率民盟中央调研组，就中共中央委托的"推动数字经济与实体经济深度融合，促进经济高质量发展"重点课题莅莞调研。广东省人大常委会副主任、民盟广东省委主委王学成，民盟广东省委专职副主委程昆，东莞市政协主席骆招群，东莞市政协副主席、民盟东莞市委主委程发良等陪同调研。

调研组一行重点视察了广东拓斯达科技股份有限公司，深入了解企业的创业发展历程，核心零部件研发及科研进展，智能生产制造系统如何服务客户企业等情况。陈晓光在调研过程中指出，数字经济和实体经济融合发展的目标是实现高质量发展，既是数字经济的高质量发展，也是实体经济的高质量发展，两者相互促进、相辅相成。随着人口红利下降，机器换人是趋势，要更加注重研发，培养符合发展需求的人才，掌握核心技术，降低机器人使用成本；要找准融合路径，抓住发展机遇，利用数字技术实现对先进制造业等实体经济的提升和转型。

在莞调研期间，陈晓光副主席不忘关心民盟东莞市委的组织建设和履职情况，在与民盟广东省委的王学成主委、民盟东莞市程发良主委的交谈中，勉励民盟东莞市委要进一步继承和发扬民盟的光荣传统，为民盟的事业、为地方经济发展做出新的贡献。

全国政协副主席、民盟中央常务副主席陈晓光一行莅莞调研

在东莞期间，陈晓光副主席还与市委书记、市人大常委会主任梁维东进行了亲切交流。

5 月 11 日，民盟广东省 2019 年参政议政工作会议在广州召开。出席本次会议的有民盟广东省委主委王学成，民盟广东省委副主委吴以环、程昆、张志兵，民盟广东省委秘书长朱虹，各地级及以上市委的领导及分管参政议政工作的同志，省直各基层组织负责同志，民盟广东省委各专门委员会正副主任，民盟广东省委机关副秘书长及各部门负责人等 110 余人。民盟东莞市委专职副主委王雪萍率队参加了会议。会议由程昆主持。

会上，程昆传达了张道宏副主席在 2019 年民盟参政议政工作会议上的重要讲话精神，传达了高质量做好今年参政议政工作的三点意见。

王学成对参会人员及积极参政议政的盟员表示了衷心的感谢，并对全体盟员提出了三点要求：一是加强政治理论学习，强化思想引领，把牢参政议政的正确方向；二是要把握重点，突出关键，找准参政议政的切入口；三是要坚持质量导向，完善工作机制，提升参政议政的实效。

会议对 2018 年度参政议政工作先进单位、反映社情民意信息工作先进集体和先进个人进行了表彰。民盟东莞市委荣获 2018 年度民盟广东省参政议政工作先进集体三等奖、反映社情民意信息工作先进集体三等奖，王雪萍作为代表上台领奖。

民盟广东省委参政议政处处长李敬东做 2018 年度民盟广东省委参政议政工作报告。

近日，市政协印发了 2019 年重点提案及督办安排，全市共有 9 件提案（系列提案）被列为市政协重点督办提案，其中就有民盟东莞市委提交的集体提案《关于提高我市生活污水污泥处置能力的建议》，提案撰稿人为南城总支委员、水务支部主委夏治会。

提案通过实地调研取得的翔实数据和与广州等周边城市污水污泥处置能力的对比，从处置方式、设备规模和处置量等方面综合分析了我市目前的污水污泥处置能力，认为根据我市目前着力提升城市品质和提高居民生活环境质量的发展需求，对日趋增长的污水污泥产生量要形成与之匹配的处理规模；摒弃过去较为单一和简单的处理方式，从工艺上提升处置能力；因地制宜，结合各镇街污水污泥的性状差异选择不同处理工艺，达到资源化利用。为此，提案提出了五点具体建议：一是加大政策扶持力度，建立奖惩制度；二是通过改进、提升污水厂现有生产工艺，从源头上进行污泥减量化；三是提高污泥处置机构的处置能力和运营管理水平；四是增建新的污泥处置设施；五是参照广深成功经验，拓宽污泥最终出路。

6 月 13 日，民盟松山湖总支主委李玫带队前往位于我市大岭山镇杨屋工业区的广东省高新技术企业东莞市今塑精密机械有限公司调研，松山湖总支调研组一行 10 余人参加了调研活动。

调研组在企业负责人、松山湖总支委员彭华的带领下参观了企业的生产车间、成品仓库等，详细了解企业的发展情况，并围绕新形势下科技创新、人才流动、绿色发展专题展开调研。

6 月 20 日上午，为了了解东莞职业教育发展的现状，学习先进找差距，民盟东城总支组织部分工作在市经贸学校的教师盟员，前往市信息技术学校开展了一次学习考察活动。来自市经贸学校的 8 位教师在经贸学校校长叶朝桢和总支副主委马筠的带领下，参加了此次调研和学习活动。调研活动受到了市信息技术学校领导和老师们的热情接待。

大家先后参观了信息技术学校的实训中心、教师工作室、学生发展中心、学校文化礼堂、体育馆和饭堂等。通过实地参观和信息学校领导们的讲解，盟员们了解了信息学校的发展沿革、教育教学和学生管理、信息化校园建设、校企合作建设、传统文化建设和未来发展等。

调研结束后，盟员们感慨良多，并纷纷表示将加强学习，不断提高自身的业务素质，增强职业教育的责任感和使命感，为职业教育事业发展添砖加瓦。

6 月 28 日，民盟华南农业大学委员会主委江华教授带领 40 余名盟员来莞开展盟务交流活动。活动得到民盟广东省委，民盟东莞市委，东莞理工学院统战部，民盟学院、广医、东职院及中子科学城支部（筹建中）的大力支持。民盟东莞市委主委程发良热情接待了调研组。

调研组一行首先听取了东莞理工学院统战部彭晓波部长关于东莞理工学院的发展概况，随后在民盟学院支部陈莉主委带领下，参观了该校的校史展览馆，并了解了该校在人才培养、学科建设、科学研究和国际合作等方面取得快速发展。参观校史展览馆后，两地民盟组织就组织发展、参政议政和社会服务进行了座谈。与会人员发言踊跃，交流气氛热烈。华农统战部副部长梁艳萍赞赏民盟高校总支通过参政议政，为东莞市"湾区都市、品质东莞"建设发展做出了重要贡献。民盟高校总支主委陈莉表示华农盟组织有较为悠久的历史，有深厚的学术积淀，华农盟员在教学和科研工作上取得的成绩斐然，着重提出要学习和吸收华农盟组织作为全国盟务工作的先进基层组织的

宝贵经验，为高校总支下一步发展夯实基础，也争取成为全国盟务工作先进基层组织而不断奋斗。高校总支副主委杨劲松重点介绍了高校总支开展社会服务方面的经验和做法。经过座谈，两地民盟组织达到了增进了解和加强合作的目的。

下午，调研组一行参观了位于东莞市的国之重器"中国散裂中子源"。参加该工程建设的东莞盟员童剑飞博士，向华农盟员介绍了该工程的立项、建设、验收和目前的运行状况。经过了解，华农盟员们为国家的科技进步感到自豪，并表示要发挥参政党作用，为广东经济社会发展而不断努力。

6月29日，民盟东莞市委在市行政办事中心召开"不忘初心、牢记使命"主题学习会暨2019年参政议政工作会议。东莞市政协副主席、民盟东莞市委主委程发良，民盟东莞市委副主委林海川、袁华强、王雪萍出席了会议，各市委委员，各总支及下属支部主委、副主委，各专委会主任、副主任及获表彰的提案（信息、材料）撰稿者共100余人参加了会议。会议由程发良主持。

会上，程发良主委结合"不忘初心、牢记使命"主题教育工作会议精神，就做好民盟参政议政工作做了重要讲话。程发良指出，今年是中华人民共和国成立70周年，在这个时刻开展"不忘初心、牢记使命"主题教育，正当其时。作为民盟盟员，我们要不忘多党合作建立之初心，秉承"奔走国是，关注民生"的优良传统，将这一传统继承并转化为在新时代建言献策的责任感，在做诤友、讲真话的责任担当上，在建有效之言献精准之策的能力和水平上不断实现自我提升。程发良要求，全体盟员要做到"四个一"：一是深学一遍民盟章程，加深对新时代盟员的使命与担当的认识；二是了解一段民盟历史，提升对民盟光荣传统及历史使命的认识；三是提供一篇高质量的提案、社情民意信息，聚焦社会热点难点问题，发挥专业优势，及时提出解决社会现存问题的对策建议；四是参加一次社会服务活动，积极参与民盟东莞市委"助学行""环保行""普法行""健康行"等社会服务活动，树立党派形象，希望全体盟员切实践行"四个一"的具体要求，努力做一名不辱时代使命，勇于担当作为的高素质的民盟盟员。

林海川副主委代表民盟东莞市委做 2018—2019 年参政议政工作总结，总结指出在过去的一年里，民盟东莞市委围绕省、市的中心工作，针对当前形势和任务要求，精准选题，深入调研，提出了不少具有科学性、前瞻性、可行性的对策及建议，助力广东和东莞的经济社会发展。

袁华强副主委在会上传达了民盟中央参政议政工作会议和民盟广东省参政议政工作会议精神。王雪萍副主委传达了"不忘初心、牢记使命"主题教育工作会议精神，宣读了民盟东莞市委 2018—2019 年度获奖及获采用提案（建议、信息、材料）的表彰决定，并对获采用、获奖励的提案（建议、信息、材料）的撰稿者进行了表彰。

会议邀请了广东省政协提案工作研究会副会长谢岳铭做《如何做好新时代政协提案工作》专题讲座。

6 月 29 日下午，民盟南城总支召开了 2019 年参政议政工作总结和经验交流会。南城总支班子成员、下属各支部正副主委及参政议政骨干代表共 20 多人参加了会议。本次会议特邀中国科学院高能物理研究所副研究员童剑飞和梅龙伟博士参加。民盟东莞市委专职副主委、秘书长王雪萍出席了会议。会议由总支曾平英主委主持。

会上，曾平英主委传达了民盟东莞市委"不忘初心、牢记使命"主题教育学习会暨 2019 年参政议政工作会议精神，强调要认真开展"不忘初心、牢记使命"主题教育，围绕市委市政府的中心工作，把开展主题教育活动同努力完成本职工作结合起来，同履行盟员职责、积极参政议政、开展社会服务活动结合起来，树立民盟成员良好形象，为新中国成立 70 周年献礼！

会议总结了南城总支 2018—2019 年度参政议政工作，肯定了盟员在参政议政方面的热情和取得的成绩，对积极参政议政、积极撰写提案、提供社情

民意信息且获民盟东莞市委奖励的盟员发放了奖金并表示热烈祝贺。

7月3日下午，2019年市各民主党派和无党派人士联合调研动员会在市行政办事中心召开。东莞市委统战部常务副部长马凤彪、副部长何兆法，各民主党派市委会、市知联会、市新阶联负责人及秘书长和参与联合调研相关代表共32人出席会议。民盟东莞市委主委程发良，副主委袁华强、王雪萍参加了会议。会议由何兆法主持。

会上，马凤彪常务副部长对联合调研做动员部署。他指出，今年是我市连续第三年开展民主党派和无党派人士联合调研活动，根据工作的安排，今年的联合调研由民盟东莞市委会牵头，主题是《关于东莞积极对接广深港澳，强化科技成果转化功能的研究》。他表示，各民主党派、无党派人士要高度重视联合调研工作，落实调研责任，合理安排调研日程，配齐配强调研队伍；要加强联系、及时沟通，优势互补、通力合作，坚持实事求是的工作作风，提升调研质量；要推进创新，坚持边调研、边总结、边改进、边提高，健全完善民主党派和无党派人士联合调研的长效工作机制。

作为牵头党派，民盟东莞市委程发良主委对联合调研有关工作进一步说

2019年，市各民主党派和无党派人士联合调研动员会召开

明。他指出，为了做好调研报告的统稿，撰写出高质量的建议，在学习和借鉴前两年联合调研成功经验的基础上，这次我们一方面加强统筹力度，另一方面充分发挥各调研组的自主性。调研主要以座谈和实地考察相结合的方式进行。民盟作为牵头单位，负责广东和香港、澳门调研及调研资料的整合，以及调研报告的起草、修改、和完稿等工作。他表示，联合调研工作是我市多党合作、统一战线的一项重要工作，民盟东莞市委将这作为头等大事来抓，从选题、工作方案到调研提纲的拟定，已经做了大量的前期准备工作。接下来，我们将继续在市委统战部的领导下，尽好牵头的责任，与兄弟党派、知联会和新阶联充分沟通，全力做好调研各环节工作落实，力争拿出高质量的调研报告，充分展现我市各民主党派、知联会和新阶联与中共市委通力合作的政治素质和参政议政水平。

7月6日，市政协委员、民盟东莞市委委员张华应邀走进东莞广播电视台《政协议政厅》节目，就近年来中医养生保健市场鱼龙混杂的现象，发出民盟"好声音"，为规范中医养生保健行业建言献策。

中医养生保健文化历史悠久，注重人与自然、与社会的和谐统一，服务内容丰富，方法多样，效果明显。自2010年国务院出台了《关于鼓励和引导民间资本投资健康发展的若干意见》后，全国各地的养生行业发展迅速，然而，全社会涌起中医养生保健热潮中鱼龙混杂，各类"养生大师"、养生节目层出不穷、良莠不齐。由于现阶段中医养生产业相关法律法规不完善，中医养生保健市场准入及退出机制欠缺，导致中医养生市场秩序不健全、监管缺失，中医养生保健机构提供产品质量参差不齐。针对这种情况，张华委员做了大量的调研工作，撰写并提交了《关于加强监管，规范我市中医养生保健行业的建议》的提案，她提议规范我市中医养生保健行业，为市民健康保驾护航，有必要从以下几方面入手：一是完善规范中医养生保健行业的相关制度尽快出台相关政策；二是成立行业协会，增强行业协会的自我管理能力；三是加强"治未病"的预防保健体系建设；四是加快培育养老养生产业发展。

参加节目的特邀嘉宾有来自东莞市中医院副院长周爱军，东莞市卫生健康局中医科科长关丽珊。节目主持人叶纯和三位嘉宾在保健养生知识的普及、规范中医养生保健服务内容、从业服务人员要求、服务场所要求、行业监管等方面做了详细的介绍，积极探索从规划先导、项目主导、协同推进等方面，推动中医养生保健产业高质量发展，助力"湾区都市、品质东莞"建设。

7月31日至8月1日，民盟广东省委副主委邓文基率队携四个课题来莞进行调研。民盟东莞市委主委程发良，专职副主委王雪萍，市委委员张华、赵一杰、曾平英等陪同调研。

7月31日下午，调研组分两批分别在市行政办事中心主楼7A和7B会议室召开座谈会。7A会议室围绕课题"当前民营企业发展面临的困难及对策研究""以数字技术驱动广东省制造业高质量发展的建议"和"建立和完善粤港澳大湾区营商环境规则对接"进行，由民盟东莞市委主委程发良主持，邀请了市人大常委会法工委、市发展和改革局、市人力资源和社会保障局、市市场监督管理局、市工业和信息化局及市商务局等相关职能部门代表参加。7B会议室围绕课题"关于严厉打击套路贷等新型犯罪，着力防范重大金融风险的建议"进行，由民盟东莞市委专职副主委王雪萍主持，邀请了市检察院、市中级人民法院、市金融工作局、市公安局及市市场监督管理局等相关职能部门代表参加。会上，调研组代表介绍了调研课题的背景与意义，各职能部门认真解说了相关调研课题的现状、问题及建议，随后，双方还就调研课题的一些重点难点问题进行了交流和讨论。

8月1日上午，调研组一行实地考察了东莞华贝电子科技有限公司和安美科技股份有限公司。经过参观车间、座谈及企业代表的详细介绍，调研组一行深入了解了东莞企业在数字化转型方面的情况，及民营企业在生存和发展中面临的困难及对策。

调研结束后，调研组成员一致表示，通过两天的实地考察及交流，他们深入了解了调研课题东莞方面的情况，扎实了调研基础，为形成调研报告提供了重要参考。

民盟广东省委会副主委邓文基率队来莞调研，图为调研组在安美科技股份有限公司的合影

8月14日，中共东莞市委召开 2019 年市各民主党派负责人暑期座谈会，市委书记、市人大常委会主任梁维东，市委副书记、市长肖亚非，市政协主席骆招群，市委常委、组织部部长郑琳，市委常委、统战部部长陈志伟，市委秘书长吴志刚，市委统战部副部长叶效怀、何兆法以及市各民主党派、市党外知识分子联谊会、市新的社会阶层人士联合会的负责人出席了会议。座谈会由陈志伟常委主持。

会上，肖亚非市长通报了全市上半年经济社会发展情况，介绍市委市政府下半年重点工作计划。市各民主党派、市党外知识分子联谊会、市新的社会阶层人士联合会的负责同志就大湾区背景下东莞的科创平台建设、科技成果转化、产业空间拓展、人才交流、教育和医养结合、商改等方面积极建言献策。

市政协副主席、民盟东莞市委主委程发良在会上做题为《强化金融对实体经济支持的建议——以粤港澳大湾区背景下的东莞制造业为例》专题调研汇报，并提出了五点建议：一是加快金融改革步伐；二是完善金融机构绩效考核体系；三是发挥政策性金融对制造业的支持作用；四是加快与港澳金融机构深入合作；五是加强金融风险防范。

梁维东书记充分肯定了大家的意见建议，高度评价了今年初民盟联合新阶联通过"直通车"提出的《关于尽快推进基于大科学装置的 BNCT 高端医疗的建议》，以此鼓励党外人士多为东莞的发展提出金点子、好主意。梁维东指出，当前，东莞正举全市之力做好参与大湾区建设这篇大文章，加快建设"湾区都市、品质东莞"，希望各民主党派进一步发挥好参政党职能，一要深入学习贯彻习近平新时代中国特色社会主义思想，凝聚共识、团结一心，共同推动粤港澳大湾区建设；二要把握时代主题，以大湾区视角谋划工作，发挥参政党独特优势和作用，带动更多专业人才积极投身大湾区建设；三要按照新时代参政党要求，全力加强各民主党派自身建设，不断提高履职能力和水平。

民盟东莞市委会专职副主委王雪萍参加了会议。

8 月 22 日下午，民盟莞城总支与虎门支部开展联合调研活动，围绕如何更好地推动中医养生保健事业发展，前往虎门中医院了解并体验该院的特色品牌"毫火针"疗法。

虎门中医院王莉莉院长和"毫火针"疗法创始人刘恩明医生向参加调研的盟员详细介绍了"毫火针"的特点、功效及推广情况。

2018 年 1 月，虎门中医院"粤港澳大湾区毫火针疗法培训推广中心"被列入首届粤港澳大湾区卫生与健康合作论坛，作为 26 个项目之一进行现场签约，是东莞市唯一入选的项目。

虎门中医院已成为"毫火针"疗法的临床教学基地，正把该项技术逐步向全市、全国乃至全世界推广，让更多的民众受益。

参加调研的盟员对"毫火针"兴趣浓厚，为"毫火针"疗法的推广提出了有益的建议，并亲身体验了这种汇集中华民族古今医学智慧的疗法。此次调研活动不仅让盟员学习了"因人而异、天人合一、辨证施治"的中医理念，接下来，盟员们还将对"毫火针"疗法如何在全市进行宣传和推广，及促进东莞市中医养生保健事业发展而积极建言献策。

8 月 28 日，我市"盲道建设和管理工作提案办理回头看座谈会"在市政协会议室举行。座谈会围绕市政协十二届、十三届会议以来，多名政协委员及有关单位提出的三份与盲道建设和管理有关的提案深入展开，其中包括民盟东莞市委提交的《关于加强对我市盲道管理的几点建议》。

本次会议由市政协常委、提案委员会主任吕小华主持。民盟东莞市委委员、莞城总支主委张华和民盟东城总支委员、医卫支部副主委骆涛两位代表民盟东莞市委参加了座谈。本次会议旨在推动提案办理工作由"答复型"向"实效型"转变。市城市管理综合执法局、自然资源局、财政局、交警支队、残联等提案承办单位代表先后发言，一致表示将进一步推动我市无障碍出行系统的建设和管理，优化盲人出行条件。

会上，张华老师发言指出，盲道建设作为文明城市的重要指标，关系到盲人朋友的安全出行、顺畅出行。为打造无障碍出行城市，在实践中可参考、借鉴深圳的成功经验，邀请盲人代表直接参与城市无障碍设施的终极验收，以更多的体现对盲人朋友的人文关怀。

最后，吕小华常委要求提案委员和各承办单位要继续深化提案办理工作，紧密围绕无障碍出行系统建设，为来年召开的政协会议提供有分量的、高水平的专门提案。

9 月 4 日上午，朝阳市政协副主席、民盟朝阳市委主委邢吉华率调研组一行 6 人就"民营经济发展"和"企业融资难、融资贵"主题来东莞调研。民盟东莞市委委员、横沥支部主委朱继良，民盟松山湖总支委员、松山湖一支部副主委彭华，盟员王占彬热情接待了调研组。

调研组一行首先听取了彭华介绍东莞市今塑精密机械有限公司的概况，随后在彭华的带领下，参观了东莞市今塑精密机械有限公司的生产车间，并了解该公司所生产的设备及其应用范围。参观后，两地民盟组织围绕着调研主题进行了座谈。朱继良、彭华、王占彬先后发表了意见、建议，并与调研组成员进行了深度的讨论。与会人员发言踊跃，各抒己见，交流气氛热烈。

调研结束后，调研组成员一致表示，他们通过实地考察及交流，深入了解了调研课题有关东莞方面的情况，扎实了调研基础，为形成调研报告提供了重要参考。

9 月 12 日上午，为更好地落实由民盟东莞市委作为提出方之一、被市政协评为 2019 年重点提案的《关于加强我市污泥淤泥处置工作的建议》，喻丽君副市长带队到东莞市水务投资有限公司、东莞市永安环保科技有限公司进行了实地考察，并在中堂镇政府会议室召开了调研座谈会。市政协副主席陈树良，市政协社会法制和人口资源环境委员会、提案委员会负责同志，市生态环境局、市城市管理综合执法局、市发展改革局、市财政局、市水务局、市住房城乡建设局、市水务集团分管领导，以及提案人、盟员代表冷成保参加了调研活动。

调研组一行首先走访了东莞市水务投资有限公司，听取了公司相关负责人针对自身污水处理厂产生污泥的治理规划，以及正在进行或者拟开展的污泥治理项目情况汇报。据悉，截至目前，市水务投资有限公司在全市共有 16 座污水处理项目，日均产生千余吨污泥。按照市政府要求，为解决自身产生的污泥问题，拟在樟村污水处理厂、厚街污水处理厂（二期）及塘厦林村污水处理厂（二期）内建立 3 座集中污泥治理工程，处理厂区或周边镇街下属污水处理厂产生的污泥，项目建成投产后，预期基本上解决公司下属污水处理厂每天产生的污泥，无须交由政府或政府委托的污泥处理公司处置，大大减轻政府压力。

随后，调研组一行实地考察了东莞市永安环保科技有限公司，参观了掺和有生活污水厂的脱水污泥、河道清淤产生的淤泥为组成原料的制砖生产线。据悉，采用该生产工艺，可加入 10% 以下的污泥/淤泥而不明显影响成品质量，满负荷生产时，每天可消纳高达约 430 吨污泥/淤泥。

现场调研结束后，调研组一行在中堂镇政府会议室进行了座谈，各职能部门分别就调研主题的相关情况进行了汇报，并提出了现存问题及建议。市政协副主席陈树良，市政协提案委员会主任吕小华及提案人、盟员代表冷成保分别与提案承办单位进行了深入的交流，并发表了意见建议。

民盟提案获市领导带队督办落实

最后，喻丽君副市长提出了三点要求：一是政府各职能部门应努力办好政协督办的提案，认真组织，彻底落实；二是高度重视我市污泥/淤泥治理工作，现阶段应以生活污水处理厂产生的污泥治理为工作重点，认识到污泥/淤泥治理任务的迫切性，推动污泥的源头减量化工作，以市场化为导向，确定切实可行的技术进行推广应用；三是各职能部门应加强协作，多交流沟通，主动承担起社会责任，共同为我市蓝天碧水事业做出积极的贡献。

9月20日下午，2019年市各民主党派和无党派人士联合调研推进会在市行政办事中心召开。东莞市委统战部副部长何兆法，市各民主党派、知联会和新阶联执笔人及相关代表出席了会议。联合调研牵头党派、民盟东莞市委主委程发良，副主委袁华强参加了会议。会议由程发良主持。

会上，袁华强总结了前一阶段联合调研工作的开展情况。他指出，根据调研工作安排，7月中旬至8月上旬期间，各民主党派、知联会和新阶联调研组成员分别赴东莞及松山湖、广州、深圳等地开展了调研，民盟东莞市委会作为牵头党派，除了参与其他调研组的调研外，重点负责了港澳两地的调研。经过两个多月的调研，通过座谈和实地考察相结合的方式，各民主党派、知联会和新阶联已深入了解了广深港澳地区在促进科技成果转化的经验做法，目前已顺利完成了调研报告初稿。

随后，调研报告总执笔人温婷婷对报告（征求意见稿）进行了简要的介绍，指出报告具体分为三部分内容：一是粤港澳地区代表性城市（广深港澳）及东莞市科技成果转化现状；二是基于粤港澳大湾区建设的目标要求和调研了解到的情况，对比分析东莞在科技成果转化方面的不足；三是对推动东莞科技成果转化发展的对策和建议。各民主党派、知联会、新阶联参会代表围绕报告内容纷纷提出了意见建议。

最后，何兆法高度肯定了各民主党派、知联会和新阶联的调研工作。他希望，民盟东莞市委继续尽好牵头党派的责任，认真搜集整理修改意见，其他党派、知联会和新阶联继续加强合作，全力以赴共同高质量完成调研报告，切实履行好新时代参政党职能，为我市科技成果转化积极建言献策，为东莞深度参与粤港澳大湾区建设提供有价值的决策参考。

10 月 12 日，教育是民生大事，是整个社会关注的热点问题，其中，高中学位较为紧缺是东莞市近两年的热点。民盟东莞市委委员提案《关于增加东莞普通高中学位，解决读高中难问题的建议》被市政协选中作为东莞广播《政协议政厅》节目的议题，市政协委员、民盟东莞市委委员、提案人曾平英，民盟水务支部副主委、提案撰稿者陈传玉应邀走进《政协议政厅》，就我市高中学位供给等问题进行交流，共同参与讨论的还有市教育局王建副局长和祁沛林科长。

作为提案方，曾平英和陈传玉指出东莞作为广东省人口流入最大的城市之一，普通高中学位的建设速度远跟不上学生的增长人数，高中学位紧张，供不应求，这对于缺少本土高级人才、渴求人才的东莞来说，是不利于发展的。

教育局领导回应已出台了相关具体措施来推进增加高中学位供给工作，如已成立由市领导牵头的教育资源配置规划领导小组、学校建设项目效率提升领导小组、教育工程指挥部等议事协调机构；已建立"531"学位动态供需协调机制；已召开全市教育大会和全市公办学校幼儿园规划建设会议；已启动编制新一轮新增学校建设规划等。

节目内容关系民生，曾平英和陈传玉在节目中发出了民盟好声音，受到相关职能部门和社会各界的广泛关注。

12 月 10 日，为进一步加强基层组织履职能力建设，深入调查研究，拓宽盟员参政议政视野，民盟松山湖总支调研组一行在总支主委李玫带领下赴莞韶产业园莞韶城一期调研学习。

调研组一行首先跟随讲解员参观了莞韶双创空间，了解莞韶城的总体规划布局、招商引资、生态保护，以及东莞对口帮扶韶关"共融·共建·共享"

等成果。接着，调研组一行参观了两塘书院、双塘印雪、篆刻印章等文化景观，了解莞韶城的特色文化建设。

本次调研活动得到民盟韶关市委的大力支持和帮助。

2020 年

1 月 11 日上午，民盟松山湖总支调研组在总支副主委、松山湖实验中学副校长周琼平的带领下，来到松山湖实验中学调研。民盟东莞市委委员钟煜铎、温信均和松山湖总支调研组成员共 20 多人参加了调研活动。

周琼平向调研组一行详细介绍了这所"办学个性化、学习国际化、施教科学化、校园数字化"的现代化学校，带领调研组重点参观了地震科普、消防安全、尔雅书吧、创意泥塑、机器人、摄影审美、航模飞行、3D 打印、茶艺长廊等特色课堂。这所以"对每一位学生的终生发展负责"为办学宗旨的学校，最大限度地挖掘学生潜能，发挥学生个性，让每一个孩子在这里都能得到最适合自己的发展。通过参观调研，盟员们开阔了眼界，为进一步做好建言献策工作丰富了素材。

东莞市各民主党派和无党派人士联合调研报告《关于东莞对接广深港澳地区，强化科技成果转化功能的建议》获中共东莞市委的高度重视和充分肯定，梁维东书记、肖亚非市长、刘炜常委就调研成果分别做了批示，指出调研有深度、广度，所提建议及对策很有针对性，对我市创新驱动战略落地有指导意义，目前已将批示转市科技局、松山湖管委会研究借鉴。

面对当前全球新一轮科技革命，为实施创新驱动发展战略，进一步促进东莞市科技成果转移转化，中共东莞市委统战部经与市委政研室协商和研究，将 2019 年东莞市各民主党派和无党派人士联合调研的主题定为"关于东莞对接广深港澳地区，强化科技成果转化功能的研究"，集中各民主党派、知联会、新阶联力量，深入调查研究，提出政策建议。在中共东莞市委统战部的指导下，民盟东莞市委作为本次联合调研的牵头单位，在组织、统筹、协调等各方面做了大量的工作，在调研报告的撰写和修改阶段，经过广泛征求意见，提出以下建议：一是优化顶层设计，科学统筹科技成果转化的发展；二是加强基础研究和技术攻关，提高自主创新能力；三是建立完善的科技成果转化市场体系；四是加快技术经理人的引进和培育；五是推动科技成果转化产业基金建设；六是推进东莞科技成果转化示范区试点建设；七是加强科技成果转移转化信息共享与发布；八是加强粤港澳大湾区的科技成果转化合作，深化地区融合发展。

本次联合调研是东莞市各民主党派和无党派人士自觉融入全市发展大局，围绕市委、市政府决策部署，发挥智慧优势及团结协作精神的充分体现，更是积极履行新时代参政党职能的重要表现。

4 月 8 日上午，东莞市政协、民盟东莞市委与市林业局组成调研考察团赴樟木头林场清泉、五埂工区进行实地调研，东莞市政协副主席蒋小莺，东莞市政协副主席、民盟东莞市委主委程发良，东莞市林业局局长安连天，东莞市政协提案委员会主任吕小华率考察团一行 19 人参加了调研活动，民盟东莞市委专职副主委王雪萍、松山湖总支副主委林正强、水务支部主委夏治会参加了调研。

调研考察团在省樟木头林场郭业先场长的带领下实地调研了分水凹至十字林道红花油茶林及红花油茶主题示范园建设工

民盟东莞市委会程发良主委率队调研东莞红花油茶市级森林公园

程，随后在红花油茶专家楼会议室召开了调研座谈会。会议听取了《东莞红花油茶市级森林公园总体规划》的汇报后，进入自由讨论环节，与会人员各抒己见、讨论热烈。程发良主委表示，设立东莞红花油茶市级森林公园将由省樟木头林场负责提供资源，东莞市人民政府负责提供资金，是该模式下的第一个省市共建森林公园，民盟将发挥智慧和资源优势，集中相关领域专家调研论证，深入剖析，提出可行性建议，协助推动东莞红花油茶市级森林公园的建设工作。最后，蒋小莺副主席指出，广东省林业局与东莞市人民政府已签署了共建森林公园战略合作协议，按照市委市政府的工作部署，市林业局启动了设立东莞红花油茶市级森林公园的可行性研究和规划工作，希望民盟能召集专家盟员深入调研，密切与林业局的沟通联系，及时对规划提出科学性实操性强的建议，共同推进红花油茶市级森林公园的建设，提升东莞城市品质。

4 月 10 日下午，市各民主党派和无党派人士联合调研承办推进会在市科技局召开，东莞市政协副主席、民进东莞市委会主委梁佳沂，东莞市政协副主席、民盟东莞市委主委程发良，市科技局局长卓庆，市委统战部副部长、市民主党派办公室主任梁燕玲，市科技局副局长肖铮勇，民盟东莞市委副主委袁华强、王雪萍等出席了会议。会议由市科技局副局长黄天梁主持。

会上，卓庆局长对市各民主党派和无党派人士联合调研报告《关于东莞对接广深港澳地区，强化科技成果转化功能的建议》给予高度评价，认为调研报告中的问题分析很到位，所提建议十分专业、精准，表示接下来市科技局会好好研究借鉴，强化科技成果转化功能，尽力打通科技与经济结合的通道，尽快形成新的生产力，助推东莞经济社会发展。袁华强副主委作为课题组总执笔人，介绍了本次联合调研是由市委统战部组织，民盟东莞市委牵头，市各民主党派、知联会和新阶联共同积极参与完成的。在调研期间，各调研组分赴市内、广州、深圳、香港、澳门等地开展实地调研，与有关部门、企业和商协会座谈交流，深入了解广深港澳科技孵化企业及成果转化平台建设等方面的先进做法，从而提出今后东莞在粤港澳大湾区建设的背景下进一步强化科技成果转化工作的政策建议。

梁燕玲副部长指出，近年来市委统战部每年都集中市各民主党派、知联会、新阶联力量，组成联合调研组，围绕市委市政府的中心工作，精准选题，深入调研，向市委提交一份调研报告，而2019年的联合调研是由民盟东莞市委来牵头，调研成果也得到了市委的重视，并得到市科技局的积极承办，让建议落到实处。

4月21日，民盟松山湖总支调研组一行来到东莞市产业转型升级示范基地松湖智谷产业园，就村镇工业园区产业承载能力和质量效益等相关课题展开调研。松山湖总支主委李玫、副主委林正强等参加了调研活动。调研组一行首先来到松湖智谷招商部，听取了产业园副总经理龙俊对园区规划布局、产业转型升级、发展现状及未来前景的详细介绍。随后，调研组一行跟随接待人员参观了深圳市时光电子东莞分公司、东莞市理想能源科技有限公司、一站式服务中心、智能餐厅等。

松湖智谷以打造大湾区"智慧新城、产业新城、生态新城、人文新城"为宗旨，让智能制造"工业上楼"，打造"制造名城的新智造基地"；以生态先行的发展理念，建设"一座长在公园里的智造产业新城"。

调研组成员表示，通过调研受益匪浅，深入了解到加快村镇工业区（企业集聚区）的升级改造，不仅能有效提升工业园区产业承载能力和质量效益，而且对促进产业转型升级和整合土地资源具有重要意义，是助力湾区都市发展、提升城市品质的重要举措。

4月29日下午，中共东莞市委召开2020年党外人士座谈会，市委书记、市人大常委会主任梁维东，市委副书记白涛，市委常委、统战部部长陈志伟等领导出席了会议。会议由陈志伟常委主持。东莞市政协副主席、民盟东莞市委主委程发良,民盟东莞市委专职副主委王雪萍参加了会议。

会上,白涛副书记通报了今年市委市政府重点工作及我市统筹推进疫情防控和经济社会发展有关情况。市各民主党派、工商联、知联会负责人纷纷围绕统筹推进疫情防控和经济社会发展提出意见建议。其中,程发良主委做了题为《关于加快推进我市石马河和茅洲河流域综合整治》的发言,他强调良好的水资源环境是经济社会可持续发展和人民群众身心健康的有力保障,水环境污染问题的凸显,将严重制约流域区域经济社会的可持续发展,为此建议:一是进一步完善截污治水规划,截污治污要精要准;二是进一步强化细化截污治污的监督管理机制,落实责任要实要细;三是进一步加大对违法企业的执法力度,惩治违法要快要狠;四是进一步提升流域生态系统治理的品位,修复过程要建园造境;五是加强生态环境治理的宣传和东深供水工程旧址的保护和利用。

梁维东书记充分肯定了党外人士在疫情防控和统筹推进经济社会发展中做出的贡献及所提的意见建议,表示市委、市政府将认真梳理吸收,要求相关职能部门跟踪落实,希望广大党外人士坚持以习近平新时代中国特色社会主义思想为指导,不断夯实多党合作共同思想政治基础,切实把思想和行动统一到中央决策部署和省委工作要求来,围绕省"1+1+9"工作部署和市"1+1+6"工作思路,发挥智慧和资源优势,积极履职尽责,助力东莞参与粤港澳大湾区建设,助推东莞高质量发展;同时,勉励市各民主党派贯彻落实中共中央、省委、市委重要文件精神,加强思想政治、领导班子、代表性人士队伍建设,加强组织发展工作和作风建设,切实加强新时代中国特色社会主义参政党建设,为我市夺取疫情防控和经济社会发展"双胜利",加快"湾区都市、品质东莞"建设做出新的更大贡献。

7月14日,东莞市委统战部副部长、市民主党派办公室主任梁燕玲率领市各民主党派、市知联会、市新阶联有关代表赴佛山、中山两市开展关于"加强中国特色社会主义参政党建设"专题调研。参加本次调研的有市各民主党派专职副主委、秘书长、办公室主任；市知联会和市新阶联秘书长；市各民主党派、市知联会和市新阶联调研执笔人；市委统战部党派工作科、干部科有关同志共 18 人。民盟东莞市委专职副主委王雪萍、课题负责人陈朝远参加了调研。

本次调研主要和佛山、中山交流学习关于组织发展和队伍建设的经验做法，了解知联会向民主党派输送人才的情况和做法，并围绕参政履职、思想建设、作风建设、制度建设，以及新的社会阶层代表人士队伍建设展开讨论。会上大家彼此交换了意见，分享了好经验、好做法。

大家通过本次调研，一致认为收获良多，相互学到了很多好经验。期间，调研组一行还参观了中山民盟盟史馆，民盟中山市委专职副主委段亚平亲自当了一回讲解员，其讲解风趣幽默，也使大家了解了一些民盟及各党派在中山发生的一些鲜为人知的故事，大家都觉得不虚此行。

近日，市政协公布了 2020 年重点提案及督办安排，全市共有 9 件提案（系列提案）被列为市政协重点督办提案，其中，民盟东莞市委的提案《关于加快推进东莞市红花油茶森林公园建设的建议》（撰写人：夏治会、林正强、蔡子萍、简锐姬）被列为市政协主席会议督办提案。

2020 年 8 月 13 日，中国科学院高能物理研究所召开新闻发布会，宣布该所东莞分部成功研制我国首台自主研发加速器硼中子俘获治疗（简称 BNCT）实验装置，可精准"杀死"癌细胞，为医用 BNCT 治疗装置整机国产化和产业化奠定了技术基础，为国内肿瘤治疗带来技术革新。值得一提的是，这项重大科技成果的加快落地，也得益于民盟东莞市委的积极建言，助力市委、市政府做出重大决策。

作为新时代参政党，民盟东莞市委始终围绕中心大局，关注民生，关心发展，早在 2018 年，在得知盟员童剑飞（中国科学院高能物理研究所副研究员）和梅龙伟（中国科学院高能物理研究所助理研究员）在实际工作中遇到一件关切民生大事亟须外部力量加以推动时，经了解情况后，民盟东莞市委毫不迟疑成立课题调研组（调研组成员有张华、童剑飞、梅龙伟），深入实地考察，听取意见诉求，继而发挥智力优势，提出《关于尽快推进基于大科学装置的 BNCT 高端医疗的建议》，并提交市委统战部，希望通过市民主党派和无党派人士建言献策"直通车"向市委、市政府提出。市委统战部对建议表示高度认同，将其作为 2019 年度直通车 1 号件报送市委、市政府。建议上报后，马上得到市委、市政府的重视，并获市委书记梁维东、市长肖亚非的批示，认为建议非常有价值，要求相关领导和部门认真研阅建议，进行专题协调，加快推进 BNCT 高端医疗建设。

这次 BNCT 实验装置的研制成功，不仅可以使中国的大型医疗设备在世界范围内占有一席之地，造福社会，助力实施健康中国战略，开启癌症治疗的新时代，也是民盟东莞市委建言献策的一大成绩。

2020 年 9 月 1 日至 2 日，受中共中央委托，全国人大常委会副委员长、民盟中央主席丁仲礼，全国政协副主席、民盟中央常务副主席陈晓光率调研组来东莞围绕"构建高效率治理体系，促进中心城市和城市群健康发展"开展实地调研。民盟中央副主席田刚、曹卫星、程红、张道宏等参加调研。广东省人大常委会副主任、民盟广东省委主委王学成，东莞市委书记、市人大常委会主任梁维东，市委副书记、市长肖亚非，市政协主席骆招群、市人大常委会副主任陈锡江，副市长黎军，民盟广东省委副主委、深圳市副市长吴以环，民盟广东省委专职副主委程昆，市政协副主席、民盟东莞市委主委程发良，市委秘书长吴志刚，市委统战部副部长、市民主党派办公室主任梁燕玲等陪同调研。

调研组首站来到滨海湾新区，听取了滨海湾新区规划和发展情况介绍，

2020 年 9 月 2 日，全国人大常委会副委员长、民盟中央主席丁仲礼，全国政协副主席、民盟中央常务副主席陈晓光率民盟中央调研组来莞调研，在市委副书记、市长肖亚非，市委常委、松山湖党工委书记刘炜陪同下参观华为小镇

考察了粤港澳大湾区特色合作平台及湾区大学规划建设情况，随后参观了东莞市民服务中心。翌日，调研组赴松山湖科学城，听取了松山湖科学城规划建设和散裂中子源建设运营情况介绍，考察了华为松山湖基地和松山湖材料实验室建设情况。丁仲礼主席对东莞中心城市建设取得的成绩表示肯定，同时寄望东莞在城市治理方法、治理机制等方面做更多的探索，在行政、财税及相关领域敢于提出大胆创新的建议，或先行建立一些创新试点，为全国其他地区的治理体系建设提供借鉴。

在莞调研期间，丁仲礼主席，陈晓光常务副主席，田刚、曹卫星、程红、张道宏副主席接见了民盟东莞市委的领导班子，听取了民盟东莞市委主委程发良的工作汇报，肯定了民盟东莞市委在思想建设、组织建设、参政议政和社会服务等方面的工作，勉励民盟东莞市委要进一步继承和发扬民盟"奔走国是，关注民生"的光荣传统，为民盟的事业、为地方经济发展做出更大的贡献。

9 月 25 日，民盟广东省委专职副主委程昆率队携重点课题《广深港澳科技创新走廊创新资源集聚与优化配置研究》《智慧能源在粤港澳大湾区应用和发展研究》来东莞进行调研。民盟东莞市委主委程发良、专职副主委王雪萍陪同调研。

上午，调研组在市行政办事中心主楼 7A 会议室召开座谈会。会议由王雪萍专职副主委主持，邀请了市发展和改革局、市科技局、市教育局、市财政局、市人力资源和社会保障局、供电局等相关部门代表参加。会上，程昆专职副主委介绍了调研课题的背景与意义，各部门代表认真解说了与调研课题相关的现状、问题及建议，随后，双方还就调研课题的一些重点难点问题进行了交流和讨论。

下午，调研组一行实地考察了松山湖材料实验室和中国散裂中子源。经过参观、座谈、观看影片及部门代表的详细介绍，调研组一行深入了解了东莞创新资源和智慧能源的现状、面临的困难及发展的对策建议。

调研结束后，调研组成员一致表示，通过实地考察及交流，他们深入了解了调研课题有关东莞方面的情况，夯实了调研基础，为形成调研报告提供了重要参考。

9 月 12 日至 13 日，莞城总支一行 45 人，深入肇庆市实地调研综合管廊项目及海绵城市建设情况。

城市地下综合管廊是指地下城市管道综合走廊，即在城市地下建造一个隧道空间，将电力、通信、燃气、供热、给排水等各种工程管线集于一体，设有专门的检修口、吊装口和监测系统，实施统一规划、统一设计、统一建设和管理，避免管道建设、维修时道路开挖带来的诸多不便，是今后城市尤其是城市新区建设中的一种创新形式，具有广泛的前景。

海绵城市是新一代城市雨洪管理概念，是指城市能够像海绵一样，在适应环境变化和应对雨水带来的自然灾害等方面具有良好的弹性，也可称为"水弹性城市"。国际通用术语为"低影响开发雨水系统构建"，下雨时吸水、蓄水、渗水、净水，需要时将蓄存的水释放并加以利用，实现雨水在城市中自由迁移。从生态系统服务出发，通过跨尺度构建水生态基础设施，并结合多类具体技术建设水生态基础设施，是海绵城市的核心。

肇庆市在海绵城市建设方面也走在广东省前列，据调查，肇庆市为建设海绵城市，防止洪涝灾害，在全市建成了包括驰名的星湖在内的多个湖泊，各湖泊与西江相通，有效调节了雨水与江水。

此次现场调研，极大地提高和扩充了总支盟员的认知，使盟员们对抽象的事物有了清晰、真实的理解，为更好地履行参政议政职责起到了积极的推动作用。

9 月 29 日，民盟东莞市委委员陈莉、张勇率队对获民盟广东省委立项的课题"加强涉外法律服务高端人才培养，服务全方位开放大局"和"建立居家社区机构相协调、'互联网 + 医疗'相结合的养老服务体系"赴广州开展调研。课题组成员罗兆婧、王晓震、郑博丹参加调研。

课题组一行来到广东省民主大楼，分两批参加座谈会。"加强涉外法律服务高端人才培养，服务全方位开放大局"调研座谈会由民盟广东省参政议政处处长李敬东主持，邀请了省司法厅、省商务厅、省贸易促进委员会和省律师协会等单位代表参加。课题执笔人罗兆婧介绍了课题调研背景，在各单位参会代表认真解说了调研课题相关的情况后，参会双方进行了激烈的讨论，最后，陈莉代表课题组感谢各单位参会代表的积极配合，表示此行调研收获良多，干货满满。

"建立居家社区机构相协调、'互联网 + 医疗'相结合的养老服务体系"和"完善应急机制和公共卫生体系，有效应对突发公共卫生事件""智慧城市建设中的应急综合管理系统功能完善的建议""粤澳医疗体系融合与粤澳生物医学技术融合创新"课题一起召开联合调研座谈会，座谈会由民盟广东省委副秘书长欧贻宏主持，邀请了省民政厅、省卫生健康委员会、省应急管理厅、广州市应急管理局、广东药科大学、中山大学附属第一医院等单位代表参加。本会场由于四个课题一起召开，会议节奏紧凑、热烈而富有实效。会后，课题组成员一致表示此次调研不仅摸清了调研主题的现状、理清了调研报告的思路，还拓宽了调研视野，为接下来的参政议政课题奠定了基础。

盟市委课题组赴广州调研，图为联合座谈会现场

10 月 24 日，市政协委员、民盟东莞市委委员赵一杰应邀走进东莞广播电视台《政协议政厅》节目，围绕民生热点，就东莞部分主要交通干线以及路口交通拥堵现象进行探讨，并提出改善方法。节目由叶纯主持，共同参与探讨的有市自然资源局编研中心交通规划室主任成见开、市综合交通运输联席会议办公室（市交通联席办）主任科员张敏杰，市交通运输局副科长李林卉。

随着经济高速发展和城市化进程的加快，城市道路交通拥堵问题已成为众所周知的"都市顽症"，严重影响着城市可持续发展和居民生活品质。东莞作为一座人口净流入城市，也面临着小汽车保有量快速增长、公共交通发展不足、道路拥堵加剧等严峻形势。为对标人民群众的需求和期待，今年东莞启动了品质交通千日攻坚行动，计划用三年时间开展全市综合交通大会战，力争到 2022 年年底基本建成更加适应"湾区都市、品质东莞"价值追求的现代化综合交通体系。

面对东莞的城市交通现状,赵一杰委员开展了大量的调研工作,提交了《关于解决松山湖大道中医院立交桥路口交通堵塞问题的建议》等提案,并在此次节目中选取了 4 个具有代表性的道路和路口拥堵的原因进行剖析,提出了针对性的建议,如:107 国道东莞段建议封住同沙水库大门入口,引导车辆右转掉头减少拥堵;东莞大道黄旗山路口北向通行建议通过辅道车右拐在旗峰路掉头或左转车道提前并入主干道的方式减少拥堵;松山湖大道中医院路口建议增设修建直接互通连接线,通过对路段辅道改为三车道、互通匝道重新设计为两车道并加大转弯半径等方式改善拥堵;沿江高速是粤港澳大湾区一条重要交通要道,建议尽快扩大沿江高速的各个东莞出口,助力大湾区经济互联互通等。

职能部门的参会代表一致感谢民盟关切民生、感谢赵委员关心城市交通拥堵问题,认为赵委员对东莞道路拥堵问题提出了有见地的建议,发出了民盟好声音。

11 月 24 至 25 日,民盟东莞市委调研组在课题组组长、民盟东莞市委委员、市生态环境局政策法规科副科长钟煜铎带领下,携立项课题《关于加强我市餐厨垃圾管理的建议》前往东莞市海心沙资源循环利用基地和横沥环保热电厂进行实地调研,详细了解东莞市生活垃圾特别是餐厨垃圾的产生、收集、运输、处理、处置、循环利用的现状和处理处置规划等,市委委员温信均、松山湖总支主委林正强等 10 多名环保及相关专业的盟员参加了调研活动。

在海心沙资源循环利用基地,调研组一行在东实集团党委副书记、总裁彭光顺,东实新能源公司党支部书记、总经理熊彩虹,东实新能源公司总经理助理邓勇军和东实新能源公司餐厨事业部工艺主管李彩勇的带领下,先后参观了环境教育基地、焚烧项目控制室、餐厨项目收运流程及处理工艺等,详细了解基地的整体情况,并在会议室召开调研座谈会。会上,彭光顺总裁介绍了基地的发展概况，熊彩虹总经理对调研涉及的问题一一做了回应，与会人员就餐厨垃圾的收运流程、处理工艺、处置成本及存在问题等进行了热烈讨论。

在横沥环保热电厂，总经理顾克向调研组一行介绍了横沥环保热电厂的基本情况，并就调研组关心的问题进行了详细解答。调研组一行在总经理顾克、常务副总经理谢宇斌和生产副总经理李德明的带领下，参观了生活垃圾收集车间、处理及循环利用工艺等，了解废弃物的去向及二次污染等问题。

通过深入调研，调研组收集了相关资料，丰富了提案素材，为完成立项课题迈出了扎实的一步。

11 月 25 日上午，在民盟东莞市委委员陈莉的带领下，民盟东莞市委立项课题调研组一行 9 人，围绕《关于针对中国散裂中子源周围环境进行治理，促进松山湖科学城建设的建议》课题中的城市规划、环境与景观提升等方面内容赴深圳光明科学城交流建设经验。深圳光明区委统战部副部长张善贵、民盟光明区总支部筹备组组员曾亮，区发展改革局、市规划和自然资源局光明管理局、区城管和综合执法局、区科学城开发建设署相关负责人参加活动。课题组成员童剑飞、林正强、梅龙伟、敬罕涛等参加了调研活动。

课题组一行首先参观了光明科学城展示中心，随后进行了调研座谈。会上，区发展改革局和民盟东莞市委相关负责人分别介绍了光明科学城和松山湖科学城的基本情况，市规划和自然资源局光明管理局、区城管和综合执法局有关负责人围绕光明科学城空间规划及其周边环境治理等内容做了汇报交流，参会各方还就科学城建设有关话题深入交换了意见。

经过调研座谈，调研组成员一致表示本次活动拓宽了调研视野，特别是在光明科学城针对环境治理方面高标准规划且按计划执行的做法值得学习，其介绍的经验也为本次课题和今后的参政议政工作提供了更多的思路。最后，陈莉表示，光明区在建设科学城的过程中形成了许多值得学习借鉴的新做法、好经验，希望课题组成员把好经验带回东莞，助力松山湖科学城建设，同时希望两地盟员密切沟通，互相学习，为我国的科技进步做出更大的贡献。

11 月 27 日上午，民盟南城四支部携市委会立项课题《关于推进涉外企业进行法治体检的建议》赴市司法局茶山分局进行调研座谈。支部主委陈朝远、副主委李秀源等 10 人参加了调研。

调研座谈会上，市司法局茶山分局卢沛韬局长认同法治体检对企业的重要性，介绍了茶山涉外企业法治体检的相关情况，指出为了让律师顺利走访企业从而开展法治体检工作，特意协调了当地的网格员、村委会工作人员及公共法律服务中心的联络员给予协助，以便降低企业的抵触感，从而保证法治体检工作真正落到实处，同时也交流了开展常态化法治体检存在的困难等问题。与会人员围绕调研课题进行了热烈的讨论。

经过调研座谈，调研组收集了调研课题相关素材，并与茶山司法分局达成共建法治社会的一致共识，希望接下来加强沟通联系，合作举办法律服务活动，惠及企业和市民。

为充分发挥民主党派参政议政职能和加强总支盟员间交流学习，11 月 28 日至 29 日，民盟南城总支组织盟员 24 人赴深圳，就民盟东莞市委立项课题《大湾区背景下各文化场馆如何更好地开展文化融合及资源共享》进行文化建设调研。本次调研活动由民盟东莞市委专职副主委王雪萍，民盟东莞市委委员、总支主委曾平英带队，民盟东莞市委委员陈莉参加了调研。

调研组首先参观了深圳"政企合作 + 文化事业产业"并重的深圳龙岗红立方科学馆、艺术馆。红立方作为国内首个复合型功能整体运营的文化场馆群，是本课题的重点调研单位之一。调研组在出发前，已与该馆进行联系，通过电话沟通、网络搜索等方式，掌握了该馆基本的运营信息，再通过现场的参观交流，加深了课题组成员对该馆的了解。参观结束后，课题组成员在交流中表示，与红立方这些国内新馆相比较而言，东莞的各大场馆普遍历经15年以上的运营，已经整体显得陈旧，迫切需要更新场馆设施，与时并进。

调研组还参观了以"文化＋旅游＋城镇化"推动龙岗发展的代表性项目——甘坑客家小镇及融合客家文化的观澜版画村。通过调研了解到，龙岗区正以高标准编制文体设施规划布局及建设计划，激发内生动力，打造文化高地，加快推进深圳东部文化高地2021实施方案。

对于城市来说，文化的积淀不仅需要时间的积累，也需要综合性公共空间去承载和体现。通过此次调研，课题组将以如何促进我市各文化场馆更好地开展文化融合及资源共享以保障百姓的文化权益为重点内容，着力思考如何解决居民日益增长的美好生活需要和文化发展不平衡不充分的矛盾，发挥专业优势，为东莞市人文发展建言献策。

12月19日至20日，为进一步拓宽视野，提高调研课题的质量，民盟南城总支主委曾平英、一支部主委黄明秀带领一支部7位盟员骨干前往中山市就民盟东莞市委立项课题《关于各文化场馆在大湾区背景下开展文化融合及资源共享的建议》开展公共文化实地考察调研，学习中山市文化单位在挖掘文化素材、文旅资源融合、场馆协同发展等方面的先进经验。

调研组首先参观了孙中山故居纪念馆。调研组先后参观了孙中山纪念展示区，翠亨民居展示区，农耕文化展示区，杨殷、陆皓东纪念展示区，非物质文化遗产等展示区，了解到该纪念馆的展示体系是坚持以"孙中山及其成长的社会环境"为主题，依托中国历史文化名村——翠亨村，充分展示了物质文化遗产与非物质文化遗产相结合，构成立体多元、与观众互动、独具特色和丰富内涵的展示体系。该展示体系兼具历史纪念性和民俗性，使历史、文化、民俗几大版块的内容非常恰当地整合在一起，集中向观众展示，展示内容翔实、观众体验丰富，达到很好的效果。

随后，调研组参观了香山商业文化博物馆。该博物馆是我国首家商业文化专题博物馆、全省首批"中华文化传承基地"。博物馆以中山商业历史文化发展为主线，展示了清末民初时期中山的商贸发展状况和富有特色的商业文化、孙中山和郑观应的商业思想、中国早期现代化中的香山籍买办，以及四大百货公司的创立等内容，重点介绍了在中国近代商贸历史上成就突出的中山商人的故事。整个展厅通过图像、模型、声音、文字、复原场景及互动问答等手段，将中山商业历史和传统文化比较系统地展示出来，再现当时的商业风貌和中山商人的创业艰辛，同时为中山商业历史文化的展示、研究、交流提供了一个平台。

本次调研组的盟员大多工作于文化一线，对文化场馆的工作方式颇为了解和关注，通过本次的文化调研交流活动，调研组成员纷纷表示，孙中山故居纪念馆、香山商业文化博物馆在资源整合、素材组织、展示手段等方面均给大家深刻的印象及启示，此次调研一方面有助于更好地深化课题调研，写好课题提案；另一方面也为盟员在本职工作中提供了参考思路，促进盟员们日后更好地开展本职工作。

2021 年

4 月 2 日上午，中共东莞市委召开党外人士座谈会，传达学习民盟广东省委关于习近平总书记在同党外人士共迎新春时的重要讲话精神的贯彻落实意见，就今年全市重点工作听取市各民主党派、工商联、无党派人士意见。市委书记、市人大常委会主任梁维东参加会议并讲话，市委常委、统战部部长陈志伟主持会议，市政府副市长罗晃浩通报 2020 年全市经济社会发展情况和 2021 年市委市政府重点工作。市政协主席骆招群、市委秘书长吴志刚参加会议。

会上，市各民主党派、市工商联、市党外知识分子联谊会围绕会议主题，从教育扩容、5G 应用、减排降碳，推动我市制造业高质量发展、民营企业高质量发展，促进城市品质提升，推动乡村振兴，参与粤港澳大湾区建设等方面分别提出意见建议。

民盟东莞市委主委程发良参加会议，并提出关于减排降碳推动东莞率先实现碳达峰的建议：一是大力推动产业升级，建设低碳化现代产业体系；二是优化能源消费结构，推进低碳技术广泛应用；三是引导控排企业参与碳交易，建立健全碳排放检测管控机制；四是积极动员全民低碳生活，形成合力推进减排降碳。

梁维东充分肯定了市各民主党派、工商联、无党派人士在过去一年里为全市抓好"双统筹"、夺取"双胜利"做出的重要贡献，并就做好我市多党合作、民主协商工作提出三点意见：一是深入学习贯彻习近平总书记重要讲话精神，广泛凝聚全面建设社会主义现代化国家的强大合力；二是深刻把握"新发展阶段、新发展理念、新发展格局"要求，全力助推我市"十四五"开好局起好步；三是适应新时代新要求从严从实加强自身建设，确保我市多党合作事业持续健康发展。

梁维东强调，市委市政府将一如既往大力支持党外人士参政议政，为大家更好地履行职能创造良好条件、搭建坚实平台。希望广大党外人士紧紧围绕市委、市政府决策部署，多谋发展之计，多建睿智之言，多献务实之策，以新担当新作为奋力开创我市统一战线和多党合作事业新局面，为推动"十四五"开好局、起好步，推动"湾区都市、品质东莞"建设再上新台阶做出新的更大贡献。

4月28日至29日，受中共广东省委委托，民盟广东省委副主委、广东省政协常委张志兵，致公党广东省委会专职副主委、广东省政协常委黄小彪率队组成省民主党派联合调研组来东莞围绕《提升外贸服务构建新发展格局能力，推动广东外贸高质量发展》课题开展专题调研。东莞市委常委、统战部部长陈志伟，市政协副主席、民盟东莞市委主委程发良，市政协副主席、致公党主委陈树良，市委统战部副部长、市民主党派办公室主任梁燕玲接待了调研组。民盟东莞市委副主委林海川，专职副主委王雪萍，致公党东莞市委会副主委郑燕娟等陪同调研。

4 月 28 日下午，调研组一行来到水铁码头，实地考察了广东（石龙）铁路国际物流基地。经过石龙党委、相关职能部门和企业代表的详细介绍，调研组一行深入了解了目前东莞企业在聚焦外贸高质量发展和创新发展的举措、面临的挑战和困难，以及在优化外贸结构、提升跨境贸易便利化水平和降低进出口制度性成本的举措和建议。

4 月 29 日上午，调研组在市行政办事中心主楼召开座谈会，由市府三级调研员张志云主持，邀请了市委政研室、市商务局、市市场监督管理局、东莞海关、市税务局、中国人民银行东莞市中心支行等相关职能部门代表参加。会上，调研组代表介绍了调研课题的背景与意义，东莞作为广东省外贸大市，具有巨大外贸发展潜力，如何进一步推动东莞外贸高质量发展对实现广东"十四五"开好局、起好步，在全面建设社会主义现代化国家新征程中走在全国前列、创造新的辉煌具有重大意义。随后，张志云介绍了东莞外贸发展有关情况及上半年的形势分析，各职能部门围绕调研主题认真解说了现状、问题及建议，双方还就调研课题的一些重点难点问题进行了交流和讨论。

4 月 29 日下午，调研组一行来到虎门港，参观了保税大厦综保区展厅，并在虎门港综保区内实地对东莞市港湾创新国际物流有限公司、东莞飞力达供应链管理有限公司两家企业进行了调研考察。经过沙田党委、相关职能部门和企业代表的详细介绍，调研组一行深入了解在深化服务贸易创新发展，支持跨境电商、市场采购贸易等新业态新模式工作面临的瓶颈和问题，以及在海关查验、口岸基础设施建设、提高口岸收费透明度、拓展中欧班列等物流新通道方面的关键环节和存在障碍。

两天的实地考察及交流结束后，调研组成员一致表示，他们深入了解了调研课题东莞方面的情况，扎实了调研基础，为形成调研报告提供了重要参考。

第三章 重要成果

（一）历届大会发言、集体和委员提案目录

1991 年

民盟东莞市委在市政协七届一次会议上提交的提案

1. 关于进一步搞好社会治安的提案（撰稿人：卢满江）

2. 关于加强新汽车站附近的交通安全管理的提案（撰稿人：梁家裕）

3. 关于整治新车站路段的交通秩序的提案（撰稿人：卢满江）

4. 关于整治我市交通秩序的提案（撰稿人：曾善棠）

5. 关于重视和保护城区范围湖泊的提案（撰稿人：曾善棠）

6. 关于完善教师家属"农转非"的处理工作的提案（撰稿人：曾华仁）

7. 关于东莞市今后市政规划和建设速度事宜的提案（撰稿人：曾善棠）

8. 关于建议市委、市政府考虑是否应在莞城建设文化艺术中心的提案（撰稿人：梁家裕）

9. 关于希望尽快办好东莞市粤剧团的提案（撰稿人：卢满江）

1992 年

民盟东莞市委在市政协七届二次会议上提交的提案

1. 关于开展城市交通安全教育，加强交通管理的提案（撰稿人：梁家裕）

2. 关于莞城各街各巷的路灯问题的提案（撰稿人：曾善棠）

1993 年

民盟东莞市委在市政协七届三次会议上提交的提案

1. 关于迅速落实行动、抓好城区交通管理的两个突出问题的提案（撰稿人：民盟东莞市委）

2. 关于增强城市意识，从速整治城区交通的提案（撰稿人：曾善棠）

3. 关于廉政建设制度问题的提案（撰稿人：曾善棠）

4. 关于教育要适应社会主义市场经济，适当超前发展教育的提案（撰稿人：曾华仁）

5. 关于乡镇企业经营向集团化、国际化转化的提案（撰稿人：曾华仁）

1994 年

民盟东莞市委在市政协七届四次会议上提交的提案

1. 关于要约束交警的权力的提案（撰稿人：曾善棠）

2. 关于政府应给消委会委员一定的权利和义务的提案（撰稿人：曾善棠）

3. 关于提请市府考虑是否可以每年举行一次市长和政协常委的协商座谈会的提案（撰稿人：梁家裕）

4. 关于提请市长考虑在政协常委讨论《政府工作报告》（讨论稿）时，是否请市长、副市长参加的提案（撰稿人：梁家裕）

5. 关于加快要素市场建设步伐，是社会主义市场经济体制的内在要求，也是资源配置的核心问题的提案（撰稿人：曾华仁）

6. 关于尽快深入学习、宣传、贯彻好《中华人民共和国教师法》的提案（撰稿人：曾华仁）

民盟东莞市委在市政协八届一次会议上提交的提案：

1. 关于完善以批发市场为主体的农村市场组织的提案（撰稿人：曾华仁）

2. 关于加强各民主党派自身建设和各民主党派之间的联系的提案（撰稿人：何志伟）

3. 关于建立我市各民主党派与有关对口部门做对口联系的提案（撰稿人：何志伟）

1995 年

民盟东莞市委在市政协八届二次会议上提交的提案

1. 关于组建新项目开发机构，促进高新技术产业发展的提案（撰稿人：邓裕宗、许重）

2. 关于要把东莞中学办成高质量、高水平、高要求的全国名校的提案（撰稿人：何志伟）

3. 关于筑路要注意养路的提案（撰稿人：卢满江）

4. 关于香港回归过渡时期政协工作的建议的提案（撰稿人：曾华仁）

5. 关于植树要重视护树的提案（撰稿人：卢满江）

1996 年

民盟东莞市委在市政协八届三次会议上提交的集体提案

1. 关于高中教育的结构问题的提案

2. 关于加强磨难教育（艰苦奋斗教育）问题的提案

民盟东莞市委在市政协八届三次会议上提交的委员提案：

1. 就普通教育系统党组织进一步落实中央 [1989]14 号文件做好民主党派工作的提案（撰稿人：曾华仁）

2. 关于进一步发挥特约"四员"的民主监督作用的提案（撰稿人：曾华仁）

3. 关于调动各种力量，搞好莞城区的社会治安综合治理的提案（撰稿人：郭润波、曾华仁）

4. 关于办理摩托车入户手续太繁复的提案（撰稿人：卢满江）

5. 关于加大反价格欺诈和发牟利暴利的力度，维护我市正常的市场经济秩序的提案（撰稿人：何咏梅、曾华仁）

1997 年

民盟东莞市委在市政协八届四次会议上提交的集体提案

1. 积极采取有力措施，推行素质教育（撰稿人：石龙支部）（市政协表彰）

2. 建设成立东莞市文学艺术基金会（撰稿人：文艺支部）

3. 加强预算外资金（小金库）的管理，建立各单位的内审制度（撰稿人：电大支部）

4. 推广微型无动力生活污水处理装置，保护水质（撰稿人：朱伍坤）

5. 控制、治理机动车排气污染，改善市区大气环境（撰稿人：朱伍坤）

6. 公共汽车增加密度，延长服务时间（撰稿人：学院支部）

1998 年

民盟东莞市委在市政协八届五次会议上提交的集体提案

1. 加强交通安全宣传 改善文明城市形象

2. 关于在东莞理工学院逐步开设高级应用型专业的提案（撰稿人：电大支部）

3. 加强法制宣传，加大执法力度，让法制建设为东莞的经济建设护航

4. 关于新湾行政区域划归虎门镇的提案

5. 建议整治北隅区洲面生果街和城市中心区屠宰场（撰稿人：医卫支部、文艺支部）

6. 关于抓住机遇加快我市污水处理建设步伐解决运河水污染问题的意见

7. 关于控制、治理"白色污染"，改善市容市貌的提案

8. 建议整治北隅区洲面生果街

9. 建议搬迁城市中心区一屠宰场

1999 年

民盟东莞市委在市政协九届一次会议上提交的集体提案

1. 建议政府积极鼓励发展民用太阳能热水器（撰稿人：石龙支部）

2. 关于成立我市餐具消毒中心的建议（撰稿人：医卫支部）

3. 建议加大我市信息基础设施建设的力度（撰稿人：虎门支部）（市政协优秀提案奖）

4. 关于统一收集管理工厂、企业、酒楼、食肆废油的提案（撰稿人：朱伍坤）

5. 呼吁加快我市生活污水污染治理步伐，早日解决运河水污染问题（撰稿人：朱伍坤）

民盟东莞市委在市政协九届一次会议上提交的委员提案

1. 关于推迟我市小学生早上上学时间的建议（撰稿人：马小平）（市政协优秀提案奖）

2. 关于搬迁殡仪馆的建议（撰稿人：卢满江）

3. 把业余文艺的辅导工作做好的建议（撰稿人：卢满江）

4. 关于在主要交通路口设立"电子警察"的建议（撰稿人：黄文忠）

5. 关于将我市外来人口纳入"结核病控制项目"管理的建议（撰稿人：韩春雷）

2000 年

民盟东莞市委在市政协九届二次会议上提交的集体提案

1. 建设东莞理工学院升格本科院校的提案（撰稿人：学院支部）

2. 加强搬迁学校和新建学校周边的配套建设（撰稿人：电大支部）

3. 治理运河，必须从上游、从源头抓起（撰稿人：医卫支部朱伍坤）（市政协优秀提案奖）

4. 迅速整治广深高速公路两旁的烟尘污染，改善我市的环保形象（撰稿人：朱伍坤）

民盟东莞市委在市政协九届二次会议上提交的委员提案

1. 关于进一步开展健康的广场文化的建议（撰稿人：韩春雷、朱伍坤）

2. 关于扫除"家教盲"，普遍提高市民家教水平的建议（撰稿人：马小平）

3. 四横路应设交通灯（撰稿人：卢满江）

4. 要关心"大姑娘"的婚姻问题（撰稿人：卢满江）

5. 关于"禁止焚烧垃圾污染大气"的建议（撰稿人：黄文忠）

2001 年

民盟东莞市委在市政协九届三次会议上提交的集体提案

1. 降低出租汽车起步价，扼制摩托车搭客业发展，改善城市客运秩序（撰稿人：医卫支部）（市政协优秀提案奖）

2. 关于加强城区交通道路监控设施的规划和建设的建议（撰稿人：民盟东莞市委办公室）

3. 关于把莞深高速公路建成高标准的生态景观大道的建议（撰稿人：朱伍坤）

4. 关于"整合教育资源，优化职业教育结构，加快高校事业发展"的提案（撰稿人：黄文忠）

5. 关于保证学校师生休息时间的建议（撰稿人：梁永钦）

6. 大力扶持发展环保产业促进运河水质的改善（撰稿人：朱伍坤）

7. 加大劳动法的宣传力度，确保劳动者的休息权（撰稿人：医卫支部）

民盟东莞市委在市政协九届三次会议上提交的委员提案

1. 以信息技术适应对外来暂住人口和出租屋管理（撰稿人：曾华仁、郭志明）

2. 关于在三环路与温南路规划建设绿化休闲小公园的建议（撰稿人：李桂定、朱伍坤）

3. 关于全面开发威远岛的建议（撰稿人：许重）

4. 关于编写东莞近代现代名人录的建议（撰稿人：黄文忠）

5. 是市花焉能无玉兰（撰稿人：卢满江）

6. 关于整治迈豪街的建议（撰稿人：卢满江）

2002 年

民盟东莞市委在市政协九届四次会议上提交的集体提案

1. 关于尽快开征我市污水处理费的建议（撰稿人：朱伍坤）（市政协优秀提案奖）

2. 关于加快建设"运河综合治理 1 号工程"的建议（撰稿人：朱伍坤）

3. 关于加强城市环境管理，减少城市扬尘的建议（撰稿人：黄文忠）

4. 关于给中学生加课间餐的提案（撰稿人：李奎山）

5. 关于规范、发展民办教育，创办打工族子弟学校的提案（撰稿人：学院支部、文艺支部）（市政协优秀提案奖）

6. 关于限制摩托车保有总量，逐步取缔摩托车搭客的提案（撰稿人：民盟东莞市委办公室）

民盟东莞市委在市政协九届四次会议上提交的委员提案

1. 关于改造东莞市人民公园的提案（撰稿人：马小平）

2. 致力将人才战略落到实处（撰稿人：李勇、刘治猛、黄文忠）

3. 关于通过充分发挥我市现有人才的作用来吸引外地高级人才的建议（撰稿人：韩春雷）

4. 建议取消小学生早读，相应推迟上课时间（撰稿人：汪莹、刘治猛、杨永林、马小平）

5. 关于创办社区内小型化学校的提案（撰稿人：马小平）

6. 关于成立粤剧团的建议（撰稿人：卢满江）

7. 关于在东城中路与温塘南路交叉路口、学院路理工学院大门口路段实行交通管制的建议（撰稿人：刘治猛、李勇、黄文忠）

8. 关于解决东正路、新芬路、市桥路与万寿路路口交通堵塞问题的提案（撰稿人：马小平）

9. 关于在东莞大道的机动车道及人行道间设安全网的建议（撰稿人：韩春雷）

2003 年
民盟东莞市委在市政协九届五次会议上提交的集体提案

1. 关于在东门广场与和阳路、东正路和环城路交会处安装交通指挥灯的提案（撰稿人：李奎山）

2. 关于大力整治老城区停车占道问题的提案（撰稿人：李奎山）

3. 关于适当调高我市生活污水处理费收费标准的建议（撰稿人：朱伍坤）

4. 关于加快"城中村"的改造，促进我市从"城乡一体化"向"城市现代化"转变的建议（撰稿人：黄文忠）

5. 关于提高企业单位退休职工退休金的建议（撰稿人：科技支部）

6. 关于应快速整治石马河污染的建议（撰稿人：朱伍坤）（市政协优秀提案奖）

7. 关于严厉打击伪造假证不法行为、捣毁制假窝点的建议（撰稿人：文艺支部）

民盟东莞市委在市政协九届五次会议上提交的委员提案

1. 禁止冒黑烟的汽车进城的提案（撰稿人：韩春雷）

2. 关于加强可园文化内涵建设的建议（撰稿人：韩春雷）

2004 年
民盟东莞市委在市政协十届一次会议上提交的集体提案

1. 关于加强我市养狗管理的建议（撰稿人：廖定标，横沥支部）

2. 关于选用已关闭水泥厂厂址建设我市医疗废物集中处理站和电镀污泥处理厂的建议（撰稿人：朱伍坤）

3．关于"完善路桥年票制"的建议（撰稿人：姜丽娟）

4．关于中小学管理层实行竞争上岗的建议（撰稿人：周琼平，莞中支部）

5．关于迅速搬迁南城食品公司屠宰场的建议（撰稿人：艾家国，科技支部）

6．关于规范我市办理刑事案件工作的建议（撰稿人：汤瑞刚）

7．关于进一步深化审批制度改革、优化政务环境，提高服务意识的建议（撰稿人：朱伍坤）

8．关于进一步加大社会治安整治力度的建议（撰稿人：程金花、曾平英，文艺支部）（市政协优秀提案奖）

民盟东莞市委在市政协十届一次会议上提交的委员提案

1．整治小树林，为市民创造一个安全清洁的环境（撰稿人：曾平英，莞中支部李桂定）

2．关于提高城市城区供水能力，解决城区居民生活用水问题的建议（撰稿人：曾平英，文艺支部程金花、曾平英）

3．关于尽快解决"第二教师村"用水问题的建议（撰稿人：洪晓杨，莞中支部周琼平）

4．建议设立"工读学校"，集中管理教育"问题"青少年（撰稿人：梁永欣）

5．完善配套设施，加快松山湖园区"引智工作"速度（撰稿人：程发良）

6．关于尽快完成东城第五小学建筑工程的建议（撰稿人：韩春雷）

7．给教师减负，保教师健康（撰稿人：郭志明）

8．关于进一步加强"取缔黑网吧"工作的建议（撰稿人：洪晓杨）

9．关于取缔我市九年义务教育阶段重点学校的建议（撰稿人：梁永欣）

10．关于改善东莞法制环境的几点建议（撰稿人：汤瑞刚）

11. "村民"转"居民"，"居民"素质亟待提高（撰稿人：曾平英）

12. 关于加强对我市流浪乞讨人员管理的建议（撰稿人：韩春雷）

2005 年

民盟东莞市委在市政协十届二次会议大会发言：

1. 东莞文化产业发展的战略思考（撰稿人：彭桂芳，李奎山代表民盟东莞市委口头发言）

2. 优化整合教育资源，做大做强东莞教育（撰稿人：程发良，程发良代表民盟东莞市委口头发言）

民盟东莞市委在市政协十届二次会议上提交的集体提案

1. 关于加大对贫困村帮扶力度推进经济和谐发展的建议（撰稿人：朱伍坤）

2. 关于理顺公共汽车站站牌名称的建议（撰稿人：艾家国）

3. 关于环保治理设施推行专业化市场运营管理的建议（撰稿人：华松林）

4. 关于节约用水、保护水资源的建议（撰稿人：程金花、曾平英）（市政协优秀提案奖）

5. 关于尽快拆除峡口至市技工学校段（西水线）弃用高压线的建议（撰稿人：李玫、华松林）

6. 关于尽快完善松山湖交通设施的建议（撰稿人：李奎山）

7. 关于迅速关闭水濂山采石场高标准建设水濂山森林公园的建议（撰稿人：朱伍坤）

8. 关于创建东莞职业技术学院的建议（撰稿人：李奎山）

9. 关于发展东莞文化产业的建议（撰稿人：彭桂芳）

10. 关于"完善《交通违法曝光台》"的建议（撰稿人：姜丽娟、李奎山，莞中支部）

11. 整合教育资源，加大基础教育，把东莞建成教育强市的建议（撰稿人：黄文忠）（市政协重点提案奖）

12. 关于进一步提高政协提案办理质量的建议（撰稿人：朱伍坤）

民盟东莞市委在市政协十届二次会议上提交的委员提案

1. 关于"方便机动车主交缴费、税"的建议（撰稿人：姜丽娟，莞中支部，洪晓杨）

2. 关于大力加强东莞本地农民教育培训的建议（撰稿人：洪晓杨）（市政协重点提案奖）

3. 关于东莞市城区自来水、污水处理问题的看法和提议（撰稿人：翟柱中、曾平英）

4. 关于减少焚烧垃圾造成环境污染的建议（撰稿人：赵一杰，洪晓杨）

5. 关于建造一所东莞市人文儿童公园的建议（撰稿人：杨志红，东城支部，洪晓杨）

6. 关于尽快完善松山湖配套设施的建议（撰稿人：李奎山、洪晓杨）

7. 关于在东门广场与和阳路、东正路交汇处安装交通指挥灯的建议（撰稿人：李奎山）

8. 关于充分发挥黄旗公园娱乐休闲功能的建议（撰稿人：黄江明、韩春雷）

9. 加大城市交通管理力度，提高城市管理水平（撰稿人：程金花、李奎山）（市政协优秀提案奖）

10. 关于加快推进东莞物业管理社会化的建议（撰稿人：曾平英）

11. 关于提高幼教行业工资待遇的建议（撰稿人：曾平英）

12. 挖掘历史沉淀，深植文化古蕴（撰稿人：汤瑞刚）

13. 关于在我市举办家庭知识电视大赛的建议（撰稿人：韩春雷）

14. 加强对营运司机的安全教育确保行车安全（撰稿人：陈海志、洪晓杨）

15. 加强我市初中学生思想道德教育的建议（撰稿人：梁永钦）

16. 有关教师几个问题的建议（撰稿人：梁永钦）

17. 关于实现同一学校两个校区实行统一收费标准的建议（撰稿人：李奎山）

18. 关于加强劳动保障监察工作的建议（撰稿人：汤瑞刚）

19. 关于大力加强治安联防队伍建设的建议（撰稿人：洪晓杨）

20. 关于解决房地产隐蔽工程质量问题的建议（撰稿人：黄宜松、洪晓杨）

21. 关于旧飞鹅村因土地被控制后如何解决村民生活出路的建议（撰稿人：廖定标，横沥支部，洪晓杨）

22. 尽快让无灯街道亮起来［撰稿人：梁永钦（恩平）、洪晓杨］

23. 尽快建立部分行业协会的建议（撰稿人：程发良）

24. 加强农村居民就业指导的建议（撰稿人：郭志明）

2006 年

民盟东莞市委在市政协十届三次会议大会发言：

1. 关于东莞市发展循环经济的建议（撰稿人：彭桂芳）

2. 关于健全外来员工劳动权益保障制度的建议（撰稿人：汤瑞刚）（市政协重点提案奖）

3. 做大做强职业教育，服务东莞造福百姓（撰稿人：程发良）

4. 关于推进我市城市化与生态化同步发展的建议（撰稿人：朱伍坤）（市政协重点提案奖）

5. 关于建设东莞动漫游戏产业基地的建议（撰稿人：袁华强）

民盟东莞市委在市政协十届三次会议上提交的集体提案

1. 关于东莞市发展循环经济的建议（撰稿人：彭桂芳）

2. 关于做大做强东莞市民营企业的建议（撰稿人：彭桂芳）

3. 关于建设东莞动漫游戏产业基地的建议（撰稿人：袁华强）

4. 关于将东莞公共厕所建成魅力东莞窗口的建议（撰稿人：马筠）

5. 关于加大宣传和执法力度严厉打击违法排污行为的建议（撰稿人：李玫）（市政协优秀提案奖）

6. 关于建立《东莞市大中型企业突发性环境污染事故应急预案》的建议（撰稿人：华松林）

7. 关于推进我市城市化与生态化同步发展的建议（撰稿人：朱伍坤）（市政协优秀提案）

8. 关于解决餐饮业污染扰民问题的建议（撰稿人：李玫）

9. 关于简化两费(公路养护费和路桥统缴费)缴纳办法的建议（撰稿人：李奎山）

10. 关于建立《东莞市供水安全应急预案》的建议（撰稿人：朱伍坤）

11. 关于推进我市教育优质化、均衡化发展的建议（撰稿人：张华）

12. 做大做强职业教育，服务东莞造福百姓（撰稿人：程发良）

13. 规范东莞劳务市场，遏止恶意欠薪现象（撰稿人：汤瑞刚）

14. 关于改善外来人员境况的建议（撰稿人：汤瑞刚）

民盟东莞市委在市政协十届三次会议上提交的委员提案

1. 关于商品房在按揭期间办理《房地产权证》的建议（撰稿人：汤瑞刚）

2. 关于完善我市房地产抵押登记手续建议（撰稿人：汤瑞刚）

3. 关于加强环境污染监察的建议（撰稿人：汤瑞刚）

4. 整治交通秩序，齐创"和谐东莞"（撰稿人：汤瑞刚）

5. 关于加大监管力度解决夜间施工扰民问题的建议（撰稿人：李玫、曾平英）

6. 关于加快实施优先发展公共交通战略的建议（撰稿人：洪晓杨）

7. 关于解决东宝路噪音污染问题的建议（撰稿人：黄文忠、洪晓杨）

8. 关于尽快实现中心广场周边地区城中村改造的建议（撰稿人：洪晓杨）

9. 关于为东莞市第一教师村第 4 幢、第 6 幢的业主办理房产证提供协助的建议（撰稿人：梁永钦）

10. 关于构建终身教育体系的建议（撰稿人：汤瑞刚）

11. 关于录制《魅力东莞》宣传片，加大东莞推介力度的建议（撰稿人：韩春雷）

12. 关于加强对医药广告监管，保护人民群众利益的建议（撰稿人：朱文雄、梁永钦）

13. 关于解决学校、学校老师过重的不合理的教育责任的建议（撰稿人：梁永钦）

14. 关于建立"未成年人医保"的建议（撰稿人：姜丽娟、曾平英）

15. 关于"粤曲节"的建议（撰稿人：卢满江、曾平英）

16. 关于推进东莞市基础教育均衡发展的若干建议（撰稿人：郭志明）

17. 关于加强对我市个体工商户中零售业劳动者保护的建议（撰稿人：汤瑞刚）

18. 关于解决我市"黑户口"人员问题的建议（撰稿人：汤瑞刚）

19. 推动东莞志愿服务，促进社会和谐氛围（撰稿人：汤瑞刚）

20. 加强诚信东莞建设步伐，增加东莞品牌效应诚信建设（撰稿人：汤瑞刚）

21. 关于实现社会对外来工普遍认同与尊重的几点建议（撰稿人：汤瑞刚）

22. 关于健全外来员工劳动权益保障制度的建议（撰稿人：汤瑞刚）

23. 关于搞好东莞社会治安的几点建议（撰稿人：韩春雷）

24. 关于加强对我市治安员管理的建议（撰稿人：马筠、曾平英）

25. 关于进一步完善石井路市机关干部住宅小区内外管理的建议（撰稿人：姜丽娟、洪晓杨）

26. 关于建设和完善我市农村老人协会的建议（撰稿人：廖定标、李奎山）

27. 建立东莞市汽车总站治安管理长效机制的建议（撰稿人：洪晓杨）

28. 关于提高东莞工人最低工资标准的建议（撰稿人：朱伍坤、华松林）

29. 关于积极稳妥地放宽东莞户籍，循序渐进地改善人口结构的建议（撰稿人：洪晓杨）

30. 关于创办"Dongguan Daily"的建议（提交人：李奎山）

2007 年

民盟东莞市委在市政协十一届一次会议上提交的集体提案

1. 关于加强东莞市加油站管理工作的建议（提交人：民盟东莞市委会，撰稿人：彭桂芳）（市政协优秀提案）

2. 关于建立东莞市电子商城的建议（撰稿人：赵一杰）

3. 关于规范设置出租车停靠站点的建议（撰稿人：李玫）

4. 关于建设东部湿地公园打造宜居生态城市的建议（撰稿人：朱伍坤）

5. 关于禁摩后确保城区居民生活、交通便利的建议（撰稿人：李奎山）

6. 关于解决发电机污染扰民问题的建议（撰稿人：李玫）

7. 关于调整诊所布局，建立完善社区医疗卫生体系的建议（撰稿人：黄虔）

8. 关于东莞市出租屋管理市场化与产业化发展的建议（提交人：民盟东莞市委会，撰稿人：袁华强）（市政协优秀提案）

9. 关于制定《东莞市关于加强社会综合治理若干问题的意见》的建议（撰稿人：汤瑞刚）

10. 关于加快东莞地下空间规划和建设的建议（撰稿人：王勇）

11. 关于设立市民诉求中心推进和谐社会建设的建议（撰稿人：朱伍坤）

民盟东莞市委在市政协十一届一次会议上提交的委员提案

1. 关于充分发挥台商企业在东莞产业结构转型中的重要作用的建议（撰稿人：汤瑞刚）

2. 关于完善东莞公共交通，方便市民出行的建议（撰稿人：汤瑞刚）

3. 关于整治东城大道交通秩序的建议（撰稿人：韩春雷）

4. 关于在莞城市区增设人行立交桥的几点建议（撰稿人：汤瑞刚）

5. 关于畅通学校公共交通的建议（撰稿人：王燕、王淼珍、姜丽娟）

6. 关于解决东莞市一中、高级中学受到废气噪音严重污染问题的建议（撰稿人：王燕）

7. 关于明确医疗机构准入标准，加快医疗体系建设建议（撰稿人：汤瑞刚）

8. 关注女工劳动保护，进一步完善东莞用工环境（撰稿人：汤瑞刚）

9. 施行《东莞市民办学校自律公约》，共创和谐民办教育环境（提交人及撰稿人：汤瑞刚）（市政协优秀提案）

10. 关于加强中小学安全管理的建议（撰稿人：汤瑞刚）

11. 关于东莞市各镇区高中学校放寒假时间的几点建议（撰稿人：杨志红）

12. 关注弱势群体，创办平价医院（撰稿人：周冬根）

13. 关于解决外来人员子女教育问题的建议（撰稿人：洪晓杨）

14. 关于初中招生的几点建议（撰稿人：郭志明）

15. 关于建立医学会下属各分会，完善我市学术团体架构的建议（撰稿人：黄虔）

16. 关于设立刑事案件受害人社会救济基金的建议（撰稿人：汤瑞刚）

17. 关于确立土地权属公示查询制度的建议（撰稿人：汤瑞刚）

18. 关于进行《保障律师在刑事诉讼中执业权利》的制度设计（提交人及撰稿人：汤瑞刚）

19. 对改善律师会见犯罪嫌疑人、被告人环境的建议（提交人及撰稿人：汤瑞刚）

20. 关于加大对东莞市医疗救济基金的投入和宣传力度的建议（提交人

及撰稿人：汤瑞刚）

21. 关于健全罚、没物品处理制度的建议（提交人及撰稿人：汤瑞刚）

22. 关于进一步完善社会保障体系，消除社会治安问题的建议（提交人及撰稿人：程发良）

23. 尽快出台商品房专项维修资金的收取、使用和管理的相关办法（提交人及撰稿人：汤瑞刚）

24. 关于为革命烈士刘久荣立碑的建议（提交人及撰稿人：汤瑞刚）

25. 关于加强东莞市出租屋管理工作的建议（提交人：曾平英，撰稿人：彭桂芳）

26. 关于加强公交车治安防范工作的建议（提交人及撰稿人：曾平英）

27. 关于成立东莞市义工联合会的建议（提交人及撰稿人：赵一杰）

2008 年

民盟东莞市委在市政协十一届二次会议上提交的集体提案

1. 关于大力发展国际服务外包产业 提升东莞服务业竞争能力的建议（提交人：民盟东莞市委会，撰稿人：彭桂芳）（市政协重点提案奖）

2. 关于发展"两自"企业，创新东莞发展模式的建议（撰稿人：彭桂芳）

3. 关于加大力度坚决遏制违法排污行为的建议（撰稿人：李玫）

4. 关于建立东莞市风险投资引导基金的建议（撰稿人：赵一杰）（市政协优秀提案）

5. 关于在我市公共场所逐步禁烟的建议（撰稿人：李玫）

6. 关于加大消防知识宣传教育力度，实行敏感行业从业人员岗前消防培训的建议（撰稿人：李玫）

7. 关于给五保户低保户免费安装节能灯的建议（撰稿人：朱伍坤）

8. 关于设立困难职工群体帮扶中心推进建设和谐社会的建议（撰稿人：朱伍坤）

9. 关于严格执行国家规定取消初中周末补课的建议（撰稿人：周琼平）

10. 关于加快我市健康知识普及、推进疾病预防工作的建议（撰稿人：黄虔、张华）

11. 关于严厉打击欠薪逃逸企业主的建议（撰稿人：汤瑞刚）

民盟东莞市委在市政协十一届二次会议上提交的委员提案

1. 关于改革购房入户手续中居（村）委会部分的建议（提交人及撰稿人：汤瑞刚）

2. 关于采取有力措施制止继续开发小产权房的建议（提交人及撰稿人：汤瑞刚）（市政协优秀提案）

3. 关于加强市区公交专用通道管理的建议（提交人及撰稿人：韩春雷）

4. 关于在我市党校各级干部培训班增设《中国的政党制度》课程的建议（提交人及撰稿人：朱伍坤）

5. 关于对公交价格合理定价的建议（提交人及撰稿人：汤瑞刚）

6. 关于成立东莞社情民意调查中心的建议（提交人及撰稿人：汤瑞刚）

7. 关于在东莞范围内率先取消商品房预售制度的建议（提交人及撰稿人：汤瑞刚）

8. 关于向国务院申请批准东莞为"较大的市"的建议（提交人及撰稿人：汤瑞刚）

9. 关于深度开发易建联身上蕴藏着的东莞价值宝藏的建议（提交人及撰稿人：洪晓杨）

10. 关于整顿医疗机构的建议（提交人及撰稿人：汤瑞刚）

11. 关于大力加强我市青少年科技创新教育的建议（提交人：程发良，撰稿人：王燕）

12. 关于大力推动东莞数字家庭产业发展的建议（提交人及撰稿人：袁华强）

13. 关于关注中小学生饮用联邦止咳露问题的建议（提交人：杨志红，

撰稿人：陈宇明 杨志红）

14. 关于教师一年体检一次的建议（提交人：杨志红，撰稿人：王淼珍）

15. 关于进一步完善东门广场文化设施的建议（提交人：韩春雷，撰稿人：黄卓然、唐章辉）

16. 关于启用食品"身份证"的建议（提交人：杨志红，撰稿人：李云霞、柳玫）

17. 关于鼓励市民采用单车出行以减少道路拥挤和污染的建议（提交人：曾平英，撰稿人：刘笃锋）

18. 关于东莞街头商铺广告牌，文字用语规范的建议（提交人及撰稿人：杨志红）

19. 关于"完善16路、18路公交线路"的建议（提交人：曾平英，撰稿人：姜丽娟）

20. 关于"育兴路汉塘街安装路灯"的建议（提交人：曾平英，撰稿人：王勇）

2009 年

民盟东莞市委在市政协十一届三次会议上提交的集体提案

1. 关于改善虎门威远岛景区游览条件的建议（撰稿人：李奎山）

2. 关于把我市打造成为珠江三角洲休闲观光农业中心的建议（撰稿人：韩春雷）

3. 关于设立"东莞市农村发展基金"促进城乡协调发展的建议（撰稿人：李玫）

4. 关于东莞科技与金融结合对策的建议（提交人：民盟东莞市委会，撰稿人：彭桂芳）（市政协优秀提案）

5. 关于建立健全我市食品安全保障制度，加大执法力度确保食品安全的建议（撰稿人：李玫）

6. 关于搞好第五立面，加强城市规划管理的建议（撰稿人：付国良）

7. 关于尽快解决玉兰中学周围污水黑臭污染问题，保障师生身心健康的建议（撰稿人：李玫、张华）（市政协优秀提案）

8. 关于进一步加强东莞市青少年法制教育的意见和建议（撰稿人：廖定标）

9. 关于发展东莞文化产业的建议（撰稿人：王勇）

10. 于东莞市国际科技合作的问题及政策选择的建议（撰稿人：彭桂芳）

11. 关于增强法制电视公益广告宣传力度，为东莞社会法治文明加分的建议（撰稿人：汤瑞刚）

12. 关于科技东莞工程应向高校、科研院所倾斜的建议（撰稿人：程发良）

13. 关于进一步改善招贤纳才环境，为东莞经济建设服务的建议（撰稿人：李奎山，袁华强）

民盟东莞市委在市政协十一届三次会议上提交的委员提案

1. 政府采购行为的公正、有序、规范，需要律师的介入（提交人及撰稿人：汤瑞刚）（市政协优秀提案）

2. 关于集体经济的完善与监管的建议（提交人及撰稿人：赵一杰）

3. 关于加快东莞企业自主创新的建议（提交人：赵一杰，撰稿人：彭桂芳）（市政协优秀提案）

4. 关于政府机关、商场、宾馆等公共建筑的地下停车库大力推广太阳能的建议（提交人及撰稿人：汤瑞刚）

5. 关于试建彩色立体感斑马线的建议（提交人：洪晓杨，撰稿人：周冬根）

6. 关于促进东莞市房地产健康发展的建议（提交人及撰稿人：赵一杰）

7. 关于加强防治重金属污染的建议（提交人及撰稿人：汤瑞刚）

8. 关于在人口稠密的市区镇区建设公厕的建议（提交人及撰稿人：

汤瑞刚）

9．关于增设阅报栏的建议（提交人：曾平英，撰稿人：梁永钦）

10．关于推进民办学校办学规范化的建议（提交人：郭志明，撰稿人：刘笃锋）

11．关于优化德育环境，进一步调动班主任工作积极性的建议（提交人：郭志明，撰稿人：叶德利）

12．关于拓宽再教育培训影响面的建议（提交人及撰稿人：汤瑞刚）

13．关于加强中小学心理健康教育和干预中学生早恋的建议（提交人：杨志红，撰稿人：陈南柏）

14．发挥东莞制造业名城的优势，职业教育走校企合作办学之路（提交人及撰稿人：杨志红）

15．关于在我市广播电视等传媒开办教育栏目的建议（提交人及撰稿人：杨志红）

16．关于数字电视的建议（提交人：曾平英、陈桂丰，撰稿人：曾平英）

17．关于及时更新展品，推动科技馆持续发展的建议（提交人：曾平英、吴美良、郑金伙，撰稿人：曾平英）

18．关于实现东莞法院判决书全面上网的建议（提交人及撰稿人：汤瑞刚）

2010 年

民盟东莞市委在市政协十一届四次会议上提交的集体提案

1．关注失地农民生存状况，完善社会保障配套措施（撰稿人：李奎山）

2．关于提升莞深高速时速限制 10~20 公里的建议（撰稿人：朱伍坤）

3．关于加快我市义务教育均衡发展的建议（撰稿人：李玫、张华）

4．关于加大执法力度坚决取缔无照经营的环境违法行为的建议（撰稿人：李玫）

5. 关于公共场所禁烟的建议（撰稿人：李玫）

6. 关于进一步推进政府机关节能减排的建议（撰稿人：朱伍坤）

7. 关于稳步推进我市"三旧"改造的建议（撰稿人：朱伍坤、汤瑞刚）

8. 关于如何让政府重大决策合情合理合法的建议（撰稿人：汤瑞刚）

9. 关于设立政府一站式电话服务热线的建议（撰稿人：汤瑞刚）

10. 关于加强高层次专业人才队伍建设的建议（撰稿人：李奎山）（市政协优秀提案）

11. 关于大力促进我市动漫衍生品产业发展的建议（撰稿人：袁华强）

12. 关于优化东莞市公共交通的建议（提交人：民盟东莞市委会，撰稿人：彭桂芳）（市政协优秀提案）

13. 关于加快发展东莞现代服务业的建议（撰稿人：彭桂芳）

民盟东莞市委在市政协十一届四次会议上提交的个人提案

1. 关于高中招生增加分配到初中指标的建议（提交人及撰稿人：郭志明）

2. 关于在市科技馆建设东莞市应急避险体验馆的建议（提交人及撰稿人：曾平英）

3. 关于鼓励相关单位申报进口免税科普影视作品的建议（提交人及撰稿人：曾平英）

4. 关于培育高端文化，提升东莞文化软实力的建议（提交人：朱伍坤，撰稿人：王勇）

5. 关于把我市生态园打造成东莞民俗旅游主题公园的建议（提交人及撰稿人：韩春雷）

6. 关于促进东莞群众文艺团体建设和发展的若干建议（提交人及撰稿人：杨志红）

7. 关于促进教育均衡的建议（提交人及撰稿人：汤瑞刚）（市政协优秀提案）

8．关于改进东莞中小学生校服质量的建议（提交人：洪晓杨，撰稿人：李云霞、柳玫、王淼珍、李腊梅）

9．关于建立东莞市资本交易市场的建议（提交人及撰稿人：赵一杰）

10．关于再次建议网络公开我市裁判文书的建议（提交人及撰稿人：汤瑞刚）

11．关于减轻村委会公共管理负担的建议（提交人及撰稿人：汤瑞刚）

12．关于切实保障律师依法执业权利的建议（提交人及撰稿人：汤瑞刚）

13．关于加大我市人才引进力度的建议（提交人及撰稿人：汤瑞刚）

14．关于厂长、报关员应由村委会委派转为应聘上岗的建议（提交人及撰稿人：汤瑞刚）

15．关于在东莞设立行政复议委员会并引入民间"裁判员"的建议（提交人及撰稿人：汤瑞刚）

16．推进"居站分离"社区管理体制改革构建和谐新东莞（提交人及撰稿人：程发良）

17．关于在我市法院推行网上立案的建议（提交人及撰稿人：汤瑞刚）

18．关于应对金融海啸推出再抵押登记制度的建议（提交人及撰稿人：汤瑞刚）

19．关于改造东莞市区现有非机动车道的建议（提交人及撰稿人：汤瑞刚）

20．关于规范我市"港货店"的建议（提交人及撰稿人：汤瑞刚）

21．关于解决城区停车难问题的建议（提交人及撰稿人：汤瑞刚）

22．完善低收入家庭经济状况核对方法确保民生政策落到实处（提交人及撰稿人：程发良）

23．重视基础教育，促进东莞幼儿教育健康发展（提交人及撰稿人：杨志红）

24．关于加强协会建设，充分发挥协会的桥梁纽带作用的建议（提交人

及撰稿人：曾平英、黄虔）

25. 关于推广分类处理，实现垃圾和生态化、资源化处理的建议（提交人：洪晓杨，撰稿人：姜丽娟、张华）

2011 年

民盟东莞市委在市政协十一届五次会议上提交的集体提案

1. 关于尽快在我市设立环保法庭的建议（撰稿人：李玫）

2. 关于加大民办教育扶持力度，为新莞人子女提供更多优质学位的建议（撰稿人：廖定标、杨权治、陈宝安）

3. 关于大力扶持加快振兴莞香产业的建议（撰稿人：李玫）

4. 关于大力推进我市青少年校外教育活动场所建设的建议（撰稿人：李玫、张华）

5. 关于东莞发展对外文化产业的建议（撰稿人：彭桂芳）

6. 关于东莞发展战略性新兴产业的建议（撰稿人：彭桂芳）

7. 关于改善发展环境，推进东莞中小企业转型升级的建议（撰稿人：程发良）

8. 关于规范公共场所标识牌，彰显城市文化魅力的建议（撰稿人：李玫、黄虔、张华）

9. 关于加快公租房建设，解决"夹心层"群体住房难问题的建议（撰稿人：李奎山）

10. 关于加强高校在东莞"文化名城"建设中作用的建议（撰稿人：程发良）

11. 关于进一步加大水源保护力度，确保我市供水安全的建议（撰稿人：李玫、华松林、温信钧）（市政协优秀提案）

12. 关于全市动员灭除"四害"，预防聚集性传染病疫情的建议（撰稿人：韩春雷）

13. 关于推动我市大学生网络创业的建议（撰稿人：汤瑞刚）

14. 关于我市城市地下空间规划与综合利用的建议（撰稿人：华松林）

15. 关于支持物流业，打造物流城市的建议（撰稿人：李奎山）

16. 关于加大民生投入，构建幸福东莞的建议（提交人：民盟东莞市委会，撰稿人：朱伍坤 ）（市政协优秀提案）

民盟东莞市委在市政协十一届五次会议上提交的委员提案

1. 关于公开校务，防止职务犯罪的建议（提交人：杨志红，撰稿人：钟达）

2. 关于建立东莞市中小学生校外社会实践基地的建议（提交人：杨志红，撰稿人：李云霞、柳玫）

3. 关于推迟中小学生早晨上学时间的建议（提交人：杨志红，撰稿人：莫畏）

4. 关于学校路段周边交通拥堵问题的建议（提交人及撰稿人：杨志红）

5. 关于义务教育阶段中小学校长承担上课任务的建议（提交人：杨志红，撰稿人：袁定鹏）

6. 关于在东莞路牌中融入城市文化内涵的建议（提交人及撰稿人：杨志红）

7. 关于建立农民工培训教育基金的建议（提交人及撰稿人：赵一杰）

8. 关于建立网上缴纳水电费项目的建议（提交人及撰稿人：赵一杰）

9. 关于完善东莞市妇幼保健院新院交通的建议（提交人：韩春雷，撰稿人：杨波）

10. 关于加强我市居民小区物业管理工作的建议（提交人：黄虔，撰稿人：姜丽娟、刘笃锋、黄虔、张华）

11. 关于在我市严控反式脂肪的滥用，保障市民健康的建议（提交人：黄虔，撰稿人：张华）

12. 关于消除住宅区安全隐患，构建社区和谐家园的建议（提交人：袁

华强，撰稿人：王勇）

13. 关于用补贴方式来大力推广我市居民使用太阳能热水器的建议（提交人：袁华强，撰稿人：钟达）

14. 关于遏制"高房价问题"的建议（提交人及撰稿人：汤瑞刚）

15. 关于改善东莞居民生活用水质量的几点建议（提交人：汤瑞刚，撰稿人：汤瑞刚 赵永桥）

16. 关于加强市区垃圾转运站管理的建议（提交人及撰稿人：汤瑞刚）

17. 关于解决"民工荒"问题的建议（提交人及撰稿人：汤瑞刚）

18. 关于排除城市交通拥堵隐患的建议（提交人及撰稿人：汤瑞刚）

19. 关于实施城市生活垃圾分类处理的建议（提交人及撰稿人：汤瑞刚）

20. 关于建设国家级历史文化名城的建议（提交人：曾平英，撰稿人：张磊）

21. 关于完善绿道建设，倡导绿色出行的建议（提交人：曾平英，撰稿人：李少钧、吴晓燕）

22. 关于加强沙井盖的综合管理，保障人民群众人身安全的建议（提交人：杨志红，撰稿人：钟达）

23. 关于调整医改思路的建议（提交人及撰稿人：黄虔）

市长会见材料

1. 关于推进垃圾资源化处理，以决策前移解决"围城"困局的建议（撰稿人：张华、姜丽娟）

2. 关于尽快在我市各中心镇建设公益性青少年活动中心的建议（撰稿人：李玫）

3. 关于科学推进东莞市保障性安居工程的建议（撰稿人：肖驰宇、张雷杰）

2012 年

民盟东莞市委在市政协十二届一次会议上提交的集体提案

1. 关于发展创新产业集群的建议（提交人：民盟东莞市委会，撰稿人：彭桂芳）（市政协优秀提案）

2. 关于加强东莞社会管理的建议（撰稿人：彭桂芳）

3. 关于丰富基层文化活动，构建和谐幸福东莞的建议（撰稿人：陈宝安）

4. 关于规范银行代收行政罚款系统的建议（撰稿人：李玫）

5. 关于设立东莞市"三旧"改造政策研究课题的建议（撰稿人：王勇）（市政协优秀提案）

6. 关于推进文化产业跨越式发展，打造文化东莞的建议（撰稿人：朱伍坤、李玫）

7. 关于发展地方建筑设计行业的建议（撰稿人：张念华）

8. 关于强化财政投入工程项目监管，遏制铺张浪费的建议（撰稿人：朱伍坤）

9. 关于市政工程尽量减少扰民的建议（撰稿人：吴晓燕）

10. 关于打造东莞印象民俗风情一条街，宣传东莞地方文化的建议（撰稿人：熊剑锐）

11. 关于参加地球一小时全球环保活动的建议（撰稿人：李玫、张华）

12. 关于大力发展职业教育，助推我市产业转型升级的建议（撰稿人：肖驰宇、钟达、张华、韩春雷、肖驰宇，整合人：肖驰宇）

13. 关于加强新能源产业发展的建议（撰稿人：钟达）

14. 关于进一步完善我市绿道网建设的建议（撰稿人：李云霞、柳玫、夏治会，整合人：朱伍坤）

15. 关于进一步改善我市校车安全管理工作的建议（撰稿人：朱美华、杨权治，整合人：李奎山）（市政协优秀提案）

市长会见材料

1. 关于加快推进电子商务发展助推我市产业转型升级的建议（撰稿人：肖驰宇）

被采用为民盟广东省委委员提案提交省政协

1. 强烈呼吁将科普工作者、纳入专业技术人员职称制度体系（撰稿人：蔡隆良、曾平英）

2013 年

民盟东莞市委在市政协十二届二次会议上提交的集体提案

1. 关于改善东莞水价听证会的建议（撰稿人：彭桂芳）

2. 关于加快我市卫生信息化建设，实现我市诊疗一卡通的建议（撰稿人：韩春雷）

3. 关于发展 3D 打印技术，提升我市制造业竞争力的建议（提交人：民盟东莞市委会，撰稿人：袁华强）（市政协优秀提案）

4. 关于加速推进大数据战略，建设智慧东莞的建议（撰稿人：袁华强）（市政协优秀提案）

5. 关于设立我市重特大疾病医疗救助基金的建议（撰稿人：骆涛）

6. 关于市政府聘请特聘教育督察员的建议（撰稿人：周琼平）

7. 关于引进和留住高端科技人才，助推我市成功实现产业转型升级，建设和谐富强新东莞的建议（撰稿人：陈宝安）

8. 关于在我市各大森林公园和绿化广场设立莞香园的建议（撰稿人：刘笃锋、李玫、杨权治、廖定标、朱伍坤）

9. 关于松山湖水质保护和水环境修复的建议（撰稿人：李玫、刘志然、何风梅、江务学）

10. 关于顺应"莞惠深"三城互联一小时生活圈，以文化创意特点打造东莞老街区的建议（撰稿人：李云霞、柳玫）

11. 关于进一步加大电子商务扶持力度，抢占电子商务产业发展高地的建议（撰稿人：伍坤、蔡子萍、刘旭）

12. 关于加快普及急救知识，加强应急救护培训的建议（撰稿人：黄虔、李虔）

13. 关于我市"三旧"改造工作困难分析及政策建议（撰稿人：王勇、李玫）

14. 大力推进生态文明，努力建设美丽东莞（撰稿人：李玫）

民盟东莞市委在市政协十二届二次会议上提交的委员提案

1. 关于统筹水乡发展需要贴近民意的建议（撰稿人：陈莉）

2. 关于公开东莞财政预算的建议（撰稿人：彭桂芳）

3. 关于及时短信通知车辆违章信息的建议（撰稿人：赵一杰）

4. 关于建立东莞市管理区集体资产管理交易平台的建议（撰稿人：赵一杰）

5. 关于设立专项资金、回收废旧电池的建议（撰稿人：杨权治）

6. 关于完善我市垃圾分类的建议（撰稿人：朱正朝）

7. 关于在东莞城区添置统一管理的免费自行车系统的建议（撰稿人：朱美华）

8. 关于在我市普及垃圾分类知识的建议（撰稿人：马筠）

9. 关于创建生态文化社区，建设幸福美丽东莞的建议（撰稿人：杨志红）

10. 关于推进新莞人社工服务、努力建设幸福东莞的建议（撰稿人：成放）

11. 关于学校教育必须促进社会主义核心价值体系建设的建议（撰稿人：郭志明、涂华）

12. 关于加强终端市场蔬菜及冰鲜水产品保鲜类有毒有害物质监督检验的建议（撰稿人：杨立平）（市政协优秀提案）

13. 关于建立三甲医院和社区门诊部之间合作机制的建议（撰稿人：涂华、郭志明）

14. 关于加强学生体育锻炼，保证身体健康的建议（撰稿人：郭志明、

涂华）

15. 关于改善东莞市道路交通的建议（撰稿人：李云霞、王立怀、柳玫）

16. 关于加强我市市区公交车专用道管理的建议（撰稿人：韩春雷）

17. 关于加强无障碍环境建设的建议（撰稿人：汤瑞刚）

18. 关于有效缓解中小微企业融资难的建议（撰稿人：汤瑞刚）

19. 关于关注脑瘫儿童家庭救助，将脑瘫儿童康复治疗纳入医保的建议（撰稿人：熊剑锐）（市政协优秀提案）

20. 关于加强对"诺而不捐"现象的几点建议（撰稿人：吴晓燕）

21. 关于改善东莞市中心广场现状的建议（撰稿人：赵永桥）

22. 关于提高中小学名师工作室的工作经费的建议（撰稿人：刘笃锋）（市政协优秀提案）

2014 年

民盟东莞市委在市政协十二届三次会议上提交的集体提案

1. 关于加强"科技东莞"专项资金管理的建议（撰稿人：彭桂芳）

2. 关于加强东莞土地节约集约利用的建议（撰稿人：彭桂芳）

3. 关于建设东莞公共自行车交通服务系统的建议（撰稿人：李玫、陈朝远）

4. 关于全面积极应对我市老龄化社会问题的建议（撰稿人：杨权治、廖定标、李云霞）

5. 关于加快建设智慧东莞的建议（提交人：民盟东莞市委会，撰稿人：李玫、张华）（市政协优秀提案）

6. 关于优化虎门高铁站公共交通服务体系的建议（撰稿人：钟煜铎）

7. 关于加快推进我市生活污水处理厂再生水利用的建议（撰稿人：韩圳钊、李玫）

8. 关于启用我市机动车社会化考场的建议（撰稿人：李玫、张华）

9. 关于加快纯桉林改造提升东莞森林品位的建议（撰稿人：李虔、李玫）

10. 关于在我市推广低影响开发的建议（撰稿人：华松林、夏治会）

11. 关于推进我市财政投资项目审批体制改革的有关建议（撰稿人：华松林、夏治会）

12. 关于加大对便利店和网吧非法经营行为打击力度的建议（撰稿人：温信均、李玫）

13. 关于加强东莞市慢性非传染性疾病防治工作的建议（撰稿人：韩春雷）

14. 关于扩大非莞籍人员随迁子女纳入社保试点范围直至实现全覆盖的建议（撰稿人：林海川）（市政协优秀提案）

15. 加强科普人才队伍建设，促进科普事业持续发展（撰稿人：曾平英、黄明秀、蔡隆良）

16. 关于依托人民日报人民网创建地方性权威品牌栏目《品牌东莞》的建议（撰稿人：袁华强）

民盟东莞市委在市政协十二届三次会议上提交的委员提案

1. 关于建立东莞市大学生创业加速器的建议（撰稿人：赵一杰）

2. 《关于建立中小企业科技风险资本基金的建议》（提交人：赵一杰，撰稿人：赵一杰）（市政协重点提案奖）

3. 关于加强学校及青少年活动场所周边食品安全监管的建议（撰稿人：曾平英）

4. 关于尽快建设我市主城区骨干快速交通路网体系的建议（撰稿人：洪晓杨、骆涛）

5. 关于增加公办学校对非莞籍人员子女招生名额的建议（撰稿人：陈璐璐、曾平英）

6. 关于加强我市公益广告宣传和管理的几点建议（撰稿人：李鸿明、吴晓燕）

7. 关于举办应急知识公益讲座的建议（撰稿人：李玫）

8. 关于规范学校"校信通"收费乱象的建议（撰稿人：林海川）

9. 关于提升松山湖旅游配套设施的建议（撰稿人：刘志然，整合人：李奎山）

10. 关于大力培养物联网专业技能人才的建议（撰稿人：江务学）

11. 关于加快我市教育信息化建设，促进优质教育资源共享的建议（撰稿人：程发良、张华）

12. 关于在社区设立心理咨询室的建议（撰稿人：陈朝远）

13. 关于以政府为主导推动我市职业教育改革与发展的建议（撰稿人：东城支部）

14. 关于尽快恢复东莞市几所重点中学初中部的建议（撰稿人：刘笃锋、唐章辉）

15. 关于保障医务人员的人身安全建议（撰稿人：郭志明、涂华）

16. 关于加大对民办学校的扶持力度的建议（撰稿人：郭志明、涂华）

17. 关于推进东莞文化创意产业发展的建议（撰稿人：郭志明、涂华）

18. 关于在医院设立临床工程师职务的建议（撰稿人：郭志明、涂华）

19. 关于建立东莞游客服务中心、促进东莞旅游业发展的建议（撰稿人：刘笃锋）

20. 关于在旗峰公园和虎英公园的绿道设置减速带的建议（撰稿人：李玫、刘笃锋）

21. 关于重点公共区域开通免费 Wi-Fi，提升城市影响力的建议（撰稿人：黄虔、张华）

22. 关于帮助组建东莞市"癌症康复俱乐部"的建议（撰稿人：黄虔、张华）

省政协会议大会发言

1. 加强科普人才队伍建设，促进科普事业持续发展（提交人：民盟东

莞市委会，撰稿人：曾平英、黄明秀、蔡隆良）

民盟广东省委采用为社情民意信息报省委统战部获采用

1. 关于在医院设立临床工程师职务的建议（撰稿人：郭志明、涂华）

获民盟广东省委立项课题

1. 加快建设农村生活污水和生活垃圾的收集处理体系，改善农村人居环境（撰稿人：李玫）

2. 完善医疗纠纷人民调解机制，构建和谐医患关系（撰稿人：郑玉敏）

3. 人口大规模迁徙下的教育公平问题及其解决对策探讨（撰稿人：朱伍坤、刘笃锋）

2015 年

民盟东莞市委在市政协十二届四次会议上提交的集体提案

1. 关于加强东莞火车站场周边交通管理的建议（提交人：民盟东莞市委会，撰稿人：程发良）（市政协优秀提案）（市政协重点督办提案）

2. 关于大力发展互联网经济、加快东莞产业升级转型的建议（撰稿人：程发良）

3. 关于举办松山湖环湖马拉松赛的建议（撰稿人：程发良）

4. 关于加快推进我市农村生活污水治理工作改善农村人居环境的建议（撰稿人：夏治会）（市政协优秀提案）

5. 关于加强我市环境卫生保障体系建设提升城乡保洁水平的建议（撰稿人：李玫）

6. 关于尽快建立我市突发天气预警信息发布中心的建议（撰稿人：李玫）

7. 关于加快建设我市餐厨废弃物无害化处理厂的建议（撰稿人：李玫）（市政协优秀提案）

8. 关于加强我市中小学生社会实践活动的建议（撰稿人：李虔、李玫）

9. 关于加大对失信被执行人身份信息的公开曝光力度提高执行效率的

建议（撰稿人：骆涛）

10. 关于加强对我市盲道管理的几点建议（撰稿人：吴晓燕）

11. 关于东莞酒店业经营存在的主要问题及对策措施的建议（撰稿人：彭桂芳、陈洪）

12. 关于加快现代服务业发展的建议（提交人：民盟东莞市委会，撰稿人：彭桂芳）（市政协优秀提案）（重点督办提案）

13. 关于加快东莞社工人才建设的建议（撰稿人：陈莉）

14. 关于大力扶持民办青少年宫的建议（撰稿人：周琼平、罗来淑、唐章辉）

15. 关于加大财政投入，保障公立医院的公益性质的建议（撰稿人：涂华、黄虔）

民盟东莞市委在市政协十二届四次会议上提交的委员提案

1. 关于推动城市急性心梗救治体系建设的建议（撰稿人：黄虔）

2. 关于完善东莞医疗纠纷人民调解机制的建议（撰稿人：郑玉敏）

3. 关于在"三旧"改造中大力推广绿色节能建筑的建议（撰稿人：王勇）

4. 关于东莞市积极主动对接广东自贸区的对策建议（提交人：林海川撰稿人：周虹、林海川）（市政协优秀提案）（重点督办提案）

5. 关于东莞中考科目依法合理设置的建议（撰稿人：袁定鹏）

6. 关于弘扬和发展南社古村文化的建议（撰稿人：李平娅）

7. 关于加快发展我市跨境贸易电子商务，推动跨境电商公共服务平台建设的建议（撰稿人：刘旭）

8. 关于松山湖科技园区公共空间景观形象统一定位设计的建议（撰稿人：刘志然）

9. 关于整治我市非法机动三轮车、微型四轮车运营的建议（撰稿人：韩春雷）

10. 关于建立东莞市区域股权市场的建议（撰稿人：赵一杰）（市政协

优秀提案）（市政协重点督办提案）

11. 关于建立统一的东莞制造电子产品现场体验馆的建议（撰稿人：赵一杰）

12. 关于将东莞市范围内的公园绿地确定长期保护范围的建议（撰稿人：赵一杰）

13. 关于调整出租物业发生事故后惩罚措施的建议（撰稿人：赵一杰）

14. 将东莞市水乡片造纸工业尽快迁出东莞市的建议（撰稿人：赵一杰）

15. 关于向金融机构开放抵押登记查询端口的建议（撰稿人：赵一杰）

民盟广东省委集体提案

1. 关于大力推进我省农村生活垃圾无害化处理体系建设的建议（撰稿人：李玫）

2016 年

民盟东莞市委在市政协十二届五次会议上提交的集体提案

1. 关于加快发展东莞会展业的建议（撰稿人：陈莉）

2. 关于加快发展东莞现代物流业的建议（撰稿人：彭桂芳）

3. 关于优化东莞市科技计划项目资助结构的建议（撰稿人：程发良）

4. 关于深化科技体制机制改革，加快东莞创新驱动发展的建议（撰稿人：程发良）

5. 关于大力发展老年人相关产业的建议（撰稿人：张育涛）

6. 关于加强保护我市中小型水库的建议（撰稿人：华松林）

7. 关于加快处理我市存量垃圾的建议（撰稿人：夏治会）

8. 关于建设东莞市水生态文明长效管理机制的建议（提交人：民盟东莞市委会，撰稿人：夏治会）（市政协优秀提案）

9. 关于解决松山湖大道中医院立交桥路口交通堵塞问题的建议（撰稿人：余和存、潘春艳、肖发、钟达）

10. 关于大力发展东莞特色旅游的建议（撰稿人：钟达、韩春雷）

11. 关于加强和改善律师执业环境保障律师执业权利的建议（撰稿人：骆涛、朱继良）（市政协优秀提案）

12. 关于依托市科技馆对中国散裂中子源进行科普宣传的建议（撰稿人：曾平英、童剑飞、蔡隆良）（市政协优秀提案）

13. 关于在城市新区大力发展绿色建筑的建议（撰稿人：郝先成）

14. 关于推进"三旧"改造工作的系列提案，提案者：民盟东莞市委会，撰稿人：王勇）（市政协优秀提案）（市政协重点督办提案）

15. 关于在东莞市推广建设立体式停车设施的建议（撰稿人：王勇）

16. 关于在我市建设环境科普馆的建议（撰稿人：李玫、温信均）

17. 关于进一步推进公众依法有序参与环境保护的建议（撰稿人：李玫、钟煜铎、陈朝远）（市政协优秀提案）

18. 关于切实推动环境公益诉讼的建议（撰稿人：李玫、钟煜铎、陈朝远）（市政协优秀提案）

19. 关于让老弱病残孕方便出行的建议（撰稿人：李虔、李玫）

20. 关于增加政府医疗投入，开办公益性医院的建议（撰稿人：黄虔）

民盟东莞市委在市政协十二届五次会议上提交的委员提案

1. 关于取消东莞市机动车辆路桥通行年票费的建议（撰稿人：刘笃锋）

2. 关于加强中小学生安全应急教育的建议（撰稿人：程志荣、徐兴鸿、马铁）

3. 关于加快我市城镇中心区高压电缆"入地"的建议（撰稿人：韩圳钊）

4. 关于进一步推动东莞大学生自主创业的建议（撰稿人：李奎山）

5. 关于尽快完善望洪新城功能定位的建议（撰稿人：李奎山）

6. 关于对东莞市公立医院医改的建议（撰稿人：涂华）

7. 关于进一步完善新莞人子女积分入学政策的建议（撰稿人：涂华、郭志明）

8. 关于提升全市民众应急自救互救能力的建议（撰稿人：涂华、郭志明）

9. 建议东莞建设现代城市排水系统（撰稿人：涂华、郭志明）

10. 关于针对东莞智慧商圈建设的建议（撰稿人：涂华、郭志明）

11. 关于规范我市接送站管理的建议（撰稿人：李利霞）

12. 关于打造八达路五金特色商圈的建议（撰稿人：赵一杰）

13. 关于业主大会和业主委员会法人化的建议（撰稿人：赵一杰）

14. 关于完善环城路绿色路出口处道路建设的建议（撰稿人：韩春雷）

15. 关于治理东城南路东莞市第二高级中学路段交通秩序的建议（撰稿人：韩春雷）

2017 年

民盟东莞市委在市政协十三届一次会议上提交的集体提案

1. 关于贯彻落实中国共产党《在政府机关及事业单位领导班子中配备党外干部》政策的建议（撰稿人：钟达）

2. 关于加强我市儿科医生队伍建设的建议（撰稿人：张华）

3. 加速在全市各镇、街建设青少年活动中心的建议（撰稿人：刘笃锋）

4. 关于推动东莞高校专利成果转化的建议（撰稿人：程发良）（市政协优秀提案）

5. 关于促进融资租赁业进一步做大做强的建议（撰稿人：程发良）

6. 关于稳步发展东莞小额贷款公司的建议（撰稿人：陈莉）

7. 关于加快发展东莞跨境电子商务的建议（撰稿人：彭桂芳）

8. 关于提升我市学前教育水平的建议（撰稿人：李虔、李玫、钟煜铎）

9. 关于大力发展东莞绿色建筑，创建节能、环保、宜居的文明城市的建议（撰稿人：张念华）

10. 关于扶持安全产业发展，推动平安东莞建设的建议（撰稿人：林海川）

11. 关于促进东莞经济尽早迈进"万亿俱乐部"的几点建议（撰稿人：

林海川）

12. 关于完善胸痛中心布局，加快推进东莞市胸痛急救体系建设的建议（撰稿人：黄虔）

13. 关于进一步推进我市特殊教育事业发展的建议（撰稿人：李玫、温信均、何晓明）

14. 关于落实"打赢东莞治水攻坚战"精神的几点建议（提交人：民盟东莞市委会，撰稿人：温信均、李玫、钟煜铎）（市政协优秀提案）

15. 关于推动我市设立基金小镇，促进金融企业聚集的建议（撰稿人：赵一杰、王雪萍）

16. 关于促进政府政策有效传递到中小企业的对策的建议（撰稿人：涂华）

17. 关于设立临床一线医务人员风险保证基金的建议（撰稿人：涂华）

18. 关于将我市学前教育纳入免费义务教育的建议（撰稿人：钟达）

19. 关于把学前教育纳入公共教育的建议（撰稿人：李云霞、马筠）

20. 关于政府应该把学前教育纳入义务教育体系的建议（撰稿人：杨权治）

21. 关于加强社会养老事业发展的建议（撰稿人：钟达）

22. 关于"我市养老机构的现状及亟待解决的问题"的建议（撰稿人：杨权治、廖定标）

23. 关于加速东莞市新型城镇化建设的建议（撰稿人：胡文季）

24. 关于东莞市村—镇—街道（区）规划一体化的建议（撰稿人：张念华）

25. 关于在本市有关公共场所改建、增设母婴室（亭）的建议（撰稿人：吴晓燕）

26. 关于"全面二孩"政策背景下加强我市女职工生育期间权益保障的建议（撰稿人：张华、骆涛、夏治会、蔡子萍、简锐姬）（市政协优秀提案）

27. 关于增加公共场所母婴间的建议（撰稿人：莫然）

28. 关于提高二胎家庭福利待遇的建议（撰稿人：柴佳）

29. 关于加强"三旧"改造工改工项目实施的建议（撰稿人：熊华）

30. 关于阻止在工业厂区用地上改建小产权房的建议（撰稿人：郑志华）

31. 关于加强农村集体资产管理（"三旧"改造）的建议（撰稿人：王勇）

民盟东莞市委在市政协十三届一次会议上提交的委员提案

1. 关于打造具有东莞特色的旅游业建议（稿人：程发良、钟达）

2. 关于将开放特色村镇景点与发展服务业相结合的建议（撰稿人：熊华）

3. 关于如何转变物业管理为物业服务的建议（撰稿人：熊华、刘旭、杨巧源）

4. 关于加快我市老城区天然气接装入户进度的建议（撰稿人：马筠、杨立平、宗绿明、周冬根、胡卫东、纳英、刘旭、王立怀）

5. 关于加强预防慢性病教育的建议（撰稿人：姜丽娟）

6. 关于调整虎英公园和旗峰公园绿道保洁洒水作业时间的建议（撰稿人：李玫、林海川、吴志光）

7. 关于创建街道社区和校园环保教育实践基地的建议（撰稿人：管俭生）

8. 关于加大革命传统教育基地建设，充分发挥旅游景点的教育作用的建议（撰稿人：方志坚）

9. 关于东莞道路使用潮汐式车道的建议（撰稿人：刘严红、潘红）

10. 关于出台老旧商品楼加装电梯的建议（撰稿人：刘文波）

11. 关于举办公益性"婚姻学堂"的建议（撰稿人：夏治会）

12. 关于将重污染鞋厂迁出居民生活区的建议（撰稿人：唐章辉）

13. 关于推动东莞市众创空间发展的建议/关于加强科技企业孵化器建设的系列提案（提交人：赵一杰，撰稿人：江务学、何凤梅）（市政协优秀提案）（市政协重点督办提案）

14. 关于设立东莞市创客云平台租赁专项费的建议（撰稿人：赵一杰）

15. 关于设立智能制造和机器换人业务技能培训专项资金的建议（撰稿

人：赵一杰）

16. 关于在 R2 地铁口修建立体停车场的建议（撰稿人：赵一杰）

17. 关于规范电动车安全出行指引，加强监管的建议（撰稿人：王淼珍）

18. 关于在我市中学率先推广普及心肺复苏（CPR）急救技能培训的建议（撰稿人：黄虔、张华）

19. 关于"六一"儿童节家长弹性调休的建议（撰稿人：张华）

20. 关于尽快治理东莞外国语学校周围水环境污染的建议（撰稿人：张华、夏治会）

21. 关于我市逐步取消非毕业年级初中晚自修的建议（撰稿人：袁定鹏、王淼珍）

22. 关于重视抑郁症知识普及、关注抑郁症患者的建议（撰稿人：王燕）

23. 关于放松加班费管制以应对二胎排班荒的建议（撰稿人：张宽路）

24. 关于促进全市科普教育均衡发展的建议（撰稿人：曾平英）

25. 关于充分发挥东莞市科技人员在科普宣传中的作用的建议（撰稿人：张念华）（市政协优秀提案）

26. 关于在全市大力宣传及倡导设立更多"暖墙"的建议（撰稿人：杨权治）

27. 关于打造我市红色旅游精品线路，促进我市健康城市建设的建议（撰稿人：何龙超）

28. 关于加快落实我市校长教师交流轮岗的建议（撰稿人：何龙超）

民盟广东省委集体提案

1. 重视欠发达地区科普设施建设，促进全省科普教育均衡发展（撰稿人：曾平英、蔡隆良）

2. 关于推进我省环境与健康的监测、调查和风险评估制度建设的建议（撰稿人：钟煜铎、李玫、李虔）（市政协优秀提案）（重点督办提案）

2018 年

民盟东莞市委在市政协十三届二次会议上提交的集体提案

1. 关于多种途径发展养老事业的建议（撰稿人：王雪萍、程发良）

2. 关于规划发展东莞市健康产业的建议（撰稿人：王雪萍、程发良）

3. 关于加快发展东莞 B2B 平台建设的建议（撰稿人：陈莉）

4. 关于加快发展东莞工业机器人设备融资租赁的建议（撰稿人：彭桂芳）

5. 完善东莞基层维稳和矛盾预防化解机制建议（撰稿人：郑玉敏）

6. 关于推进东莞农村集体经济经营模式多元化的建议（撰稿人：熊华）

7. 关于解决我市儿科医师紧缺问题的建议（撰稿人：张勇）

8. 关于建立东莞市产品开发设计共享实验平台，提高我市在广深科技创新走廊地位和实力的建议（撰稿人：赵一杰）

9. 东莞市产业区域调查与政策提升建议——以三镇"工改工"情况为例（撰稿人：王勇）

10. 关于我市美丽幸福村居工程建设的建议（撰稿人：夏治会、林金）

11. 关于关停樟村水质净化厂的建议（撰稿人：夏治会）

12. 关于加快推进我市智慧交通建设——破解城市交通拥堵困局的建议（撰稿人：甘梁）

13. 关于我市截污管网接户管工程建设的建议（撰稿人：华松林、陈传玉）

14. 关于大力推进智慧医疗的建议（撰稿人：黄虔、袁华强）

15. 关于应对"全面二孩"政策强化优质教育资源配置的建议（撰稿人：张华、唐章辉、何龙超）

16. **关于推进科技成果转化，加快推进我市科技创新中心建设的建议（提交人：民盟东莞市委会，撰稿人：张华、陈佰满、骆涛）（市政协优秀提案）（市政协重点督办提案）**

17. **关于建设大科学装置科普旅游示范区的建议（提交人：民盟东莞市委会，撰稿人：童剑飞、梅龙伟、蒋孟奇、田浩来、李玫、叶润裘、张念华）**

（市政协优秀提案）（市政协重点督办提案）

18．关于城市垃圾分类收集与奖惩的建议（提交人：民盟东莞市委会，撰稿人：李玫、钟煜铎、李虔、陈佰满、陈莉、詹伟文、李云霞）（市政协优秀提案）（市政协重点督办提案）

民盟东莞市委在市政协十三届二次会议上提交的委员提案

1．关于科学推进全市内河涌污染整治的建议（撰稿人：程发良）

2．关于加快发展东莞跨境贸易电子商务中心园区建设，突破跨境电商发展瓶颈的建议（提交人：汤瑞刚，撰稿人：刘旭）（市政协优秀提案）

3．关于进一步加强我市村（社区）法律顾问工作的建议（撰稿人：熊华、陈朝远）

4．关于对城市共享单车进行有效管理的建议（撰稿人：刘旭）

5．关于进一步加强社区医疗服务能力建设的建议（撰稿人：林海川、黄虔、李玫）

6．关于解决我市儿童"就医难"问题的建议（撰稿人：涂华）

7．关于在我市建设专业园林绿化垃圾处理站的建议（撰稿人：夏治会、林金）

8．关于在市行政中心南广场建设立体停车库的建议（撰稿人：黄明秀）

9．关于将技工院校纳入我市新增教师学历提升计划的建议（撰稿人：钟达）

10．关于中职学校招聘企业专职教师的建议（撰稿人：曹秋实、杨志红）

11．关于加快革新传统建造方式的建议（撰稿人：郝先成）

12．关于提升我市公共空间的建设和管理水平的建议（撰稿人：韩圳钊）（市政协优秀提案）

13．创新设计制作散裂中子源科普宣传影片，促进粤港澳大湾区科研与生产大融合大发展的建议（提交人：曾平英，撰稿人：童剑飞、蔡隆良、曾平英、梅龙伟等）（市政协优秀提案）（市政协重点督办提案）

14. 关于东莞市环境教育立法的建议（撰稿人：李玫、钟煜铎、温信均、陈朝远）

15. 关于尽快出台《东莞市养犬管理条例》的建议（撰稿人：朱美华、杨挺立）

16. 关于在东莞市公共绿地正确挂示植物科普标识标志的建议（撰稿人：钟达）

17. 关于开发我市志愿服务 app 的建议（撰稿人：莫然）

18. 加强我市学前教育管理，防止虐童事件发生（撰稿人：何龙超、梁琼华）

19. 关于给镇街教育管理机构足额编制的建议（撰稿人：何龙超）

20. 关于将初二地理、生物设置为中考考查科目的建议（撰稿人：何龙超）

21. 关于发行东莞市中小企业联合债券的建议（撰稿人：赵一杰）

22. 关于有条件开放东莞市统计局部分数据的建议（撰稿人：赵一杰）

民盟广东省委委员提案

1. 关于加强我省基层综合性文化服务中心建设的建议（撰稿人：蔡隆良、刘文波）

被采用为民盟广东省委大会发言提交省政协

1. 关于促进粤港澳大湾区科技创新合作的建议（撰稿人：田浩来、梅龙伟、童剑飞、李玫、袁华强、蒋孟奇）

2019 年

民盟东莞市委在市政协十三届四次会议上提交的集体提案

1. 关于促进东莞 A 股上市公司发展的建议——基于与佛山 A 股上市公司的比较分析（撰稿人：程发良、王雪萍）（市政协优秀提案）

2. 关于全面提升东莞开放型经济水平的建议（撰稿人：陈莉）

3. 关于振兴东莞实体经济的建议（撰稿人：彭桂芳）

4. 粤港澳大湾区背景下的市场公平竞争审查的实践做法（撰稿人：罗兆婧）

5. 以国际学术会议为交流合作平台推动东莞市高端人才引进与创新产业落地的建议（撰稿人：陈佰满、谢世磊、陈莉）

6. 关于完善东莞物业管理机制的对策与建议（撰稿人：郑玉敏、廖志男）

7. 关于加强知识产权保护力度，充分激发全社会创新创造活力的建议（撰稿人：廖志男、曾令林）

8. 关于提高我市生活污水污泥处置能力的建议（撰稿人：夏治会、冷成保）（市政协重点督办提案）

9. 厂房转租分租模式中的纠纷及风险规避（撰稿人：熊华）

10. 关于促进东莞市民营企业稳定、高质量发展的建议（提案者：民盟东莞市委会，撰稿人：林海川、李秀源、罗兆婧、华松林、张进）（市政协优秀提案）

民盟东莞市委在市政协十三届四次会议上提交的委员提案

1. 关于基于中子科学城引进国内一流研究生院的建议（撰稿人：林海川、童剑飞、蒋孟奇、田浩来、梅龙伟、张念华）

2. 关于重视我市农村一二三产业融合，努力实现我市乡村振兴的建议（撰稿人：张育涛）

3. 整合东莞博物馆行业资源，推动东莞精神文明繁荣发展（撰稿人：张育涛）

4. 关于加快推进东莞道路停车立体化智能化的建议（撰稿人：张华、张育涛）

5. 关于规范我市中医养生保健行业的建议（撰稿人：张华）

6. 关于加快推动轨道交通 TOD 和 TID 建设，完善东莞城市建设的建议（撰稿人：钟达）

7. 关于进一步打造南城国际商务区的建议（撰稿人：钟达）

8. 关于加快落实《东莞市园区、镇（街）公办中小学幼儿园规划建设》，破解学前教育入园难的建议（撰稿人：钟达）

9. 关于推进公办民办学校集团化办学，缓解我市学位不足的建议撰（稿人：何龙超）

10. 关于创新和规范我市中小学教师编制配备的建议（撰稿人：何龙超）

11. 关于加强素质教育，禁止学校强制家长为学生作业打卡的建议（撰稿人：刘文波、蔡隆良）

12. 关于充分挖掘本土元素，用文化激活旅游资源的建议（撰稿人：曾平英、朱美华）

13. 关于增加东莞普通高中学位，解决读高中难问题的建议（撰稿人：华松林、陈传玉）（市政协优秀提案）

14. 关于加强我市工程造价管理的建议（撰稿人：刘珏、夏治会）

15. 关于落实我市河湖淤泥处理处置的提案（撰稿人：韩圳钊）

16. 关于东莞市图书馆开放更多自修室的建议（撰稿人：赵一杰）

17. 关于改善沿江高速虎门出口交通环境的建议（提交人及撰稿人：赵一杰）（市政协优秀提案）

18. 关于提高城市精细化管理水平的建议（撰稿人：夏治会、林金）

19. 关于推动截污管网覆盖不到的村（社区）对生活污水进行分散处理的建议（撰稿人：冷成保、夏治会）

20. 关于建设我市工程项目信息、资料复用库的建议（撰稿人：张海艳）（市政协优秀提案）

21. 关于东莞职业教育发展与粤港澳大湾区对接的建议（撰稿人：宗绿明）

22. 关于引进国内外知名大学在我市建立分校加快我市人才资源培养的建议（撰稿人：宗绿明）

23. 关于加快东莞市社会化考场的建议（撰稿人：汤瑞刚）

24. 关于"完善我市教育规划，让新莞人子女也能享受义务教育"的建议（撰稿人：杨权治）

民盟广东省委集体提案（部分采用）

1. 当前民营企业发展面临的困难及对策研究（撰稿人：曾平英、黄明秀、雷飞）

2. 关于严厉打击套路贷等新型犯罪，着力防范重大金融风险的建议（撰稿人：熊华）

市委统战部专题调研

1. 关于做好樟木头镇旅游业发展的建议（撰稿人：熊华）

省政协十二届二次会议大会发言

1. 促进粤港澳大湾区科技创新与合作（撰稿人：袁华强、田浩来、梅龙伟、童剑飞、李玫、蒋孟奇）

市民主党派和无党派人士建言献策"直通车"

1. 基于大科学装置推进粤港澳大湾区 BNCT 高端医疗的建议（撰稿人：张华、童剑飞、梅龙伟）

2. 以国际学术会议为交流合作平台推动东莞市高端人才引进与创新产业落地的建议（撰稿人：陈佰满、谢世磊、陈莉）

2020 年

民盟东莞市委在市政协十三届五次会议大会发言（书面）

1. 关于加强莞深两地合作 加快推进综合性国家科学中心建设的建议（撰稿人：林海川、梅龙伟、童剑飞、李玫、田浩来、敬罕涛、蒋孟奇）

民盟东莞市委在市政协十三届五次会议上提交的集体提案

1. 关于促进"环保风暴"下民营企业持续健康发展的建议（撰稿人：冷成保、夏冶会）

2. 关于加快推进深莞携手共建综合性国家科学中心的建议（撰稿人：

林海川、梅龙伟、童剑飞、李玫、田浩来、敬罕涛、蒋孟奇）

3. 关于东莞市公共服务设施无障碍化建设的建议（撰稿人：程发良、王与祥、成放）

4. 关于完善我市医疗应急体系建设的建议（撰稿人：黄虔、李虔、李玫、钟煜铎、彭华）

5. 关于推行"路长制"，提升东莞城市精细化管理水平的建议（撰稿人：张华、袁华强）

6. 关于进一步加强我市截污管网通水率、提高污水处理厂进水浓度的建议（撰稿人：夏治会、白亚莉）

7. 建议东莞地区全民普及心肺复苏基础抢救知识（撰稿人：张勇、黄虔）

8. 关于针对青少年进行立体化的毒品预防教育的建议（撰稿人：邓璐、张育涛）

9. 关于加快推进我市医养结合养老服务体系建设的建议（撰稿人：肖文良、梁琼华）

10. 关于东莞市农房管理的建议（撰稿人：张海艳）

11. 关于加快推进我市石马河和茅洲河流域综合整治的建议（撰稿人：李玫、尹华金、温信均、林海川）

12. 关于加快推进东莞市红花油茶森林公园建设的建议（撰稿人：夏治会、林正强、蔡子萍、简锐姬）（市政协重点督办提案）

13. 关于进一步完善广深沿江高速公路配套服务设施的建议（撰稿人：赵一杰）

14. 关于加快推进同沙生态公园建设的建议（撰稿人：程发良）（市政协优秀提案）

民盟东莞市委在市政协十三届五次会议上提交的委员提案

1. 三区叠加背景下加强东莞制造文化自信的建议（撰稿人：程发良）

2. 关于加强集体经济清产核资工作，进一步推进我市农村集体经济经

营模式多元化的建议（撰稿人：熊华、马筠）

3. 关于加强我市公园精细化管理、推进品质东莞建设的建议（撰稿人：林海川）

4. 关于高水平打造以精准放疗为基础的肿瘤医学中心的建议（撰稿人：童剑飞、梅龙伟、蒋孟奇、田浩来、敬罕涛）

5. 关于加强平台送餐员及快递人员交通安全管理的建议（撰稿人：张进）

6. 关于扎实推进我市生活垃圾分类处理工作的建议（撰稿人：夏治会、冷成保）

7. 打造"企业＆政府专家服务引擎，筑巢引凤抢夺高端人才，助力发展品质东莞"的建议（撰稿人：张进、夏治会）

8. 关于促进我市文明创建工作、提升城市形象的建议（撰稿人：夏治会、甘梁）

9. 关于切实提高我市学前教育水平的建议（撰稿人：张华、周丹）

10. 关于推进居家养老"互联网＋医疗"服务的建议（撰稿人：郑博丹、张勇、陈莉）

11. 关于推动截污管网覆盖不到的村（社区）对生活污水进行分散处理的建议（撰稿人：夏治会、冷成保）

12. 关于东莞稀土永磁行业"产业园规划、建共享工厂"建议（撰稿人：张进）

13. 关于减轻疫情期间房屋按揭者供款压力的建议（撰稿人：赵一杰）

14. 关于改善大湾区交通环境的建议——沿江高速东莞区域出口问题的解决（撰稿人：赵一杰）

15. 关于建立东莞市科研创业保险的建议（撰稿人：赵一杰）

16. 关于将区块链和实体经济深度融合，解决东莞中小企业融资难的建议（撰稿人：王雪萍、曾平英、黄明秀、雷飞）

17. 关于提升东莞市城市建筑设计品质的建议（撰稿人：郝先成）

18. 关于加快我市科技创新强市建设的建议（撰稿人：梅龙伟、田浩来、童剑飞、敬罕涛、蒋孟奇）

19. 关于加强我市中小学研学旅行管理的建议（撰稿人：何龙超）

20. 关于完善无障碍公共设施，提升东莞城市公共服务品质的建议（撰稿人：张华、陈雪昕）（市政协优秀提案）

21. 关于加快解决东莞理工学院"校中村"征地拆迁问题的建议（撰稿人：陈莉、程发良、袁华强、牛熠、周亚民、黎小艳、李培经、刘蕾、韩清涛、刘川、刘斌、田君、孙振忠、刘治猛）（市政协优秀提案）

民盟广东省委集体提案（部分采用）

1. 广深港澳科创走廊创新资源集聚与优化配置的建议（撰稿人：梅龙伟、童剑飞、田浩来、敬罕涛、欧阳华甫、蒋孟奇）

2021年

民盟东莞市委在市政协十三届六次会议上提交的集体提案

1. 关于加快提升中国散裂中子源周围环境，促进松山湖科学城建设的建议（撰稿人：童剑飞、林正强、梅龙伟、敬罕涛）

2. 关于加强我市餐厨垃圾管理的建议（撰稿人：尹华金、李玫、钟煜铎、温信均、彭华）

3. 关于更加有效提升和发挥我市生活污水处理厂提标工程综合效益的建议（撰稿人：夏治会、冷成保）

4. 关于进一步加强我市特殊儿童教育的建议（撰稿人：夏治会、韩圳钊）

5. 关于全面推进涉外企业法治体检，降风险促发展的建议（撰稿人：陈朝远、邹慧敏）

6. 完善养老护理人员队伍建设机制，促进我市养老事业高质量发展（撰稿人：熊剑锐）

7. 关于"各文化场馆在大湾区背景下开展文化融合及资源共享，服务

市民、辐射湾区"的建议（撰稿人：黄明秀、刘严红、朱美华、曾平英）

8. 关于促进港澳台企业转型升级机制的建议（撰稿人：熊华）

9. 关于将中国优秀传统文化与东莞城市更新有效融合的建议（撰稿人：张华、袁华强）

10. 关于加快推进散裂中子源 BNCT 高端医疗建设，打造东莞科技新名片的建议（撰稿人：张华、童剑飞、欧阳华甫）

11. 关于减排降碳，推动东莞率先实现碳达峰的建议（撰稿人：林海川）

民盟东莞市委在市政协十三届六次会议上提交的委员提案

1. 加强东莞涉外法律公共服务，培养专业涉外法律人才（撰稿人：罗兆婧、陈莉、陈佰满）

2. 加强生活饮用水二次供水水质管理的建议（撰稿人：林正强）

3. 关于将我市高端专业服务业纳入南城 CBD 集聚区规划的建议（撰稿人：夏治会、张进）

4. 关于建立适应东莞经济发展的高质量职业教育体系的建议（撰稿人：钟达）

5. 关于推动我市建立完善人居环境整治长效机制的建议（撰稿人：夏治会、林金）

6. 关于延长社保转诊有效期的建议（撰稿人：黄明秀）

7. 为独居老人安装"智慧照护"系统，提升城市关怀的温度（撰稿人：张育涛）

8. 关于优化东莞中心城区自行车道，全面提升慢行系统品质的建议（撰稿人：张育涛）

9. 关于提高我市商住小区治理成效的建议（撰稿人：陈舟、徐新军）

10. 关于加强我市分散式和一体化污水处理设施运行管理的建议（撰稿人：夏治会、冷成保）

11. 关于加强我市社会公共场所机动车停车场建设和管理的建议（撰稿

人：夏治会、白亚莉）

12. 关于建设智慧污水平台，提高治污精细化管理水平的建议（撰稿人：夏治会、冷成保、冯振涛）

13. 关于合理扩建我市污水处理厂的建议（撰稿人：夏治会、白亚莉、冷成保）

14. 关于打破企业小富即安，走向积极进取谋发展的建议（撰稿人：林海川）

（二）历届优秀和表扬提案全文选登

1999—2005 年

关于加大我市信息基础设施建设力度的建议

理 由

目前我市以电子信息产业为突破口，培育高新技术产业，全市省级高新技术企业已达到 46 家，其容量之大，不仅满足了传统的通信业务需要，还为交通、邮电等部门提供了我市信息化服务的范围和领域，同时我市也已建成东莞科技经济信息网络，开通了东视聆通。

然而，高新技术的开发和信息技术产业化在我市的工业产值中所占比重不是很大，这为信息基础设施建设创造一定的技术保障带来不少困难。为此，建议加大我市信息基础设施建设的力度。

办 法

1. 统一思想认识，明确信息基础设施建设的水平。信息基础设施建设反映着一个社会的经济发展水平和科学技术进步水平，关系到我市未来的综合竞争实力。

2. 成立信息产业领导小组，撤并邮电和电子等部门，理顺关系，进一步加强对信息产业的领导。

3. 政府应有一个好的管理机制来指导调节建设。首先，要搞好法定性规划，明确技术规范标准和技术发展方向，形成发展合力。其次，要有强有力的组织领导。在从计划经济向市场经济过渡时期，部门和部门的矛盾在所难免，要通过政府的行政协调，化解各部门之间的摩擦，平衡政区、产业之间的发展。再次，鼓励技术创新。信息化中的关键性技术要有更加优惠的政策，尤其是在高新技术的研究开发方面，要建立风险投资基金，鼓励企业和个人发展高新技术产业。最后，要求加强立法，规范信息市场。制定统一的信息标准和信息规程，保证信息流动的畅通和安全。要加强管理和监督，在保证信息市场的公平竞争中，维护好国家的安全。

4. 目前我市的信息产业部门在投资体制、经营管理机制、人力资源开发利用机制上，仍未完全摆脱计划经济时期的经营方式，机构臃肿，人浮于事，投资分散等问题，在一定程度上阻碍了企业运作。

因此，必须创新经营机制，建立起以资本运营为纽带的现代企业制度，把社会更多的资金集中到建设一个完整、统一、先进、开放的公用信息通信网上，避免多家建网，以及在低水平上重复投资和竞争。

5. 在实施信息基础设施建设的过程中，立足点要高，瞄准世界先进水平，又不能步人家的后尘，要注意在引进国外高新技术的同时消化、吸收和创新。在近期，应注意克服重网络建设，轻信息资源开发的倾向，重视经济应用信息的开发，鼓励发展各种合作。

6. 在理工学院、电大、科研单位加强信息技术专业人才培养外，还要强化全民信息化观念。要从小学抓起，让他们了解信息化知识。要让机关、企事业单位干部、管理人员学会使用计算机，把计算机应用作为素质考核的重要内容，强化培训。要鼓励信息产业部门多开办免费参观使用的显示厅、科技馆等。

关于降低出租汽车起步价的建议

理　由

目前，我市城区出租汽车的起步价是 10 元，有的镇区出租汽车的起步价甚至到了 20 元，普遍偏高，已有目共睹。由于起步价偏高，造成出租汽车无人坐，无形中又推动了摩托车搭客业的发展。因为摩托车搭客的起步价一般在 3 元左右，远低于出租汽车的起步价，所以，很多人去乘坐摩托车，摩托车搭客生意变得红火。这样，一方面出租汽车无人坐，造成空载，资源浪费；另一方面，搭客的摩托车越来越多，恶性发展。我市本来就车多道窄，再加上摩托车驾驶员技术和摩托车本身存在的不安全因素，导致因摩托车违章引起的交通事故不断发生，人民的生命财产造成了巨大的损失。此外，我市涉及搭客摩托车的抢夺、抢劫案件数量一直呈现上升趋势。因此，从各方面考虑，限制搭客摩托车的发展已势在必行。但通过简单的行政强制手段已证明不能达到预期目的，只能运用经济杠杆手段，来调节供需关系，从而刺激出租汽车的发展，扼制搭客摩托车的泛滥。

我市经济发展迅速，外来流动人员多，城市客运业的发展前景看好。出租汽车的起步价下来后，可将原乘坐摩托车的客源吸引过来，还可以吸引一些潜在的客源多乘坐出租汽车。虽然起步价降了，但客源增多了，出租汽车的收入不但不会减少，反而可望超过目前。降低出租汽车起步价格的空间确实存在。

若出租汽车的起步价降低，大量的客人选择乘坐它，部分原来打算购买私家车的人也可能取消购车计划，而选择出租汽车这一公共交通工具，这样给我市道路交通减少了压力。

另外，通过横向比较，周边市的出租汽车起步价都低于我市，广州是 7 元，佛山、中山是 5 元，这些城市的出租汽车业发展得很好，而摩托车搭客却很少。这样交通管理水平提高了，城市形象改善了。

办　法

1. 将目前出租汽车的起步价由 10 元降至 5 元。

2. 减免对出租汽车的一些行政收费，减少出租汽车的营运成本。

3. 整顿搭客摩托车市场，加大对无证、无牌搭客摩托车的查处力度。

4. 今后不再发放摩托车搭客准营证，逐步减少搭客摩托车数量。

5. 严禁外地摩托车进城或营运。

关于尽快开征我市污水处理费的建议

理　由

过去，一提到城镇生活污水处理的问题，就是政府的事，投资依靠政府，运转及维护又是政府统包，政府承担了过多的责任和义务，结果是污水的产生者并不承担治理义务而政府包袱越背越重，甚至不堪重负。我市各镇没有建设污水处理厂的积极性，原因是都怕背包袱。这种体制严重制约了运河及东深供水工程水污染治理的进程，观念和体制不转变，环境保护就只有压力没有动力，任何治理都会走向"死胡同"。怎样才能解开此结？除政府要加大治污的投资力度外，更重要的是我们必须跳出现有的怪圈，为污染的治理营造市场化的氛围，为治理污染提供可实现良性循环的经济动力，使环境保护既有压力更有动力，这样污染治理难的问题就会迎刃而解。如何能为治污提供实现良性循环的动力呢？最好也是最彻底的解决办法是尽快和适度开征污水处理费。这也是实现污染治理市场化、产业化的前提。这样可以有如下的好处：①符合国际通用的"污染者付费"原则，按照市场经济规律办事；②为政府卸下沉重的包袱，目前制约生活污水治理的瓶颈是治理资金的问题，既然政府包揽不下来，那就应该将其向全社会开放；③利于提高广大市民的环保意识和节水意识，政府和排放污染物的民众应当转变观念，要明确污染者付费是天经地义的。水既是资源，也有商品的属性，既不能不加节制任意使用，也不能让污水任意排放。用水要付费已被大家所接受，而排出的污水要付处理费也理所当然。西方发达的国家目前居民支付的自来水费和污水处理费约为1:1以上，我省也有14个市开征了污水处理费，我市征收污水处理费也顺理成章，况且，通过征收污水处理费可以让广大的市民以付费的形式承担自己的一份责任和义务，提高节水意识。为此，建议我市迅速开征污水处理费。

至于收费的标准和方式，除了参考邻近市的一些做法外，长远来说要以保证整个生活污水处理行业能保本微利运转为依据。按照目前国际上通行且在我国也逐步推行的BOT投资方式估算，假如我市将所有的城镇二级污水处理厂都用BOT方式建设（每吨水付费0.9～1.0元）并到2008年城镇污水二级处理率达到70%时，政府总共要付费30～33.5亿元（见表1：不包括征地及配套管网费用）。如果我市从今年起开征污水处理费，起征的标准为0.30～0.35元/吨，并且每两年加价0.10元/吨计算，截至2008年全市累计可以收费36～40亿元（见表2），基本上可以满足生活污水处理行业保本或微利运营的要求。理论上讲，如果每吨水征收污水处理费达到了0.72元/时，则生活污水处理率可以达到90%，收费达到0.90～1.0元/吨时，污水处理率可以达到100%，而政府不用投入。当然，如果开征面不足，征收水量达不到表2的计算水量时，政府必须从财政中补贴污水处理厂的建设费或运转费。为此建议：

办　法

1. 污水处理费的开征标准不低于0.30～0.35元/吨，并逐步提高收费标准。如果每两年递增0.10元/吨，则可在2008年时使全市污水二级处理率达到70%的目标，而政府不用投入或少投入，也可确保污水处理能达到良性循环。如果要提前实现上述目标或进一步提高处理率，则污水处理费要提高收费标准。

2. 按每人每月用水量5～10吨计算，现时每人每月增加1.5～3元的开支，一般市民是完全可以承受的，关键是认识问题。建议加强宣传，提高市民的环保意识，增加他们的节水观念和治污责任感，使收费制度能顺利推行。

3. 对于生活确有困难的市民或农户，政府可以部分或全部减免他们的费用或者采用先征后返的方式解决他们的困难，不要因为开征污水处理费而降低他们的生活素质。

4. 全市 32 个镇区同时开征，并统一收费标准。

目前我市的自来水厂分属市、镇、村三级所有，建议所有的自来水厂同时加征污水处理费，并集中统一上缴财政。以避免一些镇征收，一些镇不征收或征收标准不一样等带来的不平等问题。至于具体的征收办法和使用方式，建议由市政局、物价局和环保局等部门共同研究制定。

5. 以后各镇的生活污水处理厂建设可尽量采用 BOT 等投资方式，鼓励投资、产权多样化的模式建设生活污水处理厂，以减轻政府的投资和管理压力。

6. 政府投资建设的污水处理厂，可尽量委托给有资质的专业管理公司运营，既可降低运营成本，提高管理水平，也可推动环保产业的发展。政府转换角度，严格监督各污水处理厂的运转。

附表

表 1：BOT 投资方式付费表

年　度	污水处理能力 (万吨 / 天)		污水处理率 (%)	0.9 元 / 吨 付费	1.0 元 / 吨 付费
	当年建设	合　计			
2002	35	35	12	10 710	11 900
2003	35	70	23	21 420	23 800
2004	35	105	35	32 130	35 700
2005	35	140	45	42 840	47 600

（续表）

2006	35	175	50	53 550	59 500
2007	35	210	60	64 260	71 400
2008	40	250	70	76 500	85 000
合计	—	—	—	301 410	334 900

表 2：全市分年度的污水处理费收入估算

年 度	征收水量（万吨/日）	方 案 ①		方 案 ②	
		收费标准（元/吨）	收费额（万元/年）	收费标准（元/吨）	收费额（万元/年）
2002	300	0.3	32 400	0.35	37 800
2003	310	0.3	33 480	0.35	39 060
2004	320	0.4	46 080	0.45	51 840
2005	330	0.4	47 520	0.45	53 460
2006	340	0.5	61 200	0.55	67 320
2007	350	0.5	63 000	0.55	69 300
2008	360	0.6	77 760	0.65	71 280
合计	—	—	361 440	—	390 060

（撰稿人：朱伍坤）

关于规范、发展民办教育，创办打工族子弟学校的提案

理 由

改革开放 20 多年来，东莞在经济发展方面取得了震撼全国乃至震惊世界的优异成绩，这是我们东莞的骄傲，更是我们东莞人的骄傲，这离不开成千上万东莞打工族的辛勤劳动。东莞经济的迅猛发展，是经济全球化的结果，是农村城市化的结果，也是一个城市中人口多样化的优势使然。其实深圳的发展，同东莞的发展一样，已经充分说明了外来人口在一个城市或地区或国

家发展中的重要地位。

2001 年，市委又提出把东莞打造成以国际制造业名城为特色的现代化中心城市的战略目标，处在这样一个经济发展战略转型的重要时期，东莞需要比以往更多的知识化、专业化的高级、中级、初级人才和大量的具有一定文化、技术水平的普通劳动者。显然，单靠东莞本地人口是远远不能满足需求的。

2000 年人口普查结果显示，东莞户籍人口 160 万，而在东莞工作的外地户籍人口多达 400 多万，是非户籍人口的 3 倍。在这些非本地户籍人口中，已婚并有孩子的不少于三成，也就是说，有几十万外来人口的子女，其中适学年龄的人数远远超过东莞本地适学年龄的人数。然而打工族子女就学问题是一个大难题，既令他们自己伤脑筋，又给东莞教育部门带来了较大压力。有的将孩子送回户口所在地就学，有的放弃打工，带孩子返乡求学，而这部分人又多是工厂重要工作岗位上的员工，他们为孩子上学烦恼或弃工返乡求学，造成工厂熟手缺乏，人员流动频繁，治安管理困难增加。更严重的是，很多打工者将孩子托付给家中老人，而这些老人只能给孩子做口饭吃，无力顾及他们的学习、生活和身心。

当然也有部分打工子女费了不少周折，在东莞及周边地区的学校就学，但是求学的人数呈较大的上升趋势，并影响到东莞本地学生的就学与发展。据教育部门统计，截至 2000 年，外来人口子女在东莞就学的人数已超过 9 万。还有一些在镇区工厂上班的家长，孩子到了必须读书的年龄，没有办法，只好就近找一些利用几间简陋的闲置民房办成的私人学校读书。东莞地区为打工子女开办的民办学校，师资雄厚、设备齐全、管理完善、教学质量较高的学校呈凤毛麟角状，难以找到，反而有些人在镇区外来人员比较集中的地方，仅凭三五间民房，匆匆忙忙找几个老师就开学了。这种学校师资不能保证，教学设施不全，远远跟不上时代发展的要求，加上管理不规范，教育质量参差不齐，尤令家长和社会担心。

因此，我们建议，顺应经济全球化、农村城市化的时代潮流，在东莞人口多样化迅猛发展，东莞经济发展急剧转型的 2002 年和今后的三五年内，规范、发展民办教育，创办包括国际学校在内的打工族子弟学校。

我们东莞是教育强市，东莞有很多敢为天下先的壮举，创办台商子弟学校、盖打工族居住村等等，在解决打工族子弟接受教育方面也应率先在全国走出一条新路来。其实，从另一方面讲，教育现在是作为产业来发展的，办教育不会亏本，只会为东莞创造财富，并增加东莞人的就业机会。

办　法

1. 发挥民办教育者和民主党派的积极性，组织班子全面调研，写出东莞民办教育的现状分析和可行性报告。

2. 出台相关政策，支持办打工族学校，对有充分的师资准备、资金投入大、管理上档次的办学者提供优惠政策。

3. 采用全社会招标方式，试办 3 ～ 5 所具有示范和典型意义的打工族子弟学校，摸索并取得实践经验。

4. 教育管理部门要对民办教育加强管理，建立并健全对民办教育的监督机制。尤其是对于那些规模较小的民办学校，要加强对其领导、投资者的思想教育，定期进行检查，规范他们的办学行为，保证其办学目的明确与正确，防止那种打着"办学"的幌子，主要为个人谋取经济利益的行为发生与蔓延。

5. 民办教育本身应重视教学质量，不能搞短期行为，对缺乏整体规划、三五间民房就办成的学校进行调整，讲求规模效应。

6. 对于取得较大社会效益的优秀办学人和办学单位，每学年进行一次表彰与奖励，并帮助他们解决实际困难。

7. 组织打工族子弟学校编写以学生父母为实例的打工族乡土教材，以学生父母鲜活生动的打工经历教育外来人口和本地人口的后代。

8. 利用正规学时和两个假期，组织本地学生和打工族子弟学校的学生进行文化交流。例如，打工族子弟和本地学生互相住到对方家庭一至两星期，以取得易子而教的效果。进一步发展可扩展为国际交流。不同文化背景的学生加强学习和生活的交流是促进我们东莞社会进一步改革开放，加速发展的好办法。

（撰稿人：学院支部、文艺支部）

关于应快速整治石马河污染的建议

理 由

东深供水工程是为解决香港、深圳及沿线地区用水需要而建设的跨流域引水工程。原该工程引东江水通过提升沿线石马河逆流而上后给香港、深圳供水，石马河流域的污染物也随供水逆流而上，排放到香港、深圳。截至今年 1 月，"东引工程"的专用输水线路已经开通，专供给香港、深圳用水的供水渠道与原石马河道分离，污水不能进入输水线路，石马河已经恢复了天然河道，沿线的所有污染物将沿河而下排入东江，如果不快速整治，将成为我市继运河之后的第二条"黑龙江"，石马河现每天 60 ~ 80 万吨的生活和工业污水将直排东江，这对于我市目前东江饮用源的氨氧、总 P 等已偶有超标的水质现状无疑是雪上加霜，严重威胁我市的主要饮用水源的安全。迅速整治石马河的污染问题迫在眉睫，为此，建议：

办 法

1. 迅速起动石马河 23 个排污口的应急整治方案，用一级强化的方法将所有排入石马河的污水做一级或一级半处理后，再排入石马河或在石马河的下游集中处理后才排入东江，以减少50 ~ 60% 的 COD（化学需氧量）和总 P，同时在氨氮含量高的排污口实施脱氮工程，以大幅削减石马河对东江干流的污染。

2. 在工程的建设地点上，建议在原石马河的各提升水闸的下游，选择工程的建设地点，充分利用原拦水闸蓄起的水位差，使污水能用自流的方式通过处理工程，可大幅度减少污水的提升费用，同时，也节约投资和处理运转成本。

3. 迅速实施全流域的污水整治工程规划，加快沿线各镇生活污水处理厂的建设，力争用 3～5 年的时间，将全流域的生活污水处理率达到 80～90% 左右，彻底消除石马河流域对东江干流水污染的隐患，确保我市饮用水源安全。

4. 如果通过应急处理的石马河水质仍劣于地面水 V 类水的标准，建设采用调排的方式，将经处理后的石马河水调入东引运河排放，直到石马河流域通过全面整治后水质达到 Ⅲ～Ⅳ 类为止，以减少近期对东江干流的影响。

5. 应急工程的建设费用争取省里给予适当的支持，应急工程的运转成本建议集中由市政局在市征收的污水处理费支付，以减少跨区排污口处理费的扯皮问题，市政局再适度向涉及的镇区分摊。

（撰稿人：朱伍坤）

关于进一步加大社会治安整治力度的建议

理　由

社会治安混乱，一直以来是老百姓最头痛、最关心的问题。

近年来，偷、扒、抢案件发生频繁，尤其是抢劫之风变得十分猖獗。有些人因为遭到抢劫，不仅失财，更严重的是身体受到伤害，精神受到刺激。

作案人员偷、扒、抢，当场没有被抓获，或者人被当场抓获赃物却转移，作案人员不承认，导致治安人员不能抓他管他，只好放走，让作案人员继续流入社会。这样不法行为得不到应有的打击，造成恶性循环，因此社会治安越来越差。老百姓的生活越来越不安定。老百姓出门，不管是步行、骑自行车、骑摩托车甚至开汽车，都提心吊胆，十分恐惧。

治安问题已危及我市的投资环境，建议政府进一步加大力度整治社会治安，为老百姓及外来创业者创造良好的社会治安环境，让老百姓生活在一种长治久安、安定祥和的社会环境中。

办　法

1. 加强培训教育，提高对当前执法环境的适应能力，并制定面对犯罪分子嚣张的应对措施和办法，让执法人员大胆执法以充分调动并提高公安、巡警人员的工作积极性，坚决打击犯罪。

2. 增加警力，壮大公安和巡警队伍，在双抢高发地段和时段加派便衣警察。

3. 对现场抓获案件的公安或巡警人员进行表彰和奖励。

4. 长期开展社会治安宣传活动，坚持正义，打击歪风邪气。

5. 采取有效措施加强对流动人口特别是无业游民的管理。

6. 充分发挥社区居民的作用，鼓励居民参与社会治安管理活动。

7. 由于摩托车是双抢案件中最主要的作案工具，因此建议在城区内加强对外地牌摩托车的监管。

（撰稿人：程金花、曾平英，文艺支部供稿）

关于节约用水，保护水资源的建议

理　由

东莞地处中国南方，又属珠江流域，小型水库很多，有 124 座，地区水资源丰富。但随着东莞改革开放的深入和经济的快速发展，常住人口与流动人口快速增长，人民生活水平不断提高，生产和生活用水需求量大大增加，城市供水压力越来越大，资源性缺水的问题也显现了出来。尤其是近年来，因为久旱导致东莞的淡水量严重不足，居民生活用水引用了咸水，影响了居民的生活质量，市民谈论较多的话题是生活用水的问题，如供水量不足、水质差、自来水咸、有异味等。东莞水资源紧张、水质差等问题是摆在我们面前不容忽视的问题，为市民生活和生产提供充足供水量和优质饮用水成了头等大事，解决这些问题迫在眉睫。

东莞供水与市民用水存在的问题主要表现在以下几方面：

1. 改革开放以来，由于经济的高速发展，东莞人口快速增长，导致用水需求量急剧增长，政府有关方面在努力增设水利基础设施，水利设施增加的速度跟不上人口增长的速度与生产发展对用水的要求。

2. 水的合理利用率低。在日常用水中，居民饮用和直接人体接触的自来水是很少的，大部分符合饮用标准的自来水被用来冲洗厕所、清洗地面、洗车、喷洒街道、浇灌树林花草等，甚至用于建筑工地施工和工厂的冷却水，造成水资源的极大浪费。如果能够充分利用再生水，就可以节约大量清洁的自来水。

3. 浪费用水现象严重。一方面由于我们对水资源的保护意识不够，没有自觉树立节约用水的意识，另一方面缺少公益宣传，人们未曾受到缺水的警示。有些人认为水没有进入自家水表就不是自己的财产，外界水的浪费与己无关。水费很低，多用点水也花不了很多钱，因此养成大手大脚用水的习惯。其实我们缺的不是水，而是解决浪费水的方法。为了解决用水紧张，从我们自身出发，养成节约用水的习惯，是解决用水问题的关键。

4. 污水净化不足，缺少节水机制，没有具体限制措施。水的治理与重复利用率较低，目前还存在生活或生产污水不经过治理就排放，一方面大量浪费了水，另一方面污染了环境。居民用水没有约束，缺少有效的自来水收费制度等。

总之，水资源严重紧缺，政府和市民应该齐抓共管，树立长远的可持续发展目标，节约用水，保护水资源，为未来着想，为子孙后代着想。因此提倡市民节约用水，制订有效的节水措施，保护好水资源是当务之急。

办　法

建设节水型社会是缓解我市水资源短缺最根本、最有效的途径。树立节约用水和保护水资源的长远意识，建设节水型社会，把节水工作贯穿于经济社会发展和群众生产生活的全过程。

一、安全正常的供水是吸引投资、发展经济、维护社会稳定不可缺少的基础设施，政府要指导有关部门搞好水资源保护、开发和管理工作。

二、通过报刊、电台、广场咨询和展览等宣传载体举办各种活动，大力宣传节约用水、人人有责，保护水资源、实施可持续发展的观念。

1. 通过宣传让市民更全面清楚地了解我市的水资源状况和城市供水的形势，认识到水资源是一种有限而又非常宝贵的自然资源，自觉树立节约用水的主人翁意识，养成节约用水的习惯。

2. 通过宣传使市民自觉参与到节约用水、合理利用水资源的行动中，人人争当节水义务宣传员，大力推动我市建设节水型城市。

三、提高用水效率，实施分级用水的措施。

1. 为市民生活饮用提供水厂优质自来水。在优质水优用的同时，充分利用经过处理的污水。凡是洗车、道路喷洒、园林绿化、工业用水、清洁、冲厕等使用污水净化水。

2. 实施污水净化和再生水回用工程。在条件许可的区域内铺设回用水管，对饮用水与回用水安装两种水表，实行不同的收费标准。

四、实行有利的价格机制，调整用水收费标准。

1. 提高用水收费标准。

2. 实施饮用水分段收费制。设立居民个人用水限额，超过限额执行递增的水费价格标准，对于下岗职工或贫困家庭则只提高饮用水收费标准而不实行分段收费制度。

3. 实行工业用水和居民用水不同的价格制度、饮用水与回用水不同的价格制度。

五、推广节水技术和节水设备。

1. 推广使用生活用节水器具，如节水马桶、节水水龙头、节水水箱等。

2. 向节水成功的国家或地区学习，学习他们的先进节水技术和管理方法。如我们可以借鉴水资源严重缺乏的国家以色列的节水经验，引进和推广以色列开发出的节水压力灌溉技术，用于农业和园林浇灌。

六、保护生态环境，建设、利用、管理好水库。

1. 保护生态环境加大绿化面积是保护水资源百利无一害的可持续发展战略，我们应该向种树种草"要水"，防止水土流失。

2. 东莞境内有 124 座大小水库，是我市优质且重要的水资源。要加大力度保护、建设、管理好水库，进一步做好水库的治污防污工作，发挥水库的储备能力，为旱期供水提供保障。

（撰稿人：程金花、曾平英）

整合教育资源，加大基础教育，把东莞建成教育强市的建议

理　由

1. 随着我市经济的发展和东莞市民生活水平的不断提高，20 世纪 90 年代前期确定的我市普通高中与职业高中 4:6 的比例已不适合当前我市小孩上学层次要求不断提高的需要和我市经济形势发展的需要。

2. 城区（莞城、东城和南城）小孩上高中难，尤其是上好一些的高中难，高中太少，公办学校仅有东莞中学、实验中学、莞城一中、高级中学，然而职业中学（包括中专、技校）却有：城区职业学校、东城职业中学、理工学校、经贸学校、技工学校、卫生学校、市体校等多所职业学校，结构已不适应东莞当前教育形势，尤其是经济形势发展的需要。

3. 我市职业中学（包括中专、技校）现在是多头管理，在经费拨款、收费等方面既有市教育部门主管的，也有区管、局管等多头管理的混乱现象，且专业设置大部分重复，造成资源浪费。

4. 随着东莞经济形势的发展和东莞人民生活水平的提高，家长都希望小孩能接受高等教育，单位招工也要求大专以上学历，公务员更是要求本科、研究生。而且从 2002 年开始，我市职业中学（包括中专、技校）的毕业生，有相当部分的学生报考高等院校，背离了中专专业教育的初衷，造

成资源浪费。

办　法

1. 加大基础教育（而不仅仅是中等职业教育）的建设和投资，把高中和职业中学（包括中专、技校）的比例调整为 6:4。在东城市郊和南城市郊再各建立一所完全高中。

2. 整合职业教育资源，参照广州经验，所有学校（包括职业学校）统一由市教育部门管理，统一拨款，统一收费，建议城区（莞城、东城、南城）除保留一所中专，一所技校，一所职业中学和体校外，其他全部改为高中或初中，以满足基础教育的需要。

3. 加大基础教育的投资，力争城区（莞城、东城、南城）有 5 所重点高中，6 所高质量的初中，每个镇有 1 所重点高中和 2 所高质量的初中，以配合东莞教育发展和东莞成为教育大市、教育强市的需要。

（撰稿人：黄文忠，学院支部供稿）

关于大力加强东莞本地农民教育培训的建议

理　由

据劳动部门统计，东莞市有就业意愿的农村富余劳动力有 7.25 万人，占农村劳动力总数的 8.5%。已经实现转移就业的劳动力，也存在三低问题（就业层次低、稳定程度低、收入水平低），相当部分劳动力从事摩托车搭客、清洁卫生、门卫保安、泥水杂工等工作，还有大量农村劳动力从事家务劳动。另外，小富即安、坐吃分红、游手好闲、沉迷麻将等现象也不在少数。

对于处在经济转型升级期间的东莞农民来说，长期如此生存下去，坐吃山空，早晚会被东莞迅猛发展的经济火车头甩下车去。我们是看在眼里，急在心里。据有关方面研究，在农村工业化、城市化、现代化的发展进程中，农业人口逐渐减少是社会发展的基本规律和特点。占全国人口 60% 的农业人口将在今后 20 ～ 30 年内减少到 30%，40 ～ 50 年内减少到 10%，这是不可抗拒的历史规律。对于东莞本地农业人口来说，不但要与本地技术工人竞争，更要与外来技术工人竞争。东莞本地农业人口素质的提高，不仅是东莞经济持续发展需要，更是东莞构建和谐社会必不可少的一环。因此，我们呼吁，必须大力加强东莞本地农民的教育与培训。

办　法

1. 政府提供资金支持，搭建农民教育的舞台。

2. 东莞理工学院、东莞理工学校等职业技术培训院校为东莞农民量身定制"一学就会、一做就灵"培训课程，使东莞本地农民从"要我学"转变为"我要学"。培训课程应在转移就业和农业现代化两方面开展。

3. 将农民集体福利分红的一部分转化为教育分红。对于 45 岁以下，18 岁以上的成年人来说，直接的福利分红在某种程度上是弊大于利，教育分红才能充分挖掘他们的成长潜力和生存技能，是利大于弊。

4. 对于东莞本地的农民扶贫来说，重点应放在教育扶贫上。捐款扶贫扶一时，项目扶贫扶一期，教育扶贫扶一世。教育扶贫才是终身受益并涉及子孙后代的可持续发展工程。

（提交人和撰稿人：洪晓杨）

加大城市管理力度，提高城市管理水平

理　由

现代化的城市，需要现代化的管理，而实现现代化的管理，需要有现代化、科学化的管理手段和水平。随着我市国民经济的快速发展，人民生活水平不断提高，私家车数量也迅速增长，据统计，全市机动车的保有数量已突破 70 万大关。随之带来的负面影响就是交通拥挤，特别是上下班高峰期，交通事故频频发生。在市委市政府提出的"一城三创五争先"发展战略中，首当其冲的就是城市牌，为此我市近年在道路交通建设方面花了大气力、大投资，已使我市的交通状况得到了很大改善，特别是五环路的建成，必将为改善我市的交通状况起到很大的促进作用。由于历史原因，市内交通尽管进行了大力整治，但由于全平面式交通，道路的发展已严重滞后于车辆数量的增加。而这种状况与建设现代化的东莞是不和谐的。在当前道路状况不能继续改善，车辆还在继续增加的状况下，市内交通的压力必然会越来越大。但我们的战略是打城市牌，为此要求所有的交通管理部门要研究城市交通管理的方方面面问题，譬如，为什么有的路口就畅通，有的路口就堵塞，控制过程和程序是否合理等等，加大力度，采取措施，虚心学习如香港等地的先进管理经验，真正提高交通管理水平。

办　法

1. 宣传《中华人民共和国道路交通安全法》，从交通秩序开始抓起，规范广大市民文明的交通行为，提高交通的公德意识。

2. 将所有路口的红绿灯统一调整为左转弯与直行同时放行。在道路原本已很窄的情况下，先左行后直行的做法造成直行时左转弯车道即使无车也无人敢行的状况。而同时放行，道路的利用率高，雍华庭路口就是一个例证，该路口将左转弯与直行改为同时进行后，大大缓解了该路口塞车严重的局面。这就是一个典型的管理问题。

3. 公布交通违章车辆一定要有时效，如现在的做法，公布一年半前的违章车辆就失去了时效性，没有人关心，也就失去了警示作用。这种宣传的负面影响很大。

（提交人：李奎山，撰稿人：程金花）

2006—2010 年

关于健全外来员工劳动权益保障制度的建议

理　由

东莞是一个外来人口（非户籍人口）远远多于户籍人口的特殊城市，在 1000 多万的市民中，外来人口就达 800 多万，是户籍人口的 5 倍之多，而其中的大多数又为文化程度较低的务工人员。从人口比例来看，东莞已然是一个吸引外来人员的开放型城市，然而本市符合条件的劳动力，只有在招收不足的情况下，方可申请招用外来人员。且在招用外来人员资格方面，必须首先取得招用流动人员用工许可证。在上述严格限制下，许多相对轻松、工作环境较好或待遇较高的行业被本地人占有，外来人员只能够从事有限的领域，且多集中在本地人不愿从事的脏、累、重且低收入的行业。

在劳动保护方面，由于东莞的外来人员大多文化程度较低，欠缺专门的技术知识和培训，因此，这部分人员往往成为领取低收入的弱势群体。所谓弱势，不仅在于他们缺乏维护自身权益的法律知识，更在于社会缺乏有效的劳动权益保障机制。最突出的问题有三个方面，一是民工讨薪问题，由于未能对一些用人单位实施有效的监督、制约，加之，为数不少的"招黑工""地下包工头"的现象的存在，民工获取应得劳动报酬的权利很难得到保障，特别是一到年末，拖欠工资、"包工头"卷款潜逃、民工讨薪未果等不良问题就时常见诸媒体；二是加班工资问题，东莞不少招用大量外来人员的公司企业，因生产需要常年要求员工加班，许多员工却只能领取未达法定比例的加班工资甚至没有加班工资可领；三是东莞的一些工厂企业为压低成本、赚取更多利润，在尽可能要求工人多生产劳动的同时，在生产环境、安全设施防护、安全知识培训上大量缩减开支，导致生产环境恶劣、安全事故频发或职工身患严重的职业病，而由于对外来员工的劳动保障机制的不健全，权益受损的外来员工难以在事后得到及时有效的救济。

前述诸种问题的存在上至市政府下至东莞本地人都不能不重视，特别是在全国上下都致力于建设"和谐社会"的今时，切实保障为东莞的城市建设与经济发展做出巨大贡献的外来员工权益，才真正谈得上构建为所有市民称道的"和谐东莞"！

办　法

当前对职工的权益保障主要是通过劳动行政部门对用人单位的管理、监察、工会的监督以及劳动仲裁委员会和法院的事后法律救济等来实现。在此框架下，有必要在以下方面做出进一步努力：

1. 平等就业权，取消针对外来人员的不合理限制，吸引更多类型尤其是知识型、中或高层次技术型、创造型的外来人才来莞就业。这首先需要在地方规范性法律文件的制定方面做出努力，即修改或取消有关限制外来人员就业、人为划分户籍人员与外来人员就业权利界限的规定，尽可能地实现户籍人员与外来人员的平等就业权。

2. 强化劳动行政部门在劳动权益维护方面的管理、监察职能，不定期地对工厂企业的生产环境、劳动安全设施、安全知识培训方面进行严格的检查，不合格的应依法责令改正，并依相关法律规定追究相应责任。

3. 设置畅通、便捷、高效的投诉、举报渠道，如健全劳动部门的信访制度、设立并公开负责领导的信箱、24 小时专线电话、网站等，并承诺依法处理的具体期限。

4. 扩充壮大我市劳动执法专职监察人员队伍，加大执法投入及执法知识培训，我市目前的劳动执法专职监察人员人数及配备力量远远不能满足劳动执法监察的需要。

5. 通过网络、公开发行刊物或新闻媒体建立有关劳动执法监督职能的信息公开制度，公开有关政策法规、本市规定、受理案件数量、具体案情、办案情况、结果，以及当事人及其他市民的意见等信息，以将相关劳动部门的劳动执法监督职能履行情况置于阳光下，更好接受市民监督。

6. 通过投入必要的人力、物力、资金及授予或委托必要的权限等方式强大我市总工会力量，以增强外来人员对工会的信赖感，真正发挥工会代表和维护劳动者权益的职能。

7. 鼓励并引导在市区、镇区成立维护外来员工劳动权益的公益组织或设立其派驻点，使维权组织深入到离外来员工最近的地方，使其受损权益能及时得到救济。

8. 设立外来员工劳动权益救济基金，该基金主要由政府投入，由劳动行政部门监管，并由该部门向提出申请且符合规定条件的劳动权益受损的外来员工支付合理款项。具体条件建议由相关部门拟定，但应符合"迫切、必要、人道"的理念。支付该救济款项后，劳动行政部门可依有关用人单位或负责人的责任向其追偿。

9. 重视对外来员工法律知识、维权教育的培训。除要求用人单位对员工进行必要的培训外，应倡导社会力量，通过讲座、公共场所义务宣传，以及电视、广播、网络、报刊等多种途径不定期地进行相关教育和培训。

（提交人和撰稿人：汤瑞刚）

推进我市城市化与生态化同步发展的建议

理　由

城市是一个以人类生产与生活活动为中心的、由居民与城市环境组成的自然、社会、经济复合生态系统，这个庞大而复杂的复合生态系统可分为社会生态、经济生态和自然生态三大系统，其基本功能是组织社会生产、方便居民生活，为国民经济与社会发展提供保障。其内部与外部的物质流、能量流、信息流、人口流及货币流高度集中。生态城市是人类聚居发展的理想模式，更重要的是，这并不是一个不可企及、尽善尽美的理想境界，而是一种可塑可及的可持续发展过程。生态城市是指社会、经济、自然协调发展，物质、能量、信息高效利用，基础设施完善，布局合理，生态良性循环的聚居地；生态城市的科学内涵是倡导社会文明安定，经济的高效和生态良性循环的和谐，生态城市既是人类社会发展的一种过程，也是一种在生产力高度发达，人的社会文化、生态环境意识达到一定水平条件下渴望实现的目标境界。

"十五"期间，我市的城市建设取得了令人瞩目的成就，城市面貌迅速改观，并提出了建设"文化新城、生态绿城"的理念。但是经常出现的灰霾天气、污水横流和烦人的噪声，使人感到城市环境问题的现实性和严重性。东莞在经济发展和城市化的过程中，其带来的生态代价是触目惊心的。虽然我们现在提出建设生态绿城的目标，但是我们必须清醒地认识到我们离"生态绿城"的目标和要求仍有一段很长的距离。从现代城市发展到生态城市是一个长期的生态化过程，需要付出不懈的努力。同时我们也应该看到，东莞经济发展已跃上了新的台阶，我们有足够的经济实力推进城市生态化的发展，在建设现代制造业名城的旗帜下，同步推进东莞市的城市化与生态化正当其时。注重生态与环境保护，倡导人与自然和谐，将生态优先的理念融入现代城市发展之中，走一条不同于传统城市现代化的绿色和可持续发展道路，应该成为我市下一步城市建设发展之路。下面就如何推进我市的生态化发展提几点建议：

1. 加强宣传教育，更新思想观念，普及生态文化。我国目前生态文化还处于启蒙和边缘状态，只有通过多层次的公共教育和自我教育，来加强生态文化的宣传和普及，唤起人们的生态觉醒，并转为行动。同时提高全民思想道德水平，批判拜金主义和经济短期行为等不良倾向，走出功利主义、物质主义的误区，转变观念，摒弃传统发展模式，树立新的生态发展观，走城市生态化的发展之路。

2. 对我市的城市建设进行生态整体规划。规划是城市建设的龙头，要建设生态绿城，首先应该聘请有权威的生态规划部门对我市的生态城市建设进行总体规划，这是我市建设生态绿城的基础，也是规范要求。

3. 增加绿地面积，建设湿地公园或保护区。我市目前的人均绿地面积约15平方米，离生态城市的指标要求（大于20平方米／人）仍有一些距离，需要增加绿地面积，同时我市也缺少湿地保护区，建议在松山湖、同沙水库边缘和长安等沿海红树林滩地建设湿地公园或湿地保护区，既可以净化水质，又可成为人们休闲的好去处，增加生态系统的多样性。

4. 加大对森林公园的投入和保护力度，改善森林生态系统的生态功能。我市这几年重视森林公园的建设，并投入巨资整治，重点是修路和景观的建设，但目前我市森林普遍存在树种单一，结构简单，生态功能差等问题，要加大力度对林相和树种进行改造，实行封山哺育，不断增加其生物量和生物多样性，改善其生态系统功能，真正发挥森林生态系统的作用。

5. 广场与绿地的建设，要重视观赏性与生态功能的结合。目前我市的广场与绿地建设有片面追求观赏性和所谓高档次的倾向，忽视了绿地生态功能的培育，有违生态学原理，这种"中看不中用"的现象应该纠正，要引进适生和抗性强、净化能力高的树种，建立以草、灌、乔三结合的绿化体系，改善绿地生态功能，使绿地能真正发展绿地的作用。

6. 加强城镇间、村镇间的广泛合作与联系，推进镇村的生态建设。未来东莞的城市建设，镇、村将成为"主角"，镇村的生态建设也将成为东莞市生态绿城建设成败的关键，为此，市有关部门必须统一规划，加强沟通与协调，把镇村的生态规划做好，建设落实好。

（撰稿人：朱伍坤）

关于东莞市出租屋管理市场化与产业化发展的建议

理　由

出租屋和流动人口是改革开放和市场经济发展的伴生物。它既给城市经济发展带来了活力，也给社会治安和城市管理带来巨大的压力和挑战。从社会治安的状况看，出租屋藏污纳垢，成为犯罪分子的住所，制假贩假的窝点，消防事故的黑点，黑门诊、黑网吧的隐身之处。社会治安综合治理的重点是流动人口管理，其重头戏又是对出租屋的管理。从城市管理的状况看，对出租屋和流动人口管理的滞后已严重影响城市社会的正常秩序。改革开放以来，东莞市建设进程的加快与城市管理落后之间的矛盾集中在出租屋与流动人口管理上，流动人口的无序流动和出租屋的失衡发展所产生的弊端日益突出，对东莞城市形象和发展提出了日益严峻的挑战。

东莞市作为全国流动人口和出租屋最多的城市之一，目前登记在册的流动人口 600 多万，约占广东省流动人员总数的 1/4，其中居住在出租屋的约 200 万人，约占东莞市流动人员总数的 1/3。出租屋和流动人员管理已成为东莞市的社会治安管理的重点和难点。为此，加强流动人员和出租屋管理，规范房屋租赁业的市场，已成为构建和谐社会、促进经济快速发展的需要。

出租屋已成为东莞居民重要的收入来源，据统计，全市当地户籍约 45.5 万户，房屋租赁 28.2 万栋，共 120 万间，近 5 000 万平方米，按户籍人口计算，平均每人近 35 平方米。全市每年的租金总收入 70 多亿元，如果加上部分无法统计的出租屋收入，这个数字可能超过 100 亿元。

近年来，在市委和市政府领导下，东莞市流动人口和出租屋管理办公室和有关职能部门为搞好出租屋和流动人口管理进行了积极的探索，取得了一些效果，但由于出租屋和流动人口管理不仅涉及治安领域，更涉及社会经济生活和城市管理领域，在实际工作中存在管理不协调、工作不到位的现象。对经济发达地区而言，只有立足于市场经济和信息社会这个大背景，着眼于社会稳定和城市管理的大局，走社会化、产业化、规范化和信息化管理之路，才是解决出租屋和流动人口管理问题的根本出路。东莞市委、市政府已经达成共识，打算用三至五年的时间全面实现出租屋市场化管理。

目前东莞市根据流动人员的特点，推行分类、分层次管理模式：对集中型的出租屋实行封闭、半封闭的围院式管理，做到凭卡登记出入；对分散型的出租屋实行分小区、分片式管理，建立小区（片）内出租屋有"专人分管、专人负责"的旅游业式管理，做到"人来登记、人走注销"的电脑跟踪管理；对房地产住宅小区实行物业式管理，并建立外来租住人员入住申报制度，实行双重管理；对工厂集体宿舍实行自管和联防式管理。同时东莞还稳步推进租住人员人身意外保险，长安和樟木头两个镇作为人身意外伤害保险的试点镇。下一步计划扩大试点范围，在三年的时间内，构建完善的出租屋险管理模式。

无论是物业式、旅业式、村集体包租管理，还是出租屋险等新兴方式，无一不是顺应市场趋势，在一定程度推动了东莞市出租屋和流动人口管理工作的开展，在出租屋市场化和产业化方面都取得了初步成效。

由于出租屋具有社会性和经济性双重属性，政府除完善现有行政管理体制、推进社会化管理之外，还应遵循市场运行规律，实行政企分开的管理模式，创造条件把出租屋管理引入市场机制，使其走上产业化发展的轨道，更好地为东莞的城市经济和社会发展服务。针对东莞流动人口和出租屋管理的现状，我们建议：

办 法

一、引导出租屋管理向经济实体统一经营管理过渡

参照房地产公司的模式，形成一种经济实体，流动人口和出租屋管理部门只负责对出租屋和流动人口办理有关证照，进行登记、备案、统计和监督指导工作，由经济实体或者物业公司进行专业性管理，实行物业代理制经营。

针对大部分出租屋为城市结合部农民房屋的情况，可由政府指导各村实行政企分开的管理模式，引导各村组建经营管理实体（如股份有限公司或股

份合作制企业），进行工商登记，明确法人代表及资产登记，建立现代物业管理模式。通过人大立法或政府命令形式，要求每户对拟出租的房屋面积估价入股集体企业，在区、镇出租屋和外来暂住人口管理办公室的监督下，统一出租经营。政府要组织对违章建筑或安全严重不合格的危房进行集中整治，对于未能达到有关规划建设标准但不存在安全隐患的房屋，可允许经营实体进行过渡性经营。

二、逐步推行现代物业管理制度

对城乡接合部特别是"城中村"和出租屋，要建立起以人口管理为基础，房屋租赁管理为中心，其他管理配套的管理机制，逐步实行物业化管理模式。出租屋可由村集体经营实体统一组织经营管理，或采取公开招标的办法，由企业或出租屋业主组成业主委员会，选聘物业管理公司代理，实现出租屋管理的市场化。出租屋物业管理标准应有别于商住类的物业管理，收费标准应相对较低，以保证安全有序为基本目的。物业公司代理业主履行合同义务，与承租方发生服务与管理的关系，并接受区、镇出租屋和外来暂住人口管理办公室监督。物业管理可设立保证金制度，对承租人收取三个月租金的保证金，以提高承租人行为的自律性，减少物业公司运作的风险。物业管理服务的项目可由几项内容构成。一是提供保障型服务，即因收取基本管理费必须提供的基本服务，如维护小区的整洁及保安服务，物防和技防设施保障等。物业公司有义务承担出租变更登记、承租人的暂住登记，配合政府职能部门开展工作。二是对条件成熟的小区，可从"保障型"逐步向"改善型"和"舒适型"发展。如根据承租人和物业部门双方合意提供的委托性服务，收取有偿费用。

三、加强信息化建设，建立流动人口和出租屋数据库

目前出租屋和流动人口的管理水平还处在登记、发证的初级层次，在静态环境下比较行之有效，但在动态环境下，这种管理方式与现实要求不相适应。要通过有效应用信息和计算机技术，提高信息化、动态化管理水平，这

是出租屋和流动人口管理工作取得突破的关键。

一是强化管理者的信息意识。要使信息管理者深刻认识信息的重要性，具有获取、掌握信息的强烈愿望。当前，要充分借助基层的力量，设立街道、乡一级的专管员队伍，配合街道办事处、派出所、房屋租赁管理机关等政府职能部门掌握区域内房屋租赁和流动人口的最新情况，为信息化管理收集、提供真实而准确的原始资料。二是提高管理者的信息管理、应用水平。管理者要善于分析研究信息，要懂得怎样从大量的信息中获得有用的或有规律的信息。三是建立完整的信息体系及管理制度。要从改革和发展的角度去审视出租屋和流动人口信息化管理工作，要制订出严格、科学的管理制度和管理方法，使之能够有章可循，最大限度地发挥其功效。四是加强信息共享和拟定数据标准。信息共享是充分发挥信息效能的唯一途径，在允许共享的程度上开放信息，必然会提高参与信息共享的管理者和管理机构的效率。

充分整合现有信息资源的基础上，加强对流动人口和出租屋登记的资料进行收集存录，利用网络化技术进行资料传输，尽快实现从局域联网到全市联网。把流动人口的个人信息资料（融合身份证、工作证、暂住证、婚姻证明、相片等资料功能）输入流动人口数据库，将出租屋和房主信息资料输入出租屋数据库。形成完整的流动人口和出租屋综合数据库，为政府管理和市场化服务提供准确的基础数据。

四、将政府管理与市场化服务分离，在全市范围建立两个信息平台即流动人口和出租屋综合管理平台与流动人口和出租屋运营服务平台

为实现对出租屋和流动人口实现分类多级管理模式，加快和规范出租屋和流动人口管理信息化建设，整合和改造出租屋和流动人口信息平台已成为提升政府现代化管理水平的关键所在。

流动人口和出租屋综合管理平台面向流动人口和出租屋管理部门，该平台涵盖了从楼栋及房屋基础信息的建立和维护，出租人、承租人和居住人员信息的录入和维护，到进行房屋租赁合同登记，租赁管理费及房屋租赁税征

收等全部日常业务，主要包括房屋管理、租赁合同管理、人员管理、租赁税费征收、房屋租赁价格测算、综合统计查询、后台数据维护、数据交换等多个组成部分。通过该平台还可以实现与公安、工商、税务、发改、卫生、计生等数十个部门实现数据交换和信息资源共享，从而达到出租屋和流动人口的综合治理的要求。

出租屋和流动人口运营服务平台面向个人和企业。流动人口和出租屋政府管理部门，是权威的房屋信息拥有者，可以通过该平台为公众提供大量权威、准确、免费的房屋租赁信息。还可以把系统中的到期合同、中止合同及即将到期合同信息在征得出租人同意的前提下，通过处理自动转到该平台，极大地为出租人和求租人提供方便。

该平台还提供网上申请办理服务，将给广大市民带来极大的便利，市民只需要在该系统中提供完整的房屋租赁合同信息，经过查验后，为其建立房屋租赁合同预约服务，既提高了办事效率，又是我们联系群众、服务群众的一座桥梁，同时也减少了出租屋管理人员的信息录入量。

（撰稿人：袁华强）

施行《东莞市民办学校自律公约》
共创和谐民办教育环境

理　由

近年来，随着东莞民办教育的发展，民办学校的数量迅速增长，各同类民办学校间的竞争也更为激烈，由此，也衍生了不少恶性竞争的问题。这些问题如不很好解决，势必严重破坏东莞民办教育的良性发展，更有甚者，会极大地损害东莞的整个教育事业。

其中，问题最突出的是存在教师队伍中的"挖墙角"现象。在激烈的竞争中，不少民办学校都意识到优秀的教师、高质量的教育教学水准是保持学校竞争能力的关键。因此，为了赢得竞争力，一些学校采用"挖墙角"的方式，即通过各种关系渠道，用高薪等诱人的条件吸引其他学校的较有名气的教师中途跳槽，严重损害了原所在学校教师队伍的稳定性，扰乱了原来学校的正常教育、教学秩序，更损害了学校及教师在学生、家长心目中的良好形象。

与前一问题相类似的是存在于民办学校间的"抢生源"问题。对民办学校而言，生源就是维持学校生命力与竞争力的源泉。在民办学校不断增加，而学生有限的情况下，各民办学校间纷纷施展各种手段，展开争夺生源的拉锯战，诸如，随处张贴、散布铺天盖地的招生广告，不合理地压低学费、食宿费，甚至以给回扣的方式拉人入校，等等。

产生上述问题的一个重要原因，在于东莞当前的民办教育缺乏有效的制约机制。尽管有《中华人民共和国民办教育促进法》及其实施条例、《中华人民共和国劳动法》等法律，但由于法律实施制度本身的问题，这些法律在实践中并没有得到严格遵守，甚至这种不严格遵守本身成为一些学校保持竞争力的优势所在。以前面所述的"挖墙角"现象为例，一些学校之所以能成功挖走任教教师，原因之一就是该校的非规范性，相较于严格依法治校而言，非规范性的管理可使教师得到直接的、眼前的、更多的利益，因此，对不少教师具有不小的诱惑力。在非法成本低廉而竞争激烈的情形下，为吸引、留住教师，非规范性的学校管理模式自然在民办学校中大行其道，成为一种正常现象，而依法治校则反被排斥，步履维艰。

办　法

一、倡导制订和实施《东莞市民办学校自律公约》

建立有效的制约机制是解决当前东莞民办学校间存在的恶性竞争问题的根本途径。这里的制约机制主要为法律制度的制约，包括配套、具体、可执行的法律，主管部门的有效监督与管理，违反法律的有效追责机制。如前所言，由于相关法律制度层面本身存在一定问题，有待国家更新、完善。因此，作为地级城市，东莞应采用灵活、务实的制约方式来解决当前的恶性竞争问题。倡导、鼓励各民办学校自愿签署、加入《东莞市民办学校公约》

不失为一种可行方式。一方面，公约内容可对各民办学校的行为予以具体、可行、普遍的规范，便于各学校遵守、执行；另一方面，各民办学校签署、加入公约，该公约即对该学校产生拘束力，具有法律的效力，学校一旦违背公约，就可依公约追究其相应的违约责任。因此，建议东莞市教育局积极倡导、鼓励和指引各民办学校制订、签署和加入公约，并督促、监督公约的具体实施，以充分发挥教育主管部门的职能作用。

二、组织建立民办学校和教师的诚信档案

为减少、制止和预防民办学校间的"挖墙角"、中途跳槽等现象的发生，并配合有关法律、公约等切实实施，建议东莞市教育局组织建立各民办学校和在校教师的诚信档案。这首先要求，做好对民办学校及在校教师的登记、备案工作，新聘用教师的，应自签订聘用合同之后一定期限内致教育局备案。其次，加强对学校的日常监督，和对教师考核工作的指导和监督，并将监督的情况和处理结果予以记录，交被监督人签字后归档。公众对档案内容享有知情权，有权要求公开、查阅。

三、切实保障民办学校享有同公办学校平等的招生权，缓减其生源压力

前文所述的"抢生源"现象，其产生根源在于民办学校所背负的沉重的生源压力，而这种压力的一个主要催化剂就是当前不平等的招生政策。依现有的招生政策，民办学校无法和公办学校在同一水平线上竞争，以高中为例，一般都是划定分数线后，由公立学校先招，然后才是私立学校招生，这使得民办学校在招生上处于明显的弱势地位，必然加重其招生的压力。因此，建议修改当前不平等的招生政策，保障民办学校享有与公办学校平等的招生权，以减轻政策导致的生源压力。当然，除保障平等的招生权外，还应在民办学校学生的升学、就业、社会优待、参加先进评选、医疗保险等方面保障其享有与公办学校学生同等的待遇，等等。

附：《东莞市民办学校公约（草拟稿）》

《东莞市民办学校公约（草拟稿）》

本公约各缔约学校

为实现"为国家、社会培养合格人才"，"共同促进和维护东莞市民办教育事业的健康、和谐与长久发展"之共同目标，郑重承诺：

奉行民办教育服务于民的根本宗旨

坚持民办教育的公益性原则

遵循法治

以诚为本

注重提升教育教学品质

维护学校良好信誉

通过合法、公平、良性、友好地竞争

实现共同进步

兹协议如下，以促前述目标与承诺之实现：

一、遵循法治

1. 各缔约学校应自觉遵循《中华人民共和国教育法》《中华人民共和国民办教育促进法》及其实施条例、《中华人民共和国劳动法》等国家法律规定。

2. 缔约学校有责任对校内师生进行法治教育与宣传，培养和提升其知法、守法的法治观念。

二、坚持原则

各缔约学校应坚持公益性的办学原则，以提供民众受教育机会、教书育人为办学之根本，不得唯经济利益至上，舍本逐末。

三、自主收费

各缔约学校自主收费应当合法、合理，符合学校的办学成本、规模及学校发展等因素，不得为抢夺生源等目的，故意压价或以优惠为手段变相压价。

四、公平招生

各缔约学校根据自身办学能力，自主确定招生的范围、标准和方式，组织招生活动，但不得为竞争之目的，恶意妨碍、破坏其他学校平等、正当招生之机会或活动。

五、广告宣传

1. 各缔约学校进行广告宣传内容应符合实际，不得有虚假、不实之表述、难以兑现之承诺或贬损其他学校之言辞。

2. 广告宣传形式应符合法律及公共道德之要求，以派发传单、设置广告摊位等形式对本校进行广告宣传的，不得在其他缔约学校周边辐射区域范围内从事派发传单、设置广告摊位等广告宣传活动。

六、保持教师队伍的相对稳定性

各缔约学校应充分认同"学道尊严生为贵，传道授业师为尊"的办学理念，深刻认知民办学校的健康发展、教育教学质量的提高关键在于保持学校教师队伍的相对稳定性，有鉴于此：

1. 各缔约学校应自觉按国家的有关法律规定、聘用合同约定，确保教师的合法权益不受侵害，尊重教师，给予教师充分发挥才能的空间，以此留住人才、维护本校教师队伍的相对稳定性。

2. 各缔约学校不得为任何破坏或可能破坏其他缔约学校教师队伍相对稳定性的行为，禁止以高薪利诱等不正当手段怂恿、促使或胁迫其他缔约学校教师提前离职到本校任教。

3. 其他缔约学校教师违反规定解除与该校的聘用合同，并到本缔约学校谋职的，本缔约学校不得聘用该名教师，并即时知会其他缔约学校，如在不知情的情形下已聘用该名教师的，应自知情后即时终止与该名教师的聘用合同关系，并知会其他缔约学校。

七、维护学校信誉

1. 各缔约学校应从加强学校管理、提升教育教学质量、重视师生法治、道德教育入手，树立和维护本校的良好社会信誉。

2. 尊重其他缔约学校，不得编造或恶意传播虚假、不实之情事，诋毁、中伤其他缔约学校声誉。

八、违约责任

1. 各缔约学校应恪守本公约之任一条款，否则，均视为违反本公约之行为，守约学校有权要求其作出说明，并督促其纠正或向有关部门反映；违约学校应及时纠正。

2. 各缔约学校因违反本公约第三至七条之任一条规定，造成其他缔约学校损害的，受损学校得依法追究致害学校法律责任，并要求支付经济赔偿金_____元，因违约行为致其他缔约学校信（名）誉受损的，致害学校还应赔礼道歉。

九、见证与监督

1. 为提升本公约之公信力，各缔约学校共同委托东莞市教育局为本公约成立、生效的见证人，并以监督人身份督促各缔约学校遵守本公约，以期立约之目的实现。

2. 各缔约学校应自觉接受东莞市教育局的监督。

十、本公约成立时成员组成

1. _____

2. _____

3. _____

十一、公约生效

本公约自第十条所列之全部缔约学校法定代表人在公约文本上盖章并签名之日起成立并生效。

十二、加入公约

1. 本公约生效后，仍允许其他未缔约的民办学校加入。其他民办学校要求加入的，向东莞市教育局递交经本校法定代表人签名的加入报告书，即视为加入。

2. 新加入的民办学校自加入日起，即应接受本公约之约束。

立约人（盖章）：_____

法定代表人（签名）：_____

立约人（盖章）：_____

法定代表人（签名）：_____

立约人（盖章）：_____

法定代表人（签名）：_____

以上全部立约人立约时间为：____ 年___月___日

以上全部立约人立约地点为：_____

见证人（盖章）：_____

委派代表（签名）：_____

见证时间：_____

见证地点：_____

（提交人和撰稿人：汤瑞刚）

关于加强东莞市加油站管理工作的建议

理　由

据了解，东莞目前的机动车拥有量已达 96 万辆。随着车辆的增多，加油站自然随之增多，目前东莞共建有 290 多座加油站。东莞每年销售的成品油近 280 万吨。社会多种主体纷纷兴建加油站，本来是件好事，但加油站鱼龙混杂，坑害消费者利益的情况时有发生，偷税逃税现象屡禁不止。

一、东莞市加油站在经营和管理中存在的主要问题

1. 油品质量良莠不齐。东莞市有一些加油站的油品质量过硬，但也有不少的加油站为取得低价货源，从不规范渠道购进低质油品，牟取暴利。尤其是一些加油站进行不正当竞争，不但油源质量差，以次充好，而且还掺杂使假，坑害顾客，扰乱了正常的市场秩序，严重损害了消费者的利益，成为我市消

费者投诉的热点之一。

2. 加油站的偷油现象严重。东莞市加油站被投诉的另一焦点是短斤缺两。一些加油站的油表跳得离谱，有些摩托车油箱容量为 4 升，可有时竟然要加到 5 升才能加满油。消费者怀疑加油站搞鬼，却苦于无法拿出证据，只好不了了之。油站肆无忌惮的偷油行为既损害了消费者权益，又导致了国家燃油税款的流失。我市大多数加油站无校验设备，难以保证油品计量的准确性。据了解，目前加油机实行的是周期检定，检定周期是半年，但这样并不能保证加油机计量的准确性。有关专家指出，加油站基本上都是露天作业，在露天环境中，油品随温度的升高，其密度会发生变化，从而使油品的重量发生变化。东莞市大部分加油站没有相应的校验设备，在温度变化时不能对加油机进行校验，难以保证消费者的权益。

3. 加油站在税控信息化管理上有缺陷。一是税控 IC 卡数量少，按月读取数据困难大。现在每个基层分局只有两个 IC 卡，在读取加油机数据时，需要一户一户的读取，且每户都要对 IC 卡重新进行刷新，工作量太大，难以实现对加油站的有效控管。二是税控初始化管理系统存在问题。如一机双枪的加油机在税控装置初始化后只能控制一支加油枪，税控装置初始化后原始库存油数量信息征收机关无法取得等。有些加油站通过税控加油机的售油仅限于过往车辆，对于批发给小型加油站的或售给工厂、运输车队、农业用户的，不通过税控加油机销售；有的加油站即使是对过往车辆的销售也不通过加油机，而是通过用称、用桶计量的方式销售；有的加油站购进油后直接销售，根本不入库存油罐。这都给税务机关的管理造成了一定的困难。

4. 销售额与应税额不符，致使国家税收流失。加油站的应税方式多是采用定税或包税，实际缴纳的税金往往与其经营规模及应缴税额有很大距离。尤须引起重视的是不少加油站没有健全的财务制度，不入账的进货量、销货量占相当比例，偷漏了大量税额，损害了国家与人民的利益。

5. 加油站网点设置不均衡。目前东莞市有加油站 290 多座，其中属个人经营的有 120 座左右。从总量上来讲，东莞市的加油站点基本上能满足全市用油的需要，供应量与需求量大体保持一致。但是，东莞市加油站的网点设置不均衡，表现在主要地区、主要地段的加油站设点过密，1 公里内就有两三座，有的地方却跑上半天都找不到加油站，这样既影响了消费者的利益，又造成一定的资源浪费。

办　法

1. 加大力度查处损害消费者的加油站，净化油品消费市场。对于销售假冒伪劣油品的加油站，发现一起，查处一起，决不手软，不仅要罚款，而且要在报纸、电视等新闻媒体曝光。对于屡教不改的加油站，要毫不留情地吊销营业执照。

2. 在对零售网点的布局、设备、管理方式等情况进行一次全面调查与清理的基础上，合理调整加油站的设置，使加油站的网点布局更加合理。

3. 政府有关职能部门应采取有力措施，促使加油站之间公平竞争。要解决社会加油站在零售业务上的各种不规范行为，以利于系统内加油站同他们进行平等竞争。特别对那些冒用系统内加油站名义搞欺骗的行为要坚决予以制止和打击。

4. 进一步提高加油站的信息化管理水平。一是要确保税控装置的安装和初始化程度都达到 100%，为据实征收奠定基础。二是建议有关部门解决 IC 卡少的问题，争取达到每个加油站使用一个 IC 卡，提高税收监控效率。并就加油机的设计模式与性能进行规范，以方便税收管理。加油站安置税控装置后，要在采取措施强化控管的基础上，定期对加油站管理人员、财务人员进行税法知识培训，提高他们的纳税意识，举办加油站税法知识培训班，为今后加强管理打下基础。

5. 规范对加油站的税收征管。一要采取有力措施促使所有加油站健全账簿，加强对发票的使用管理，坚决杜绝和打击开具自制收款凭证替代发票的行为。二是对规模过小、个体性质加油站的用票可采取"按本领用、以旧换新"

方式，既可解决部分业户距离税务机关较远，无法由税务机关监管代开的问题，也可避免发票失控。三是要加强税源监控。首先，要组成专门的加油站管理小组来加强对加油站的管理，以形成固定的征管力量。其次，各管理局应对加油站的资金流向进行监控，进而监控成品油的进货情况，最终达到全面监控成品油的销售，这样既可防止机外销售现象的发生，又为税务稽查提供了第一手资料。再次，要注意公平税负的管理，可采取"驻站摸底、测算售量"的办法，实现对加油站税源的监控。具体方法为：以不同规模、不同路段的部分加油站为样本，派员在各样本站摸清其开具发票、开具白条、没有开具任何凭证等三种销售方式的售油情况，核准加油站的实际销售规模或根据样本站的历史资料核定其正常的销售标准，再以上述数据作为参照指标，对其他加油站进行对比分析，以掌握每个加油站应达到的实际税负。要强化对加油站的管理，对不安装税控装置的，或不设置账簿，或账簿不健全达不到一般纳税人标准的，该取缔的要坚决取缔，能整改的要限期整改，以达到优化加油站税收管理的目的。总之，无论是销售系统内外的加油站，都应继续坚持成品油流通体制改革的方向，使油品零售市场在政府的有效监控下，做到公平竞争，有序发展。

（撰稿人：彭桂芳）

关于大力发展国际服务外包产业
提升东莞服务业竞争能力的建议

理　由

国际服务外包，是指产品生产过程部分流程或制造品生产中劳务流程从特定企业内部转到海外完成，以优化产业链，降低服务成本，提高核心竞争力。大力发展国际服务外包产业，对于提升东莞服务业竞争能力和创新东莞发展模式有着十分重要意义。

一、东莞发展国际服务外包产业的重要意义

1. 有利于提升东莞在国际分工价值链中的地位。东莞引进的产业在全球生产网络中总体上是处于边缘位置。目前，东莞拥有 1.6 万多家外资企业，但绝大部分是以低技术含量、低附加值的加工环节为主。据统计，一个鼠标，在美国市场的售价是 24 美元，销售商能赚 8 美元，品牌商赚 10 美元，而贴牌生产的厂商只能赚 0.3 美元！国际服务外包是知识技术密集产业，具有高附加值的优势。

加快发展国际服务外包有利于东莞更好地参与国际分工，扩大知识技术密集型产品出口，提升东莞在国际产业价值链上的位置，更多地获取参与国际分工的收益。

2. 有利于提升利用外资的层次。作为"国际制造业基地"，东莞不仅在产品出口中经常遭到国外的反倾销，而且也消耗了大量的不可再生资源，造成了严重的污染环境。东莞依靠引进制造业的外资来发展经济的道路越来越难走。国际服务外包是世界服务业现代化全球化发展的重要趋势。努力吸引国际发包商到东莞来，把承接国际服务外包作为利用外资的新领域，是提升东莞利用外资层次的重要途径。

3. 有利于提升城市的综合竞争能力。从未来的发展方向来看，高端服务业的发展最终决定城市的综合竞争力。以技术研发、信息技术服务和业务流程服务为主的服务外包，是人才知识密集型产业。大力发展国际服务外包，拓宽现代服务领域，创新服务业发展模式、增强服务功能、调整服务业结构，把培育国际服务外包作为经济增长的新亮点，对于提升东莞的城市综合竞争能力有着十分重要的现实意义。

二、东莞发展国际服务外包产业的有利条件

1. 具有完善的基础设施。改革开放近 30 年来，东莞市大力发展基础设施建设，拥有立体快捷的交通运输体系，特别是优良的港口条件，具有发展业务流程外包（简称 BPO）中的"供应链管理服务"（即为客户企业提供采购、运输和仓储等整体服务）的最佳条件。

2. 具有产业集群的优势。制造业的高度集聚是我市的显著优势。制造业与服务业，彼此互为关联，制造企业正在成为生产性服务外包的发包主体。越来越多的制造业企业开始将自身生产性价值链的一些支持活动外包给专门的服务供应商来完成，据统计，2006 年全球生产性服务外包市场规模发展到了 1.2 万亿美元。依托完备的基础设施和现代国际制造业基地，我市完全可以承接更多的国际服务外包业务。世界 500 强企业、跨国公司和境外上市公司是国际服务外包的发包主体。东莞拥有世界 500 强企业 43 家，跨国公司 130 家，境外上市公司有 720 多家，这就在东莞的家门口提供了国际服务外包的广阔市场。

3. 具有毗邻港澳的区位优势。与其他地区相比，东莞的优势是毗邻港澳。东莞和香港在地理位置、语言、文化方面具有天然的合作优势，在产业的发展上有很强的互补性。完全有条件、有能力建设面向国际市场的现代服务业合作体系，并有效利用现有的合作基础和资源优势共同承接国际服务外包业务。

三、东莞发展国际服务外包产业存在的问题

1. 对国际服务外包的认识不足。一是缺乏有意识地去研究国际服务外包市场。二是东莞的加工贸易和制造业还有一定的发展空间，人们对承接国际服务外包业务还没有迫切的要求。三是东莞人对国际服务外包市场的认识相对滞后，没有意识到近年来发达国家产业转移的重心发生了转变，以生产服务业为主的服务业国际转移，已成为国际产业转移中的一个新热点。

2. 承接国际服务外包起步较晚。国际服务外包作为一种新型的贸易方式，其市场规模和发展前景十分乐观。我市在承接国际服务外包业务方面的发展步伐显得有些落后。这主要表现为：第一，承接国际服务外包业务仍主要采用加工贸易。第二，承接服务外包业务中高端市场份额较低。第三，国际服务外包专业园区建设缓慢。

3. 高端人才瓶颈凸显。东莞虽然拥有低素质人力成本的优势，但从事国际服务外包行业所需的高素质人才却十分紧缺。东莞一方面缺少具有国际服务外包项目实战经验，能够带领国际服务外包团队的高中级技术和管理人员，另一方面缺少熟悉熟悉客户语言和文化背景，精通国际外包行业规则，具有国外市场开拓能力的高级人才。

办　法

1. 加强领导，完善政府服务。市委市政府应从战略高度重视发展国际服务外包产业，专门成立以市主要领导挂帅的国际服务外包工作领导小组，统筹东莞承接国际服务外包的有关工作，密切跟踪商务部国际服务外包的政策和动向，组织国际服务外包专题调研，提出东莞如何扩大国际服务外包业务的具体措施，并要求各镇街配合开展相应的工作。市政府要抓紧研究制定促进国际服务外包产业发展的鼓励政策和措施。可借鉴周边城市如深圳的一些做法——《关于加快深圳市服务外包产业发展的若干规定》。

2. 吸引跨国公司服务业转移，对服务业国际转移进行跟踪研究。我们必须适当调整引进国际直接投资的策略，制定一系列促进服务业吸引外资的政策。要积极引导、鼓励外商投资设立国际服务外包企业，承接跨国公司的外包项目，鼓励跨国公司在东莞设立地区总部、研发中心、区域性营运中心和出口采购中心。要把发展国际服务业外包产业作为招商引资的一个专题活动来推进，在国际服务业外包发达的日本、美国、英国、德国、爱尔兰等国家地区重点推介东莞已有的承接国际服务业外包企业，要大力宣传东莞可以在那些领域承接国际服务业外包以及东莞未来的国际服务业外包市场容量和发展趋势，争取服务业利用外资有新的突破。

3. 延长产业链条，让东莞的制造业外资落地生根。服务可以被分为"为生活的服务"和"为生产的服务"。承接国际服务外包，向制造企业提供相关的商务服务，既可从制造企业获得商机，又可以延长制造企业的产业链条。目前，东莞拥有外资企业 1.6 万家，满足这些企业的商务需求，延长产业链条，让现有的外资企业落地生根，是提高利用外资质量和水平的重要内容，也是扩大服务业利用外资，高起点承接国际服务外包的切入点。

4. 建立海外市场信息收集渠道，构建国际服务接包网络。在美、欧、日等国际服务外包发达地区以及其他有潜在发展市场的地区建立办事机构，对国际服务外包市场发展和需求动向进行调查研究，广泛开展与国外相关机构的交流合作活动，组织会员单位积极"走出去"，组织东莞有实力的国际服务外包企业参加世界著名的展览会、洽谈会、招商会等活动，到美国、日本、欧洲等国际服务外包发达的国家与地区做形象展示，从而拓展国际服务外包市场。

5. 采用全方位、多渠道的多种培养模式，加强对国际服务外包人才的培养。参与国际服务外包市场的人员必须既要具备现代服务业精深的专业知识，又要具有相关制造业领域的背景知识。政府应推动相关教育资源和有实力企业的资源整合，加快复合型、市场导向型人才的培养步伐，同时吸引大量海外留学人员来东莞创办承接国际服务外包企业，为东莞发展和承接国际服务业外包提供人才支撑。要充分发挥行业协会桥梁纽带作用，采取多种形式、多渠道培养一支专业技术水平高、懂市场营销、外语水平过硬的服务外包适用型人才队伍。

6. 建立诚信发展环境，提供制度保障。软件和信息服务外包的接包方由于不可避免地会了解发包方的业务经营模式和业务流程，从而接触到发包方的商业机密。因此，诚信就成为影响 BPO 业务发展的关键因素。而企业诚信的建立不仅仅要依靠企业自觉，更需要政府的推动。要通过建立司法、行政等一系列制度保障措施，建立现代企业诚信制度，保证我国软件和信息服务外包发展有一个良好的诚信环境。推动行业信用管理，加强知识产权保护的服务力度，规范市场秩序，确保行业健康发展。

7. 建立完善而有效的服务外包监管制度。金融服务外包监管制度的构建应该遵循合法原则、风险控制原则、保护客户合法权益原则、有效监管原则。我国金融监管机构应充分认识到金融服务外包活动潜在的风险，立足于我国金融服务外包的实践，借鉴国外金融服务外包监管的经验，尽快推出金融服务外包监管的指引文件和规范架构的监管部门。

（撰稿人：彭桂芳）

关于建立东莞市风险投资引导基金的建议

理　由

随着东莞市经济双转型的快速深入发展，东莞市政府提出了全面提高自主创新能力的要求。积极推进科技创新平台建设。在做大做强"两自"企业过程中，采用财政资助、贷款贴息、融资担保、引进和培育风险投资公司等措施，鼓励企业增加研发投入。特别需要提出的是，东莞市政府强化政府投入的引导作用，建立了每年 10 亿元的"科技东莞"的专项资金。这项资金对东莞生产力的发展发挥了积极的促进作用。但这笔钱的使用既不需要承担责任，也不用归还。企业根据政府相关部门的要求，提出申请，申请得到批准后，企业得到一定额度的科技开发（研究）费用。至于这个成果是否能转化为生产力、创造效益就没有监督和控制了。所以，企业在使用政府提供的这部分资金的时候，就不是特别珍惜。反正不用还本，造成不重视结果的现状。用什么方法能够促使企业更加负责地使用政府的这项资金呢？上海浦东新区创业风险投资引导基金的成立，给我们提供了一个很好利用政府专项资金的案例。

去年年底，上海浦东率先在全国推出首个由地方政府设立的政策性扶持资金——引导基金。旨在充分发挥 10 亿元政府资金的引导作用，在"十一五"期间集聚规模达 200 亿元的创业风险投资基金，力争到 2010 年，让浦东高新技术产业产值突破 3 000 亿元。

该引导基金定位为创业风险投资的母基金，不以营利为目的，将重点投资浦东新区的生物医药、集成电路、软件、新能源与新材料、科技农业等高科技产业。

在资本市场向好的大背景下，风险投资行业也进入快速发展期。据了解，深圳、苏州、天津等城市虽然在起步方面晚于上海浦东，但当地政府高度重视，已采取了一系列强有力的措施。

办 法

建议尽快成立东莞市的风险投资引导基金。基金成立后，可以委托相关金融机构管理。企业申请使用这笔费用的时候，经过政府审批通过后，企业获得这个专项资金的使用权，并且不用偿还这笔费用，但也不能无偿使用，政府这部分资金作为股份参与企业。项目完成后，政府可以把这部分股份卖给私募基金或投资银行（溢价或折价），企业可以优先用原价购回这部分股份。采用科技基金入股的方式，企业在申请使用政府的专项资金时就会更加谨慎，更加注重效益和结果了。同时，政府的这笔专项资金还会在资本市场上不断增值。市政府每年拨付的专项资金达到10亿，这是一个不小的数目，10年以后，这个风险基金会成为一支颇具规模的基金。等这个基金达到100亿的规模时，政府甚至无须再拨付专项资金进入基金，也能够应对东莞市科技事业发展对资金的需求（按照2007年水平测算）。

（撰稿人：赵一杰）

关于采取有力措施制止
继续开发小产权房的建议

理 由

小产权房的存在，破坏了正常的经济秩序，急需采取措施，阻止继续开发小产权房。

一、基本情况

所谓"小产权房"，通常地处城郊，实际是乡镇乃至村委会在集体土地上开发，没有国家产权证的"集体房"。开发小产权房属于非法行为，集体土地出让的价格根本没有标准，都是村镇干部与开发商私下达成的交易，土地转让的费用无从知晓。而建成后产生的非法暴利更加惊人。不久前经国家发改委的"禁售通知"和建设部一纸"风险提示"成为社会关注焦点。不少地方政府近期纷纷出台了对小产权房清理办法。由于历史原因，东莞的小产权房也为数不少，但是更需要注意的是，目前东莞的小产权房仍然在不停地建设、销售。

二、主要原因

由于"小产权"楼盘大多由村、镇自己开发，不存在土地出让金、土地征用费、耕地占用税等成本，且没有缴纳房地产开发相关的各项税费，因而售价远远低于商品房。由此造成许多人宁愿冒着风险购买小产权房。

虽然目前还没有一个好的措施解决已经存在的小产权房，但是应当制止小产权房的继续建设、出售，避免进一步为将来解决小产权房增加困难。

办　法

1. 相关执法部门应当采取有力措施，严格禁止小产权房继续建设、交易，比如：

（1）土地管理部门组织人员定期排查，发现违法用地的现象以后，积极查处，并知会其他职能部门；

（2）建设、规划部门组织人员定期排查，发现违章建筑以后，积极查处，并知会其他职能部门；

（3）工商行政管理部门发现销售小产权房的，以非法经营论处。

2. 对继续进行小产权房建设交易的，追究相关当事人的责任，同时追究当地村（居）委会特别是违规批准用地的相关责任人员。

（提交人和撰稿人：汤瑞刚）

关于加快东莞企业自主创新的建议

理　由

近年来东莞围绕加快产业结构调整，提高企业自主创新能力进行了有益的探索，初步形成以政府为引导、以企业为主体、以市场为导向、以产业化为目标、以产学研合作为重要方式的区域自主创新模式。东莞企业自主创新

能力的不断提升促使"三来一补"产业逐步缩减，自主创新的高新技术产业正在迅速崛起。不容置疑，东莞的企业自主创新也存在一些深层次的问题。

1. 产业规模迅速扩大与关键核心技术缺乏的矛盾突出。与世界发达国家相比，东莞企业自主创新还存在较大的差距。其主要原因是缺少关键核心技术。随着广东主导产业规模的迅速扩大，关键核心技术缺乏的矛盾日益突出。东莞大多数企业自主创新主要集中在非核心技术领域，不少产业在国际分工中仍处于低端的位置，产品附加值低，竞争力弱，制约了经济效益的提高。东莞是广东省出口大市，但在高新技术出口产品中，绝大多数产品是国外在东莞企业生产的，关键核心技术和设备，如CPU、集成电路、通用软件等严重依赖进口的局面并无改善。合资或外资企业的关键核心技术完全由外方控制。核心技术（包括技术标准）和自主创新的主动权掌握在别人手中，制约了企业的自主创新和长远发展。

2. 产学研各方优势互补、互惠共赢的合作机制尚未形成。由于体制原因，大学和科研院所长期以来科技成果的"价值"都是单纯以获得国家经费多少、发表论文数量、参与人学术地位高低、所获奖励级别和数量来确定。这种评价体系仅体现科技成果的"技术价值"，而忽略了"市场价值"，结果导致科研不是面向市场需求，仅是单纯追求学术价值和地位而进行与实际脱节的研究。虽然东莞市政府有关部门为推动产学研合作创新，出台了一些相关政策，但并没有从根本上解决阻碍产学研合作创新所需的外部条件。产学研联合的深度和层次比较低，大学和科研院所为企业提供关键核心技术的能力还很有限，企业从东莞的大学和科研院所获取关键技术，提升企业自主创新能力的难度仍然很大。

3. 企业自主创新动力机制缺失。目前主导东莞经济发展尤其是外向型经济发展的市场主体主要还是外资企业，在这些外资企业中基本上可以分为两大类：一类是劳动密集型产业，其主要动机就是依赖东莞吸引内地的廉价劳动力等比较优势参与国际市场竞争，这类外资企业普遍缺乏自主创新的动力。另一类是技术密集型产业，其主要动机是依靠国外母公司的技术优势占有国内市场，这类外资企业多数来自发达国家，国外的母公司一般都有独立的自主创新能力，对东莞自主创新体系的依赖程度较低，对技术溢出的防范程度较高，这类企业的技术创新水平只在东莞的高新技术产品生产总值的数字上有所贡献，对促进东莞内源型企业和整体的企业自主创新水平的贡献不大。东莞企业自主创新水平最终还有赖于内源型企业的自主创新，而由于自主创新机制不完善，在经济政策上存在着对技术创新的重视不够，特别是没有一个完善的知识产权保护制度，内源型企业在自主创新方面的动力也明显不足。

4. 企业家创新意识薄弱。剖析东莞的经济发展历程和产业结构，一直以来是以家用电器、电子、纺织、服装、食品加工、非金属制品等劳动密集型产业为主，这些劳动密集型产业具有产值高、成本低、技术含量不高、产品附加值不高、创新技术含量不高等特点。东莞劳动密集型产业结构的形成具有历史的必然性，也利于当时大多数企业进行原始积累和发展，以及解决社会就业，企业不需要自主创新投资也能赚得一定的利润，从而形成了东莞企业家队伍中普遍存在的"小富"求稳的思想，也正因为这个原因才制约了东莞企业自主创新的步伐。

办 法

东莞实施企业自主创新的建议：

1. 政府的引导和扶持是企业自主创新的重要保障。在发展中国家和地区实现技术赶超和跨越过程中，政府的作用不可或缺。自主创新应该以企业为主体，同时要大力发挥政府的引导作用。政府要在自主创新中有所作为，关键是要善于从技术发展规律和市场经济发展规律的结合点上把握好政府引导的着力点，在制订产业规划、构建创新体系、出台扶持政策等方面下功夫。东莞市政府要集中财政资源、整合部门资源对制约产业发展的共性关键技术进行重点突破。

2. 政府主导和企业化运作相结合是建设行业技术创新中心的关键。在市场经济条件下，政府服务职能的一个重要体现就是解决市场缺位问题，其中重要的就是单个企业无法解决而又迫切需要解决的问题，这是政府服务经济的最佳切入点和创新点。创建行业技术创新中心，解决企业创新能力不足的共性难题，充分体现了政府的经济服务职能。行业技术创新中心的建设关系到本地区全行业整体利益，要确保其正常并成功运作，政府在政策、资金、技术、人力方面要大力支持。行业技术创新中心要学习和借鉴香港技术研发中心的运营管理模式，要让行业技术创新中心按市场化运作，自主经营、自负盈亏，不给政府增添新的包袱，不再搞成旧模式的研究院所。行业技术创新中心要集政府职能与市场效益原则于一身，在运作中贯彻政府扶持企业进行自主创新的宗旨，在服务中追求自身合理的经济效益，充分激发行业技术创新中心的积极性、创造性。

3. 选择正确的自主创新方式是提高企业自主创新能力和取得创新实效的重要途径。企业自主创新包括：原始创新、集成创新、引进消化吸收再创新。原始创新的难度最大。鉴于我国企业目前的科技实力和经济实力，绝大多数企业都不太可能进行原始创新。集成创新是指使各种相关的技术有机融合，形成具有市场竞争力的产品和产业。只有在一些科技实力比较强和管理水平比较高的企业才能实施集成创新。引进消化吸收再创新是在开放的环境中积极吸收国外先进科技成果，在世界先进技术基础上搞创新。加强引进消化吸收再创新是各国尤其是发展中国家普遍采取的方式，在当今经济全球化步伐加快的情况下尤为重要。政府要采取措施，引导和支持企业大幅度增加资金和人才的投入，加强对国外先进技术的消化吸收再创新，减少重复引进，降低技术对外依存度。企业只有根据自身的条件，正确选择自主创新的方式，才能取得自主创新的实效。

4. 明确企业知识产权的主体地位是提高企业自主创新能力的有效环节。政府有必要通过制定法例、政策加强对知识产权的管理和保护，并对于技术含量高、市场前景好的专利技术给予财政资金支持或奖励，为企业自主创新营造良好的外部环境。然而，企业既是自主创新的主体，也是消化、吸收专利技术以及专利保护的主体。真正推动企业自主创新，必须增强企业知识产权保护意识和法制观念，推动企业制订、实施知识产权战略，引导企业建立企业专利制度，将知识产权保护贯穿于自主创新全过程，使企业真正成为知识产权创造、保护和实施的主体。企业知识产权创造、保护和实施的主体作用发挥得越充分，自主创新的动力就越充足，成功概率就越大。

5. 面向市场建立和健全多元化的科技投入体系。提高东莞的企业创新能力、科技投入是关键，但单靠政府是不够的，必须面向市场，采取多渠道、多途径筹集科技资金，形成以财政投入为引导、企业投入为主体、银行贷款为支撑、社会集资和引进外资为补充、优惠政策作扶持的全社会科技投入体系。

关于尽快解决玉兰中学周围污水黑臭污染问题保障师生身心健康的建议

理　由

2004 年 8 月，根据市政府的安排，东莞市莞城二中迁入原东莞师范校区，并正式更名为东莞市玉兰中学，和东莞中学初中部、可园中学一起成为市直属三所初中，在校学生全部为东莞市户籍市民的子女，全校师生约 3 600 人。在经历了迁址、更名和均衡招生后，玉兰中学就像东莞这座充满活力的城市一样迅速发展，教学成绩逐年提高，社会声誉日渐高涨，2006 年被评为东莞市一级学校，目前，正积极向省一级学校的目标迈进。与此极不和谐的是，该校旁边长期存在一条小"黑龙江"，污水横流、恶臭薰鼻，引起了学校领导、老师、家长和学生们的担忧。这条宽约 5 米，长约 600 米的小"黑龙江"，自东莞师范校区建成就存在，已经有十年的历史，紧挨着校园围墙，将占地约 200 亩的校园"半包围"住，水底有大量污染物，在校园内常常可以闻到阵阵恶臭，与校园内的玉兰花香形成了强烈的对比。而且，这条小"黑龙江"为蚊虫滋生提供了重要场所，对师生的身体健康造成极大威胁，以至于许多家长为此不愿将孩子送到玉兰中学就读。的确,该校周围存在这条小"黑龙江"是很不卫生的,会影响师生的身心健康。到过玉兰中学的人都知道,该校园内的环境是十分优美的,周围还有愉景花园、天骄峰景等高尚住宅区,但这条小"黑龙江"的存在,确实与玉兰中学及其周边环境形成了一道极不和谐的"景观",与东莞这座文明城市、花园城市的形象格格不入,与东莞市重视教育、建设教育强市的做法不符,尽快彻底解决该校周围的污水黑臭污染问题,这是校领导和广大师生的心声,更是家长和市民们的愿望。

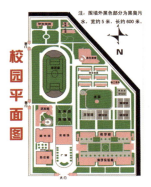

玉兰中学校园平面图

现场照片 3 张

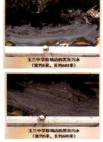

办　法

1. 由市环保局负责查清污水的来源,市城管局、城建局和东城政府根据具体情况,负责进一步完善玉兰中学周围相关区域的排水设施建设,将污水渠进行密封覆盖,并将生活污水引入市生活污水处理厂处理,彻底解决污水的黑臭污染问题。

2. 由市财政拨出专项整治资金,在财政上确保治污工作的顺利开展。

(撰稿人:李玫、张华)

关于节约市政开支一些建议

理　由

东莞市被评为花园城市，城市化建设成果斐然，市区和镇区许多地方的绿化带都栽种鲜花或造型独特的树木，以及大块人造草地，晚上许多非城区或镇区的路段都灯火通明，许多偏僻的人行道、广场等地面都是铺设水磨石地板，给我市的市容市貌增添不少亮点。

不过上述漂亮的景色，不仅初期需投入巨额资金建设，因鲜花的定期更换，以及树木花草的日常管理，常规费用支出并不亚于当初的投入成本，数目惊人。

虽然我市在整个中国仍属于经济发达的地区，但城市规划并未居于前列，加上现在全球性金融危机给我市以出口为主的企业所带来致命性的打击，财政收入已相应减少，长期积累需要花钱迫切需要解决的问题，如解决空气污染、水污染、土壤重金属污染等环保问题，如何帮助企业转型等，都需要政府很大的开支。节省政府支出、集中资金逐一突破矛盾日益激化的社会问题，已成为迫在眉睫的课题。

办　法

1. 新建的绿化带、原来绿化带需要改换的，使用当地的普通、易长的绿化植物。

2. 对人行道、广场地面定期维修保养，减少损坏扩大化。

3. 在新建的偏僻的人行道、中间有绿化隔离带的高速路安装感应路灯或间隔开路灯，以节约电费。

若采用上述建议，将会节约不少开支并可将所节约的款项，用于如何进一步提升东莞的持续发展。

（提交人和撰稿人：汤瑞刚）

关于加强高层次专业人才队伍建设的建议

理　由

对于处在经济社会双转型的东莞来说，高层次专业技术人才和高技能人才数量还是相对偏少，在学科带头人、高新技术研发、懂技术、会经营管理等领域的高级专业人才和高技能人才尤其紧缺，部分行业和企业由于缺乏高素质、高水平的"领军人物"，创新能力不强，一定程度影响了我市产业结构升级转型和整体经济的协调发展。

为了加快高层次人才队伍建设，东莞市人事局已经采取了一系列方针措施，例如在人才队伍建设方面，相继出台了《东莞市人才发展专项资金管理暂行办法》《东莞市鼓励留学人员来莞工作的若干规定》《东莞市企业人才迁户暂行规定》《事业单位聘用人才迁户暂行规定》等政策，在东莞市人才引进、保留和培养方面已经取得了明显的成效。根据有关资料介绍，今年一至三季度，全市新增人才 110 874 人。截至今年 9 月底，全市人才总量为 105.7 万人，较 2006 年年底的 94.6 万人增长了 11.7%。人才占人口总量的比例达到 14%（按东莞常住总人口 755 万人计算），基本达到中等发达国家的水平。105.7 万人才中，高层次人才为 16 525 人。按学历分，博士研究生 287 人（含博士后 12 人），硕士研究生 6 466 人，本科生 224 528 人，大专生 368 563 人，中专生 456 774 人；按职称分，高级职称 11 541 人，中级职称 124 936 人，初级职称 188 741 人，未评职称 731 400 人。

然而，东莞市高层次人才数量占人才总量仅 1.6%，其总量比例仍然偏低。并且相比较广州、深圳等城市，东莞在引人和留人方面的政策没有明显的优势，甚至可能处于劣势地位。因此，我们建议东莞市借鉴国内沿海地区一些大中城市在高层次人才队伍建设方面的丰富经验，并结合东莞产业发展和经济发展特点来创新人才的选、用、育、留方面的人力资源措施，完善东莞高层次人才队伍建设政策。例如可借鉴相邻的深圳市有关做法，优化现有高层次人才认定办法，完善高层次人才认定标准，制订高层次人才的住房优惠、配偶就业、子女入学优惠、学术研修优惠等政策，努力营造良好的引才和留才环境，吸引和留住各类急需人才尤其是高层次人才在莞创新创业。

加强高层次专业人才队伍建设的意义：

一个国家和地区的竞争，关键是人才的竞争，高层次人才是推动东莞经济社会发展的重要力量。通过优化高层次专业人才吸引、培养、使用、激励、服务的政策体系，从海内外大力引进和本土自主培养等途径，积聚一批领军作用突出的国家级领军人才、一批专业地位突出的地方级领军人才、一批在专业技术技能方面崭露头角和发展潜力巨大的后备级人才，形成结构合理、活力充沛、择优汰庸、持续创新的高层次专业人才梯队，为东莞经济社会双转型和建设创新型城市提供核心人力资源和智力支持。

办　法

1. 人才引进方面，从人才政策创新和引智载体建设入手，通过设立区域合作研究中心、企业和学校博士后工作站、企业—学校联合研究中心等形式来鼓励国内外知名高校和科研机构来莞设立合作机构，以及引进海内外高层次人才来莞工作。

2. 人才评定方面，优化高层次人才的评定机制，完善高层次专业人才认定办法，从学历、能力和业绩等评价维度来细化高层次人才的划分标准，以业绩和能力为导向，建立科学、规范、体现能力、突出业绩的高层次专业人才和高技能人才的评价和选拔体系。此外，可将高层次人才分成国家级领军人才、地方级骨干人才、后备级人才三个层次，分步骤、有重点地建立起以国家级领军人才为龙头、地方级领军人才为骨干、后备级人才为基础的高层次专业人才梯队。

3. 加大人才工作投入，通过整合现有人才资金和增加投入，通过财政支持来设立"高级人才工作专项基金"和"杰出人才奖励基金"等办法为高层次人才提供成长平台、事业平台，同时奖励突出贡献者。

4. 对于高层次人才队伍分别制订相应的优惠政策，例如住房优惠、配偶就业、子女入学优惠、学术研修优惠等政策来营造高层次专业人才安心生活、称心工作、专心发展、潜心提升的适宜环境。

（撰稿人：李奎山）

关于促进教育均衡的建议

理　由

百年大计，教育为本；教育大计，均衡为先。

改革开放以来，经济的快速增长，人的生活水平不断地提高，针对子女的教育问题被各家长置于家庭建设的首位。城市中小学生的就读学校的范围打破了传统的厂区、社区，农村的学生走出村庄，可能就读乡镇学校，县各中小学，农民工的流动就业致使其子女可能就读其所工作的城市。多种社会因素，已经打破了中小学生就近就读的传统模式。2009 年年初，《国家中长期教育改革和发展规划纲要》开始着手研究制定，并公开向社会征求意见。这是进入 21 世纪以来，新中国第一个教育规划纲要，寄托了上至中央下至百姓对"更好的教育"的期盼。"更好的教育"范围涉及普通市民子女是毋庸置疑的，但是否包括外来工子女呢？我想，答案应当是肯定的。

2009 年是教育公平备受考验的一年。人们对当下教育现状十分担忧——"越来越不公平"。就东莞市的教育现状来看，一些私立学校的设施、师资是非常先进科学的，那是因为就读该校的学生的家长的经济条件非常好，有条件负担高额的学费。一些公立的学校的设施过硬，师资非常优势，升学率常年保持居高，享誉全市。一些工业区的民办学校设施普通，师资流动性大，招生主要针对的是在附近工厂工作的外来工的子女。就以上现状，家庭经济优越的学生享受"更好的教育"是不存在任何问题的，普通市民的子女如果要就读"享誉全市"的学校就要受户籍等条件的限制，有所限制，也必然有打破限制的方法，迎然而生的是波及全国的"择校热"等现象。外来民工针对当下的"择校热"现象呼声不是非常的大，但他们也正是"教育公平"的直接受害者。宪法赋予每个公民平等受教育的权利，外来工的子女也当然包括其中。新任教育部部长袁贵仁上任伊始，就提出把均衡发展作为义务教育的重中之重，并且提出努力实现 2012 年义务教育区域内初步均衡，2020 年区域内基本均衡的新目标。

东莞是中国综合经济实力 30 强城市之一，外贸总量连续 7 年名列全国大中城市第三，居全国地级市之首，成为中国经济发展最快的地区之一。东莞市形成了以制造业为主，以电子资讯产业为支柱的外源型经济结构，是国际性重要的加工制造业基地。外来工是东莞经济发展的主要生力军，是东莞经济建设中重要的组成部分。外来工是东莞经济建设的工作者，那么他们的子女将来也有能为东莞的经济建设贡献力量。他们享有"更好的教育"的权利，在他们的户籍地享有，在东莞，他们也应享有。

在阅读 2009 年东莞市政府工作报告时，有闻 2009 年度，全市将新建学生宿舍 10 栋，新增学生床位 10 000 个。但无法查阅该事项的具体实施情况，无法得知外来工子女就读的学校是否就该实事项目具体受益。

办　法

当前，全社会都在为缓解"择校热"、推行义务教育匀称发展而共同努力。建议政府一方面取消任何形式的择校费，实现公立中小学教师跨校轮岗以此平衡学校间的师资差距，另一方面出资扩建外来工子女学校，使教育均衡在东莞全社会各个层面得以实现。

（提交人和撰稿人：汤瑞刚）

2011—2015 年

关于进一步加大水源保护力度
确保我市供水水质安全的建议

理　由

　　水是生命之源，水质的好坏直接影响身体健康。近年来，我市的供水取得了长足的发展，供水量的保障能力不断提升，广大市民基本上不会感觉有缺水之苦。目前我市供水面临的最大问题是水质安全问题，尽管我市供水的水质目前基本上能达到饮用水的要求，但由于东江水质的污染不断加重，其水质恶化的趋势仍未得到有效的遏制，水质安全问题越来越严峻。比如，我市第二、三、四、五、六水厂取水断面的化学耗氧量、氨氮、铁、锰含量均明显增大，严重威胁我市的供水质量。特别是汛期，石马河、寒溪河、东引运河排洪排涝时，更让水源水质雪上加霜。据东江水务有限公司监测结果显示：2010 年石马河排洪次数达 14 次、峡口 8 次、樟村 21 次。排涝过程对第二、三、五水厂影响最大，每次排涝过程对水质的影响时间超过 8 小时，超标项目包括嗅味、氨氮、有机物、重金属等，其中取水口断面氨氮含量超过 2.0mg/L，属于劣五类水质。严重时，东江的死鱼随处可见，其危害程度之深、污染之重已是触目惊心。另外咸潮对我市供水影响也越来越严重，咸水线不断向上延伸，市区六大水厂，已有四间受到咸潮的影响。

　　我市经济发展的形势喜人，催人振奋，人民群众生活水平已经达到较高的水准。但遗憾的是当人们在下大雨之后打开水龙头，闻到一股不愉快的味道时、在枯水期要喝咸水时，人们的生活质量和幸福指数就会大打折扣，这也是造成我市桶装水满天飞的根本原因。如果我市经济发展的结果是连自己起码需求的饮用水水质都保障不了，这样的发展就值得反思了。为此，加大我市饮用水水源水质的保护力度，确保我市供水水质安全已刻不容缓，且任重道远。

办　法

1. 增加投入，完善规划，水源不清洁，首先说明我们水源保护的力度不够、投入不足。按照东莞目前的经济状况完全有能力、有必要大幅增加对水源水质保护和改善的投入，只有足够的投入，才会有稳定的水质。

2. 加大石马河和运河的整治力度，迅速推进次支截污管网的建设，力争早日解决石马河、东引运河的污染难题。目前我市运河的污染整治力度很大，次支截污管网的建设也全面铺开，问题是推进速度缓慢，建议加大协调力度，解决部门之间互相扯皮的问题，早日兑现市政府对市民的承诺，彻底解决汛期排洪时东江水质的污染问题。

3. 加快全市各镇供水水厂的整合力度，组建水务集团，逐步实现全市供水"一张网"。目前我市镇村的供水水厂多且分散，处理工艺落后效率低。供水水质难以保证。随着我市城乡一体化进程的不断加快，加快全市水厂的整合力度势在必行，我市已完成了"大水务"的机构改革。水务局理应在资源整合和水质保护上发挥更大的作用。

4. 集中往上迁移受咸潮和受峡口、樟村排洪、排污影响严重的四大水厂的取水口，实施供水管网的全面升级改造。所需费用，由市财政给予一次性补助，以减缓供水水价上涨的压力，减轻企业和市民的负担。

5. 以市第六水厂为样板，实施对各大水厂的制水工艺改造，大幅提升我市供水水质的保障能力。我市的水厂，除了第六水厂外，大都使用传统的制水工艺，从目前的情况来看，由于水源水质的恶化，传统工艺对污染物如氨氮、有机物、重金属等去除率低或根本没有处理效果，出水不能满足水质新标准的要求。建议有条件的水厂要尽快参照第六水厂的先进工艺进行改造。

（提交人：民盟东莞市委会，撰稿人：李玫、华松林、温信均 ）

关于加大民生投入，构建幸福东莞的建议

理　由

民生问题是人民群众最关心、最直接、最现实的利益问题，事关国家发展大计，事关人民群众的幸福安康。执政者要获得群众的拥护、爱戴和支持，就必须关注民生、关爱民生、保障民生。所谓以人为本，就是以民为本。要以民为本，就是要让人们共享经济发展的成果。成果共享，就要求我们不断加大民生投入，让人们觉得社会更加进步了、生活改善了、更有保障了、无后顾之忧了，人民群众的安全感、幸福感就自然提高了。国民的幸福指数提高了，社会就更加和谐、更加安定，人民群众对政府也将更加拥护和爱戴，中华民族的振兴和屹起就容易实现。

改革开放以来，我国经济建设取得了让世人瞩目的成就，国力大大提升，大多数人也从经济发展中得到了实惠。按理说，国家的实力增强了，多数国民的钱包也丰厚起来了，社会会更加和谐安定，国民的幸福指数会不断提升。但事实并不同步，现在社会的不和谐因素很多……这就要求政府的财政从"发展型""积累型"或者"投资型""效率型"的方向向"公平型""共享型"或者叫"民生型""公共型"的方向转变，大幅增加民生的投入，让国民共享发展的伟大成果，过上幸福的生活。我们不但要做大、做好"蛋糕"，也要切好、分好"蛋糕"，这是我们发展的最终目的，也是构建和谐社会的重要保障。

东莞市委市政府历来重视民生问题，财政向民生投入的力度也越来越大，社会保障走在全国前列。社会保障体系成为东莞一张亮丽的名片，这也是东莞人民对市委市政府满意度较高和东莞人的自豪感比较强的主要原因，也因此东莞被评为全国十大最关注民生城市。东莞的大多数人确实是在经济发展中获得了许多实惠，这也是东莞市委市政府敢于藏富于民的体现。但是我们要清楚地认识到，东莞的社会保障之所以能走在全国的前列，得益于东莞的人口红利，得益于新莞人所在企业对社保的贡献。实际上东莞财政对社保的投入比例仍然是偏低的，东莞的经济发展也不是十分平衡，贫富差距也越来越大，东莞还有许多穷人，而且每年都有不少因病、因残、因突发事故致贫返穷的案例。为此，进一步加大民生投入，全面提升东莞的社会保障能力和保障水平，让广大市民特别是老弱病残人士过上更有尊严、更有保障、更加舒心的生活，让东莞无"穷人"、让生活无"愁人"，是幸福东莞的标志。今年是"十二五"的第一年，市委在今年的十二届七次全会上，迅速吹响了建设幸福东莞的号角，"十二五"规划也勾画出建设幸福东莞的宏伟蓝图。进一步加大财政对民生的投入，让市民分享更多改革开放的成果，是构建幸福东莞的重大举措，也是全体市民的共同愿望。

办　法

1. 向全市 65 岁以上的老人发放生活津贴。尊老敬老是中华民族的传统美德，生活工作在东莞的老人，为东莞的建设献出了毕生的精力，如何让老年人过上更有保障、更有尊严的生活，是我们政府和后辈的责任。基于今年物价上涨的压力，建议今年给全市 65 或 70 岁以上的老人每人发放生活津贴 1 000 元，并进一步完善我市的高龄津贴制度，提高津贴标准。特别建议尽快出台贫困低收入家庭老人的生活津贴制度，给他们每月发放生活补贴，使之安享晚年，使贫困低收入家庭从沉重的赡养负担中解放出来，过上幸福的生活。

2. 为全市市民统一购买重大疾病保险。近年来，我市大力推进基本医疗保险制度改革，大大提高了群众的医疗保障待遇，建立了覆盖全市各社区的社区卫生服务体系。群众"看病难、看病贵"的问题得到了缓解，特别是从 2010 年起，全市医疗待遇年内最高支付额度提高到 15 万元，大大提高了全体市民的医疗卫生保障。但是，对于冠心病、恶性肿瘤等重大疾病患者来说，统筹基金的支付费用远远不能满足治疗费所需，群众抵御重大疾病的能力仍然单薄。据市政协组织对我市农（居）民"因病致贫、因病返贫"情况的调研显示，在我市低保对象中，有很大部分是"因病致贫、因病返贫"。如道滘镇 600 多户低保户中有 325 户，望牛墩镇 496 户低保户中有 95 户，茶山镇 216 户低保户中有 68 户等。可以说"因病致贫、因病返贫"是造成我市农（居）民贫困的主要原因之一。由公共财政出资统一购买医疗服务，能够保证市民平等享受待遇，确保了重大疾病的惠普性。采用政府统一购买代替个人购买，一方面能体现政府关心群众，另一方面能最大限度地统筹资源，确保投入的效益。近年来，我市大岭山、麻涌、中堂等 7 个镇率先尝试了为本镇户籍农（居）民购买重大疾病保险，取得了明显的效果，有效地缓解了农（居）民"因病致贫、因病返贫"的问题，实践证明行之有效，建议全市推广。

3. 加大教育投入，实行十二年免费义务教育，扩大学前教育的扶持力度。我市对教育的投入逐年加大，目前已全面推行了中小学九年免费义务教育，而且这一制度也惠及了一部分新莞人，成效显著。可以说绝大多数的家庭不再为子女读中小学的费用发愁。目前，我国的某些城市已逐步推行高中阶段免费义务教育，按照我市的财政状况，也完全有能力实现户籍人口的十二年免费义务教育。建议我市首先推行免费的职业高中教育，对全市的职业高中学生免除学费，并尽快推行普及至高中学生免费教育。加大中专、高职学校的财政支持力度，同时探索学前免费教育的可行性，让东莞的教育保障走在全国的前列，擦亮学在东莞的品牌。

4. 加大保障性住房建设的力度，特别是要加快公租房的建设，解决"夹心层"群体住房难的问题，让东莞的中低收入群体住得上房、住得起房。房价已经成为社会的热点问题，房价的上涨给一般市民，特别是准备购房的市民带来很大的压力。我市的房价相对于动辄几万元一平方米的北京、深圳等一线城市来说还算温和，但对于一般的工薪阶层特别是低收入家庭已构成了巨大的压力，许多人已经买不起房。市政府近年来也加大了保障性住房的建设力度，并推出了一批经适房、廉租房，但目前仍存在着规划配套不完善、成本高等问题。因此建议进一步加大力度、统筹规划，多途径、多方式、多地点解决中低收入群体的住房保障问题。

5. 加大市内扶贫投入的力度，尽快缩小贫富差距，实现全市均衡发展。这几年，我市对外扶贫的力度很大，但对内的扶贫力度相对来说差距甚远，这从情理上是说不过去的。为此，必须成倍加大市内的扶贫力度，让东莞的低收入家庭和贫困村组早日脱离贫困，过上体面和有尊严的生活，幸福东莞才能真正实现。

（提交人：民盟东莞市委会，撰稿人：朱伍坤）

关于发展创新产业集群的建议

理　由

创新集群是由企业、供应商、客户、公共服务机构、科研机构、大学、风险投资机构、金融机构、中介服务机构组成，通过产业链、价值链和知识链结成战略联盟或进行深度合作，具有竞争优势的集聚经济和大量知识溢出特征的合作创新网络组织。创新型产业集群不同于传统产业集群，它是以创新型企业为主体，以技术创新为关键驱动力，以知识或技术密集型产业为主要内容，以创新组织网络为依托，以创新制度和文化为环境的产业集群。培育和发展创新集群对于促进东莞经济快速发展具有举足轻重的作用。

一、东莞发展创新产业集群的意义

1. 产业集群发展的必然规律。产业集群是一个不断演变发展的过程。产业集群的发展大致分为两个阶段：传统产业集群和创新产业集群。从传统产业集群过渡到创新产业集群既是产业集群发展的方向，也是合理运用产业要素的客观要求，更是产业集群发展的一般规律。从总体来看，东莞产业集群还处在低成本传统产业集群的发展阶段。伴随着东莞资源环境约束的加强、经营成本的不断攀升、国际市场的竞争激烈，以低成本生存的东莞产业集群要想获得可持续的竞争优势，必然要升级到高附加值创新产业集群。创新产业集群的产生和形成并不是人为或行政力量能左右，它是产业发展的大趋势，是世界经济全球化的必然产物。

2. 产业转型升级的重要途径。产业转型升级必然要求产业集群要向更高档次的创新产业集群升级。OECD 的研究表明，以价值链为纽带的创新产业集群有强大的竞争优势，对区域内产业结构调整和优化有巨大的推动作用。东莞的产业规模虽然比较大，但缺乏自主创新能力，存在"大而不强"的严重隐患。虽然东莞产业迫切需要转型升级已经成为人们的共识，但至今还没有找到转型升级的可行办法。我们知道，一个企业单打独斗的转型升级是有比较大的风险，成功的概率是比较低的。通过技术合作或战略联盟的方式，把单个企业和科研机构、大学、风险投资机构、中介服务组织紧密联结，促使集群内部企业相互合作、相互学习，实现创新组织从单一企业到多个企业的跨越，这无疑会有效降低产业转型升级的风险。从这个角度来讲，培育和发展创新产业集群不仅为东莞产业优化升级提供了新的思路，而且也是东莞产业优化升级的有效途径。

3. 发展松山湖高新区的关键。培育和发展创新产业集群是国家高新区"二次创业"的战略举措和既定目标。国家高新技术开发区的成功标志不是拥有产业集群，而是拥有有特色的创新产业集群；不成功的国家高新技术开发区往往只有产业集群而没有创新产业集群。创新产业集群以产业链、价值链和知识链为纽带，使知识和技术在集群创新系统内部有效流动和充分扩散，实现创新主体之间密切联系和有机互动，共同提升国家高新区的竞争力。从这个角度来讲，创新集群是国家高新区的一种全新治理模式和手段。2010 年9 月，松山湖科技产业园区正式获国务院批准为国家高新技术产业开发区，为培育和发展创新产业集群提供了有利的条件和平台。松山湖科技产业园区要上新的台阶，只有以发展创新产业集群为抓手，才能实现"二次创业"的战略目标，真正发挥产业龙头和研发龙头的双带动作用，成为东莞乃至珠三角产业转型升级的科技中心。

4. 创新型城市的有效载体。创新型城市群与创新产业集群有内在的互动机制：创新产业集群的发展不仅是打造创新型城市的重要载体和有效途径，而且也是创新型城市发展的基础和动力；创新型城市通过整合创新资源，为创新产业集群的发展提供专业化的服务和便利的公共基础设施，创造技术交流和知识传授的条件，降低创新成本，从而推动创新产业集群的发展。创新型城市为创新产业集群提供良好的外部环境，创新产业集群的发展推动城市创新系统的升级，两者相互促进，共同发展。东莞市委市政府 2011 年决定用 5 年的时间把东莞建设成为在全国范围内有一定影响力的创新型城市。东莞只有将创新产业集群作为城市"创新增长极"来推动创新型城市的发展，才能不断提高城市的创新能力和自主创新水平，实现产业结构优化升级和经济增长方式的根本转变，从而促进城市综合竞争力和可持续发展能力的提高。

二、东莞发展创新产业集群面临的主要问题

1. 产业集群层次和产品附加值偏低。东莞创新产业集群尚处于形成初期，产业集群的发展层次还很低，仍以服装、家具、毛织、食品、五金、模具等传统产业集群为主，大多数产业集群都是劳动密集型或劳动—资源密集型，参与竞争的基础是低成本和低价格，在国内外的地位并不高。在东莞产业集群中，不少企业的产品档次低，技术和知识含量少，产品附加值低。例如，虎门服装产业集群的服装多数是中低档产品，设计创新能力比较差，缺少叫得响、有影响力的大品牌。从总体上来讲，东莞产业集群还是处于产业链的中低端，缺乏可持续的竞争优势。

2. 产业集群技术创新水平不高。按形成过程划分，东莞产业集群大体可以分为外源型和内源型两大类。外源型产业集群以外资企业为主体。这些产业集群的产品研发和设计在国外，产品的核心技术掌握在外商手中，技术创新水平完全由外商决定。这类产业集群在东莞缺少技术创新的基本条件和动力。内源型产业集群以本土企业为主导，大多数从事传统产业。一方面，这类产业集群本身缺乏自主创新能力，另一方面，由于国内知识产权保护不力，造成东莞内源型产业集群的技术创新水平比较低，主要以仿制和贴牌生产为主。

3. 产业集群的内部分工协作水平较低。东莞产业集群产业链条不完整，短小单一，还没有形成相互支撑、相互依存的专业化分工协作的产业网络。例如，厚街家具产业集群中几乎所有的企业都生产家具，只不过款式、品种、档次和类型有所不同。家具生产的关键环节，如木材采购和运输、设计、加工、仓储、运输和销售等分工并不明显，尚未形成完整的产业纵向链条。产业集群内部的企业虽然彼此邻近，但企业之间的信任程度比较低，产品的互补性不强，同质化和低质化现象严重，导致东莞产业集群内部竞争大于合作，缺乏知识交流和信息共享。

4. 公共服务平台的作用不明显。目前东莞重点扶持发展的产业集群中拥有公共服务平台或具有一定公共服务性质的平台有 19 家，其中投资额在 1 000 万以上的平台有 9 个，投资额在 100 万以内的有 2 个；具有单一功能的平台有 3 家，能提供多项服务的综合性服务平台有 16 家。从 19 家公共服务平台的运行效果来看，有明显经济效益的公共服务平台比较少，主要的问题主要表现为：规模小，知名度低，影响力弱，无法满足市场需求；服务与市场需求脱节，利用程度低；市场化程度低，自我生存能力弱，可持续发展能力不强。不少的公共服务平台遭遇"开业时风风光光、开业后冷冷清清""有偿服务无人买单，无偿服务少人捧场"的尴尬局面，一些公共服务平台甚至沦为摆设。还有一些公共服务平台陷入进退两难的境地：一旦地方政府不扶持，平台维持日常运作都很困难；政府继续扶持，又是个无底洞，成为东莞财政的一大负担。

5. 大学和科研院所对科技创新的贡献很小。东莞虽然有 6 所高校，但由于办学时间不长，高校人员实际的科技水平并不高等多种因素的影响，东莞高校的科研成果纸上谈兵的多，对东莞创新产业集群发展有实质作用的少；评职称的科研成果多，服务企业的科技创新少；评奖的科研成果多，实际产生经济效益的少。东莞高校与企业并没有开展长期的、稳定的校企合作，最多只是做一些低层次的职工培训，并没有把知识和创新技术在产业集群中有效流动和充分扩散。东莞高校虽然培养了不少大学生，但本身不仅没有充当产业集群科技创新的输出者和协作者，更没有成为产业集群科技创新的直接参与者。东莞企业虽然与国内上百所高校建立了合作关系，但取得经济效益的科技创新成果并不多。东莞有 65 家科研院所，但由于缺乏有效的机制和体制，也没有很好地实现科技与经济的有机结合。东莞的"产学研"远没有成为产业集群科技创新的重要源泉。

6. 产业集群的外部环境不断恶化。虽然近年来东莞创新型产业集群得到了长足发展，但从总体来看，东莞创新型产业集群发展的外部约束日益严峻，主要表现为土地供给不足、通货膨胀加剧和人民币汇率持续升值。东莞可用于工业发展的土地已经不多，尤其是成片开发的土地更少，导致创新型产业集群的进一步发展受到土地缺乏的严重制约。通货膨胀加剧和人民币汇率持续升值直接导致企业的经营成本上升，经营风险加大，利润空间缩小。目前东莞不少产业集群的生存都受到挑战，根本无暇进行有一定风险的科技创新活动。

办　法

1. 加快推进传统产业集群转型升级。东莞传统产业集群正处于转型升级的关键时期。东莞市政府应坚定信念，排除干扰，宁愿降低一点经济发展速度和减少一些 GDP，也要加快推进传统产业集群转型升级，促使产业集群从仿制贴牌向自主品牌转变，从高能高耗低效向低能低耗高效转变，从粗放化管理向集约化管理转变，从小规模低水平向大规模高水平转变。

2. 大力激发产业集群提高自主创新能力。东莞市政府应把对产业技术进步和产业集群的优惠政策及扶持资金等资源整合起来，形成合力，加大对产业集群自主创新的支持力度。在充分发挥东莞市政府引导作用的基础上，遵循市场经济和产业集群升级的基本规律，促进企业成为技术进步活动的主体，通过企业应用高新技术和先进适用技术，实现产业共性技术、关键技术和技术应用领域的突破，提高企业的持续创新能力。东莞应重点引导和支持电子信息、毛织、服装、家具、五金模具 5 个省级产业集群升级示范区，着力提升自主创新能力，为其他产业集群升级发挥示范带动作用。

3. 不断提高产业集群内部分工协作的水平。分工协作是创新型产业集群的重要表现形式。东莞市政府在引导产业集群升级时，要着重吸引具有产业带动力大、关联效应明显、技术创新扩散能力强的项目进入群内，并大力扶持群内已有品牌优势的龙头企业。同时，要通过集群内部的产业配套和关联机制，培育具有紧密分工与协作关系的关联企业，为创新能力强的大企业提供产品配套、技术配套和服务配套，强化群内企业的分工协作，形成密切配合、分工合理、有机协作的创新网络体系。

4. 积极探索公共服务平台的市场化运作方式。从东莞公共服务平台的盈利能力来看，私营平台的经济效益比较好，例如，东莞标检产品检测有限公司于 2008 年 4 月成立产品检测中心，首期投资 635 万美元，运作 8 个月后就实现盈利，目前年营业额超过 1 000 万元人民币。该公司的突出特点是：市场化运作、与政府无直接利益关系；母公司的知名度高、实力强。东莞应积极探索公共服务平台的市场化运作方式，使公共服务平台不仅成为产业集群科技创新的有效载体，而且不成为东莞财政的沉重包袱。

5. 充分发挥高校和科研院所的纽带作用。从理论上讲，高校和科研院所不仅是创新产业集群的技术人才基地，而且是创新产业集群的重要主体。东莞市政府、高校及科研院所应该积极探索"产学研"的新方式和新途径，应该把大学和研究机构的研发力量与产业集群的产业化有机结合起来，形成完整的技术创新链。东莞市政府应该出台政策，引导高校和科研院所围绕技术研发和产业化项目开展合作，鼓励科研成果的产业化和商品化。东莞的高校和科研院所应该主动服务创新产业集群，在提升东莞产业集群科技创新的过程中求得生存和发展。

6. 努力优化创新产业集群的外部环境。东莞创新型产业集群的发展离不开外部环境的支持。在国家大环境不能改变的情况下，东莞市政府可以考虑采取以下措施改变创新产业集群的小环境，降低东莞创新产业集群的成本和风险。一是提供优质高效的政府服务，确实解决创新产业集群发展中遇到的各种问题；二是把已经出台的产业集群升级政策落到实处，真正扶持有创新能力的产业集群；三是加大知识产权的保护力度，严厉打击知识产权的侵权行为；四是加大吸引集聚创新人才的力度，创造留住创新人才的良好氛围；五是完善投融资体系，满足创新产业集群的风险投资需求；六是深入研究东莞创新产业集群的新特点和新变化，及时总结经验教训。

（提交人：民盟东莞市委会，撰稿人：彭桂芳）

关于进一步改善我市校车安全管理工作的建议

理　由

一、问题提出：近期来，包括东莞在内的全国各地陆续发生了几起校车事故，甚至是严重的交通事故，引发全社会对校车安全的共同关注，校车已经成为各级领导都不得不认真对待的大事。

从当前形势来看，校车安全问题已经不是单纯的安全问题了，而是衡量各级政府是否关心教育，关爱生命，甚至是衡量各级政府执政能力的大事了。

国务院已责成有关部门迅速制订校车安全条例，抓紧完善校车标准，做好校车设计、生产、改造、配备等工作，并建立相应管理制度。对此，我市各部门和镇街高度重视，正在采取切实可行的措施严格排查问题校车，进一步完善校车安全监管。

二、现状及分析：与其他城市相比，东莞的校车现状有自身特殊性。非东莞户籍子女数量非常多，远远超过户籍学生数量。东莞公办中小学、幼儿园校车数量很少，大部分校车接送的是民办中小学的学生，校车来源多元化，校车运营整体呈现出高度市场化的态势是东莞校车的突出特点。

据统计，东莞共有 4 674 辆校车，其中属于私立学校拥有和运营的校车有 1 600 多辆，其余 3 000 多辆车分别属于镇、社区、楼盘业主等。校车来源的多元化主要有几个方面，一类是民办学校自己购买；另一类是社区（村）居委会购买，当作辖区居民（村民）的福利；一类是楼盘、小区物业的校巴；还有一类是几位家长合伙租赁的接送车，校车来源多元化成为监管的难点。目前，东莞的校车安全问题主要存在以下隐患：

1. 校车管理涉及部门多，配合协调难，监管过程中存在监管盲点。我市校车的发展历史并不长，进入 21 世纪后才获得较快发展，由于校车涉及公安、教育、交通、安监及学校等多个系统，在运营过程中，存在多头管理，部门配合不够，权限衔接不紧，惩戒力度不够等问题，致使部分民办学校甚至使用黑车或未登记注册校车接送学生，这些车游离在监管体系之外，隐患极大。

2. 各校经济状况不一致，校车提供方式不同，普遍超载。目前东莞使用校车接送学生的多为民办学校，高端民校在校车管理上相对较规范和安全，而一些中低端的民办学校，规模小、资金紧缺。大部分校车是按线路承包给车主。车主为了减少开支，将用车容量尽量压缩到最小，将跑的次数尽量压缩到最少。因而，就出现本该用大车的线路改用小车，本该跑两次的跑一次，造成校车普遍超载的现象。这些校车所接送的学生大部分是外来务工人员的子女，他们的经济本就不富裕，增加车辆只能通过增加收费来实现，可能会导致学生流失，学校也可能因流失生源而面临倒闭。所以只能通过市场寻找、租赁低价位（条件差）的客车来接送学生。

3. 校车车况较差，大部分校车缺少安全设施，甚至有些是报废车。由于校车并非全是学校统一购买，因而车况良莠不齐。我们经常可以看到一些校车破烂不堪，不但尾巴上拖着黑烟，车身锈迹斑斑，跑起来也左摇右晃，明显是车桥不正，总给人一种摇摇欲坠的感觉。有少数校车是报废车。国家对于校车的要求是每个座位上都本该配有安全带，以防校车在行进过程中摔伤、碰伤等情况发生。但在使用的校车中，没有一辆车上给学生的座位上配备安全带，这样，遇见急刹车等情况，学生很容易受到伤害，尤其是幼儿园的小朋友。

4. 校车市场混乱、运营缺乏规模，各运营单位缺乏专业管理运作能力，成本居高不下。目前校车运营模式多样，大部分都属于小规模运营，学校自营的一般几台到十几台不等，社区、村委会等单位甚至只有一两台，租赁公司的车辆专用于校车的也不多。由于运营的校车少，运营单位购买车辆、检测、维护、招聘人员等各项业务活动都不能实现规模化，投入的人力、物力、财力无法获得最大化效益，业务成本开支大，运营单位缺乏投入积极性，最终导致低水平的运作，不利于提高校车服务水平。另外，负责校车运营的单位有学校、社区、公司甚至私人，这些运营主体都不是专业的校车运营公司，缺乏专业管理能力、管理粗放，业务规范化程度不高，甚至出现违规违法现象。

5. 校车运营利润低，校车的需求为违规市场提供了生存空间。校车接送的对象主要是农村、乡镇、城乡接合部等区域的农民、民工或工薪阶层家庭子女，这些家庭经济条件有限，能支付的接送费较低。加上教育部门规定的校车接送标准偏低，正规的校车运营单位大多收不抵支、亏损经营，像学校、社区等单位则用其他资金补贴校车支出。相关调查显示，每辆校车平均每年的基本维护费用约为 8 万元（不含校车折旧费），按照每车平均载 35 名学生并接送两趟计算，年生均运营费用约为 1 143 元，而东莞市规定的校车接送收费是每生每学期收取 350 元，因此只要是正规运营的校车基本上处于亏损状态。由于校车运行成本较高，政府又没有专门的管理补贴，导致有资质的正规营运企业因利润低不愿意投入，而一些私人运输企业、出租车甚至个人借机投入到校车运营中，管理不规范，车辆维护不及时，这给校车运营当中留下严重的安全隐患。

6. 校车驾驶员缺乏开大巴的资格，缺乏技能培训和安全教育。校车驾驶员掌握着校车的方向，他们的素质和意识直接决定着校车能否安全行驶。由于校车司机归属的单位多样，有的归属学校，有的归属社区，有的归属营利性公司，这就不利于政府对驾驶员开展统一管理和培训，而各运营单位又不愿意投入资源进行技能培训和安全教育，因此校车驾驶员普遍存在素质低、法律意识淡薄的现象。更有甚者缺乏开大巴的资格，有些校车的司机车技较差，开起车来毛手毛脚，启动及停靠总是猛踩急刹，车行起来摇摇晃晃，极其不安全。

7. 校车运行缺少统一的安全要求。校车应该也属于一种特种车，在运行中应该有一些特殊的安全要求，然大部分开校车的司机不清楚开校车与开其他车有什么不同，也不知道校车司机有什么具体的要求。我们走访中问到一些校车司机，他们几乎都不清楚具体要求，只说："与开其他车一样，注意安全就行。"

校车安全是一个复杂、系统的问题，涉及出台具体标准、谁出钱、谁监管等方方面面的问题。校车事故频频出现的背后是资金投入不足、职能部门管理不到位、社会各界关爱孩子意识不强等，这些问题不解决，悲剧就不可能永远谢幕。让人欣慰的是温家宝总理在今年 11 月 27 日第五次全国妇女儿童工作会议上再次强调了校车的安全问题，称国务院已责成有关部门迅速制订校车安全条例，抓紧完善校车标准，做好校车设计、生产、改造、配备等工作，并建立相应管理制度。做好校车工作所需资金由中央和地方财政分担，多方筹集。要明确地方政府和部门责任，严格责任追究制，对发生的恶性事故要依法严肃处理。要通过中央、地方和社会各界共同努力，使校车成为学生安全的流动校舍，为孩子们建立起安全无忧的绿色通道。

8. 家长和学校安全意识淡薄。在东莞，在私立学校读书的孩子大部分都是外来务工人员，忙于为生活奔波的他们的最大目标就是能顺利让孩子准时上学，安全意识及自身的保护意识都很淡薄。不管校车安全性和上面谈到的各种问题，过多的是考虑是否便宜和方便。学校的教职工也有麻痹、侥幸心理，认为只要不出事就没有什么问题，这些不注重安全的想法就为校车安全事故种下了可怕的隐患。

办 法

总体思路：解决校车安全问题，只要做到三点基本可以实现，即合格车辆及驾驶员、限载、限速。但这是一个涉及校车标准、驾驶员素质、路权优先、经济效益等复杂的系统问题，为此提出以下建议：

1. 高度重视。政府及各职能部门应本着以人为本，为人民群众高度负责的态度，高度重视校车安全。尽快出台适合我市情况的相关校车管理制度，其中包括校车硬件标准。在校车管理框架中，政府负责安全管理方面的法律法规，并制定校车的安全技术标准和相应的管理政策；公安机关和交管部门是校车营运企业的监管部门和校车驾驶员和校车运行的安全管理部门。

2. 校车优先。为校车赋予最高等级的路权和优先权，确保校车营运过程安全。可借鉴国际先进经验，优先保证校车的特殊路权，规定校车在行驶过程中不能被超车，以保证学生的安全；此外，校车的路权高于消防车、救护车等，如果遇险，首先需要对校车进行救援。要规定除司机和专职的校车安全人员外，任何人不能上车以保证学生权利。从校车发展比较成熟国家的经验来看，要解决校车安全问题，没有校车的路权和种种优先权做保障，校车安全往往会流于空谈。

3. 加强对校车源头的监管。一是加强制度建设，交警部门应严格路检路查及校车标牌的发放工作。统一对准入校车挂特别标志，无标志者不得接送学生；规定校车最小排量、使用年限、行车公里及车检频度等。校车还需要根据政府的有关规定进行定期检测和维护。校车需具备全的检查、检测与维护记录等，以随时备查。二是在技术方面采取强制性措施，通过在校车上加装的校车 GPS 行车记录仪，检测记录超速、超载，并将有关数据与市教育、交警、交通部门联网，接受 24 小时监督和管理。

4. 加强驾驶员的教育和培训。在当前校车来源多元化的时期以及某些驾驶员素质不高的情况下，应在全市建立校车违法违规制度，加大校车违法违规惩处力度。市教育局已经出台相关规定：在违法校车处理的方案中，对于公办学校，给予校长警告、取消学校和校长评优评先资格，甚至免除校长职务的处罚；对于民办学校，给予警告、年审不合格，甚至吊销办学许可证的

处罚。

对于部分民办学校租赁企业车辆作为校车，这类校车如出现违法违规行为，取消校车管理单位向当地范围内所有学校出租校车的资格。对于隶属村（社区）或小区的校车，如果出现违法、违规行为，将由各镇街宣教办提请当地党委、政府协调职能部门监管。如果造成人员伤亡，社会影响恶劣的，将依法取消民办中小学（幼儿园）的办学资格，并由相关行政部门追究事故责任人的法律责任。

5.改善运行管理模式。在条件成熟时，考虑成立专业性校车营运企业。目前，东莞的学校（主要是民办学校）多是承担校车责任的主体，这样的管理模式是不合理的，一则学校安全压力和人力、财力的压力太大，二则财政的公共功能没有得到体现，这是东莞相关部门在当下设计校车制度时当慎重考量的。成立专业性校车运营公司，一则便于运营公司统筹安排和调度车辆，二则便于政府部门监管，三则便于运营公司对经费筹集，四则便于政府实行对运营的补贴。

6.探讨财政补贴的可行性：基于当前东莞校车市场化程度高的状况，政府还应通盘考虑对校车是否进行某种程度的财政补贴，在欧美国家，校车都为私家公司所经营，但是，这些私人经营的校车都得到政府的补贴，这是值得我们借鉴的。校车为什么总是超载，根本原因是经济效益的问题，政府部门应该认真研究，制订合理的校车运营收费标准，若能做到对缺额部分实行财政补贴，控制超载不是问题。

（提交人：民盟东莞市委会，撰稿人：朱美华、杨权治，整合：李奎山）

关于设立东莞市"'三旧' 改造政策研究课题"的建议

理　由

为深入推进我市的"三旧"（旧村庄、旧城镇、旧厂房）改造工作，建设"幸福东莞"，结合目前的工作进展和实际以及面临的各种困难，我建议设立"'三旧'改造政策研究课题"，向科研机构、大专院校"借脑"，借助专家、学者在"三旧"改造方面的研究实力和研究成果，为我市制定科学、行之有效的细化政策提供理论和智力支持。具体情况介绍如下：

一、目前总体工作进展

"三旧"改造工作自 2009 年年底正式启动，市委、市政府决定至 2020 年完成改造面积 30 万亩的长远目标。时至今日，两年过去，全市 2 500 余宗、约 30 万亩土地已全部进入省的专项数据库，32 个镇街的专项规划耗时半年完成，209 宗项目上报改造方案，94 宗项目近两年动工，44 宗项目已完成拆迁。

二、目前面临的问题和困难

"三旧"改造的大规模启动得益于国务院给予我省的特殊土地政策，大大解放了原有政策对历史用地的束缚。但显然，要让"三旧"改造走得更远、更好、更稳，需要更科学、更细致、更行之有效的引导和智库支持。缺乏理论全面系统的指引，再美好的蓝图也无法持久实现。

"三旧"改造牵涉面广，其系统性、复杂性、艰巨性随着工作的深入而越发显著。

第一，就用地而言，涉及的历史遗留问题繁杂。30 万亩土地中过半无合法用地手续，部分村的村民住宅用地全部被划入生态绿线范围，无法建设。

第二，就人而言，需要改造的范围内居民众多且成分复杂，以旧村（约 5.1 万亩）为例，按照目前的数据测算，牵涉到约 18 万居民。如何充分保障 18 万居民安居乐业而又高效推进改造，一直以来是个难题。

第三，就事而言，旧村庄改造进展缓慢，今年优先配给用地指标的 17

个旧村项目，涉及拆迁户 6 191 户，但已签订协议的只有 362 户；国家对房地产市场持续调控，社会资金参与热情反复；工业升级改造政策支持力度不大，房地产项目比例偏重、项目同质化现象普遍，在已上报的 209 个项目中约 86% 为商住项目（含商品楼、写字楼、酒店等）。

第四，与改造有关的资金使用情况，目前存在较多问题，如：旧村改造出让金返还部分的使用未做限定，返还的出让金往往成为村集体的额外收益和改造项目的巨额成本；工业升级改造除全省适用的不增收土地价款外，缺乏更为细致、更具针对性的支持政策。

总体而言，目前我市"三旧"改造在旧村庄改造和旧厂房升级改造方面存在较大问题，旧村庄改造推进艰难，工业升级改造乏力，与兄弟市相比进展缓慢。

办 法

作为政府临时机构，市"三旧"办在完成日常诸如方案审批、台账督导、项目协调、数据统计等工作之余，难以安排足够的人力和专业技术人员、难以抽出额外的时间及精力，加之缺乏经费，难以广泛开展调查和研究。而"三旧"改造关系千家万户，工作涉及方方面面，需要更为细致、更具有针对性的政策支持和更加完善的措施支持，更需要依据大量翔实的调查，掌握基层企业和基层群众的需求以及对改造的想法和认识。同时，也需要借鉴和吸收全国相关城市乃至国外在"三旧"改造方面的有益做法。鉴于此，笔者提出如下建议：

1. 设立专门的政策研究课题，引入科研单位、大专院校，开展深入研究必不可少，而这也是惯常的做法。如我市轨道办设立"轨道交通线网沿线土地利用整合研究"课题，引入广东省城乡规划设计研究院开展课题研究；佛山市"三旧"办设立"佛山市'三旧'改造相关政策研究"课题，引入广州市城市规划勘测设计研究院和上海同济城市规划设计研究院共同开展课题研究。

2. 积极汲取广州等地的经验，走出具有东莞特色的改造之路。2011 年 8 月底，省国土资源厅召集广州、深圳、东莞、佛山等地市负责"三旧"改造工作的同志，在我市开展为期一周的政策储备集中研讨。借此机会，我了解到，我市存在的上述问题在其他地市也普遍存在，部分地市相应出台了引导性政策文件。如广州市出台了《关于广州市推进"城中村"（旧村）整治改造实施意见》（下称《实施意见》），提出"改制先行，改造跟进"的策略，即将农民转为居民，村委会转为居委会，村集体经济组织转制为股份制企业，土地转为国有，纳入城市管理和保障体系，将村级体制改革、市民身份转变、社会管理制度完善和城市空间改造等视为一个系统不可分割的几个方面一并推进，追求空间、制度和人"三位一体"的提升。在拆迁补偿方面，《实施意见》明确提出"拆一补一"，安置房可以办理国有房地产权证。又如佛山出台《关于通过"三旧"改造促进工业提升发展的若干意见》，规定旧厂房改造要优先用于发展工业，其中禅城区旧厂房改造用于发展工业的面积不低于 40%，其余区不低于 60%；对旧厂房改造用于发展工业除不再增收土地价款外，还给予奖励。这些有益的做法值得东莞借鉴。当然，我们不能完全照搬，要从我市的实际情况出发，引进与创新结合，走出自己的路子。这一切，都需要专家的指导。

3. 关于课题的设立，具体设想如下：

（1）课题内容：东莞市"三旧"改造政策研究，包括两个子课题：旧村庄改造政策研究；旧厂房升级改造政策研究。

（2）时间安排：课题承接单位开展调研、分析和撰写报告的时间为 2012 年 3 月至 2012 年 5 月，2012 年 6 月底前课题承接单位向市"三旧"办提交最终研究成果，市"三旧"办负责组织验收。2012 年 6 月至 2012 年 7 月，市"三旧"办会同有关部门根据课题研究成果，形成专题报告和政策建议，上报市政府。

（3）经费预算：经过初步市场询价，旧村庄改造政策研究子课题约需

100 万，旧厂房升级改造政策研究子课题约需 50 万，课题研究预算为 150 万。

费用比较

课题名称	费用
东莞市旧村改造实施政策研究	100 万元（华南理工大学报价 138 万元）
东莞市旧厂房升级改造政策研究	50 万元（综合开发研究院报价 59.4 万元）
轨道交通线网沿线土地利用整合研究（市轨道办）	98 万元（成交价）
佛山市"三旧"改造相关政策研究（佛山市"三旧"办）	63 万元（成交价）

（4）待获得市政府同意设立课题组后，再按照相关法定程序，具体落实课题研究单位。

（提交人：民盟东莞市委会，撰稿人：王勇）

关于东莞市政府推动工业设计发展的建议

理　由

当前工业设计已成为各国、各地区新的经济增长点的重要支撑，许多国家已经把工业设计作为国家创新战略的重要组成部分，在产业政策上给予扶持。英国作为最注重工业设计的国家之一，最早设立了国家设计委员会，主持全国工业设计推进工作，设立了设计顾问资助计划（FCS）和扶持设计计划（SFD）。德国是工业设计的发源地，柏林的国际设计中心通过提供专项资金与技术，与大专院校合作培训各类专业设计人才，展示工业设计成果，承担工业设计业务，对国民经济发展产生了巨大的推动作用。2000 年，芬兰政府通过了国家设计政策纲要，以"成为设计和创新方面的领先国家"作为国家的发展战略实施。日本提出了"科技立国，设计开路"的国策，在设计开发上投入的资金占国民生产总值比例达到 2.8%，日本通产省设有促进工业设计的专门管理机构，负责鼓励和协调产品创新，制订了选拔优秀设计产品的 Gmark 制度。2000 年，韩国政府提出了"设计韩国"的战略口号，重视培育设计产业发展环境，提出到 2010 年成为世界设计强国。

近年来，我国的工业设计发展迅速，为制造业升级发挥了显著的作用，并且得到政府部门的高度重视。《国家中长期科学和技术发展规划纲要（2006—2020 年）》提出，必须提高我国工业设计的整体实力，增强工业设计与制造业的能力和水平，从而推动企业创新能力的提升。科技部在"十一五"国家科技支撑计划中专门设立了"工业设计共性技术开发与应用""面向数控机床行业的产品造型设计应用软件"等重点项目，凸显对工业设计的重视和支持力度。

目前我国地方政府也开始重视工业设计在制造业发展中的作用，将其作为工业化的战略途径，创造了许多以工业设计产学研平台振兴制造业的成功范例。2001 年北京成立了首家创新设计企业孵化器，2005 年又建立了工业设计创意产业基地，孵化了一批工业设计创新机构，培育了一支高素质的工业设计队伍，实现了工业设计产业化发展。上海（创意）发展规划所派生的创意产业，已经产生了巨大的集群效应，有效地促进了由制造到创造的转型。深圳按照政府推动、市场运作的原则筹建了深圳市创新设计研究院，组建了工业设计共性技术服务中心，力争打造成为全国的"设计之都"。

东莞作为世界制造业名城，通过 30 年的开拓奋进，创造了令世人瞩目的发展奇迹。东莞制造业的基本生产模式包括 OEM、ODM 及 OBM①，其产业的基本生产模式主要是 OEM，约占 60 ~ 70%。政府于 2006 年颁布了《东

---

① OEM（Original Equipment Manufacturer），直译为"原始设备制造商"。ODM（Original Design Manufacturer），直译为"原始设计制造"，俗称"贴牌"。OBM（Original Brand Manufacturer），直译为原始品牌制造商，是指代工厂（生产商）自行创立产品品牌，生产、销售拥有自主品牌的产品。

莞市促进工业设计实施办法》。

OEM 生产模式上手容易，不用大量投资，但利润空间也相对较小，毛利约为 10 ～ 25％，有的甚至更低；ODM 和 OBM 由于是自有技术，原创价格掌握在自己手中，有相对较强的竞争力，据核算 OBM 毛利率约为 45 ～ 55%。做自有品牌比起贴牌生产利润要高出 30 ～ 40%。

东莞靠 OEM 起家，也靠 OEM 发展，其经营模式、产业特点、甚至是行业规范都已形成了与 OEM 相适应的共生结构，创造了辉煌的一段历史。

然而进入 2007 年以来，受世界经济大形势的影响，在某种程度上将靠着 OEM 做大做强的东莞玩制造业推上了风口浪尖，2008 年金融海啸的连锁影响无异于雪上加霜，随之原材料涨价、电力紧张、工人最低工资标准上调等一系列因素使得东莞制造业的形势更加严峻。内忧外患之下，一些制造厂悄悄关闭，也有一些举步维艰，东莞制造业面临十分严峻的发展困境。

由于缺乏自主产品、缺乏自主品牌使得东莞产业处于低利润、低附加值、低竞争力和高风险的产业链低端位置。因此建议东莞市政府推动工业设计发展，促进产业转型升级。

办 法

1. 建议政府加强工业设计引导，定期举办企业主关于创立自有品牌产品战略意识的教育引导，加强自主知识产权意识教育。

2. 建议政府设立工业设计委员会推动工业设计发展。

3. 建议政府设立工业设计扶持计划，促进企业进行自主知识产权产品开发，发展创意产业实现企业升级转型。

4. 建议政府设立工业设计奖项，奖励企业和设计师等。

5. 建议加强工业设计教育投入，加强企业设计师培训。

（提交人：袁华强，撰稿人：何凤梅、李奎山、刘志然、李平娅）

关于在网上提交政协提案答复的建议

理　由

每一届的政协会议，政协委员都会提出大量的提案，其中每届会议立案的提案也多达上百个。政府对这些提案的处理流程如下：

1. 由政协提案委员会召开提案工作会议，确定哪些提案可以立案。

2. 政协提案委员会根据提案所涉及的领域分发到主管单位处理。

3. 负责处理提案的主办单位对提案所提出的意见进行书面答复。

4. 负责处理提案的主办单位把答复报告交由提出提案的政协委员征求意见。

大部分提案由于很多客观原因和主观因素无法得到落实。主办单位在征求政协委员的意见时，即使政协委员不满意，也就不了了之。很多政协委员对这种状况只能无可奈何。

办　法

主办单位把答复报告提交到东莞阳光网上，政协委员也把对答复报告的意见提交到东莞阳光网上，让东莞的广大市民对提案和答复报告进行评论。这样就能把那些应付了事的答复暴露在广大市民的监督之下。市民也可以对提案的答复报告进行投票。广大市民的投票不但能甄别答复报告的好坏，还能让大家看到主管部门是否作为。另外，也可以监督政协委员是否尽到了应尽的义务，是否在认真履行职责。

（提交人及撰稿人：赵一杰）

关于加速发展 3D 打印技术，
提升我市制造业竞争力的建议

理　由

在经济全球化的大背景下，由于贸易、投资的自由与便利化，使得资本有条件向生产成本更低、资本利用率更高的地方集中。20 世纪七八十年代，欧、美、日一些制造业发达的国家纷纷把其劳动密集与资源密集的产业转移到东亚、东南亚和南美的一些发展中国家和地区。过去数十年来，东莞制造业正是在此全球制造业发展的大趋势下得到了迅速发展。

但是随着知识经济的不断发展，特别是信息技术的突飞猛进，高度发达的信息技术和网络系统正极大地改变各个产业发展的技术环境和经营条件，也改变着产业竞争的业态基础和商业模式。经济全球化的外部环境使得制造业出现了生产全球化、消费全球化、服务全球化和研发全球化的趋势。发达国家凭借其技术优势，不仅将其低技术的产业转移出去，即使在高技术产业领域，也是尽力抢占各产业的高技术和高附加值环节，将产业链条的低技术环节转移给较低发展水平的国家。另外，随着我国改革开发的深入及本国发展的内在需求，我国东部、中部、西部地区的区位优势逐渐体现，它们可以提供更便宜的劳动力、土地及其他资源，于是很多企业逐步向内地迁移，包括向东南亚，如：越南、缅甸等地转移。因此，国际、国内经济环境变化，给我市地方经济和一些制造业企业带来了严重的影响。

源自快速成型和快速制造，以3D打印技术为核心手段的加式制造，被许多人认为是一项将要改变世界的"破坏性"新技术，已引起全球性的关注。今年3月，英国《经济学人》杂志就此以"第三次工业革命"为主题，声称3D打印技术即将引发新一轮的"工业革命"浪潮，并认为生产制造将从大型、复杂、昂贵的传统工业过程中分离出来，凡是能接上电源的任何计算机都能够成为灵巧的生产工厂。类将以新的方式合作进行生产制造，制造过程与管理模式将发生深刻变革。以目前加式制造的发展情况判断，随着3D打印技术发展，社会制造的形式会得到迅猛的发展。

简言之，社会制造就是利用3D打印、网络技术和社会媒体，通过众包等方式让社会民众充分参与产品的全生命制造过程，实现个性化、实时化、经济化的生产和消费模式。因此，社会制造必将极大地刺激社会需求，同时有效地提升整个社会的参与程度，其直接结果就是社会就业率的大幅度提高，而传统的企业将转变为能主动感知并且响应用户大规模个性化需求的智能企业。因此，社会制造为提高我市制造业的竞争力、加速产业升级和转型提供了难得的机遇，而我市作为"世界工厂"，应加速发展 3D 打印技术及社会制造产业，以信息化带动工业化，将是转变经济增长方式，为高水平崛起增添助力，走新型工业化道路的重要举措。

一、发展现状及存在问题

加式制造是相对于减式制造而言的。自古以来，减式制造就是人类生产的主要方式，更是现代制造工业的基础。所谓减式制造，即通过模具、车铣等机械加工技术与工具将原材料转化成产品的工艺过程与设备的总称，其特征为利用缩削、减少材料来生产部件。近十年来，随着快速成型、快速制造、3D 打印等技术的成熟与普及，加式制造已从早期快速成型发展成为具有广泛应用前景的新型制造技术。其主要特征就是利用逐层增加材料的方式生产各种产品，无须模具，因此也被称为无形制造技术。现代加式制造技术直接起步于激光三维聚合成形（1968 年 Swainson 的专利）、直接粉末沉积（1972 年 Ciraud 的专利）和粉末激光烧结（1979 年 Housholder 的专利）等加式制造技术。从 20 世纪 80 年代起，各种各样的加式制造技术大量出现，并在许多领域里进行了创造性的应用，形成今天的加式制造，特别是 3D 打印技术的新局面。根据 2009 年美国的 Wohler 报告，2008 年全球加式制造市场规模约为 12 亿美元。截至 2011 年，这一市场规模超过 25 亿美元，其中设备和材料的直接销售为 5 亿美元，在卖出的加式制造机器中，90% 为生产基于聚合物的部件和模型的 3D 打印机。

这意味着"长尾效应"常态化将在生活和产业中成为现实，意味着个性化的规模化和经济化，意味着社会制造时代的来临。在这个时代里，社会需求将同社会制造能力实时无缝地衔接，搜索就是制造，搜索就是生产，搜索就是消费。原因十分简单，减式制造依靠规模生产降低成本，但绝大多数的需求并不需要规模生产，属长尾范围，过去只能由手工制作或归为奢侈品来满足，而现在可以通过 3D 打印技术高质量且经济地解决。因此，以 3D 打印技术为基础的社会制造对于时下的产业升级和世界经济的发展，至关重要！

总结起来，我市发展社会制造产业总体呈现出"推广应用有基础、创新服务有潜力、跨越发展有优势"的"三个有"态势。

1. 有基础。传统制造业面临困境，企业正寻求产业转型升级，因此可依托本土支柱、特色产业，积极推动 3D 打印技术的应用推广和社会制造产业的发展，带动制造业实现了新的突破。

2. 有潜力。自改革开放以来，经过数十年的发展，我市在政策、财政等方面扶持新兴产业发展积累了丰富的经验，以此为鉴，可助推 3D 打印和社会制造产业的健康发展。

3. 有优势。我市是目前全国乃至全球最大的制造业基地，具有非常大的社会、行业影响力。同时，我市处于珠三角地区的中心地带，地理位置优越，交通条件便利。可以说，我市已经具备了货源、地理和物流三大绝佳条件，在发展社会制造产业方面仍具有得天独厚的优势。

然而 3D 打印技术作为社会制造的核心手段，由于国内之前对社会制造都缺乏足够的认识，因此，国内在高精小 3D 打印机的生产方面几乎是一片空白，仅有几家海外产品的代理，这为社会制造产业的发展带来了一系列的瓶颈。

办　法

1. 制定创新战略、加大政策扶持力度。一是要将 3D 打印和社会制造列入我市战略性新兴产业范畴，使得我市现有的针对战略性新兴产业的各类优惠政策惠及社会制造产业发展；二是要督促各个政府部门制定相应的社会制造产业扶持政策，形成政策合力，共同为企业应用社会制造实现转型升级保驾护航；三是积极推进全市社会制造产业发展规划的编制工作，早日出台统一规划，引导和推动我市企业全面、深入开展社会制造产业应用。

2. 强化财政支持力度。设立财政专项资金，集中资源鼓励我市制造业企业应用 3D 打印技术和发展社会制造产业。可参考其他产业财政支持政策，由市财政局牵头，市经信局、科技局、外经贸局等部门协助配合，尽快制订发展社会制造产业的扶持资金管理办法，大幅提升"科技东莞"工程中支持社会制造产业发展的专项资金额度，以促进我市社会制造产业快速发展。

3. 优化产业布局，建立 3D 打印产业园区。充分考虑区域发展特点，以各镇街特色产业为基础，统筹松山湖、生态园等园区发展，规划建设一批规模较大，特色明显的 3D 打印产业园区，加快社会制造产业集聚。可在目前我市制造业相对集中的地区，开展 3D 打印产业园试点，吸引国内外知名 3D 打印企业进驻，促进本土 3D 打印企业服务和技术进步，全面带动 3D 打印产业链发展。

4. 开展东莞市 3D 打印龙头企业培育工程。实行"大公司"战略，充分发挥龙头企业的带动效应，一方面加大招商引资力度，集中力量吸引一批社会制造企业落户东莞；另一方面加强对本土制造业企业发展社会制造的扶持培育力度，打造一批国内外有影响力的社会制造品牌企业，培育出 1 ~ 2 家具有影响力的 3D 打印龙头企业，并总结和宣传成功经验。

（提交人：民盟东莞市委会，撰稿人：袁华强）

关于加速推进大数据战略，建设智慧东莞的建议

理　由

随着全球信息化、社会化网络的发展，以及云计算、移动互联网和物联网等新一代信息技术的广泛应用，各行各业的数据增长速度之快、数据量增长之大前所未有，人类社会正迈入一个崭新的大数据时代。有预言称：大数据将引发新的"智慧革命"，从海量、复杂、实时的大数据中可以发现知识、提升智能、创造价值。全球知名咨询公司麦肯锡在研究报告中指出，数据已经渗透到每一个行业和业务职能领域，逐渐成为重要的生产因素，而人们对于海量数据的运用将预示着新一波生产率增长和消费者盈余浪潮的到来。美

国政府日前在白宫网站发布《大数据研究和发展倡议》，提出"通过收集、处理庞大而复杂的数据信息，从中获得知识和洞见，提升能力，加快科学、工程领域的创新步伐，强化美国国土安全，转变教育和学习模式"。从美国政府正式高调力挺大数据的举动中看，大数据也应该是我们更为关注、更为深入地去认识和思考的概念。

我国当前正面临从粗放到可持续发展方式的转变，发展大数据产业将推动我国转变社会经济发展方式，且利用大数据技术能够将隐藏于海量数据中的信息和知识挖掘出来，为社会经济活动提供依据，从而提高各个领域的运行效率，大大提高整个社会经济的集约化程度。汪洋同志在今年10月8日到省财政厅进行专题调研时，曾给财政厅全体干部推荐了《大数据：正在到来的数据革命》一书，希望全省财政系统干部更加重视数据的收集、分析和使用，坚持用数据说话、用数据改进管理、用数据推动创新。此后，有关部门与专家、企业、行业协会开展了一系列座谈会，研究细化大数据战略的实施方案，并由省经信委会同有关部门起草了一份《广东省实施大数据战略工作方案》报送给省政府。广东大数据战略将坚持以开放共享推动大数据应用，以开发应用带动大数据发展，以大数据发展促进社会创新，建设"智慧广东"。而我市站在"十二五"发展的台阶上及原有信息化发展水平上，也到了一个促进各个行业、部门之间，针对我市整个经济社会发展需求来做互联互通、业务协同的发展阶段。

一、发展现状

大数据技术的发展和应用，对城市建设管理的影响非常突出。目前，大数据可重点应用于以下几大领域：

商业智能：商务智能可有效提高企业运营活动的效率。如在零售行业，由于同类产品的差异小，可替代性强的特点，零售企业销售收入的提高离不开出色的购物体验和客户服务。零售企业需要根据销售有特色的本地化商品并增加流行款式和生命周期短的产品，零售企业需要运用最先进的计算机和各种通信技术对变化中的消费需求迅速做出反应。通过对大数据的挖掘，零售企业在选择上架产品时，为确保提供式样新颖的商品，需要对消费者的消费行为及趋势进行分析；在制订定价、广告等策略时，需进行节假日、天气等大数据分析；在稳定收入源时，需要对消费群体进行大数据分析，零售企业可以利用电话、Web、电子邮件等所有联络渠道的客户的数据进行分析，并结合客户的购物习惯，提供一致的个性化购物体验，以提高客户忠诚度。同时，从微博等社交媒体中挖掘实时数据，再将它们同实际销售信息进行整合，能够为企业提供真正意义上的智能，了解市场发展趋势、理解客户的消费行为并为将来制订更加有针对性的策略。

政府决策：融合政府内部、互联网网民、民众舆论信息，甚至各种传感器所产生的海量数据，然后与历史情况相结合，就可以从中提取出在政府工作中真正需要的信息，给政府决策提供依据，有效提高政府决策的科学性和时效性。

工业经济：通过 ERP、MES、SCM、电子商务等各种信息系统，搜集与经济领域相关的企业、工业设备、原料、资金、交易、投资、诚信、节能等信息，对其进行数据分析及走势预测，可以形成资源合理利用、加工适时适度、投资有理有据的智慧型工业，并且能够带动产业的转型升级。

社会事业：当今城市的生活节奏越来越快，多方位多维度的大数据给我们的生活提供了很多便利。譬如以往求医，在医院挂号、求诊、配药等都要一次次排队等候，易形成就医难的困境。如今，随着电子医疗时代的来临，通过网上预约挂号，仅用一张 IC 卡就能付费，病人的各方面信息及时进入信息系统形成各类诊疗数据，也给医护人员为病人选择最佳护理方案提供了依据。

公共服务：一方面，政府利用大数据技术把积累的海量历史数据进行挖掘利用，可以提供更为广深的公共服务，另一方面，政府可以通过对卫生、环保等领域的大数据实时分析，提高危机的预判能力，为实现更好、更科学的危机响应提供了技术基础。如在交通系统，随着汽车工业的发展，车辆保有量的不断攀升，车与路，车与环境之间的矛盾日趋加剧，诸如交通堵塞、事故增多、能源浪费和环境污染等问题的恶化，需要通过对历史及现在的车辆情况、路网情况的实时大数据分析，制订更为优化的系统方案，使车辆行驶在最佳路径上，缩小行车时间、节省燃料、减少环境污染，提高路网通行能力和服务质量。

公共安全与城市应急：在我们的城市建设中，会有各种层出不穷的安全问题如灾害天气、环境污染、重大突发状况等等无时无刻不在考验着城市的公共安全和应急体系。遍布城市各处的感应器搜集城市各处的安全信息，所有的相关信息被记录，形成大数据。对这些数据进行收集处理与分析利用，将给城市的管理者和市民提供有效的资讯，让我们知道我们的城市哪里出了问题，哪里将要出现问题，从而实现智慧城市的预知能力。

二、存在问题

我市经过数十年信息化发展，包括原来的纵向信息化系统及信息孤岛建设，实际上达到了一个良好的阶段。纵向部门的信息化系统，行业信息化系统已经非常领先。但是数据依据类别、行业、部门、地域被隔离的现象非常严重，数据之间的关联性被人为地割裂和遗忘，造成在社会经济管理中遇到很大的现实困境。在使用过程中被限制的情况很多，主要有两方面的因素：第一，现实中没有突破的技术障碍；第二，体制方面的一些弊端，包括长期存在的部门权力利益化和部门利益的合法化现象。因此，推进大数据战略的核心挑战，还要面对原来的信息化建设中没有解决好的问题。另外，随着互联网的发展，大数据源于非结构化数据，数量级不断地提高。因此如何做好面向智慧城市的大数据运营，对数据进行充分的分析和利用，促进我们智慧运用管理城市，这也是面临的极大挑战。

办　法

1.加强组织领导，建立协调机制。一是成立大数据发展战略领导小组，由市领导担任组长，成员由市经信局、科技局、发改局、财政局、人力资源局等各职能部门组成，明确各相关部门在资源配置和产业管理方面的职能，落实国家、省、市有关大数据战略发展规划和具体实施计划方案。二是建立东莞市促进大数据发展联席会议制度，定期由大数据战略发展领导小组组织召开会议，并不定期召开企业、行业协会座谈会，研究和探讨大数据发展及建设智慧东莞的模式，形成经常性沟通协调机制，化解各部门之间的壁垒。

2. 加大政策扶持力度。一是要将大数据列入我市战略性新兴产业范畴，使得我市现有的针对战略性新兴产业的各类优惠政策惠及大数据发展；二是要督促各个政府部门制定相应的大数据战略扶持政策，形成政策合力，共同为促进大数据产业发展保驾护航；三是积极推进全市大数据发展规划的编制工作，早日出台统一规划，并起动立法保障信息安全，引导和推动我市各行业全面、深入地开展大数据应用。

3. 强化财政支持力度。城市智慧来自大数据，大数据的采集、传输和存储要求我们必须重视信息基础设施的建设，因此，设立财政专项资金，集中资源鼓励我市各行业参与大数据产业的发展并按各自的实际需求使用大数据应用。可在参考我市支持其他战略性新兴产业发展财政政策的基础上，由市财政局牵头，市经信局、科技局、外经贸局等部门协助配合，尽快制定支持大数据产业发展的扶持资金管理办法，大幅提升"科技东莞"工程中支持大数据发展的专项资金额度，以促进我市大数据产业快速发展。

4. 增强人才建设力度。大数据所带来的全新的社会经济运作模式可提高各个领域的运行效率，但是对人才的素质要求同样也大大提高了。所以，要把引进培养大数据高端人才和大量培养技能型支撑人才有机结合，积极落实各项人才优惠政策。在用好用足现有人才激励政策的基础上，针对大数据人才特点，研究制定和完善相关政策，同时在全市各大中专院校加大力度培养大数据应用技能型支撑人才。

（提交人：民盟东莞市委会，撰稿人：袁华强）

关于加强终端市场蔬菜及冰鲜水产品保鲜类有毒有害物质监督检验的建议

理　由

食品安全问题已成为继人口、资源、环境之后的第四大社会关注问题，食品安全涉及每一个人。近十年来，我市在食品安全保障方面投入巨大，各食品安全机构在保障食品安全方面也做了大量工作。

据了解，目前我市蔬菜质量安全检测主要以农药残留为主，水产品质量安全检测主要以抗生素、农药残留、微生物及孔雀石绿为主，对保鲜类有毒有害物质甲醛、硫酸铜（蓝矾）的监督检测开展较少。甲醛是世界公认的致癌和致畸形物质，是一种强致癌突变物，而硫酸铜一次食用多量可能造成急性胃肠炎，严重者会导致肾功能衰竭甚至是死亡，保鲜类有毒有害物质比抗生素、农残的累计效应具有更大的危害。不法商贩们在难以保鲜的蔬菜喷洒蓝矾、甲醛，在冰鲜水产品中添加甲醛已成潜规则，本人也有两次在购买的上海青中发现有蓝色粉末状硫酸铜的经历，原来蓝矾甲醛就在身边。

办　法

"民以食为天，食以安为先"，食品安全问题关系人民群众的切身利益。为进一步加强日常农产品质量安全，特做如下三点建议：

1. 加强蔬菜及冰鲜水产品保鲜类有毒有害物质的抽查检验。按照危害程度，有针对性有重点的加强对蔬菜水产品批发市场、零售蔬菜及冰鲜水产品摊点等终端市场的蔬菜水产品保鲜类有毒有害物质抽查检验，蔬菜着重以检查蓝矾和甲醛，冰鲜水产品以检查甲醛为主。

2. 做好检测结果透明公开公示。摒弃人为设置检测结果合格率目标，实事求是，将真实检测结果公开公示。

3. 加强对危害食品安全行为的执法处罚力度。理顺工商、农产品管理、质量检验机构间工作协调机制，从抽样、检测及执法全过程做到有法可依、有法必依、执法必严、违法必究，在程序无瑕疵基础上加强对危害食品安全行为及责任者的处罚力度。

（提交人：郭志明，撰稿人：杨立平 ）

关于提高中小学名师工作室的工作经费的建议

理　由

为进一步充分发挥名师、名校长的示范、引领作用，带动全体中小学教师、校长队伍整体素质提高，广东省自 2009 年起、东莞市自 2010 起，先后在全省、全市建立了名校长、名教师工作室。截至目前，东莞市的情况是：有省校长工作室主持人 3 人，有省教师工作室主持人 16 人，市名校长工作室主持人有 10 人，市名师工作室主持人 30 名。这些省名校长名师工作室，市名校长名师工作室的建立，大大地加强了名校长名师的辐射作用，促进了教育的均衡发展。

名校长、名师工作室制度运行两年多以来，也发现了不少问题，其中最典型的是活动经费的掣肘。笔者口头调查过大约 10 位工作室主持人，并且就东莞中学叶建刚老师（市高中语文名师工作室主持人）和唐章辉老师（省、市信息技术名师工作室主持人）的工作室情况做了比较详细的调查，情况如下（叶建刚、唐章辉二位老师的工作室成立于 2010 年，翌年 4 月份正式开展工作）：

一、叶建刚老师工作室情况调查

（一）人员构成

2011 年 4 月份正式启动时，有 25 人，其中 5 位指导老师，20 位学员，来自 18 所学校。后来应部分学校和教师的要求，陆续增加了一些学员，目前实际参与工作室活动的教师有 35 人。

（二）工作机制

1. 以工作室专项课题"面向终身学习的高中语文分课型阅读教学实验"为依托展开培训。课题的主要特点是：从学生终身学习的需要出发，以全面培养学生的读写能力为目的，对高中教学内容进行大幅度调整，从改革课堂结构入手，将语文课分为泛读课、精读课、读写课、赏析课、专题课等五种课型，大量增加读写任务，创新作业形式，提高教学效率。

2. 工作室成员分为 5 个小组，即泛读课、精读课、赏析课、读写课、专题课研究小组，按照课题计划，各小组成员在集中活动期间，以讲座、上课、讨论等方式探讨各课型的教学目标、教学内容、教学方法，并提供示范课例和相关资料。

3. 2011 年 9 月，在东莞中学、厚街中学的高一年级设 6 个实验班，并延续到高三。2012 年 9 月，在东莞中学、厚街中学、高级中学、常平中学、沙田中学高一年级设 10 个实验班，也延续到高三。

（三）活动概况

1. 课例研讨：自 2011 年 5 月起，每月最少集中一次，依据实验班教学进度，围绕速读训练、泛读指导、精读指导、小说读写、散文读写、自主探究等专题，共开设了 20 多节研讨课。

2. 专家讲座：先后邀请了江苏省特级教师曹勇军、华南师大教授陈建伟、广东实验中学正高级教师罗易、东莞理工学院教授陈庆祝为工作室学员和活动承办单位东莞中学、厚街中学、东莞六中、麻涌中学语文教师做专题讲座。

3. 理论学习：围绕"新课程背景下的语文教学""快速阅读""文本解读""比较文学"等专题，向全体学员推荐了 20 多本专著，要求学员在每个专题范围内选择一至两本进行精读。

4. 资料编写：全体成员分工合作，为实验学校编写教学资料，完成了粤教版必修教材 40 篇课文的速读检测题和《创新思维》（粤教版必修 2）的编写工作，后者 2012 年 6 月由广东高教出版社出版。

5. 网站建设：课题网站"阅读新干线"（ywblog.dgzx.net）既是学习资源库，也是学生的作业平台。该网站为每个实验班级建立了一个博客群，博客群里每个学生都有个人博客，以日志方式提交速读概要、精读述评、赏析短文、读写练笔、研究报告等创新作业。

（四）主持人的工作

1. 组织研讨培训活动。

2. 编写实验班教学计划。

3. 选编补充教材。

4. 为学员上示范课。

5. 指导实验班的教学实施。

6. 指导学员上研讨课。

（五）经费使用

教育局和学校每年划拨经费 4 万元，其中 5 000 元是主持人的培训费，由市教育局掌握，5 000 元是主持人的补贴。工作室实际可用经费 3 万元。

经费主要用于：购买图书资料；会务交通费、误餐补贴；专家劳务费。

二、唐章辉老师工作室情况调查

（一）人员构成

2011 年 4 月份正式启动时，有 18 人，其中 9 位指导老师，9 位学员，来自 15 所学校。后来应部分学校和教师的要求，陆续增加了一些学员，目前实际参与工作室活动的教师有 21 人。

（二）工作机制

1. 根据信息技术学科特点，信息技术学科目前只有一个市名师工作室，指导老师和学员来自小学、初中、高中。唐章辉工作室以"信息学奥赛尖子生的培养"为主要方向，根据每年全国青少年信息学联赛情况，以讲座、研讨的形式进行我市中小学生信息学奥赛辅导策略的研究。

2. 为了我市信息学能得到持续开展，工作室立项了专项课题"程序设计在线学习测评系统的开发与应用研究"，通过开发在线学习与测评平台，使更多的学习得到信息学学习的机会与资源。

（三）活动概况

1. 专家讲座：先后邀请了中山大学郭嵩山教授、信息学国际金牌教练中山纪念中学宋新波老师、金牌教练广州二中林盛行华老师为工作室学员和活动承办单位东莞中学、东莞六中、莞城建设小学的信息技术教师做专题讲座。

2. 理论学习：结合信息学奥赛专题，工作室为每位工作室指导老师和学员送了一本信息学奥赛辅导教程，要求学员至少写一篇程序设计算法专题论文。

3. 网站建设：各学校相应开发了信息学奥赛专题网站，如东莞中学的"信息学奥赛专题网（gzoi.dgzx.net）"，为学生提供了相应的学习资料和练习试题。

（四）主持人的工作

1. 组织研讨培训活动。

2. 编写东莞市信息学奥赛中心组工作计划和总结。

3. 为学员作信息学联赛备考的专题讲座。

4. 组织学员到先进地市交流。

5. 指导初中骨干学校开展信息学奥赛辅导工作。

（五）经费使用

教育局和学校每年划拨经费4万元，其中5 000元是主持人的培训费，由市教育局掌握，5 000元是主持人的补贴。工作室实际可用经费3万元。

经费主要用于：购买图书资料；会务交通费、误餐补贴；专家劳务费。

其他名校长名师工作室的情况大都和叶建刚老师的工作室相似。从这里看出，工作室的运作，确实能起到很好的示范辐射作用，但是，经费的问题是名校长名师工作室的主要矛盾。其中聘请专家指导、讲学，出书、学生作品、工作室成果等都是花费较大的项目。

办　法

1. 名校长、名师工作室的工作室经费至少应增加到6万元以上。以利于工作室的开展，比如，满足正常的会务、讲座、结题、出书（如教师论文集、学生作文选等）的需要。

2. 名校长、名师工作室主持人目前每年 5 000 元的补贴过低，月均仅 410 多元，应适当提高，以提高他们的工作积极性。

3. 工作室主持人应适当地减少教学班级，并在所在学校适当的配备教学辅助人员（如安排年轻教师在同年级，便于代课，或是就近辅导）。

（提交人及撰稿人：刘笃锋）

关于关注脑瘫儿童家庭救助，将脑瘫儿童康复治疗纳入医保的建议

理　由

2011 年 6 月 2 日上午 9：30，韩群凤溺死双胞胎脑瘫儿子案在东莞市第一人民法院公开庭审。韩群凤趁丈夫外出之机，在寮步镇西溪村的家中，让两个脑瘫儿服下安眠药熟睡后，先后将一对脑瘫儿子按在浴缸里溺死，自己服下农药自杀，这一案件引起社会巨大反响。在媒体报道之后更是有数十万网友表达怜悯。有关方面共收到签名 558 份（包括学生、教师、公务员、公司职员、农民工等）呼吁轻判。

这不是个案，而是折射出百万家庭的共同困境。韩群凤案其实并不是孤例，近年来涌现出好几例这样的案件，比如："江苏农妇捂死 20 岁脑瘫女""深圳母亲抱两岁脑瘫儿跳湖"等。另外，"被丈夫抛弃的女子杀死智障儿""母亲挥棍棒杀死精神病儿""父子联手杀死精神病亲人"……这类相似的极端事件也屡有发生。

据统计，目前我国有 600 万脑瘫患儿，新生儿脑瘫的比率从 0.18% 上升到 0.59%，也就是说，每 1 000 名婴儿就有 5 个脑瘫儿童。我省作为人口大省，每年至少有数千例脑瘫患儿。几乎所有脑瘫儿童家庭都过得极度艰难，有些家庭陷入巨额负债，有些母亲变得疯狂，更有甚者则想到自杀，正如其中一位脑瘫儿母亲所说："尽早结束这种见不到希望的无期徒刑。"百万个家庭

承受着不可承受之痛。

脑瘫，是脑性瘫痪的简称，是幼儿从出生前到出生后的一个月内，尚未发育成熟的大脑受损伤所致的综合征。脑瘫儿不同年龄阶段有不同的表现：常伴有智力障碍、癫痫、感知觉障碍、交流障碍、行为异常及其他异常。脑组织受损造成神经信号传导障碍，从而引起智力语言障碍、行为情绪异常等多项缺陷。由于脑瘫是伤及脑神经系统的，治疗起来相当困难，传统疗法根本就是束手无策。长久的治疗，高额的费用，巨大的精神压力，已让百万家庭痛苦不已。

分析：制度性的缺失，造成悲剧的根源

1.医疗缺失。不仅仅是经费，还有人才投入、知识普及等问题。脑瘫儿童的治疗一般在 6 岁之前需要大量费用，年费用为 10 余万元；在 6 岁之后的康复费用、药物支撑会相对少一些，但仍需要大量资金。据介绍，目前上海已经可以报销一定比例的脑瘫儿童康复费用，但是大多数地方的脑瘫康复费用尚未纳入医疗保险的范畴，无法享受医疗保障服务。脑瘫儿童的治疗用药物不在国家规定的基本医疗保险药品目录范围内，所以目前治疗费用都是由家庭承担；地方政府提供的多是临时性救助，对于需要长期性救助的脑瘫儿童来说是杯水车薪。费用是一个问题，而治疗康复机构少、治疗师队伍不稳也是难题。此外，许多脑瘫儿童家长也得不到专业的服务和指导，缺乏这方面的信息。资料显示，如果从孩子 6 个月左右被诊断之日起至 3 岁之前，家长能和有关专业人员配合，每天坚持对孩子进行有效康复治疗的话，许多至今还瘫坐在轮椅中度日的人，本来是有机会借助或半借助工具走路的。但是相关医疗知识普及的乏力和专业医疗机构的缺乏，让许多脑瘫患儿失去了这样的机会。

2.教育保障缺失。大部分脑瘫儿童与学校无缘。目前，普通学校的教育模式无法接受更多的脑瘫儿童。除了极个别轻度的孩子可以随班就读之外，绝大部分的脑瘫儿童也许今生都与学校无缘。有的学校有特教班，但是要求孩子能够生活自理。大部分的脑瘫儿童恰恰就是由于运动功能障碍而无法自理。所以，尽管他们中很多人有很好的学习能力，但进入学校学习的机会微乎其微。而相应的特殊教育学校更是凤毛麟角。据统计，在东莞，现有的特殊教育仅能满足一成需求。

3. 家庭干预机制缺失。"要康复脑瘫儿童，首先要康复家长。"据一位康复中心创办人介绍，几乎所有的脑瘫儿母亲都或多或少地面临着精神危机、家庭危机。康复中心接诊的这些小孩家长里面就有好几对离婚的，而且很多夫妻关系极度紧张，精神状态也大多很糟糕，其中有一位母亲甚至因此患上精神病。因此，要康复这些脑瘫儿童，首先就要康复家长。而在欧、美、日等地，从诊断之日开始，就有心理医生同脑瘫儿童家长谈话做"家庭支援"。

4. 未来保障缺失。"我死后，儿子怎么办？"在供述产生杀死孩子的动机时，韩群凤说："开始想到自己自杀，但是想到孩子不知道以后怎么办，想到孩子的将来，自己很痛苦。"而另一位脑瘫儿的母亲在接受记者采访时也说："我总在想，等我老了，婷婷该指望谁？想着想着就觉得崩溃，就想自杀。"对此，长期从事脑瘫救助工作的张群女士发出警言：脑瘫儿童前20年是家庭负担，后20年会转化为社会负担。如果做父母的先"走"了，留下的脑瘫儿童怎么办，需要我们的社会认真考虑。

5. 对民间力量的扶持缺失。民间救助机构得不到政府拨款，筹款也难。事实上，仅仅靠政府的力量来进行脑瘫儿童救助是不太现实的，救助脑瘫儿童还需要民间机构的力量，需要专业团队的力量。但是，在一些发达国家，这些民间机构都是得到政府扶持的，而在我国，这些民间机构的数量本来就少，得到扶持的机会更不多，甚至于向社会筹款都会因为向对方开不出享有免税待遇的发票而作罢。而事实上这些民间机构也是在帮政府尽义务。一个成熟社会的制度设计，应该有专门性的社区服务、专业的心理疏导、义工团队和 NGO，这些普遍缺位，才让人们感受到从未有过的无力和挫败。

这些缺失是慈母成"绝望的主妇"的根源。韩群凤家先后花了百万为孩子治病，她家本来的经济情况还算不错，新闻报道也提到她的娘家人和丈夫家人也一直都在鼓励她。最后压垮她的可能也是制度性缺失：杀死小孩是因为担心孩子未来没有保障，自己年纪越来越大无法照顾。而美国的经验告诉我们，制度对于这些本来就不幸的家庭确实是有用的，即使孩子的病不能治愈，如果父母看得到孩子好好生活的未来，如果父母得到及时的帮助，舒缓心理压力，如果一个家庭不用倾其所有来筹钱治病，那么悲剧就不会发生。当然，为此，美国联邦政府一半的财政支出都花在了社会保障、保健医疗、医疗补助等项目上。

（附件：1.母亲杀死亲生脑瘫儿引发同情凸显社会症结；2.调查——脑瘫儿家庭的心声）

办 法

1.医疗保障。将脑瘫治疗纳入社保的"重大疾病"范畴，或者是纳入社保的"大病门诊"范畴，以缓解脑瘫患儿家庭沉重的经济负担。

2.设立专项福利基金救助。深圳民政福利基金救助与社保结算类似，直接划拨资金到深圳儿童医院，患儿每个月的康复费用由医院持家属签字单据向福利基金管理机构报销，若康复费用低于划拨额度，或患儿提前康复出院，费用余额自动退回福利基金管理机构。

3.努力提高东莞康复医疗水平，缩小与广州、深圳两地的差距。在当下差距较大的情况下，暂行对脑瘫儿等重大疾病患者实现不同城社保有效政策。把资质较好、管理规范内的民营康复机构也纳入社保、福利基金救助报销范围，对民营康复机构的人才引进也给予落户人才市场集体户等政策照顾，通过竞争方式迅速提升东莞康复水平。

4.扩大残疾人家庭帮助范围,除现有的生活补助金外,建立心理辅导机制,每月一次的上门访谈机制或残疾人、残疾人家庭群体座谈制度，通过社会心理医生同脑瘫（及其他残疾）儿童家长谈话，以加强对残疾人及家人的心理疏导，减少"溺子"等极端性悲剧事件的发生。

5. 建立敬老院式的脑残瘫儿童照顾机构，从制度上保证脑瘫儿的未来生活有可靠的保证，消除父母对自己去世后孩子无人照顾的担忧。

当今，社会经济、社会文明高度发达，让每个人有尊严、幸福地生活已成为社会发展的一大追求。切实关心弱势群体，让他们生残而活不残，让千万个家庭从因残而致贫的困境中解救出来，是社会的责任。

（提交人：汤瑞刚，撰稿人：熊剑锐）

关于加快建设智慧东莞的建议

理　由

世界已进入了互联网时代，也就是信息化时代。信息化正在改变世界，已经渗入到人们的工作、学习、生活的各个角落。产业要发展离不开与信息化的融合，同样，城市建设、城市管理也离不开信息化的支撑。所谓智慧城市，其实就是信息化城市，谁触网在先，谁就获得发展的先机。随着互联网 4G 时代的到来，加快东莞的信息化建设，尽快建成智慧东莞是大势所趋，刻不容缓。

2013 年 1 月 25 日，广东省省长朱小丹在《政府工作报告》中明确提出：大力发展物联网、实施云计算应用示范工程，抓好广州、佛山、东莞等智慧城市建设试点工作。智慧城市建设是工业化、城镇化、信息化在特定历史时刻交汇的产物，对于拉动地方经济发展、刺激内需、推动民生将起到重要的作用，将成为加快转变经济发展方式的重要手段。当下，智慧城市建设方兴未艾，全国许多城市特别是东南沿海经济较为发达的地区已纷纷提出智慧城市建设的战略规划。我市作为闻名全国的制造业名城已经具备了建设智慧城市的良好基础和条件，市经信局推出的"智慧经信"工程项目，实现了局机关门禁、停车场、食堂消费一卡通，并实现与全市公交、小额支付等功能兼容；石龙镇也全面启动了"智慧石龙"建设，实施智慧交通、智慧市政、应急指挥、空间地理基础信息资源共享平台等工程；市水务局则启动了对全市水源和污水实时自动采集、监控、报警的"智慧水务"系统。"智慧城市"建设的序幕已经在我市拉开，通过与厦门等智慧城市建设起步早、规模领先的城市进行对比，我市在"智慧城市"建设方面仍存在一些问题：

一、缺乏建设智慧东莞的顶层设计

各部门信息化建设成果很多，但都是各自为政，缺乏资源的整合与沟通，缺乏顶层设计与规划，"智慧东莞"品牌没有打响。社会管理和民生服务等相关部门信息化建设成果初显成效，例如上文提到的环保、水务、城管、教育、卫生等领域都取得了一定的成果，但缺乏沟通，缺乏资源，缺乏整合。一方面体现在政务领域没有一个完整的智慧城市信息平台，不能提供全面的数据挖掘和辅助决策服务；另一方面体现在群众可以体验到的智慧城市应用分散在各职能部门的网站，有的领域甚至还没有形成面向群众的应用，能感受到智慧城市便利和进步的群众面还不够广，智慧城市民生服务范围还不够宽，智慧化民生服务的简易性、便捷性、集中性有待提升。"智慧东莞"的品牌还没有打响，政府部门、企业、市民对"智慧东莞"愿景的认识没有统一，"智慧东莞"建设没有形成合力。

二、智慧城市建设模式比较单一

应用推广市场化手段少，效果不明显。从我市来看，智慧城市建设多采取财政直接投资建设的方式进行，较为单一，除公共照明领域合同能源管理模式较为成熟外，其他领域还没有购买服务、建设转移、特许经营、融资租赁、商业建设运营等模式的成熟应用案例，这与未来智慧城市快速发展的客观需要还存在一定距离，有待探索。由于没有采取市场化的建设和运营模式，导致智慧城市建设的速度不够快，质量不够高，推广的范围小，影响不够大。

办　法

一、成立智慧东莞建设领导小组，负责做好智慧东莞的顶层设计和规划，整合资源，分步推进，兼顾全面

智慧城市规划与建设应在重视技术应用的同时更加注重"软智慧"能力

塑造。智慧城市建设绝不是简单的引用先进技术，将各企事业单位接入互联网、建设网站那么简单，而应该是制度流程上有优化，组织架构上有突破，通过"软智慧"能力的塑造，形成一种与传统管理方式完全不同的社会管理新模式。智慧城市规划与建设应将科学治理与城市个性有机结合。通过更多的亮点应用来展示智慧东莞的效用，总体建设框架应适合东莞地域文化、经济特点，最大化突出东莞的地方特色和亮点，分步实施、重点突出。在不同阶段选择能够短期形成突破的重点领域，以点带面，逐步推进。建设智慧东莞在时间上，虽不能急于求成，但也刻不容缓。

（一）加强资源整合，由市信息化工作领导小组牵头，采用项目建设的方式，选择有经验、有实力的智慧城市运营商，政府投入一部分资金，开展智慧东莞市级统一平台建设。重点整合各部门现有信息资源，并适当预留重要领域数据接口，逐步提供全市统一、综合性的数据挖掘和辅助决策服务。同步开发"智慧东莞"手机客户端、智能信息设备（类似 ATM 设备的智慧城市终端，可以部署在社区、企业等地址）等多种信息终端，注重用户体验，让更多群众感受到智慧城市的便利和进步，实现智慧化民生服务的简易性、便捷性、集中性。

（二）重点选择产业、公共管理、民生服务领域作为突破口。按照"政府引导、企业市场化运作"的原则，加强对购买服务、建设转移、特许经营、融资租赁、商业建设运营等模式的研究，学习其他城市的先进经验，结合我市实际，采用试点建设的方式探索智慧城市新型建设模式。争取做到试点项目成熟一个，推广一个，加快智慧城市建设步伐。

1. 智慧产业。以专业镇为载体，以企业为主体，推动两化深度融合，大力推广电子商务应用，重点打造一批高水平、高智能化的"智慧产业"应用示范项目。推动物联网技术在物流环节深化应用，加快推进"智慧虎门港""智慧常平"建设，打造智慧物流示范工程，引导仓储、运输、配送企业发挥协同作用，降低物流成本。

2. 智慧城管。推广"物联网智能路灯"应用，通过合同能源管理模式实现政府"零"投资对现有路灯进行改造，大幅节约照明电费和灯具维护费，提高路灯管理水平。大力推动"数字城管"建设。

3. 智慧医疗。试点建设社区医疗信息化平台和调度枢纽，实现集远程医疗、社区医疗资源调度等服务于一体的小区智能医疗服务，探索家庭保健服务新模式。建立居民电子健康档案，实现医疗信息共享共用，实现医疗一卡通。

4. 智慧环保。应用物联网技术建设环境监测网络"感知环保"工程及其他环保物联网工程，推动环境信息共享与利用，推广云技术应用，提高全市环境保护工作的决策能力、监管能力、应急能力、保障能力、行政效能和社会服务能力。

5. 智慧交通。加快实现对城市交通的智能管理。提升车辆识别与跟踪、交通疏导与调度的能力，加快推进交通疏导和信息发布等智能交通系统的建设；改造现有交通视频监控平台，在全市主要交通区域实现交通信息的实时监控、交通灯的智能控制和路况信息的动态发布。丰富和延伸公交一卡通功能，让市民通过智能卡或者手机就能搭乘公共交通工具，方便出行，提高市民生活舒适度与幸福感。

二、加大宣传力度，打响"智慧东莞"品牌

市财政列出专项资金，用于加大宣传力度，提高全社会对智慧城市的认识。一方面，认真总结"智慧东莞"建设已经取得的成果和经验并加以宣传推广；另一方面，利用各类媒体，如视频广告、户外广告、专题报道、微博、微信等，积极推介民生类智慧城市应用，让广大市民看得见、摸得着，方便用、乐于用，共享智慧城市建设成果。

（提交者：民盟东莞市委会，撰稿人：李玫、张华）

关于提高中小企业科技风险资本基金使用效率的建议

理　由

东莞市经济发展，起源于"三来一补"产业的兴起。经过 20 多年的发展，这种经济结构受到严重制约，东莞不得不进行产业结构调整和转型。近年来，东莞市的经济转型取得了明显的效果，但转型需要技术，资金和人才，许多有市场、有技术含量的企业因为缺少资金，在转型的道路上走得异常艰难。东莞市和松山湖曾经颁发《科技发展专项资金管理暂行管理办法》，这个办法主要对重大科技计划和项目的配套资助、科研机构创新能力的资助、大型企业研发机构资助等 12 个种类的资助。2008 年，东莞市成立中小企业发展专项资金，专项资金采取定额贴息、补助两种扶持方式。另外，"科技东莞"工程专项资金也安排了不少资金特别扶持东莞市的科技企业。不容置疑，这些资金对促进东莞市科技进步，中小企业转型升级和良性发展起到了良好的作用。但这些资金都是无偿使用，企业在使用这些资助的时候，不能向对待自己投资的资金那样去精心管理。所以资金的使用效率有待考证。另外由于这项资金的无偿使用，资金是否能长期配套成为一个疑问。

本文提出的中小企业风险资本基金的构想，主要基于以下事实：

1991 年，以色列财政部里一帮年轻的官员提出了一个想法，称之为 Yozma，希伯来语的意思是首创。

Yozma 项目就是政府出资 1 亿美元用来创建 10 个新的风险资本基金，每一份基金都必须有三方代表组成：接受培训的以色列风险资本家、一家国外的风险资本公司以及一家以色列投资公司或者银行。

企业如果想拿到政府资助的 800 万美元，风险投资公司必须筹集到 1 600 万美元投资。

在投资新项目时，政府会获得该项目股权的 40%，5 年之后，如果项目成功，项目合伙人将获得优先选择权以便宜的价格买下全部股份，这就意味着政府在分担风险的同时，将全部盈利部分给了投资者。

Yozma 项目的思路是这样的：政府借钱给你投资，如果失败了，你一分钱也不用还给政府，但是，如果你赚了大笔的钱，只需要把最初的投资再加上每年的利息还给政府。

这是一个政府项目，并有进入和退出机制，这也正是这个项目成功的关键所在。

1992—1997 年，Yozma 创建的基金在政府的资助下筹集到了 2 亿多美元的资金，这些基金在 5 年之内全部出售或者私有化了。今天，Yozma 基金拥有大约 30 亿美元的资金，为数百家以色列新成立的公司提供资金支持。

Yozma 实际上只提供 1:1 的资金支持，意即投资商必须拿出 250 万美元的资金才能得到政府 250 万美元的资助。

东莞市成立的中小企业科技风险资本基金可以参照以色列的 Yozma 基金的管理办法，结合东莞的特色，制订具体的规则，以更好地提高中小企业科技风险资本基金使用效率。

办　法

1. 获得风险资本资金的企业必须符合国家产业发展导向的产业。

2. 科技风险资本基金只提供 1:1 的资金支持，即投资商必须拿出与科技风险资本基金相等的项目发展资金。

3. 企业只有在获得银行贷款或者风险投资资金或者 PE 资金投资的前提下，政府的科技风险资本基金才能跟进，而不是政府官员或者专家确定项目是否跟进。这种方式最大限度确保了申请项目的审查合理性及公正性、资金的安全性，避免资金投资的盲目性和暗箱操作。

4. 科技风险资本基金按照资金占有比例拥有被投资企业的股权。

5. 5 年之后，如果项目成功，项目合伙人将获得优先选择权以便宜的价格买下全部股份，同时将科技风险资本基金最初的投资再加上每年的利息还给政府。如果失败了，企业一分钱也不用还给政府。

6. 企业申请使用科技风险资本基金，如果连续两次不能获得投入效益，不能归还基金的本金，原则上将停止该企业再次申请该基金的权利。

（提交人及撰稿人：赵一杰）

关于扩大非莞籍人员随迁子女纳入社保
试点范围直至实现全覆盖的建议

理　由

作为东莞市的惠民政策，从 2012 年 9 月 1 日起，我市启动了非莞籍人员子女在莞参加社会保险的试点工作，目前已有 5 家市直属学校及 32 个镇街和松山湖园区所属的 38 所学校成为试点学校，为近万名非莞籍人员子女办理了社保，这些孩子在莞就医，可以像户籍人口一样享受医疗费报销的待遇。

我市的这项政策响应了民生，顺应了民意，让众多非莞籍人员在东莞工作和生活有了家乡的感觉。但目前东莞的外来务工人员有几百万人，而现有的政策覆盖面不足万人，覆盖率还不足 1%。大部分非莞籍人员仍不能享受到这项新政的福利。因此，有必要加快扩大非莞籍人员随迁子女社保参保的试点范围直至实现全覆盖，以进一步强化我市对外来人才的吸引力，使东莞成为更多非莞籍人员安居乐业的地方。

办　法

1. 现在试点学校基本属于公立学校，而绝大多数非莞籍人员子女入读的是民营学校，希望政府能尽快把试点的范围推进到更多的民营学校。

2. 现在试点的范围主要是针对已入读小学、中学的非莞籍人员子女，未满入学年龄的婴幼儿（0~6 岁）没有涵盖在试点范围内，而这个阶段也是小孩子社保需求最集中的阶段，因此，建议政府能制定针对非莞籍人员子女婴幼儿时期的社保参保政策，让他们尽早能享受到这个待遇。

（提交人：民盟东莞市委会，撰稿人：林海川）

关于加快发展东莞现代服务业集聚区的建议

理　由

许多发达国家和先进城市的经验表明，当城市经济发展到一定阶段，在经济总量增加、经济结构变化和人口发展等因素的推动下，服务经济集聚模式会由单一的大型CBD模式，向多极化、分散化发展，形成现代服务业集聚区。与国内外发达国家和地区相比，东莞现代服务业不仅发展速度、规模和结构上有相当大的差距，而且服务质量、服务效率、服务水平也不高。东莞现代服务业发展滞后已成为制约经济社会可持续发展和竞争力提升的"瓶颈"。打造现代服务业集聚区既是东莞发展现代服务业的重要抓手，也是东莞发展现代服务业的重要载体，还是东莞实现产业转型升级的重要举措。目前，发展东莞现代服务业集聚区存在的主要问题为：

（一）生产性服务业需求不足

生产性服务业需求很大程度上取决于制造链条上研发、设计、生产、营销以及售后服务等环节的分工、分离和专业化。东莞制造业的特点是以外商投资为主，外商主要是把产品的生产放在东莞，产品的研发、设计、营销、金融服务、信息技术服务及售后服务等大部分生产性服务放在国外，从而把外资企业与本地的服务业割裂开来，导致产业链向服务业增值部分延伸受阻。由于生产性服务业需求不足，致使生产性服务业规模小、专业化程度低，与发达的制造业比较，东莞的生产性服务业发展相对缓慢。

（二）集聚区配套产业不完善

现代服务业集聚区不是一个孤立的区域，一方面区域内众多服务企业要为制造业提供高水平服务，另一方面也需要相关的中介服务机构为自身发展服务，需要配套产业相互支持，形成健全的集聚区现代服务体系。目前东莞现代服务业集聚区配套产业不完善主要表现在以下几个方面：第一，中介服务产业不足，行业协会、人才市场、信息平台等中介机构作用未充分发挥，没有建立良好的信任机制和信息交流平台。第二，现代服务机构为制造企业提供资金、技术支持及售前售后服务的水平不高。第三，上下游企业集聚度不够，相关产业链的长度和厚度不足。

（三）企业协作水平低

东莞的现代服务业集聚区目前还处于初级发展阶段，产业的关联度较小，专业化水平较低，企业之间缺乏合理分工，制造企业与现代服务企业之间以及制造业企业之间缺乏密切的产品技术经济联系。制造企业既没有大量需要外部服务企业提供生产性服务的要求，现代服务企业也没有找到为制造企业提供优质服务的切入点。制造企业与现代服务企业之间不仅还没有建立密切的合作机制，而且也没有找到合作双赢的模式和途径。

（四）创新能力偏弱

现代服务业是知识技术密集型服务，知识和技术是维系现代服务业竞争优势的重要资源。但是，东莞目前的生产性服务业仍然是典型的"出租"经济，传统服务业比重依然偏大，服务业创新能力偏弱，总体技术含量不高，附加值也比较低，高技术水平和高附加值的现代服务业的发展亟须取得新的突破。

（五）现代服务业人才缺乏

人才是发展现代服务业集聚区的关键，但目前东莞现代服务业的人才供给与人才需求差距较大，主要体现在三个方面。一是缺乏现代服务业的领军人才。东莞发展现代服务业集聚区最紧缺的是企业家资源以及能开拓高端服务市场并能在现代服务业市场有一席之地的领军人物。二是缺乏交叉学科的复合型人才。例如，东莞会展业有比较雄厚的发展基础和良好的发展前景，但缺少大量懂经济、会管理、了解会展市场行情的复合型人才。三是引进人才和留住人才难度较大。东莞位于广州、深圳中间，毗邻香港，在医疗卫生、子女教育、购物、社会保障等方面不及广州、深圳和香港，对人才的吸引力不足，引进人才和留住人才都相对处于劣势。

（六）现代服务业集聚区总体规划欠缺

由于部分领导干部还只是停留在发展传统服务业的认识水平上，对现代服务业发展路径和模式的认识还不够熟悉和深刻，东莞目前还没有发展现代服务业集聚区的总体规划。东莞的现代服务业集聚区还是处在一种零星分散和自发的原始阶段。东莞还没有按照现代理念统一规划设计现代服务业集聚区，没有从总体上考虑如何依托交通枢纽和信息网络，将商务楼宇、星级宾馆、商业设施以及相关的生产生活服务配套设施合理有效集中，在一定区域内形成现代服务业功能集聚、形态美观、内外连通、生态协调、资源节约、以人为本的未来行动方案。

因此，必须大力加快发展东莞现代服务业集聚区。

办　法

1. 促进生产性服务业和先进制造业融合发展。制造业是生产性服务业发展的前提和基础，生产性服务业则是制造业的补充和延伸，是一种共生互动的关系。要依托东莞强大的制造业基础，以政策为导向，以市场为目标，以创新为手段，一方面鼓励制造业企业从制造加工环节向"微笑曲线"两端延伸，逐步将运营管理、投资结算、研发设计、品牌展示、产品营销等功能从制造环节剥离出来，另一方面积极引进第三方专业服务企业，结合现代络信息技术，形成与制造业和谐共生、融合发展的生产性服务业体系。

2. 构建完善的产业配套体系。要以专业化、规模化为方向，大力发展律师、会计、审计、咨询等服务业，鼓励中外专业服务机构在东莞设立机构，形成规模大、层次高、专业化的现代服务体系。要建设集检测、科研、标准制修订、技术服务和科技中介功能于一体的东莞测评、认证公共服务平台，提升对制造业服务、引导及支撑力度。积极鼓励外商投资设立国际服务外包企业，承接跨国公司的外包项目。大力发展国际金融结算、会计服务等配套专业服务，培养一批东莞本地专业服务中介机构，打造东莞特色的金融结算服务产业链。

3. 提高集聚区企业间协作水平。企业只有在生产专业化基础之上，提高专业化协作水平，才能使现代服务业集聚区内的企业都能享受到规模经济的好处。要鼓励企业建立战略联盟，与其他企业通力协作，延伸产业链条，实现优势互补。要通过区域合作、行业合作、地方政府合作、高校合作、科研机构合作等多种方式，加快促进东莞制造业向制造业融合服务业转型，壮大和提升以制造业为基础的优势服务业。

4. 大力发展技术创新服务业。要围绕现代服务业集聚区的产业发展重点，加快培育科技咨询业、技术贸易服务业、科技孵化服务业、科技信息服务业、技术监督服务业、科技风险投资业等骨干产业，建立配套的科技服务支撑体系，形成从技术研发到产业化和配套服务一条龙的发展格局。

5. 注重引进培养高素质服务业创新型人才。现代服务业是高技术、高知识密集、高附加值的产业。高素质的服务专门人才，不仅是推进现代服务业发展的物质基础，也是建设现代服务集聚区的重要支撑。在加快复合型、市场导向型服务人才培养步伐的同时，要大力吸引大量海外留学人员来东莞创办承接国际服务外包企业，为东莞发展和承接国际服务业外包提供人才支撑。强化人才奖励和保障制度，调动各方力量在住房、医疗等方面给予高端服务人才激励政策和保障制度，努力形成灵活的人才引进、培养和保障机制，增强现代服务业发展的智力支持。

6. 合理规划现代服务业集聚区。要科学制定东莞现代服务业集聚区战略规划，引导集聚区合理空间布局。要从宏观上紧紧抓住国际服务业转移的重要战略机遇，按照全市产业功能布局要求，以"三重"项目为抓手，加快建设多功能、全方位、网络化、服务全面快捷、公共设施完备、功能错位、各具特色的现代服务业集聚区。要通过合理的政策引导，为服务企业营造良好的创业环境，提高集聚区的经济效率，促进集聚区与东莞经济社会协调发展。

（提案者：民盟东莞市委会，撰稿人：彭桂芳）

关于东莞市积极主动对接广东自贸区的对策建议

理　由

2014 年 12 月 12 日召开的国务院常务会议提出，依托现有新区、园区，在广东、天津、福建特定区域再设三个自由贸易园区，以上海自贸试验区试点内容为主体，结合地方特点，充实新的试点内容。会议要求抓紧制订新设自贸园区具体方案，并提请全国人大常委会授权调整实施相关法律规定。广东自贸区属于区域性自贸区，着眼于广东省与香港、澳门两地的经济联系，更侧重于珠三角地区经济整合。其功能定位为：积极扩大服务业对港澳开放，发展新型国际贸易方式，探索建设现代金融服务创新区，推进政府职能转变，营造法治化、国际化营商环境，打造 CEPA（《内地与香港关于建立更紧密经贸关系的安排》）升级版和海关特殊监管区域升级版。

广东自贸区面积为 116.2 平方公里，其中广州南沙新区片区 60 平方公里（含广州南沙保税港区 7.06 平方公里）、深圳前海蛇口片区 28.2 平方公里、珠海横琴新区片区 28 平方公里。

广东自贸区旨在建立六大中心，包括国际制造、国际物流、国际贸易、国际维修、国际研发和国际结算。

从地缘经济上看，广东自贸区并非仅仅是单一深圳、广州、珠海等城市的"试验田"，而属于整个珠三角经济群，将对周边城市产生深远的影响。

东莞市作为珠三角地区的重要结点城市、广东自贸区的经济圈的毗邻及辐射区域，应密切关注并跟踪其相关配套政策和改革方向，积极主动向广东自贸区对接。

办　法

一、积极跟踪和研究广东自贸区相关配套政策及发展动态，建立东莞与广东自贸区对接机制

1. 建立广东自贸区东莞办事处。由政府牵头，建立由商会、专家、行业协会、企业代表组成的联席工作小组，并在东莞设立办事处，主动对接广东

自贸区，对广东自贸区的发展动态等方面的最新信息及时了解，做好投资、招商和引智工作。尤其为东莞本土优势产业走出去，在自贸区投资、注册与经营提供政策支持和工作便利，特别是为东莞的第三产业、先进制造业、制造配套服务企业在广东自贸区进行市场拓展创造新的发展机会。

2. 成立东莞广东自贸区研究会。研究会成员除了有东莞市以外聘请的对国际国内自贸区经济有深刻理解的专家以外，还应包括东莞本地对东莞经济社会发展有深刻了解的专家共同组成，持续关注研究国内外自贸区政策及发展动态，深入研究广东自贸区在贸易自由化、金融自由化、投资自由化等方面所带来的深远影响，及时准确为东莞与自贸区融合及接受辐射提供对策建议。

二、整体规划，有效对接自贸区产业，倒逼东莞的产业转型和升级，实现东莞高水平崛起

1. 发挥虎门港、长安新区和松山湖高新区的支点作用。虎门港作为港口，本身与南沙新区、盐田港都有对接；长安新区与前海相邻，只要调整好规划定位，则能够很好地承接前海的辐射；而松山湖经过十年以上的发展，目前已经打下了较好的基础，接下来与南沙、前海在高新科技、先进制造以及生产性服务业等方面都有很大的合作对接空间。

2. 发挥政府和市场两个主体作用，做好与自贸区的对接。自贸区的服务业开放将对提升东莞制造业实力有巨大帮助，东莞制造业为服务业提供了很好的载体，两者可互相促进。东莞企业首先应该细心观察自贸区自身无法满足的需求，发现需求后主动出击，去做好配套和服务。

而从政府的角度来讲，则应该为与自贸区的对接营造一个好的环境。东莞自改革开放以来通过承接深圳广州的辐射实现了高速发展，这为东莞积累了宝贵的经验，这样的经验也有望帮助东莞抓住这一波新的发展机遇。

建议市政府应尽早着手规划，积极主动对接自贸区，尤其要注重与广州南沙新区片区的对接，南沙新区的定位与东莞转型升级方向的契合度极高，

互补性很强，因此应该是东莞对接的重点。

多年来，东莞与粤西区域的联系并不紧密，对其重视程度不高，但随着港珠澳大桥的建成，粤西区域的发展潜力非常大。通过对接珠海横琴新区片区，也将使东莞与粤西地区的联系更加紧密，为东莞打开一扇新的发展窗口。

（提案者：林海川，撰稿人：周虹、林海川）

关于加强东莞火车站场周边交通管理的建议

理　由

随着高铁时代的到来，火车的便捷、舒适与安全，为东莞市人民的出行带来了极大的方便，乘坐火车出行已经成为东莞市民首选的公共交通工具，东莞市四大火车站接载的客流量也日益增加。

然而我市火车站周边交通环境仍存在不少共性问题，火车站周边交通管理有待进一步加强。以虎门高铁站为例，一是火车站附近交通堵塞严重，逢周末必堵，原需 20 分钟的车程现需 60 分钟；二是停车位供不应求，现有 600 余个停车位相对于每天几千车次的停车需求而言是杯水车薪，且流转率偏低；三是配套公共交通不到位，进站的公交线路中，镇内线路 6 条和市内线路 2 条，严重不能满足需求；四是的士坐地起价，变相拒载、不打表等违规行为仍未能根治。

以上问题在东莞其他火车站同样存在，从而使得不少东莞市民对火车站又爱又恨，进退两难。如此既不利于市民乘坐火车出行，又影响了火车站乃至东莞城市的整体形象，因此非常有必要对东莞市火车站的周边交通进行综合治理。

办　法

建议我市相关职能部门指导东莞各火车站，尤其是作为城市名片之一的新东莞火车站，认真分析以上问题的成因，进一步加强和规范火车站周边交通管理，增强公交线路运能，严惩违规行为。具体建议如下：

1. 成立火车站地区综合管理机构。成立由交通、城管等多部门参与的火车站地区综合管理办公室，建立一支专业的综合执法队伍，赋予其市容环境卫生管理、绿化管理、道路管理、规划管理等多方面的行政管理权限，使原零散在各部门的火车站管理碎片任务得以集中，并促使管理机构站在全局角度深度分析乱象之间的关联，全盘规划火车站地区的综合管理工作，通过综合执法发挥出应有的城市治理效果。

2. 增强公交线路运能。增加来往市区与各火车站的直线公交线路，同时合理规划公交途经站点。平时通过东莞交通电台、微信平台等方式，及时发布公交线路的变更情况，向市民提供网上公交查询平台，方便市民提前安排到站行程与时间。

3. 加强周边的士的管理。各火车站应设置一到两处的士搭乘点，并加强监督管理，在容易乱停放的区域设置栏杆、大面积绿化带，以及禁止停车的路牌，促使的士前往指定地点载客。此外建议启动"定点营运"措施，由市道路运输管理局协调车辆数量大的几家出租车公司，每天安排一定数量的车在火车站轮换定点营运，确保火车站的士数量，消灭黑的市场空间。

4. 建设视频监控信息系统。学习参考广州火车站的管理模式，建设完善视频监控系统，通过"电子警察"的实时监控、互联互通、资源共享与联动互控，对火车站周边交通情况进行监控，为管理决策和具体监督管理提供及时有效的信息。

加强道路指引与环境管理。针对火车站投入运行后，配套基建施工较为频繁，道路改道现象时有发生，导致市民进出站路线不明的情况，相关部门应及时向火车站管理机构通报施工计划，由管理机构按照施工计划重新设置周边的路标与指引牌，并通过网络或短信平台更新周边交通改道情况，同时做好卫生工作，解决施工"脏"对交通和周边环境带来的困扰。

（提案者：民盟东莞市委会，撰稿人：程发良）

关于建立东莞市区域股权市场的建议

理　由

2014 年，东莞地区的经济发展遇到一些问题，中小企业的经营环境更加艰难，特别是中小企业在融资方面，遇到极大困难。虽然政府鼓励金融机构把资金投向中小企业，而且通过"常备借贷便利（SLF）"工具，向银行注入资金，借此改善中小企业融资环境；借助于抵押补充贷款（PSL）的利率水平，打造出一个中期政策利率，降低中小企业的融资成本。但由于企业经营环境变差，企业经营过程中资金连断裂的风险凸显，银行轻易不敢把资金发放给风险不断积累的中小企业，造成银行有钱不敢放，中小企业需要资金又借贷无门的矛盾状况。

而区域性股权市场却是解决这一难题的有效方法。区域性股权市场是由地方政府管理的、非公开发行证券的场所，是资本市场服务小微企业的新的组织形式和业态，是多层次资本市场体系的组成部分。其主要功能和作用表现在：一是小微企业培育和规范的园地，二是小微企业的融资中心，三是地方政府扶持小微企业各种政策和资金综合运用的平台，四是资本市场中介服务功能的延伸。业务和品种以债信融资、并购重组为重点，同时带动股权融资；运营模式以中介服务为主导，积极发挥投行等中介服务功能，在投融资双方个性化需求匹配中牵线搭桥，设计产品，创新投融资模式。

鉴于区域性股权市场的上述特点，建议东莞市尽快建立本地区的股权市场。中国证监会主席肖钢近日表示，证监会系统要采取切实措施，大力支持地区区域股权市场发展。支持证券公司等专业机构参与区域股权市场建设，加大全国中小企业股份转让系统支持地区力度。

办　法

1. 建立健全沟通交流机制。

2. 加大改革创新，增强中介服务功能。支持证券公司等专业机构参与区域股权市场建设，发挥人才、专业、业务优势，加大产品创新、人才培养和业务拓展力度。

3. 加大全国中小企业股份转让系统支持地区力度。减免企业挂牌费、年费等费用；建立企业即报即审的快速审核通道，提高审核效率；提高企业在新三板市场融资功能。

4. 推动完善小微企业股权登记托管办法，提高小微企业股权质押融资效率。

（提案者及提交人：赵一杰）

关于加快建设我市餐厨废弃物无害化处理厂的建议

理　由

随着社会经济的迅速发展，工业化和城镇化进程的加快，城市人口的快速增加和人民生活水平的不断提高，餐厨废弃物也在急剧增加。2010 年 7 月，国务院办公厅下发了《关于加强地沟油整治和餐厨废弃物管理的意见》（国办发〔2010〕36 号），要求各地开展"地沟油"专项整治工作，加强餐厨废弃物管理，切实保障食品安全。据统计，我市产生餐厨废弃物的酒楼、饭店、集体饭堂、大排档等超过 3 万家，每日产生餐厨废弃物约 1 千吨，但由于没有建立完善的收运处置体系，没有安全的处理设施，加上政策法规和管理体制的不完善，致使餐厨废弃物的收集、运输、处置等问题突出，一部分随意堆放，污染环境，一部分流入"垃圾猪场"，甚至成为"地沟油"工厂的原料，造成极大的食品安全隐患。

为建立餐厨废弃物安全处理的长效机制，从 2011 年开始，国家发改委、财政部、住建部会同环境保护部、农业部，启动了餐厨废弃物资源化利用和无害化处理城市试点工作，先后确定了四批共 83 个试点城市，东莞市有幸在 2014 年公布的第四批名单中入选，是当年广东省唯一入选的城市，也是我省继深圳、广州之后的第三个试点城市。

餐厨废弃物的资源化利用和无害化处理是发展循环经济、建设资源节约型和环境友好型社会、保障食品安全、提高城市文明水平的重要内容，不仅有利于从源头阻止"地沟油"回流餐桌等违法行为，而且可以变废为宝、化害为利，实现社会效益、环境效益和经济效益的统一，是解决餐厨废弃物问题的根本出路。建立专业、统一的收运体系和集中处理厂，是实现我市餐厨废弃物资源化利用和无害化处理的重要途径。

办　法

一、成立我市餐厨废弃物资源化利用和无害化处理试点城市工作领导小组。我市已成为国家第四批餐厨废弃物资源化利用和无害化处理的试点城市，为了顺利做好试点工作，建议联合城管、发改、财政、环保等相关部门，成立工作领导小组，由市分管领导任组长，协调加快推进各项工作。

二、尽快出台《东莞市餐厨废弃物管理办法》。由于目前我市餐厨废弃物的管理较为混乱，责任不清，为了加强管理、规范管理，必须尽快出台相关规定，明确职责，理顺关系，形成合力，才能更有效地推进我市餐厨废弃物资源化利用和无害化处理试点城市工作的开展。

三、加快建设我市餐厨废弃物无害化集中处理厂。我市早就有计划建设全市餐厨废弃物资源化无害化集中处理厂，但由于选址和投资者选择等原因，一直没有落地。没有安全的集中处理厂，餐厨废弃物的资源化利用和无害化处理就没有基础。为加快集中处理厂的建设，降低投资成本，建议用委托建设和委托经营的方式，由市政府授权东实集团将餐厨废弃物集中处理厂与麻涌热电厂合建，并对我市范围内的餐厨废弃物进行统一收运处理，一体化运营。理由有以下几点：

（一）有利于降低成本，提高效益。东实集团已承接麻涌热电厂的建设，麻涌热电厂即生活垃圾焚烧发电厂，与餐厨废弃物处理发电有较多相同的工艺和设施，如污水处理、发电和上网等，合建可大大降低餐厨废弃物集中处理厂建设的投资成本和投资规模，提高设施的利用率。同时，餐厨废弃物处理过程产生的废渣可直接送至热电厂进行焚烧，而不用外运和填埋，有效解决固废处置问题，降低运输和处理成本，提升经济效益。

（二）免去重新选址的难题。餐厨废弃物集中处理厂的占地面积小，而麻涌热电厂的规划预留用地完全可以满足其建设需求，这样就避免了重新规划选址的难题。

（三）更易通过环评审批。餐厨废弃物集中处理厂与麻涌热电厂合建，不仅不用新增用地指标，而且项目采用先进的技术和工艺，高标准建设，烟气等大气污染物排放浓度达到或优于欧盟Ⅱ标准，把对环境的影响程度降到最低，更加容易通过环评审批，对加快项目建设有积极作用。

（四）社会效益明显。由于项目采用高标准建设，建成后，将成为"让人放心的环保热电厂"，可作为我市的环保科普基地对外开放，消除民众对垃圾处理厂潜在污染的担忧，具有显著的社会效益。

四、财政扶持，加快项目建设和保障项目正常运行。餐厨废弃物集中处理属于市政环卫基础设施项目，项目本身的经济效益很难维持项目的日常运行。建议市政府根据项目的运行成本，分别针对收运和处理环节的实际情况，对项目给予适当的财政补贴，以保证项目持续有序运行，提高运营者的积极性，保障餐厨废弃物收运处理的质量。

（提案者：民盟东莞市委会，撰稿人：李玫）

2016—2020 年

关于东莞市"三旧"改造现状及问题对策

理　由

旧城镇、旧厂房、旧村庄改造统称为"三旧"改造，最早由佛山市提出。2009 年，广东省委、省政府根据温家宝总理关于国土资源部、广东省共建节约集约用地试点示范省的重要指示精神，正式提出"三旧"改造，作为提升节约集约用地水平的重要抓手，并将广州、深圳、佛山、东莞列为省"三旧"改造试点城市。

在此情形下，省委、省政府高度重视"三旧"改造。2014 年，省委书记胡春华在佛山南海、广州等地的多个重要场合发表关于"三旧"改造的重要讲话，并亲自召集省政府主要相关部门和地市，主持召开"三旧"改造课题汇报会。同年 4 月，胡春华书记莅莞调研科技创新工作时指示，可以给我市"开个口子搞试点"，支持我市通过"三旧"改造建设科技企业孵化器。省委、省政府对"三旧"改造寄予厚望和大力推进的坚定决心可见一斑。

一、我市"三旧"改造进展情况

按照省委省政府的统一部署，2009 年年底我市铺开了"三旧"改造工作。近 6 年来，在市委市政府的正确领导和上级部门的大力支持下，我市"三旧"改造工作取得了相当的进展。

（一）政策体系基本建立。近年来，我市先后出台了《东莞市"三旧"改造实施细则》《＜东莞市"三旧"改造实施细则＞操作指南》等 30 多份"三旧"改造配套性政策文件和相应具体操作细则，从有到无、从粗到细搭建起涵盖财政税收、土地管理、城市规划、拆迁补偿、行政审批等多方面、全流程的政策体系。特别是抓住 2013 年国部、省合作协议展期的政策机遇，我市"三旧"改造工作由一项试点性工作转为常态化工作，先后出台了《关于建立健全常态化机制加快推进"三旧"改造的若干意见》《关于加强"三旧"改造常态化全流程管理的方案》等政策文件，完善了申报、审批、实施、监管四大流程，健全改造单元统筹、市场主体准入、年度实施计划、批后监管退出四大机制，为"三旧"改造工作常态化有序推进奠定了制度基础。

（二）规划管控不断加强。2010 年，我市编制了《东莞市"三旧"改造专项规划》（以下简称《专项规划》），落实了近 30 万亩"三旧"用地的功能定位、发展强度、公共设施布局等规划控制条件。2012 年，我市着力引导"三旧"资源支持产业转型升级，修编《专项规划》，将居住、产业、公益三类用地的比例控制为 4:3:3，预留产业用地空间 10 余万亩。2015 年，按照市委"政府主导、规划管控、成片改造、计划实施"的指导思想，再次修编《专项规划》，划定了改造核心区、产业保障区、生态保护区、历史文化及特色保护区、战略统筹区五类政策区，有区别、分策略推进"三旧"改造。同时，完善了以改造单位为基础的规划管理政策，先后出台了《东莞市"三旧"改造单元前期研究报告编制指引》《东莞市"三旧"改造单元规划编制指引》，建立了"基础容积率＋奖励容积率"的容积率管控机制。因此，无论是政府主导改造、村集体自行改造还是市场主体主导改造，无论是连片改造还是小地块改造，无论是改为居住、商业还是改为工业、科研，都是在城市规划的"模子"里实施的。

（三）连片试点有力推进。2014 年，我市启动了东城黄旗南片区、万江龙湾片区、麻涌滨江片区、茶山东岳—珀乐片区、樟木头樟洋片区等 5 个连片组团是改造试点，总改造面积约 1.4 万亩。今年，我市为连片组团式改造试点片区配置了近 500 亩新增用地指标，用于支持片区腾挪安置、地块整合和公共基础设施建设。目前，东城黄旗南片区 2 号单元片区完成了纵二路、横二路、小学等公共基础设施用地报批。万江龙湾滨江片区前期规划研究报告已获批准，基本完成了官桥滘河涌整治截污管网、龙湾湿地公园、坝新路升级改造等基础设施项目建设。麻涌滨江片区前期规划研究报告已获批准，镇政府顺利收储了大盛村 110 亩土地，启动了南洲村 600 亩土地的收储工作，成功引进了珠三角汽车博览中心、阿里巴巴菜鸟网络物流产业园等大型项目。茶山东岳—珀乐片区前期规划研究报告已获批准，片区内的茶山旧村地块一期项目启动建设，完成了东岳公园、东岳商业街及东岳路升级改造。樟木头镇樟洋片区正抓紧协商确定拆迁补偿方案，并已启动了 460 亩的居民安置区、产业安置区的前期工作。

（四）"工改工"提质增效。我市先后出台了《关于加快推进"三旧"改造促进产业转型升级的若干意见》《东莞市"三旧"改造产业类操作办法》等政策文件，给予"工改工"特殊的政策扶持，助力实体经济发展，比如最高额 1 000 万元的财政补助、工业仓储用地容积率不设上限、报建费用返拨

50%、企业所得税市财政留成部分的 20% 奖励给农村集体、高层工业楼宇分栋或层销售等。目前，纳入产业类年度实施计划的"工改工"项目有 27 宗，包括 19 宗通信设备制造、机械制造等工业制造业项目和 8 宗研发设计、现代物流等生产性服务业项目，总改造面积约 2 300 亩，总投资额约 116 亿元，拆除总建筑面积约 88 万平方米，新建 266 万平方米，土地空间利用率提高了 2 倍。目前，已有 20 宗改造方案获批准，15 宗立项备案，7 宗正在建设，6 宗已完成主体建设，2 宗项目首期已竣工，已投入资金约 17 亿元。另外，正在谋划在东城乌石岗工业区（254 亩）、常平木棆工业区（392 亩）实施连片旧工业区升级改造，打造连片旧工业区更新活化、承载新产业、新业态的试点示范点。

（五）项目落地投资提速。经过近几年规划调整、方案审批、报省征地、拆迁补偿、立项报建等一系列前期工作，并在年度实施计划、实施监管协议等管理机制作用下，全市"三旧"改造工作形成了批准一批、开拆一批、建设一批、完工一批的总体态势，目前过会项目 399 宗，在拆项目 227 宗，在建项目 72 宗，完工项目 33 宗。今年项目投资加速明显，年内新增供地 29 宗，供地面积合约 1 858 亩，出让金合计 48 亿元，分别占累计数的 28%、33% 和 37%；新增开工项目 21 宗，实施改造面积 1 735 亩，分别占累计数的 29%、30%；新增完工项目 10 宗，完成改造面积 824 亩，分别占累计数的 33%、32%；新增投入改造资金合约 81 亿元，占累计数的 26%。刚过去的 11 月，厚街镇标志片区的万达广场开业，长安镇的广东欧泊移动通信"工改工"项目奠基，大朗镇长盛二期 340 亩土地入市，"三旧"改造成效逐步凸显。今年，各镇街已与 100 宗项目的改造主体签订了实施监管协议，其中，预留公共设施用地 48 宗，预留用地面积合约 532 亩，配建和代建公共设施 18 宗，用地面积合约 184 亩。

二、我市"三旧"改造工作存在的问题

目前，我市"三旧"改造工作主要存在以下三方面的问题及困难：

（一）思想认识不到位。中央明确要求东部三大城市群发展要以盘活土地存量为主，今后将逐步调减东部地区新增建设用地供应，除生活用地外，原则上不再安排人口 500 万以上特大城市新增建设用地。2014 年起，珠三角城市新增用地指标将比往年明显缩减，并且下达年度新增用地指标的同时下达"三旧"改造年度任务指标，"三旧"改造年度任务指标的完成情况将与下一年度的新增用地指标挂钩。

然而，我市的部分镇街仍然延续以往外延扩张的土地利用惯性，仍将经济社会发展的用地需求诉诸新增用地，没有充分认识到国家、省关于土地利用方式转变的政策要求和刚性约束，对"三旧"改造、盘活存量等内涵挖潜的认识不够，重视不足，领导班子缺乏统筹谋划、组织协调，工作机构临时拼凑、力量薄弱，工作人员临时兼职、流动性较大。

（二）政策导向不统一。"三旧"改造是在国土资源部、广东省共建节约集约用地试点示范省的政策框架内推进的，目的是通过建成区的土地二次开发，提高存量用地的节约集约利用水平，为我省特别是珠三角地区下一轮经济社会发展提高土地资源要素保障。而提高节约集约用地水平的途径是改变原来平面化的土地开发方式，转向立体化的土地开发方式，即向地上、地下要空间。

但目前"三旧"改造仍然延续《东莞市规划管理技术管理规定》低容积率、低强度的开发思路。在已批准的项目中，居住用地容积率平均为 2.25，商住混合用地容积率平均为 3.01，商业金融用地容积率平均为 2.99。相比之下，深圳城市更新 93% 以上的项目容积率在 3.0 以上，其中，容积率在 4.0—5.0 之间的项目占到近四成，容积率在 5.0 以上的项目同样占到近四成；商业办公的容积率平均达 6.35，产业用地（含工业用地和新型产业用地）平均达 6.02，商住混合用地和居住用地平均值分别接近 4.9 和 4.6。

2014 年全省"三旧"改造成效考核中，我市的完成改造面积、投资金额、节地面积等指标占明显优势，但节地率指标在全省靠后，导致综合评分退至全省第6，只能拿到三等奖。而导致节地率指标偏低的关键原因就是我市"三旧"改造项目的容积率相对偏低。

（三）配套机制不完善。一是配套政策缺位。近年来，东莞市先后出台了30多份配套政策文件推动"三旧改造"，但仍然存在政策"断档"的问题，影响了项目开展。原因有：（1）国家、省的"三旧"改造政策主要集中在土地管理政策，而其他配套性政策缺位，如财政政策、税收政策、拆迁司法裁决政策等；（2）因"三旧"改造而不断翻出各种各样的历史遗留问题缺乏政策予以解决，如"三来一补"企业挂靠村集体或镇属企业使用土地、以租代征、土地管理费、租地建房、房地不一等；（3）实际推进中出现各种各样的新问题、新情况需要新政策予以解决，如大额集体资产处置、原权利人自改项目的股权转让、外商投资企业投资受限、轨道站点土地增值收益等。

二是审批机制不完善。征地报批、规划调整等两个关键环节的行政审批时间长且时限难以估量，审批标准不统一，影响了项目主体的投资预期，项目主体与进驻商家签订的合作协议面临违约风险。一是征地报批时间较长，省已批113宗项目平均需时约297天，最长727天；二是规划调整审批较慢，"三旧"改造单元规划审批分别于2012年上半年、2013年全年间出现了2次长时间"停摆"。

三是工作机构不健全。广州市、区两级均设有城市更新局，深圳市一级有常设性的城市更新办，区一级有城市更新局或重建局，佛山市一级有"三旧"办和"三旧"科，区一级有常设性的城市更新中心或"三旧"办。全省四个"三旧"改造试点城市中，只有我市的市、镇两级"三旧"改造工作机构基本为临时机构，统筹协调能力弱，人员流动性大，专业性不强，而"三旧"改造工作政策性强、综合性强、难度大，现有工作机构难以满足实际需要。

（四）拆迁工作难度大。一是成本高。通过委托会计师事务所对东城万达广场等7宗"三旧"改造项目成本进行核算，其中6宗项目的土地取得成本基本位于3 000—6 000元/平方米的区间，与土地招拍挂价格相比无太大优势；另外 1 宗是政府主导"工改工"项目，土地为政府所有，且原有建筑残旧，征拆成本约为 680 元 / 平方米，但该地块挂牌成交价格仅约 450 元 / 平方米，征拆成本是出让价格的 1.5 倍。

二是权属复杂。东莞早期依靠"村村点火、四个轮子一起转"和"三来一补"实现经济的快速发展。在这过程中，土地权属被迅速切割、碎化，加之土地制度滞后和管理不规范，集体土地私下流转、土地使用权挂靠等现象普遍存在，所以，东莞"三旧"改造面临着土地权属极度碎片化、名义权属和实际权属不符的基础格局，与广州国有企业占据大片厂区、深圳土地全部国有化存在明显区别。

早期粗放发展，沉积下来的各种历史遗留问题多，造成地块权属分散而复杂，给改造增加了很大的困难。如东城区设计师大厦旁的改造地块仅 60 亩，权属涉及市文广新局、市国资委、东城街道、主山社区、2 个居民小组、3 家企业和 45 名个人，既涉及集体资产、个人资产，也涉及国有资产，既有合法用地，又有私下转让、无合法手续用地。

三是耗时长。初步统计，全市已启动项目涉及拆迁总户数约 1.3 万户，目前已签订补偿协议仅 31%，已拆除仅 23%。例如，东城世博北片区总面积近 26 公顷，其中有 0.75 公顷为私人房屋，涉及拆迁户 60 户，拆迁工作从 2009 年 9 月全面启动，至今历时 6 年多，尚有 7 户未签订补偿协议。

办 法

解决我市"三旧"改造问题的建议与对策。

根据《东莞市"三旧"改造（城市更新）专项规划（2015—2020 年）》，未来五年，市级重点改造片区 23 个，总改造规模约 83.55 平方公里（约 12.53 万亩），将重点改造轨道 R2 线、莞樟公路、东深公路等三条交通轴线沿线重要地区、松山湖辐射带动地区和望洪枢纽、东莞火车站、常平火车站、虎门南站等轨道门户枢纽地区。

为了克服目前我市"三旧"改造工作中存在的主要问题，全面贯彻我市五年"三旧"改造专项规划，笔者认为未来主要应对措施有以下几个方面：

（一）全面健全常态化机制，积极引导社会资金参与改造。全面健全涵盖各层面、各环节的政策体系，建立更清晰、更规范的行政审批和市场参与程序，引导社会资金积极参与"三旧"改造。努力借鉴兄弟市的经验。

一是广州：政府主导，兼顾市场。改造范围内的旧厂房，政府具有优先收储权，在政府不收储且非改造为商品住宅的，允许企业自行改造；城中村改造由政府主导，以村集体经济组织为主体，即由区政府组织村集体经济组织开展摸底调查、编制改造方案，然后公开出让土地或由区政府组织以公开招标方式引进合作企业。

二是深圳：政府引导，市场运作。对公开资料的统计显示，94% 的计划由市场主体申报，公示的确认实施主体的 84 宗项目，实施主体全部为企业。

三是佛山：政府主导，市场参与。虽然佛山市的有关文件允许协议出让、自行改造，但实际上，除了佛塑集团 1 宗项目经市政府常务会议特别批准自行改造之外，其他项目无论是否有开发企业前期参与，项目地块均通过公开市场交易确定最终开发企业。

（二）全力推动连片组团式改造。广、深、佛等市就将"三旧"改造提升到城市、产业转型升级的重要资源平台的高度来推进，推进力度较大。如广州、佛山的市、区两级政府直接连片统筹整合改造地块；佛山市还将"三旧"改造纳入政府年度考核范围等，措施强硬，成效显著。

我市继续大力推动东城黄旗山南片区等五个连片组团式改造试点，适时推动长安科技商务区、南城宏图片区、洪梅河西产业片区等成熟片区的连片改造，助推城市、产业转型升级。

试点市、镇、村三方或两方共建产业园区，即市、镇政府选择长期租赁、征收、管理介入等多种方式控制连片的村属工业园区，实行统一规划、统一改造、统一招商、统一运营，达到土地资源有效整合的效果。

（三）全力支持战略区域土地统筹，重点突破。全力支持东实集团、镇街政府在 R1、R2 城市轨道和穗莞深、佛莞、莞惠城际轨道站点周边"三旧"用地的统筹发展，战略统筹区实施政府优先收储。重点扶持，突破发展瓶颈。市层面由市土地储备中心组织，镇街层面由镇街政府组织，强化两级政府的统筹。对市、镇、村和镇、村统筹土地实施改造的税费分成政策参照市政府关于大项目招商的优惠措施，建议由财政和税务部门联合制定灵活的税收分成方式实现各方利益共享。

（四）全力支持科技创新发展。采取拆除重建、局部拆建、功能改变、装修装饰等多种改造方式，积极盘活旧厂房、旧物业用地、用房资源，为科技企业孵化器建设提供空间资源保障。

近几年的实践表明，镇委、镇政府重视，主要领导具有创新思维，积极探索的镇街，"三旧"改造均有相当成效。如凤岗镇，主要领导亲抓亲管，多措并举，先后盘活了旧厂房 55 万平方米，引入深证通、都市丽人、米亚科技等 10 宗新项目。如东坑，镇委、镇政府大力实施存量土地统筹，盘活了 43 万平方米的旧厂房、旧村庄用地，引入了当地民营商会和华中科技大学制造工程研究院，将原三甲工业城改造建设为高新技术企业孵化器，建设了全市首个高层工业大厦项目，建立了镇村利益共享机制；东坑井美村取得了7 000 多万的土地增值收益分成，以此实现了"零负债"，并每年增加 150 多万元的利息收入，既改善了民生，政府又获得了良好的口碑。

（五）完善"旧村庄"改造的监督机制。强化政府监督。首先，镇政府（街道办事处）应指导村集体经济组织做好公开决策工作，旧村庄改造中有关改造方式、合作方式、合作企业、改造合同等事项应报镇政府（街道办事处）备案。镇政府（街道办事处）应监督村集体经济组织落实签订改造范围内拆迁安置补偿协议，监管旧村庄改造拆迁安置补偿资金，确保改造中拆迁安置补偿金的到位。其次，参照兄弟市的经验，笔者建议我市建立"旧村庄改造拆迁安置补偿资金监管账户"并签订"三方监管协议"，确保专款专用，切实推进改造工作。

强化民主监督。在改造项目启动之前，公布改造情况，尤其是改造资金使用支出情况，听取群众意见，确保群众的知情权和监督权。

强化内部监督。改造项目相对周期较长，村集体经济组织应完善理事会的集体决策机制，健全监事会民主监督制度，实时通报改造进度及资金使用情况，由监事会列席有关会议，反映群众意见，提出改进建议并做好会议记录，防范改造中出现权钱交易、侵害群众利益等行为。

（六）尽快设立相关直属常设机构。考虑到"三旧"改造工作的综合性和长期性，建议成立直属市政府管理的常设机构主管"三旧"改造工作。同时，参照市的建制，各镇（街）相应设立直属镇（街）政府管理常设工作机构。同属地级市的佛山具有参考价值：佛山市一级有"三旧"办和"三旧"科，区一级有常设性的城市更新中心或"三旧"办等，只有这样，才能从行政体制层面保证改造政策的连贯性、连续性，切实推进我市"三旧"改造进展更上一层楼，走在全省四个试点城市前列。

（提案者：民盟东莞市委会，撰稿人：王勇）

关于建设东莞市水生态文明长效管理机制的建议

理　由

党的十八大把生态文明建设纳入了五位一体中国特色社会主义事业总布局，开启了社会主义生态文明建设新时代，这就对水利事业的改革发展提出了新的更高的要求。水生态文明是生态文明的重要组成和基础保障，加强水生态文明建设是党和国家的明确要求。目前全国各地都掀起了建设水生态文明城市的高潮。近年来，东莞加快水务改革发展，出台了一系列治水管水的政策措施，成为首批45个水生态文明建设试点城市之一，把水生态文明建设作为当前的主要任务和目标，旨在为全市人民营造亲水休闲、陶冶情操、安居乐业的良好环境和美丽家园。但由于水污染由来已久，水环境质量不容乐观，水环境治理工程建设受各种因素的制约和影响，目前还存在很多的困难和问题，如何才能够做到人、水、社会和谐发展，把生态文明理念融入各方面各环节，以建设永续的、完整的水生态文明，必须建立一个长效的管理机制，为经济社会可持续发展提供更加可靠的支撑和安全保障。建议：①强化统一评价体系；②强化制度管理体系；③强化组织领导机制；④强化激励监督机制；⑤健全经费保障机制。

兴水利、除水害，历来是治国安邦的大事。特别是新中国成立以来，党和国家领导人民不懈努力，建成了世界上规模最为宏大的水利基础设施体系，为民生改善、经济发展、社会稳定做出了突出贡献。但基本国情水情决定了我国是一个人多水少，水资源时空分布不均，水生态脆弱的国家，尤其是随着经济社会的快速发展，资源环境问题不断加剧，水资源短缺、水污染严重、水生态退化问题尤为突出。中共十八届五中全会公报提出创新发展、协调发展、绿色发展、开放发展和共享发展五大发展理念，绿色发展此次位列五个发展之一，是把绿色发展提到了一个新高度。全会提出要坚持绿色发展，必须坚持节约资源保护环境的基本国策。坚持可持续发展，坚定走生产发展、生活富裕、生态良好的文明发展之路，加快建设资源节约型、环境友好型社会，形成人与自然和谐发展现代化建设新格局，推进美丽中国建设，为全球生态安全做出新贡献。

在认真分析和清晰认识我国面临的资源环境困境的基础上，党的十八大报告提出大力建设生态文明，并将其纳入中国特色社会主义事业五位一体总体布局，为统筹解决经济社会发展与资源环境问题进行了全面的战略部署，开启了社会主义生态文明的新时代。水是生态环境的控制性要素，水生态文明是生态文明的组成部分，加快推进水生态文明建设，是建设美丽中国的资源环境基础，是生态文明的水利载体。

东莞的水环境支撑极其脆弱，人均当地水资源量 251 立方米，不仅低于国际公认的人均 1 700 立方米的国际用水量紧张线，而且低于 500 立方米的严重缺水线。全市 85% 的用水来自东江，没有中间蓄水环节，一旦东江发生重大污染事故，将面临无水可用的局面，且东莞水质的好坏，也直接制约深圳和香港地区居民健康和社会、经济的繁荣稳定。因此，东莞治水迫在眉睫，时间紧、任务重、责任大。

近年来，东莞加快水务改革发展，出台了一系列治水管水的政策措施，成为首批 45 个水生态文明建设试点城市之一，把水生态文明建设作为当前的主要任务和目标，旨在为全市人民营造亲水休闲、陶冶情操、安居乐业的良好环境和美丽家园。2015 年 4 月，市政府下发了《关于印发东莞市水生态文明城市建设试点实施方案（2014—2016）的通知》（东创水办〔2015〕2 号），明确了创建目标、任务和实施步骤等。但由于水污染由来已久，水环境质量不容乐观，水环境治理工程建设受各种因素的制约和影响，目前还存在很多的困难和问题，如何才能够做到人、水、社会和谐发展，把生态文明理念融入各方面各环节，以建设永续的、完整的水生态文明，必须建立一个长效的管理机制，为经济社会可持续发展提供更加可靠的支撑和安全保障。明确建立制度的范围，确定制度的类别，理顺制度的结构，全面清理各级各项工作制度和规定，对一些过时的要废止，以不断完善和制订适应新形势、新任务的管理制度等。

办　法

1. 强化统一评价体系。水生态文明城市评价项目包括五个方面。一是水资源体系。主要从城市水源情况和用水效率两方面，明确对水资源支撑城市经济社会可持续发展能力的评价标准。二是水生态体系。主要从水域环境、动植物资源和水土保持等三个方面，明确对水域水体维持水生态平衡、防止水生态破坏、促进水生态良性循环等能力的评价标准。三是水景观体系。主要从生态水系治理、亲水景观建设、水利风景区建设和观赏性四个方面，考察评价城市水域周边的风景、风貌和特色。四是水工程体系。主要从工程标准、工程质量和工程景观三个方面，考察评价水利工程运行状况。五是水管理体系。主要从规划编制、管理体制机制和公众满意度等三个方面，考察评价水资源的分配、开发、利用、调度和保护进行管理的各种活动。

2. 强化制度管理体系。要制订管理办法，完善实施方案，明确各镇街申报范围、标准和条件，规范审批流程，强化动态监管；组织编制和颁布实施符合东莞市情的"水生态文明城市评价标准""水生态文明城市规划编制导则"等系列规范标准，突出水资源体系评价与水生态体系评价，体现以水定发展、以水调结构、以水规划产业布局的核心理念，强化规划编制审批，并纳入城市经济社会发展规划、水利规划与有关规划相衔接，逐步建立起涵盖水生态文明城市申报、评价、审批、规划、建设、监督、管理全过程的制度标准体系。

要推动各镇街、有关部门和高等院校、科研机构加强合作，着力加强水生态文明城市基础理论研究工作。明晰水生态文明城市建设的指导思想、基本原则、主要任务、基本要求、规划布局、建设重点、对策措施等；从市级层面推进水生态文明城市建设发展的有关政策、法律依据、体制机制、资金投入、监督管理、激励举措等，结合城市河湖水系连通、防洪、排涝、供水、截污治污、生态环境综合治理等工程建设，从水利项目的规划、立项、设计、投资、建设、管理全过程，统筹水生态文明城市建设，夯实水生态文明城市发展基础。

3. 强化组织领导机制。水生态文明城市建设需要引起各镇街、有关部门的高度重视，以及社会各界和人民群众的广泛参与，调动各个方面的积极性，营造良好舆论氛围。市镇两级可根据工作需要成立领导小组，明确工作重点和责任分工，加强市镇两级协作，形成合力，共同推进。我市要积极行动起来，加强与其他城市的沟通交流、相互学习借鉴，因地制宜、统筹兼顾，着力开展前期研究和筹备工作，做好各项保障措施，确保水生态文明城市创建工作稳步、有序推进，取得实效。

4. 强化激励监督机制。我市水生态文明城市创建目前仍处于初期阶段。要选取部分镇街开展水生态文明城市建设试点工作，加强指导，完善制度，给予必要的政策和资金扶持，创造良好的环境条件，为推进水生态文明城市建设开辟思路、积累经验。制订水生态文明城市建设工作的绩效考核制度，建立和完善社会公众的监督机制。将建设工作的推进落实与干部考核及镇街考评挂钩，建立"以评促建、建管结合"的体制机制。

5. 健全经费保障机制。建立健全以市政府和各镇街投入为主导，全社会共同参与的多元化水利投入增长机制。在积极争取国家和省资金支持的同时，加大市政府和各镇街的财政投入，优化政策环境，整合各部门的涉水建设资源，激发市场活力，调动企业、社会组织和公众参与的主动性、积极性，形成全市和各镇街建设水生态文明城市和水环境优美乡村的强大合力，以水定需、量水而行、因水制宜，形成各具特色的水生态文明城市和水环境优美乡村建设模式。

（提案者：民盟东莞市委会，撰稿人：夏治会）

关于依托市科技馆对中国散裂中子源进行科普宣传的建议

理　由

中国散裂中子源（CSNS）是利用中子作为探针的一种"超级显微镜"，用于探索物质微观结构，诸如 DNA、蛋白质、飞机材料等的结构，是国家重大科技基础设施之一，已被正式列入国家"十二五"规划的"科技创新能力建设重点"。中国散裂中子源项目由中国科学院和广东省共同建设，选址于广东省东莞市大朗镇，计划于 2018 年前后建成。建成后，为我国在物理学、生命科学、材料科学、医药和新型核能开发等学科前沿领域的基础研究和高新技术开发研究提供一个先进、功能强大的中子散射科学研究平台，为广东省带来巨大的社会价值，提升整体的科研文化实力。

目前中国散裂中子源还处在施工阶段，工程进度紧张，很难大范围地对公众进行实地参观和宣传，社会公众对此知之甚少。

1. 中国散裂中子目前宣传以现场参观为主，受条件限制未能对外大范围开放。目前可以通过集体参观的方式对中国散裂中子源进行实地考察，宣传的手段包括对模型进行讲解、观看宣传片、参观施工现场等。来访人员包括各级政府部门有关工作人员、企事业单位专业人士等，中国散裂中子源接待参观人次非常大，该单位负责宣传的工作人员有限，现场参观不能作为长期宣传和科学普及的手段，且宣传和传播范围小，受益面很窄。另外，从施工安全考虑，装置地不可能扩大范围安排普通公众进入场地参观学习，因而限制了中国散裂中子源的宣传和教育作用。

2. 已有宣传片内容仅适用于较高知识层次的人士，不适合对社会大众进行科普宣传。中国散裂中子源除了现场参观之外，还针对公众制作了多个宣传片对参观人员进行科普，但这些宣传片主要针对的是一定文化层次的人群，而对于我们普通公众，特别是对于中小学生来说很难理解。对于我们身边的大科学装置中国散裂中子源，我们有义务对我们市的中小学开展科普教育，特别是进行分层次科普，让我们的中小学生从大科学装置树立直观印象，让中国散裂中子源等高科技的基础设施的宣传从小抓起。

3. 未能充分发挥社会力量进行宣传。中国散裂中子源主要以科研为主，工程进度紧张，频繁安排实地参观学习不利于项目管理和进展。由于中国散裂中子源重心在工程建设，很难抽出大量的人力进行大范围宣传。利用社会资源进行宣传是最有效的手段，科技馆是对散裂中子源进行科学普及宣传的最佳平台，利用科技馆等社会资源进行宣传，既能扩大中国散裂中子源宣传面，又能充实科技馆的科普教育和展示内容，形成良好的循环。让中小学生及热爱科技的公众了解散裂中子源，正确解读散裂中子源的奥秘。

4. 普通市民对散裂中子源装置缺乏认知，甚至存在认识误区。虽然公众对距离这么近的中国散裂中子源高科技基础设施非常感兴趣，但目前认知的渠道非常少，产生了很多疑问：散裂中子源原理是什么，有没有放射性，对环境有没有影响，是否能让中子源为己所用，等等。吸取 2009 年"河南百万农民大逃亡"的经验教训，避免因为市民无知而造成不必要的社会问题。全民科学水平的提高，也有助于中国散裂中子源在社会经济活动中隐性的促进教育、科技产品的发展，进而促进经济转型。

因此，需要为中国散裂中子源扩大教育、培训和宣传力度，提高公众对散裂中子源的认识，以充分发挥中国散裂中子源的社会价值和科研价值，提升市民科学素养和探索精神。

办　法

东莞经济结构转型离不开市民科学素养的提高。作为中国最大的科学装置，散裂中子源应该成为东莞市科学普及的重要推动力量。东莞应该充分利用地理优势，围绕散裂中子源全方位地开展相关科普工作。鉴于诸多因素，目前中国散裂中子源在东莞宣传力度并不够，公众并未听说或者听说但普遍感到神秘甚至担心核辐射。同时东莞有众多科技企业也不知散裂中子源可以为其所用，使得散裂中子源本可以为东莞创造的潜在价值也会打折扣。因此建议东莞市开展基于中国散裂中子源的科普和宣传工作，依托科技馆，着眼于长远，采取有力措施，建立长期合作机制。

1. 在东莞市政府引导和专项财政资金支助下，拟在市科技馆建设中国散裂中子源装置专题常设展区。中国散裂中子源将于 2018 年建成，我们认为迫切将中国散裂中子源引入科技馆，尽早利用科技馆公众平台进行宣传，有望项目建成之日，吸引大部分东莞市民进入科技馆进行参观，达到相得益彰、事半功倍的效果。

在科技馆设立中国散裂中子源装置专题常设展区，制作大型仿真散裂中子源沙盘模型、基本原理介绍（设计制作与中子源项目有关的展品）、安装 3D 视频动画设备及印刷宣传学习手册等。在沙盘制作和宣传过程中，科技馆与散裂中子源人员加强交流沟通，保证科普活动从科技馆到散裂中子源装置现场能够有效对接，实现准确、生动、接地气的宣传。

东莞市科技馆是市属事业单位，没有额外资金预算，所以必须得到市政府和财政的大力支持，成立中国散裂中子源项目展览专项资金。

2. 基于散裂中子源，针对不同的群体开展分类科普，让散裂中子源为民所知，为学生所学，为企业所用。科技馆年参观人数达 40 万人次，包括各年级学生、普通公众、企业家和科研人员等。科技馆设立基础知识区和应用区，在基础知识区域，采用简单易懂的宣传，而在应用区域，增加散裂中子源应用方向和未来的发展规划，提升高层次参观人员对中国散裂中子源应用方向和未来发展的印象并加以思考应用。中小学生是国家未来的栋梁，针对中小学生的科普活动需要充分激发兴趣和好奇心，通过中国散裂中子源项目的宣传，提高他们心中对未来科学家的兴趣，为他们未来成为科学家打下启蒙基础。高年级学生有一定知识基础，需要学习和运用科普拓宽视野，提高科学和逻辑思维能力，通过宣传，积累物理方面的知识，为以后利用该平台打下基础。普通市民通过科学普及以提升自豪感和认同感，在家庭教育中也会注入更多科学元素，形成良好的循环。

而企业家、科研人员等是中国散裂中子源的主要潜在应用者，是提升中国散裂中子源利用率的最佳群体。针对企业家和科研人员，提供相关宣传资料并可以带走，加深与中国散裂中子源的联系，让东莞本地企业能有效利用中国散裂中子源平台，并能够成为中子源用户，提高东莞科技水平促进经济转型。

3. 成立科技周，将中国散裂中子源作为东莞市城市名片加大宣传。上海市设立科学公众周宣传上海光源（与散裂中子源同类型的大科学装置），参照上海市的做法，设立东莞公众科学宣传周（简称东莞科学周），科技馆联合中国散裂中子源、东莞理工学院、华为等研究所、大学和企事业单位在科技馆内开展一系列的科技宣传活动，并将中国散裂中子源作为城市名片加大宣传，通过模型讲解、多媒体讲座等在集中的时间大幅提高东莞人对本地和科学的认识，特别是对中国散裂中子源的正确认识，形成大范围的扩散效应，增强宣传效果，让市民对散裂中子源不再感到神秘不解或者恐慌，增加公民的科学常识，进而提高公民整体科学素质。

（提案者：民盟东莞市委会，撰稿人：曾平英、童剑飞、蔡隆良）

关于推动东莞市众创空间发展的建议

理　由

众创空间是一类创新服务机构的总称，是互联网时代下的创业服务机构和孵化器的代表，有创客空间、车库咖啡和创新工场等形式。众创空间是顺应创新 2.0 时代用户创新、大众创新、开放创新趋势，把握互联网环境下创新创业特点和需求，通过市场化机制、专业化服务和资本化途径构建的低成本、便利化、全要素、开放式的新型创业服务平台的统称。

东莞市十分重视科技企业孵化载体的建设，积极推进"双创"进程。东莞市发展众创空间，优化创新创业生态体系势在必行。发展助推东莞社会发展的众创空间、培育助力东莞创新的创客生态圈，是新常态下建设"智慧东莞"的动力引擎，也是东莞抢占区域经济发展和实现区位经济转型制高点的智慧之举，意义重大。

东莞市发展众创空间存在的主要问题有以下几点：

1. 亟待从要素驱动转向创新驱动。

2. 对众创空间实质内涵的认识有待提升和普及。

3. 急需对与东莞联系密切或与东莞产业结构类似城市的众创空间模式的调研。

4. 发掘东莞民间众创空间并进行引导，对东莞众创空间的具体实现形式没有规划。

5. 需要逐步出台成就众创空间发展的创新政策，亟待营造良好的创新氛围。

6. 东莞产业转型升级、小微企业成长与融资问题、东莞创新竞争力的提升等亟待众创空间的应用。

办　法

一、积极发展众创空间

鼓励有条件的企事业单位、高校院所、协会、商会等社会力量，积极构建市场化的众创空间。对获得国家、省或市认定的众创空间分档次给予一定额度的经费资助。对众创空间在场所租赁、为创客提供服务和举办创新创业活动上给予政策和资金上支持。

二、积极培育引进创新创业人才队伍

支持民间创业者和大中专生进驻众创空间开展创新创业活动。对进驻众创空间的创客，经众创空间申请，可给予一定年限的创业补贴。支持有意来莞发展且极有潜质的创客个人、创客团队和创业项目，在政策和启动资金上给予倾斜。

三、努力完善众创空间服务

众创空间孵化的企业（项目）向高校、科研机构和科技服务机构购买技术创新服务的，可从众创空间申领科技创新基金。鼓励各类科技中介服务机构进驻众创空间提供集群注册、财税、金融、法律、咨询、知识产权等中介服务。

四、构建可行的创新创业投融资机制

积极完善众创空间的投融资功能。支持有资质的企业、金融机构按规定开展科技股权众筹活动，鼓励各类天使投资机构、合格投资者通过互联网科技股权众筹平台对众创空间孵化项目进行投资。引进信用良好、运作规范的互联网股权众筹平台与众创空间合作开展科技股权众筹融资服务。

五、营造双创氛围

鼓励高等院校、技工学校、社区开设各类创客教育课程，建设创客校园和创客社区，推广创客教育。给予符合条件的创客校园和创客社区最一定额度的创业津贴。加强各类媒体对大众创新、万众创业的新闻宣传和舆论引导，宣传成功众创空间的发展历程，报道优秀创客的成功事迹，营造人人支持创业、人人参与创新的良好氛围。

（提案者：赵一杰，撰稿人：江务学、何凤梅）

关于落实"打赢东莞治水攻坚战"精神的几点建议

理　由

水是生命之源，是一个地方的"幸福底线"。世界水问题权威专家科林·查特斯在《水危机》一书中写道："石油危机之后的下一个危机便是水。"在联合国可持续发展世界高峰会议上，全体代表一致通过将水危机列为未来十年人类面临的最严重挑战之一。毋庸置疑，水资源危机将成为这个世纪人类面临的最为严峻的现实问题之一。近年来，我市围绕治水推出了节能减排、加大截污管网建设、河长制等重要举措，并取得了一定的成效，但目前我市的水污染形势仍然十分严峻，仍存在地面水体严重污染、截污管网建设不完善等问题。治水是一项艰巨而持久的民心工程、幸福工程。市委书记吕业升在中共东莞市第十四次代表大会上作的《奋力在更高起点上实现更高水平发展率先迈上基本实现社会主义现代化新征程》报告中，发出了"坚决打赢治水攻坚战"的号召。这是中共东莞市委向全市人民做出的郑重承诺。

办　法

一、进一步完善治水攻坚战的规划方案

1. 完善治水攻坚战的立体规划。要打赢治水攻坚战，首先要因地制宜、统筹规划。建议由环保部门牵头，联合规划、建设等有关部门将污水处理厂、截污管网、湿地公园、中水回用等相关项目进行全面梳理，对存在的问题提出解决方案，力求不留死角，科学治水，高效治水。

2. 治水要从上游、从源头、从重点区域抓起。治水不能头痛医头，脚痛医脚，治标而不治本。建议市环保局联合有关部门彻底摸清我市江河湖库水体受污染的根源，做到抓源头、抓重点，从源头上治，抓住重点治。事实上，所有污水从大类来分，可分为两类，一类为生活污水，另一类为生产废水。由于国家对工业企业和城市生活污水排放采取两种不同的排放标准，工业企业的排放标准要比城市生活污水排放标准宽，两个排放标准中主要污染物浓度存在较大差距，而目前我市已建成的管网和已运行的污水处理厂都只针对城市生活污水，而完全没有考虑接入工业企业所排放的生产废水，因此根据目前截污的思路，就算百分之百收集处理了城市生活污水，仍有源源不断的工业废水在污染水体，因此不能忽略了生产废水的源头，特别是要将水量比较大的源头作为重点源头来对待。

3. 成立专家组，协助解决治水中的技术难题。我市目前就治水而言，还是一个相对较新的课题，在推进治水工作的过程中肯定会或多或少遇到这样那样的问题，为保证打赢我市的治水攻坚战，建议市政府成立由相关学科专家组成的智囊团，为我市的治水攻坚战提供必要的专业技术支持。

二、进一步完善体制、机制，加快截污次支管网建设

1. 扩大管网建设市级财政分担比例。截污次支管网建设是目前治水工作的重中之重，由于各镇街经济发展水平相差较大，有的镇街确实存在困难，对治水的投入不足，严重影响截污管网的建设进度。为确保 1 800 公里截污管网按市委市政府的要求在 2018 年年底前建成投入使用，建议适当增加截污管网建设市级财政投入的比例，切实减轻镇街（园区）、特别是非发达镇的财政负担，以保证工程不因资金问题拖慢进度。

2. 采用 PPP 建设模式或市财政担保融资解决建设资金问题。为减轻财政压力，提高政府服务的供给能力，建议灵活采用特许经营、购买服务、股权合作等多种与社会资本利益共享、风险共担的长期合作模式，在项目建设的商业模式、投融资机制及运营模式上进行创新，在努力化解环保产业融资困境的同时尽量做好融资风险控制，引导社会资本参与工作，切实提高 PPP 项目的融资效率，实现社会公众、社会资本和政府利益的合作共赢。

3. 尽量减少审批环节，全面推进治污攻坚工作。要尽快打赢治水攻坚战，

就要扫清通往目标的任何障碍，只有渠道畅通，方能水到渠成。各级政府和行政部门要提高认识，将治污工作放到更高的高度，涉及管网等治水用地、融资、行政审批等事项，各级政府和行政部门要特事特办，实行治污优先的战略，切实提高工作效率，确保高标准、高质量完成截污次支管网建设任务。

4. 理顺关系，将管网建设的主管职能划归城建部门。2006 年前后，我市便开始了轰轰烈烈的截污管网和污水处理厂的工程建设，到目前完成并投入运行的污水处理厂达 37 座，建成了约 850 公里长的截污主干管道，这些建成的项目对我市近年来的治污发挥了重要作用。但据了解，这项花费大量人力、物力和财力的项目到目前仍然有一些工程未完工，时间成本特别巨大，就算完工的也有大约一半的项目因诸多原因使得工程竣工验收手续的办理变得遥遥无期，而且部分完工的工程在运行过程中也陆续暴露出管材质量、施工质量、施工管理等方面的问题。之所以会出现工程质量、施工期冗长等问题，除了多业主互相推诿、征地拆迁确实存在困难等多方面的因素外，还有一个重要的原因就是没有把专业的事交给专业的部门去做，而是把市政截污工程建设工作划归了没有市政建设管理职能的环保部门。据了解，目前截污管网的工程建设部分监管职能已划转市住建局承担，但项目的立项报建、协调管理、组织建设、施工过程技术问题的处理均由环保部门负责实施。为吸取教训，确保高质量按计划完成全市 1 800 公里长的截污次支管网工程的建设，建议将全市截污管网建设工程的协调管理、组织建设、施工过程技术问题的处理等职能划归有相应职能的市政建设部门来实施。

三、进一步完善考评机制，落实责任，让治水有主体、有担当、有效率

1. 科学合理划定河道检测断面，加强断面水质检测。由于河道水体具有连续性，一条河道可能贯穿两个或多个镇街（园区），为明确相关镇街（园区）的责任，必须合理划定各镇街（园区）的责任断面。建议以镇与镇交界处的水体断面作为上下游镇街（园区）责任断面，同时加大资金和人力投入，由专业监测机构对责任断面水质的主要污染物进行定期监测，通过比较上下游

责任断面的全年平均监测结果来考核各镇街（园区）排污、截污、治污的成效。

2. 以上下游责任断面水质检测结果比较作为依据，考核河长业绩，健全和强化河长问责制。科学治水的机制易建，但能否取得长期成效，也就是说，在有人管治水之后，能否管得住、管得好，关键在于是否有完善和严厉的制度，是否有严格执行制度的力度。因此，建议市政府有关部门建立健全河湖管理保护监督考核和责任追究制度，以上下游责任断面水质监测结果比较作为考核依据，同时健全和强化考核问责，实行生态环境损害责任终身追究制。全面推行"河长制"，不仅要一级考核一级，还要一级做给一级看、一级带着一级干。所谓"老大难老大难，'老大'重视就不难"，下一级"河长"所做工作还需要上一级"河长"充分支持。只要有河流、湖泊出现严重污染等事件，各级"河长"都应该承担一定责任。建议细化考核条款、实化考核目标、厘清问责情形，以解决好"考核谁""考核什么""考核结果怎么用"等具体问题，这些问题是"河长制"是否有成效的关键。在以往诸多治河湖措施中，权责不清晰、考核不具体、奖惩不明确，正是治理不力的症结所在。

3. 以水环境考核结果作为项目审批的前提条件，将治污成效与镇街（园区）经济发展联系起来，打开全民共治的新局面。要真正打好治污攻坚战，光靠某一个人肯定不行，必须达到全民参与、全民共治、全民监督的局面才能做到。要做到全民参与、全民共治、全民监督，就必须将治污成效与地方经济发展联系起来。因此，建议市政府制订治污成效与项目落地量化联动机制。具体地可将治污成效划分为若干个等级，成效越高等级的镇街（园区）可获得相应量级投资总量的项目和相应量级的污染物排放量（但总量必须逐年减少），每年年末以水环境考核结果作为属地下一年甚至后几年的项目审批依据，对于没有成效或断面水质污染加重的镇街（园区），则限制其项目审批，甚至采取更加严厉的惩罚措施，并责成其制订和落实连续改善水体的计划和方案。

四、进一步提升治水的文化品位

1.治水设施的设计建设要增加当地文化特色、环境教育、观赏美感等元素，以提升治水设施的可赏性和美誉度。城市水系治理既要有生态功能，也要有景观功能，不仅要治水，还要节水、增绿。建议规划、环保、建设等部门将治污治水工程建设与城市、绿道、林业、旅游及中水回用等规划建设有机结合，在符合生态和防洪要求的前提下，注重文化特色和环境教育特色，树立"公园化"的生态型城市理念，充分挖掘东莞人文历史以及休闲、运动、艺术等元素，以文化特色和环境教育为亮点，营造浓厚的文化氛围，打造富有特色的公园式环境教育基地。

2.通过全民共享成果，促进全民共治。借鉴生态园污水处理厂和人工湿地建设的成功经验，将治污治水工程建设与城市、绿道、林业、旅游及中水回用等有机结合，让治水治出环境、治出绿道、治出花海、治出公园、治出环境科普基地，成为市民休闲健身的好去处，让治水战斗全民参与，让治水成果全民共享。

（提案者：民盟东莞市委会，撰稿人：温信均、李玫、钟煜铎）

关于建设大科学装置科普旅游示范区的建议

理　由

中国散裂中子源（CSNS）是国家重大科技基础设施之一，是国家"十二五"规划的科技创新能力建设重点，也是广东省第一个大科学装置。2017年8月28日，该装置成功打出第一束中子束流后，各大新闻媒体纷纷报道，使得中国散裂中子源成为热门话题，成为全国人民关注的热点。许多网友留言表示，多次路过，看到"CSNS中国散裂中子源"的标志，很神秘，现在终于知道是什么了，很兴奋。很多公众看到我国有这么高端的大科学装置，都迫切希望能有机会参观并能带着家人孩子一起参观，中小学校也强烈要求能让学生参观学习。然而散裂中子源设施为科学用途，不可能让公众深入参观；中国散裂中子源作为国家重点科研基地，也不适合大规模接待参观。虽然近年来中国散裂中子源在建设过程中已经开展了很多科普工作，让周边群众对其有所了解，也接待了一些国内来访者和港澳台同胞，但毕竟非常有限。因此，尽快在我市打造基于大科学装置的科普旅游示范区，建设大科学装置科普馆，不仅能让公众对大科学装置有所了解，满足公众对尖端科技的求知欲望，通过参观学习，进一步提升公众的民族自豪感，而且建设大科学装置科普旅游示范区是我省的首创，能有效提升我市作为广深科技创新走廊的新形象，进一步促进我市科普旅游业发展。

办　法

借鉴"天眼"FAST所在的平塘天文小镇的成功经验，利用松山湖（生态园）高新区与中国散裂中子源基地紧邻的地理优势和优美环境，结合散裂中子源和高新区的发展规划，在中国散裂中子源基地周边建设大科学装置科普馆等，打造科普旅游示范区。

1.建议我市规划、科技、旅游等部门针对不同层次和不同年龄人群的参观学习需求，将中国散裂中子源、南方光源、中子科学城等综合考虑，将天文、微观等科普知识融入其中，如：粒子世界、纳米公园、科幻酒店等，与万科节能建筑、华为小镇、松湖烟雨等融为一体，按照科普、休闲、度假的标准进行规划，缜密布局，建设集文化交流、科学探索、旅游度假为一体的科普旅游目的地，打造我市又一道亮丽风景线。

2.建议在中国散裂中子源附近建设多动能科普大厦，设立会议区、展示区、互动区、观景区等功能，打造中子科学城"城标"。会议区可为国内外学术交流活动提供场所；展示区通过科普展示和技术展示为中小学生提供科普园地，为企业家启迪创新思路；互动区采用中国散裂中子源等大科学装置的实景进行"VR"展示，身临其境体验中国散裂中子源的技术；观景区可以高空观看中国散裂中子源、南方光源和中子科学城等全貌。多动能科普大厦将成为科普、交流的主要场所，成为东莞与外界交流、合作的一个重要窗口。

3.建议市财政划出专项资金用于多动能科普大厦等科普旅游设施建设，确保大科学装置科普旅游示范区的建设有序进行。

4.除了即将验收的"中国散裂中子源"，未来的"南方光源"也会在东莞落户，加上大科学装置科普旅游示范区的建设，届时东莞将成为东南亚著名的大科学装置中心和科普旅游中心。建议我市将大科学装置作为东莞特色名片进行宣传，以提高东莞科技创新在世界上的知名度和东莞对高科技人才的吸引力，提升东莞作为广深科技创新走廊的新形象。

（提案者：民盟东莞市委会，撰稿人：童剑飞、梅龙伟、蒋孟奇、田浩来、李玫、叶润裘、张念华）

关于城市垃圾分类收集及奖惩的建议

理　由

据统计，我市目前常住人口约 825.41 万人，生活垃圾日产生量约 10 000 ～ 12 000 吨，加上部分一般工业垃圾混入生活垃圾收运系统，生活垃圾每日收运量高达 13 000 多吨。一些村镇由于种种原因，常常还会出现垃圾乱堆乱放和转运过程非法倾倒等现象，造成环境污染，严重威胁人民群众的身心健康，给我市的生活垃圾无害化处理带来巨大压力。垃圾分类，指按一定规定或标准将垃圾分类储存、分类投放和分类搬运，从而转变成公共资源的一系列活动的总称。分类目的是提高垃圾的资源价值和经济价值，力争物尽其用。垃圾分类也是科学、合理地处理垃圾的必由之路，是循环利用社会物质资源、建设节约型社会的现实要求。2000 年 4 月，建设部在全国选定北京、上海、广州、南京、深圳、杭州、厦门、桂林 8 个城市作为垃圾分类收集试点城市，进行了城市生活垃圾分类收集实践，取得一定成效。东莞在 2010 年开姶实施小区生活垃圾分类试点，2015 年，将生活垃圾分类试点从生活小区扩展到社区。并先后出台了《东莞市餐厨垃圾管理暂行办法》《东莞市生活垃圾分类收运处置规划（2015—2025）》，其间很多环保志愿者和媒体也在大力宣传垃圾分类，进入"十三五"以来，工作力度进一步加大，取得了一定的成效。但总体情况仍不尽如人意。目前，垃圾分类收集处理的宣传工作力度不大、深入不够、形式单一，市民对垃圾分类一知半解，普遍缺乏分类投放垃圾的意识，参与度不高；推进工作的软件管理环节薄弱，无论是城区街头配置的分类垃圾桶，还是部分试点小区的新型垃圾收集箱，虽然硬件设施正在逐步到位，但作为软件的后续跟踪监督管理还远远未跟上；垃圾中转、收集、处理等后续配套不到位，即使部分居民投放时分类了，但转运时又混合运输，出现"先分后混"的尴尬局面，垃圾资源回收无序，主要靠社会拾荒者来维系，"静脉产业"培育不够，垃圾终端处理设施缺乏。

目前影响垃圾分类处理的一些现实问题有以下几点：

1. 垃圾收运、中转、处理等后续配套不完善，即使部分居民将垃圾按分类投放，到了转运处理时却又被混合起来，出现"分类投放混合处理"的尴尬局面。

2. 市民垃圾分类意识不强。现在人们对环保的重要意义已有较深的认识，也不缺乏参与环境保护的愿望和热情，但要转化为实际行动，形成良好习惯，还需要很大的努力。它要求人们改变旧的丢垃圾习惯，培养环保的垃圾排放习惯，这不是一朝一夕能做好的。

3. 市民垃圾分类知识不足。很多市民搞不清楚哪些是可回收垃圾、哪些属于不可回收垃圾，就连一些保洁、清运人员也是概念不清。

4. 街面安装的固定垃圾箱虽标有"可回收"和"不可回收"标志，但并没有引起人们的注意，而其他垃圾桶里边更是多种垃圾混杂。垃圾分类处于无人管、无人问、无人为的"三无"状态。导致"前期分类不到位，后期处理'一锅烩'"的普遍现象，这也是垃圾分类成效不显著最大的症结所在。

办　法

发挥政府的主导作用，大力推进我市生活垃圾分类收运处理机制建设，实现垃圾减量化、资源化、无害化。

一、职能部门各司其职

（一）成立调研组。由城管、环保等部门牵头成立生活垃圾分类处置调研组，对垃圾分类、处置做得好的城市和地区进行深入调研，在吸取他们先进经验的基础上，结合我市的实际情况，尽快出台《东莞市生活垃圾分类收运处置工作方案》或《东莞市生活垃圾分类指导意见书》，有效推动我市垃圾分类处置工作的顺利开展。

（二）加大投入。各级财政部门设立专项资金，将垃圾分类处置、设施建设及运行、公益广告费等纳入每年财政预算，并将经费保障情况作为镇政府年度考核的一项指标。

二、理顺垃圾分类工作的环节及相互关系，做到分工细致、管理有序

垃圾分类涉及分类储存、分类投放和分类驳运、分类收运、分类处理环节，这些环节的主体、作业内容及要求各不相同，应区别对待、理顺相互关系。分类储存和分类投放的主体是公众，分类驳运的主体是区域管理者，分类收运和分类处理的主体是企业，立法制度设计应保证这些主体之间形成相互促进、相互监督关系。

三、进一步完善现有的垃圾分类法律体系

在理顺垃圾分类工作各环节的基础上，进一步完善垃圾分类法律体系，增加垃圾分类法律法规的系统性、全面性、统一性、实效性和可操作性。要依法办事必须先要有法可依，应结合我市的实际情况，制订一套切实可行的垃圾分类标准和方法。在垃圾分类的标准上，要做到系统详尽、区域内统一；在惩罚条款上，要进一步明确责任主体和量化标准，让监管能够真正落到实处；在垃圾分类的操作规定上，要具体可行，细致到各类垃圾的包装前处理、包装材料、各类垃圾的投送时间、投送地点规定和垃圾桶标识等各个环节和细节。

四、建立制度化的长效机制，激励市民参与

为了促进居民分类，激励清洁工参与垃圾分类，基层社区可以建立一定

的激励机制，以社区等为单位设置旧物交换信息中心，为一些旧货提供交换或交易的平台，变废为宝；对垃圾回收进行奖励，如将可回收垃圾送到垃圾分类站就可领取垃圾分类袋、日用品等，或者玻璃可以换啤酒、塑料可以换塑料制品、废旧电池可以换新电池等，或直接给予清洁工一定的补贴，居民可以通过垃圾分类换取积分的形式，给予一定的奖励，比如可以抵扣部分物业管理费。试点后政府可以通过一些地方性政策规章、实施细则，对国家已有的法律法规在具体的可操作性上进行补充，形成制度化的长效机制。可参照上海的"绿色账户"，以激励居民日常干湿分类的行为为主，随着垃圾分类工作的深入开展和绿色低碳生活理念的普及，将来居民交投可回收物或有害垃圾等，都可以获得绿色积分。同时"绿色账户"也是一个开放的平台，可以与其他环保、绿色行为的激励机制相对接，最终成为记录、激励上海每户居民绿色环保行为的一个"环保档案"。

五、合理配置收集运输设施

一方面要做到分类收集设施完备，在公共场所、居民小区设置足够的分类回收垃圾箱，垃圾箱注明分类原则，让市民容易理解和配合执行。大件旧货如一些电器、家具以及电池等有毒垃圾也要设立专门的收集点。另一方面要做到布局合理，日常垃圾方便扔到垃圾箱，其他一些专门的收集点也要方便到达，否则在没有强制要求的情况下很难让人去专门去寻找，这方面可以和一些专业商店合作进行。如在德国，就是由各个超级市场设立废品回收点回收顾客在购物之后拆下的商品包装和从家中带来的废品；药店负责回收过期药品；商店里的电池销售处回收旧电池，尤其是含汞的、废弃在自然界很有毒性的纽扣电池。

六、加大垃圾分类的教育投入，加强引导和宣传力度，提高公众参与度

加大垃圾分类知识和相关政策法规的宣传力度，增加对公众环保教育的投入。既要增强市民的垃圾分类意识，又要普及垃圾分类知识。在学校教育方面，可以在学生课程设置中增加垃圾分类的相关内容，引导青少年尽早养

成垃圾分类的习惯；在社区教育方面，地方政府可以结合当地的垃圾分类设施制作相应的垃圾分类手册，分发到每一位公民手中；此外，还可以利用广播电视等大受众媒体播放垃圾分类公益广告，扩大宣传范围和影响力。在宣传的同时，要让公众意识到，对城市生活垃圾进行分类，不是"可有可无"的事情，它与每一个公众和整个社会息息相关。

七、加快垃圾分类产业化发展

要积极转变垃圾分类处理的经济运行模式，由政府买单转变为"政府投资、受益者出资、污染者付费、处理者赢利"的良性经济运行模式。垃圾分类处理产业化要以市场为导向，把政府统管的公益性事业行为转变成政府引导与监督、非政府组织参与和企业运营的企业行为，把被分割成源头、中间和末端的垃圾分类处理产业链整合成一个完整的产业体系，以实现垃圾分类回收利用的社会效益、经济效益和处理效率最佳化。

附

分类法建议：

一、有害垃圾，如废电池、废荧光灯管、水银温度计、废油漆、过期药品等。

二、有机垃圾（湿垃圾），在自然条件下易分解的垃圾，如果皮、菜皮、剩菜剩饭等。

三、无机垃圾（干垃圾），可回收垃圾，如废纸、废塑料、废金属、废玻璃、废织物等。其中废纸包括报纸、各种包装纸、办公用纸、广告纸片、大小纸盒等；废塑料包括各种塑料袋、塑料瓶、塑料包装、泡沫塑料、一次性塑料餐盒餐具、硬塑料等；废金属包括易拉罐、铁皮罐头盒、铅皮牙膏皮、废旧铁器等。

关于推进科技成果转化，加快推进我市科技创新中心建设的建议

理　由

促进科技成果有效转化是东莞加快建设具有国际影响力科技创新中心的关键环节。现阶段我市科技成果转化过程中面临体制内外双重瓶颈：一是政府及科研单位等主体在推动科技成果转化上的着力点存在偏差，成为科技成果难以"快速转化"的内部瓶颈；二是从事科技成果转化的专业服务机构及人才的能力不足，成为科技成果难以"成功转化"的外部瓶颈，主要体现在以下几方面：

1. 政府部门推动科技成果转化的着力点存在偏差。

2. 高校等科研单位或个人促进科技成果转化体制机制有待完善。

3. 从事科技成果转化的技术孵化能力不足。

4. 适应科技成果转化需要的复合型人才匮乏。

办　法

一、调整政府促进科技成果转化的政策导向

1. 调整目标导向。将政府工作重心转向提高知识产权管理水平、提高专利质量、提高创新成果转化率上，从单纯强调专利数量转变为强调专利质量和成果转化，加大对专利管理和成果转化专业化管理的投入力度。

2. 优化科研项目承担单位成果转化的考核机制。优化科技成果转化成效的考核评价体系，加强对成果转化情况的监督检查，优化统计体系，加强动态监测。

3. 改进促进科技成果转化评估机制。授予高校和科研院所研发团队研发成果的使用权、经营权和处置权。科技成果处置后在一定时间内报国有资产管理部门备案。明确科技成果转让遵从市场化定价原则，允许科技成果转化相关方根据实际情况，选择协议定价或者挂牌转让等方式。

4. 进一步落实科技成果转化收益的分配政策。建议允许研究单位就技术

转让取得收益的一定比例用于激励研究团队，另有一定比例用于推动本单位教育、科研等工作，加强完善技术转让收益与高校科研单位工作经费挂钩机制，充分调动高校和科研院所对促进成果转化的积极性。

5. 开展国有知识产权管理制度改革试点。高校和科研院所或个人知识产权在一定期限内未实施转化的，在确保成果所有权不变的前提下，成果完成人或者团队可自主实施成果转化。同时，进一步大幅度提高转化收益归成果完成人（团队）所有的比例，建议所得不低于80%。

二、完善高校科研单位促进科技成果转化体制机制

1. 建立成果转化的领导人负责制。明确高校和科研院所领导担负起建立科技成果（资产）运营体制和机制的主体责任，设立科技成果转化专项考核制度。设立成果转化管理资金预算和投入，规范管理政策，避免利益冲突。

2. 建立完善专业性的成果转化部门。鼓励高校和科研院所学习借鉴发达国家大学技术转移机构的做法，设立促进本单位科技成果转化和技术转移的专业部门，逐步形成高度专业化的、统一的科技成果转化管理机制；其中的工作人员应招聘具有技术、法律、投融资等背景的高端复合型人才；加大科研资金对该环节投入，延长对成果转化部门的考核周期。

3. 进一步完善成果转化人才的职称评聘制度。进一步完善及推进适应科技成果转化人才特点的职称评审体系，高校和科研院所高级技术职称评聘，参与技术转移、科技成果转化的科技人员必须占有一定比例，将科技成果转化作为重要指标纳入科技人员考评体系。

4. 鼓励创新创业人才双向交流。鼓励高校和科研院所科技人员离岗创业，在一定年限内保留其原有身份和职称。鼓励科技人员在完成本单位工作前提下在职创业，其收入归个人所有。鼓励高校和科研院所教授（研究员）与企业工程技术人员进行双向兼职。

5. 推动高校和科研院所设立复合型培养模式。在高校和科研院所的专业设置上，鼓励设置与科技成果转化相关的专业，开展知识产权、商务、金融、

法律等课程的综合培养，鼓励理工专业学生选修商务、金融、法律课程。

6. 建立统一的科技成果转化中心和技术交易中心。为促进科技成果转化、实现科技成果产权交易便捷化，建议在全市范围内建立起统一的科技成果转化中心和技术成果交易中心，以推进、指导全市科技成果产业化和产权交易，更好地服务于我市经济社会的发展。

三、大力发展科技成果转化的专业化技术孵化机构

1. 探索调整现有技术交易市场、技术产权市场。积极鼓励现有技术交易市场、技术产权市场转变运作方式，可参照国际惯例探索新的市场化运作，提高运作效率。重点要扭转目前技术交易"做红娘"等简单化、效率低下、非专业化的撮合方式；扭转重有形市场的观念和做法，大力发展技术交易平台，切实实现科研成果的有效转移。

2. 加快发展专业化、市场化的技术孵化机构。加强分类指导，支持技术转移机构、知识产权服务机构、科技咨询与评估机构、创业投资服务机构和生产力促进中心等技术孵化机构的发展。支持市场化的孵化机构为高校和科研院所提供更多专业化的知识产权服务。

3. 树立成果转化技术孵化的典型标杆。加大对技术孵化机构的支持力度，树立科技成果转化相关标杆孵化机构，对促成专利技术在东莞转化的转化机构，按照专利技术转让或者实施许可合同金额给予一定比例的奖励。对法律、评估、咨询、风投等企业从事科技成果转化相关业务所缴纳的企业所得税或者个人所得税，按照一定标准给予奖励。

科学技术是第一生产力，东莞市应抓住目前的快速发展的契机，以科学和技术为两翼，展示智慧城市的新形象。

（提案者：民盟东莞市委会，撰稿人：张华、陈佰满、骆涛）

关于加快发展东莞跨境贸易电子商务中心园区建设，突破跨境电商发展瓶颈的建议

理　由

据去年 7 月由中国海关总署主办的《中国海关》杂志公布了 2016 年"中国外贸百强城市"排名，东莞以总分 78.1 分超越苏州，首次进入前三，排名第 3 位。2014 年数据统计，每天从东莞发出的国际包裹业务量仅仅 1.3 万个，截至 2017 年 11 月，日增出口国际包裹业务量飙升至 30 多万个，呈几何式增长趋势。这个数据表明东莞跨境电商日新月异的蓬勃发展水平超出预期。对于跨境的发展，政府应该因势导利，在发展中引导，在发展中规范。如何进一步引导跨境电商阳光通关，创新监管方式激发产业活力，在创新深化实践中认知、探索，突破现有跨境发展瓶颈模式尤为关键，同时契合国家提倡大力支持跨境贸易电子商务发展的大好机会。

东莞目前拥有各类跨境电商企业 5 000 多家，超过 70 000 家制造企业从事跨境电商交易，一大批为跨境电子商务提供平台的企业落户东莞。如何积极向国内优秀的跨境电商企业推荐东莞的产业环境、政和区位优势，引导跨境电商产业链向东莞聚集；同时积极组织"好产品对接会"，搭建东莞制造业和跨境电商之间桥梁，把东莞电商园打造成东莞电商品牌，是打造经营电商园的重要基础。据了解坐落在同沙科技园的东莞跨境贸易电子商务中心园区已建设中心园区一期关检监管区，包括关检监管点、东莞国际邮件互换局、"两仓"（出口监管仓和进口保税仓）、综合办公楼、生活服务区五大功能区，以及电商中心园区的展览厅和规划图，园区已改造厂房面积约 39 000 平方米，办公室面积约 7 000 平方米，生活区面积约 27 000 平方米，园区配套软件工程与公共服务运营平台建设完善，园区新格局非常震撼人心，打破了东莞不仅仅是人人印象中的世界制造业工厂印象，跨境电商园的诞生就是东莞打造电商创新基地的最好见证。长期以来，东莞跨境电商产业发展的瓶颈因素主要在物流和通关环节。在加快发展东莞跨境贸易电子商务中心园区建设同时，突破跨境电商发展瓶颈有以下几个建议：

办　法

1. 建议在中心园区打造"一站式"服务。在园区内发挥国际邮件互换局、汇聚海关、检验检疫、邮政等单位一体联动，使跨境电商产业发展在东莞本土实现邮政关检的"一站式"服务。通过"一站式"服务，让跨境电商企业产业的优质企业，在这里发展壮大，真正实现省钱、省时、省心、省力。

2. 建议在中心园区打造"一窗式"改革。在园区，关检环节从开始就按照"三互大通关"的改革模式去设计监管场所、监管设备、监管流程、监管方式。这种"一窗式"改革模式，能够为跨境电商发展注入更大的动力活力。

3. 建议在中心园区打造"一链式"集群。依托于电商中心园区，整个跨境电商产业的发展，实现了厂商 + 平台电商 + 物流商 + 交付商 + 结算商 + 海外仓 + 培训 + 品牌商等一链式服务。"一链式"集群和跨境电商产业的壮大是密不可分。

4. 建议"一条路"运邮。从东莞跨境电商中心园区出发，不仅可以对接航空运输、航海运输，还可以对接铁路运输。东莞的跨境电商多了国际货运班列这一条物流通道，通过广东（石龙）国际班列、货运班列，能够直达"一带一路"沿线国家。

5. 建议园区发挥大公共监管仓功能区关邮合作资源优势，打造出口通关高效作业运营平台，吸引周边珠三角的中小城市的国际邮件在东莞互换局出口，把东莞互换局打造跨境邮件的国际集散中心和区域功能中心，刺激进出口贸易数据增长，同时把控东莞市精准的进出口贸易数据。今年 9 月 28 日，关检部门、东莞邮政公司已进驻作业。监管通关方面，借鉴学习自贸试验区、跨境电商综合试验区工作经验，积极探索推进通关便利化改革。设立互换局可直接与全球 200 多个国家互换邮件。目前中国邮政在我国跨境 B2C 寄递市场占有率超过 70%，即中国 70% 以上的个人跨境邮件需经互换局寄递至世界各地，互换局资源对于跨境电子商务发展意义重大。互换局是抢占跨境电商发展先机的稀缺资源，目前全国有 21 个互换局，自 2008 年至今，仅有东莞、义乌等 4 个市获批设立互换局。所有互换局中具备全功能的只有 10 个，仅北京、上海、广州、深圳等少数国际航空中心城市和霍尔果斯、满洲里等陆路边境城市拥有设立全功能互换局的资格。广东省内的珠海、汕头、江门等地互换局仅处理信函业务，不具备国际物流口岸功能，无法开展邮政国际包裹处理业务。东莞互换局毗邻三大国际空港和国际火车邮件通道起点，区位地理优势无与伦比，未来将承担华南区域内邮政国际包裹的清关互换功能。互换局开通后，邮件货值将归为我市跨境电商数据统计（在未成立互换局之前东莞纳入广州外贸数据统计），全省乃至华南地区通过邮政清关出口的邮件货值也将全部纳入我市统计范畴，这将极大地彰显我市开放型经济特色。同时提升通关效率，也降低企业物流成本，加速我市传统制造企业触网销售，向"生产服务混合型"方向发展。

6. 建议互换局、海关、检验检疫局三方运营平台尽快启动直邮进口业务的同时，体现东莞政府创新服务特色——为入驻企业优先审查办理提供简化便捷注册手续，也为企业进驻园区做好铺垫工作，更有利于积极发展优质外资企业，促进园区招商引资工作的进展。结合提供通关、结汇、税收、货代等"一站式"跨境电商服务，集约平台、货源、仓储、金融等资源，吸引广州、深圳乃至国外大型电商及购物平台进驻东莞，有助于形成以中心园区为核心，以珠三角为辐射半径的跨境电商产业聚集带。东莞作为世界制造业名城，吸引园区招商引资工作要列为市重大项目，旧厂房改造升级后，叠加市街两级电商扶持政策，会吸引更多的优质企业进驻园区。加强招商引资，着力建设集平台、电商、物流、支付、代运营、金融、培训等于一体的跨境电商生态圈。建设跨境电商创新创业孵化基地，着重培育、扶植初创跨境电商企业，鼓励大学生到园区实习实训。突出招引 M2B 制造企业将电商、营销、研发业务剥离独立注册。借助跨境电商行业协会资源平台，充分发挥行业协会在宣传发动、招商引资、人才培养、企业培育、行业自律等方面的作用。

7. 建议通过考虑园区中的互换局与正在建设中的地铁线（九条）接轨且直通石龙火车邮路，把东莞打造成华南跨境邮件物流通道的枢纽。目前，广东省 3C 产品多采用海运专线从深圳或香港发运，这种方式时效差。互换局建成后，依托中国邮政总部开通的莞满俄、莞新欧等国际火车邮路，广东、广西、海南、湖南、福建、江西六省的 3C 产品可通过火车邮路发运。托东莞国际邮件互换局（交换站），对接中俄班列，发展国际小包铁路邮运业务，打造华南跨境电商国际铁路邮运起点。开通石龙至俄罗斯、欧洲的华南唯一一条国际火车邮路，实施多模式联运转运货物便利计划、跨境一锁计划，发展超级中国干线业务，利用东莞区位优势，将东莞打造成华南区跨境包裹陆路枢纽。互换局是开通火车邮路的必备前提，将对把东莞打造成为全省乃至华南地区 3C 产品的生产展示中心、交易集散中心及物流交换中心发挥独特作用，并将对落实国家"一带一路"倡议发挥积极作用。未来的展望还希望依托广州、深圳、香港、台湾四大国际空港联通全球，将东莞打造成空港枢纽综合路程最短、物流效率最佳、运输成本最低的跨境电商物流节点城市。

8. 以"人才资源是第一资源"为理念，着力实施和推进跨境电商人才建设，增强我市在跨境电商产业发展中的竞争力，吸引华南跨境电商和电商高端人才向东莞聚集。建议成立东莞跨境电商学院，与本地大学合作培养多层次电商梯队人才。电商学院承担跨境电商高校人才培养、跨境电商人才研修班、跨境电商人才高峰论坛、跨境电商师资队伍建设、跨境电商人才对接会等工作职责。为园区持续输送高端的电商人才，突破跨境电商发展瓶颈、突破跨境电商人才稀缺制约行业发展的困局得到保障。

9. 建议借鉴浙江义乌发展电商模式，义乌同为地级市在面临小商品国内市场不断下行趋势时，通过建设互换局，利用跨境电商将产品销售至全世界，形成良好的"线上带动线下，线下促进线上"的良好氛围。东莞是世界制造业名城，制造业基础好于义乌，依托东莞设立互换局的契机，将为我省提供一个跨境电商发展增长极，打造制造商、平台服务商、跨境电商优势互补、互相协作的新业态。

10. 建议跨境中心园区工程设计有着东莞特色建筑风格，同时为驻园的跨境电商客户提供配套完善的物业管理（租赁）服务。跨境电商应运而生，并以不可阻挡之势迅猛发展，在短短的时间内就成为中国外贸经济的新生力量。在"互联网＋"时代，开启中国跨境电商的春天，时不我待。未来我市跨境电商将形成中小型电商聚集，不断吸引国内外大型电商进驻的新局面，与广深差异化发展，形成三足鼎立的跨境电商新格局。中心园区需进一步提升环境，优化服务，加快发展，广泛集聚龙头企业、优秀人才和各类资本，加快构筑东莞跨境电商生态圈、产业链和全市空间分布体系，使中心园区发展成为跨境电商通关的首选地、跨境电商人才的聚集地、跨境电商第三方服务企业的集聚区，为申报国家跨境电子商务综合试验区夯实基础。

（提案者：汤瑞刚，撰稿人：刘旭）

创新设计制作散裂中子源科普宣传影片，促进粤港澳大湾区科研与生产大融合大发展的建议

理　由

中国散裂中子源（CSNS）是利用中子作为探针的一种"超级显微镜"，是国家重大科技基础设施之一，已被正式列入国家"十二五"规划的"科技创新能力建设重点"，目前已经完成设施建设，将于2018年完成项目验收。中国散裂中子源项目为我国在物理学、生命科学、材料科学、医药和新型核能开发等学科前沿领域的基础研究和高新技术开发研究提供一个先进、功能强大的中子散射科学研究平台，建成后将提升广东乃至粤港澳大湾区的科研文化实力。

"欧洲核子中心"是世界上最著名的大科学装置之一，其提高了欧盟地区的团结。中国散裂中子源大科学装置建成后，将会提高中华民族的自豪感，

促进粤港澳大湾区的团结与发展。中国散裂中子源从开始建设之日起，已经开始通过宣传影片、现场参观等做了大量的科普宣传工作，实践证明，宣传影片对于提高公众对大科学装置的认识，是中国散裂中子源宣传必不可少的工作。已有宣传影片采用视频结合动画方式展示了中国散裂中子源的原理和初步功能，适用于项目汇报、科研交流等，较适用于较高知识层次的人士和科研工作者，对于接受科普教育的普通公众来说还是显得抽象难懂。随着中国散裂中子源开始运行，处在创新中心的粤港澳大湾区将会有越来越多的企业和科研单位关注和利用中国散裂中子源，创新设计中国散裂中子源科普宣传影片并大力推广和宣传将会让越来越多的企业和科研单位深入了解中国散裂中子源，对于促进粤港澳大湾区创新科研与生产大融合大发展具有重要的意义。

基于散裂中子源，针对企业和科研单位进行分类科普影片的制作，特别是利用创新手段制作科普宣传影片，更有利于大家加深对散裂中子源知识的理解和有效创造新的切入点，充分发挥散裂中子源在粤港澳大湾区的科普、科研、提升生产力的作用。并通过创新科普影片的制作，有利于提升粤港澳大湾区科普影片的内涵和质量。

据了解，我国科普行业在拍摄和制作 4D 动感影片方面技术日臻成熟，积累了丰富的经验，科普场馆联合制作、反映国家科技成果的 4D 动感影片《飞天圆梦》《蛟龙探海》《超导磁悬浮》《核电站》等已成功出品。我市可以充分发挥散裂中子源和市科技馆联合的资源优势，制作散裂中子源主题 4D 动感影片。

办　法

1. 利用科技馆行业的丰富经验进行创新科普宣传影片制作，并进行推广，为中国散裂中子源的宣传提供新的思路。市科技馆是我国特大型科普场所，拥有高科技的球幕影院和 4D 动感影院。全国 40 多个科普场馆拥有 4D 动感影院，如果能结合 4D 动感效果对中国散裂中子源进行宣传影片的制作，将会是中国散裂中子源最佳的科普场所。中国散裂中子源是原子核级别的运动，肉眼看不见，利用 4D 动感影院这个平台让公众认识到微观世界粒子的运动等，将会带给公众震撼的体验，对于中国散裂中子源的科普宣传是一项重大突破，也将为后期大科学装置的科普宣传片提供了一个最佳的示范。

2. 市财政拨划专项资金用于支持和鼓励社会资源进行创新科普影片的设计制作。未雨绸缪，争取版权，将散裂中子源 4D 动感影片制作纳入政府财政资金支持项目。成立专项资金用于鼓励创新基于中国散裂中子源科普影片设计制作，通过充分发挥社会的创意产生丰富的科普影片素材，创作、拍摄、制作和发行专题科普影片，为公众提供更多的科普资讯。

3. 相关职能部门组织东莞市的科研院所、研发机构等科研技术人员及企业家们观看科普宣传影片，积极主动地创造科研与生产的大融合大发展的合作机会与平台。高端前沿的大科学装置只有与相关研发机构和高新技术企业深度融合，才能发挥其巨大的科学作用和经济价值。粤港澳大湾区企业众多，很多企业技术有待更新升级，正处于技术转型的关键时期，急切需要高端前沿关键技术输入，这对粤港澳大湾区的经济成功转型至关重要，而中子源大装置应运而生，只要将两者完美结合在一起，一定会爆发出巨大的生产力，助力粤港澳大湾区经济腾飞。

4. 将中子源科普影片向全国乃至全球各大科技馆、科普场馆等普及推广播放，提高其在全国乃至全球的知名度和影响力。

除了利用市科技馆 4D 动感影院进行科普影片宣传，同时重点向粤港澳地区及全国的科普场馆推广。全国各大科普场馆达数百个，充分利用科技馆行业共享平台，让全国甚至全球的相关研究单位、高新技术企业充分了解中国散裂中子源大科学装置及其作用，一方面提高其在全国乃至全球的知名度和影响力，另一方面，向普通公众推广宣传散裂中子源的相关常识。

（提案者：曾平英，撰稿人：童剑飞、蔡隆良、曾平英、梅龙伟等）

关于提升我市公共空间的建设和管理水平的建议

理　由

城市公共空间不但是城市文化与城市公众亲密互动、互相认同、共同发展的平台，也是城市对内体现城市核心价值、对外宣扬城市包容性的多维度名片。近年来，主流城市在各个领域都在探索如何开放和建设更多的公共空间和提升公共空间的素质品味。

东莞市的人口众多、建成区巨大，典型的城市公共空间主要为各镇街的市民广场、休闲公园、各类城市综合体的公共空间、步行街、体育康乐场所等等，这些城市公共空间的发展和使用主要还是按照城镇居民的传统需求进行。

随着城市的进一步开放，城市越来越多元化，东莞市的人口结构和素质都发生了改变，民众对于城市公共空间的需求越来越高，随着城市居民结构和比例的转变、民众素质的提高，我市原有的城市公共空间建设和发展初露短板。新一代的产业工人不再局限于工业区中，不但希望享受公共空间，更希望公共空间能提供更多展现机会。受互联网经济的冲击，实体经济大受影响，例如地铁沿线片区的繁荣程度未达预期。东莞的城市公共空间的建设、本土文化艺术的发展和广州深圳仍存在较大的差距，在提升城市的竞争力、吸引力和土地价值方面还有较大的空间。

为使城市继续葆有充沛活力、提升城市的软实力、逐步提升我市特有的城市文化、形成我独特的城市风格，同时刺激文化消费和推动实体经济发展、改善居民生活并吸引人才安居乐业，有必要通过社会各界共同努力提升我市公共空间建设和管理水平。

存在的问题：

1.东莞市目前的城市公共空间发展有其固有的特点，市区、镇区、社区百花齐放，但建设和管理水平参差不齐。

2.注重硬件建设，但环境管理不到位、表现形式雷同。

3. 覆盖面广，但群众参与方式单一、缺乏组织。

办　法

提升我市公共空间的建设和管理水平不但涉及城市规划、文化宣传、城市管理等部门的共同合作，还必须大力鼓励社会企业、团体和个人的积极参与。

1. 政府牵头推广开放和建设城市公共空间。成立专门机构或委托有经验的机构对可利用的城市公共空间进行登记、分类，识别公共空间的使用价值；增加城市公共空间的规划、开放、活化和改造；加大公共空间的建设管理投入，重点打造一批明星公共空间。

2. 增加公共空间的投入，打造亮点公共空间，提升公共空间总体品味。简化公共表演的审批流程、放宽非商业表演的限制、降低在公共空间进行表演活动的门槛；对公共空间的建设和管理进行考评，对于积极发展的镇街和社区给予奖励和补助；尝试多种合作模式吸引非营利组织、非营利表演团体，非商业使用，活化公共空间的使用；公共空间发展结合我市商业地段、步行街发展，提振实体经济。

3. 活跃公共空间的使用氛围，加强社区、群众互动。开放更多的可供行人停留、休憩、举办宣传展览、开展艺术表演的地点；鼓励艺术文化团队、事业单位、企业、学校等开展公益活动，适当利用作为临时商业宣传用途；加强广场、公园、绿道、公交车站等城市艺术建设，增加反映城市文化个性、历史内涵和本土特色；重点吸引外来务工人员参与公共空间活动和表演，提供公共舞台，深入挖掘东莞特色的城市文化和打工文化。

4. 深入理解、学习公共艺术理念、表现手法和艺术内涵，拓展公共艺术展示方式。在学习国内外公共空间建设管理的先进经验的同时，把城市公共空间的发展作为城市文化交流的机会，吸收和消化优良的城市文化，让东莞城市发展更好地和先进城市接轨并走向国际化。

（提案者：陈莉，撰稿人：韩圳钊）

关于提高我市生活污水污泥处置能力的建议

理　由

我市目前已经建成并投入运营的生活污水处理厂约 45 座，总设计处理规模约 300 万吨／天。为处置污水厂产生的污泥问题，我市于 2009 年在黄江镇建成一座污泥处置厂（以下简称金茂公司），集中处理分布于全市所有污水产生的污泥，一期工程设计处理规模为 1 000 吨／天。

据调查，广州市目前已经建成污水处理厂近 50 座，总设计处理规模约为 480 万吨／天，日均产生污泥量约为 2 800 吨，全部实现无害化处理。深圳市已经建成污水处理厂 30 余座，总设计处理规模约为 510 多万吨／天，日均产生污泥量约为 2 500 吨，基本可实现无害化处理。

据统计，我市全部污水处理厂日均污泥产出量约为 1 400 吨，而金茂公司日处理污泥约 900 ～ 1 000 吨，污泥处置能力严重不足。

存在的问题：

1. 我市目前仅有一家污泥处置厂，一旦有突发事件或者其他特殊情况造成该厂停产或减产时，就会引起连锁反应，导致污水处理厂无法正常运行。

2. 污泥处置采取的工艺为"干化—建筑利用"，过于单一和简单。同时，因污泥最终出路（建筑市场无法消纳庞大的污泥）受限等原因，导致金茂公司产品积压，要么采取非法填埋，要么堆积如山。

3. 全市的污泥处理全部集中运送至金茂公司处理，运输成本高且存在二次污染。金茂公司每天至少有 400 ～ 500 吨的污泥无法及时处置。随着污水处理厂的扩建和提标改建工程的投入使用以及截污次支管网的全面建成通水，污泥产生量还会大幅度增加，污泥处置所面临的问题越来越严重。

4. 每个镇的污水性质、浓度差异比较大，导致各厂产生的污泥性状也不相同。目前未进行污泥性状的分析，未按照污泥属性进行分类和选择不同的处理工艺，这不利于污泥的资源化利用。

办　法

针对我市污泥处理实际情况，应尽快改变或提高生活污水处理厂污泥处理工艺与处置能力，建议如下：

一、加大政策扶持

1. 提高污泥处置费。根据污泥处理工艺和效果、产业政策等因素，研讨污泥处置费用分摊方案，确保污泥处置项目"建得起、用得上、效果好"。

2. 实施奖惩制度。针对污泥产生、交接、运输、污泥处置厂稳定运行、污泥终产品存储和最终出路等全寿命周期的监管体系，出台相关奖惩方案并严格落实。

3. 积极研讨针对污泥处置的相关技术与政策，允许并支持适合污泥处理的成熟工艺用于污泥处置。

二、从源头上进行污泥减量化

1. 改变、提升污水厂现有的生产工艺，改用低负荷少污泥产生量的工艺，在污水处理的过程中减少污泥的产生。

2. 改进污水厂的污泥干化工艺，降低污泥含水率。如果在现有基础上能进一步将污泥含水率降低到 50% 以下，可以减少一半以上的污泥量。

三、提高金茂公司的处置能力

1. 提高处置能力。金茂公司现有生产线 10 条，计划年内增加 2 条，但设备过于陈旧，工艺也比较落后，经常出现设备故障导致停产减产的现象，应尽快组织开展新工艺的研究和使用，增加相应的设备和人员，扩大生产线。

2. 提高管理水平。据了解，金茂公司运营管理水平较低，整个厂处于脏乱差的局面，且经常发生因债务纠纷等引起停产情况。主管部门应根据实际情况，及时对金茂公司进行督导，必要时收回运营权，另行委托有能力的公司进行运营管理。

四、增建新的污泥处置设施

1. 增建污泥处置厂。综合我市污水处理厂分布及其污泥产生量、性状、毒理分析等，合理确定新增污泥处置厂分布、建设规模、处理工艺等，尽快启动和实施增建污泥处置厂的相关程序。

2.适当鼓励污泥产生量大、具有技术实力和场地的污水厂自行建设污泥处置装置，严格审批和重点监管，多途径消纳污泥。

五、拓宽污泥最终出路

参照广州、深圳的成功经验，结合我市现有处理工艺、产品市场等，尤其是必须重点考虑污泥最终出路问题，提出适合的技术路线。如制砖、造水泥、堆肥、基坑填埋等。

（提案者：民盟东莞市委会，撰稿人：夏治会、冷成保）

关于促进东莞市民营经济稳定、高质量发展的建议

理由

市人民政府于 2018 年 11 月 14 日出台了《进一步扶持非公有制经济高质量发展的若干政策的通知》，提出了五十条促进民营经济发展的具体措施，比北京、上海、广州、深圳以及苏州、杭州、宁波等发达地区政府发布的扶持民营企业的政策更为广泛，且可操作性更强，符合我市的实际需求，对于增进我市民营企业信心、促进民营经济健康发展将发挥重大作用。

东莞处于粤港澳大湾区和广深科技走廊的核心区，未来发展目标是面向全球的高端制造业集聚中心和国际经贸合作战略支点。随着我市经济转型和产业升级进程的不断推进，东莞与周边城市的竞争已由早期的营商成本竞争，逐渐转化为科技能力竞争和营商环境竞争。

结合粤港澳大湾区的发展战略以及东莞经济发展的实际情况，在市政府五十条政策之外，需要注意的问题有：

1.目前环保要求不断提高，很多在我市产业链中不可或缺的中小企业可能因为不符合环保要求，面临被关闭、被转移的命运，这对我市制造业产业链是一个致命的伤害。

东莞经济的一个重要竞争力，就在于很多行业在我市拥有非常成熟而完整的产业链，使这些行业的企业拥有了其他地区竞争对手无法比拟的成本及服务优势。

2.民营经济面临更大的经济增速放缓的压力。在宏观经济形势较好时，市场需求旺盛，民营企业与国有企业都能得到较多的发展机会；但在经济增速放缓的年份，经济增长更多地依赖政府投资。民营企业如果能够更好地参与政府主导投资的项目，对于民营经济的稳定发展至关重要。

3.当前国际经贸形势的变化和中美贸易战对我市民营经济影响较大，而民营企业尤其中小型的民营企业因为自身能力的限制，难以对外国法律、管制要求等有更准确的把握，难以避免类似"中兴被美国政府巨额处罚"等事件的发生。

4.我市民营企业在市外的纠纷、诉讼越来越多。随着我市民营企业规模和实力的不断增强，很多民营的业务和分支机构广泛分布在全国各地，同时随着我市投资环境的不断改善，全国各地的企业也不断来我市投资兴业，这都导致我市与外市在企业及个人之间的民事甚至刑事方面纠纷不断增加。

办　法

1.对一些暂时不符合环保要求但对我市产业链有重要作用的中小民营企业，考虑通过一定的帮扶措施，给予适当的期限，帮助该类企业通过增加设施设备投入等办法，改善生产条件，以满足环保要求，以保护我市产业链条的完整性和竞争力。

2.建立民营企业参与政府投资项目的激励机制，一方面鼓励作为项目投资主体的政府部门积极吸收民营企业参与项目投资和建设，另一方面引导、鼓励民营企业积极参与政府投资项目。

以PPP项目为例，建议我市在规划PPP项目时充分考虑吸收民营企业参与，加强PPP项目前期信息的披露机制，去除民营企业参与PPP项目的资格门槛，通过吸收民营企业入股投资，共同组建混合所有制企业的方式，让民营资本充分参与项目。

3. 建议设立民营企业应对国际贸易和海外投资摩擦的工作服务机制，建立企业海外涉及重大诉讼案件的报备制度和合规管理协调制度，引导民营企业构建符合国际要求的合规管理体系。

另外，建议通过行业协会，针对具有潜在风险和明确需求的贸易和投资领域组织民营企业进行培训，协助民营企业做好业务风险分析、合规要求调查和合规管控措施等工作，增强应对国际经贸形势变化以及处理国际不同地域法律风险的能力。

4. 建议参考周边城市的做法，建立民营企业市外纠纷及涉诉应急协调处理机制，加强粤港澳大湾区的司法协作，落实外地执法机关来莞办案协查备案制度和我市企业市外涉诉司法协助制度，维护我市企业和企业家合法权益。

（提案者：民盟东莞市委会，撰稿人：林海川、李秀源、罗兆婧、华松林、张进）

参政议政

关于改善沿江高速虎门出口交通环境的建议

理 由

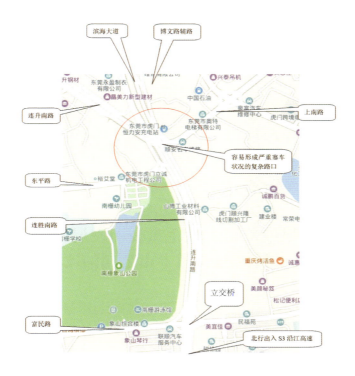

走沿江高速（S3）从虎门收费站下来，向北走东莞市滨海大道，经常遇到的一个问题就是堵车。虎门收费站出入口太少，车辆经常排起长龙。好不容易出了收费站，经过连升南路北行不远，来到滨海大道、连升南路、上南路、东平路、博文路辅路的交汇口，一个非常复杂的路口，又被交通信号灯耽搁。这个路口切断了沿江高速和滨海大道的连续性。由于这里路口太多，经常发生交通拥塞的状况。从地图向南方向看，连升南路与富民路的交汇口便修建了立交桥，车辆通过十分顺畅。

东莞市滨海新区是东莞市新城市规划格局中三个重要的开发区之一，市政府给予高度重视和巨大期望，未来发展不可限量。到那时，滨海大道及出入沿江高速虎门收费站的车流量将会更大。如果现在不对这个区域的交通状况进行升级改造，以后将会对这个区域的交通状况产生很大的不利影响。整治沿江高速虎门收费站交通环境，对完善东莞市科技走廊的建设都具有重要作用。

办　法

1. 扩建沿江高速（S3）虎门收费站的规模，增加收费站的收费口数量，拓宽收费站广场的面积，其扩建后的规模应该达到广深高速（G4）厚街收费站的规模。

2. 在连升南路、滨海大道、上南路路口修建互通立交，把沿江高速和滨海大道有效连接起来，提高滨海大道直通沿江高速（S3）的直通效率。

（提案者及撰稿人：赵一杰）

关于促进东莞 A 股上市公司发展的建议
——基于与佛山 A 股上市公司的比较分析

理　由

东莞经济发展正处于重要战略机遇期，需围绕区域经济发展的现实特征和战略定位来增强经济内生增长动力，积极促进上市公司发展是推动经济持续转型升级的重要路径。东莞 A 股上市公司（简称"东莞上市公司"）在量质上均与佛山 A 股上市公司（简称"佛山上市公司"）存在差距，现通过比较分析，对促进东莞上市公司发展提出建议。

一、发展概况比较

莞佛位属全球制造业中心，产业结构长期以来的核心特点均是以制造业为主导。2017 年度，东莞 GDP 达 7 582 亿元，位居广东省第四；佛山 GDP 达 9 550 亿元，位居广东省第三。

佛山、东莞首家上市公司分别于 1993 年、1994 年登陆深市主板，历经约 25 年的发展，东莞上市公司有 27 家、佛山上市公司有 36 家，数量相比为 75%。2018 年年底，总股本相比为 63%，募集资金相比为 49%；2018 年 9 月底，总资产相比为 33%；2018 年年底，总市值相比为 22%；2018 年前三季度，营业收入相比为 19%，净利润相比为 17%（注：比例数据均为东莞上市公司占比于佛山上市公司）。

二、东莞上市公司发展存在的主要不足

1. 东莞上市公司发展与经济发展水平不相适应。2017 年度，佛山 GDP 与佛山上市公司家数省排名同为第三，东莞 GDP 省排名第四，东莞上市公司家数省排名第六，落后于汕头、珠海；1999—2008 年期间，佛山上市公司新增 7 家，东莞 GDP 逐年上升但东莞上市公司未有新增。证券化率是指上市公司总市值占 GDP 的比例，是衡量证券市场发展程度的规模化指标；2017 年年底，东莞 A 股证券化率为 27%，远低于佛山的 80%。

2. 东莞上市公司主体结构不尽合理。莞佛两地，仅两家佛山上市公司为沪深 300 指数样本股，以及两家佛山上市公司为千亿级企业。相较于佛山上市公司由大型企业引领发展，东莞上市公司主要以中小型企业为主，单体资产经营相对单薄，缺少在国内外有一定影响力的领军型、集团化、国际化的大型上市企业。

3. 东莞上市公司在优势产业的集中度不高。佛山制造业类上市公司家数占其上市公司总家数的比例高于东莞，即佛山制造业类上市公司的集中度高于东莞；制造业类东莞上市公司在细分行业中的分布比较分散，制造业类佛山上市公司主要集中在电气机械及器材制造业。相较于佛山，东莞优势产业尚未形成上市公司集群。

办 法

1. 增加东莞上市公司数量。东莞可通过加大优势产业中上市后备企业的扶持力度，鼓励各行业未上市的头部企业成为上市后备企业，政府产业引导基金注入上市后备企业规范其运作等方式，加快 A 股上市节奏，以及填补部分优势产业中暂无 A 股上市公司的空白。

2. 扶持东莞上市公司做大做强。东莞可借鉴佛山对大型上市企业的助推作用，通过政府主要领导对口帮扶，解决东莞上市公司现实经营中的困难，助其做大做强；东莞在招商引资时，可大力引进兼容性强的产业项目，在带动经济发展的同时，促进东莞上市公司业务协同发展；东莞政府在产业发展中发挥作用，优化布局、整合资源、扩大规模、搭建发展平台、给予针对性强的扶持政策，结合东莞基金产业集群作用，发挥优势产业集群效应，打造引领型的大型上市企业。

3.加大奖励扶持力度。近年，莞佛均加大了扶持资本市场、企业上市力度，并出台了相应政策。东莞可借鉴佛山市区结合奖励、多方面奖励形式，发挥东莞市镇两级扶持合力作用，提高上市奖励之外，增加再融资奖励、并购奖励、发债奖励、贴息支持等。

4.莞佛携手共同发展。在粤港澳大湾区战略实施的背景下，莞佛两地优势互补、发展模式相互借鉴，科技协同创新上深化合作，促进实体经济高质量发展，共同推动制造业向高端迈进，在壮大现有上市公司的同时，将共同引领优质企业登陆 A 股资本市场。

（提案者：民盟东莞市委会，撰稿人：程发良、王雪萍）

关于增加东莞普通高中学位，
解决读高中难问题的建议

理　由

东莞作为广东省人口流入最大的城市之一，目前普通高中学位的建设速度却远远跟不上学生的增长人数。2018 年东莞初中毕业生数为 62 665 人，而核定 2018 年东莞高中阶段学校（含技工学校）招生任务为 28 400 人，即东莞只有 45.32% 的孩子可以升入普通高中。2017 年东莞普通高中的升学率是 45.16%，经过一年的努力，普高升学率虽然略有提高，但依然不能满足社会需求。

2018 年东莞市应届初中毕业生人数比去年多了 21 765 人；高中阶段教育招生任务中，普通高中招生的增长率为 4.98%，学位增加 1 500 个。学位的增长速度跟不上生源的增长速度，同比东莞周围的广州和深圳两个城市，2018

年，广州普高升学率是 63.94%，深圳普高升学率是 74%，都比东莞高出很多。并不是东莞的学生不努力或者东莞的教学质量低，仅仅是因为东莞普通高中的学位不够而上不了高中，进而失去了接受高等教育的机会。这对于东莞这个缺少本土高级人才，渴求人才的城市而言是可怕的，已经严重影响了东莞今后的发展。

1. 因为东莞普通高中学位不够，有一半的学生读不了高中。失去了进入高等院校学习的机会。结果有些学生只能选择去惠州、肇庆、河源等地读高中，甚至有的外地高中学校有东莞班，一个班的学生都是东莞生源。

2. 另外有一些学生通过在惠州、肇庆、河源等地的普通高中挂靠学籍，在东莞找私立学校以借读的形式来完成高中的学业，就势必造成对这些学生的管理漏洞，同时增加了家长额外的经济负担。实际上这些借读的学生依然是在东莞的私立高中读书，说明某些私立学校教学场地和师资少等问题是能够解决的。

办　法

增加普通高中学位直接决定因素是需要增加教学场地和师资配置，同时给予政策支持。

1. 充分发挥现有高中的资源。优化现有的普通高中教学场地和校宿，增加师资配置，在政策上解决新招老师的编制问题，让优秀高中老师能留在东莞。

2. 充分发挥中心城镇的作用。人口数量多的大镇（或中心镇），根据学龄人数来考虑是否需要增加高中校区。在解决校址的问题上需要政策的支持，提供政府储备用地来解决开办新校区需要的用地问题。

3. 充分发挥企业办学的优势。鼓励有资金实力、希望在教育事业发展的大型私企联合有高中教学能力的优质民营办学机构组建民营高中学校。以长期租赁教育用地的形式来解决校址问题，教育局在政策上予以扶持，在建校后的前几年通过公办学校教学托管等方式，让新校顺利过渡，从而保证教学质量。

4. 解决教育规划用地问题。因东莞原有的教育用地较少，规划部门可从东莞教育现状的实际情况考虑，前期规划中从土地性质上来解决东莞教育用地少的问题。

（提案者：曾平英，撰稿人：华松林、陈传玉）

关于建设我市工程项目信息、资料复用库的建议

理　由

随着现代信息网络技术的发展，信息化在行政管理工作中得到了广泛的普及。目前，我市工程项目监管的各环节，都已基本实现信息化管理，但从全市的层面来看，整体上仍处于各自为政、信息孤岛的状态，对工程项目审批管理的辅助效果比较有限。

1. 企业在办理工程项目审批业务时仍需要提交大量纸质资料。工程项目在整个建设周期中，需要办理的批复、证明文件多达几十项，涉及部门有十几个；在办理某一审批业务时，往往需要提交前置环节和部门出具的证明材料，不同审批环节又经常需要反复提供同一份证明材料。繁多的纸质材料，既制约了网上审批的实施，也增加了企业办事的难度和成本，还造成了大量的纸张浪费，不利于环境保护。

2. 政府部门在业务审批时仍需要核验、归档大量纸质资料且企业每提交一次，政府部门就需要核查一次、归档一次，工作量巨大，在一定程度上制约了审批效率的提升。

3. 我市现有工程项目相关信息分散于不同平台，不便于检索、匹配、核查，更无法共享和直接利用。虽然我市建成了政务信息资源共享平台，但是，需要经过登录、搜索、匹配、拷贝、重新录入等复杂操作，方可有效利用；每个工程项目的信息均与其他工程的海量信息混在一起，一旦在生成信息时录入有误，则后续各环节都无法搜索到相关数据；该平台只收录主管部门生

成的信息数据，一些附图、附件及一些中介机构出具的重要成果未能收录，导致相关信息仍不能取代纸质材料。

经过调研，市住房和城乡建设局于 2015 年建成工程项目信息库。该平台以工程项目为主体，实现了档案系统和业务系统的融合，有效解决了以上三个问题。该平台的主要特点：

1. 在工程项目审批的第一个环节以最大化为原则创建一个项目档案，用于存放该项目各环节的相关信息、资料。

2. 平台与业务系统关联，受理业务时将本业务与所属项目档案绑定，业务办结时，系统自动将生成的证照信息，以及办理业务时收取并扫描保存的资料存入项目档案中，后续环节如需使用已归档的资料、证件，业务申请人无须重复提交，业务审批人无须重复审核，直接从项目档案中调取。

3. 在项目档案中对项目所有业务记录、证照信息进行集中展示，相关人员可借此全面掌握项目的进展情况，从而可以在适当时候对其开展服务、监管工作。

从 2015 年 8 月 24 日上线截止于 2018 年 7 月 31 日，该平台共建立项目档案 2 526 个，已归入档案资料 35 430 份，实际复用已归档资料 142 719 份（次），采用电子数据替代纸质证件、凭证 23 126 份（次），大幅减少了行政审批的纸质资料数量，同时减轻了企业和主管部门的负担，提高行政审批效率、助推了网上办事。

按照国家"让数据多跑路，群众少跑路"的指导思想，我市积极响应，即将建成市民服务中心办事大厅，整合办事窗口。为了让市民服务中心发挥最大效能，对应的数据平台也应当同步整合到一起。

办　法

1. 建议以市政府为主导，以市住建局工程项目信息库运作模式为参照，联合我市建设工程相关主管部门及市民服务中心，建设我市工程项目信息、资料复用库。除了收录工程项目信息、资料之外，还可以将主管部门对项目的检查、监管、奖惩等信息一并归集。

2. 建议市政府相关部门研究出台政策，支持电子信息代替书面证照、纸质资料扫描件"一次核验反复适用"的做法。

3. 建议对工程项目从规划立项到竣工使用的全过程所有资料数据进行整合、分析，通过图表或者流程图等可视化的形式展示，方便项目各方及政府部门直观掌握该项目进展情况，既可以帮助相关主管部门提前预判工程项目建设、固定资产投资情况走势，同时也可对工程项目可能存在"跳过"某些审批环节的情况进行有效监督。

（提案者：陈莉，撰稿人：张海艳）

关于加快推进东莞市红花油茶森林公园建设的建议

理　由

2018 年 12 月 17 日，东莞市人民政府和广东省林业局签署了《共建森林公园战略合作协议》，在林地林木权属不变的前提下，广东省林业局同意将省樟木头林场范围内具有森林旅游价值的部分林地资源纳入东莞市森林公园规划建设体系，由省樟木头林场负责提供资源，东莞市人民政府负责提供资金，共建森林公园，合作有效期为 5 年。

红花油茶森林公园现有 8 000 多亩红花油茶林，主要分布在省属樟木头林场清泉片区，位于黄江镇和大朗镇。该片红花油茶林属于广宁红花油茶，种植于 1956 年，目前是全国现存面积最大、历史最悠久的广宁红花油茶林，也是我市独具特色的珍贵植物资源。

松山湖科学城作为我市对接粤港澳大湾区三大战略平台之一、综合性国家科学中心、大湾区国际科技创新中心的重要组成部分和广深科技创新走廊的中心，具有广阔的发展前景和历史机遇。科学城的发展将不断吸引全球高端顶尖科学人才入驻，带动区域发展。而红花油茶森林公园毗邻松山湖科学城，且有小部分在科学城内，地理位置优越，如果将公园定位为科学城的后花园，打造特色鲜明、体系完善的生态绿地，对于完善科学城生态环境体系、对接科技创新中心定位具有重要作用。森林公园可满足科学城工作人员和居民回归自然、返璞归真、释放压力、放松身心等需求，科学城的发展也将为红花油茶森林公园注入科技创新元素。

一、存在的问题

1. 公园管理机构成立问题。截至目前，广东省林业局与市政府签订的战略合作有效期已过去了 1 年半，该项目却尚未真正启动，仍处于规划及可行性研究阶段，尚未成立专门的公园管理机构，不符合森林公园建设的程序。

2. 资金来源尚未落实。根据东莞红花油茶市级森林公园总体规划，近期项目建设投入为 4.87 亿元，包括各类基础设施、景观营造、供水供电、防灾预警等，每年维护费用约为 1 900 万元，全部由市财政资金投入，投资和维护费用巨大，短期内难以看到直接经济收益。

3. 项目立项尚未批准。建设项目立项参照《东莞市财政投资项目前期管理办法》（东府〔2017〕113 号）的要求，制定项目前期准备工作实施方案，并论证其可行性；根据近期建设项目投入总额为 4.87 亿元统计，从项目提出阶段到项目开工，平均耗时 38 个月，项目前期工作周期长、政策风险高、实施难度大。

二、解决措施

1. 尽快批准设立森林公园管理机构，以便开展建设前期工作。根据《广东省森林公园管理条例》，成立森林公园必须组建专门的森林公园管理机构，同时配备相关专业技术人员。

2. 建议分步实施，以"基本开园标准"作为项目选取的基本条件，减少首期投资和维护费用。建议以"一条入园道路、一个景观点、一个服务区"作为基本的"开园标准"，优先选取 3 个子项目作为首期实施项目，以便可以采用"项目建议书、可研、初步方案和概算"并联审批的方式，直接进入初步设计和概算编制阶段，缩短立项审批时长。

3. 加大财政投资力度，保障森林公园如期建设。建议在确定项目初步方案后，由市政府组织相关职能部门和属地镇街以及松山湖科学城等单位对项目的功能定位、初步选址、用地规模、建设规模（或服务能力）、投资估算等进行充分论证。成立森林公园建设领导小组，对公园建设的进度、资金的使用、后期的运营维护等进行全面监督，建立长效管护机制，让森林公园尽早开园造福社会。

4. 结合全省万里碧道工程，将红花油茶森林公园打造成为东莞靓丽的水生态名片。公园周边有丰富的水文资源，推动红花油茶森林公园建设，有利于兼顾生态、文化、景观和休闲功能，打造"绿道"和"碧道"交相呼应的生态廊道，将更好地彰显东莞美丽诗画湖库特色，推进东莞万里碧道建设工作。

（提案者：民盟东莞市委会，撰稿人：夏治会、林正强、蔡子萍、简锐姬）

关于加快推进同沙生态公园建设的建议

理　由

一、基本情况

同沙生态公园 2001 年经市政府同意设立，包括同沙林场及同沙水库，总面积约 1 760 公顷，权属归市政府所有，由东城街道代管。经过经营范围调整，目前公园面积 2 905.88 公顷，其中同沙林场 1 740.2 公顷、东城街道 145.18 公顷、大岭山镇 533.55 公顷、寮步镇 486.95 公顷。2018 年国有林场改革后，在同沙林场的基础上组建同沙生态公园，实行"两块牌子，一套人马"管理，为市林业局下属公益一类事业单位。公园按国家 4A 级旅游景区的标准建设，现每年接待游客约 150 多万人次，东城街道每年投入管护费用约 6000 万元。

二、发展潜力与制约因素

（一）发展潜力

1. 区位优势。同沙生态公园处于中心城区和松山湖两个高速发展的区域中间，是连接中心城区与松山湖的关键节点，地理位置优越。公园周边交通配套完善，地铁一号线在周边设置东城南站等多个站点。公园通过黄旗南片区与黄旗山城市公园相连，作为片区的生态内核，在生态连城、园城互动方面具有不可替代的地位。

2. 资源优势。同沙生态公园是中心城区面积最大连片生态板块，与黄旗山城市公园、水濂山森林公园共同构成东莞的"城市绿肺、天然氧吧"。动植物资源丰富，生态环境非常优美。

3. 政策机遇。公园内的市自然保护区在此轮自然保护地整合优化预案中已调出，同沙水库未纳入我市"千吨万人"乡镇饮用水水源保护区划分方案，开发建设主要限制因素基本解除。当前正值国土空间规划编制时期，可加快对公园以及周边可利用土地重新规划，为片区开发建设打下基础。

（二）制约因素

1. 管理体制不完善。同沙生态公园目前由东城街道代为管理，但由于土地权属分属三个镇街，公园的建设管理难以统筹协调，各镇街对公园的投资力度和管理水平参差不齐。总体来看，公园景点资源分散，管理水平不高，生态特色未能得到有效发挥。

2. 资金来源单一。由于同沙林场属于市属国有资产，东城街道继续加大投资的积极性不高。此外社会资本参与不够，导致公园品质不高、功能单一、主题不突出。总体上仍以生态观光、徒步、骑行为主，与其他森林公园的差异化建设不明显，辐射带动作用有限。

3. 项目落地受限。受国有林场、生态绿线、基本农田、建设用地配套等因素制约，后期开发建设必要的配套设施、旅游服务等项目落地有一定难度。

三、意见建议

（一）高标准完善规划

尽快完善《同沙生态公园总体规划》，深度融入正在开展的环同沙片区规划，以"城市中央生态公园"的定位，以广州海珠国家湿地公园等为标杆，进一步优化公园空间布局，规划不同发展主题。加强与国土规划部门对接，落地一批景区景点、服务配套、生态旅游等设施用地，形成公园建设的总体蓝图。

（二）加快公园优化提升

加快推进水库水源保护、湿地生态修复等项目，进一步提升景观资源品质、优化生态环境。加大财政支持力度，建议由市级统筹，打造 1~2 个影响力较强的精品项目，建成环同沙片区开发建设的第一批重点工程。

（三）加强园城互动

充分发挥同沙生态公园生态绿核的辐射作用，加快推进周边黄旗南、牛山等片区规划研究，实现公园与城市的相互促进融合。

（四）理顺管理机制

尽快理顺公园的管理体制机制，破解管理困局，提出两个方案：

1. 建议由市政府牵头，收回国营同沙林场和同沙水库的管理权，全面整合公园三个片区，统筹公园开发与管理。参照大岭山、大屏障等森林公园做法，对纳入公园范围内的三个镇街集体林地采取"权属不变、统一管理"模式进行管理。

2. 维持现有管理模式不变，三个镇街在总体规划的框架下加强统筹联合，共同做好公园及周边地区开发建设。特别是东城街道要发挥主动性，准确把握公园发展定位，挖掘发展潜力，通过多渠道的融资方式在公园内布局更加丰富多元的生态文旅产品，进一步优化提升公园品质。

关于完善无障碍公共设施，
提升东莞城市公共服务品质的建议

理　由

2015 年 12 月召开的中央城市工作会议上，习近平总书记做了重要讲话，李克强总理提出了做好城市工作的具体部署，明确指出：城市是我国经济、政治、文化、社会等方面活动的中心，提升城市的管理水平在党和国家工作全局中具有举足轻重的地位。

人性化、科学化是提升城市精细化管理水平的重点，其中无障碍设施的设置及普及率，已成为衡量一座城市品质和幸福指数的一项重要标准。但由于历史原因，东莞在这方面还存在很多不足，如：①斑马线盲道零覆盖；②无障碍设施存在显著设计缺陷，不人性化；③人行道与机动车道衔接不顺畅。

基于上述原因，有必要"以人性化为本"，从行动障碍者（包括残障人士、老人、婴幼儿等群体）的角度出发，以前瞻性科学化的举措改进、完善现有无障碍公共设施，打造东莞市"无障碍出行闭环"。

办 法

一、强化整体规划、全局统筹

建议市政府出台关于公共设施建设的指导意见，明确城市公共设施建设要求、提高公共设施建设推进力度，科学设置服务半径，推动公共设施合理布局和系统建设。

完善公共场所无障碍设施布局和建设，提高体现人文关怀的公共设施覆盖面。注重配套衔接，明确商业区等各功能区的公共设施配建要求，将公共基础设施纳入智慧城市建设规划。

二、明确标准，建设有人文关怀的公共设施

建议主管部门牵头制定《城市公共服务设施规划标准》配套细则，从规范入手，加快形成公共设施设计权威、统一、可操作的地方标准。打造示范性的公共设施，明确规划设计机构参与公共设施设计的资质门槛，并对项目设计的科学性、安全性、便利性、美观性等指标设置审查。建议在市区、各镇区建设示范点、示范路、示范区，如：市政府、市民办事中心、重要职能部门、大型商场，镇区中心等各主要公共场合要起带头作用，制定100%无障碍设施建成率和要备率，其他次要公共场合＞80%，普通地段＞60%。

三、建立健全权责明晰、公众参与的管理运行维护机制

健全联席会议制度，明确城市综合管理执法局、财政局、自然资源局、

住建局、市交警支队、市残联等相关部门的管理职责，通力合作，市、镇两级财政逐步加大对无障碍建设的财政投入力度，鼓励支持民间资本创新投资模式参与无障碍建设，引导慈善捐助关注困难家庭的无障碍改造等，形成政府和社会各界对无障碍建设广泛关注与支持的聚集效应。

建立健全权责明晰的养护管理机制，构建由城市综合管理执法局负责、人大代表政协委员和残障人士代表督查、第三方维护的工作体系，逐步修补被破坏的无障碍公共设施，将各镇街公共设施综合建管交互平台纳入智慧城市系统。明确属地管理责任，建立公共设施安全隐患、故障动态排查机制。梳理规划方、建设方、设计方、施工方、养护方、使用方需求，逐步完善公众参与机制，吸纳社会力量（尤其是各类行动障碍者代表）参与公共设施的建设、使用和管理，提高公共设施与市民之间的协调性。设置通道方便市民向主管部门表达需求、提交建议、反映问题，及时整理收集的信息并定期反馈办理情况，实现"公共设施全生命周期管理"目标。

四、营造无障碍建设的社会氛围

加大宣传力度，积极倡导"消除障碍、促进融合"的理念，加强无障碍理念和内容的普及推广，让更多的市民成为无障碍环境的建设者。通过购买社会服务的方式，让专业的社会团体和组织机构参与无障碍推广活动和环境设计。

目前，东莞的城市发展已经进入新的腾飞时期，完善无障碍公共设施建设，提升东莞的城市服务品质，是提升城市精细化管理水平的具体体现，更是"湾区都市，品质东莞"建设的重中之重。抓好城市这个"火车头"，把握发展规律，推动以人为核心的新型城镇化建设，增强城市规划的科学性，才能更好地促进"多规合一"，科学谋划东莞智慧城市"成长坐标"。

（提案者：张华、陈雪昕）

关于加快解决东莞理工学院"校中村"
征地拆迁问题的建议

理 由

当前，东莞正面临粤港澳大湾区的重大发展机遇，为加快建设具有国际竞争力和影响力、国内一流、代表东莞形象的新型高水平理工科大学，中共东莞市委市政府将推动东莞理工学院加快建成新型高水平理工科大学纳入2020年工作要点，但东莞理工学院松山湖校区"校中村"（宝陂村三队）作为历史遗留问题，长期给学校带来重大安全隐患，困扰制约学校的建设与发展。近年来，村内私自搭建和无证照经营活动日益增多，给学校带来较大的政治安全、治安安全、消防安全、食品卫生安全等方面风险隐患，严重影响学校办学秩序和社会形象。

一、"校中村"基本情况

2001年，为建设松山湖科技产业园区，市政府决定征用大朗镇13个村共约2 667公顷土地，其中宝陂村与佛新村需全部搬迁。2001年秋，大朗政府与松山湖管委会签订征地拆迁合同并全力展开有关征地拆迁工作。但因部分居民对征地拆迁补偿有异议等各种原因，直至2008年，一共还剩下44户居民未搬迁，其中东莞理工学院学院范围内的有14户。

近十多年以来，由市政府统筹，大朗镇政府、松山湖管委会等部门积极配合、谋划、推进宝陂村的征地拆迁工作，但因各种原因而没有实质性推动。在后期的管理中，村民不断扩展村内的经营活动，包括出租、餐饮、垂钓等，给学校带来较大的风险隐患，严重影响学校办学秩序和社会形象。

二、"校中村"存在的主要问题

（一）违规搭建

自2016年开始，"校中村"开始出现房屋翻修、房屋扩建等情况。2017年上半年，村民修整并拓宽由"校中村"直接通往校外的道路，挖掘机、拖拉机等施工车辆可以不经校门自由进出"校中村"，村民房屋扩建、新建等情况逐渐增多，给校园出入管理、人员管理、治安管理带来较大的安全隐患。截至目前，共存在新增建筑物约 23 处，垂钓台 51 个。

（二）无证经营

自 2015 年起，"校中村"陆续出现小规模快餐加工及外卖活动，2017 年陆续出现了农家乐餐厅、烧烤档、垂钓台、烘焙屋、出租屋等无证照经营场所。截至目前，"校中村"共有正在经营的餐饮场所 4 处、垂钓场 1 处、出租屋约 20 间、京东快递 1 处，烘焙屋 1 处、烧烤场 1 处。

（三）影响校园环境

村民存在私自搭建围网向校园拓展、往校园绿化带倾倒垃圾、焚烧垃圾、饲养犬类家禽、养鱼、种菜等行为，犬类、家禽时常进入校园，对学校环境和教学秩序造成较大滋扰。

（四）影响"更大"指标

"校中村"影响了校园用地产权证和用房产权证的办理，导致更名大学指标生均占地面积处于临界值。

三、加快"校中村"征地拆迁的建议

（一）创新工作思路，积极推动"校中村"的拆迁工作

妥善解决"校中村"征地拆迁问题既有利于学校高水平的规划建设，也有利于大朗镇宝陂村的长远发展和当地原居民的安居乐业。建议政府有关部门创新工作思路，积极研究探索搬迁户在大朗镇宝陂新村的普惠性政策，推动"校中村"的拆迁工作，彻底解决"校中村"问题。

（二）拆除"校中村"私自搭建等违规建筑

建议由松山湖管委会、大朗镇政府、东莞理工学院分别安排一名班子成员作为拆除工作对接人，会同城管、公安、住建等执法部门，组织成立违建拆除工作小组，共同研究讨论确定拆除对象，按分步拆除的方式制订拆除方案，并先行拆除经营性、乱搭乱建乱占等违法建筑。

（三）推进大朗镇宝陂村落实宅基地安置工作

建议由大朗镇宝陂村研究制订宅基地安置方案，争取尽快落实宝陂村民

宅基地分配方式和建设方式，解决未搬迁村民提出搬迁后无宅基地安置的诉求，在 2020 年彻底解决宝陂村的松山湖征地拆迁历史遗留问题。

（提案者：陈莉、程发良、袁华强、牛熠、周亚民、黎小艳、李培经、刘蕾、韩清涛、刘川、刘斌、田君、孙振忠、刘治猛）

社会服务

第一章 教育扶贫、抗灾济困

捐资助学

1998 年

6 月，民盟东莞市委向民盟广东省委寄出捐助希望小学捐款约 6 000 元。

8 月 10 日，黄文忠副主委等在深圳参加民盟广东省地方盟务工作交流会，民盟东莞市委因积极参与捐助希望小学受大会表扬。

2000 年

9 月 29 日，朱伍坤主委、黄文忠副主委等赴清远连州捐资助学，共捐助了连州中学的贫困学生 11 名。

2002 年

2 月 4 日，朱伍坤主委第二次向清远连州中学的 3 名贫困生寄出助学款。

2008 年

年初，民盟东莞市委从佛冈县教育局了解到，该县有不少的贫困生、特困生亟须社会的援助。对这些学生的情况进一步掌握后，民盟东莞市委确定了一批品学兼优的高中学生为捐助对象，这些学生大多来自单亲家庭和低保户，少数是孤儿，他们皆因家庭条件所限而面临终止学业的困境。

7月，民盟东莞市委向全体盟员发出倡议，为佛冈的贫困生伸出援手。盟员们了解捐助对象的情况后非常重视，朱伍坤主委当即表示要资助一名学生，并建议组织其他有资助意愿的盟员到当地与学生们进行面对面的交流，一对一的捐助。短短几周的时间，自愿参与捐助的盟员就已满额。

9月27日，民盟东莞市委一行13人前往清远市佛冈县进行捐资助学活动，佛冈县教育局局长胡可辅，民盟佛冈县委员会副主委闫玉珍，佛冈中学、佛冈一中的校领导及两所学校的待捐助学生齐聚佛冈一中，参与捐助的盟员与受捐助的学生进行了面对面的交流，三个一群，五个一堆坐在一起，听学生们谈自己的学习生活、家庭情况和所遇到的困难，鼓励他们坚持学业。一番交流后盟员也确定了一对一的捐助对象，每一位盟员都将款项亲自交到自己要捐助的学生手中，学生们也带着感激之情将亲笔写的感谢信交给自己的捐助人。一些因工作关系不能前来参加的盟员则由民盟东莞市委代表将其款项捐予学生。本次活动，对佛冈中学、佛冈一中两所学校的31名高中贫困生给予了每人1 000元的资助。此项资助为期3年，参与捐助的盟员每年都将捐予自己的捐助对象1 000元，直至其完成高中学业。

佛冈捐资助学仪式现场

2009 年

11月14日，民盟东莞市委到佛冈进行第二期捐资助学活动，盟员与自己一对一的捐助对象再次见面交流并亲手将助学款交到学生手中。

2010 年

1 月 30 日，莞中支部到佛冈捐资助学。此后有不少支部自行组织盟员到佛冈看望受助学生并开展助学活动。直至三年期满，很多盟员都还保持与受助学生的联系，如莞城支部盟员王进文的捐助对象考上大学后，他还继续每年为其捐资，减轻学生的学费负担。

2013 年

12 月 15 日，汤瑞刚副主委赴重庆西南政法大学参加"金平法学教育基金会"爱心捐助座谈会。通过深入了解，对受捐助对象在家境困苦的情况下仍能坚持不懈成为品学兼优的学生而深表感动，并表示个人捐资 20 万元，希望为困难学子们提供帮助。此次座谈会共募集资金 44 万元，可帮助西南政法大学的 22 位品学兼优、家庭条件困难的新生顺利完成四年的大学学业。

扶贫济困

1996 年

6 月 17 日，民盟东莞市委向民盟广东省委寄出"献一份爱心，做一份贡献"扶贫基金 1 800 元。

9 月 5 日，民盟东莞市委机关干部袁景荷、洪晓杨参加市政协医疗基金捐款大会并捐款。

2010 年

4 月 23 日，召开四届十五次主委会议，讨论通过与民盟韶关市委开展联合扶贫。

6 月 23 日，与民盟韶关市委开展联合扶贫开发"双到（规划到户、责任到人）"工作，民盟东莞市委捐出的 4 940 元扶贫款发放给了民盟韶关市委"双到"工作挂钩联系点乳源瑶族自治县桂头镇草田坪村的贫困户，作为第一期种养补助。

6 月 30 日，东莞中学支部主委刘笃锋、副主委姜丽娟，民盟东莞市委机关干部蔡子萍三人参加东莞市"扶贫济困日"启动仪式，将民盟东莞市委捐出的善款交东莞市慈善会。

2015 年

10 月 19 日，根据民盟广东省委与中共清远市委签署的《省各民主党派助力粤东西北改革发展活动合作框架协议书》精神，民盟东莞市委研究决定为清远乡镇卫生院捐赠医疗器材，并与民盟清远市委及医疗器材设备公司三方互相签订《配送捐赠医疗器材合作协议书》。

10 月 26 日，给清远乡镇卫生院捐赠价值 20 万元的医疗器材，具体捐赠的医疗设备器材包括电解质分析仪、心电图仪、微博治疗仪等，由合同约请的医疗器材设备公司负责配置。

2016 年

1 月 28 日，"环保、民盟共助东太村"活动在东莞市麻涌镇东太村村委会举行。民盟东莞市委松山湖总支对东太村贫困户的在校子女进行帮扶，共为 31 户贫困的在校子女提供了每人 500 元的生活费资助，并计划对这些贫困户子女连续帮扶 3 年。

9 月 27 日，盟员企业助力扶贫工作。东莞市委常委、市政府常务副市长张科率相关部门及部分企业家赴四川省甘孜藏族自治州考察援建工作，东莞市政协常委、民盟东莞市委副主委、广东宏川集团有限公司董事长林海川等人积极响应号召，随东莞代表团一行前往四川省甘孜州九龙县和雅江县开展扶贫工作。

甘孜州是中国古代历史上民族频繁迁徙的"民族走廊"地带，是世界上罕见的多民族、多语言、多种宗教信仰和风俗习惯并存的地区。九龙县位于甘孜州东南部，地处青藏高原南缘，是藏、汉、彝、回、苗、白、瑶、羌、土家族等 12 个民族的聚居地。在九龙县呷尔片区寄宿制学校，林海川代表宏川集团为当地贫困学生捐献爱心助学金 30 万元，为助力东莞与甘孜的对口扶贫工作，扶持当地教育事业，增进民族团结，促进和谐发展做出了积极的贡献。

2020 年

1 月 21 日上午，民盟东城总支部分盟员在副主委马筠的带领下入户走访慰问东城温塘社区钟阿婆等 4 户困难老人，为他们送上了慰问品，并提前送上新春佳节的问候与美好祝福。在走访慰问过程中，盟员们与几位老人进行了亲切交谈，详细询问他们的生活状况和实际困难，希望他们能树立信心，直面困难，在社会各界的关心帮助下，把日子越过越好。

本次走访慰问活动得到了广东弘名律师事务所的大力支持，慰问品由民盟东莞市委组织宣传工作委员会副主任、监督委员会委员熊华捐赠。

9 月 19 日，"'庆丰收 迎小康'东莞 2020'中国农民丰收节'暨对口帮扶地区农产品购物嘉年华"活动在市文化馆举行。东莞市文化广电旅游体育局局长陆世强，东莞市经协办副主任刘晓冬，民盟东莞市委专职副主委王雪萍，东莞市文化馆馆长黄晓丽，莞韶对口帮扶指挥部办公室副主任、现代农业局局长钟浩华，西藏林芝市巴宜区文化和旅游局副局长达珍，乳源瑶族自治县文化广电旅游体育局党组成员李曼霓，东莞市文化馆副馆长崔臻和，东莞市文化馆副馆长何超群，莞韶对口帮扶指挥部现代农业局副局长黄劲超出席了本次活动。

此次活动由东莞市文化广电旅游体育局、东莞市人民政府经济协作办公室指导，东莞市文化馆主办，民盟东莞市委，以及东莞市文化馆东城分馆、茶山分馆、麻涌分馆协办，旨在展现东莞人民对美好生活的憧憬与期待，礼赞走向全面小康的幸福与美好，同时倡导"节约粮食，从我做起"的良好风尚。

此次活动中，民盟东莞市委邀请了乳源瑶族自治县民族歌舞团现场带来精彩的瑶族舞蹈《扁担挑起情嘿啰》，并在东莞非遗墟市开设"乳源农产品展销专区"。展销专区共设 5 个展位。

现场展销共计展出各类名优特农产品 50 余种，售出超 150 件。无论是展位文化、产品呈现、咨询服务等方面，都以最好的面貌展现给在场的市民，让大家全身心融入这场狂欢盛宴，品味韶关城市魅力。此外，韶关旅游线路成为广大市民咨询的热点。

此次购销帮扶活动是民盟东莞市委为响应省市关于精准扶贫和推动民族地区高质量发展的号召，通过发挥文化界别优势，创新以文旅融合促进消费扶贫的方式，拓宽东莞对口帮扶地区特色农产品的销售渠道，助推东莞统一战线帮扶韶关民族地区加快高质量发展项目的落实。

民盟东莞市委携乳源文旅及名优特农产品购销帮扶项目参加"'庆丰收 迎小康'东莞 2020'中国农民丰收节'暨对口帮扶地区农产品购物嘉年华"活动

本次活动受到社会各界的关注，也得到新快报、羊城晚报、南方日报、信息时报、文旅中国、东莞日报、东莞阳光网、东莞广播电视台、知东莞等各大主流权威媒体争相报道宣传。

活动的启动仪式上，王雪萍副主委参加了"节约粮食，从我做起"的倡议仪式。

11 月 14—15 日，民盟莞城二支部主委夏治会带领部分盟员前往揭西县龙门村开展"送温暖、扶贫走访慰问贫困户"活动。

在龙门村委会，支部盟员与东莞市交通投资集团有限公司驻村工作队、村干部进行了简短的座谈，了解此次慰问对象的总体情况。随后，盟员们兵分两路共走访慰问困难群众 8 户，每到一户，大家都详细询问慰问对象的生活情况和健康状况，鼓励他们

民盟莞城二支部开展扶贫帮困慰问活动，图为走访慰问贫困户

勇敢面对眼前困难、坚定生活信心，并为每个贫困家庭送上了大米、食用油、棉被、热水壶等生活物品。

农村教育烛光行动

2009 年

2 月，根据《民盟广东省委实施西部"农村教育烛光行动"方案》，民盟东莞市委积极联系民盟广东省委和其他已承办过"烛光行动"的兄弟城市了解情况，探讨在东莞实施"农村教育烛光行动"的可行性。经过主委会议讨论并决定以接待西部教师来东莞做短期培训的形式，承办一期烛光行动。

3 月，民盟广东省委确定来东莞培训的教师来自甘肃省，人数共 8 位，培训时间为两周。民盟东莞市委制定了《民盟资助边远山区教师到东莞培训计划》，就 8 位教师的专业设置和总体情况，循序解决了学校选择、培训方式、教师食宿等具体问题。朱伍坤主委特别关心活动的进展，民盟东莞市委提出的《关于协助举办"烛光行动"的请示》也马上得到上级领导重视，市教育局给予了大力支持，作为教师培训点的东莞中学初中和可园中学也落实了负

责具体的工作的校领导和老师。

　　5 月 11 日，民盟东莞市委 "农村教育烛光行动"在东莞中学初中部正式启动。由民盟广东省委社会服务处林春鹏副处长带队，来自甘肃省的 8 位教师参加了启动仪式，民盟东莞市委程发良副主委致欢迎辞，东莞中学初中部负责教师培训安排工作的周琼平主任以及可园中学副校长刘殿林为教师们设置了 "一对一"的培训交流方式，并分别介绍了他们的结对老师。此后两周，8 位老师以跟班听课为主，另外还进行了与结对老师一起参加教研活动、集体备课、评课等形式的培训。周末时间，民盟东莞市委办公室组织老师们参观我市的行政办事中心，文艺支部主委曾平英更联系市科技馆开放给老师免费参观和观看 4D、球幕电影；莞中支部为老师们举办了联谊活动。

2009 年 5 月 11 日，民盟东莞市委"农村教育烛光行动"启动仪式在东莞中学初中部举行

　　5 月 22 日，结束了为期两周的学习培训，来自甘肃省的 8 位人民教师手抱"烛光行动，情系甘肃"的感谢牌匾，满怀激动地将其赠予了民盟广东省委、民盟东莞市委及东莞市教育局。在结业座谈会上，8 位老师畅谈学习心得体会，他们对东莞优美的城市环境、学校先进的教学设备、人性化管理及和谐的师生关系印象深刻，这些老师在短时间内很快融入浓厚的教学氛围中，结对老师灵活且多样化的授课模式，学生积极主动的课堂参与等都让他们对教学有

了新的体验。朱伍坤主委在交流时鼓励老师们坚持教育改革，努力提高自身素质，点亮贫困地区孩子的未来。林春鹏副处长表示，民盟东莞市委承办的这次活动是"烛光行动"在广东省的第五期培训，他认为活动办得很成功，敦促甘肃老师们将东莞的经验带回去，把对东莞的感情留下来。

2010 年

5 月 20 日，朱伍坤主委参加在广东新华教育学院举行的"中国民主同盟农村教育烛光行动广东培训基地揭牌仪式"。

6 月 19 日，民盟莞中支部周琼平、民盟东莞市委机关干部蔡子萍到民盟广东省委参加民盟中央"农村教育烛光行动"调研组座谈会。作为 2009 年民盟东莞市委"农村教育烛光行动"教师培训班的培训工作主要负责人，周琼平为民盟中央调研组介绍了民盟东莞市委在承办"烛光行动"时的做法，并从"烛光行动"的机制完善和长效发展等方面提出了四点建议：一是同级、同类学校建立对口帮扶关系，增强行动双方的责任感；二是以更严格的标准选择一线教师参与到"烛光行动"中；三是完善机制，保证活动的效益和长期性；四是发掘和培养基层盟员上位，更好地为"烛光行动"发挥作用。

2012 年

10 月 15 日，民盟东莞市委承办的"农村教育烛光行动"第二期教师培训班在东莞中学初中部举行开班仪式。出席仪式的有全国政协委员、民盟中央常委、民盟广东省委专职副主委李竟先，民盟广东省委社会服务处负责人林春鹏，东莞市政协副主席、民盟东莞市委主委朱伍坤，东莞市教育局继续教育指导中心主任阳涌，以及东莞中学初中部副校长李耀江等领导。本期教师培训班将为民盟云南省委选送的、来自云南怒江州的 6 位教师，开展为期两周的培训课程。

10 月 26 日上午，民盟东莞市委在东莞中学初中部举行结业座谈，民盟广东省委社会服务处负责人林春鹏，东莞市政协常委、民盟东莞市委副主委汤瑞刚、民盟东莞市委秘书长洪晓杨，东莞中学初中部副校长李耀江，东莞中学

民盟东莞市委"农村教育烛光行动"第二期教师培训班

教导处副主任周琼平等出席了结业座谈会。会议由民盟东莞市委秘书长洪晓杨主持，李耀江副校长做培训工作总结，来自云南怒江州的 6 位教师分别谈了自己这两周的培训所得，莞中初中部的结对指导老师代表李丹丹也交流了培训心得和体会。当天下午，全国政协委员、民盟中央常委、民盟广东省委专职副主委李竟先专程到东莞看望来东莞培训的教师，并在市党派机关与他们交流座谈。6 位老师分享了他们这两个星期的所学所想，同时结合怒江州的教学情况，认为只有跟上教育的发展步伐，切实提高自身素质，才能给孩子们带来更好的教育。李竟先副主委对他们的发言表示赞许，建议他们回乡后向当地教育局汇报这次的学习成果，以公开课等形式，传播广东地区先进的教学理念。李主委也表示，之所以再次选择东莞作为"烛光行动"的教师培训点，就是对东莞的教育理念和实力有信心，民盟广东省委也将继续搭桥铺路，为西部地区输送更多优质的教育资源，为推进教育均衡发展贡献力量。

2014 年

8 月 26 日，为了更好地践行民盟中央"烛光行动"计划，并结合民盟东莞市委捐资助学的优良传统，推进"莞盟助学行"社会服务品牌的建设，民盟东莞市委在吉林省四平市启动"烛光行动—莞盟助学行"四平站，为该站

贫困生发放首期助学金，同时派出支教讲师团举办了一期支教活动。讲师团由东莞中学教学科研室负责人、东莞市普通中小学学科带头人、民盟东莞市委副秘书长兼教育工作委员会主任刘笃锋，东莞中学初中部教导处副主任、民盟东莞市委教育工作委员会副主任周琼平和东莞中学教导处副主任周剑光等东莞中学盟员教师和特邀教师组成。在刘笃锋副秘书长的带领下，讲师团在吉林省四平市教育学院，为近 200 名中学教师做了关于《教育科研，我们应该明白的几个问题》《营造人文校园 培养健康人格——关于校园文化的探索与思考》《新课程背景下如何做班主任》和《东莞中学新课改实践中的策略》等有关内容的讲座。讲座采用授课、互动、讨论等形式，在把东莞中学先进的教学理念和教学经验带到四平的同时，也学到了一些当地办学的好经验。此次支教活动受到四平市教育学院和在座老师的一致好评。

11 月 11 日，民盟东莞市委第三期"农村教育烛光行动"培训班在东莞市第六高级中学举行开班仪式。民盟吉林省委社会服务部部长王建伟，副部长岳文海，民盟广东省委会社会服务处处长林春鹏，东莞市政协副主席、民盟东莞市委主委朱伍坤，东莞市第六高级中学校长詹海潮等领导出席了仪式。由民盟吉林省委选送来东莞培训的、来自吉林四平市的 6 位教师及东莞市第六高级中学负责相关工作的领导和老师们也参加了开班仪式。仪式由民盟东莞市委副主委汤瑞刚主持。原民盟广东省委专职副主委李竟先在第二期培训开班仪式上阐释过"烛光"的含义，她说："对教师进行培训，意义重大。一个好老师，可以影响一批学生，那么我们培训好一批老师，获益的将会是一大批学生。"相较之下，朱伍坤主委表示本次培训班不仅延续了"烛光"的含义，还比前两次更为特别，是民盟东莞市委社会服务品牌活动"莞盟助学行"与民盟"农村教育烛光行动"的结合，而且选送的教师不仅肩负教学工作，还基本上都在学校担任行政要职，这将更有利于培训成果的转化，并在当地学校产生更大的影响。在为期两周的培训中，来自四平的教师在东莞市第六高级中学就备课、课堂教学、辅导、教师队伍建设和教科研管理等方面进行交流，其次，还参与了东莞中学高中部教学研讨会，并在东莞实验中学通过课堂观摩、跟班学习得到了直观的教学体验。

2017 年

2 月 16 日下午，民盟远程教育"烛光行动·千校计划"东莞捐赠签约仪式在市行政办事中心西楼一楼多功能会议厅隆重举行。民盟广东省委社会服务处处长林春鹏，东莞市政协常委、民盟东莞市委副主委汤瑞刚，东莞市教育局副局长何炳基，北京四中网校董事长邱济隆，北京四中网校副校长高钧，以及 9 所受捐赠学校的校长出席了本次仪式。

此次活动由民盟东莞市委主办，北京四中网校协办，共向东莞中学、可园中学、东莞中学南城学校、松山湖实验中学、南城阳光实验中学、塘厦初级中学、沙田广荣中学、长安振安初级中学、高埗文康学校等 9 所学校捐赠了价值 378 万的北京四中数字校园平台资源。

会议由民盟东莞市委副秘书长张育涛主持。民盟广东省委社会服务处处长林春鹏，东莞市政协常委、民盟东莞市委副主委汤瑞刚，东莞市教育局副局长何炳基分别做了热情洋溢的致辞。林春鹏处长致辞中强调了争取将受捐的 9 所中学纳入民盟"烛光行动"广东优质资源库，帮助粤东西北欠发达地区教师培训。何炳基副局长也表示，北京四中网校作为百年名校北京四中的远程教育机构，利用其资源优势，借助民盟"烛光行动·千校计划"的平台，通过信息技术实现受捐学校的信息交流与教学合作，能帮助促进优质教育资源均衡发展。会上，东莞中学、可园中学、长安振安中学领导作为受赠学校代表做了受赠发言，分别介绍了自己学校的办学情况，并对学校未来的发展做了规划。随后，北京四中网校与受捐学校进行签约并向其分别授予"北京四中远程教育合作学校"牌匾。签约仪式结束后，北京四中网校董事长、北京四中原校长邱济隆为与会者做了题为《信息时代下的学校管理》的专题报告。

民盟"烛光行动·千校计划"是在"互联网+"的新背景下，民盟中央倡导在全盟广泛实施的大型助教、助学公益活动，旨在利用信息技术推动学校教育教学改革，让学习有效发生。2011 年 4 月 28 日，民盟中央与北京四中网校签订烛光计划合作协议，自 2016 年开始，北京四中网校加大公益投入力度，计划三年内在民盟中央的指导下向全国 1 000 所学校捐赠北京四中数字校园优质教学资源。据悉，捐赠的北京四中数字校园优质教学资源，可实现让东莞的学校共享到北京四中名校的教学资源，可解决学校现阶段优质教学资源不足的困难，教师可以利用平台更快捷详细地获取学生的学情，学校可以根据自身需求实施全面的教学管理、教学资源管理、教学成果展示分享等工作。这是推动东莞市教育事业增创新优势，更上一层楼的重要举措。

民盟远程教育"烛光行动·千校计划"东莞捐赠签约仪式隆重举行

抗疫、抗震、救灾

1991 年

夏天，华东地区发生大水灾，这激发了全盟爱国爱同胞的手足情，全市盟员一起伸出援助之手，捐款、捐衣被。

1994 年

5 月，民盟东莞市委组织开展"献爱心，救灾民"捐款活动，为新湾"4·19

风难"捐款共 3 000 元。

2003 年

5 月 8 日，朱伍坤主委、黄文忠副主委与各民主党派一起走访市卫生局，听取市卫生局洪耀坚局长介绍东莞市抗非典的详细情况，并亲切慰问战斗在抗非典第一线的医护人员。

5 月 9 日，民盟东莞市委发出有关抗击非典的《致全市盟员书》。

5 月 15 日，洪晓杨秘书长受朱伍坤主委委托，慰问了东莞市疾病预防控制中心战斗在抗非典第一线的医务工作者，并献锦旗。

2004 年

12 月 26 日，印度洋海啸爆发，全市盟员纷纷伸出援手。据不完全统计，截至 2005 年 2 月 1 日，全市盟员共捐出 4 630 元。

2005 年

6 月，广东省遭受超百年一遇的特大洪涝灾害，全市盟员响应中共广东省委、省政府的号召，发扬"一方有难，八方支援"精神，积极参加支援灾区的工作。据不完全统计，截至 8 月 5 日，市盟成员共捐出人民币 4 070 元。

2008 年

5 月 12 日，四川汶川发生 8 级强烈地震，民盟东莞市委立即号召全市盟员为受灾群众捐款捐物。

5 月 22 日，朱伍坤主委主持召开市盟四届六次主委会议，传达民盟中央在"5·12"四川地震灾区筹建民盟小学的计划内容，号召盟员捐款。

2008 年 5 月 27 日，盟市委机关收到匿名捐款 5 000 元

5 月 27 日晨，民盟东莞市委机关专干在民盟东莞市委办公室的门缝后面发现一个信封，内有 5 000 元现金，封面写着"汶川收"，落款是"一盟员捐"，捐款盟员并没有留下自己的姓名。

截至 2008 年年底，据不完全统计，盟员通过民盟东莞市委的渠道为地震灾区捐款 1 万余元，为灾区筹建"民盟小学"捐款 42 340 元；全市盟员通过各种渠道和不同形式为四川汶川地震灾区捐款逾 14 万元。

2009 年

4 月中旬，民盟东莞市委科技支部主委、东莞市建设局技术管理科副科长王勇同志参与了东莞市对口援建地震灾区映秀镇的灾后重建工作，为期 3 个月，以技术员的身份考察、指导监督并参与灾区的农房建设。

7 月，朱伍坤主委和洪晓杨秘书长随东莞市委统战部到映秀镇对灾后重建工作进行考察。

2012 年

4 月 20 日至 22 日，由朱伍坤主委带队，城建环保支部组织支部盟员赴映秀考察地震灾区重建情况。参加这次活动还有民盟东莞市委委员、各专委会主任和文体委员会成员共 17 人。映秀镇的东莞大道、莞香广场、莞城居等都是为了记住东莞援建而命名的。

2020 年

新冠病毒爆发，一场病毒防控阻击战在全国范围内打响。

1 月 24 日（大年三十），在程发良主委的带领下，民盟东莞市委积极响应民盟中央、中共东莞市委市政府、中共东莞市委统战部的号召，迅速行动，通过"东莞民盟"公众号发布了倡议书，倡议全市盟员带头服从中央和省市关于病毒防控的部署安排，遵守政府实施的防控措施，减少出行，做好防护，最大程度减少病毒传播可能。

1 月 26 日（正月初二），民盟东莞市委办公室主动组建盟员企业家微信

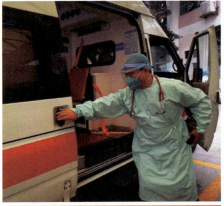

图为肖文良主任急诊出车刚回来，一个急诊电话响起来又奔赴工作中

图为林召工作照

图为杨挺立（中间）到新冠病人家进行流调、采样、消毒

盟员李夏萌

盟员郑博丹

东莞市滨海湾中心医院给民盟东莞市委的感谢信

东莞市慈善会出具给民盟东莞市委的捐赠证书

捐款交接仪式

李秀群（左一）对辖区内往来的湖北籍人员进行沟通和排查

群，倡导所有开办企业的盟员落实广东省人社厅印发的相关工作的通知，共沟通联系了 20 多家企业和机构（事务所）妥善处理新冠病毒防控期间的劳动关系问题。广大盟员积极响应国家号召，放弃春节休假，奔赴各自的工作岗位，全力投入到这场没有硝烟的战争中。

2020 年春节期间至 3 月，全市各行业盟员全力支持和参与到新冠病毒防控工作中，东莞市疾控中心传染病预防控制所和东莞市卫生应急队技术骨干杨挺立、东莞市石碣医院急诊科主任肖文良、东莞市妇幼保健院儿科主任医师张勇、东莞市中西医结合医院检疫科主任检验师林召、东莞市滨海湾中心医院信息科主任涂华、东莞市东南部中心医院门诊部主任王志刚、东莞市东南部中心医院医务科副科长邓卓超、长安镇长盛第一社区卫生服务站护士长李秀群、大朗医院口腔科主任刘广昌，东莞市妇幼保健院医患关系办公室副主任、糖尿病门诊专业副主任、妇产科副主任医师刘东明、东城医院医务股副股长李萍、寮步医院五官科副主任叶卫东、广东医科大学门诊部主诊医生吴志毅等盟内近 50 名医务工作者积极响应党和政府的号召，有些从春节开始就主动取消休假，奋战在病毒防控一线和相关的各项医疗工作中。

盟员教师马筠、刘鑫增等投入到学校的摸排和数据统计工作中，协助上级指挥部门及时掌握学生和学生家庭情况，同时制订线上教学计划，以网络教学有效保证了学生们"离校不离教""停课不停学"。张桥英、晋桂清等日夜伏案探索引导式在线教学模式，冯建明、郑碧英等还积极参加学校义工队和志愿者服务工作。

期间的文艺工作中也不乏有默默奉献的盟员，申明鹤在抗击疫情的关键期，为诗画朗诵《泪水，在飞》配乐，为致敬钟南山的歌曲《看见你的热泪》编曲，为致敬逆行者的《逆风冲向前》《逆风中的爱情》作曲；东莞三批医疗队在湖北奋战 50 余天，平安回家时，为《回家真好》作曲；曾凡忠用手中的笔和剪刀，以热腾腾的心、沸腾的情，创作出一份份鼓舞人心、激励斗志的文艺作品，为武汉鼓劲，为中国加油。杨劲松、商琳参与了制作原创歌曲《天使恋人》的英语和日语的翻译工作。歌词翻译不仅需要英诗的翻译技巧，还需要懂得音乐旋律。在懂音乐的朋友的帮助下，一遍遍地跟着钢琴校音、试音。《天使恋人》后作为广东医科大学第一首主题系列歌曲推出，为驰援武汉白衣战士鼓劲加油。

盟员企业家欧阳华金所带领的广东天福连锁商业集团向全体天福便利店发出通知不准哄抬物价，积极组织货源保证节日供应；张念华带领其企业广东鸿宇建筑与工程设计顾问有限公司向凤岗镇教育管理中心捐赠了50桶消毒液，用于凤岗镇民办学校和普惠性幼儿园的防疫工作，缓解了凤岗教育系统防疫物资紧缺的压力。

东莞市生态环境局道滘分局高级工程师温信均、寮步镇卫健局副局长兼卫生监督所副所长李泳、市应急管理局松山湖分局办公室主任刘科明、虎门镇总工会组织宣教办主任梁毅强等行政事业单位的盟员日夜坚守岗位，在督导检查、走访慰工作中发挥积极作用。

广东百勤律师事务所合伙人苏崎、广东摩邦律师事务所主任邹慧敏等法律界盟员发挥专业及资源优势，为延迟复工的企业和工人，以及各类群体提供法律咨询服务、解决方案和可靠的企业自救策略。广东法制盛邦（东莞）律师事务所高级合伙人李秀源积极建言献策，获广东省委统战部采用。

2月2日，民盟东莞市委向全市盟员发布了爱心募捐《倡议书》。广大盟员积极响应，捐款捐物，无私奉献，用实际行动支持防控工作的开展。短短一个多星期，除了得到盟员的支持外，民盟东莞市委还得到盟外爱心人士的积极响应，共收到31.1876万元捐款。民盟东莞市委将筹集到的31.1876万元通过市慈善会全额定向捐赠给了定点收治医院之一东莞市滨海湾中心医院。

2 月 21 日上午，民盟东莞市委抗击新冠爱心捐赠仪式在市滨海湾中心医院举行，市政协副主席、民盟东莞市委主委程发良，东莞市滨海湾中心医院党委书记陈国明、院长郭炯光，中共东莞市委统战部四级调研员聂开贵，中共虎门镇党委委员何庆华，民盟东莞市委副主委林海川、袁华强、王雪萍及委员欧阳华金等出席了捐赠仪式。仪式由郭炯光院长主持。陈国明书记对民盟东莞市委的爱心捐赠表示由衷的敬意和真诚的感谢，表示这笔善款将按照民盟东莞市委的意愿，全部用于新冠病毒的防控工作中，并希望通过这次捐赠仪式，宣扬捐资捐物、奉献爱心的先进事迹，努力营造社会上同舟共济、共克时艰的浓厚氛围。

此外，据不完全统计，盟员通过其他形式捐出款项共 26 087 元，通过其他渠道捐献了消毒液 50 桶、医用防护服 8 套等。

4 月 25 日，民盟盟员、广东摩邦律师事务所主任邹慧敏率 17 人加入茶山镇公共法律中心，组成一支专业的志愿服务团队到茶山镇进行法治体检公益法律服务活动，同时宣传有关助企援企的政策措施。为让企业"零距离，全覆盖"感受公共法律服务，活动现场还推出了一款"茶山智法"线上服务平台，实现"点单式"服务，开创了由"人找服务"转变为"服务找人"的新局面。

茶山镇公共法律服务志愿团队由东莞市司法局茶山分局、茶山镇公共法律服务中心、各驻村（社区）律师及律师事务所共同组成。近期，该团队将为全镇 18 个村（社区）的 600 多家企业，开展一次法治体检公益法律服务活动。活动通过线上平台专业展示、线下村企宣讲、一对一企业等三个维度，全方位为茶山企业提供专业法治体检等服务。为保证法治体检的专业性与统一性，"茶山智法"平台设置了标准统一的体检问卷，为专家志愿团制订标准操作指引，这样一来，既降低了企业的不适感，还大大提升了企业配合度及问卷回收率。问卷回收后 7 天内，专家志愿团将制作可视化报告，送达企

业，确保企业能在第一时间掌握了解企业内部健康情况，及早做出应对方案，切实解决难题。

5月4日，民盟高校总支副主委杨劲松率队前往康湖护老院，为老人们送去酒精等各种防疫物资和生活用品，把初心落在行动上，把使命担在肩膀上。

盟员们与老人们交流谈心并送上物资。护老院刘董事长紧紧地拉住盟员的手，激动地说："在这么特殊的时期，你们都没有忘记老人，太感谢你们！真是把老人当成亲人了。"

敬老爱老是中华民族的传统美德。尽管病毒无情，但是人间有爱，盟员通过对老人们进行物质上的帮助和精神上的慰藉，协助保障特殊群体在病毒防控期间的正常生活和身体健康，彰显了盟员的社会担当。

第二章 品牌活动

　　民盟历来就有助学兴教的光荣传统，民盟中央委员、教育家陶行知先生倡导的"捧着一颗心来，不带半根草去"的精神，集中体现了民盟对中国教育事业的无私奉献。民盟东莞市委成立初期就开始组织盟员到各地助学助教，后以"农村教育烛光行动"为主要平台，助学兴教、智力扶贫成为民盟东莞市委社会服务工作的重点，同时也涌现了一批有爱心、有能力、肯奉献的盟员，积累了一定的工作经验。2013 年至 2014 年间，广东省委统战部、民盟广东省委、东莞市委统战部等着力推动民主党派社会服务创品牌工作。借此良机，民盟东莞市委厚积薄发，迅速整合盟内爱心资源，发挥各领域人才优势，成立"莞盟爱心基金"和莞盟志愿者队伍，并创建了莞盟系列社会服务品牌活动，它们分别是：①以教育界盟员为主体，以品学兼优的初、高中在校贫困生为主要帮扶对象的"莞盟助学行"，此为民盟东莞市委首个也是最核心的品牌活动；②以环保界盟员为主体，面向学校、企业和广大群众进行环保宣教、科普并提供免费咨询等公益服务的"莞盟环保行"，此为形式多样也是受众面最广的品牌活动；③以法律界盟员为主体，对法律法规和现行政策提供解读宣讲、免费咨询等公益服务的"莞盟普法行"；④以医卫界盟员为主体，面向广大群众提供义诊、健康知识讲座等公益服务的"莞盟健康行"。莞盟系列社会服务品牌切合了我国全面深化改革的几大主题，更符合广大人民群众的实际需求，其创建理念和工作模式在全省范围内都处于领先地位，受到多地民盟组织的学习。

莞盟爱心基金

成立过程

2013 年 2 月，分别召开主委会议和机关工作会议讨论基金筹建事宜。

2013 年 3 月，成立基金筹建小组，名称初定为"莞盟教育扶贫基金"。

2013 年 4 月 19 日，成立基金理事会，召开第一次工作会议，通过《中国民主同盟东莞市委员会

民盟东莞市委"莞盟"教育扶贫基金成立

"莞盟教育扶贫基金"章程（草案）》。

2013 年 4 月 28 日，召开基金常务理事（扩大）会议，通过《中国民主同盟东莞市委员会"莞盟教育扶贫基金"建设方案》《中国民主同盟东莞市委员会"莞盟教育扶贫基金"爱心倡议书》。

2013 年 5 月 13 日，向全体盟员发出"爱心倡议书"及"基金建设方案"。

2013 年 6 月至 8 月，在盟内完成启动资金 50 万元的募集，确定资助学校及资助学生类型。

2013 年 9 月 5 日，召开基金工作会议，为凸显基金的公益性和助学目的，更名为"莞盟助学基金"。

2013 年 11 月 5 日，"莞盟助学基金"启动仪式在"莞盟助学行"首站东莞职业技术学院举行。

2015 年 4 月 29 日，在五届二十二次主委会议上讨论通过，从 2015 年 5 月 1 日起，更名为"莞盟爱心基金"。

基金使用情况

序号	助学站（受助人）名称	年度	受助人数（人）	使用基金款（元）
1	东莞职业技术学院	2013	40	40 000
2	东莞市实验中学	2014	20	20 000
3	东莞石龙	2014	20	20 000
		2015	20	30 000
4	东莞麻涌	2016	31	15 500
5	东莞横沥	2016	34	34 000
6	广东英德	2015	40	60 000
7	青海省三江源民族中学	2014	30	30 000
		2015	30	36 000
		2016	30	36 000
8	青海大通	2015	30	41 000
		2016	41	53 000
		2017	30	12 000
9	吉林四平铁东区	2014	30	30 000
		2015	30	36 000
10	吉林四平铁西区	2015	30	36 000
11	吉林四平叶赫中学	2015	30	36 000
12	湖南省湘乡市教育发展基金会金石委员会	2015	9	4 500
13	湖南岳阳大兴	2016	44	60 000
14	湖南宜章	2016	36	43 200
		2017	32	38 400
15	湖南衡东	2016	30	30 000
		2017	30	30 000
		2018	30	30 000
16	河南睢县	2016	50	60 000
		2017	50	60 000
		2018	50	57 500

（续表）

序号	助学站（受助人）名称	年度	受助人数（人）	使用基金款（元）
14	湖北长阳	2019	22	75 300
15	松山湖邹 ×	2015	1	3 000
16	常平镇利 ×	2016	1	2 600
17	黄江镇星光村袁 ×	2017	1	3 000
18	盟员赵 ×	2016	1	3 000
19	机关退休干部袁 ×	2016	1	6 000
20	机关退休干部袁 ×	2017	1	2 000
以下为定点捐助				
21	向清远乡镇卫生院捐赠医疗器材	2015	—	200 000
22	广东普宁一中（专项奖学金）	2016	—	1 000 000
23	清远麦田坪村美丽乡村建设	2016	—	100 000
24	连州慧光中学图书馆建设	2017	—	100 000
25	万江滘联人力资源服务站	2017	—	4 000
合计			905	2 478 000

莞盟助学行

2013 年

11 月 5 日，"莞盟助学行"品牌活动以东莞职业技术学院为首站正式拉开帷幕，"莞盟助学基金"启动仪式也同时举行。东莞市委统战部、民盟东莞市委和东莞职业技术学院的领导一同为品牌亮灯，并为该校符合受助条件的 40 名学生发放 2013—2014 学年的助学金每人 1 000 元。东莞阳光网等多家媒体对活动进行了采访和报道，"莞盟助学行"开始走入公众的视野。

2014 年

4 月 9 日，"莞盟助学行"又成功向东莞实验中学站的 20 名高中学生发放了该学年每人 1 000 元的助学金，市委统战部网站和民盟广东省委网站均做了报道。

"莞盟助学基金"启动仪式现场合影

4 月 17 日，东莞市政协副主席、民盟东莞市委主委朱伍坤在民盟东莞市委五届十六次主委会议上强调，要进一步深化助学活动的内涵，传达民盟的真情实意，"赠予金钱终有止境，赋予爱心方可永传"。他提出民盟盟员大多数是教师，教书育人、传授知识、传承信念，民盟的助学也要更多地体现在对学生的支援和帮助上，有关爱、有交流，是"支助"，而不仅仅是金钱上的"资助"，用这种关爱人和帮助人的信念影响受助学生，学生成才后自然也会不忘助人。具体有"五个一"的要求：分别是在各个支助点设立"一个站长"（负责联络学生、捐款筹募等工作）；在给受助学生的信封里要包含一笔助学金、一段文字（介绍莞盟助学行）、一个要求（希望学生加强与支助人的联系，定期告知学习情况和社会实践经历），以及一个联系方式（提供站长和民盟东莞市委办公室的联系方式给受助学生）。

5 月 6 日，根据五届十六次主委会议的精神和要求，"莞盟助学行"以全新的面貌到达东莞石龙中学站，为该校的 20 名学生发放了该学年每人 1 000 元的助学金并传达了民盟对他们的关爱，石龙支部主委莫畏成为该站站长，也是"莞盟助学行"系列助学活动的首位站长。

　　5月7日，民盟东莞市委办公室接到石龙中学高中一年级的受助学生吴子聪的母亲来电，她对"莞盟助学行"表达了真诚的感谢，称盟员的善心给家庭带来了实在的帮助，在电话中她还介绍了儿子的学习情况和日常表现。这是"莞盟助学行"收到的第一份回馈。

　　5月20日，"莞盟助学行"来到青海西宁站，在青海省三江源民族中学点燃爱心烛光。三江源民族中学是一个以藏族学生为主的学校，生源基本来自藏区，尤其是贫困的玉树地区，它也是民盟中央"农村教育烛光行动"重点扶持的学校之一。民盟东莞市委松山湖支部承担了这个站点的筹建工作，松山湖环保分局全体员工参与了助学活动，为贫困学子捐款献爱心。助学仪式上，30名受助学生获得了该学年每人1 000元的助学金，松山湖支部主委、松山湖环保分局副局长、"莞盟助学行"西宁站站长李玫表示，此后松山湖支部将连续三年以上，每年资助30名品学兼优的玉树地区贫困学生。5月21日，西宁晚报详细报道了此次助学行动，紧接着东莞市委统战部、民盟广东省委、民盟中央等网站都对此次活动进行了报道。

"莞盟助学行"东莞石龙中学站助学金发放仪式结束后，与受助学生合影

8月21日，"莞盟助学行"清远助学站筹备组在清远市英德中学召开助学站建设筹备会议。会议就"莞盟助学行"支助英德中学品学兼优贫困生的有关事项达成初步意向。

8月26日，"民盟烛光行动—莞盟助学行"吉林四平站启动暨首期助学金发放仪式在四平市教育学院举行。为了更好地传承和发扬民盟捐资助学的光荣传统，进一步扩大民盟的社会影响力，推进"莞盟助学行"社会服务品牌的建设，在民盟广东省委和民盟吉林省委的牵线联系下，民盟东莞市委决定结合民盟中央"烛光行动"计划，在吉林省四平市建立"烛光行动—莞盟助学行—吉林四平站"。民盟东莞市委松山湖支部承担了该站的建站工作和助学款筹集工作，本次仪式上30名受助学生获得了每人1 000元的资助。

2015 年

3月9日，在盟员企业东莞市大兴化工有限公司成立20周年之际，大兴化工举行了一场充满爱的庆典晚会。大兴化工是东莞市政协委员、民盟盟员何晓明先生于1995年携1万多元人民币在东莞市谢岗镇创立。大兴化工风雨兼程走过了20年，企业由小到大、由大到强，成为一家高科技化工涂料企业，先后获得10多项产品专利，目前公司净资产已达8 000多万元，20年增长了8 000倍，是东莞市小微企业快速成长的典范。晚会上，大兴化工董事长、盟员何晓明道出了20年创业的艰辛和成功的秘籍。一个企业成功的因素有很多，但何晓明讲的最多、最动情的就是"感恩"，作为一名退伍军人，讲到感恩父母、感恩家人、感恩战友、感恩同事的时候，两眼充满了泪水。一个懂得感恩的企业家才会带出一个有社会责任感的成功企业。晚会现场，董事长何晓明郑重宣布，"莞盟助学行"大兴岳阳助学站正式启动，并特意邀请了由大兴化工资助的10名湖南岳阳贫困学生来到现场，这些贫困学生分别来自湖南岳阳不同的中小学校，他们每人每月将得到500元资助，直到毕业。

4 月 17 日，"莞盟助学行"工作组在朱伍坤的带领下来到普宁市占陇镇，就该镇石港小学的建设情况及捐资助学的可行性进行现场考察和调研。民盟广东省委社会服务处处长林春鹏和民盟普宁市总支主委、占陇镇副镇长陈蔓英等领导全程陪同调研。占陇镇石港小学是受 2013 年 9 月 22 日的超强台风"天兔"影响倒塌后重建的学校，目前仍存在 200 多万元的资金缺口。"莞盟助学行"考察组在现场与占陇镇领导共同探讨缺口资金的筹集办法，以及民盟东莞市委能否发动盟员捐助部分资金缺口的可行性。占陇镇政府表示将进一步完善石港小学的建设和捐助方案。朱主委也表示，待方案完善后，将尽力支持该项目。

7 月 7 日下午，由民盟东莞市委松山湖支部全体盟员捐款建设的"民盟烛光行动—莞盟助学行"青海西宁站第二期助学活动在青海省三江源民族中学顺利举行。出席活动的有民盟青海省委专职副主委李居仁，社会服务部部长马允，民盟东莞市委委员黄虔，民盟东莞市委松山湖支部主委、社会服务委员会主任、"莞盟助学行"青海西宁站站长李玫，三江源民族中学办公室主任管全平，党务干事俞亚萍和相关老师，以及积极参与助学捐款的东莞盟员代表。三江源民族中学 30 名受助学生获得了该学年每人 1 200 元的助学金。

7 月 8 日，大爱无疆，助学无境。为擦亮"莞盟助学行"这一社会服务品牌，让更多的贫困学子受益，民盟东莞市委在已建成六个助学站的基础上，今年又添新站。民盟东莞市委松山湖支部经过近一个月的筹备，于 2015 年 7 月 8 日在青海省大通县建成"民盟烛光行动—莞盟助学行"青海大通站，并举行了启动仪式，为首批获得资助的 30 名优秀贫困生发放助学金 1 200 元 / 人。更让人感动的是，在助学仪式上，当得知叶子明同学已被北京大学今年自主招生录取时，盟员张念华当场表示由他本人出资，每年资助叶子明同学

5 000 元，直至毕业。她的爱心、善举，再次感动了在场的所有人。

10 月 10 日，"成就梦想·奉献爱心"暨"莞盟助学行"吉林四平站第二期捐资助学活动大会在四平市第一中学报告厅隆重举行，会议由四平市教育局局长赵青山主持，东莞市政协副主席、民盟东莞市委主委朱伍坤率松山湖支部代表出席了助学会议。承接上一年的助学活动，今年，承担吉林四平站助学任务的民盟东莞市委松山湖支部加大了助学力度，扩大了助学规模，在四平增设了三个助学分站，不仅受助学生人数从 30 名增加到 90 名，而且将每名学生的资助金额提高到 1 200 元。两年来，松山湖支部在四平共资助贫困中学生 120 人次，发放助学金 13.8 万元。

10 月 22 日，"莞盟助学行"东莞石龙站第二期助学活动在石龙二中隆重举行。去年 "莞盟助学行"成功向石龙中学 20 名品学兼优的学生发放该学年的助学金，共计两万元。今年，"莞盟助学行"在石龙二中、石龙三中各资助 10 名品学兼优的学生，并且将助学金额提高到每人 1 500 元，两年来，共计在石龙资助贫困学生 40 人，发放助学金 5 万元。

民盟东莞市委"民盟烛光行动—莞盟助学行"英德站助学活动顺利举行

11 月 27 日，"民盟烛光行动—莞盟助学行"英德站启动仪式在英德中学举行。为配合民盟广东省委助力清远发展行动计划，进一步推进"莞盟助学行"社会服务品牌的建设，让更多的贫困学生安心读书，民盟东莞市委"莞盟爱心基金"向清远英德中学贫困学生捐赠了 6 万元助学金。东莞市政协副主席、民盟东莞市委主委朱伍坤率积极参与捐资助学、热心公益事业的东莞盟员代表出席了启动仪式。出席启动仪式的还有民盟广东省委社会服务处处长林春鹏、英德市人大副主任吴秋凤、民盟清远市委秘书长张彦斌、英德中学校长朱文华等领导，以及受助学生和班主任老师等。启动仪式由英德中学办公室主任罗建平主持，东莞盟员代表分别给 40 名贫困学生每人送上 1 500 元助学金，英德中学副校长田庆明代表英德中学给民盟东莞市委赠送了锦旗"点燃烛光，照亮未来"。

2016 年

1 月 28 日，"环保、民盟共助东太村"活动在东莞市麻涌镇东太村村委会隆重举行。麻涌镇东太村是东莞市环保局对口帮扶的贫困村，松山湖总支考虑到我市环保系统盟员较多的特点，主动与市环保局对接，共同开展对东太村的帮扶活动。市环保局干部职工负责对村里所有贫困户进行帮扶，松山湖总支则负责对贫困户的在校子女进行帮扶，计划连续三年为该村贫困户的在校子女每人每年资助 1 000 元生活费。这是民盟东莞市委"莞盟助学行"的第 12 站，也是松山湖总支建立的第 9 个助学站。同时，根据盟员的人才优势，松山湖总支计划联合医卫支部、松山湖（生态园）环保分局、广东协远律师事务所等单位，定期到东太村开展环保宣传、法律咨询、健康义诊等公益活动，让民盟东莞市委的"助学行、环保行、普法行、健康行"四大社会服务品牌同时走进东太村，为村民提供综合性的服务。

4 月 7 日，"民盟烛光行动—莞盟助学行"河南睢县站助学仪式在睢县高级中学会议室隆重举行，为首批获得资助的 50 名优秀贫困生发放助学金

1 200 元 / 人，标志着该助学站正式启动。这是民盟东莞松山湖总支健康支部主委张念华主动捐款建立的助学站，也是"莞盟助学行"的第 13 个助学站，预计连续三年每年资助来自睢县的 50 名优秀贫困生。睢县站助学仪式由睢县副县长李长领主持，商丘市政协副主席、睢县副县长宋崇江，东莞市政协副主席、民盟东莞市委主委朱伍坤，睢县政协主席张振华，民盟商丘市委专职副主委霍丽萍等两地领导出席了助学仪式。出席助学仪式的还有积极参与捐资助学的东莞盟员代表和睢县高级中学、睢县回族高级中学、睢县育才学校等 11 所中小学校的 300 名学生和他们的校长、班主任老师等。张念华的爱心义举受到了睢县县委、县人大、县政府和县政协的高度重视，县委书记吴海燕、县长曹广阔、县政协主席张振华等领导专程会见了参加助学活动的盟员。

5 月 28 日，"民盟烛光行动—莞盟助学行"横沥站助学仪式在横沥镇政府 3 号会议室隆重举行，这是横沥支部启动"爱心圆梦"捐资助学工程并倡议成立的助学站，也是"莞盟助学行"的第 14 个助学站。预计连续三年每年资助来自横沥镇户籍的优秀贫困生。此次捐助仪式上受助的 34 名优秀贫困生，是在横沥镇政府、受助学生所属村委会的大力协助下，经过充分的调查核实确定的，他们将获得 1 000 元 / 人的助学金。助学仪式由横沥支部副主委程志荣主持。市政协副主席、民盟东莞市委主委朱伍坤，民盟东莞市委委员、副秘书长、办公室主任王雪萍，横沥支部主委、"莞盟助学行"横沥站站长朱继良，民盟东莞市委社会服务工作委员会主任李玫等领导出席了助学仪式。参加助学仪式的还有参与捐资助学的横沥支部盟员和社会各界爱心人士。"莞盟助学行"横沥站的成立和横沥支部的善举受到了横沥镇党委和镇政府的高度重视，横沥镇党委委员、统战委员梁新钦，横沥镇政府统战办主任谢钰青，横沥镇政府社会事务办主任叶秀兰等领导亲临助学仪式现场。

6 月 17 日，"民盟烛光行动—莞盟助学行"湖南宜章站正式启动。启动仪式在宜章一中隆重举行，为该站首批获得资助的 36 名贫困学生发放助学金 1 200 元／人。该站是"莞盟助学行"的第 15 站，是湖南宜章一中校友、民盟东莞松山湖总支副主委陈朝远、钟煜铎等人主动提出建立的，他们带头捐款，积极筹备。在松山湖总支和宜章校友的共同努力下，在宜章一中的大力支持和积极协助下，该站启动仪式顺利举行。市政协副主席、民盟东莞市委主委、"莞盟爱心基金"理事长朱伍坤率松山湖总支"助学行"公益行动组出席了启动仪式。宜章县政协副主席谭文南、民盟湖南省委办公室副主任陈雅云、民盟湖南省委郴州支部主委彭经柯、宜章县教育局局长欧阳华、宜章一中校长文小燕、常务副校长曹初凯，以及宜章一中的 36 名受助学生和他们的班主任老师等人也出席了启动仪式。宜章助学站的建立，受到宜章县领导班子的高度重视，县委副书记张卫星、副县长宁耀磊、县政协副主席谭文南等领导专程会见了参加助学活动的盟员，对民盟东莞市委和宜章一中校友的爱心善举表示充分肯定。

7 月 3 日，"民盟烛光行动—莞盟助学行"青海大通站第二期助学活动在大通县第六中学会议室举行，为当地获得资助的 41 名优秀贫困生发放助学金 53 000 元。西宁市政协副主席、民盟西宁市委主委张瑛，民盟青海省委社会服务部部长马允，民盟西宁市委专职副主委闫兆兰，大通县教育局党委书记、局长童子文，大通县委统战部副部长兰国栋，民盟大通县总支委主委、大通县教育局副局长俞文慧，大通县第六中学党委书记蔡国玉、副校长吴吉成，以及获得资助的 41 名学生和他们的老师等出席了助学活动。大通站于 2015 年 7 月 8 日启动，至今已资助大通县贫困学生 71 人次，助学仪式由俞文慧主委主持，张瑛副主席致欢迎词。

7 月 4 日，"民盟烛光行动—莞盟助学行"青海西宁站第三期助学活动在青海省三江源民族中学举行，为该校来自三江源地区的 30 名藏族优秀贫困生发放助学金 36 000 元。东莞市政协副主席、"莞盟爱心基金"理事长朱伍坤率民盟东莞市委"助学行"公益行动组出席了助学活动仪式。出席助学活动的还有民盟青海省委社会服务部部长马允，青海省三江源民族中学党支部副书记、副校长多杰，办公室主任管全平，教务处主任、民盟青海省委直属三江源民族中学支部主委常建瑛，以及三江源民族中学的受助学生和他们的老师。

助学仪式由管全平主任主持。多杰副校长代表三江源民族中学致辞表示感谢，他指出，"莞盟助学行"点亮了贫困学生的求学之路，是东莞盟员关心支持民族教育事业、扶贫济困、支持公益的具体行动，功在当代，利在千秋。东周扎西代表受助学生发言，他感谢民盟东莞市委对贫困学生的关爱和帮助，决心要努力拼搏，为社会做贡献，将这份爱传递给需要帮助的人。朱伍坤副主席希望同学们好好学习，不断进取，早日成才，成就梦想，回报社会。他强调，助学兴教是民盟的光荣传统，我们在青海省三江源民族中学建立助学站，每年在这里资助 30 名藏族贫困学生，不仅是为了传承民盟的光荣传统和道义担当，更重要的是为了播撒"爱心"的种子，点亮捐资助学的"爱心烛光"，让中华民族的大爱精神发扬光大，为民族团结和共创美好生活做出贡献。

自民盟东莞市委推出"莞盟助学行"社会服务品牌活动以来，广大盟员真诚献爱心，用爱助学行。在短短的 3 年时间里，先后建立了 15 个助学站。其中，青海西宁助学站是由民盟东莞市委松山湖总支全体盟员捐款建立，于 2014 年 5 月 20 日在青海省三江源民族中学启动，至今已连续 3 年每年资助该校来自三江源地区的藏族贫困学生 30 人，发放助学金 102 000 元。该助学站是"莞盟助学行"已建立的 15 个站当中首个完成连续 3 年每年资助 30 名贫困学生的助学站，为民族团结和精准扶贫做出了积极的贡献。"民盟烛光行动—莞盟助学行"已成为民盟东莞市委社会服务的亮丽品牌，成为盟员们播撒爱心的平台，是践行社会主义核心价值观和构筑中国梦的具体行动。

9 月 3 日，"莞盟助学行"岳阳站 2016 年捐资助学活动暨东莞市大兴化工"精灵爽"岳阳助学站揭牌仪式在岳阳东升社区隆重举行，为当地获得资助的 44 名优秀贫困生发放助学金 126 200 元。

东莞市政协副主席、"莞盟爱心基金"理事长朱伍坤率民盟东莞市委松山湖总支"助学行"公益行动组出席了助学仪式。湖南省政协常委、民盟湖南省委专职副主委胡颖，岳阳市政协副主席、民盟岳阳市委主委万岳斌，中共岳阳市委统战部常务副部长邓有根，岳阳市民政局副局长黄鸣，岳阳楼区区委常委、统战部部长、副区长白铭科，副区长唐露尧，民盟湖南省委社会服务部副部长陈雅云，民盟岳阳市委副主委黎雄兵、李石夫、高鸽子等领导和嘉宾应邀出席了助学仪式。东莞市大兴化工有限公司董事长何晓明率全体股东出席了仪式。出席仪式的还有 44 名受助学生的代表和他们的老师、家长等，共计 100 多人。

岳阳是东莞市大兴化工有限公司董事长、盟员何晓明的家乡，岳阳助学站是何晓明先生于 2015 年 3 月 9 日在大兴化工成立 20 周年庆典活动时宣布建立的，至今共资助岳阳地区的贫困中小学生 54 人次。何晓明一再表示，只要家乡的孩子有需要，他一定尽力而为。此举充分彰显了一名普通盟员感恩社会、回报家乡的崇高境界。朱伍坤副主席在助学仪式上做了重要讲话，他强调：我们不远千里来到岳阳，是为见证爱心、传递爱心而来。何晓明先生作为中国民主同盟盟员、东莞市大兴化工有限公司的董事长，回到故乡，回到他成长的地方，举行捐资助学活动，让我们又一次见证了有责任、有担当、有大爱的盟员企业家的善举。三年来，我们的"莞盟助学行"在全国各地建立了 15 个助学站，已资助品学兼优的贫困学生 628 人次，一站又一站，点亮捐资助学的烛光，播下爱的种子，用实际行动传递爱心，传承中华民族的大爱精神，践行社会主义核心价值观。他寄语同学们三个"记住"和三个"学会"：记住社会处处有热心人，但还需要有更多的热心人；记住你们的资助者来自民盟，来自东莞，来自大兴化工，也是来自你们的家乡；记住你们今天领到的不仅仅是助学金，更是温暖的爱心，是大爱的烛光。学会拼搏，学会珍惜，学会感恩，做一个有社会责任感的人，将爱的烛光不断传递下去，让社会更加美好！

9 月 3 日，"莞盟助学行—林海川励志奖学基金"普宁一中站首期颁奖大会在普宁第一中学校友楼举行，为该校获得奖励的 26 名高三教师、18 名高三优秀毕业生和 10 名中考成绩优秀的学生发放奖学金共 92 400 元，标志着"莞盟助学行"普宁一中站正式启动。民盟广东省委社会服务处处长林春鹏，普宁教育局副局长陈创钰，普宁一中校长李荣标，普宁一中校友、广东宏川集团有限公司总裁林南通，普宁一中师生和学生家长代表等 200 多人出席了颁奖大会。

"林海川励志奖学基金"是民盟东莞市委副主委、宏川集团董事长林海川情系家乡，热心教育，捐资 100 万元成立的专项奖学基金，助力普宁第一中学广大学子成才圆梦。

在颁奖大会上，宏川集团总裁林南通对普宁一中一年来的发展和取得的成绩表示肯定，对获奖的师生表示祝贺并表示，宏川集团将继续大力支持普宁一中的教育事业发展，践行社会主义核心价值观，为家乡培养出更多的优秀人才，进一步弘扬中华民族的大爱精神做出积极的贡献！

11 月 11 日，"莞盟助学行"衡东一中站启动，为进一步贯彻落实民盟中央"烛光行动"精神，继续打响民盟东莞市委的社会服务品牌"莞盟助学行"，帮扶品学兼优的贫困学子顺利完成学业，2016 年 11 月 11 日，民盟东莞市委委员、秘书长王雪萍，东莞市政协委员、民盟东莞市委教育与文化工作委员会主任、"莞盟助学行"衡东一中站站长刘笃锋等人赴衡阳市衡东县为 30 名品学兼优的贫困学子送上助学金，并计划在衡东一中站连续开展三年助学活动。民盟衡阳市委专职副主委颜娟华、民盟湖南省委社会服务处主任科员邓倩一同主席了助学仪式。

"衡东一中站"是"莞盟助学行"的第16个助学站。在助学仪式上，衡东一中校长李春辉对本次"莞盟助学行"走进衡东一中表示衷心的感谢，并希望受助学生懂得感恩，不断前行。站长刘笃锋介绍了民盟"烛光行动"和"莞盟助学行"，深情阐释了民盟心系教育，真诚助学的责任担当和情怀。王雪萍秘书长代表民盟东莞市委传达了对受助学生的期望，希望30名受助学生学会拼搏，学会珍惜，学会感恩，做一个有社会责任感的人，将爱的烛光不断传递下去，为中国梦的早日实现尽自己的力量。最后，民盟衡阳市委专职副主委颜娟华表示，同样作为盟员，她为"莞盟助学行"能够切切实实地帮助到有需要的学生而深觉感恩和自豪，同时她鼓励受助学生要自立自强，把贫困当作锤炼，必将收获顽强和坚韧，成为今后人生中的宝贵财富。

本次助学活动取得了非常好的效果，解决了衡东一中30名受助学生的燃眉之急，受到了学校师生的热烈欢迎。民盟东莞市委希望众多受助的寒门学子均能"千淘万漉虽辛苦，吹尽狂沙始到金"，成为"可爱、可信、可贵、可为"的当代青年，将公益传递，将爱心传递，点点烛光，终将燎原。

11月15日，"莞盟助学行"助力镇街精准扶贫，民盟东莞市委"一心四行"社会服务品牌自创建以来，以"莞盟助学行"为核心在教育扶贫方面做了大量的工作。今年，民盟东莞市委继续关注困难家庭贫困学生的读书问题，创新工作模式，按照精准扶贫的工作思路，选取了民盟东莞市委机关干部挂职所在的常平镇桥沥村委会困难户，作为"莞盟助学行"的定点帮扶对象。

11月15日，民盟东莞市委秘书长、常平镇人民政府副镇长王雪萍作为代表，携"莞盟助学行"爱心助学款5 000元，来到常平镇桥沥村委会，探望困难户学生利某霞并给她送上助学金，同行的还有中共常平镇镇委委员、统战委员黄景鹏等。学生利某霞是常平镇桥沥村困难户张某贤的养女，张某贤年岁较大且此前因跌伤住院，困难的家庭更显窘迫，王雪萍秘书长在挂职期间一了解到这个情况，马上向"莞盟助学行"推荐利某霞为一对一扶助对象，并得到了民盟东莞市委会领导班子的大力支持。在送上助学金的同时，王雪萍秘书长还给利某霞介绍了民盟和"莞盟助学行"，并将精心准备的《给受助学生的一封信》交到她手中，通过亲切的交谈让学生感受到来自民盟、来自社会的关爱，勉励其认真学习知识和本领，将来成为有能力帮助他人、回馈社会的人。

2017 年

4 月 21 日，"莞盟助学行"河南睢县站第二期助学活动在睢县高级中学会议室隆重举行，为获得资助的 50 名优秀贫困生发放助学金 1 200 元／人。这是民盟东莞市委"莞盟助学行"的第 28 场助学活动。

睢县助学站是睢县高级中学校友、东莞盟员张念华于 2016 年捐款建立的感恩母校、奉献社会助学站，张念华的爱心义举受到睢县领导、学校、老师、家长及社会各界的高度赞扬，睢县电视台等新闻媒体进行了现场采访和跟踪报道。受助学生代表刘雪同学表示，一定努力学习，做一个有理想有爱心的人，将来回报社会，去帮助需要帮助的人。点亮烛光，成就梦想，"莞盟助学行"正一步一个脚印稳步前行。

5 月 27 日，"莞盟助学行"湖南宜章站第二期助学活动圆满结束。"莞盟助学行"湖南宜章站是民盟松山湖总支盟员和宜章一中校友等爱心人士于 2016 年共同捐资建立，该站计划每年资助 30 名以上品学兼优的贫困学生。活动在宜章一中会议室隆重举行，为 32 名受助学生发放助学金 3.84 万元。

仪式由宜章县政协副主席谭文南主持，宜章县教育局局长欧阳华首先致辞表示欢迎和感谢。宜章助学站站长陈朝远代表所有参与捐资助学的爱心人士讲话，他希望同学们克服困难，努力拼搏，成为对社会有用的人。宜章一中 1601 班的黄慧琳同学代表受助学生发言，她表示，一定要努力学习，不辜负所有人的希望，在不久的将来用实际行动证明自己，学会感恩，传递正能量，向他人伸出援助之手，去帮助需要帮助的人。

9 月 7 日，"莞盟助学行"青海大通站三年助学工作圆满完成。为进一步发扬民盟捐资助学的光荣传统，民盟东莞市委结合民盟中央"烛光行动"计划，经民盟广东省委和民盟青海省委的牵线联系，于 2015 年 7 月在青海省大通回族土族自治县建立了"莞盟助学行"青海大通站。该站由民盟松山湖总支负责具体筹划并实施，连续三年每年资助当地品学兼优的贫困学生 30 多名，助学款来自松山湖总支盟员的爱心捐款。此次助学活动在大通县教育局会议室举行，向 30 名贫困学生发放助学金 3.6 万元，这也标志着大通助学站的三年助学工作圆满完成。三年来，大通站共资助学生 101 人次，发放助学金 13 万元。

活动仪式由大通县总支主委俞文慧主持。在助学仪式上，副县长李海军首先代表县委县政府致辞，他感谢民盟东莞市委对大通教育事业的关心和支持，感谢松山湖总支盟员的无私奉献，并介绍了大通县委县政府近年来优先发展教育、不断改善办学条件所取得的一些成果。大通站站长李玫代表"莞盟助学行"行动组和所有捐款人发言，她感谢民盟广东省委、民盟青海省委、民盟大通县总支委、大通县教育局等单位及各有关学校为我们这次助学行提供的帮助，希望同学们好好学习，永不放弃理想的信念。大通朔山中学高三（15）班的王世玉同学代表受助学生宣读感谢信，并表示要发奋努力，为实现"中国梦"添砖加瓦。

10 月 20 日，民盟莞中支部赴湖南衡东一中开展第二期助学活动。活动在衡东第一中学会议室隆重举行，为获得资助的 30 名优秀贫困生发放助学金 1 000 元 / 人。该站由莞中支部负责具体筹划并实施，连续三年每年资助当地品学兼优的贫困学生 30 多名，助学款来自莞中支部盟员的爱心捐款。

参加此次助学活动的有民盟东莞市委副主委袁华强，民盟东莞市委社会服务专委会主任李玫，"衡东助学站"站长刘笃锋，民盟衡阳市委专职副主委颜娟华，衡东一中校长李春辉等领导，以及莞中支部的 9 位盟员，衡东一中的行政人员等。

助学仪式上，李春辉校长对本次"莞盟助学行"走进衡东一中表示衷心的感谢，并希望受助学生懂得感恩，不断前行。袁华强副主委对同学们提出了殷切的希望，鼓励大家积极向上，综合发展。站长刘笃锋介绍了民盟"烛光行动"和"莞盟助学行"的情况，深情阐释了民盟心系教育，真诚助学的责任担当和情怀。受助学生代表段亚岚深情发言，表示一定努力学习，做一个有理想有爱心的人，感恩社会，回报社会。

11 月 4 日，程发良主委率队参加"莞盟助学行"普宁一中站 2017 年林海川励志奖学金颁奖仪式。仪式在普宁市第一中学校友楼会议室隆重举行。程发良主委率民盟东莞市委"莞盟助学行"公益行动组参加了颁奖典礼。应邀出席活动的还有民盟广东省委社会服务处处长林春鹏，普宁市政协主席杨镇松，普宁市副市长熊孟清，揭阳市人大常委、民盟揭阳市委主委蔡幸生，民盟普宁总支主委陈蔓瑛，普宁教育局副局长陈创钰，普宁市第一中学校长李荣标，以及珠海、揭阳、普宁等地的盟员代表，普宁一中师生和学生家长代表等共计 100 多人。

在颁奖典礼上，林海川对普宁一中的发展和取得的成绩表示充分肯定，对获奖的师生表示祝贺，并希望同学们勤奋学习，做一个有理想、有道德、有文化、有抱负的学子，用自己的初心和行动点亮属于自己的新时代。林春鹏对民盟东莞市委结合民盟中央"烛光行动"开展的系列助学活动给予了充分肯定，对林海川支持家乡教育事业发展的无私奉献精神给予了高度赞扬。程发良希望同学们不辜负父母的期望、不辜负时代的重托，为中华民族的伟大复兴事业努力学习！

"莞盟助学行"普宁一中站林海川励志奖学基金是林海川捐资100万元成立的专项奖学基金，目的是为了支持和鼓励普宁一中教育事业的发展，助力家乡广大学子圆梦成才。

本次助学共为获得奖励的71名师生颁发奖学金100 800元。

2018 年

2月12日，民盟松山湖总支助力精准扶贫。"莞盟助学行"作为民盟东莞市委的四大社会服务品牌活动之一，自开展以来一直深受群众欢迎。在2018年新春佳节来临之际，民盟松山湖总支选取松山湖（生态园）管委会的对口帮扶村黄江镇星光村的唯一低保户家庭学生吴浚赫作为"莞盟助学行"的又一名受助学生，开展助学献爱心活动，为吴浚赫同学送上盟员们的关心、祝愿及3 000元爱心助学捐款和精心挑选的新文具，同时还准备了《传递爱心 成就梦想——给受助学生的一封信》，鼓励吴浚赫同学要努力学习，克服困难，长大后成为对社会有用的人。

3月17日—19日，民盟东莞市委赴清远开展盟务交流暨"莞盟助学行"天福爱心图书室揭牌仪式。主委程发良率盟务骨干一行18人赴清远、连州开展盟务交流暨助学活动。

3月17日，民盟东莞市委和民盟清远市委在清远举行座谈会。会上，双方交流了工作经验，针对思想建设、组织建设、参政议政及社会服务等方面的工作分别展开了热烈的讨论，还探讨了盟员之家的建设。会后，清远陈建华主委对民盟东莞市委在盟务工作上的先进经验及所取得的成绩表示赞赏。

3月19日，"莞盟助学行"天福爱心图书室捐赠暨揭牌仪式在连州慧光中学隆重举行。天福爱心图书室由民盟东莞市委委员、广东天福连锁商业集团有限公司董事长欧阳华金捐资建成。欧阳华金表示，教育是城市发展的希望，再穷也不能穷教育，他希望通过筹建图书室，分享图书资源，推广阅读氛围，传播文化。副主委袁华强代表民盟东莞市委对图书室的建成表示祝贺，对欧阳华金支持慧光中学教育事业发展的善举表示赞赏。"莞盟爱心基金"理事长朱伍坤希望天福爱心图书室不仅成为传播文化的地方，更是传播爱心的地方。

4 月 19 日，"暖心助学行"云南永德助学站启动，为进一步贯彻落实十九大精神，继承和发扬中国民主同盟做好事、做实事的优良传统，关注教育，助力精准扶贫，民盟东莞市委松山湖总支携手东莞满满爱心联谊会和东莞市茶文化促进会的热心人士到国家级贫困县云南省永德县开展"暖心助学行"云南永德助学站启动暨永德一中分站 2018 年助学金发放仪式。东莞盟员代表、东莞满满爱心联谊会和东莞市茶文化促进会的代表在民盟东莞市委松山湖总支主委、社会服务工作委员会主任李玫的带领下出席了活动。

"暖心助学行"云南永德助学站此次共资助贫困学生 80 名，发放助学金 120 000 元。"暖心助学行"云南永德助学站的建立，是东莞盟员继承和发扬民盟关注民生、助学兴教的优良传统，践行社会主义核心价值观，不忘初心，砥砺前行的又一实际行动。

5 月 15 日，"莞盟助学行"河南睢县站三年助学活动圆满完成。"莞盟助学行"河南睢县站 2018 年助学金发放仪式在睢县高级中学科技楼报告厅举行，为本年度获得资助的 50 名优秀贫困生发放助学金，同时标志着民盟东莞市委"莞盟助学行"河南睢县站三年助学活动圆满完成。

睢县助学站是睢县高级中学校友、东莞盟员张念华于 2016 年为感恩母校捐资建立的，三年来共资助贫困学生 150 名。"莞盟助学行"工作组在民盟东莞市委委员张勇及张念华的带领下参加了助学金发放仪式，见证了奉献爱心、传递爱心的感人场面。应邀出席仪式的领导和嘉宾、学生和家长共 300 多名。

民盟东莞市委委员张勇在致辞中回顾了"莞盟助学行"的助学历程，倾吐了对受助学生的期望，并表达了要把这份爱心持续下去的心愿。

6月3日，"莞盟助学行"湖南宜章站2018年助学活动顺利举行。为进一步响应党的十九大号召，助力精准扶贫，让更多的贫困学子圆读书梦，民盟东莞松山湖总支组织盟员到湖南宜章县天塘镇东源山村开展"莞盟助学行"湖南宜章站2018年助学活动，为该村5名品学兼优的家庭困难学生发放助学金。民盟东莞市委原主委朱伍坤、市委委员钟煜铎和松山湖总支的社会服务骨干盟员代表等参加了助学活动。

"莞盟助学行"湖南宜章站建立于2016年，三年来共资助家庭困难学生74人次，助学金来自松山湖总支盟员、宜章一中校友等爱心人士，一分一厘都代表着捐款人的暖暖善意和满满爱心。

8月16日，"暖心助学行"云南威信助学站启动。由民盟东莞市松山湖总支和东莞满满爱心联谊会共同发起的"暖心助学行"云南威信助学站启动暨2018年助学金发放仪式在东莞对口帮扶的国家级贫困县威信县第一中学会议室举行。本次助学活动共资助了60名准大学生。助学金主要来自民盟松山湖总支盟员、福店爱心基金参与人、市政协委员等盟内外热心人士的爱心捐赠。

作为助学行活动的组织者，李玫介绍了从民盟东莞市委的社会服务品牌活动"莞盟助学行"到有盟外热心人士参与的"暖心助学行"的助学历程。她强调，"暖心助学行"是"莞盟助学行"的延续，是延伸也是姐妹，助学行活动表达的是暖暖善意、传递的是满满爱心，并表示将继续努力，让更多有需要的困难学生读得上书。

本次助学活动得到民盟广东省委、民盟昭通市委、广东第五扶贫工作组、威信县委县政府、威信县教育局等单位和各有关学校的大力支持和帮助。

10 月 27 日，"莞盟助学行"东莞横沥站三年助学活动圆满完成。"莞盟助学行"东莞横沥站 2018 年助学金发放仪式在横沥镇政府三楼四号会议室举行，出席助学金发放仪式的领导和嘉宾有秘书长王雪萍，横沥镇统战办主任吴财崧，横沥镇社会事务局副局长李顺平，横沥支部主委、"莞盟助学行"横沥站站长朱继良，社会服务工作委员会主任李玫，横沥支部部分盟员及受助学生和他们的家长等。

"莞盟助学行"东莞横沥站建于 2016 年，三年来共资助困难学生 80 人次，是由横沥支部具体筹划并实施。此次活动共资助 18 名学生。

王雪萍在致辞中表示横沥助学站是举支部盟员和社会各界爱心人士之力组建起来的，生动地诠释了横沥"小城大爱"的城市精神。虽然善款不多，但传递了盟员和社会善心人士的爱心，这是民盟东莞市委践行"做好事、做实事"的社会担当。

朱继良在总结中指出，"莞盟助学行"横沥站成立以来一直受到横沥镇党委和镇政府的高度重视和大力支持，今天已顺利完成站点的使命。虽站点有期，但大爱无期。助学没有句号，"莞盟助学行"永远在路上。

2019 年

8 月 9 日，民盟东莞市委主委程发良一行赴国家级贫困县湖北长阳土家族自治县开展"莞盟助学行"湖北长阳站扶贫助学活动。助学仪式在长阳大堰乡清水堰村村委会举行，为长阳县磨市镇和大堰乡清水堰村的 22 名贫困学生、4 户贫困户发放助学金、扶助金共计 100 000 元。民盟东莞市委副主委袁华强、王雪萍，社会服务工作委员会主任李玫等出席了助学仪式，出席助学仪式的领导和嘉宾还有长阳县政协主席李云达、副主席赵久芹，县委统战部副部长、县工商联党组书记李昌海，大堰乡清水堰村党支部书记李东波，以及长阳县医保局、县机关事务服务中心、磨市村、清水堰村等相关部门负责人，和贫困学生、贫困家庭代表共 50 多人。

民盟东莞市委"莞盟助学行"湖北长阳站扶贫助学仪式现场

　　助学仪式由李昌海副部长主持，李东波同志代表大堰乡清水堰村致欢迎词。李玫主任介绍了"莞盟助学行"品牌活动情况，以及民盟东莞市委开展扶贫助学工作的目的和愿景。程发良主委在讲话中指出，长阳是一个集老、少、山、穷、库于一体的特殊县份，由于历史和客观原因，经济不够发达，人民生活比较困难，还有不少贫困家庭的孩子，难以正常完成学业，亟须社会的援助和关爱。这次的活动在长阳举行，体现了民盟东莞市委的社会服务工作特别是承载着民盟"出主意、想办法，做好事、做实事"这一优良传统的捐资助学工作实现了精准扶贫，他希望受助学生能常怀感恩、健康成才、回报社会。

　　受助学生代表柳梦婷和李万丹表示本次扶贫助学活动给他们带来了温暖与信心，以后"会铭记人生中所受到的每一份帮助与支持，尽己之力，用实际行动回报家乡和社会"。

　　助学活动期间，程发良主委一行对清水堰村的贫困户进行了深入走访，其中有房屋倒塌的农户表示，此次活动的扶助金能帮助他们重建住房，切实解决了他们的燃眉之急。

程发良主委一行也深入到贫困学生家中探访，了解他们的家庭情况、求学过程中遇到的困难，鼓励受助学生坚持完成学业。

程发良主委一行深入贫困户家中走访

在长阳县政协主席李云达的主持下，民盟东莞市委一行还与县政协、县委统战部、县医保局等部门进行了座谈，围绕长阳新型农村合作医疗模式和打造教育强县，东莞在粤港澳大湾区战略背景下以科技创新带动经济社会转型发展等情况，相互间都做了深入的交流和探讨。

8 月 19 日，民盟东莞松山湖总支联合东莞满满爱心联谊会组织盟内外热心人士前往东莞对口帮扶的国家级贫困县云南省威信县开展"暖心助学行"云南威信站 2019 年助学活动，这是威信站第二期助学活动。本次助学活动共发放助学金 16 万元，资助的对象是威信县参加今年高考、成绩优异、家庭经济困难的 80 名准大学生，助学金主要来自民盟松山湖总支盟员、东莞满满爱心联谊会成员、东莞市宝盈房地产开发有限公司等盟内外热心人士的爱心捐赠，其中，主动参与助学捐款的盟员有 30 多人。

下午 3 点，助学金发放仪式在威信县第一中学会议室举行，应邀出席助学金发放仪式的领导和嘉宾有威信县委常委、县人民政府副县长赖清华，民盟云南省委社会服务工作部副调研员、威信县人民政府副县长吕觐青，县教体局副局长杨炎，县教体局资助中心主任黎斌等，来自东莞的 10 名爱心人士在民盟东莞松山湖总支主委、"暖心助学行"云南威信站站长李玫的带领下参加了助学金发放仪式。参加助学金发放仪式的还有 80 名受助学生和家长、老师的代表。

助学仪式由县委常委、副县长赖清华主持，副县长吕砚青致辞。

民盟松山湖总支主委、"暖心助学行"云南威信站站长李玫代表"暖心助学行"行动组寄语受助学生。

受助学生代表威信一中高三毕业生杨国同学发言：要常怀感恩之心，早日回报社会。

本次助学活动得到民盟广东省委、广东第五扶贫工作组、中共威信县委、县人民政府、威信县教育体育局、威信县一中、威信县二中等单位的大力支持和帮助。

2020 年

8 月 7 日，民盟东莞市委会主委程发良一行赴国家级贫困县湖北长阳土家族自治县开展"莞盟助学行"湖北长阳站第二期扶贫助学活动。助学仪式在长阳县磨市村委会举行，为长阳县磨市村和清水堰村的 39 名贫困学生、1 户贫困户发放助学金、扶助金共计 10 万元。民盟东莞市委主委程发良，东莞理工学院党委委员、副校长李忠红，东莞理工学院党委委员，党委办公室、校办公室主任胡钦华，东莞理工学院校友工作办公室、基金会办公室主任崔学海，东莞理工学院招生工作办公室主任，党委办公室、学校办公室副主任魏东初及企业家校友和盟内爱心捐赠人士陈朝远等出席了助学仪式，出席助学仪式的领导和嘉宾还有长阳县政协副主席赵久芹，县委统战部副部长李昌海，磨市村党支部书记谭从锐，以及长阳县医保局、县机关事务服务中心、磨市村、清水堰村、岩松坪村等相关部门负责人，还有贫困学生、贫困家庭代表共 30 余人。

助学仪式由李昌海副部长主持，谭从锐书记代表磨市村致欢迎词。程发良主委在讲话中指出，长阳是一个集老、少、山、穷、库于一体的特殊县份，由于历史和客观原因，经济不够发达，人民生活比较困难，还有不少贫困家庭的孩子，难以正常完成学业，亟须社会的援助和关爱。这次的活动在长阳举行，体现了民盟东莞市委会的社会服务工作特别是承载着民盟"出主意、想办法，做好事、做实事"这一优良传统的捐资助学工作实现了精准扶贫，他希望受助学生能常怀感恩、健康成才、回报社会。最后，赵久芹副主席表示，目前正是长阳县脱贫攻坚的关键时刻，"莞盟助学行"的到来，是精准扶贫之策，更是雪中送炭之举，她向远道而来的民盟东莞市委一行表达了热情而诚挚的谢意，并承诺一定会用好帮扶资金。

受助学生代表李思雨和邹莹莹表示本次扶贫助学活动给他们"带来了巨大的温暖与信心，也正是有了各位爱心人士的奔波与努力，才有了这批受助学生与家庭的幸运"，接下来将"努力学习、不断进步，铭记人生中所受到的每一份帮助与支持，争取早日成为能够担当大任的时代新人，争做永不停息奔腾的后浪，用实际行动回报家乡和社会"。

助学活动期间，程发良主委一行对磨市村贫困学生家庭进行了深入走访，其中有高中毕业的受助学生表示，家庭的现实情况让她在选择学校的过程中多了顾虑与不安，此次扶贫助学活动为他们在现实与未来间架起了美丽的桥梁，让他们的未来清晰可见。

"莞盟助学行"湖北长阳站于2019 年启动，由民盟东莞市委和东莞理工学院共同筹办，同时也得到

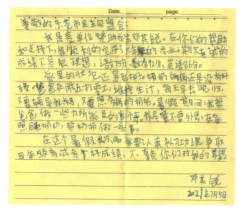

长阳助学站受助学生感谢信

了长阳县政协、县委统战部、县医保局、磨市镇和大堰乡人民政府等的大力支持。目前共为 61 名贫困学生、5 户贫困户发放助学金，扶助金合计 20 万元。

莞盟环保行

2014 年

6 月 7 日，"莞盟环保行"亮相松山湖。民盟东莞市委松山湖支部与东莞市环境保护局松山湖分局联合举行"莞盟环保行"环保宣传志愿服务活动，利用周末双休日有大量市民聚集在松湖烟雨景区休闲放松的机会，与广大市民接触，以问卷调查、免费咨询等形式宣传环保法律法规、普及环保基础知识，进一步唤醒市民的环保意识，提高市民主动参与环保的自觉性。松山湖媒体、东莞市委统战部和民盟广东省委网站对活动进行了报道。

2014 年 6 月 7 日，民盟东莞市委社会服务品牌活动"莞盟环保行"亮相松山湖

12 月 12 日，为培养少年儿童爱护环境的良好习惯，进一步推进全市中小学校环保辅导员工作的开展，民盟东莞市委创新社会服务工作模式，与东

莞市环境保护局联合举办"环保行进校园"系列活动。活动在东莞松山湖中心小学拉开序幕，针对小学生的生理和心理特点，采取"讲座＋互动＋科普剧表演"的形式，寓环境教育于娱乐之中。讲座由松山湖环保分局副局长、民盟东莞市委松山湖支部主委、东莞市中小学校环保辅导员李玫担任主讲。活动还得到东莞市科技馆的大力支持，其中的科普剧表演就是科技馆带来的，此后，市科技馆为"环保行进校园"活动一直提供协助。

12 月 17 日，民盟东莞市委与东莞市环境保护局联合举办的"环保行"进企业活动在东莞新能源科技有限公司顺利举行。活动得到东莞市科学技术博物馆的大力支持。活动采取晚会的形式，在播放环境教育警示片、表演环保题材的科普剧和科普秀的同时，穿插环保知识问答。"莞盟环保行"走进了校园又走进企业，以企业员工喜闻乐见的方式普及环保知识，一方面对企业履行环境保护的社会责任起到促进作用，另一方面又增强了员工的环境意识和环保理念。

12 月 23 日，应东莞市环境保护局厚街分局的邀请，"环保行进校园"活动走进东莞市厚街镇卓恩小学。活动由松山湖支部、文艺支部、社会服务委员会和厚街环保分局具体策划和承办。

12 月 31 日，应东莞市环境保护局万江分局的邀请，"环保行进校园"活动走进东莞市万江小享小学。活动由松山湖支部、文艺支部、社会服务委员会和万江环保分局具体策划和承办。

2015 年

1 月 6 日，应东莞朝天实验小学的邀请，"环保行进校园"活动走进东莞朝天实验小学，为该校师生带来了一场形象生动的环境科普教育活动。活

动分为讲座、互动和科普剧表演，寓环境教育于娱乐之中。讲座由民盟东莞市委松山湖支部主委、松山湖环保分局副局长、东莞市中小学校环保辅导员李玫担任主讲。讲座内容结合实际、深入浅出、形象生动，科普剧表演诙谐有趣，互动环节同学们争先恐后发言，气氛非常热烈，把活动推向高潮。"环保行"走进中小学校园，普及环保知识，以儿童喜闻乐见、通俗易懂的方式将环境知识渗透到课程中，是"莞盟环保行"的一个新举措。

1月7日，应东莞市环境保护局万江分局的邀请，"环保行进校园"活动走进东莞市翰林实验学校。活动为学校师生展示了环保宣传版画，以及举办了环保知识讲座、环保知识问答和环保科普剧表演等。

1月8日，应东莞市环境保护局厚街分局的邀请，"环保行进校园"活动走进东莞市厚街镇双岗小学，通过派发环保宣传册、举办环保知识讲座、环保知识问答和环保科普剧表演等形式，为学校师生上了一堂形象生动的环境知识课。当天晚上，由松山湖支部、文艺支部、社会服务委员会和松山湖环保分局联合承办的"环保行进企业"活动也在东莞宇龙通信科技有限公司顺利举行。活动采取晚会的形式，在播放环境教育警示片、表演环保题材科普剧的同时，穿插环保知识问答。东莞宇龙通信科技有限公司的200多名员工围坐观看。

1月14日，应东莞市环境保护局黄江分局的邀请，"环保行进校园"之《说说霾》来到东莞市黄江镇，分别为黄江镇育英小学、黄江实验小学和黄江中学的师生上了一堂别开生面的环境科普教育课，听课学生超过2 000人。此前，民盟东莞市委顺应民众期望，选择环境教育作为"莞盟环保行"进校园的突破口，经过精心选题，灵活方式，用心编排，反复演练，遀过之前在多所学校多次的实践教学后，终于形成了一套独特的寓教于乐的品牌课程《说说霾》，这也是"环保行进校园"的第一个品牌课程。

《说说霾》采取讲座、互动和科普剧表演等形式，寓教于乐，以儿童喜闻乐见、通俗易懂的方式将环境知识渗透到课程中。讲座由民盟东莞市委松山湖支部主委、社会服务工作委员会主任、环保高级工程师李玫担任主讲。由于讲座内容不仅结合实际、深入浅出、形象生动，而且与人们的生活和健康密切相关，加上是科技馆科普剧表演栩栩如生、诙谐有趣，师生们反应非常热烈，赞不绝口，互动环节同学们更是争先恐后发言，把活动推向高潮。《说说霾》不仅普及了环保基础知识，宣传了保护环境的重要性，而且还激发了学生们的求知欲和保护环境、爱护家园的热情，深受师生欢迎。

"莞盟环保行"之《说说霾》的成功上演，让环保宣传工作"活"起来，让枯燥的名词、概念、数据"动"起来，用"动静"结合、"娱教"结合、"知乐"结合的方式，为"莞盟环保行"树立新品牌，为党派社会服务焕发新活力。

3 月 20 日，在"世界水日"和"中国水周"即将到来之际，民盟东莞市委松山湖支部、东莞职业技术学院支部与松山湖环保分局在松山湖松湖烟雨景区联合举办"珍惜生命之源，共建美丽家园"环保宣传活动。通过展示环境教育图片，派发环保宣传资料，环保知识有奖问答等形式，普及环保知识，宣传"节约水资源，保障水安全"的重要性，提高广大市民惜水、爱水、节约用水的自觉性。

4 月 28 日，民盟东莞市委"环保行"工作组联合东莞市环境保护局、东莞市科学技术博物馆等单位共同举办了"环保行进校园"活动，带着精品课程《说说霾》先后走进我市寮步镇香市小学和红荔小学。针对《说说霾》环保主题课，民盟东莞市委松山湖支部还专门编印了宣传册，在活动中派发给师生们，进一步扩大了宣传效果，增强了活动的影响力。

5月7日，民盟东莞市委"环保行"工作组联合市环保宣教中心和市科技馆科普剧团等单位走进我市望牛墩镇，先后到东莞市望牛墩育林学校和东莞市望牛墩镇实验小学开展"环保行进校园"活动，为师生们带来品牌课程《说说霾》。东莞市环保局副局长香杰新、市环保宣教中心主任熊国柱，以及望牛墩环保分局、望牛墩文教办等单位的负责人观摩了活动全过程。香杰新对"环保行进校园"采取"讲座＋互动＋科普剧"的形式表示肯定，认为既普及了环保知识，又活跃了课堂气氛，以动静结合的方式，寓教于乐，值得推广。

5月19日，民盟东莞市委"环保行进校园"工作组联合东莞市科技馆科普剧团等单位一起走进虎门镇，先后到虎门镇中心小学和虎门镇第三中学开展"环保行进校园"活动，为学生们带来精品课程《说说霾》。虎门环保分局、虎门文教办及学校有关领导观摩了活动全过程，虎门广电站对活动进行了全程跟踪报道。

民盟东莞市委"莞盟环保行"走进虎门镇中小学校园

6月3日，在"世界环境日"即将来到之际，民盟东莞市委"环保行进校园"工作组携精品课程《说说霾》，成功走进"东莞市'环保行'科普讲座之可园中学百师讲坛专场"，为学子们上了一堂生动的环境教育课。可园中学陈泽林校长、市教育局刘莎莎科长等领导和老师现场观摩了活动全过程。"莞盟环保行"之《说说霾》宣讲活动从去年12月推出以来，已成功走进19所中小学校园，它标志着该宣讲活动已得到广泛认同，广受中小学校欢迎，名声越来越响亮。它成功打造了盟员开展社会服务活动能"结合工作、结合热点、结合实际、结合需求"的典范，开拓了莞盟社会服务的新局面，是莞盟社会服务的一面旗帜。

6月9日，民盟东莞市委"环保行进校园"工作组携精品课程《说说霾》走进大岭山镇，先后到大岭山镇中心小学和大岭山中学开展"环保行进校园"活动。大岭山环保分局、大岭山文教办及学校有关领导观摩了活动全过程，大岭山广电站对活动进行了全程跟踪报道。

6月10日，应东坑镇教育办和东坑环保分局的邀请，"环保行进校园"工作组携精品课程《说说霾》走进东坑中学，为学生们上了一堂生动的环境教育课。东坑镇教育办、东坑环保分局及东坑中学有关领导观摩了活动全过程。

6月12日，在谢岗镇教育办和谢岗环保分局的邀请下，民盟东莞市委"环保行进校园"工作组携精品课程《说说霾》走进谢岗镇，先后到谢岗镇华翔学校和谢岗镇中心小学开展"环保行进校园"活动，为学生们上了一堂生动的环境教育课，听课学生人数近千人。谢岗镇教育办、谢岗环保分局及上述两所学校的有关领导和老师观摩了活动全过程。谢岗广电站对活动进行了全程跟踪报道。

12月8日，应长安环保分局和长安文教办的邀请，民盟东莞市委"莞盟环保行"工作组携品牌公益课程《说说霾》来到东莞长安成才二小，为该校师生上了一堂生动的环境教育课。活动得到市科技馆的大力支持。

12月10日，应天弘（东莞）科技有限公司的邀请，民盟东莞市委"莞盟环保行"工作组与东莞市环境保护局松山湖生态园分局工作人员一起来到该公司，为该企业的员工举办了一场别开生面的"环保行进企业"活动。活动以播放环保微电影《在水一方》开始，影片取材于生活，取材于实际，既宣传了新环保法的牙齿利器，又对排污企业起到宣传教育警示作用。接下来是环保法律法规、环保知识问答环节，员工们争先恐后抢答问题，现场的气氛热烈。最后，市科技馆科普剧团的演员们为大家表演了以雾霾为题材的环保科普剧，将活动推向高潮。

12月17日，民盟东莞市委"环保行"进校园工作组携环保公益课程《说说霾》再次来到我市长安镇，先后为东莞市机电工程学校和东莞市长安镇第一小学的师生们上了一堂生动的环境教育课。活动得到东莞市科技馆的大力支持。

2016 年

6月2日，应东莞市厚街镇教育文体局、厚街环保分局及各学校的邀请，民盟东莞市委"环保行"进校园工作组携环保公益课程，联合广东第二师范学院、东莞市科学技术博物馆等单位，共同来到东莞市厚街镇，先后为厚街镇湖景中学、卓恩小学、双岗小学的师生们送上了生动形象、趣味盎然的环境教育课，通过讲座、小实验、视频、互动、科普剧表演等形式，以"生命离不开呼吸、生活离不开用水"为主题，将"爱护环境人人有责"的理念贯穿始终，以通俗易懂、寓教于乐的方式，将环境保护知识渗透到课程中，大大激发了学生们的求知欲和爱护环境、保护家园的热情，深受师生欢迎。

6 月 16 日，民盟东莞市委"环保行"进校园工作组携品牌公益课程《保护蓝天·说说霾》走进东莞市第二高级中学，开展"环保行"进校园公益活动。活动得到东莞市科技馆的大力支持和协助。至今为止，《保护蓝天·说说霾》环保公益课程已成功走进我市 30 所中小学校园，深受广大师生欢迎。这是民盟东莞市委做活"环保行""一堂接一堂"的成功案例，也是社会服务工作发挥盟员特长、结合社会热点，树品牌、做精品的成功案例。

6 月下旬，民盟东莞市委"环保行"进校园工作组携环保公益课程《爱护生命·说说水》走进松山湖园区中小学校园，开展"环保行"进校园公益活动，先后为东莞市松山湖中心小学、松山湖南方外国语学校、松山湖莞美学校的师生们上了一堂通俗易懂、生动有趣的环境教育课。活动得到松山湖（生态园）环保分局的大力支持。《爱护生命·说说水》是民盟东莞市委"环保行"工作组继《保护蓝天·说说霾》之后推出的又一个环境教育课程。该课程由民盟东莞市委松山湖总支主委、社会服务工作委员会主任、环保高级工程师李玫担任主讲。她结合中小学生特点，通过讲座、视频、诱导、互动等方式，以"生命不能缺少水、生活不能没有水"为主线，将"保护水资源从我做起"的理念贯穿始终，用图文并茂、通俗易懂、启发思考等方式，有效地激发了学生们拒绝浪费、拒绝污染、爱护环境、从我做起的热情，互动环节学生们更是争先恐后举手发言，把活动推向高潮。

11 月 28 日，"莞盟环保行"走进松山湖南方外国语学校，为普及环保基础知识，宣传环保法律法规，践行绿色发展，进一步营造保护环境人人有责的社会氛围，民盟东莞市委于 2014 年成功推出了社会服务品牌"环保行"，截至 2016 年 10 月，"环保行"已成功举办了 35 场进校园活动、10 场进企业活动和 13 场进景区及进社区活动，听众及参与人数超过 2 万人，受到社会各界的欢迎。2016 年 11 月 28 日，民盟东莞市委松山湖总支、社会服务工作委员会和松山湖（生态园）环保分局再次携手走进东莞松山湖南方外国语学校，共同举办"环保行"进校园活动。

本次"环保行"进校园活动的主题是《呵护地球·说说垃圾》，这是继《保护蓝天·说说霾》和《爱护生命·说说水》之后推出的第三个中小学生环境教育主题课程，同时也拉开了本学期"环保行"进校园活动的序幕。

本次《呵护地球·说说垃圾》主题活动由民盟东莞市委松山湖总支主委、社会服务工作委员会主任、松山湖（生态园）环保分局高级工程师李玫亲自编排、组织并担任主讲。她结合中小学生特点，以讲座、视频、启发、互动等方式，通过精心设计的PPT，从垃圾是什么到垃圾去哪儿啦，从垃圾污染的危害到垃圾无害化处理，以"垃圾分类变废为宝"为主线，将"垃圾减量从我做起"的理念贯穿始终，深入浅出，循循善诱，层层启发，激发了学生们高涨的环保热情，互动环节同学们更是争先恐后举手发言，把活动推向高潮。

"环保行"进校园活动越来越受到学校师生的欢迎。环保不但是政府的责任，也是党派的责任，社会的责任，每个人的责任。环境保护从娃娃抓起，"环保行"正在为贯彻这一理念努力前行。

11月28日，民盟东莞市委"莞盟环保行"走进东莞市机电工程学校，民盟东莞市委松山湖总支、社会服务工作委员会与松山湖（生态园）环保分局、东莞市科技馆科普剧团等单位联合组成的"环保行"进校园工作组，在松山湖总支主委、社会服务工作委员会主任的带领下，再次来到东莞市机电工程学校，为该校师生上了一堂生动的环境教育主题课《呵护地球·说说垃圾》。

两年多来，"环保行"进校园工作组先后48次携环保科普课程走进中小学校园，为学校师生送上了通俗易懂、形式多样的环境教育课，听课人数近1.5万人，越来越受到中小学校师生的欢迎。"环保行"进校园活动正遵循"环境保护从娃娃抓起"的理念，为普及环保基础知识，宣传环保法律法规，践行绿色发展，进一步营造保护环境人人有责的社会氛围，让环保成为人们的日常行动而努力。

12 月 1 日，"莞盟环保行"走进厚街镇中心小学和竹溪小学，应厚街环保分局和厚街文教办的邀请，民盟东莞市委松山湖总支、社会服务工作委员会与松山湖（生态园）环保分局联合策划的"环保行"进校园系列活动之三《呵护地球·说说垃圾》走进厚街镇中心小学和竹溪小学校园，分别为两校师生上了一堂生动形象的环保教育课。

本次进校园活动采取"讲座＋科普剧表演＋互动"等形式，由民盟东莞市委松山湖总支主委、社会服务工作委员会主任、松山湖（生态园）环保分局高级工程师李玫带队并担任主讲。本次活动还专门邀请东莞市科技馆科普剧团的演员们现场表演了以垃圾分类为题材的科普剧。活动始终贯穿着"垃圾减量从我做起，保护环境从我做起"的理念，不仅形象生动，而且寓教于乐，深受学校师生欢迎。

"莞盟环保行"走进厚街镇中心小学

12 月 6 日，"莞盟环保行"走进东莞市莞城建设小学，民盟东莞市委松山湖总支、社会服务工作委员会、松山湖（生态园）环保分局、莞城环保分局携手走进东莞市莞城建设小学，共同举办"环保行"进校园活动。

本次"环保行"进校园活动的主题是《呵护地球·说说垃圾》，活动以讲座、视频、启发、互动等方式，从垃圾是什么到垃圾去哪儿啦，从垃圾污染的危害到垃圾无害化处理，以"垃圾分类变废为宝"为主线，将"垃圾减量从我做起"的理念贯穿始终，深入浅出，循循善诱，层层启发，有效激发了学生们的环保热情，互动环节同学们更是争先恐后举手发言，把活动推向高潮。

12月9日，"莞盟环保行"走进虎门镇小学校园，应虎门环保分局和虎门文教办的邀请，民盟东莞市委松山湖总支、社会服务工作委员会与松山湖（生态园）环保分局联合策划的"环保行"进校园系列活动之三《呵护地球·说说垃圾》走进虎门镇红星学校和虎门镇中心小学校园，分别为两校师生上了一堂生动形象的环保教育课。

"环保行"进校园活动采取讲座、视频、启发、互动等形式，由民盟东莞市委松山湖总支主委、社会服务工作委员会主任、松山湖（生态园）环保分局高级工程师李玫带队并担任主讲。活动形象生动地宣传了环保理念，让学生们懂得保护环境要从我做起、从现在做起、从身边的小事做起，受到学校师生一致好评。

12月13日，"莞盟环保行"走进松山湖中心小学和莞美学校，为践行环境教育从娃娃抓起的理念，进一步推进"环保行"进校园活动的开展，民盟东莞市委松山湖总支、社会服务工作委员会与松山湖（生态园）环保分局联合策划的"环保行"进校园活动走进松山湖中心小学和莞美学校，分别为两校师生上了一堂生动形象的环境教育课。

本次"环保行"进校园活动的主题是《呵护地球·说说垃圾》。活动结合小学生的特点，以讲座、视频、启发、互动等形式，详细介绍了什么是垃圾，垃圾去哪儿啦，垃圾污染的危害，以"垃圾分类变废为宝"等内容，将"垃圾减量从我做起，保护环境从每一件小事做起"的理念贯穿始终，让学生们进一步明白保护环境的责任。

12 月 15 日，"莞盟环保行"走进南城中小学校园，应南城环保分局和南城教育办的邀请，民盟东莞市委松山湖总支、社会服务工作委员会与松山湖（生态园）环保分局联合策划的"环保行"进校园系列活动之三《呵护地球·说说垃圾》先后走进东莞市南开实验学校和东莞中学南城学校，分别为两校师生上了一堂生动形象的环境教育课。

"环保行"进校园活动结合中小学生的特点，以讲座、视频、启发、互动等形式，详细介绍了垃圾的产生、收集、运输、处理等过程，以及垃圾污染的危害和垃圾分类变废为宝等内容，将"垃圾减量从我做起，保护环境从每一件小事做起"的理念贯穿始终，进一步增强学生们保护环境的责任心和自觉性。活动受到学校师生的一致好评。

12 月 16 日，"莞盟环保行"走进虎门三中，应虎门环保分局和虎门文教办的邀请，民盟东莞市委社会服务工作委员会与松山湖（生态园）环保分局、市科技馆科普剧团携手走进虎门镇第三中学，为该校师生上了一堂生动形象的环境教育课。

本次进校园活动由民盟东莞市委松山湖总支主委、社会服务工作委员会主任李玫带队并担任主讲，主题是《呵护地球·说说垃圾》。活动采取"讲座 + 科普剧表演 + 互动"等形式，东莞市科技馆科普剧团的演员们结合主题表演了科普剧《一分到底》。活动详细介绍了垃圾的产生、收集、运输、处理等过程，以及垃圾污染的危害和垃圾分类变废为宝等内容，将"垃圾减量从我做起，保护环境从身边的每一件小事做起"的理念贯穿始终，进一步增强学生们保护环境的责任心和自觉性。活动受到学校师生的一致好评。

12 月 15 日，《保护蓝天·说说霾》——"环保行"走进东莞市经济贸易学校，由民盟东莞市委社会服务工作委员会、松山湖（生态园）环保分局和东莞市科技馆科普剧团组成的"环保行"进校园工作组在民盟东莞市委社会服务工作委员会主任、松山湖（生态园）环保分局高级工程师李玫带领下，来到东莞市经济贸易学校，在该校多功能厅举行了《保护蓝天·说说霾》"环保行"进校园活动。活动由该校团委书记窦豆主持。学校师生及民盟代表 360 多人一同参与了当晚的活动。

　　本次"环保行"活动共有四项内容：一是环保知识讲座《保护蓝天·说说霾》；二是现场互动；三是科普剧表演；四是科普秀。

　　活动首先从讲座开始，由李玫高级工程师担任主讲，她从概念上让师生们清楚雾与霾的区别，清楚霾产生的原因和霾的预警，通过空气质量指数的解读，让大家明白了空气质量等级与污染之间的关联及大气污染对人类健康的危害。讲座最后，李玫老师把师生们在日常生活、学习、工作中要履行的环境义务总结为《我们的环保行动》，与现场师生一起朗读。

　　讲座既有专业高度，又贴近同学们生活，现场互动氛围非常热烈。

　　接着东莞市科技馆科普剧团的演员们为大家表演了科普剧《推销》。该剧通过一对夫妻对空气污染的恐惧和环保志愿者细致的科普，让大家消除对环境污染的错误认识，用健康、积极的心态面对空气污染，避免内心恐慌。接下来，如魔术般的科普秀，让同学们认识了液氮，了解了它的物理特性。精彩的表演，把现场气氛一次又一次推向高潮，台下不时传来情不自禁的掌声。

　　活动结束后，经贸师生还意犹未尽，纷纷表示：建设生态文明，是关系人民福祉、关乎民族未来的长远大计。作为社会的一分子，我们经贸师生，要进一步学习环保知识，参与环保行动，宣传环保理念，共享环保成果，这是我们的权利，更是我们的义务。我们要积极行动起来，让东莞天更蓝、水更清、人民生活更美好。

2017 年

3 月 17 日，应莞城英文实验学校的邀请，民盟松山湖总支、社会服务工作委员会与松山湖（生态园）环保分局等单位联合策划的"环保行"进校园活动走进该校"心心义教活动"现场，为该校三年级的 360 多名师生上了一堂生动的环境教育课《呵护地球·说说垃圾》。这也是"莞盟环保行"的第 49 场进校园活动。

环境教育课由社会服务工作委员会主任李玫担任主讲。她结合小学生的特点，循循善诱、深入浅出、贴近生活，启发同学们保护环境从我做起、从点滴做起，大大激发了孩子们高涨的环保热情。让环保成为行动，让环保成为习惯！"环保行"进校园活动将为进一步营造保护环境人人行动的社会氛围而努力。

4 月 12 日，"环保行"进校园活动再次走进东莞市可园中学百师讲坛，为该校初一年级近 300 名学生上了一堂生动的环境教育课《呵护地球·说说垃圾》。这是"环保行"进校园的第 50 场活动。

环境教育课由民盟松山湖总支主委李玫担任主讲。她结合初中学生的特点，以讲座、视频、互动等形式，详细介绍了生活垃圾的产生、收集、运输、处置等过程，以及垃圾污染的危害和垃圾分类变废为宝等内容，从"垃圾减量从我做起"到"保护环境从每一件小事做起"，将环保理念贯穿始终，进一步增强了同学们保护环境的责任心和自觉性。

4 月 25 日，"莞盟环保行"走进企石镇东山小学，民盟松山湖总支与松山湖（生态园）环保分局联合举办的"环保行"进校园活动走进东莞市企石镇东山小学，为该校三年级的 180 名学生上了一堂生动有趣的环境教育课《呵护地球·说说垃圾》。这是"环保行"进校园的第 51 场公益活动。

2018 年

3 月 14 日，"莞盟环保行"再次走进东山小学，应企石镇东山小学的邀请，民盟东莞市委松山湖总支、社会服务工作委员会、松山湖（生态园）环保分局再次携手来到该校，为该校三年级近 200

"莞盟环保行"走进企石镇东山小学，图为学生听课现场

名学生上了一堂生动有趣的环境教育课《爱护生命·说说水》。本次进校园活动由松山湖总支主委李玫带队并担任主讲。

"环保行进校园"活动遵循环境保护从娃娃抓起的理念，结合中小学生特点，以讲座、视频、互动、派发宣传资料等形式，让学生们在欢笑声中学习环保知识，在学习中增强环保责任感，在行动中履行环保义务，进一步营造保护环境人人行动的社会氛围，为建设绿色家园添砖加瓦。

2020 年

6 月 8 日上午，民盟松山湖一支部结合"莞盟环保行"社会服务品牌活动，围绕"治污攻坚，全民参与"主题，与松山湖生态环境分局和广东盈隆律师事务所，在松山湖控股大厦多功能厅联合举办环保法律法规普法宣传讲座及咨询答疑公益活动，积极践行"美丽中国，我是行动者；品质东莞，我是参与者"理念。

松山湖生态环境分局副局长熊昌武和分局各部门业务骨干、民盟松山湖总支主委李玫和松山湖一支部环保专业盟员、广东盈隆律师事务所主任姚伟、生态环境法务部主任杨丽梅等律师，以及松山湖园区相关企业的环保责任人，共计 90 多人参加了活动。

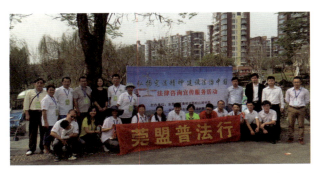

"莞盟普法行"在松山湖举行法律宣传咨询志愿服务活动

公益讲座的重点是"新《固废法》①的深度解读",由杨丽梅律师主讲。她通过具体案例,详细解读了新《固废法》的十大亮点,从疫情防控中的医疗废物到建筑垃圾、工业垃圾、危险废物,再到生活垃圾、塑料包装等,无不与大众的身心健康息息相关,强调了企业和个人的环保责任。讲座结束后,听众纷纷举手提问交流,场面热烈而有秩序。企业代表纷纷表示,新《固废法》将于今年 9 月 1 日起施行,普法宣传非常及时,受益匪浅。

莞盟普法行

2014 年

11 月 30 日,民盟东莞市委推出了"莞盟普法行"社会服务品牌。民盟东莞市松山湖支部联合松山湖环保分局和广东协远律师事务所,在松山湖高新技术产业开发区开展"弘扬宪法精神,建设法治中国"法律宣传咨询志愿服务活动,普及法律知识、宣传法治理念,为有需要的市民提供法律咨询服务。同时,通过这种途径,了解社情民意,拓宽参政议政的视野和渠道。

---

①即《中华人民共和国固体废物污染环境防治法》。

2015 年

1 月 30 日，由民盟东莞市委和东莞市环保局联合举办的新环保法宣讲活动在松山湖一站式办事中心多功能会议厅举行，来自松山湖、生态园、长安、大岭山、谢岗、南城等镇

民盟东莞市委"莞盟普法行"走进横沥镇

街（园区）的环保分局和企业代表参加了活动。新修订的《中华人民共和国环境保护法》及其配套实施细则于 2015 年 1 月 1 日起施行，为帮助企业尽快熟悉新环保法，切实增强履行环保行为的自觉性、责任感和使命感，做到知法、懂法、守法、敬法，来自环保系统和法律界的松山湖支部盟员组成宣讲团，将活动分讲座和互动两个环节，不仅对新环保法的修订背景、重要意义、理念创新、制度完善和企业的环境法律责任等方面，进行了精彩论述，详细讲解配套实施细则，还耐心解答听众的提问。此次新环保法宣讲活动是"莞盟环保行"和"莞盟普法行"的有效结合，不仅取得了良好的环保教育和法治宣传效果，而且提升了党派形象，增强了民盟的社会影响力。

3 月 17 日，民盟东莞市委充分发挥人才优势，联合东莞市环保局，组成新环保法宣讲团，及时推出新环保法宣讲志愿服务活动。新修订的《中华人民共和国环境保护法》及其配套实施细则已于今年 1 月 1 日施行，为帮助企业尽快理解这部被称为"史上最严"环保法的精髓，加大环保宣传力度，宣讲团走进东莞市横沥镇，在横沥镇政府会议室举办了一场新环保法宣讲会。横沥镇各排污企业负责人和各村委会环保员近 200 人参加了宣讲会。宣讲会

由民盟东莞市委松山湖支部环保小组组长、社会服务委员会副主任，东莞市环保局法学硕士钟煜铎担任主讲。钟煜铎同志就这部"长牙齿"的新环保法与旧环保法有什么区别、有什么突破等方面进行了重点论述，与会人员就政府、企业和个人应如何面对和尽快适应新环保法，以及企业如何守法经营等具体问题，与宣讲团进行了互动和交流。宣讲会取得了良好的环保教育和环境法治宣传效果。

7 月 15 日，民盟东莞市委松山湖支部副主委、社会服务委员会副主任、广东协远律师事务所主任陈朝远律师为东莞市环境保护局南城分局全体工作人员举办了《广东省环境保护条例》专题讲座。这是"莞盟普法行""莞盟环保行"走进基层的又一举措。新修订的《广东省环境保护条例》于 2015 年 7 月 1 日施行，为推进基层环保分局依法行政能力建设，适应环保执法"新常态"，促进经济社会可持续发展，本次专题讲座展示了《广东省环境保护条例》的新亮点、修订的必要性及主要内容，通过新环保法实施半年以来的案例及环保事件，结合其他环保分局在环境执法中遇到的问题，详细解读了企业常见的环境违法行为的法律责任和执法注意事项。

11 月 2 日，民盟东莞市委"环保行"和"普法行"工作组应邀来到松山湖（生态园）高新区，为园区 30 多家排污企业的管理人员举办了一场《中华人民共和国环境保护法》和《广东省环境保护条例》讲座。讲座分别由东莞市环境保护局法学硕士、民盟东莞松山湖支部环保小组组长钟煜铎和广东协远律师事务所主任、民盟东莞松山湖支部副主委陈朝远担任主讲。

2016 年

11 月 24 日，受东莞市横沥爱华学校的邀请，在东莞市横沥隔坑社区服务中心的大力配合下，民盟东莞市委横沥支部在爱华学校举行了一场"莞盟普法行"的公益活动。

在活动上，民盟东莞市委横沥支部朱继良主委为爱华学校近 200 名中学生做了题为《青少年常见犯罪的认识与预防》专题讲座。朱继良主委以真实案例为原型，结合学生的特点，以案说法的形式与学生一起讨论青少年常见犯罪涉及的法律问题，现场气氛活跃。本次活动增强了学生的法律意识，使学生知法、守法、用法，普法效果良好。该公益活动受到学生们的热烈欢迎，和得到爱华学校的一致好评。

本次公益活动的大力开展，履行了民主党派的社会责任，彰显了民盟东莞市委"做好事，做实事"的社会服务理念，擦亮了民盟东莞市委的社会服务品牌，提升了民盟的良好社会形象和社会影响力。

2017 年

11 月 15 日，受东莞市横沥中学的邀请，民盟松山湖总支横沥支部在横沥中学举办了一场"莞盟普法行"的公益活动。

本次活动以"远离校园欺凌"为主题，邀请了东莞市律师协会青年律师工作委员会委员、广东百勤律师事务所王解涛律师作为主讲嘉宾。王律师结合学生的年龄特点，以"以案说法"的授课方式引导学生知法、守法、用法，循循善诱、深入浅出、贴近生活，在场近 300 名中学生反响热烈。互动环节，由民盟横沥支部主委朱继良主持，他表示作为横沥中学的一位毕业生，很高兴回到母校与大家一起讨论法律问题。

本次活动让学生接受了一次深刻的普法教育，增强了学生的法律意识，普法效果良好。

12 月 7 日，"莞盟普法行"走进常平中学初中部，受东莞市常平中学初中部的邀请，民盟横沥支部在常平中学初中部举办了一场"莞盟普法行"进校园的公益活动。活动由支部主委朱继良主持。

会上，朱继良主委强调，"普法行"是民盟东莞市委重点打造的社会服务品牌之一，是民盟东莞市委坚定不移走中国特色社会主义法治道路，争当社会主义法治的模范践行者的重要举措，横沥支部响应民盟东莞市委的号召，通过"普法行"这个平台，向广大市民、学生、企业员工普及法律知识，弘扬法治文化。

本次活动以"中学生常见法律问题"为主题，邀请了东莞市律师协会青年律师工作委员会秘书长、广东广和律师事务所合伙人林四季律师作为主讲嘉宾。林律师结合与学生日常生活、学习息息相关的法律问题，以寻求兴趣点为导向，运用有奖问答和"以案说法"的授课方式引导学生知法、守法、用法，循循善诱、深入浅出、贴近生活，同学们踊跃抢答，现场气氛热烈。本次活动让在场近 200 名中学生接受了一次别开生面且深刻的普法教育，增强了学生的法律意识，普法效果相当明显。

莞盟健康行

2015 年

1 月 10 日，为响应民盟东莞市委"发挥基层组织优势，积极开展社会服务"的号召，进一步推动社会服务创品牌工作，民盟东莞市委镇区一支部、医卫支部和虎门支部在大朗镇政府广场联合举办法律咨询和医疗义诊活动。活动得到大朗镇政府的大力支持。组织举办此次活动的虎门等三个支部汇聚了盟内多位医疗及法律领域的专家，有多年的临床经验、专业的法律知识，不少盟员已不是第一次参加此类社会服务活动了。这次活动还把"莞盟健康行"与"莞盟普法行"结合在一起，

民盟东莞市委镇区一支部、医卫支部和虎门支部在大朗镇政府广场联合举办法律咨询和医疗义诊活动

现场不但开设了心血管科、口腔科、内科、骨科、皮肤科、肿瘤科、传染科等多个摊位，还开展法律咨询活动，向市民提供咨询活动，普及防病治病的知识，同时提升懂法用法的意识。活动从早上10点开始，咨询人员络绎不绝，两个半小时共接受了200多名市民的问诊及40多名市民的法律咨询，切实解决市民的服务需求。

5月30日，在"世界环境日"即将到来之际，民盟东莞市委松山湖支部联合松山湖环保分局，利用周末双休日有大量市民聚集在松湖烟雨景区休闲放松的机会，结合今年"世界环境日"主题"践行绿色生活"，在景区出入口举办"爱绿色、爱家园、爱环境、爱健康"环保宣传及健康义诊志愿服务活动，与广大市民接触，宣传环保法律法规，向市民派发《环保生活宣传手册》，为有需要的市民提供环保咨询和健康义诊服务。

7月19日，由东莞市博士创业促进会等单位主办的东莞市第58期博士论坛暨"医学博士话健康"科普讲坛启动仪式在东莞市科学技术博物馆四楼科学家俱乐部会议室举行，市政协副主席、民盟东莞市委主委朱伍坤等20多名盟员和100多名市民一起参加了论坛。论坛由民盟东莞市委委员、东莞市人民医院心内科主任黄虔博士主持，民盟东莞市委协助承办，这是"莞盟健康行"为市民服务的又一举措。此次论坛邀请东莞市人民医院消化科主任刘宇虎博士就"大肠癌离我们有多远"做了专题讲座和答疑。讲座结合实际，深入浅出，形象生动，既宣传了健康知识，又提高了市民对大肠癌等疾病早

民盟东莞市委协助承办东莞市第58期博士论坛暨"医学博士话健康"科普讲坛启动仪式

预防、早发现的重要性的认识，深受市民欢迎。

10 月 18 日，由东莞市博士创业促进会等单位主办、民盟东莞市委等单位协助承办的"医学博士话健康"系列科普讲坛第二期活动在东莞市科学技术博物馆四楼科学家俱乐部会议室举行，本期讲坛的主题是《博士谈植牙》。论坛由民盟东莞市委委员、东莞市人民医院心内科主任黄虔博士主持，邀请东莞市人民医院颌面外科中心主任王栋博士担任主讲。

12 月 4 日是国家宪法日，也是全国法制宣传日。借此机会，民盟东莞市委于 12 月 4 日下午在东莞市东城旗峰公园举办环保宣传、法律咨询、健康义诊公益活动。来自东莞民盟各支部的律师、医生、环保工作者和各有关单位的专家、志愿者

民盟东莞市委举办"环保宣传、法律咨询、健康义诊"公益活动

共 40 多人参加了活动。活动以"弘扬宪法精神，推动创新、协调、绿色、开放、共享发展"为主题，通过社会调查问卷、有奖知识问答等形式，增强宪法意识，培育法治信仰，同时宣传绿色生活理念，为有需要的市民提供法律咨询、环保咨询和健康义诊等服务。

2016 年

1 月 16 日，由东莞市博士创业促进会等单位主办、民盟东莞市委等单位协助承办的"医学博士话健康"系列科普讲坛第三期活动在东莞市图书馆报告厅举行，本期讲坛的主题是"博士谈如何合理使用抗生素"。论坛由民盟东莞市委委员、东莞市人民医院心内科主任黄虔博士主持，邀请留德医学博

士、广州中医药大学硕士生导师、东莞市中医院外一科主任周学鲁做了题为"征服病菌的道路——抗生素的昨天、今天和明天"的讲座。

2018 年

1 月 5 日，民盟东莞市委组织健康讲座活动，党的十九大强调"人民健康是民族昌盛和国家富强的重要标志"。为此民盟东莞市委社会服务工作委员会精心策划并组织了"莞盟健康行"系列活动，为健康东莞加油。活动在东莞市政协一楼会议室举行，共吸引了 50 多名盟员及家属参加。

本次活动由民盟东莞市委社会服务工作委员会主任李玫主持。活动首先从健康讲座开始，本次健康讲座由医学博士、民盟东莞市委原委员黄虔担任主讲，演讲的主题是"动脉粥样硬化的预防"。黄虔博士用精心设计的 PPT，生动形象地和大家分享了动脉粥样硬化的产生、发展、危险因素、预防等方面的知识。紧接着是咨询和义诊环节，来自健康支部和医卫支部的医生们耐心回答听众的提问，并根据不同情况给出相关建议，让大家满意而归。

2019 年

6 月 22 日，民盟东莞市委"莞盟健康行"盟员医师话健康第三场活动在东莞市妇幼保健院南城分院七楼会议室举行。民盟东莞市委社会服务工作委员会、办公室和盟员及家属、市民等共计数十人参加了活动。活动由社会服务工作委员会主任李玫主持，由民盟东莞市委委员、市妇女儿童医院儿科主任医师张勇主讲"呕奶、夜啼、哭闹、腹泻，宝宝究竟怎么了？"。张主任深入浅出的精彩演讲和耐心细致的解答获得全场一致好评。

第三章 其他重要活动

1992 年

曾华仁同志在"暑期中小学教师社会主义理论学习班"中，协助新湾镇文教办担任辅导工作。

1996 年

10 月 16 日，在横沥镇党委的大力支持下，黄文忠、曾华仁副主委组织开展横沥医疗咨询服务活动。据不完全统计，盟员李石榆、万中流、廖哲夫、韩春雷、朱静生、侯旭、资美玉等共接待病人 270 人以上，涉及内科、外科、妇产科、眼科、口腔科、皮肤科等多种病例，深受当地群众好评。《东莞日报》和东莞电视台分别对此进行了采访和报道。

盟员侯旭接受群众的医疗咨询

1999 年

4 月 23 日，朱伍坤主委和黄文忠、梁永钦副主委主持召开二届十七次主委会议，研究民盟东莞市委社会服务工作并与民盟湛江市委交流社会服务工作经验。

2000 年

11 月 19 日，黄文忠副主委等考察湛江民盟办学情况。

2001 年

3 月 7 日，黄文忠副主委等接待湖南邵阳盟市委一行 2 人，并就联合办学问题交换意见。

4 月 29 日，黄文忠副主委、洪晓杨秘书长参加民盟广东省委第九次办学会议。

2005 年

11 月 16 日，在大岭山开展医疗咨询服务。

2005 年 11 月 16 日，民盟东莞市委在大岭山开展医疗咨询服务活动

2009 年

3 月 28 日，民盟东莞市委举办的"冠心病的预防"专题健康讲座在科技馆四楼科学家俱乐部会议室举行。讲座由民盟东莞市委委员、东莞市人民医院心内科主任、留德博士黄虔主讲，主要围绕冠心病的成因、病理、症状来展开，让听众从科学的角度正确认识冠心病，树立以防为主的观念，并建议从平衡饮食，合理运动，心态调节等方面做好冠心病的防治工作，吸引了各党派成员和市民近百人前来听课。

2010 年

10 月 31 日上午，民盟广东省委组织中山大学北校区总支和法律支部的专家盟员，与民盟东莞市委医卫支部、镇区一支部的部分骨干盟员在东莞大岭山镇开展法律、医疗义务咨询活动。由民盟广东省委常委、省直工委副主

2010 年 10 月 31 日，民盟广东省委组织中山大学北校区总支和法律支部的专家盟员，与民盟东莞市委医卫支部、镇区一支部的部分骨干盟员在东莞大岭山镇开展法律、医疗义务咨询活动

任、中山大学附属一院耳鼻喉科教授张湘民，广东省政协常委、民盟广东省委法律支部主委、广州市律师协会副会长王晓华带队，来自中山大学附属一院、三院的内科、外科、骨科、皮肤科、中医、眼科中心等科目的医师和教授，以及专业涵盖劳动法、合同法、房地产权、建筑法律事务的骨干律师盟员共 20 多人组成的专家阵容吸引了不少市民前来咨询。民盟东莞市委医卫支部、镇区一支部的医生、律师盟员也热心地给市民答疑，场面热烈，受到当地群众普遍欢迎。此次义务咨询活动是民盟东莞市委举办的较为成功的一次基层

社会服务活动，规模大，反响好。活动期间，大岭山镇政府发动了40位青年志愿者帮助维护现场秩序、派发医疗保健宣传单张、活动资料等。

2012 年

2月17日，民盟东莞市委收到民盟广东省委转发民盟中央的《关于开展"我为张澜故里植棵树"活动的倡议书》的通知。为纪念张澜先生140周年诞辰，民盟中央拟在张澜故里建设"中国民主同盟林"以改善故居周围的生态环境。

中国民主同盟林

3月20日，民盟东莞市委共募集到盟员为"我为张澜故里植棵树"捐款5 450元，按文件要求将捐款汇出。

2013 年

6月19日，东莞职业技术学院支部组织支部盟员到大岭山镇开展社会服务，赴镇敬老院进行慰问。盟员们与老人们倾心交谈，询问老人们的生活情况及健康情况，向老人们介绍中国民主同盟的历史传统和发展情况，并向老人们赠送慰问礼物。

2014 年

6月13日，民盟东莞市委研究决定将中国民主同盟东莞市委员会成立日

7 月 5 日定为"莞盟助学日"。

6 月 18 日，民盟东莞市委召开 2014 年参政议政与社会服务工作会议。市政协副主席、民盟东莞市委主委朱伍坤，市人大常委、民盟东莞市委副主委李奎山，市政协常委、民盟东莞市委副主委汤瑞刚，以及各市委委员、各支部负责人、各支部推荐参会的参政议政骨干盟员和新盟员共 76 人参加了会议。会议由市政协委员、民盟东莞市委秘书长林海川主持，李奎山副主委代表民盟东莞市委向与会人员作 2013—2014 年度参政议政工作总结，汤瑞刚副主委也对民盟东莞市委社会服务品牌活动"莞盟助学行"做了阶段性情况总结。朱伍坤主委发表了题为《参政议政要用心，社会服务要用情》的重要讲话，对社会服务工作用"步伐稳，跨度大，影响广，收效快"来形容前一阶段的助学成果，并向与会盟员生动地描述了"莞盟助学行"创建过程中所收获的各种支持和感动，对盟员们付出的爱心和汗水表达了深深的敬意。

11 月 30 日，由东莞市环境保护局和广州日报社联合主办的"生态东莞，环保同行"环保徒步公益活动在美丽的松山湖举行，吸引了 3 000 多名徒步爱好者和环保公益热心人士参加。民盟东莞市委文体活动委员会组织近百名盟员和家属参加了活动，共同参与环保宣传，践行环保理念，倡导低碳出行。

12 月 8 日，由城建环保支部和文艺支部联合主办的"关注智障儿童，关爱孤寡老人"送温暖公益活动在市社会福利中心举行，城建环保支部和文艺支部代表共 11 位盟员参加为市社会福利中心的儿童和老人送去慰问和关怀。在福利院工作人员的陪同下，盟员们参观了福利院的模拟家庭养育模式和特教班教学，深入了解福利中心的操作模式及存在的困难。

2015 年

2 月 2 日，民盟东莞市委与民进东莞市委联合举办的"环保宣传、法律咨询、健康义诊志愿服务走进桥头镇"活动在东莞市桥头镇莲湖广场举行。2 月 2

日恰巧又是"世界湿地日"，民盟东莞市委松山湖支部借此机会联合松山湖环保分局和桥头环保分局共同举办主题为"保护地球之肾，共建美丽家园"的环保宣传活动。盟内的环保工作者、律师、主任医师，以及民盟、民进、松山湖环保分局、桥头环保分局的志愿者共 30 多人同时参与为市民服务。

民盟东莞市委与民进东莞市委联合开展社会服务工作

2 月 11 日，社会服务委员会召开了工作会议，民盟东莞市委主委朱伍坤和 12 名委员、顾问参加了会议。会议总结了专委会成立以来的工作，大家就取得的成绩、存在的问题和今后的工作重点进行了热烈讨论。

6 月 30 日，东莞市委统战部组织各民主党派专业医务人员到万江街道上甲社区开展"送医疗下基层"志愿服务活动，宣传医疗保健知识，为有需要的居民提供健康义诊服务。民盟东莞市委松山湖支部盟员侯旭、朱静生等专业医师参加了志愿服务活动。

7 月 3 日，为迎接第二个"莞盟助学日"的到来，松山湖支部组织爱心捐款活动。

12 月 12 日，由东莞市环境保护局、东莞市麻涌镇政府等单位共同举办的"大爱有'疆'环保徒步公益活动"在麻涌镇华阳湖湿地公园举行，吸引了 3 500 多名徒步爱好者和环保

民盟东莞市委组织盟员参加环保徒步公益活动

志愿者参加。民盟东莞市委主委朱伍坤率 40 多名盟员参加了徒步活动。本次活动不仅宣传了低碳出行的环保理念，根据主办方的安排，每个完成徒步的盟员还能为新疆的贫困儿童捐献 12 个鸡蛋，达到了"环保、健身、公益"多赢的效果。

12 月 24 日，民盟莞城支部组织盟员代表到市康复实验学校参观交流，并为特殊学生们带去了丰富的学习用品。盟员在学校负责人王曙光的陪同下参观了学校各功能室，听取了自闭症学生的感觉统合课，并在课后和任课老师进行了交流。王校长向考察团详细介绍了学校概况、师生基本情况和各功能室的作用等。随后，考察团来到自闭症部、智障部、脑瘫部的班级观看现场教学，并和自闭症孩子们进行了游戏互动。

12 月 22 日、27 日、28 日，为丰富我市机关干部精神文化生活，进一步提高干部的综合素质，引导健康向上的业余文化生活方式，民盟东城支部组织盟内书法家盟员孙日新分别为市房管局、教育局和司法局等机关干部做了三场书法知识讲座。

2016 年

1 月 7 日，松山湖总支召开了社会服务工作会议。民盟东莞市委主委朱伍坤和松山湖总支骨干盟员参加了会议。会议总结了 2015 年各项社会服务工作的开展情况，大家就取得的成绩、存在的问题和今后的工作重点进行了热烈的讨论，并就今后社会服务进基层的选点、服务方式和服务频次等进行了研究和策划。

1 月 17 日，民盟东莞市委在市政协一楼多功能会议厅召开 2015 年支部换届和社会服务工作总结会议。市政协副主席、民盟东莞市委主委朱伍坤，市人大常委、民盟东莞市委副主委李奎山，市政协常委、民盟东莞市委副主委程发良、汤瑞刚出席了会议，各市委委员，各支部负责人及社会服务积极分子等参加了会议。会议由程发良主持。会上，汤瑞刚副主委对民盟东莞市委 2015 年社会服务工作做了题为《情系民生亮品牌，汇聚力量做实事》的发言，他指出民盟东莞市委在过去的一年里，用心筹善款，一款接一款，目前已累计收到捐款 1 004 300 元；用爱"助学行"，一站接一站，已建立 10 个助学站；用活"环保行"，一堂接一堂，已 8 次走进景区、28 次走进校园、7 次走进企业；用力"普法行"，一点接一点，已成功设点举办了 2 场法律义务咨询活动和 8 场普法讲座；用情"健康行"，一场

民盟东莞市委召开 2015 年支部换届和社会服务工作总结会议

接一场，已顺利在社区和景区分别举办了 2 场和 8 场的健康义诊活动。民盟东莞市委通过搭社会服务活动平台，凝聚了更多的力量，也让不同战线的盟员实现自我价值，共同把民盟的社会服务工作做实做好，助力东莞经济社会发展。随后，莞盟爱心基金秘书长洪晓杨做了《莞盟爱心基金财务报告》。

1 月 31 日，民盟东莞市委文艺支部联合东莞科技馆党支部、东莞市书法家协会、长安镇书法家协会等单位，在市科技馆共同举办了主题为"迎春送祝福，科普惠万家"的写春联送春联活动，来自市书法家协会、长安书法家协会、樟木头书法家协会的书法家，以及科技馆的书法爱好者和多名热心市民组成送祝福队伍，现场书写了 400 多副春联送给广大市民，文艺支部曾平英主委带领本支部 10 余名盟员在现场市民服务。

2 月 29 日，民盟东莞市委召开了 2016 年第一次社会服务工作会议，会议由朱伍坤主委主持，社会服务工作委员会主任、医疗与健康工作委员会主任、松山湖总支及下属各支部负责人、横沥支部负责人等相关人员出席了会议。会议研究部署了民盟东莞市委及各基层组织新一轮的社会服务工作重点和工作计划，要求着力推进民盟东莞市委四个服务品牌的建设。会上，松山湖总支健康支部主委张念华表示近期再为"莞盟爱心基金"捐款 5 万元，同时建立并启动"莞盟助学行"河南站。会议一致通过了《"健康行、环保行、普法行"走进横沥镇隔坑村社区服务中心工作方案》，并要求按计划落实。

3 月 5 日，为配合民盟东莞市委做好 2016 年社会服务工作，进一步打响"莞盟环保行"品牌，丰富"莞盟环保行"的活动内容，文艺支部充分发挥支部盟员的专业优势，为"莞盟环保行"量身创作了新的科普剧《一分到底》，该剧主要通过舞台表演的形式传播垃圾分类的环保科学相关知识。文艺支部邀请环保专家、民盟东莞市委社会服务工作委员会主任李玫、副主任钟煜铎

等到市科技馆对科普剧《一分到底》的知识内容和表演形式进行现场指导，并在该馆科普剧场安排了本剧首演，李玫主任等和文艺支部参加社会服务工作的部分盟员一起观看了演出，一致认为该剧非常适合"环保行"带去学校和企业表演。

3 月 22 日，民盟东莞市委到横沥镇山厦村开展品牌公益活动，民盟东莞市委主委朱伍坤率莞盟志愿服务队到横沥镇山厦村开展"环保行、健康行、普法行"社会服务进社区公益活动。来自环保、医疗、法律等领域的盟员和各单位的环保工作者、医生、律师、义工等 45 名志愿者参加了活动。活动得到横沥镇统战办、松山湖（生态园）环保分局、横沥环保分局、山厦社区综合服务中心等单位的大力支持和协助。

3 月 22 日是"世界水日"，民盟松山湖总支环保系统盟员主动与松山湖（生态园）环保分局、横沥环保分局对接，结合本次活动和"世界水日"主题，开展"节约用水珍惜生命之源，爱护环境支持绿色发展"环保宣传活动，向村民和学生派发环保宣传资料，宣传爱水节水的重要性和节约用水小常识，倡导低碳生活，用实际行动支持绿色发展。来自各大医院的 10 多名主任医师为村民提供健康义诊和医疗咨询服务，吸引了 100 多位村民前来问诊，医生们认真诊断、耐心解答，并针对每个人的实际情况提出相关建议。盟内外律师还为村民们提供了法律咨询服务，并且结合实际以案说法，增强村民的法律意识。公益活动受到村民们的一致好评。

接下来，民盟东莞市委将根据盟员的人才特点，联合有关单位，定期到横沥镇开展环保宣传、健康义诊、法律咨询等公益活动，更好地履行党派的社会责任，造大造响民盟的社会服务品牌，扩大民盟的社会影响力，进一步调动广大盟员的社会服务积极性，让盟员的专业知识为更多的基层民众提供服务。

3 月 26 日，民盟东莞市委到黄旗公园开展品牌公益活动。又是连续十几日春雨绵绵之后的第一个晴天，市民纷纷出行，公园里人流剧增。民盟东莞市委抓住机会组织松山湖总支、东城支部和医卫支部的莞盟志愿服务队队员们到东城黄旗公园开展"环保行、健康行、普法行"社会服务公益活动。来自环保、医疗、法律等领域的盟员和东城街道统战办志愿者共 29 人参加了活动。活动得到东城街道统战办、松山湖（生态园）环保分局等单位的大力支持和协助。

3 月 22 日至 28 日是"中国水周"，民盟松山湖总支环保系统盟员趁此机会与松山湖（生态园）环保分局结合本次活动和"中国水周"主题，联合开展"珍惜生命之源，共建美丽家园"环保宣传活动，向市民派发环保宣传资料，宣传爱水节水的重要性和节约用水小常识，倡导低碳生活，用实际行动支持绿色发展。来自各大医院的 8 名主任医师为市民提供健康义诊和医疗咨询服务，吸引了近 200 名市民前来问诊，医生们认真诊断、耐心解答，并针对每个人的实际情况提出相关建议。盟内外律师还为市民们提供了法律咨询和宣传服务，增强市民的法律意识。公益活动受到市民的一致好评。

4 月 22 日至 24 日，民盟东莞市委社会服务工作委员会"莞盟助学行"工作组在朱伍坤主委的带领下，来到黔南布依族苗族自治州，就"莞盟助学行"新站点选址、助学模式创新等问题展开调研，探讨建立"莞盟助学行"黔南州站的可行性。民盟黔南州工委主委张仁德、专职副主委李忠辉、副主委田应娟等陪同调研。

民盟东莞市委和民盟黔南州工委就两地开展助学等社会服务活动的做法和经验进行了交流。民盟黔南州工委向调研组提供了黔南州贫困学生概况及全国各地对黔南州贫困学生的资助情况等资料。调研组深入到都匀清华希望小学和毛尖镇坪阳小学等贫困村镇学校，详细了解贫困学生、留守儿童的教育、学习情况。

通过调研，民盟东莞市委和民盟黔南州工委达成一致意见，拟在黔南州共同资助一所民盟烛光小学，创新"莞盟助学行"的助学模式，重点关注留守儿童，特别是贫困女童的教育问题。

民盟东莞市委的助学调研活动受到黔南州党委、州人大、州政府、州政协的高度重视，州委常委、副州长闫光峰，州政协副主席、州委统战部部长刘长江，州委统战部常务副部长陈良海等领导亲自会见了参加助学调研活动的全体盟员，对民盟"烛光行动"等社会服务工作表示充分肯定，并鼓励两地盟组织加强交流互动，为黔南州的教育和经济社会建设做出更大贡献。

4 月 30 日，"美丽乡村"建设爱心捐助活动在清远市麦田坪村举行。清远市连州大路边镇麦田坪村是民盟东莞市委南城支部主委、广东天福连锁商业集团有限公司董事长欧阳华金的家乡，欧阳华金代表"莞盟爱心基金"和广东天福连锁商业集团有限公司为该村分别捐赠了 100 000 元和 68 888 元建设款。东莞市政协副主席、民盟东莞市委主委朱伍坤，连州市政协主席李戎娟，连州市政协原副主席、民盟连州市原主委唐桂林等领导出席了捐助仪式。

欧阳华金在捐助仪式上表示，家乡的父老乡亲如果有孤寡老人没钱看病的，小孩没钱读书的都可以找他，他会尽力给予帮助。欧阳华金关注家乡、帮助弱小的无私奉献行为，充分彰显了一个盟员的社会责任感。朱伍坤副主席充分肯定了天福集团近年来的稳步发展，以及长期对社会公益事业的热心支持。他希望天福集团继续加快发展壮大，努力在企业快速健康发展的同时，一如既往地支持和关心社会公益事业。

盟员的爱心义举受到当地村民的热烈欢迎和衷心感谢。村民们纷纷为"莞盟爱心基金"和天福集团点赞，一致表示："莞盟爱心基金"不远千里来到偏远山区捐赠，关心我们的美丽乡村建设，让我们感受到东莞盟员的爱心、社会的爱心。广东天福集团又做了一件关心家乡建设、造福子孙后代的大好事，祝愿天福集团越办越好，为东莞争光，为家乡添彩！

6 月 4 日，在"世界环境日"即将到来之际，民盟东莞市委莞盟志愿服务队在市政协副主席、民盟东莞市委主委朱伍坤的带领下，携"莞盟环保行、莞盟普法行、莞盟健康行"品牌社会服务活动，走进东莞市大兴化工有限公司，

民盟东莞市委品牌公益活动走进大兴化工有限公司

开展环保宣传、法律咨询、健康义诊公益活动。活动得到松山湖（生态园）环保分局、东莞市大兴化工有限公司等单位的大力支持和积极协助。活动紧紧围绕今年"世界环境日"主题"改善环境质量，推动绿色发展"，通过派发宣传手册，环保知识问答等形式，宣传环保法律法规，普及环保知识，增强企业员工的环境意识和环保理念，促进企业自觉履行环境保护的社会责任。"莞盟普法行"和"莞盟健康行"活动则由法律专业的盟员律师和我市各医院的盟员医师为有需要的员工提供法律咨询和健康义诊服务。活动吸引了大兴化工的 300 多名员工积极参与，场面非常热烈。员工们纷纷表示，莞盟公益活动来到企业，提升了他们的环保意识、法律意识和健康意识，也让他们感受到了社会的关爱，希望今后能有更多的机会参与这样的活动。

6 月 5 日是"世界环境日"，5 月 15 日至 6 月 15 日是环境宣传月。民盟东莞市委紧密结合实际，紧紧抓住"世界环境日"主题"改善环境质量，推动绿色发展"，于 6 月 11 日，利用周末双休日，组织环保、法律、医疗专业的盟员志愿者，携"莞盟"社会服务品牌活动"环保行、普法行、健康行"，走进东莞劲胜精密组件股份有限公司，开展环保宣传、法律咨询、健康义诊公益活动。活动得到松山湖（生态园）环保分局、长安环保分局、东

莞劲胜精密组件股份有限公司等单位的大力支持和积极协助。活动通过派发宣传资料，环保知识问答等形式，宣传环保法律法规，普及环保知识，增强企业员工的环境意识和环保理念，促进企业自觉履行环境保护的社会责任，同时为有需要的员工提供法律咨询和健康义诊服务。活动吸引了劲胜精密公司近 300 名员工参与，场面非常热烈。员工们纷纷表示，"莞盟"公益活动走进企业，提高了我们的自我保护意识，让我们感受到了社会的关心和温暖，员工们纷纷为"莞盟"公益活动点赞。

6 月 15 日，考虑到松山湖园区盟员较多的特点，民盟东莞市委松山湖总支主动与园区管委会对接，组织环保、法律、医疗等专业的盟员，与松山湖（生态园）环保分局等单位携手走进松山湖（生态园）管委会的对口扶贫村黄江镇星光村，共同开展"环保行、普法行、健康行"社会服务公益活动。活动得到星光村村委会等单位的大力支持和积极协助，通过派发宣传资料，环保知识问答，以案说法等形式，宣传环保法律法规，普及环保知识和法律知识，增强村民的环境意识和法律意识，同时为有需要的村民提供健康义诊服务，受到大家的热烈欢迎，吸引了近 200 名村民前来咨询和问诊，场百非常热闹。

12 月 17 日，党派与部门联合行公益送温暖进社区，为进一步倡导文明新风，营造和谐环境，更好地发扬人道主义精神，2016 年 12 月 17 日，民盟松山湖总支与松山湖（生态园）社会事务管理局一起结合"扶贫扶弱、救孤助老、社会公益"等民生扶持工作，在黄江镇星光村举办了"环保行、普法行、健康行"走进星光村暨 2016 牵手松山湖"义起来·爱精彩"星光村帮扶活动。结合此次活动，民盟松山湖总支联合医卫支部、松山湖（生态园）环保分局等单位共同为村民提供环保宣传、法律咨询、健康义诊服务。来自民盟和松山湖（生态园）的志愿者 60 多人共同参加了活动。

民盟东莞市委"莞盟环保行、莞盟普法行、莞盟健康行"社会服务活动已多次走进社区，这次是将盟组织的社会服务活动与盟基层组织所在单位的帮扶工作结合起来，进行全方位的社会服务，是一次全新的尝试。黄江镇星光村是松山湖（生态园）管委会的对口帮扶村，接下来，松山湖总支将依托民盟东莞市委的社会服务资源，进一步调动广大盟员的社会服务积极性，充分发挥盟员的专业特长，联合有关单位，定期到星光村开展公益活动，更好地履行党派的社会责任，扩大民盟的社会影响力，让盟员的专业知识为更多的基层民众服务。

2017 年

1 月 14 日，朱伍坤带队开展社会服务活动，在新春佳节即将到来之际，民盟东莞市委原主委朱伍坤带队走进东莞旗峰公园，开展"环保宣传、法律咨询、健康义诊、春联赠送"大型综合性社会服务活动，民盟松山湖总支、东城支部、医卫支部、横沥支部等基层组织的莞盟志愿者等一行 24 人参加了本次活动。活动得到东城街道统战办、松山湖（生态园）环保分局等单位的大力支持和协助。

社会服务活动除了环保行、普法行、健康行之外，还结合市民迎新年的需求，特意增加了"春联赠送"活动，进一步营造欢乐祥和的社会氛围。当书法界盟员将喜庆的大红对联纸铺开，市民们迅速围了上来，纷纷说出自己喜爱的对联佳句，书法家们现场挥毫，为市民们书写心仪的对联，迎来阵阵赞赏声。来自环保战线的盟员给市民们送上环保宣传册和环保购物袋等环保用品，鼓励市民保护环境从每一件小事做起。法律界盟员耐心解答市民提出的法律问题，让市民满意而归。来自市内各大医院的盟员医师们则认真做好市民的健康顾问，针对每个人的不同情况提出相关建议。本次社会服务活动吸引了近 300 名市民前来参与，送出对联 60 多副，受到广大市民的一致好评。盟员们纷纷表示，能够尽己所能服务社会感到非常自豪和开心。盟员们的无私奉献精神有效提升了盟组织的社会影响力。

6月25日，民盟东莞市委社会服务活动走进横沥镇水边社区，民盟松山湖总支和东城总支（筹）的志愿者们参加了活动，参加活动的还有松山湖（生态园）环保分局、横沥环保分局、横沥镇统战办、社区服务中心等单位的志愿者共计30多人。

本次活动共设置5个专科科室为市民提供免费咨询服务，分别是健康咨询、五官科、普外科、口腔科、骨伤科。另外还有盟员律师也为广大市民免费提供了详细的法律咨询服务。

活动吸引了水边社区200多村民参与，来自环保、法律、医疗、社区的志愿者们耐心解答村民的问题，特别是医生志愿者们，个个忙得不亦乐乎，他们认真对待每一个村民，并根据每个人的具体情况给出相关建议，让村民们满意而归。环保战线的盟员及志愿者们则给合今年世界环境日主题，开展了"人与自然相联相生，我与环境相生相联"环保宣传活动，将精心准备的资料派发给村民，进一步提高村民的环境意识和保护环境的自觉性。

12月26日，民盟东莞市委社会服务活动走进横沥，此次活动由民盟社会服务工作委员会联合横沥镇委统战办、横沥镇政府工会等单位共同举办，由民盟松山湖总支及民盟广医支部共同承办。活动内容包括健康讲座、健康义诊、环保宣传、法律咨询等。参加人员有来自医疗、环保、法律专业的盟员志愿者，以及横沥镇委统战办、横沥镇总工会、办公室、经费审查委员会、女职工委员会、镇机关、事业单位工会、村（社区）、工业园区工联会等单位的代表共100多人。

此次活动和以往不同的是增加了一个重要环节"健康知识讲座"，这也标志着"莞盟健康行"系列讲座活动拉开序幕。此次健康知识讲座由民盟广医支部副主委李华文博士担任主讲，主题是《痛风患者如何合理饮食》。李博士通过丰富的实验数据，形象生动地给大家传授健康饮食理念，受到与会人员的热烈欢迎。讲座结束后，盟员专家团队为有需要的听众进行了现场咨询答疑。

民盟社会服务活动已在横沥镇举办过多次，得到横沥镇委镇政府的高度重视和大力支持。此次活动结束时，横沥镇党委委员梁新钦专程赶来对李博士的演讲和民盟志愿者们的无私奉献精神表示感谢，并充分肯定了民盟社会服务活动是深入基层、实实在在为百姓做好事的公益活动。

2018 年

1 月 28 日，民盟文艺支部牵头举办 2018 年写春联送祝福活动，上午，活动在东莞市科学技术博物馆举行。中国书法家协会会员、东莞市青年书法家协会主席王飞虎，民盟文艺支部盟员、长安镇书法家协会理事赵怀杰等 7 名书法家共聚

民盟文艺支部牵头举办 2018 年写春联送祝福活动

一堂书写新春对联，为两百余位市民家庭送上新春的美好祝福。

文艺支部精心策划了此次活动，得到了广大市民的一致好评。现场不少市民表示，书法是我国的传统文化，自己不能写出优雅的春联很可惜，能通过参加活动的方式获得现场书法家的墨宝是非常幸运的事。

活动结束后，书法家们和盟员书法爱好者共同切磋，互相观摩，交流经验，并一同参观了文艺支部盟员的企业银华生物科技有限公司，书法家们在参观现场即兴挥毫书写了新春对联，将美好的祝福送进企业。公司董事长陈东明表示，作为民盟的一员，不仅要做好自己的专业，同时也要从不同的角度为社会做贡献。此次活动得到了东莞科技馆和银华生物科技有限公司的大力支持。

12月15日，东莞民盟"暖心公益"活动走进麻涌镇东太村，东莞市环境保护局、民盟东莞松山湖总支联合开展的"暖心公益"走进东太村活动在东太村村民活动广场举行。民盟松山湖总支主委、民盟东莞市委社会服务工作委员会主任、"莞盟助学行"东莞麻涌站站长李玫带领来自环保、法律、医卫等相关专业的20多名盟员志愿者和市环保局党员志愿者、绿家园环保志愿者、东太村社区志愿者等数十名志愿者一起参加了活动。

本次活动包括助学、环保宣传、法律咨询、健康义诊等多个环节。

在助学活动中，资助了东太村14名在校学生，帮助学子圆读书梦、成才梦。

在环保宣传活动中，精心设计了互动游戏、有奖问答，大大激发了村民们学习环保知识的兴趣。

在法律咨询活动中，耐心解答关于婚姻法、财产法、交通法等相关法律问题，并结合"12·4"全国法制宣传日活动，派发《宪法学习手册》《以案说法》等资料，有效提高村民的法律意识。

在健康义诊活动中，对闻讯前来咨询和问诊的200多名村民仔细检查、认真诊断，并针对每个人的具体情况，从日常生活和饮食等方面给出相关建议，让村民们满意而归。

充满爱心的"暖心公益"活动受到村民们的一致好评。

东莞民盟"暖心公益"活动走进麻涌镇东太村，图为结合12月4日全国法制宣传日活动，莞盟志愿者为向群众派发《宪法学习手册》《以案说法》等资料

12 月 14 日，民盟文艺支部开展"科普进校园"社会服务活动，民盟文艺支部联合市科技馆走进东城区朝天小学，为朝天小学第五届校园科技文化节送去科普节目，为该校近 2 000 名师生提供科普服务。民盟文艺支部委员黄明秀和科技馆的 6 名科技辅导员带着"空气炮""千人震""创意航模""科学秀"等项目，为师生们带去了科学知识，受到该校师生一致好评。

2019 年

1 月 19 日，民盟东莞市委牵头组织举行的大型综合性社会服务公益活动走进寮步镇浮竹山村，来自民盟松山湖总支、东城总支和有关单位的 50 多名志愿者在民盟东莞市委社会服务工作委员会主任李玫的带领下参加了活动。

本次活动紧紧围绕四大主题展开，内容丰富多彩，形式特色纷呈，志愿者们更是拿出看家本领、各显神通，众多村民闻讯赶到现场，争先恐后参与学习、咨询和分享。有寓教于乐的"莞盟环保行"、有以案说法的"莞盟普法行"、有关爱生命的"莞盟健康行"、有泼墨挥毫的"莞盟祝福行"，活动现场气氛热烈。

本次活动得到松山湖环保分局、寮步司法分局、浮竹山村民委员会等单位和志愿者的大力支持和积极协助。

1 月 20 日，民盟东城总支、松山湖总支联合东城统战办在东莞旗峰公园开展迎新春便民服务活动，来自教育、环保、医疗、法律等领域的盟员和东城街道统战办志愿者等一行 20 余人参加了活动。

为做好这次活动的义诊服务，民盟东城总支细致安排了来自市各大医院的 6 名主任医师为市民提供健康咨询与康复理疗服务，吸引了不少市民前来问诊，盟员医生们认真诊断、耐心解答，并针对每个人的实际情况提出相关建议，深受广大民众的欢迎和赞赏。松山湖总支精心组织盟员律师为市民们提供了法律、民族宗教咨询和宣传服务，增强市民的法律意识。

活动现场气氛热烈，盟员书法家尽情挥毫泼墨，将一幅幅寓意美好的春联送到群众手中,群众纷纷领取春联,给予高度评价,还积极参与环保小游戏。

此次便民活动举办得非常成功,不仅为市民提供了综合性服务,还增添了温馨和谐的节日氛围,受到市民的一致好评。

1月24日,民盟松山湖总支到星光村开展助学活动,黄江镇星光村是松山湖高新区管委会的对口帮扶村,在2019年新春佳节即将到来之际,在松山湖社管局和星光村村委会的大力支持和积极协助下,民盟松山湖总支选取了星光村现有困难户中唯一的在校学生邱建豪作为"莞盟助学行"的又一名受助学生,开展爱心助学活动。在总支主委李玫的带领下,由总支盟员代表、松山湖管委会扶贫干部和星光村村委会主任等一行6人组成的助学行工作组,带着盟员们炽热的爱心来到邱建豪家,为邱建豪同学及家人送上关心、祝愿,以及松山湖总支盟员捐赠的爱心助学金等,同时还精心准备了一封给受助学生的信《传递爱心成就梦想》,鼓励邱建豪同学克服困难、积极治疗、努力学习,争取早日康复,长大后孝敬父母、回报社会。

10月27日,为更好地贯彻落实《民盟东莞市委开展"不忘合作初心,继续携手前进"主题教育活动方案》精神,由高校总支牵头组织部分骨干盟员携在校大学生共计师生50余人到黄江镇广弘和瑞管理康湖颐养院开展敬老慰问活动。

在这次"十月桂香秋意胜,情系白首暖人心"探访活动中,民盟高校总支的盟员不仅给老人们送去了自编自演的精彩节目,也送去了关爱,与老人们拉拉家常,在节目中进行互动表演。一句"老人家保重身体,我们还会再来"的郑重承诺,使老人们深受感动。盟员们纷纷表示本次公益活动很有意义,是民盟社会责任感的重要体现。

12月9日下午,民盟文艺支部携手东莞市科技馆"玩转科学百校行"一起走进大朗宏育小学，共同开展科技宣传活动。

此次活动内容丰富，既有来自散裂中子源的专家亲自给学生们揭开微观世界的秘密以及国家重器——散裂中子源到底有什么用的高科技知识，又有趣味性十足的科学秀及创意航模展演及科技产品体验展品。

文艺支部各位盟员负责现场秩序的组织及科普产品的讲解和引导。在活动过程中，学生们三两成群有组织、认真地参与了不同的科普展品。如在展品中有一个项目是用三块积木拼出一匹奔跑的马，学生们刚开始以为是按积木拼缝的方式拼合，但尝试过几次都不行，在旁边负责展品的盟员给了他们提示："马中马，画中画，发挥想象找到它，"一句临时编的提示词让学生们恍然大悟，让他们很快就找到了答案。在整个活动中，各位盟员积极指引学生们参与活动，热心做好宣传及现场辅助工作，学生们反应热烈。

12 月 21 日上午，民盟文艺支部联合曾凡忠艺术馆举办迎新年剪纸活动。文艺支部盟员、曾凡忠艺术馆馆长、联合国教科文组织世界杰出手工艺品徽章获得者、国家民族画院画家曾凡忠博士担任培训讲师，10 多名剪纸艺术者爱好者参加了培训，民盟东莞市委委员、南城总支主委曾平英出席了活动。

培训中，曾博士利用多媒体技术和剪纸工具，以理论和实践相结合的方式，给大家介绍了剪纸的基本知识，并现场教大家学会了双喜、鱼、天鹅、萝卜、窗花等基本的剪纸方法，寓意新年欢欢喜喜、年年有鱼、一飞冲天、清清白白。参加培训的人员中，有普通的市民，也有市科技馆为春节主题活动而组织参加培训的科技辅导员；有成人，也有孩子；有女士，也有先生。大家学得认真，学得开心，学有所成。培训结束时，每个人都有 4～5 件满意的作品带回家。

据悉，市科技馆将举办春节剪纸科普主题活动，有关负责人得知文艺支部将开展剪纸社会服务活动后，专门安排了 4 名科技辅导员报名参加培训，学成后将在春节期间面向广大市民开展剪纸公益活动，营造传统文化氛围。这也进一步提升了文艺支部本次公益服务活动的社会意义。

2020 年

1 月 18 日上午，民盟东莞市委迎新春公益惠民活动，走进高埗镇朱磡村

民盟东莞市委社会服务工作委员会组织盟内外 20 多名志愿者来到高埗镇朱磡村开展环保宣传、法律咨询、健康义诊、挥春祝福公益活动，助力提升村民的获得感和幸福感，给广大村民送上新年的美好祝福，践行了民盟东莞市委"做好事、做实事"的社会担当。

活动现场熙熙攘攘，热闹非凡，前来参与的村民络绎不绝，有的向环保专业人士探讨环境保护，有的向盟员律师了解法律问题，有的向盟员医生进行健康咨询，而最热闹的还是盟员书法家的桌前，四周围满了前来索字的村民。志愿者们忙得不亦乐乎，村民们为能得到高水准的一副副春联而高兴，也为盟员专家能解答自己关于环保、法律、健康等方面的问题而面露微笑，为即将到来的新春佳节增添了欢乐祥和、幸福安康的气氛，受到村民的一致好评。

本次活动是民盟发挥专业及资源优势的一次社会服务活动，也是参与创建美丽乡村建设的举措之一，活动得到高埗镇朱磡村村民委员会的大力支持。

7 月 30 日下午，民盟东莞市委"社会服务实践基地"和松山湖总支"盟员之家"揭牌仪式在松山湖绿荷居社区综合服务中心举行，民盟东莞市委副主委袁华强，民盟东莞市委社会服务工作委员会主任、松山湖总支主委李玫，松山湖宣传与社会工作局副局长汤建林，松山湖宣传与社会工作局社建办主任刘佳能，松山湖社区综合服务中心主任李作明等领导、嘉宾和松山湖总支各支部盟员代表、社区工作人员等 20 多人参加了揭牌仪式。

仪式由民盟松山湖总支盟员刘科明主持，他首先代表民盟东莞市委社会服务工作委员会和民盟松山湖总支向在百忙之中莅临揭牌仪式的各位领导和嘉宾表示热烈欢迎！向给予党派工作大力支持和帮助的各位领导、嘉宾和社区服务中心工作人员等表示衷心感谢！汤建林副局长发表了热情洋溢的致辞，他对民盟东莞市委"社会服务实践基地"和松山湖总支"盟员之家"在

绿荷居社区综合服务中心落户表示热烈欢迎！并希望充分利用"社会服务实践基地"和"盟员之家"的平台作用，多开展活动，发挥党派优势，建言献策，服务社会，为多党合作事业添砖加瓦。袁华强副主委表示，"社会服务实践基地"是民盟东莞市委坚持和发展中国特色社会主义学习实践活动的重要抓手，是民盟东莞市委寻突破、求发展、谋大局、重实效的一个新举措，希望"社会服务实践基地"和"盟员之家"越办越好，越办越有特色。

揭牌仪式结束后，"莞盟公益课堂"首场讲座《心脑血管疾病的危险因素与管理》在演讲厅举行，由医学博士、民盟盟员黄虔主讲。黄博士深入浅出、通俗易懂的讲解，吸引了数十名社区居民的参与。讲座结束后，黄博士不顾劳累、不厌其烦地给居民们解答相关问题，让居民们满意而归。

"社会服务实践基地"和"盟员之家"的建成，标志着盟员又多了一个学习培训的场所、一个履职尽责的平台、一个服务社会的窗口。盟员们纷纷表示，要竭尽全力履职尽责、服务社会，要让"基地"更接地气，让"家"更聚人气。

12 月 28 日，民盟东莞市委社会服务工作委员会联合东莞暖心助学联谊会、民盟东莞市松山湖一支部前往连州市慧光中学开展"暖心助学行"传递书香活动，向该校天福爱心图书室捐赠图书 500 册及初三级学习资料 1 批。

连州市慧光中学天福爱心图书室是由民盟东莞市委委员欧阳华金为董事长的天福集团投资捐建，于 2018 年 3 月 19 日揭牌。本次助学活动给爱心图书室捐赠的课外阅读书籍和学习资料均选自东莞名校推荐的"初中阅读书目"，是民盟东莞市松山湖一支部、东莞暖心助学联谊会、学生家长及其他社会热心人士的爱心捐赠。

赠书仪式在慧光中学图书馆阅览室举行，民盟东莞市委社会服务工作委员会和民盟松山湖一支部盟员代表，东莞暖心助学联谊会代表，慧光中学党

总支书记、校长郑坚强,慧光中学教研处主任冯伟,以及该校的部分教职员工、学生共同参加了赠书仪式。应邀参加赠书仪式的还有民盟连州市委主委唐福喜、专职副主委李蔚清等领导和嘉宾。

赠书仪式由慧光中学少工委大队辅导员、校团委委员黄晓凤主持,郑坚强校长发表了热情洋溢的致辞,他代表慧光中学郑重承诺:慧光中学将永远见证来自东莞的善举,要用好每一本书,让学生们在爱的世界里、在知识的海洋里,尽情遨游、健康成长。民盟松山湖一支部委员徐智林表示,一本书,一份情,一缕书香一片心,希望同学们爱上阅读、坚持阅读,让向善与追梦在书香中传递。

集体荣誉

民盟东莞市委员会集体、个人名誉

单位/姓名	奖项	颁发单位	颁发时间
市委会	民盟中央群言杂志社发行工作优秀单位	中国民主同盟中央委员会	2014 年 10 月
市委会	民盟社会服务工作先进集体	中国民主同盟中央委员会	2016 年 11 月
市委会	坚持和发展中国特色社会主义学习实践活动先进集体	中国民主同盟中央委员会	2016 年 11 月
市委会	民盟思想宣传工作先进集体	中国民主同盟中央委员会	2018 年 11 月
市委会	民盟思想政治建设和宣传工作先进集体	中国民主同盟中央委员会	2020 年 12 月
市委会	民盟东莞市委员会社会服务工作优等奖	中国民主同盟广东省委员会	2006 年 4 月
市委会	机关建设工作优等奖	中国民主同盟广东省委员会	2011 年 1 月
市委会	民盟思想宣传工作先进集体	中国民主同盟广东省委员会	2012 年 11 月
市委会	民盟广东省宣传工作先进集体	中国民主同盟广东省委员会	2014 年 9 月
市委会	2012—2014 年社情民意信息工作先进集体二等奖	中国民主同盟广东省委员会	2015 年 10 月
市委会	2015 年度社情民意信息工作先进集体三等奖	中国民主同盟广东省委员会	2016 年 4 月
市委会	坚持和发展中国特色社会主义学习实践活动先进单位	中国民主同盟广东省委员会	2017 年 10 月
市委会	2017 年度民盟广东省参政议政工作优秀成果奖	中国民主同盟广东省委员会	2018 年 5 月

（续表）

单位/姓名	奖项	颁发单位	颁发时间
市委会	2017 年度民盟广东省反映社情民意信息工作先进集体三等奖	中国民主同盟广东省委员会	2018 年 5 月
市委会	2017 年度民盟广东省组织发展工作先进集体一等奖	中国民主同盟广东省委员会	2018 年 5 月
市委会	2018 年度民盟广东省反映社情民意信息工作先进集体三等奖	中国民主同盟广东省委员会	2019 年 4 月
市委会	2018 年度民盟广东省参政议政工作先进集体三等奖	中国民主同盟广东省委员会	2019 年 4 月
市委会	民盟广东省委 2018 年度组织工作模范集体	中国民主同盟广东省委员会	2019 年 8 月
市委会	2019 年度民盟广东省参政议政工作先进集体二等奖	中国民主同盟广东省委员会	2020 年 6 月
市委会	2020 年度民盟广东省参政议政工作先进集体二等奖	中国民主同盟广东省委员会	2021 年 5 月
市委会办公室	2013 年度全市统战信息工作先进单位	中共东莞市委统战部	2014 年 1 月
市委会办公室	2014 年度全市统战信息工作先进单位	中共东莞市委统战部	2015 年 3 月
市委会办公室	2015 年度全市统战信息工作二等奖	中共东莞市委统战部	2016 年 3 月
市委会办公室	2016 年度全市统战信息工作三等奖	中共东莞市委统战部	2017 年 3 月
市委会办公室	2017 年全市统战信息工作良好单位	中共东莞市委统战部	2018 年 4 月

（续表）

单位 / 姓名	奖项	颁发单位	颁发时间
松山湖总支	民盟广东省委脱贫攻坚先进集体	中共东莞市委统战部	2021 年 9 月
高校总支	民盟广东省委脱贫攻坚先进集体	中共东莞市委统战部	2021 年 9 月
直属总支虎门支部	民盟广东省委脱贫攻坚先进集体	中共东莞市委统战部	2021 年 9 月
市委会办公室	2018 年全市统战信息工作良好单位	中共东莞市委统战部	2019 年 2 月
市委会办公室	全市统战信息工作优秀单位	中共东莞市委统战部	2019 年 3 月
市委会办公室	2020 年度全市统战信息工作良好单位	中共东莞市委统战部	2021 年 3 月
市委会办公室	2020 年度全市统战理论政策研究创新成果三等奖	中共东莞市委统战部	2021 年 3 月
东莞理工学院支部	民盟广东省委表彰的先进集体	中国民主同盟广东省委员会	2000 年
城建环保支部	纪念中国民主同盟成立70 周年先进集体	中国民主同盟中央委员会	2011 年
松山湖总支	坚持和发展中国特色社会主义学习实践活动突出贡献奖	中国民主同盟广东省委员会	2017 年 10 月
文艺支部	坚持和发展中国特色社会主义学习实践活动先进集体	中国民主同盟广东省委员会	2017 年 10 月
高校总支	民盟广东省教育界别基层组织先进集体	中国民主同盟广东省委员会	2019 年 8 月

（续表）

单位/姓名	奖项	颁发单位	颁发时间
莞城总支	民盟广东省教育界别基层组织先进集体	中国民主同盟广东省委员会	2019 年 8 月
松山湖总支	民盟广东省委脱贫攻坚先进集体	中国民主同盟广东省委员会	2019 年 9 月
高校总支	民盟广东省委脱贫攻坚先进集体	中国民主同盟广东省委员会	2019 年 9 月
直属总支虎门支部	民盟广东省委脱贫攻坚先进集体	中国民主同盟广东省委员会	2019 年 9 月
高校总支	盟务工作先进基层组织	中国民主同盟中央委员会	2020 年 7 月
松山湖总支	民盟社会服务工作先进集体	中国民主同盟中央委员会	2020 年 12 月
程发良	中国民主同盟广东省委员会先进个人	中国民主同盟广东省委员会	2000 年
洪晓杨	中国民主同盟广东省委员会优秀盟务工作者	中国民主同盟广东省委员会	2006 年 4 月
程金花	中国民主同盟广东省委员会先进个人	中国民主同盟广东省委员会	2006 年 4 月
王雪萍	民盟广东省委员会优秀盟务工作者	中国民主同盟广东省委员会	2010 年
汤瑞刚	民盟广东省委员会地方组织先进个人	中国民主同盟广东省委员会	2010 年
朱伍坤	纪念中国民主同盟成立70 周年先进个人	中国民主同盟中央委员会	2011 年
蔡子萍	中国民主同盟组织发展工作先进个人	中国民主同盟中央委员会	2021 年 9 月

（续表）

单位 / 姓名	奖项	颁发单位	颁发时间
蔡子萍	2014 年度全市统战信息工作先进个人	中共东莞市委统战部	2015 年 3 月
简锐姬	2015 年度全市统战信息工作先进个人	中共东莞市委统战部	2016 年 3 月
林海川	民盟社会服务工作先进个人	中国民主同盟中央委员会	2016 年 11 月
李秀源	2017 年度民盟广东省反映社情民意信息工作先进个人二等奖	中国民主同盟广东省委员会	2018 年 5 月
简锐姬	2019 年度全市统战信息工作先进个人	中共东莞市委统战部	2020 年
李玫	民盟思想政治建设和宣传工作先进个人	中国民主同盟中央委员会	2020 年 12 月
林海川	民盟脱贫攻坚先进个人	中国民主同盟中央委员会	2021 年 6 月
朱伍坤	民盟广东省委脱贫攻坚先进个人	中国民主同盟广东省委员会	2021 年 9 月
蔡子萍	民盟广东省委脱贫攻坚先进个人	中国民主同盟广东省委员会	2021 年 9 月
欧阳华金	民盟广东省委脱贫攻坚先进个人	中国民主同盟广东省委员会	2021 年 9 月
张念华	民盟广东省委脱贫攻坚先进个人	中国民主同盟广东省委员会	2021 年 9 月
涂华	民盟广东省委脱贫攻坚先进个人	中国民主同盟广东省委员会	2021 年 9 月
段广亮	民盟广东省委脱贫攻坚先进个人	中国民主同盟广东省委员会	2021 年 9 月

重要资料

历届市委会工作报告

中国民主同盟东莞市第一届委员会工作报告

（1996 年 12 月 17 日）

曾华仁

各位领导、各位同志：

我受中国民主同盟东莞市第一届委员会的委托，向民盟东莞市第二次全体盟员大会报告工作，请予审议。

民盟东莞市第一届委员会自 1991 年 7 月成立以来，在民盟广东省委和中共东莞市委的领导和支持下，努力贯彻中共中央的各项决策，积极发挥参政党作用，紧紧围绕党的"一个中心，两个基本点"的基本路线，面向社会，为我市的改革开放和经济建设做了一些实际工作。

五年工作的回顾

一、发挥参政党作用，积极参政议政

1. 配合地方党委和政府的各项决策，发挥民主党派职能的作用，做中共的诤友。五年来，我会负责人在中共东莞市委、市府召开的各种民主协商会、通报会、座谈会上，本着"长期共存，互相监督，肝胆相照，荣辱与共"方针的精神，就我市的治理整顿、安定团结和经济建设等各项社会事业发展的问题，坦诚地提出了许多有益的意见和建议，受到中共东莞市委及有关方面的重视，有的已被采纳，使民盟参政议政得到良好的社会效益。

2. 在人大、政协中积极发挥作用。我市民盟成员中有 2 人担任市人大代表，4 人担任政协委员，1 人任市政协常委。他们在人大和政协活动中，就有关国计民生的热点、难点和重大问题，贡献诤言和良策，反映群众意见和要求，积极参与市政事务的协商和监督。同时，根据中共中央 [1989]14 号文件精神，围绕中心工作进行调查研究，并收集各支部的意见，写成提案。1992年我会开展了"一人一议"活动，收到意见和建议 45 人次，已经落实 17 人次，占 37.8%，调动了广大盟员参政议政的积极性。此外，我市盟派员参加市府组织的纠正行业不正之风大检查，还参加市政协组织的社会治安综合治理、廉政建设等活动，积极提出意见和建议，五年来，共提出政协提案 20 件，参加中共东莞市委、市府、市政协和有关部门召开的协商会、座谈会等形式的会议 14 次，积极提出意见和建议。

3. 逐步开展与政府有关部门的对口联系工作。目前我市民盟成员中担任特约检察员、特约监察员、特约审计员各 1 人，特约教育督导员 2 人。他们认真履行职责，按条件和要求，严肃认真参与活动，不断提高参政议政能力。他们先后参加了有关的对口联系会议和重要的专业会议 40 人次，与有关的对口联系部门建立了初步的联系。特约审计员参加市审计局组织的审计任务包括专项审计和审计调查 8 项内容，落实意见和建议 6 条。特约四员制度是中国共产党领导的多党合作的具体体现。这种制度为我市起到促进法制建设，加速经济发展，创造良好社会环境的积极作用。

4. 今年根据盟粤 [30] 号文件的要求，我会于 8 月间首次召开女盟员座谈会，就我市共同关心的两个有关妇女的权益问题进行热烈讨论，到会同志踊跃发言，积极献计献策，为明年政协提案提出了好的建议。

二、加强自身建设，逐步提高市盟的整体素质

五年来，我们为适应形势发展的需要，遵循省盟指示，不断地开展盟的自身建设工作，为提高盟员政党意识，进行了不懈的努力。

1. 发扬盟的光荣传统，密切党盟关系，推动市盟的自身建设。接受中共

领导，与中共风雨同舟，患难与共，是民盟的光荣传统。五年来，市盟负责人除了出席市委统战部召开的有关会议外，重大的事情都向统战部沟通情况，交换意见。市盟的重要活动还邀请了市政协和统战部的领导一起座谈，交流思想。中共东莞市委统战部、市政协和各级党委在政治上、工作上都给予我们极大的帮助。对此，我们表示衷心的感谢。

各盟支部（小组）均能主动接受各级党组织的领导，组织生活及各项活动都邀请党组织派人参加。每个成员做好本职工作，兢兢业业，尽职尽责，发挥了骨干作用，有的支部还为单位工作献计出力，成为党支部的助手。

2. 加强组织建设，增强盟的凝聚力。五年来，我们坚持"三个为主"原则，贯彻了以巩固为主和有计划地稳步发展的方针。据 1996 年 12 月底统计，全市共有成员 101 人，下属 8 个支部 3 个小组。五年来，我们新吸收盟员 17 人，平均每年增长 1%。成员当中，中上层知识分子 77 人，占总数的 76%，教育界有 62 人，占总数的 61%。新入盟的同志都是学有专长，思想先进的中青年业务骨干。同时，成员老龄化状况有所改变，现在平均年龄 50.0 岁。去年我市新成立了东莞理工学院支部，今年 11 月又成立了横沥直属临时支部。

市盟重视培养和树立盟内先进典型，1992 年、1995 年进行了评选先进支部和先进盟员活动，召开了全市盟员表彰大会，共表彰了 2 个先进支部（其中东莞中学支部 1994 年被评为民盟广东省先进基层支部），12 位先进盟员，激励盟员，学习先进，开拓前进，积极为社会主义服务。去年，市盟还给全市 35 年以上盟龄的 3 位老盟员颁发荣誉证书，激发盟员的光荣感和责任感。我们还积极开展了横向联系，盟市委委员和机关干部先后到江门、佛山、汕头去学习、观摩，交流盟务工作经验。

组织建设首要的是领导班子建设。一届十九次盟市委（扩大）会议增补了 6 个市委委员，增选了黄文忠同志为副主委并负责日常事务工作，增强了领导班子力量。近年来，盟市委加强学习，坚持中共领导，全面履行参政党职责。盟市委制订了《办公会议制度》《财务制度》等 5 个制度。

根据盟中央组宣工作会议精神，我会一届二十一次（扩大）会议制定了《支部生活制度》，推动全市8个支部（小组）组织生活正常化、制度化，提高了整体活力。组织生活着眼于提高成员政治修养和业务素质。做到"走出去，请进来"，接触社会，大面积交往。如石龙支部曾经邀请广州21中盟支部联合过组织生活，交流经验，增进友谊。市盟领导积极支持基层开展活动，并努力为盟员排忧解难，联系有关方面为他们落实政策，反映情况，推荐任用等，力所能及，尽力而为，维护盟员合法权益。还关心病、老、退休盟员，节日时对他们慰问、送温暖，或召集全体盟员组织茶话会、座谈会。

去年以来，市盟重视机关建设，按照编制增加了一名专干，改善工作条件和生活条件，调动了他们为盟工作服务和为盟员服务的积极性。两位专干曾经同盟市委领导分别到8个支部，带去盟市委的工作部署和关怀，并同镇（区）和单位的党政领导进行交谈联系，为融洽党盟关系，搞好盟务工作打下基础。

3.加强思想建设，坚持正确的政治方向路线、方针、政策的学习、宣传和教育。五年来，我们根据形势的要求，及时制订了各阶段盟内的学习内容，在支部生活会上进行学习。我们围绕学习、宣传、贯彻中共中央[1989]14号文件精神并以此为中心，在盟内开展了深入持久的思想教育，增强政党意识和观念。其次，组织成员听报告，学习盟史，自觉接受中国共产党的领导，发扬民盟的优良传统。此外，还结合本单位学习制度，开展了形势教育，社会主义、爱国主义教育。改革开放是一场触及社会各方面的深层革命，为使成员正确对待改革开放，坚定走中国特色的社会主义道路，我市盟组织成员利用组织生活会到过外地1个市，本市11个镇（区）26个单位参观访问，使大家目睹广东和我市改革开放的巨大变化，使大家增强自己的使命感和责任感。此外，盟市委和机关干部有4位还参加省社会主义学院的统战理论学习班。与此同时，我们还利用盟讯，宣传盟务工作，表彰盟内好人好事，促进了盟的思想建设。

盟的思想建设工作的深入开展，大大地调动了全体成员为社会主义建设事业多做贡献的积极性，涌现了一批先进人物。据不完全统计，1991—1995年我市盟员荣获国家级荣誉称号或奖励的 7 人 8 次，荣获省级荣誉称号或奖励的 10 人 12 次，荣获市级以下荣誉称号或奖励的 21 人 35 次。特别是横沥临时直属支部副主委钟文晖同志的事迹被收入《中国中学骨干教师辞典》《当代中华教育科技人才传略》《中华当代名人辞典》，还有文艺支部李少均同志被中、日、英、德四国艺术机构联合评为"世界艺术书画名人"。

三、围绕经济建设中心，开拓盟务工作的新途径，积极为"四化"服务

民盟作为以中、高级知识分子为主体的政党，具有专业上的优势。五年来，我们注意发挥这优势，围绕经济建设这个中心，服务于社会。

我们注意鼓励每个成员努力提高自己的专业水平，并通过各种途径发挥其专长，使大家在各自岗位的工作实践中对社会主义两个文明建设做出更大的贡献。特别在积极开展面向社会的各项服务活动中，多做实事、好事。

今年 10 月间，我会组织医卫支部成员到横沥镇开展医疗咨询，通过这次活动表达了民盟对横沥人民的爱，也使人民群众了解了民盟。此活动在《东莞日报》和东莞电视台做了报道。我会还积极发动民盟成员为新湾镇风灾遇难捐款，为贫困地区捐衣物，为希望工程捐书籍文具及其他用品等，收到很好的社会效益。莞中支部虎门小组成员温育香同志在新湾中学举办暑期少年书画班共 4 期，约 500 人次。这个班既满足了广大青少年求知向上的渴求，又为威远职业中学美术班输送了一批人才，同时在社会上树立了民盟的形象。此外还为新湾的精神文明建设办了几件实事，受到镇委领导和渔民群众的高度赞扬。曾华仁同志 1992 年暑期协同新湾镇文卫办举办中、小学教师社会主义理论学习班，并承担政治辅导工作。电大支部成员邱士博同志协助市体委参加了第五届中学生运动会行政处工作，做好资金管理和使用，为本次大会总共节约包干经费 30 多万元。这笔资金用作表彰先进单位的奖金并用于资助各单位体育运动设施的建设。为了配合当地工商部门推动繁荣石龙镇市场

经济，石龙支部主委陈巨隆同志（已退休）主动协助创办《石龙商讯》报刊。文艺支部部分退休成员根据自身的特点，有的著书为市政协编辑了《东莞文史》，有的参加粤剧电影演出或创作美术作品，参与展览。深受海内外人士的好评和赞扬。五年来，广大民盟成员教师在本单位自觉开展为教育献计献策活动，还协助教育局、镇（区）文教办引进一批质量较好的教师。这是我会成员立足本职做好工作，多做贡献的一些事例。在实践中，我们深刻体会到面向社会工作是发挥盟组织优势的一条重要途径，也丰富了民盟参政议政的内容。

四、"三胞"联络工作

我会对新时期"三胞"工作的战略地位、作用的认识，提升到了新的高度。我会制订了岗位责任制，从七个方面落实措施，做到在议事日程上有安排，计划上有位置，管理上有制度，配合重点镇（区）侨办、侨联、台办职能部门，开展社会调查，发挥桥梁作用。

我会通过调查研究，对海外代表人物和社团的基本情况较好地做到心中有数。通过深交朋友，为他们多办实事。例如在投资贸易上为其穿针引线。通过与港澳工商界人士友好交往，向他们介绍投资环境，宣传有关政策，鼓励他们在我市兴办实业；介绍他们回来考察，与有关的行业和镇（区）洽谈；注意了解掌握港澳台的经济信息，热心为政府有关部门当"参谋"。

我会积极主动地参与各项学习活动。1995 年 3 月间，盟市委负责人和有"三胞"关系的盟员出席了市政协主持召开的座谈会，学习和讨论了江泽民总书记在新春茶话会上发表的重要讲话，统一了思想认识，一致认为江总书记提出"八点"政治主张，标志着对台工作在新形势下迈入了一个新的进程，是搞好对台工作的指导方针，增强了我们进一步做好对台工作的信心，决心进一步做好宣传工作，让更多台商来大陆投资，为祖国的建设出力。我们曾组织有"三胞"关系的成员就香港回归祖国问题举行座谈会，大家取得了两点共识：①香港基本法是中英双方互有妥协、互有让步达成的协议。彭定康炮制的"政改方案"是以亲英港人治港，争夺在香港的自治权，妄图取消委任制，我们决不能答应；②香港人是爱国的，民族意识强，政治热情高，是与中国人民同呼吸、共命运的。我们相信香港同胞是会分清大是大非的。

我会还帮助台胞做了诸如买地建房等事项，实现了他们爱国爱乡的心愿。有的成员多方联系，广交朋友，在国际文化交流中发挥了积极的作用。1991年莞中支部温育香同志创作的版画作品《亲情》被北京版画社选送到日本大阪展出。去年 3 月文艺支部成员李少均同志的作品《田园小趣》参加中日书画联展，在日本大阪展出，同年 10 月他的作品 45 幅在新加坡举办个人画展。文艺支部曾邀请香港作家协会十多名作家到东莞参观访问，还邀请美籍华人胡宁基回莞城办个人画展。支部主委张磊同志见东坑镇石狗前村残疾人卢巧玲，自己爱莫能助，就把刊登卢巧玲事迹的报章寄给香港太平绅士方润华，方先生阅后，当即寄给卢巧玲 2 000 元以助其生活、学习之用。

各位同志，五年来，我们的盟务工作是取得了一些成绩的，但我们也清醒地认识到，盟市委的工作与形势的要求还有相当距离，对于新时期统一战线工作的新特点，我们还缺乏深刻理解。因此，表现在工作中的主动精神发挥得不够，我们的领导班子，未能扎实地抓好自身建设。由于前段时期机构、人员不健全，还不能经常深入基层，与广大盟员及时对话，交流思想。组织还不严密，宣传工作还不及时，上下通气少，致使我们的盟务工作缺乏生气。这些都要求盟市委和全体盟员共同努力，在中共十四大和中共十四届六中全会的精神指导下，认真学习，贯彻民盟全国八大精神，勇于开拓，不断探索，使我市盟的工作面貌一新。

五年工作的体会

一、盟的工作必须坚持接受中国共产党的领导，坚持社会主义方向

全盟要与中国共产党在政治上保持一致，坚决接受共产党的领导，这是民盟的历史必然选择，也是民盟的光荣传统。各级盟组织要接受同级中共组织政治上的领导。盟组织负责人要本着"肝胆相照、荣辱与共"的精神，做

中共组织负责人的诤友。如果党盟组织之间建立良好的合作共事关系，党盟负责人之间又建立亲密无间的感情，我们民盟组织就有充分发挥作用的基础。

二、必须认真贯彻执行中共中央[1989]14号文，努力发挥参政党的作用

坚持党的领导是多党合作的基础和前提，我们要自觉维护。党领导的多党合作和政治协商制度是我们参政党工作的依据和活动的舞台。我们要充分发挥参政议政和民主监督作用，才能在建设有中国特色的社会主义政治制度有所作为。

三、盟的基层组织要增强政党意识，从本单位的实际出发，配合本单位的中心任务开展活动

民盟作为一个整体，不仅上层应发挥政党作用，基层组织也要发挥参政党作用。盟基层组织不提参政议政，并不是盟基层组织和盟员没有参政议政权利。基层单位召开座谈会，听取民主党派的意见，以及民盟基层组织通过自己组织渠道向党组织和政府表达对国家大政方针、重要事务的看法并对群众关心的"热点"提意见和建议，实际上也是"参政"和"协商"。市盟开展的"一人一议"、集体调研体现了整体参政意识。同时，盟基层组织要从本单位的实际出发，配合单位的中心任务开展工作，这是民盟基层组织发挥作用的重要方式。

今后的工作意见

一是扎扎实实地在全盟开展学习"邓选"的活动。邓小平同志建设有中国特色社会主义理论，继承、丰富和发展了马克思主义、毛泽东思想，是当代的马克思主义是民族振兴和发展的强大精神支柱。要认真阅读《邓小平文选》一至三卷，弄清什么是社会主义和怎样建设社会主义这个基本问题。同时，努力宣传和实践《爱国主义教育实施纲要》。爱国主义教育是提高全民族整体素质和加强社会主义精神文明建设的基础工程。通过学习激发大家的爱国主义热情，坚定社会主义信念。希望各支部切实加强对学习的领导，联系实际，抓好落实。

二是进一步加强自身建设，增强盟组织的凝聚力。加强自身建设，首要任务是加强思想建设。盟中央制定的《关于当前加强思想建设和组织建设若干意见》是今后我们工作的指南。思想建设的中心任务是在盟内深入进行新时期统战理论，统战政策教育，盟章、盟史教育，要不断深入学习和贯彻中共中央〔1989〕14 号文件，这是中国共产党与各民主党派长期合作的纲领性文件，是今后多党合作的共同行动准则。其次抓好组织建设，健全政党机制，使之具有强大的凝聚力。盟机关要深入基层，指导基层，服务基层，进一步完善各项制度，使机关制度化，决策民主化。搞好盟的基层工作，关键是抓好基层领导班子建设，努力提高盟组织基层干部的领导素养，造就一支政治强、业务硬、热心盟务、团结协作的干部队伍。

三是努力把盟的参政议政提高到一个新的水平。参政议政是参政党的主要任务，担任各级人大代表、政协委员、特约"四员"的同志，要关心我市的经济和社会发展，我会各工作组要进一步组织起来开展社会调查和"一人一议"活动，提出可行的议案和提案，发挥在参政议政中的积极作用。

同志们，中国民主同盟已经走过了整整半个世纪的战斗历程。回顾历史，道路坎坷曲折。展望未来，任重道远。全市盟员要坚定不移地坚持邓小平同志建设有中国特色社会主义理论和党的基本路线，全面贯彻党的十四大和十四届六中全会精神，把握"抓住机遇、深化改革、扩大开放、促进发展、保持稳定"的工作大局，为实施"第二次工业革命"的战略，为实现我市国民经济持续、快速、健康发展而努力！让我们紧密团结在以江泽民同志为核心的党中央周围，高举爱国主义和社会主义的旗帜，同心同德，群策群力，奋发进取，艰苦奋斗，为祖国的繁荣昌盛，为社会主义事业兴旺发达，为把东莞建成现代化的新型城市而做出更大的贡献。

中国民主同盟东莞市第二届委员会工作报告

（2001 年 11 月 21 日）

朱伍坤

各位领导、各位同志：

现在，我受中国民主同盟东莞市第二届委员会的委托，向民盟东莞市第三次全体盟员大会报告工作，请予审议。

五年工作的回顾

一、参政议政

1. 遵照盟中央和盟省委"政协提案和大会发言是我们民主党派参政议政的主渠道"的指示和东莞市政协"把民主党派提案作为东莞市政协重点提案来抓"的要求，二届市委会积极抓好提案工作，从提案的选题、调研到编写撰稿，层层抓落实。五年来我们向东莞市政协提交了 29 件盟市委提案，其中《治理运河，必须从上游、从源头抓起》和《加大我市信息基础设施建设的力度》获东莞市政协优秀提案奖，《积极采取有力措施推行素质教育》等提案受到东莞市政协表彰。盟市委提案中有 11 件是关于环保的提案，占我会盟市委提案总数的 37.9%，有 6 件是关于教育的提案，占盟市委提案总数的 20.7%，体现了我们对涉及千家万户和子孙后代的环保和教育问题的高度关注。市盟担任政协委员的盟员在这五年中向东莞市政协提交委员提案 31 件，其中盟市委委员马小平的提案《关于推迟我市中小学生早上上学时间的建议》获东莞市政协优秀提案奖。在做好提案工作同时，市盟还积极参加市政协组织的城市建设、农村资产管理、水利建设、农村养老保险、交通网络建设、旅游产业发展、东西部供水等各种视察、调查和考察活动，在专题议政会议上提交发言 3 篇，在市政协组织的市长会见政协委员座谈会上提交发言材料 8 件。此外，我们积极参加市政协和东莞电台组织的"周末访谈"累计 6 人次。担任人大代表的盟员积极参加市人大组织的"水污染防治""民营科技企业发展情况"

等各种视察、调研和审议评议、检查工作等活动,在市人大提出议案 2 件,其中盟市委委员程金花起草的《关于加强城市整体规划建设,把东莞建成美丽城市》获东莞市人大第十二届第一次会议优秀代表建议奖。

这些提案、议案、发言和建议紧紧围绕市委、市政府的中心工作,积极建言献策,充分履行了作为一个参政党的职能。有些建议和意见,如《治理运河,必须从上游,从源头抓起》《关于治理运河的几点反思》《关于推迟我市中小学生早上上学时间的建议》等得到了市委、市政府的重视、肯定或采纳。有些建议,虽然一时不能获得有关部门的理解,但引起了强烈的反响和共鸣,取得了预想不到的效果。

2. 深入调查研究,提高提案质量的根本保证,是抓好盟中央和盟省委提出的"选题、调研、论证、审核"四个过程。为了有的放矢,我们在有限的人力、物力和财力条件下,大力开展调查研究活动,取得一定成绩。如"关于深圳高等职业技术学院职业教育的调研""关于建设虎门国际港口的调研""关于扩大东莞理工学院校园面积的调研""关于镇区联合办学的调研""关于搬迁学校和新建学校周边环境的调研""关于教育产业与资本市场的调研""关于东莞东站的建设与管理的调研"等,正是由于这些调研活动的展开,市盟的政协提案和大会发言得到了有力的技术保证,也正是在这些调研活动中,一批参政议政的人才得到锻炼、培养并迅速成长。同时,在调研活动中,我们逐步摸索、总结出调研活动应遵循的实事求是、体现民意、抓住热点、突出重点、廉洁高效、量力而行的原则,并努力向社会效益、经济效益、前瞻性和可操作性四项目标迈进。

3. 盟市委还协助盟中央和盟省委开展了考察调研活动。如:盟中央考察东莞民营企业,盟省委三胞联络委员会考察三资企业,特别是东莞的台资企业。在协助盟中央和盟省委的考察调研活动中,一方面,增强了我们对于东莞政治经济情况的了解和认识,另一方面,也提高了我们考察调研的能力与水平。

4. 在东莞市人大、政协以及特约五员的换届选举和聘任活动中,市盟有三位盟员当选为东莞市第十二届人民代表大会代表(其中一人为常委),有七位盟员成为政协东莞市第九届委员会委员(其中一人为常委),有五位盟员分别受聘为东莞市第三届特约监察员、特约审计员、特约教育督导员和第一届特约警务廉政监督员。参加人大、政协的人数有了新突破,他们在做好本职工作的同时,充分履行了自己的职能,积极为市委、市政府建言献策,较好地完成了自己的义务和责任。

5. 为了进一步做好参政议政工作,完善制度建设,盟市委修订了《民盟东莞市委参政议政工作规则》六章 16 条,初步形成了主委带头、一人一议、支部撰写、办公室整理的符合实际并行之有效的参政议政运行机制。我们十分注意发掘基层组织的潜力,发挥支部积极性,将基层支部作为开展政协提案工作的基础,他们撰写的建议和意见,形成了许多政协提案,取得了成效,也为参政议政工作的开展提供了制度保证。

二、自身建设

1. 加强学习。盟市委及时组织盟员以不同的形式认真学习江泽民主席"三个代表"讲话,提高自身思想品德修养,盟市委正、副主委和秘书长还积极参加市委统战部组织举办的"学习江泽民总书记七一讲话的暑期学习班",认真学习和领会江总书记的"三个代表"和与时俱进的理论精髓,受到了深刻的教育和鼓舞,并贯彻于盟务工作之中。

2. 树立团结、民主、和谐的工作作风,培养出一支和谐、团结、上进的领导班子。本届盟市委的领导班子特别注重团结,讲求无私奉献,尤其是主委之间工作融洽,互相理解,互通信息,相互支持,像一家人一样。同时注意加强各个部门的沟通,遇事集体讨论、集体决定,讲求以理服人,以诚待人,所谓无私才能无畏。本届市委会之所以能做到团结协作,得益于主委之间,委员之间的无私奉献,相互理解和支持。市委会团结协作,全体盟员的共同努力,使市委的工作得到顺利地开展,也得到了上级的好评。

3. 在盟省委的亲切关怀和具体指导之下，在中共东莞市委、政协东莞市委员会、中共东莞市委统战部、东莞市各民主党派及各界人士的大力支持和积极协调之下，我会自身建设不断取得新的进展和成绩，逐步形成了具有东莞地方特色的盟务工作作风：精简会议、提高效率和全盟活动与骨干活动、特色活动（中青年活动、离退休活动、女盟员活动等）相结合，支部活动"三个一（完成一个高质量的提案，发展一个高素质的新盟员，开展一次具有创新精神的支部活动）两个联（内联：盟市委内部支部与支部的联合活动；外联：盟市委外部的支部或组织的联合活动）一个协调（特别强调同中共各级组织协调）"逐步形成制度化。

4. 本届市委会召开主委会议 19 次，市委会议（包括扩大会议）27 次，较好地解决了本职工作与兼职盟务工作的矛盾关系，在加强领导班子建设的基础上，继续把离退休老盟员的"传帮带"形成制度，充分发挥盟市委机关干部的作用，在团结务实、稳步前进的氛围中成功地完成了政治交接的任务。

1997 年，市盟积极组织盟员参加盟省委的回归颂征稿活动，收到文艺支部、石龙支部、横沥支部的 5 位盟员撰写的色彩斑斓的几十首诗词曲。市盟积极参加市政协、市委统战部和各民主党派联合举办的庆祝香港回归主题晚会，电大支部、莞中支部、文艺支部的 7 位盟员利用业余时间赶排并演出精彩的独唱、粤曲和舞蹈。市盟同民盟广东省委、东莞市美术家协会联合举办"祖国颂广东省盟员书画作品展"，电大支部、文艺支部、石龙支部、虎门支部（筹）的 6 位盟员作品参加展出，整个展出受到东莞日报、东莞电视台和东莞书画爱好者的好评。市盟还组织全体盟员参加盟市委的春节联欢会，组织全体盟市委委员到广州向盟省委学习并接受教育，组织女盟员参观绿色世界、长安江贝村和莲花山庄，并承办了盟省委基层骨干暑期学习班。

1998 年，市盟成功举办第一期中青年盟员培训班和知识经济学习研讨会。本期培训班和研讨会以邓小平理论和党的十五大精神为指导思想，以知识经济为学习重点，以东莞实际工作为研讨对象，采用自学、辅导、研讨、考察和娱乐相结合的教学方法，进一步提高了我们中青年盟员参政议政的理论水平、政治素质和研讨能力，并为今后各项参政议政活动做了准备。市盟还曾举办了一次离退休盟员座谈会，当年 83 岁高龄 43 年盟龄的陈荫余先生在可园义卖书画捐款赈灾的事迹，为我们做出一次非常实在的盟组织优良传统教育。盟市委骨干赴清远考察，成功地同清远盟市委进行了交流。我们亲眼看到，清远光明实验中学一批老盟员、老教师身上所散发出来的"先天下之忧而忧，后天下之乐而乐"的精神，他们动之以情，守之以信和验之以实的扶贫教育，令每一位考察团成员为之动容。市盟组织了 20 人次参加市委统战部举办的民主党派培训班，我会主委和秘书长分别参加了省社会主义学院举办的主委学习班和党外中青年干部培训班，在思想建设上取得较大收获。

1999 年，我会组织专题市委（扩大）会议（二届二十次），学习、讨论并参与三大斗争（"法轮功""两国论"和"南联盟轰炸"），组织了专题市委（扩大）会议（二届十八次），贯彻落实盟中央的两个文件（组织发展暂行条例和关于后备干部队伍建设的意见）。我会主委参加了市"三讲"活动，主委、副主委、秘书长参加了市统战部组织的纪念 14 号文十周年的茶山暑期学习班。部分市委委员和支部主委、副主委参加盟省委五位正、副主委约见的莲花山庄座谈会。盟市委班子成员 15 人参加市委统战部组织的形势报告会。通过以上一系列学习和讨论，市盟领导和成员的政治思想水平进一步提高，主要收获简要概括有 3 点。①学习的重要性。当年发生了"法轮功""两国论"和"南联盟轰炸"三件大事，民主党派要更加紧密地团结在党中央周围。要把学习邓小平理论放到第一位。②政治改革和民主进程的渐进性。正像李长春同志说得那样，"我们参政议政好比推车，推得太快不行，不出力也不行"。经济的发展和政治的稳定是相辅相成的。我们必须克服和防止急躁情绪和失望情绪的产生。③民主党派和民主党派成员的定位必须准确，太高或太低都是不合适的。民主党派的作用、地位和影响主要体现在参政议政上，特别是政协提案和大会发言。市盟还组织了女盟员赴中山、番禺的活动，组织了全体盟员参观东方明珠学校、鸦片战争海战博物馆和虎门第四届国际服装交易会，组织了卢满江等 5 位盟员参加了市政协、市委统战部和市各民主党派庆祝中华人民共和国和人民政协成立 50 周年的演出。

2000 年，市盟组织全体盟员参加民盟深圳市委和民盟东莞市委联合举办的"2000 年思想建设研讨会"，对"三个代表"重要思想和素质教育等问题进行深入探讨。市盟组织骨干盟员 21 人次参加连州考察和扶贫活动。市盟组织 18 人参加生动活泼的女盟员保龄球联谊活动。市盟组织中青年盟员 6 人参加中共东莞市委组织部和统战部联合举办的"东莞市党外中青年干部培训班"。盟市委主委、副主委、秘书长参加中共东莞市委统战部举办的横沥、常平暑期学习班，在加强思想建设和开展组织发展工作方面进行了学习和研讨。2000 年，市盟精简会议、提高效率和全盟活动与骨干活动、特色活动相结合，支部活动"三个一两个联一个协调"的具有东莞地方特色的盟务工作作风逐步成熟定型。我们通过各种形式的活动，进一步增强盟的凝聚力。盟市委领导班子和全体盟员更加团结，更加务实，也更有信心，更有经验，政治交接的重任正在这五年中顺利地完成。

2001 年，市盟组织 18 人参加女盟员珠海活动，组织杨志红等 3 位盟员参加市政协、市委统战部、市各民主党派联合举办的庆祝中国共产党建党八十周年联欢晚会的演出，梁永钦、曾华仁等 9 位盟员在厚街召开镇区支部工作经验交流会。盟市委主委、副主委、秘书长参加中共东莞市委统战部举办的河源暑期学习班，深入学习江泽民同志"三个代表"和"七一讲话"等重要文件。

5. 本着威望型与工作型结合，以工作型为主的原则，从培养后备干部的角度出发，我们成功进行两次基层组织的换届与调整。1997 年，我们支部委员平均年龄从 52.1 岁下降至 45.8 岁，女支部委员的百分比从 13.3% 提高至 30.0%，从而增强了基层组织的活力和战斗力。2000 年，我们支部主委、副主委的平均年龄从 50.0 岁下降至 46.6 岁，其中新进的 6 人平均年龄为 37.8 岁，有力地改善了基层组织的年龄结构，较好地完成了后备干部队伍的培养工作。1997 年，我会将 8 个支部 3 个小组调整为 10 个支部，基层组织的人数和结构更趋合理。1999 年，科技支部经过三年筹备正式成立。2001 年，虎门支部经过五年筹备正式成立。2000 年，我会将电大支部更名为东城支部，更加适应基层组织的盟员发展情况变化并进一步加强同各级党组织的联系。

盟市委基层组织积极准备政协提案，在联合活动、考察调研和各种特色活动中做了大量工作，不断地提高与增进盟组织的凝聚力。如：学院支部关于虎门港、专升本和职业教育的调研，电大支部（现更名为东城支部）关于附城职中（现改名为东城职中）的联合调研，莞中支部关于东坑工厂的联合参观活动，莞城支部持之以恒的每月茶会，科技支部关心下岗盟员的支部活动，文艺支部珠海和番禺的两次参观考察活动，医卫支部大量的提案准备，石龙支部关于素质教育的前瞻性思考，虎门支部关于信息设施基础建设的调研，横沥支部大力加强同横沥镇党组织的协调工作等。

在基层组织和盟员个人的双重努力之下，不但盟务工作取得了许多成绩，盟员本职工作也捷报频传。如：学院支部程发良竞争获聘东莞理工学院图书馆馆长，李奎山获聘东莞理工学院教务处副处长，学院支部王永、程发良荣获省南粤新秀奖，学院支部程发良、莞中支部马小平、莞城支部梁永钦荣获东莞市教书育人优秀教师奖，莞城支部劳婷荣获东莞市优秀班主任奖，医卫支部韩春雷荣获东莞市青年岗位能手奖，朱伍坤主持完成的两项科研课题"电镀污泥的无害化和资源化处理技术"和"总量控制下的造纸污水最小化技术"分别获得 2000 年度东莞科技进步二等奖和三等奖，文艺支部程金花荣获东莞市电信局先进工作者奖，虎门支部周丽华荣获市体委优秀体育工作者奖，文艺支部袁剑茹三次荣获全国、全省健身球一等奖。据不完全统计，盟员程发良、李奎山、韩春雷等在国家级核心刊物上发表论文 30 余篇，在省级刊物上发表论文 70 余篇。东城支部陈荫余、科技支部艾家国、文艺支部张磊和李兆昂、石龙支部吴秋阳等盟员出版多部专著。

6. 在深入学习《中国民主同盟组织发展暂行条例》的基础上，我们坚持高素质、高层次标准，发展新盟员 7 人，100% 具有高、中级职称或大学本科以上学历，截至 2001 年 11 月，平均年龄 39.6 岁。5 年中，市盟的总发展率为 7%，平均年发展率为 1.4%。五年发展盟员的过程可以分为两个阶段：前 3 年强调质量，以巩固为主；后 2 年积极稳妥地加快发展步子。前一阶段针对 1996 年发展稍快的情况作了适当的调整，后一阶段针对一年半发展率为零的情况做了新的部署。

在深入学习《民盟中央关于加强后备干部队伍建设的意见》的基础上，中青年盟员成长迅速，出现许多可喜现象。中青年盟员 2 人当选为东莞市第十二届人民代表大会代表（其中一人为常委），占盟市委市人大代表人数的 66.7%；4 人成为政协东莞市第九届委员会委员（其中一人为常委），占盟市委市政协委员人数的 57.1%；2 人受聘特约五员，占盟市委特约五员人数的 40.0%。五年来，盟市委基层组织换届调整 2 次，新进支部委员以上 20 人次，占全部支部委员以上总数的 47.6%。盟市委有 5 人次参加省级中青年干部培训班，14 人次参加市级中青年干部培训班，21 人参加了市盟举办的第一期中青年盟员培训班，出席的中青年盟员占盟市委中青年盟员总数的 60.0%。通过一系列的培训学习，再加上本职工作和盟务工作的双重锻炼，中青年盟员在把握政治的能力、参政议政的水平、领导艺术的修养和协调工作的技巧四个方面得到比较全面的提升。此外，我们还逐步建立了后备干部档案，为中青年盟员的培养、推荐和使用做了技术上的保障。

7. 我们在一届市委会《办公会议制度》《财务制度》《支部生活制度》等五个制度的基础上，又陆续制定了《秘书长职责》《办公室主任职责》《参政议政工作规则》和《保管使用支部公章的注意事项》，使市盟参政议政工作和自身建设工作逐步走向制度化规范化。

三、社会服务和三胞联络

1. 五年来，市盟在社会服务上做了大量的努力和探索。我们陆续地多次地联系并考察了清远市盟的扶贫办学，湛江市盟的就业办学，广州市盟的研究生班等，也召开多次市委会议讨论研究，并于 2000 年赴连州扶贫助学 11 人。其中盟市委主委朱伍坤捐助的两名同学 2000 年分别获得全级第 2 名和第 7 名的好成绩。1998 年，电大支部陈荫余以 83 岁高龄，在可园义卖生平书画捐款赈灾，事迹十分感人。从纵向看，我们迈出艰难的第一步；从横向看，我们还有很大差距。参政议政是我们最大的社会服务。在做好参政议工作和本职工作的基础之上，充分挖掘我会的智力优势和离退休盟员的会热潜能，既稳健发展量力而行，又积极进取争取突破，应是我会今后努力的方向。

2. 三胞联络方面主要做了三件事：①组织盟员学习"一国两制"的政策，坚决反对台独势力；②配合盟省委对台资企业做调研；③配合盟省委、市台办做好三胞工作，解除台商对投资的疑义，并对有关问题向有关部门提出建议。

五年工作的体会和今后工作的建议

一、高举邓小平理论的伟大旗帜，深入学习江泽民同志"三个代表"思想和七一讲话精神，坚持中国共产党的领导，坚持社会主义方向，为把我盟建设成为面向 21 世纪的高素质的参政党而努力奋斗

1. 五年来的实践证明，邓小平的理论，特别是其理论精髓"实事求是、解放思想"和江泽民"三个代表"重要思想、"七一讲话"精神，是我们重要的思想源泉。五年来的实践证明，只有将邓小平理论同我们东莞的实际相结合，"出主意，想办法，做实事，做好事"，实事求是、开拓创新、与时俱进，才能进一步提高我们的参政议政水平并做好各项盟务工作。

2. 五年来的实践表明，市盟领导班子和全体盟员，对于我们民主党派组织和个人做了比较正确的定位。正是由于定位准确，市盟在反对法轮功邪教组织和李登辉鼓吹的"两国论"等一系列斗争中，坚决捍卫中国共产党的领导，坚决捍卫社会主义制度，坚决维护祖国统一大业，做出了参政党应有的贡献。正是由于定位的准确，我们在"一个参加，三个参与"等方面，克

服了无所作为和急功近利的不良情绪，实事求是、因地制宜、因人制宜，取得了较好成绩。

3.五年来的实践说明，市盟参政议政的水平之所以有较大提高，离不开我们全体盟员坚持不懈地努力。五年来的实践说明，领导带头、一人一议，支部撰写，办公室整理是一套符合实际并行之有效的参政议政的运行机制，我们在进一步完善《民盟东莞市委参政议政工作规则》的同时，必须大力加强调查研究和考察论证活动，努力提高政治素质并不断加强理论修养，只有这样才能进一步提高我们参政议政的整体水平。我们要发扬五年来形成的敢讲而不乱讲，善讲而不怕讲的参政议政之优良作风，充分利用我们民主党派直通快车的便利条件，力求做到"尽职而不越位，帮忙而不添乱，切实而不表面"，以便真正起到与我们民主党派参政党地位相符的具有"进步性"与"广泛性"特点的历史作用。

4.今年5月中共东莞市委工作会议提出"努力把东莞建成以国际制造业名城为特色的现代化中心城市"的宏伟目标，这实际上也是对我们民主党派提出了更高的要求。我们认为，为更好完成中共东莞市委工作会议提出的打好"三张牌"建成"中心城市"的任务，我们必须找出并正视自身的差距，在更高的目标上重新审视自己，重新正确定位，力求把市盟建成为真正适应"中心城市"要求的高素质的参政党。

二、加强领导班子和机关干部的思想建设，加强学习《中国民主同盟组织发展暂行条例》和《民盟中央关于加强后备干部队伍建设的意见》，加强基层组织的建设，提高基层组织的战斗力，是我们为完成盟中央提出的"一条主线（即政治交接），两个重点（即提高参政议政水平和加强自身建设）"任务的必要保证

1.本届工作中，我会领导班子在互相尊重、互相理解的基础上，大力加强责任感和使命感，充分发扬民盟的优良传统和奉献精神，分工合作，各尽其责，团结务实，稳步前进，在自身建设方面发展形成精简会议、提高效率

和全盟活动与骨干活动、特色活动相结合，支部活动"三个一两个联一个协调"的具有东莞地方特色的盟务工作作风。

2.我们特别强调会议效率和盟务创新。我们特别强调要做好每年三项大的活动，即全盟活动、骨干活动和特色活动。虽然在过去五年中，这三项活动还有一些不尽人意的地方，但是今后，我们仍要在有限的人力、财力和物力条件之下努力做好这三项活动，力争把这三项活动做成我们盟务工作的精品。

3.盟市委基层组织取得许多新的成绩，但也还有发展不平衡的地方。我们特别强调各个支部要有自己的特点，在保持和发扬本支部传统作风的基础上，汲取其他支部的优点和长处，携手并进，共同成长。我们特别强调，市盟各级组织要充分做好同中共各级组织的协调工作，并把同中共各级组织的协调工作作为市盟各级组织的首要任务之一。

4.在本届的组织发展工作中，过分强调素质，并且考察手续过于烦琐，周期长、效率低，影响部分申请入盟同志的热情，使我们的发展受到了限制。建议下届市委会要注意处理好组织发展的质量和数量的关系，在申请人、基层组织和盟市委三个环节上把好关并增进工作效率，提高发展速度。同时，建议制定《民盟东莞市委组织发展工作细则》，注意对有关人员进行培训并组织交流。对于长期不参加组织生活，与组织中断联系的盟员，应该遵照《中国民主同盟章程》第二章第十八条规定，在加强教育帮助的同时，按组织程序对不适合留在组织内的盟员慎重地做出处理，使民盟东莞市委更加纯洁。

5.社会服务和三胞工作是市盟相对薄弱的环节。在做好参政议政和自身建设的各项工作的基础之上，希望全体盟员共同努力，力争在今后五年有新的突破和进展。

同志们！中国民主同盟同中国共产党一起，携手走完 20 世纪的战斗历程，现在并肩站在新世纪的历史门槛之上。回顾历史，风雨同舟；展望未来，任重道远。让我们紧密地团结在以江泽民同志为核心的党中央周围，充分发挥我们的智力优势、专业特长和集体智慧，为中华民族的繁荣昌盛，为社会主义事业的兴旺发达，为东莞现代化中心城市的崛起而奋勇拼搏！

认真履行参政党职能，为构建
和谐社会做出新贡献
——中国民主同盟东莞市第三届委员会工作报告

（2006 年 12 月 12 日）

朱伍坤

各位代表、各位同志：

我受中国民主同盟东莞市第三届委员会的委托，向民盟东莞市第四次代表大会做工作报告，请予审议。

本次代表大会是在新世纪、新形势下召开的，大会的主题是：高举邓小平理论的伟大旗帜，学习实践"三个代表"重要思想，树立和落实科学发展观，认真履行参政党的职能，继往开来，与时俱进。高举爱国主义的旗帜，坚持团结、民主、和谐的主题，努力建设高素质的参政党地方委员会，为中华民族的崛起和建设和谐东莞而努力奋斗。

五年来，民盟东莞市委在中共东莞市委和民盟广东省委领导下，坚持以邓小平理论为指导，认真学习实践"三个代表"重要思想，树立和落实科学发展观，贯彻《中共中央关于进一步加强中国共产党领导的多党合作和政治协商制度的建设意见》《中共中央关于加强人民政协工作的意见》和全国统战工作会议精神，以政治交接为主线，以思想建设为核心，以组织建设为基础，以制度建设为保障，加强自身建设，创新参政议政机制，为促进改革和发展，坚持和完善中国共产党领导的多党合作和政治协商制度，构建和谐东莞做出了积极的贡献。

五年的工作回顾

一、重视加强学习，夯实工作的政治思想基础

五年来，民盟市委结合实际，通过各种形式组织盟员专干、骨干参加各种培训班，组织广大盟员学习江泽民同志"三个代表"重要思想，胡锦涛总

书记的科学发展观及《中共中央关于进一步加强中国共产党领导的多党合作和政治协商制度建议的意见》《中共中央关于加强人民政协工作的意见》，以及全国统战工作会议精神，不断加强思想建设，努力提高思想政治水平。

广大盟员及各级领导通过学习把思想统一到科学发展观上来；加深了对中国共产党领导的多党合作和政治协商制度的认识，自觉坚持党的领导，巩固了与共产党合作共事的思想政治基础；明确以促进发展为参政党的第一要务，以利团结、促民主、构建和谐作为工作主题，不断增强盟员的使命感和责任感，使全盟上下团结合作、积极向上，想大事、议大事、建真言、献良策。为做好各项工作打下了良好的思想政治基础，营造了充满生机活力的工作氛围。

二、认真调查研究，履行职能有为

五年来，盟市委坚持以"三个代表"重要思想为指导，树立和落实科学发展观，确立"围绕一个目标，突出两个主题，加强三个学习，发挥四个作用，切实履行职能"的工作思路。围绕市委、市政府中心工作，发挥优势、表现特色、各尽所能，认真履行参政党的职能。开展工作在"勤""抓""巧"三个字上狠下功夫，也就是勤调查做到"三求"：求深、求精、求实（包括实情、实效）；抓提案实现"三早"：早布置、早落实、早审定；巧发言力求"四说"：有话则说、好话短说、丑话直说、实话实说。

1. 协商监督讲大局、议大事、讲真话。民盟市委的负责人积极参加市委、市政府及有关部门召开的民主协商会、通报会、征求意见会和座谈会，就我市的经济社会发展和重大人事安排、政协工作、"十一五"规划等重大决策坦诚提出意见和建议。今年两会期间，在刘志庚书记主持召开的征求各民主党派和港澳政协委员意见的座谈会上，朱伍坤主委代表民盟就"十一五"规划提出了"五个更加注重"的建议：一是要更加注重产业结构调整，突出扶持发展第三产业；二是要更加注重解决社会治安问题，实现社会长治久安；三是要更加注重社会民生问题，加大社会公共产品投入，让全体市民能共享改革开放的成果；四是要更加注重环境保护，实现可持续发展，确保饮用水安全；五是要更加注重民主法治建设，充分发挥人大、政协作用。此意见得到市委、市政府的高度重视，也在"十一五"规划中得到了体现。

盟员中的 3 位人大代表、9 位政协委员、9 人次各类特约监督员，都能不负众望、不辱使命，发挥了应有的作用。

盟市委积极组织盟员参加市政协组织的周末访谈及电视台治安专题系列节目。盟内成员共参加过 18 期电台和电视台的节目，其中盟市委承办了 5 期周末访谈和 1 期关于加强出租屋管理的电视节目，对社会关注的热点问题与市民坦诚交换意见，既发挥监督作用又扩大了影响。

2. 政协大会发言抓重点、攻难点、出精品。政协大会发言和每年的市长会见政协委员座谈会是市政协工作的重头戏。为了做好发言工作，盟市委围绕市政府的中心工作和市民关心的社会热点、难点问题，抓重点、攻难点。组织盟员开展深入的社会调研工作，在细致调查基础上，发挥盟员的智力优势、出主意、想办法、提建议，力求发言切中要害，件件精品。

五年来，盟市委提交政协大会发言 7 篇，占市政协五年大会发言总数 36 篇的 19.4%；提交市长会见政协委员座谈会发言 13 篇，占市政协五年市长会见座谈会发言总数 225 篇的 5.8%。发言的内容涉及环境保护、文化教育、城市建设、城市管理和经济建设等。其中的许多建议和意见得到了市委、市政府的高度重视和采纳，取得了良好的效果。

3. 政协提案工作早布置、抓落实、讲实效。盟市委非常重视提案工作，充分调动广大盟员的积极性，积极为盟市委的提案提供提案素材。每年都提前半年左右的时间向支部发出征集提案通知，实现提案工作的早布置、早落实、早审定，取得突破性的效果。五年以来盟市委一共提交提案 125 件（集体提案 47 件，盟籍政协委员以个人的名义提交的提案 78 件），其中有 8 件被评为优秀提案，无论是集体提案和个人提案都是上届的 2 倍，创历史新高，提案的数量占市政协五年提案总数 1 098 件的 11.4%，充分体现了广大盟员参政、议政的热情和责任心。

在提案数量取得突破的同时，提案的质量也逐年提高。盟市委的所有提案都得到了及时的办复，提案的许多建议和意见得到了落实，取得了实效，推动了市委、市政府的决策的科学化和民主化。此外，盟市委也积极参与和协助盟中央和盟省委及兄弟省市的盟组织来东莞开展调研工作，同时承担盟中央、盟省委《前瞻台商企业在大陆的发展》等调研课题，为上级部门决策提供依据。

4. 制度建设细安排、重规范、求创新。为了进一步做好参政议政的工作，市盟成立了参政议政、科技和文教等三个专门委员会，专委会就相关的专题开展调研，为盟的参政议政提供决策依据。同时加强制度建设，出台了《民盟东莞市委提案征集、审定与奖励制度》等，对于盟以往制定的各项规章制度，也根据实际需要逐一修改完善，使盟的参政议政工作逐步走上制度化、规范化、程序化的轨道，为市盟做好参政议政工作提供了制度保证。

三、加强自身建设，组织发展有序

盟市委围绕盟中央"突出一条主线，抓好两个重点"工作要求（一条主线就是继续搞好政治交接，两个重点就是加强自身建设和提高参政议政水平），在加强自身建设上做了许多工作，使组织得到稳步、健康、有序的发展。

1. 推进民主，增进团结，构建活力班子。班子团结是组织和谐发展的重要保障，本届班子非常注重创造一个团结、民主、和谐的工作氛围，认真执行民主集中制，讨论问题能知无不言，言无不尽，集体决策高度透明，行动一致、步调一致，发挥了核心作用，为盟的开展各项工作提供了动力。

2. 开展特色活动，提高盟的活力。盟市委针对基层支部开展活动比较少、比较难等问题，由盟市委每年组织 1 ~ 2 次全盟活动，一次骨干盟员活动，一次女盟员活动和老盟员座谈会，并支持、协调、组织支部间开展联合活动，不断探索和创新活动形式，以参观、座谈、调研、书画展、专题讲座、体育、休闲娱乐等方式，为盟员搭建了交流、学习互助的平台。既开阔了视野，提升了素质，又让盟员觉得有所作为，提升了盟的吸引力和凝聚力。

3. 举贤荐才，政治安排取得突破。盟市委不失时机向市委和各部门举荐各类人才，盟员在"四个安排"上取得突破。全盟共有 3 人被选为人大代表（其中两个常委），9 人被选为政协委员（其中一名副主席、两名常委），9 人次安排为各类特约监督、监察员。政治安排无论层次和人数都比上届大幅增加。此外还注重加强盟内的安排，让更多盟员有发挥作用的平台、展现才华的机会。

4. 把好吸收盟员素质关，组织发展健康有序。五年来共吸收盟员 22 名，其中博士 2 名，中、高级职称达 100%，平均年龄 40.9 岁，新盟员素质有了明显的提高。至今年 8 月底，全盟共有盟员 149 人，其中博士 5 人，盟内高级职称人数有 65 人，占全体盟员共人数的 43.6%。五年年均发展率为 4.1%。全盟盟员平均年龄 54.0 岁，较上届 57.3 岁下降 3.3 岁。盟员年龄结构、界别结构、专业结构得到优化，盟基层组织得到稳步、健康、有序的发展。

5. 加强机关建设，强化服务意识。在市委、市政府、市政协及统战部的关怀和支持下，盟机关增加了专职人员编制，业务经费逐年增加，办公地方和办公条件等得到明显的改善。盟机关按照"执行、服务、参谋、助手、组织、协调"的十二字职能要求，努力创建学习型、服务型、创新型、效率型的机关，全力为盟市委和全体盟员提供优质服务，让广大盟员能找到"家"的感觉。

四、做实事、做好事，开展社会服务有效

"出主意、想办法，做好事、做实事"是民盟的光荣传统。盟市委遵循尽力而为，量力而行的原则，本着奉献爱心、服务社会理念，组织广大盟员开展多种形式的社会服务。朱伍坤主委带领部分盟员深入到粤北山区的连州中学开展一对一的扶贫助学活动。盟市委组织盟员医生到大岭山进行义诊，为 160 多名群众提供了服务。全体盟员 2003 年为印尼海啸捐款近 5 000 元、为身患重病的老盟员袁浩泉捐款 7 400 多元、2005 年为广东洪涝灾害捐款 4 000 多元、今年又为广东的洪涝灾害捐款 13 000 多元，积极为灾区捐款捐物，

为社会扶贫解困尽绵薄之力，彰显盟员的社会爱心。盟市委因此获得盟省委颁发的社会服务工作优等奖。

五年来全市广大盟员在各自的工作岗位上，勤奋工作，努力进取，默默奉献，许多同志取得卓越成就，为祖国和人民赢得荣誉，也为东莞增添光彩。市盟有 46 人次获得国家和省级的各种奖励，朱伍坤同志荣获 2006 年度中国环境学会"环境科技优秀工作者奖"，程发良同志被评为"南粤教坛新秀"、"千百十"工程省级带头人、"东莞市十大杰出青年"等，盟员曹文斌因抗非典成绩突出火线加入中国共产党。

各位代表、各位同志，五年来民盟市委的工作虽然取得明显的成绩和显著的进步，但仍有一些问题需要我们认真对待，主要有：建言献策的质量仍待进一步提高，部分盟员的政党意识不强，有些支部的活力不够、活动偏少，后备干部的培养、举荐的渠道不多，组织发展的质量和数量仍跟不上形势发展的要求等等。这些问题必须认真对待，不断研究、改进和解决。

几点经验与体会

一、自觉接受中国共产党的领导，坚持中国共产党领导的多党合作和政治协商制度是民盟的历史经验和政治准则

中国共产党领导的多党合作和政治协商制度，是我国的基本政治制度。这一制度，是在中国革命建设和改革的历程中形成巩固和发展起来的，是植根于中国大地已根深叶茂、具有中国特色和适合我国国情的一种新型的社会主义政党制度。坚持和完善这一政党制度，是调动一切积极因素，实现国家发展宏伟目标的必然要求，是民盟历史传统和发展的政治准则。

二、充分发挥民盟的特点和优势，从实际出发，积极参政议政，建有用之言，献利民之策，努力为构建和谐社会服务，是发挥参政党作用的切实有效途径

围绕中心，服务大局，"出主意、想办法，做好事、做实事"是盟的优良传统，也是经验总结。我们要充分发挥盟的特色和优势，把自己的工作建

立在实事求是的基础上，讲真话、做实事、做好事，建有用之言，谋为民之策，才能更好地为建设东莞服务，为构建和谐社会服务。

三、坚持进步性和广泛性相结合，继承发扬优良传统，是内聚人心，外树形象的重要保证

民盟是政治联盟性质的参政党，具有进步性和广泛性结合的特点。盟的进步性，主要表现在自觉接受共产党的领导，与共产党亲密合作，共同致力于建设中国特色社会主义事业；盟的广泛性，是指我们的成员来自不同的社会阶层和群体，能更多地反映所联系的知识分子的具体利益和要求。民盟在与共产党长期合作的历史进程中，盟员的学识、风范、工作业绩，高尚情操所产生的感召力、亲和力，发挥着特殊的作用。在这方面，老一辈盟员为我们树立了良好的榜样。为此，我们不但要有坚定的政治立场，鲜明的政治态度，还要作风正派，恪尽职守。有为国分忧、为民谋利的思想和密切联系群众的良好作风，要学习继承民盟老一辈的风范、学识、人品、风骨，作为我们立身行事的精神支柱。

四、认真学习、与时俱进，努力提高自身素质，加强后备干部队伍建设，是我们不断开拓前进的坚实基础

国内外形势和多党合作事业的发展，对我们提出了更高要求，我们肩负的任务、责任更加重大。加强学习、与时俱进是我们适应新形势，完成新任务，开创新局面的重要途径。

作为参政党的一员，我们不仅要学习政治理论、治国理念，而且还要学习先进科学文化知识，在自己的专业领域内不断进行知识更新。这样才能跟上时代的步伐，才能更好地发挥参政党的作用。

人才强盟，努力吸收高素质的新鲜血液，加强后备干部队伍建设是一项十分紧迫的工作，我们要解放思想，拓宽视野，不拘一格选拔人才。建立和健全选拔机制，建立雄厚的人才储备，才能使盟的事业不断发展壮大。

今后工作的建议

新世纪、新形势、新任务，我国社会已进入社会的转型期，转型期的社会对执政党提出了新的要求，对参政党也是新的挑战。知识经济的发展、民主与法治的潮流，对发挥参政党的作用提出了新的课题。我们要认真学习江泽民同志"三个代表"重要思想，树立和贯彻科学发展观。把促进发展作为我们的第一要务，服从和服务于改革、发展、和谐、稳定大局，解放思想、实事求是、与时俱进、开拓创新，不断加强自身建设，积极发挥参政议政、民主监督的作用，努力为社会主义的三个文明建设，为构建和谐东莞做出我们应有的贡献。

一、认真深入学习，进一步筑牢思想政治基础

盟市委要高举邓小平理论伟大旗帜，认真学习十六大会议精神、"三个代表"重要思想和《中共中央关于进一步加强中国共产党领导的多党合作和政治协商制度建设的意见》《中共中央关于加强人民政协工作的意见》，树立和贯彻科学发展观，自觉坚持党的领导，进一步筑牢履行职能的思想政治基础，提高政治的敏感性和洞察力，增强工作的使命感和责任感，牢固树立立盟为公和参政为民的理念，摆正位置，做到"帮忙不添乱，尽职不越位"，为推进三个文明建设，为东莞的经济、社会双转型做出新的贡献。

二、加强自身建设，进一步推动盟的组织建设发展

1.加强领导班子建设。领导班子的建设对于市盟在新形势、新任务下，把握正确的政治方向，广泛团结盟员建设高素质参政党地方委员会，更好地推动盟的组织发展，更好地发挥参政党的作用有重要意义。要做好班子建设，必须搞好政治交接，搞好政治交接必须牢牢抓住坚持和完善共产党领导的多党合作和政治协商这个核心内容，讲团结、讲大局、讲稳定。要建立科学高效的集体领导制度和工作机制，认真贯彻民主集中制的原则，充分发扬民主，真正体现领导班子的集体意见。只有一个团结、廉洁、高效、奋进的班子，才能有力地推动民盟各项事业的发展。

2.加强基层组织建设。基层组织是盟的组织基础和工作基础，要选拔有一定的政治水平、热心盟务、有较强组织能力和较高群众威信的同志担任基层的领导工作。目前市盟的十个支部都完成了换届工作，新支部主委要积极大胆开展工作，盟市委要进一步加大对支部的领导和扶持力度，通过建立和健全盟市委领导分工联系支部的制度，支持基层组织定期开展形式多样、生动活泼、富于创造性和吸引力的活动，提高盟组织的影响力和凝聚力。要在吸收新鲜血液上狠下功夫，适度加快组织发展。

3.加强机关建设。盟机关是盟市委的中枢、是盟员的家，要增加机关专职人员，增强服务意识，提高服务水平。

三、充分发挥盟的特点和优势，进一步提高履职水平

本着突出重点，突出特色、务求实效的精神，围绕市委、市政府的中心工作，选好课题，结合自身的特点和优势，开展调查研究，提出高质量的建设和意见。盟市委在环保、教育、关注和维护外来工权益等优势领域，要继续加大调查研究的力度，善于总结经验进一步发挥优势。本届市委在提案、发言的量上已有突破，以后要在质上狠下功夫，进一步提高履职的水平。

四、以扶贫解困为重点，进一步提升社会服务的水平

我国社会正处于结构的转型期，也是矛盾的多发期，我们在促进发展的同时，必须多关注社会的公平、关注社会的弱势群体，本着"把好事做实、把好事做好"的宗旨，量力而为，以扶贫解困为工作重点，积极开展社会服务，为构建和谐社会做些力所能及的工作。

同志们：今年是民盟东莞市委成立的十五周年。十五年来，我们在民盟广东省委和中共东莞市委的正确领导和亲切关怀下，与中共东莞市委风雨同舟、携手奋进、并肩前进，一起见证了东莞的经济腾飞、新城崛起和社会进步。为了庆祝民盟东莞市委成立十五周年，民盟广东省主委、省政协副主席韩大建亲笔给盟市委题词："建求是诤言，献发展良策"；中共东莞市委刘志庚书记题词："亲密的友党、挚诚的朋友"；市政协袁李松主席题词："为

政府分忧、为百姓谋利"；市政协副主席、中共东莞市委统战部部长游敏达题词："以科学发展观和构建和谐社会两大战略思想为指导，肝胆相照、总结经验、促进新的发展"。亲切的话语，谆谆的教导，我们不应该也决不会辜负领导们的期盼和嘱托。

各位代表、同志们：

我国改革开放和社会主义现代化建设正处在一个全面发展的重要时期，中国共产党第十六次全国代表大会为中华民族的伟大复兴指明了方向，描绘了美好蓝图。新形势、新任务，让我们紧密地团结在以胡锦涛总书记为中心的党中央周围，围绕中共东莞市委、市政府的中心工作，同心同德、与时俱进、扎实工作，为祖国的美好未来，为建设和谐美丽的东莞做出新的更大的贡献。

积极履行参政党职能，
为构建幸福东莞贡献力量
——中国民主同盟东莞市第四届委员会工作报告

（2011 年 9 月 5 日）

朱伍坤

各位代表、各位同志：

我受中国民主同盟东莞市第四届委员会的委托，向本次代表大会做工作报告，请予审议。

五年工作回顾

在民盟广东省委和中共东莞市委的领导下，民盟东莞市第四届委员会坚持以中国特色社会主义理论体系为指导，努力践行科学发展观和社会主义核心价值体系，高举社会主义和爱国主义伟大旗帜，坚持和完善中国共产党领导的多党合作和政治协商制度，认真学习贯彻《中共中央关于加强人民政协工作的意见》、中共十七大和民盟十大会议精神；以建设高素质的参政党地方委员会为目标，突出团结、民主两大主题，加强理论学习和实践锻炼，弘扬民盟的优良传统和正派作风，创新工作机制，切实履行政治协商、民主监督、参政议政职能。五年来，民盟东莞市委的工作扎实而富有成效，发展有序且步伐稳健，为我市经济建设、社会建设、政治文明和生态文明建设，为构建幸福东莞做出了应有的贡献。

一、勤学为政，思想基础更牢固

民盟东莞市委致力建设学习型的参政党。组织盟员深入学习邓小平理论、"三个代表"重要思想和科学发展观，提高盟员的政治素质和思想道德水平；加强多党合作优良传统教育，深刻认识和理解参政党的性质、地位和时代赋予的历史使命。通过学习，加深认识，夯实各项工作的思想基础，为参政议政提供保障。

1. 结合形势，广泛开展各类学习教育活动。盟市委在学习教育方面一直强调理论联系实际，在不同时期，组织全体盟员进行各类学习活动。如 2007 年盟市委制定了《政治交接学习教育活动实施方案》，将各阶段的形势，爱国主义精神，统战理论知识，党的十七大、民盟十大会议精神以及盟章、盟史等内容结合到政治交接学习活动中，先后召开了"政治交接解放思想"暨纪念"五一口号"发布 60 周年座谈会，以及《搞好政治交接，推动参政党建设》《世界经济的衰退及对策》《当今中国的改革和参政党的任务》三个不同时期的专题讲座。盟市委还积极响应盟中央和盟省委的号召，组织盟员学习盟史，观看《民主之澜》《黄炎培》《建国大业》《建党伟业》等影剧，重温历史，传承精神，坚定信念。

2. 重视培训，不断提高领导班子和后备干部的素质。盟市委领导班子重视加强自身的学习培训，通过学习不断提高政治把握能力、参政议政能力、组织领导能力和合作共事能力。除了每年积极参加东莞市民主党派暑期学习班和东莞市党派干部培训班，平常还把握机会参加"东莞学习论坛"等活动，学习最新政策文件，把握时政动态。盟市委领导带头撰写理论研究文章，相继发表了《发挥我国政党制度优势，推进政治文明建设》《独立学院统战工作的思考》《清醒认识当今形势下参政党的社会责任，践行社会主义核心价值体系》等文。盟内后备干部也积极参加由市委组织部、统战部、市社会主义学院举办的"东莞市党外后备干部培训班"，以及市政协组织的全国政协北戴河学习培训班等学习活动，着力提高领导班子和骨干的素质。

3. 深入基层，以不同形式的活动与盟员进行思想交流。五年来，盟市委通过开展女盟员活动、退休盟员中秋座谈会、新盟员座谈会、骨干活动、支部联合活动等特色活动，将不同年龄阶段、不同特点、不同层次的盟员凝聚起来，同时也把学习的主题贯穿于活动中。如每次举办新盟员座谈会，盟市委领导都对新盟员提出"加强学习，提高认识，转变角色"的要求，更推荐相关书籍建议新入盟的同志认真阅读。各种特色活动为盟员搭建了交流、学习互助的平台。通过交流互动，盟市委能够及时了解盟员的思想动态及各方面的诉求，许多提案、议题也是在这种轻松交流、思维碰撞的氛围中产生，形成了许多参政议政成果。

4.探索渠道，搭建平台，打开思想建设和宣传工作新局面。《东莞盟讯》一直是推动全盟思想建设工作和宣传工作的主阵地。2008年，盟讯改版，加大印刷量，并开放某些政论、文学栏目向盟员征文，改版后的第一期盟讯互动多，反响好，盟员们都积极投稿。2010年，盟市委开始着手筹建"东莞民盟"网站，畅通盟市委的学习交流和资源流通渠道。此外，充分利用短信平台、QQ群等通信工具，开辟信息发布的渠道，给盟员沟通交流的空间。

5.定期总结和交流，努力增强盟组织的凝聚力。全市盟员分布在各条战线和不同领域，为了加深各支部及全市所有盟员的相互了解，交流参政议政、组织发展、组织建设等方面的经验和体会，盟市委每年都举办迎春茶话会，总结上一年的工作，畅谈来年的理想，较大程度上鼓舞和激励了盟员，同时也密切了盟员的关系，增强了盟组织的凝聚力。

二、参政为民，建言谋策促发展

民盟东莞市委致力建设实干型的盟组织。围绕中心，服务大局，始终以促进科学发展、和谐发展作为参政议政的最终目标和第一要务。五年来，注重调查研究，联系基层，收集社情，反映民意，力求在政治协商、民主监督、参政议政领域，建有据之言，提有用之法。并始终秉持"出主意、想办法、做好事、做实事"的十二字方针，做到关注民生，直面热点，敢碰难点，善讲真话，巧说实话，以诚相待，争做挚友。

1.协商监督讲方法，求实效，贵坦诚。五年来，盟市委领导积极参加各种高层政治协商，在市委、市政府及相关部门举行的民主协商会、情况通报会、征求意见会和调研考察活动中，就我市的改革、转型、发展、稳定等方面的重大决策，以及各职能部门的重要工作和各项政策、法规的制定、修改，还有全市重要干部的人事任免等进行协商和建言谋策；盟内的人大常委、政协委员、各类特约人员、青联委员等在各自的领域积极履行民主监督职能，勇担社会责任。盟内成员共 23 人次参加了东莞广播电台政协议政厅周末访谈节目及东莞电视台的相关专题访谈，其中盟市委承办了 7 期周末访谈，每次都吸引了不少听众来电互动交流，初步树立起了党派知民情、贴民心、达民意的良好形象。

2. 参政议政讲力度，求深度，拓广度。紧抓提案、发言工作——盟市委延续上一届市委会的做法，对提案、发言工作早布置、抓落实、讲实效，并且通过每年的参政议政工作会议认真总结经验，表彰先进，树立典型。五年来，共收到盟内成员提交的提案素材 270 多篇，是盟市委历届数量之最。这些素材被盟市委进一步完善为市长会见政协委员座谈会发言 7 篇，提案、议案 186 件（集体提案 65 件，政协委员个人提案 113 件，人大议案 8 件），提案数量占市政协五年来提案总数 1 501 件的 11.8%。其中，被列为重点督办提案的有 2 件，优秀提案 5 件，表扬提案 6 件。盟员的参政议政热情高涨，提案、发言质量不断提升。我们充分发挥主界别的优势，对教育、科技等领域的问题积极建言，同时也把视野拓宽到经济、资源与环境、社会管理和社会保障等领域，对经济快速发展时期的社会矛盾和深层次问题看得清，释得透，提建议，建真言，讲实话，促发展。一些发言和提案引起了社会广泛的共鸣。大部分建议都得到市委、市政府及各部门的采纳，促进了相关职能部门的工作。

拓宽参政议政渠道——集中盟员群体智慧，通过各种平台积极建言。五年来，向市委统战部、市政协提交《民盟信息》共计 85 期，其中有 3 期针对亟待解决的社会问题提出了有效的建议，被采纳为市政协社情民意信息，专报副市长并得到批复落实；向盟省委提交的 5 篇信息就有 2 篇获得采纳上报盟中央。此外，盟市委每年都从各个支部中选取有代表性的盟员参加政协会议旁听，充分发挥民主监督职能，并借此提高盟员参政议政积极性。

3. 调查研究借经验，立机制，重实干。盟市委除了为政协提案和市长会见政协委员座谈会发言开展大量调研活动外，同时还积极参加市政协专题调研活动和专题议政会议，协助盟中央和省盟开展各项考察调研活动，如2008年省政协开展的"培养吸引优秀人才，增强广东核心竞争力"专题调研，还有近两年省各民主党派联合调研组关于"完善自主创新机制，加快经济发展方式转变"的专题调研，以及省盟专委会《关于提高我省低收入人群待遇的建议》等四个课题的调研。通过协助调研，总结了宝贵经验。2010年，盟市委制定和完善调研工作规则，以支部为单位筹建课题组，到目前为止共完成了《关于东莞市供水安全》等11个课题的调研，调研成果均以提案或大会发言等形式提交给市政协。

2010年年底，盟市委经协商研究和充分酝酿，对专委会进行调整，设立社会法制与农村工作委员会、经济与资源环境委员会及科教文卫体委员会，在盟市委的参政议政工作领导小组下开展工作。目前三个专委会已正式运作，正在进行《关于东莞市保障性住房建设》《关于我市经济转型期职业教育的发展》等课题的调研活动。

4. 制度建设讲科学，求完善，立保障。盟市委制定和完善各项制度，为参政议政提供了有力的保障。在《民盟东莞市委基层组织工作量化考核办法》中，各支部的参政议政工作是重点考核项目，所占分数比例最高；盟市委还结合实际情况，通过不断实践，修改完善了《民盟东莞市委参政议政工作规则》《民盟东莞市委提案提出、受理、奖励制度》等；鼓励盟员积极开展调研活动，规范调研申请、组织和成果提交程序；针对专委会的运作特点，制定了《民盟东莞市委专委会工作规则》，进一步实现参政议政工作的制度化、规范化、程序化运作。

三、立盟为公，服务社会献爱心

民盟东莞市委致力建设奉献型的盟集体。鼓励盟员爱岗敬业，投身社会建设，争取建功立业，更号召盟员发挥民盟"出主意、想办法，做好事、做实事"

的精神，为民解忧尽力而为，结合实际量力而行，通过各种形式、在不同的领域开展社会服务。

1. 盟员立足岗位，争做贡献。五年来，全市广大盟员在各自岗位上努力工作，不少盟员做出了突出贡献，成就卓越。五年来，据不完全统计，共有 16 人次获得省级以上奖励，35 人次在省级以上刊物发表文章，为盟组织增添了荣誉和光彩。如：唐章辉获"全国优秀教师"称号，刘笃锋获"第 6 届全国外语教师园丁奖"，李云霞获"全国优秀指导教师"荣誉；程发良教授被评为"千百十工程"省级培养对象；袁华强教授获选进入东莞市第八批专业技术拔尖人才、经国务院批准享受 2010 年政府特殊津贴等。今年五月，鉴于对盟务和盟组织工作的贡献，盟市委城建环保支部及朱伍坤同志分别被盟中央授予"纪念中国民主同盟成立七十周年"的先进集体和先进个人，汤瑞刚同志、王雪萍同志分别被盟省委授予"先进个人"和"优秀盟务工作者"。

2. 心系困难群众，齐伸援手。在面对重大自然灾害的时候，盟市委总是第一时间发动盟员为需要帮助的群众捐资捐物，奉献爱心。"5·12"汶川地震灾难发生以后，不少热心盟员以个人的名义纷纷向灾区捐钱捐物，还有一位盟员匿名捐赠了 5 000 元。后在盟中央的号召下，盟市委又组织全体盟员为灾区捐建"民盟小学"的工程捐出了 42 340 元，盟员在各自工作单位的捐款总额超过 10 万元。城建环保支部主委王勇同志，积极响应党的号召，不畏艰险，主动到映秀参加重建工作，为灾区人民重建家园做出了贡献。

3. 致力教育扶贫，捐资助学。五年来，盟市委先后发动了清远佛冈捐资助学活动，利用节假日组织盟员开展结对帮扶活动，法律、医疗下基层义务咨询活动，响应盟中央和盟省委的号召，承办民盟东莞市"农村教育烛光行动"。除了集体组织的各种社会服务活动以外，不少盟员还争做慈善，积极参加"广东扶贫济困日"等多种社会公益活动，表真情，彰爱意，树立了盟的形象，扩大了盟的影响。

四、发展为本，自身建设稳推进

民盟东莞市委致力建设进取型的参政党。围绕盟中央"突出一条主线，抓好两个重点"工作要求（一条主线就是继续搞好政治交接，两个重点就是加强自身建设和提高参政议政水平），全面推进自身建设，提高整体素质，稳步向前发展。

1. 构建团结、民主、和谐的领导班子。民盟东莞市委第四届领导班子具有三高一低的明显特点（即学历高、职称高、参政议政热情高，而平均年龄较上届明显降低），是一支年富力强的队伍，同时也是一个民主、团结、开拓、务实的领导集体。这五年的时间里，他们不断加强学习，提高能力，在盟的各项工作中充分发挥作用，在盟的各个活动领域争当表率，为盟组织的发展做出了重要贡献。盟市委贯彻"人才兴盟，人才强盟"战略，加强对《民盟中央关于加强后备干部队伍建设的意见》的学习，努力做好后备干部的物色、培养、选拔和推荐工作，初步建立了相当数量的高素质、高层次中青年后备干部队伍。

2. 重质保量，建设结构优化的基层组织。五年来，盟市委注重吸纳在各个领域具有一定代表性的高素质人才，全市共发展盟员 38 名，年均发展率为 4.97%，其中博士 3 名，中高级职称达 84.2%，而平均年龄只有 29.3 岁。截至 2011 年 6 月，全市盟员达到 195 人，其中博士 9 人，硕士 21 人，盟内高级职称人数为 96 人，占总数的 49.2%，全体盟员平均年龄 52.6 岁，较上一届 54.0 岁下降 1.4 岁。盟市委这五年的组织发展工作健康有序，年龄结构、界别结构都得到进一步的优化。

3. 任人唯贤，努力打造成长平台。盟内现任市政协副主席 1 人，市政协常委 2 人，政协委员 8 人，市人大常委 1 人，各类特约人员，青联委员等 8 人次。另外，盟市委秘书长也被积极举荐到市政协经济委员会担任副主任一职。同时，也注重盟内职务的安排，2010 年盟市委重新调整三个专委会，不拘一格选拔人才担任专委会主任、副主任、委员职务，让更多盟员有发挥作用的平台，展现才华的机会，充分调动盟员积极性，努力提高参政议政水平。

4. 增强服务意识，机关工作取得进步。盟市委机关专职人员由上一届的 2 人增加至 3 人，办公经费也得到相应增加。办公室工作基本实现分工协作，团结高效的目标，为更好地履行"执行、服务、参谋、助手、组织、协调"的职能要求打下了更坚实的基础。五年来，机关专职人员努力加强学习、服务、创新和效率四大意识，为盟市委的自身建设、参政议政和社会服务工作贡献了力量，在机关建设和宣传工作、档案工作、组织发展工作等方面也取得了进步。2011 年盟机关获得盟省委授予"机关建设奖"。

过去的五年，在民盟广东省委和中共东莞市委的正确领导、市委统战部的悉心指导和全体盟员的共同努力下，我们朝着"建设政治协商有方、参政议政有为、民主监督有力的高素质参政党地方委员会"这一目标稳步迈进，在多党合作的政治格局中发挥了应有的作用。但我们也存在着许多问题和不足，一是我们的理论修养和政治素质还需进一步提高；二是参政议政工作的深度和广度有待进一步加强；三是组织工作、社会服务有待进一步改善；四是机关的服务意识、服务质量、组织能力、协调水平仍要进一步提升；五是党派的社会影响力还需进一步扩大，等等。今后我们必须加倍努力，争取把工作做得更好。

对今后工作的建议

新一个五年，是世界经济格局的复杂变革期，是我国全面实施"十二五"规划的新时期，是我省加快转变经济发展方式的攻坚期，也是我市深入推进双转型、加快现代化建设的重要时期。参政党面临的是更为复杂多变的社会形势，更为深层严峻的社会矛盾，肩负的任务也更加艰巨。这就要求我们必须统一思想，更加坚决地拥护中国共产党的领导，继续完善中国共产党领导的多党合作和政治协商制度；明确方向，更加坚定不移地走中国特色社会主义政治发展道路；继往开来，更加有信心地继承和发扬民盟"革命的传统、切实的知识、正直的作风"之精神，努力加强学习，加深认识，提高履职能力，积极发挥作用，以更高的社会责任感，更大的政治信念和理想抱负，投身社会服务，为民鼓与呼。

一、坚定思想，传承精神，把握正确政治方向

下一个五年，国际国内形势将继续发生深刻的变化，盟市委应牢牢把握大局，高举邓小平理论和"三个代表"重要思想的伟大旗帜，努力践行科学发展观和社会主义核心价值体系，继承和发扬民盟的优良传统，着重抓好中共中央关于多党合作和人民政协工作的两个"5号文件"的学习，坚持和完善中国共产党领导的多党合作和政治协商制度，坚定不移地走中国特色社会主义政治发展道路，为巩固和壮大最广泛的爱国统一战线，建设社会主义政治文明、实现民主和谐的党际关系贡献力量。

二、夯实基础，加强建设，全面提高政党素质

1. 搞好政治交接，建立团结高效的领导班子。面对新时期、新形势，参政党如何抓住机遇，在构建和谐社会、幸福社会的历史进程中发挥作用，具有极其重大的意义。搞好政治交接是首要任务，要加强班子的民主、团结，努力使班子成员用历史的、国际的眼光，全局的、战略的思维，团结、带领广大盟员走建设有中国特色的社会主义道路；认真贯彻民主集中制原则，实行集体领导和个人分工负责制，搞好领导班子内部团结合作；围绕中心、服务大局，廉洁奉公，努力成为能够把多党合作事业不断向前推进的"火车头"。

2. 加强基层组织建设，培育凝聚参政力量。各支部要按照"一增，二抓，三靠，四度"的工作思路（一增是指增强责任感和使命感；二抓是必须抓好学习和支部的自身建设；三靠是依靠支部盟员所在的各单位领导和党组织的支持，依靠支部领导班子的团结和谐，依靠支部发挥盟员的积极性，实现支部健康有序的发展；四度是指组织发展有速度，组织活动有频度，参政议政有深度，社会服务有热度），充分发挥优势，扎实开展工作，努力打造活力支部。

参政党作用的发挥，主要取决于成员的质量。未来的五年，盟市委要着重抓好"盟员、支部、骨干"三个支点，做好以下三个环节的工作：一是盟员的发展和培养，要统一认识，宏观把握，正确处理质量与数量、发展与巩固、重点与非重点、发展骨干成员与发展一般成员的关系，要结合实际，注意发展有利于优化界别结构、年龄结构的新成员入盟；更要注重盟员入盟前、入盟后的阶段性教育培训，使他们尽快融入集体，转变角色，担起参政党成员应有的社会责任。二是支部建设，适当增加组织活动频度，注意提高活动质量；对于一些因盟员分散或其他原因而较难组织活动的支部，盟市委要给予更多的支持和帮助，通过支部联合活动、小组活动等有效形式推动他们的工作。多推动学院支部等重点支部的工作，发挥人才聚集的优势，争取建立松山湖总支，为盟组织增添力量。三是发挥骨干作用，要注意发现、培养和扶持有能力、有干劲、有代表性的盟员担任要职，同时注重发挥专家学者、权威型人物、参政议政骨干成员的影响力，在多种场合和各种活动中给他们展示的机会；在支部这一层面，对一些专业人才、高校教师聚集或地域优势、界别优势特别突出的支部，要建立激励机制，鼓励支部群策群力，努力在专业知识、参政议政、社会服务方面成为盟市委一份可以依靠的力量。

3. 进一步完善各项工作制度。加强制度建设，强化各项工作的科学性、规律性和规范性，是进一步牢固盟的基础、整合资源、发挥优势，提高履职能力的有力保障。制度的产生，也是盟组织在多年的工作和反复实践中，总结出来的宝贵经验和可供遵循的科学规律。要制定和完善各项工作制度和规则，如领导班子议事决策规则，盟市委的各项会议制度，发展成员的考察培养制度，调查研究、参政议政和反映社情民意信息的机制，基层组织工作细则，机关工作制度等。

4. 进一步加强机关服务水平。面对新形势、新任务、新要求，盟机关的思想作风、政治素质、服务意识和业务能力要有进一步的提高。要做到认真加强学习，加强管理，完善制度，以建设一个高效、文明、团结、务实的机关为目标，把机关建设和机关工作提高到一个新水平。

三、加深认识，扎实调研，切实提高履职水平

深刻理解新时期我省和我市所面临的新形势，结合改革开放前沿地区的特点，深入基层，联系群众，做好调查研究，切实反映情况，坦诚沟通协商。充分调动专委会的积极性和发挥民盟的界别优势，多点组织学习、考察和调研，提供更多实践锻炼的机会，务求从更广泛的领域关注四个文明的建设，关注民生，关注社会，攻坚克难，做精品提案。

四、发挥优势，探索创新，积极开展社会服务

我们要根据民盟的特色，结合东莞的实际和资源优势，发掘更多的社会服务方式，拓宽支援渠道，把触手伸到更多需要帮助的地方。重点依赖盟内丰富的教师和教育专家资源、高级知识分子和志愿服务社会的热心盟员，在教育均衡发展、社会法制和文明建设、城市规划及管理、环保等领域，开展有一定频度的、可持续发展的社会服务项目，逐步创建东莞民盟社会服务的品牌。为加强和创新社会管理，深化社会体制改革贡献我们的力量。

同志们，今年是民盟东莞市委成立二十周年。二十年的风雨万程，取得的进步令人鼓舞，经受的考验使人铭记。我们不会忘记民盟中央、民盟广东省委给予的亲切关怀和殷切期盼；我们不会忘记历史赋予我们与中共东莞市委风雨同舟、肝胆相照的挚友情怀，在各种关键时刻和困难磨砺面前，中共东莞市委的始终信任、支持、引领，携手共进，正是这种亲密无间的合作共事，我们共同见证了东莞的蜕变和成长；我们更不会忘记在前进的道路上广大盟员给予我们的巨大支持、信任和付出的辛勤汗水。在改革发展的道路上，这些都将成为民盟东莞市委向前迈进的强大动力，以更坚定、更自信、更豪迈的姿态，迎接未来的挑战。

各位代表，同志们：

我国已迈进深入贯彻落实科学发展观、积极推进社会主义和谐社会建设

的重要时期。"十二五"规划描绘了清晰的蓝图，明确了各项任务和目标，即将召开的中国共产党第十八次全国代表大会也给予我们鼓舞和希望。让我们更加紧密地团结在以胡锦涛同志为总书记的中共中央周围，围绕和谐与发展两大主题，围绕市委、市政府的中心工作，继往开来，扎实进取，为祖国的现代化建设，为构建幸福广东、幸福东莞贡献力量，再创辉煌！

同德同心开创参政党工作新局面
凝心聚力助推东莞高水平崛起
——中国民主同盟东莞市第五届委员会工作报告

朱伍坤

（2016 年 6 月 25 日）

各位代表、同志们：

现在，我代表中国民主同盟东莞市第五届委员会，向本次代表大会做工作报告，请予审议，并请列席会议的同志提出意见。

五年工作回顾

在过去的五年里，民盟东莞市委在民盟广东省委和中共东莞市委的正确领导下，在全体盟员的共同努力下，始终坚持中国特色社会主义政治发展道路，围绕党和政府的中心工作，以建设高素质的参政党地方委员会为目标，主动适应经济社会发展新常态，勤学修身、凝聚共识，开拓创新、发挥优势，履职尽责、服务社会。工作开展卓有成效，朝着建设成为思想上坚定、履职上坚实、组织上坚强的参政党地方组织又迈进了一步，为加快转型升级、建设幸福东莞、实现高水平崛起做出了积极的贡献。五年来我们思想建设上轨道，同心观念更坚定；五年来我们参政议政上水平，党派声音更响亮；五年来我们社会服务上档次，"一心四行"迈大步；五年来我们自身建设上台阶，组织力量显增强。

一、笃学以凝心，思想建设上轨道

现在是一个思想开放活跃、文化百花齐放的时代，加强思想建设，进一步提高自身素质，才能充分发挥参政党作用。五年来，盟市委始终把学习作为凝聚全盟共识、加强思想建设的有力抓手。一是与时俱进，让学习主题紧跟形势发展。高举中国特色社会主义伟大旗帜，以坚持和发展中国特色社会主义为主题，抓住中共十八大的召开、纪念抗战胜利 70 周年等契机，通过开展形式多样的学习实践活动，深入学习贯彻中共十八大和习近平总书记一系列重要讲话精神及中央统战工作会议精神等，同时加强多党合作和参政党理论知识及盟章、盟史的宣传教育，不断夯实多党合作的共同思想政治基础。二是常抓不懈，让不同层面共同提升。领导班子带头开展政治理论学习、盟史研究和撰写心得体会，朱伍坤主委给全盟做了《新时期参政党的功能责任与使命》专题报告，还向全体盟员推荐了《重新发现社会》《叩响命运的门》《从前的先生》等旨在加深盟史了解或提升盟员素质的书本；盟员骨干和机关干部积极参加学习培训，如盟市委组织以"寻根追梦"为主题赴民主党派发源地重庆等地开展的爱国、爱盟专题理论学习活动，特邀广东省政府参事、原民盟广东省专职副主委王则楚主讲《参政参到点子上议政议到关键处》专题讲座、盟中央举办的盟务骨干培训班、盟省委举办的信息员培训、机关干部管理能力与效率提升培训班、宣传干部新闻业务培训班等专题业务培训，以及市委统战部举办的"机关大学堂"和民主党派干部培训班等。五年来针对新盟员组织了近十次新盟员座谈会，并组织全体盟员到井冈山党校进行了综合素质培训。三是传承不息，让理论成果有效转化。思想宣传工作在务实推进中不断开拓创新，在紧贴实际中保持昂扬基调，在融合大局中营造奋进氛围。

（一）通过网络途径实现广泛快速传播。五年来，在民盟东莞市委网站主页和东莞统一战线微博、微信平台共发布了盟务工作动态及统战要闻近300篇，参政议政、社会服务、自身建设栏目专题信息和专项工作总结、经验类介绍近100篇。

（二）通过成果汇编扩大精品著述影响。印发《东莞盟讯》（年刊）共五期，推出《寻根·缅怀·读书·践行——民盟东莞市委盟员学习心得体会汇编》，编写《民盟东莞市志》全面展示民盟东莞市委的发展历程，让教训永存，让经验传世，让业绩留芳。

（三）通过实践锻炼巩固多党合作根基。通过学习，提高认识，指导实践，在实践过程中发现的问题、规律等，又促使盟员继续研究学习，这种良性循环推动了盟市委在参政党理论研究方面有了很大进步。五年来，获市委统战部立项的理论研究课题共 4 个，其中两个课题分别获全市三等奖和优秀奖；向盟省委、省政协理论研究会等提交并或刊载的理论研究成果共计 7 篇。

二、求索以明志，履职建言显实效

协商监督参政议政是中国共产党领导下的多党合作和政治协商制度赋予参政党的神圣职责。做好协商监督参政议政工作，既是制度安排，又是职责和价值所在。五年来，盟市委始终把协商监督参政议政作为各项工作的重中之重，围绕中心，服务大局。注重调查研究、深入基层、紧接地气、收集社情、反映民意，发挥人才荟萃、智力密集的优势，秉承"出主意、想办法、做好事、做实事"的光荣传统，关注民生、直面热点、敢碰难点，善讲真话、巧说实话，建言献策求真求诚、求深求实、求精求准，以诚相待，争当诤友、乐做挚友。一是精选题，早布置，深入调查研究。没有调查研究就没有发言权。为了做到言之有据、言之有理、言之有实，盟市委每年都要精选一批课题做深入的调查研究，力求理解上情、了解下情、摸清实情，有的放矢，大兴调查之风。五年来盟市委共组织各类调研 20 多次。

（一）精选题。每年各专委会及支部都会根据自己实际情况和社会的热点难点问题，精心选择 1 ～ 3 个课题供盟市委作为备选调研课题。盟市委根据方案可行性给予立项，立项的课题力求能结合本市的实际，紧扣时势，突出民生热点难点。

（二）早布置。每年上半年，盟市委都会召开参政议政总结表彰大会，对上年的参政议政成果进行总结和表彰，并就来年两会的参政议政调研进行布置，让各项调研有足够的时间空间。

（三）积极向盟省委申报调研项目。许多盟员踊跃申报盟省委的调研课题，其中每年有 2 ～ 3 项获得立项，而且都完成得很好，其中有 7 项调研成果转化为盟省委的大会发言、集体提案或委员提案，为盟省委参政议政做出了积极贡献。

（四）密切配合上级的调研。积极配合盟中央和盟省委来莞开展的各项调研考察活动，特别是今年 3 月 20 日～21 日，全国人大常委会副委员长、民盟中央主席张宝文率盟中央调研组就"改革开发区管理体制，促进开发区转型创新发展"来莞调研，盟市委密切配合，精心协助选择调研考察线路和企业，出色完成配合调研任务。在莞调研期间，张宝文主席率调研组走进盟员企业宏川集团进行实地视察，了解到林海川盟员不但企业经营得好，而且热心盟务工作，即时给予了充分肯定和高度评价。

（五）借力调研。一是发挥盟员企业家资源优势和部分盟员所在单位技术人才的优势，借助一切可以集合和依靠的力量，做好调研工作，为参政议政知实情提供了坚实的保障。二是议大事，谋大局，协商监督贵坦诚。五年来，盟市委领导积极参加各种层面的协商会议。在市委、市政府、市政协和市委统战部及相关部门举行的专题协商会、情况通报会、座谈会、咨询会和调研考察活动中，就深化改革、转型升级、社会治理等重大机制方面的重大决策，以及各职能部门的重要工作和各项政策、法规的制定、修改积极建言。盟内的人大常委、政协委员、各类特约成员、青联委员等在各自的领域和不同场合积极履责尽责，勇担社会责任。特别是在每年民主党派负责人暑期座谈会和新年党外代表人士座谈会，盟市委带头建诤言、道真情、表民意，所做的《精耕"四治"优化环境》《实现高水平崛起要有与之相适应的城市管理格局体系作支撑》《突破瓶颈 实现跨越》《聚力绿色发展 建设美丽东莞》等发言都是议大事、谋大局、出实招，充分体现民盟当诤友建诤言、做挚友无保留的真诚。三是修机制，形合力，议政建言重实效。高度重视两会工作，不断完善参政议政的工作机制，充分调动广大盟员参政议政的积极性和能动性，培育"不说白不说""白说也要说"的担当作风，营造"只要你能说、会说、说出风格、说出水平，你就是好成员"的议政氛围。用足用好话语权，发出民盟的好声音，正能量。通过每年的参政议政工作会议认真总结经验，表彰先进，树立典型，不断激发广大盟员参政议政的热情，每年收到盟员提交的提案素材都有 100 篇以上，促成盟市委每年在两会提案发言的数量屡创新高，发言提案的质量也逐年提升。五年来，通过两会平台，向政协大会提交提案 210 件（其中集体提案 81 件，委员提案 129 件），提案数量占市政协五年提案总量（1 827 件）的 11.5%，其中被列为重点督办提案 7 件（上一届 2 件），被评为优秀提案 7 件（上一届 5 件），表扬提案 11 件（上一届 5 件），特别是 2015 年，盟市委的集体提案和委员提案同时被列为书记、节长和主席会议督办提案，一年连中三元，成为佳话。2015 年，市政协组织历年提案回头看，选择的第一件提案也是来自民盟，说明我们的提案有质量，有影响，有看头。我会的人大代表也不逊色。五年来共提交个人建议案 15 件（上届 8 件），其中《关于加快推进东莞社会工作人才队伍建设的建议》被评为优秀建议。此外，我们的人大代表和政协委员通过"市长约见"平台提供发言材料 5 篇，其中不乏力作，受到市长的高度评价。四是扩渠道，广交流，及时传递盟情信息。通过电视、电台、QQ、微信、网站等媒体和公众大众平台，宣传党派知识，传播参政议政信息、收集民意民情，提升党派影响力。五年来，组织盟员参加《政协议政厅》节目 18 期，主委带队出席东莞电台的《党派之声》栏目，介绍党派的发展历程和参政议政情况，提升市民对党派的认识，盟员委员积极走进《焦点关注》《委员访谈》等电台栏目，发出党派声音，扩大民盟的社会影响。广大盟员积极向盟省委、市政协、市委统战部等信息平台提交文章信息达 370 多篇，有些信息分别被人民政协网、盟中央网站、盟省委网站、《广东盟讯》《东莞统一战线》《东莞政协》采录。同时开通莞盟微信号、莞盟网站、QQ 群、微信群等通信手段，及时通报盟情信息，工作动态，盟员风采等。为广大盟员开辟了广泛的参政议政和工作、学习、生活交流平台，让盟员紧贴社会、广接地气，让社会多了解民盟，接近民盟，提升盟组织的吸引力和影响力，进一步夯实民盟的群众基础。

三、燃情以聚力，社会服务亮新篇

参政议政是党派工作的重头戏，做好了可以提升党派在体制内的地位，社会服务同样不可或缺，做好了可以提升党派的社会地位、筑牢党派的群众基础。五年来，盟市委始终勇担道义、传承薪火，秉承民盟"把好事做实、把实事做好"的优良传统，充分发挥广大盟员的社会服务积极性，调动一切可以调动的力量，量力而行、尽力而为，做了大量工作，成功推出了"一心四行"社会服务品牌，广大盟员"一心"献爱心，"四行"献真情，社会服务迈上了新台阶。

（一）建立"爱心基金"，让基金爱心闪亮。为了集合力量做好事、做实事，做强做响盟市委捐资助学等社会服务品牌，2013 年，盟市委经过充分酝酿，决定成立公益基金"莞盟助学基金"，采用盟市委领导带头，各支部积极动员，盟员自愿参与的做法，鼓励盟员捐款，彰显爱心，盟内企业家主动慷慨解囊，基金短期内便募集到首期启动资金 50 多万元。其后随着助学行的不断深入，盟员们爱心勃发，捐款量不断增加，捐款的用途也根据捐款人的意愿扩展到扶贫、助教、助医等方面。为此，"莞盟助学基金"于 2015 年 5 月正式更名为"莞盟爱心基金"。盟市委也相应成立了"莞盟爱心基金"理事会，对筹到的善款精心善用，充分尊重捐款人的意愿，做到分分有记录，款款有出处，及时反馈被捐助人、项目的信息，用心呵护捐助人的爱心。让捐款有着落，让爱心有反馈，营造"只要人人付出一点爱，社会将变得更加美好"的氛围。正是因为全盟上下齐努力，广大盟员爱心涌动，善举不断，留下了一幅幅动人的画面。其中，盟员林海川捐款 110 万（其中的 100 万用于建立"普宁一中励志奖学金"）；张念华捐款 20 万建立"河南睢县助学站"；欧阳华金捐款 20 万建设连州市慧光中学"民盟图书馆"。至今为止，"莞盟爱心基金"已收到盟员捐款 246.5 万元，其中捐款 5 万以上的有 8 人，1 万以上的 22 人，5 000 以上的 34 人，3 000 以上的 68 人。爱心基金收到的不仅仅是善款，更汇聚了盟员们的款款爱心，正是有了这些闪亮的爱心，才推动了我们的

"助学、助教、助医"不断前行。

（二）稳步推进"四行"，用行动表达担当。社会服务要真情真心，不能只说不做。五年来，我们的广大盟员用社会服务"四行"的实际行动，谱写了党派勇担社会责任的新篇章。

1. 用爱"助学行"，一站接一站。"莞盟助学行"以全国各地品学兼优的贫困学生为帮扶对象，每年资助每人生活费 1 000 ～ 2 000 元，是盟市委推出的首个也是最核心的品牌活动。为了使我们的"助学行"稳步推进，做出影响，"助学行"以地域或者学校为中心建立助学站，每个站每年资助 30 ～ 50 名贫困学生。到目前为止，"助学行"已建立了 15 个助学站，分别是东莞职业技术学院站、东莞实验中学站、东莞石龙站、青海西宁站、青海大通站、吉林四平铁东区站、铁西区站、叶赫中学站、湖南岳阳站、广东英德站、广东普宁一中站、东莞麻涌站、河南睢县站、东莞横沥站、湖南宜章站。每年对每个站的助学效果进行评估，确保助学款真正发挥应有的作用。助学站已遍布祖国大江南北，受助学生 512 人次。

2. 用活"环保行"，一堂接一堂。"莞盟环保行"，以环保界盟员为主，面向学校、企业和广大群众进行环保宣教、科普，并提供咨询等公益服务。至今为止，已成功举办了 35 场进校园活动、10 场进企业活动和 22 场进景区活动。盟市委社会服务工作委员会与市科技馆合作编排的中小学环保教育课《保护蓝天·说说霾》，通过"课与剧"结合的方式，寓教于乐，深受中小学校欢迎。

3. 用力"普法行"，一点接一点。"莞盟普法行"以法律界盟员为主，为市民、学生、企业提供法律法规和现行政策的解读、宣讲、咨询等公益服务，是助推法治东莞建设，解决市民法律需求的便民活动。至今为止，已成功举办了 16 场法律义务咨询活动和 7 场普法讲座。

4. 用情"健康行"，一场接一场。"莞盟健康行"发挥医卫界盟员的专业特长，面向广大群众提供义诊、健康知识讲座等公益服务。至今为止，在社区和景区共举办了 11 场健康义诊活动。联合东莞市博士创业促进会等单位成功举办了 4 期"医学博士话健康"科普讲坛，深受市民欢迎。响应盟省委的号召，助力清远，为清远医院捐助了 20 万元的医疗器械。

（三）从点滴做起，用爱心呼唤良知。五年的社会服务，我们从点滴做起，从助学开始，一步一个脚印，稳步前行，至今已初步形成了品牌效应，"一心四行"已经成为全省地级市盟组织社会服务的亮点，在盟内盟外已有一定的知名度，盟中央张宝文主席也给予了高度的评价。许多受助学生和学生的家长也深受我们盟员爱心的感动和鼓舞，正如受助藏族学生尼玛东智所说："请你们相信，我们一定会成为对社会有所帮助的人，将爱心的火炬传递下去。"也许有人会说，社会服务不是党派工作的主业，但是，面对复杂的社会风气，民盟的道义担当和社会情怀不能丢，我们要用行动、用爱心、用善举唤醒社会的良知，彰显盟员的社会责任。有许多盟外企业家和热心人士了解了我们的社会服务品牌和做法后，也纷纷加入我们的行列，为社会做贡献。这正是我们做好社会服务工作的价值所在。

四、创新以前行，自身发展焕活力

建设高素质的参政党地方委员会，需要制度保障、组织保障和队伍保障。五年来我们始终坚持以人为本、开拓进取，致力制度建设，努力优化组织架构，不断充实人才队伍，组织发展走上了快车道，自身建设焕发了新活力，展现了蓬勃生机。

（一）强班子，建设有为机关。火车跑得快，全靠车头带，盟市委坚持以政治交接为主线，努力加强班子的思想建设，以勤学为抓手，提升能力水平，以民主作风为准则，营造团结氛围，以无私奉献为风范，强化担当意识。在盟的各项工作中始终保持务实的作风，为盟组织的健康发展营造了好的环境及和谐的氛围。盟机关努力加强机关建设，提高服务意识，改进服务方法，有效地履行"执行、服务、参谋、助手、组织、协调"等机关职能的作用。

（二）强保障，有序推进制度建设。制度建设是组织健康发展的保障，制度和措施是否适用好用要经过实践的检验，实现与时俱进。盟市委根据制度实践中存在的问题，认真总结经验，不断完善制度建设。五年来，先后对《民盟东莞市委支部量化考核办法》等6项规章制度进行了多次的修改完善，做到常用常新，紧贴时势和实际的需要。好的制度能让坏人变好，坏的制度会让好人变坏。加强制度建设，就是要致力使盟市委的各项制度都能成为好制度。

（三）强骨架，基层组织建设新跨越。基层组织是盟市委的"骨架"，骨架强壮组织才会强大。为了适应盟组织快速发展的需要，盟市委把2014年作为盟市委的基层组织建设年，强力推进基层组织建设，做强发展骨架，完善基层组织布局。先后将松山湖支部升格为总支，新成立了水务支部和横沥支部，12个支部完成了换届，松山湖总支成立后新筹建了园区、健康、环保、教师等4个支部，广东医学院东莞校区支部顺利从湛江盟市委转入我市，成为我市基层组织新成员。如今盟市委已有1个总支和15个支部。基层组织架构更加强大，支部设置更加合理，组织建设跃上新的台阶。更重要的是一大批有热情有担当的新人走上了基层组织的领导岗位，为盟的基层组织建设注入强大的动力。加强基层组织建设不但培育了一批愿意为盟工作，为盟奉献，为社会付出的新生力量，更涌现了一批先进典型；松山湖支部2014年被盟中央授予"民盟中央先进基层组织"称号，而这个支部当时成立只有短短的1年零7个月，是全盟受奖基层组织中最"年轻"的一个，该支部的主委李玫作为广东省唯一的先进基层组织代表出席表彰大会。同年，莞中支部又被盟省委授予先进基层组织称号。2016年，松山湖总支、文艺、莞城、莞中、城建和水务共6个基层组织被评为盟市委的先进集体。基层组织建设实现了新的跨越，迈上了新的征程。

（四）强队伍，盟员数量质量大提升。贯彻"人才强盟"战略，注重、发现、选拔培养后备干部，用推荐人大代表、政协委员和镇区部门挂职的机会，结合利用盟内的各种平台，不拘一格，选择人才担任各种职务，让更多的盟员有展现才干的平台，发挥作用的机会。建立一支高素质高层次的中青年后备干部队伍，培养一批有才干、有活力、有担当的中坚力量。李玫等 26 人被评为本届盟市委先进个人，黄明秀等 18 人和张念华等 14 人分别评为参政议政先进个人和社会服务先进个人，受到盟市委表彰。注重发展和吸收各个领域中具有代表性的高素质人才，突出主届别，兼顾新阶层。五年来共发展盟员 108 名，其中硕士以上 26 名，中高职称 85 名，年平均年龄 38.8 岁，年发展率 9.35%，发展人数和发展速度创历届新高。一大批有识有志之士充实到各基层组织，成为开展盟务工作的生力军，盟组织焕发了蓬勃生机与活力，建设高素质地方委员会有了更强的人才队伍保障。

过去的五年，在民盟广东省委和中共东莞市委的正确领导下，在市委统战部的悉心指导和全体盟员的共同努力下，我们朝着"建设政治协商有方、参政议政有位、民主监督有力、社会服务有为的高素质参政党地方委员会"这一目标稳步迈进，实现了"思想建设上轨道、组织建设上规模、参政议政上水平、社会服务上台阶"工作目标，在多党合作的政治格局中发挥了应有的作用，但我们在工作中仍存在着许多问题和不足，离上级的要求和盟员的期待仍有距离。一是理论修养和政治素质还需进一步提高；二是参政议政工作的深度和广度有待进一步加强；三是制度建设、组织建设和社会服务有待进一步完善；四是机关服务意识、服务质量、人才结构、组织能力、协调水平有待进一步提升；五是党派的社会影响力还需进一步扩大、社会服务品牌建设仍需进一步推进，等等。今后我们必加倍努力，努力把工作做得更好。

对今后工作的建议

未来五年，是国内国际形势的复杂变革期，是我国实施"十三五"规划的新时期，是我省全面深化改革的加速期，也是我市增速换挡、结构优化、动力转换的关键期，是率先全面建成小康社会的决胜期。面对复杂多变的形势，如何紧跟新时代，适应新常态，是新挑战，也是新机遇，必须牢记民盟光荣传统，努力学习前辈的人品、良知、风范，自觉传承民盟精神；必须着力加强自身建设，始终坚持把中国特色社会主义作为多党合作的最大政治共识，增进一致性，共绘同心圆，不断巩固与中国共产党亲密合作的思想政治基础，坚定不移地走中国特色社会主义政治发展道路；必须把促进发展作为参政议政的第一要务，学习前辈"立盟为公，参政为民"理念，围绕"四个全面"战略布局，紧扣创新、协调、绿色、开放、共享五大发展理念，就经济社会发展的重大问题、全面深化改革的难点问题、推动创新创造的关键问题，道真情、建良言，求实效，朝着"建设政治协商有方、参政议政有位、民主监督有力、社会服务有为的高素质参政党地方委员会"这一目标再上台阶、再创佳绩。

一、秉传统，承信念，进一步夯实多党合作基础

盟市委领导班子成员和盟员骨干在继承和发展民盟前辈长期与中国共产党团结合作形成的政治信念、优良传统和高尚风范的同时，也要对民盟在新时期的历史进行理性的思考，与时俱进地不断丰富政治交接的内涵，增进政治认同和思想认同，推动"盟员之家"和民盟传统教育基地等学习实践活动平台建设，通过构建共同的理想信念、共同的价值追求把盟员凝聚起来，不断巩固多党合作的共同思想政治基础。

二、揽人才，强素质，进一步推动参政党能力建设

盟市委要坚持人才强盟战略，积聚发展潜力。在发展新盟员上，秉承"坚持标准、注重质量"的原则，注重吸纳高素质、有热情的行业高端人才，努力为建设高素质的参政党队伍奠定人才基础；盟市委要发挥界别盟员优势，适应履职需要。积极发挥教育、法律、环保及医卫等界别的人才优势，整合人才资源，适应参政议政的需要，并持续开展盟市委的助学行、环保行、普法行及健康行等品牌活动，提升党派形象；盟市委要加强机关干部培训，强化能力素质，提高服务意识和工作效率，为盟市委的组织建设和各项工作提供更好的保障；盟市委要不断完善制度建设，规范盟务工作。制定和完善各项工作制度和规则，如领导班子议事决策规则，盟市委的各项会议制度，发

展成员的考察培养制度，参政议政和基层组织工作细则等，努力提高参政党水平建设。

三、勤调研，建诤言，进一步提高参政议政水平

盟市委要着眼促进我市"十三五"规划实施、经济转型升级、全面深化改革、创新驱动发展和区域协调发展等核心问题，以及人民群众关心的重点问题等精心选题；充分调动专委会的积极性和发挥民盟的界别优势，深入基层，做好调查研究，切实反映情况；认真学习市政协印发的《提案工作手册》和盟省委印发的《社情民意信息工作手册》等，循序渐进，拓宽视野，提出具有全局性、前瞻性、战略性的意见和建议，努力打造精品提案，不断提升履职能力和参政议政水平。

四、续品牌，做实事，进一步做好社会服务工作

盟市委要持续推进助学行、环保行、普法行和健康行四大社会服务品牌活动。要做好社会服务工作，各级领导的重视和大力支持是保证，制度建设是关键，广泛参与是基础，发挥优势是前提，开拓创新是突破，总结交流是进一步提升的有效方式与重要途径。对此，在未来的工作中，盟市委仍力抓制度建设，谋经费保障，建人才队伍，续品牌活动，通过社会服务品牌活动的平台，把盟员们凝聚起来，把社会上尽量多的人吸纳进来、参与进来，遵循量力而行、尽力而为的原则，最大程度地动用方方面面的力量，把好事做实，把实事做好。

同志们，今年是中国民主同盟成立 75 周年，也是民盟东莞市委成立 25 周年。回望过去，是风雨兼程、硕果累累的 25 年，我们不会忘记民盟中央、民盟广东省委给予的亲切关怀和殷切期盼；我们不会忘记历史赋予我们与中共东莞市委真诚相待、肝胆相照的挚友情怀，在各种关键时刻和磨砺锻炼面前，中共东莞市委的始终信任、支持、引领，携手共进，正是这种亲密无间的合作共事，我们共同见证了东莞的蜕变和成长；我们更不会忘记在前进的道路上广大盟员给予我们的巨大支持、信任和付出的辛勤汗水。在改革发展

的道路上，这些都成为民盟东莞市委向前迈进的强大动力，以更坚定、更自信、更豪迈的姿态，迎接未来的挑战。

各位代表，同志们：

我国已迈入全面建成小康社会的关键时期。"十三五"规划的蓝图已经绘就，我们将更加紧密地团结在以习近平同志为核心的党中央周围，围绕全面建成小康社会、全面深化改革、全面依法治国、全面从严治党的战略布局，围绕市委、市政府的中心工作，扎实进取，为实现东莞创新发展、协调发展、绿色发展、开放发展和共享发展凝聚共识、凝聚智慧、凝聚力量，砥砺奋进，继往开来，为构建和谐幸福东莞、实现高水平崛起，为谱写多党合作事业的新篇章而努力奋斗！

彰显新时代参政党蓬勃力量
助力湾区都市高质量发展

——中国民主同盟东莞市第六届委员会工作报告

程发良

（2021 年 7 月 11 日）

各位代表、同志们：

现在，我代表中国民主同盟东莞市第六届委员会，向本次代表大会做工作报告，请予审议，并请列席会议的同志提出意见。

五年工作回顾

民盟东莞市委会始终紧密团结在以习近平同志为核心的党中央周围，把思想和行动统一到中共中央的决策部署上来，不断发展和完善中国共产党领导的多党合作和政治协商制度，坚定不移走中国特色社会主义发展道路。自2016 年 6 月换届以来，在民盟广东省委和中共东莞市委的正确领导下，在中共东莞市委统战部的指导帮助下，在全体盟员的共同努力下，民盟东莞市委会继承和发扬民盟的优良传统，按照新时代中国特色社会主义参政党"四新""三好"要求，认真履行参政党职能，扎实开展各项工作，朝着建设高素质的参政党地方委员会又迈进了坚实的一步，也为推动"湾区都市、品质东莞"建设、实现东莞高质量发展做出了积极的贡献。五年来，我们以思想建设为核心，同心思想更坚定；我们以自身建设为基础，组织力量更强劲；我们以参政议政为重点，党派声音更响亮；我们以社会服务为抓手，品牌活动迈大步。

一、纲举目张，思想建设开创新局面

思想建设是参政党自身建设的核心和灵魂。五年来，盟市委始终坚持以思想建设为抓手，凝聚广大盟员共识。

（一）思想政治教育"有频度"。换届以来盟市委共召开主委会议 28 次，市委（扩大）会议 14 次，还根据全体盟员、骨干盟员、新盟员等不同对象每年举办相关的主题教育活动，专委会、总支、支部召开了多场专项工作会议或举办了各具特色的活动，纵向强化对盟员的思想引领；联合市委统战部、市文化广电旅游体育局和市妇联等部门举办了"同心筑梦，乐献华诞"庆祝新中国成立 70 周年交响音乐会，吸引盟员及社会公众 800 余人，横向筑牢盟员团结奋斗的共同思想政治基础。

（二）平台建设跑出"加速度"。盟市委指导基层组织共创建了 6 个"盟员之家"，打造思想建设"建在基层"的创新平台，促进基层组织建立各具特色的盟员活动基地，打造盟员新阵地，为增加基层组织凝聚力和提升思想教育水平提供基础保障。

（三）思想宣传呈现"新热度"。盟市委与时俱进，2016 年开通了"东莞民盟"微信公众号，并不断加强管理，内容上及时更新盟务动态，丰富了时政要闻的分享，形式上策划了活动预告、盟员风采、履职专题、亮点工作等系列报道，逐步扩大公众号的推广力度；2020 年对《东莞盟讯》进行了改编，改编后的《盟务要闻》栏目，图文并茂的呈现方式更加形象生动，可读性强；加强了与《东莞日报》、东莞阳光网、东莞广播电视台等主流媒体的合作，及时发布重要讯息。

（四）理论研究水平"有高度"。盟市委鼓励盟员积极参与盟省委、市委统战部的理论研究课题、征文比赛等，4 篇成果分别获全省统战理论政策研究创新成果优秀奖、全市统战理论政策研究创新三等奖、东莞统战理论政策研究成果二等奖、东莞统战理论政策研究成果优秀奖等；以纪念中共中央发布"五一口号"70 周年为契机，向全盟开展征文活动，累计向市委统战部、政协报送专题征文 7 篇，其中 1 篇获评省政协三等奖，3 篇获评优秀征文，2 篇获刊登。因思想建设成效显著，盟市委 2016 年获评民盟中央"坚持和发展中国特色社会主义学习实践活动先进集体"，2017 年获评民盟广东省"坚持和发展中国特色社会主义学习实践活动先进单位"，2018 年获评民盟中央

"思想宣传工作先进集体"，2020 年获评民盟中央"思想政治建设和宣传工作先进集体"，李玫获评民盟中央"思想政治建设和宣传工作先进个人"。

二、人才强盟，组织建设迈上新台阶

保持人才队伍的先进性就是保持参政党的进步性。五年来，盟市委着力加强组织建设，为民盟事业可持续发展奠定坚实基础。

（一）强队伍，组织发展健康有序。盟市委站在政治交接的高度，以党派下一个五年、十年的宏观视野，不断对标新形势新要求，深入推进"人才强盟"战略，换届以来共发展了盟员 158 名，平均年龄 39.01 岁，其中中级职称 36.08%，副高以上职称 29.75%，本科学历 60.13%，硕士研究生 22.15%，博士研究生 9.49%，并针对新发展盟员举办新盟员培训班，组织发展工作健康有序。盟市委 2017 年获评民盟广东省"组织发展工作先进集体一等奖"，2018 年获评民盟广东省"组织工作模范集体"。

（二）强基础，干部履职尽责有为。盟市委注重领导班子和后备干部队伍建设，将市委会和基层组织的组织建设、信息宣传、经费管理等具体工作落实到每一位干部，分工明确，责任到人，让他们更主动更深入地认识自身职责和履职角色，以此作为加强后备干部能力建设的一项重要锻炼和长期实践；推荐了王雪萍、孔迪挂职常平镇、麻涌镇副镇长。

（三）强脉络，专委会精简优化。盟市委整合盟内专业资源，结合工作实际，将原有的 8 个专委会精简为 4 个，分别是参政议政工作委员会、组织宣传工作委员会、社会服务工作委员会和盟史工作委员会，搭建起分工明确、适应履职需要、符合党派发展的专门工作委员会。

（四）强骨架，基层组织焕发活力。先后成立了松山湖总支、高校总支、莞城总支、南城总支、东城总支及直属总支，形成"市委会—总支—支部"三级组织管理模式，着力提升民盟综合实力。个别总支或支部还协助盟中央开展重点调研，2018 年高校总支协助盟中央开展关于民盟高校基层组织建设的调研，2019 年文艺支部协助盟中央开展关于文化界组织建设的调研，其形成的调研报告为盟中央了解地方与基层盟组织建设现状、规划新的组织发展蓝图和制订组织发展制度提供了第一手资料。各基层组织在这五年取得一定成果，松山湖总支 2017 年获评民盟广东省"坚持和发展中国特色社会主义学习实践活动突出贡献奖"，文艺支部 2017 年获评民盟广东省"坚持和发展中国特色社会主义学习实践活动先进集体"，高校总支和莞城总支 2019 年获评民盟广东省"教育界别基层组织先进集体"，高校总支 2020 年获评民盟中央"盟务工作先进基层组织"，松山湖总支获民盟中央授予"民盟社会服务工作先进集体"等。

（五）强保障，机关工作求实求效。盟市委按照建设学习型、服务型机关的要求，以机关队伍建设、制度建设和作风建设为重点，加强学习培训，每月至少召开一次学习会议，提升机关干部思想政治素质和业务水平，每周召开一次工作例会，明确工作任务，加强机关工作的科学管理，同时注重提升机关干部服务意识，为各项盟务工作开展提供更有力的保障。

三、与时俱进，制度建设取得新进展

制度建设是参政党的根本性建设。五年来，盟市委切实抓好制度建设，促进各项盟务工作规范化。

（一）编印制度汇编实现管理规范化。2018 年编印了《民盟东莞市委员会制度汇编》，其中涵盖了领导班子职责及分工、组织工作、参政议政工作、信息工作、基层组织工作量化考核及财务管理等方面的制度、办法、细则，促进了盟务工作的规范化管理。

（二）落实述职评议制度常态化。盟市委领导班子每年至少召开 1 次民主生活会，开展批评和自我批评，贯彻落实党风廉政建设相关规定，促进决策的民主化和科学化；按要求开展领导班子述职、民主评议会和民主推荐会，进一步加强自身建设，激励履职行为，强化领导班子工作成效，切实提升多党合作制度效能。

（三）完善内部监督制度长效化。盟市委 2019 年成立了监督委员会，设

主任 1 名，副主任 1 名，委员 3 名，加强对领导班子及骨干盟员遵守民盟章程、履行职责、廉洁自律等情况的监督，同时引导全体盟员坚守政治立场、明确政治责任和严守政治纪律，实事求是地开展盟内监督。

四、行稳致远，参政议政实现新突破

参政议政是民主党派履行职能、发挥作用的重要形式，是多党合作的主要内容。五年来，盟市委践行新型政党制度的时代要求，不断提升履职效能。

（一）议大事、诚建言，积极参与高层协商。换届以来，盟市委领导班子共参加市委、市政府召开的协商会、征求意见会、座谈会等 30 余次，就市委、市政府重点工作，市委全会工作报告，市政府工作报告，重要人事安排，"十四五"规划及加强中国特色社会主义参政党建设等问题提出意见和建议，受到市委、市政府和有关部门的高度重视；2019 年通过党外人士建言献策"直通车"向市委提交了《关于尽快推进基于大科学装置的 BNCT 高端医疗的建议》和《以国际学术会议为平台 推动东莞市高端人才引进与创新产业落地的建议》，均得到市委书记及市长的批示和有关部门的积极承办。

（二）广交流、实建言，充分利用政协平台。换届以来，盟市委向市政协共提交了集体提案 83 件，委员提案 111 件，获评市政协重点督办提案 8 件，优秀提案 15 件，表扬提案 8 件；向盟省委提交提案 12 件，被采纳作为提交省政协的大会发言、集体或委员提案共 7 件，获评省政协重点督办提案 1 件，优秀提案 1 件；市政协每年举办的提案办理座谈会及提案办理"回头看"活动，选择的提案都有来自民盟，体现了盟市委提案工作有影响、有看头；盟市委代表共参与了"政协议政厅·党派之声""焦点关注""行走东莞""洁净东莞"等电台、直播、城市论坛节目 12 期，介绍党派情况，围绕民生热点，发出民盟"好声音"。

（三）精选题、准建言，深入开展调查研究。盟市委每年都会精选一批课题，以及对获盟省委立项的课题，开展深入的调查研究，通过实地调研与召开调研座谈会，邀请有关职能部门、行业协会、企业等参加，力求理解上情、

了解下情、摸清实情，换届以来共组织各类调研 20 余次；牵头开展 2019 年市各民主党派和无党派人士调研课题，坚持问题导向，深入细致了解情况，研究解决方案，所提交的调研成果获市委、市政府重视，并得到市科技局等相关承办部门的认可及大力推进；2016 年、2019 年、2020 年分别承担了盟中央就中共中央委托的重点课题来莞调研任务，盟市委密切配合，精心选择调研考察线路和企业，出色完成配合调研任务。

（四）聚合力、广建言，信息工作获佳绩。盟市委 2018 年出台了《民盟东莞市委会信息工作制度》，对做好社情民意信息工作给予了很强的指导；组建了特邀信息员队伍，鼓励全体盟员积极响应盟省委、市委统战部的约稿信息，形成随时随地参政履职的意识，紧扣时事热点，及时反馈情况和提出解决问题的对策建议，盟市委办公室 2016 年获评"全市统战信息工作三等奖"；盟市委 2017 年获评民盟广东省"参政议政工作优秀成果奖"和"反映社情民意信息工作先进集体三等奖"，李秀源 2017 年获评民盟广东省"反映社情民意信息工作先进个人二等奖"；盟市委 2018 年获评民盟广东省"参政议政工作先进集体三等奖"和"反映社情民意信息工作先进集体三等奖"；2019 年获评民盟广东省"参政议政工作先进集体二等奖"和"全市统战信息工作优秀单位"；2020 年获评民盟广东省"参政议政工作先进集体二等奖"。

五、砥砺奋进，社会服务展示新风采

社会服务是参政党履职尽责的重要途径。五年来，盟市委秉承"把好事做实、把实事做好"的信念，扎实推进社会服务品牌工作。

（一）助学助教暖人心，深植教育之根。盟市委整合盟内外爱心资源，建立广东普宁一中站、河南睢县站、东莞横沥站、云南威信站、湖北长阳站等助学站，举办了 40 余场助学助教活动，为 1 000 多名贫困学生、6 户贫困户发放助学金、扶助金共计 300 多万元；盟市委承办了一期民盟远程教育"烛光行动·千校计划"东莞捐赠签约活动，为东莞中学、松山湖实验中学等 9 所学校捐赠了价值 378 万的北京四中数字校园平台资源；盟市委为云南昭阳

区的 225 所学校捐赠了图书资料；副主委林海川 2016 年捐出 100 万元，成立专项奖学基金，开创了"莞盟助学行"助学助教的新模式；市委委员欧阳华金捐出 22 万元，在连州慧光中学创建天福爱心图书室，打造少儿阅读平台。

（二）品牌活动广受益，普开文明之花。盟市委用心推进"环保行"，发挥环保系统盟员的专业优势，组织盟员和盟外环保志愿者共同开展了 10 余场环保宣传、环保法律法规宣讲活动进校园、进企业、进社区；编排了环保系列公益课程《保护蓝天·说说霾》和《呵护地球·说说垃圾》等，先后 50 多次应邀走进校园，听课人数超过 2 万人，得到市教育局和生态环境局等部门的充分肯定；用力做好"普法行"，组织法律界盟员先后走进企业、社区、学校、公园等地开展了 20 多场活动，为企业、市民、学生等提供法律法规解读、宣讲、咨询等公益服务，为大力推进全民守法，努力让守法成为全民的自觉意识和行为习惯做出了积极的贡献；用情服务"健康行"，组建了一支由盟员医师为主的健康义诊志愿服务队，先后 20 多次走进社区村落、工矿企业等地开展活动，为有需要的村民和工人提供健康咨询、健康义诊服务，深受社区和企业的欢迎。

（三）扶贫攻坚勇担当，夯实帮扶之基。为帮扶韶关民族地区加快发展，盟市委发挥文化界别优势，创新以文旅融合促进消费扶贫的方式，举办了乳源名优特农产品购销帮扶活动，拓宽东莞对口帮扶地区特色农产品的销售渠道，活动受到社会各界的关注，也得到新快报、南方日报、东莞阳光网等各大主流媒体报道宣传；为助推东莞·昭通扶贫协作不断取得成效，盟市委在帮扶昭通镇雄县活动中捐出 5 万元，用于帮扶村建设"新时代文明实践超市"；副主委林海川 2018 年捐出 200 万元助力全市扶贫攻坚，并出资 300 万元与市慈善会一同成立"浩善公益基金"；盟员岳乾军、涂远艳、张宽路、王瑾、张华分别赴新疆、四川、云南等地参与医疗和文化教育方面的对口援助工作；因支援工作中表现突出，岳乾军获评 2021 年第一季度"东莞好人"（敬业奉献专题）。盟市委 2016 年获评民盟中央"社会服务工作先进集体"，林海川

2016 年获评民盟中央"社会服务工作先进个人"，松山湖总支 2020 年获评民盟中央"社会服务工作先进集体"，林海川 2020 年获评民盟中央"脱贫攻坚先进个人"。

六、全力以赴，同心抗疫彰显新作为

2020 年，一场没有硝烟的新冠肺炎攻坚战全面打响。面对这一突如其来的重大疫情，盟市委始终将病毒防控工作作为极其重要的政治任务来抓，各级盟组织、广大盟员积极行动，投入到防控病毒的战斗中。

（一）反应迅速，着力全面动员。新冠肺炎发生后，盟市委第一时间发出致全市盟员的倡议书，要求全体盟员带头科学防控，力所能及奉献爱心，共收到盟内外爱心捐款 31 万余元，通过市慈善会全额定向捐赠给市滨海湾中心医院，盟员还通过其他渠道捐献了医用防护服、消毒液、口罩等，支援病毒防控第一线；有 60 多名盟员奋勇逆行，或战斗在抗疫最前线，或驰援镇街社区、高速路口，在"双统筹"中交好履职答卷。其中，因其贡献突出，盟员肖文良获评 2020 年上半年"东莞好人"（抗疫专题），刘东明获评"东莞市抗击新冠肺炎疫情先进个人"，涂华获评最美抗疫医信人"疫往直前个人奖"和最美抗疫医信人个人"三等奖"。

（二）汇聚智慧，着力善建良言。盟市委多次就病毒防控的重点、难点问题向全市盟员广泛征集意见建议，并针对完善应急管理体制、促进中小微企业发展和复工防控两手抓等主题，重点征集医卫、经济等领域专家及抗病毒一线盟员的意见，向盟省委、市委统战部提交了 10 余篇建议信息，为促进防控稳经济贡献力量，其中，《关于通过优化快递、外卖行业规程有效防控疫情的建议》获省委统战部采用。

（三）广泛宣传，着力同心抗疫。盟市委围绕疫情背景下盟员在各自工作岗位上的事迹，通过微信公众号共发布了 20 余期抗疫报道，记录抗疫故事，表达抗疫心声，报道内容获得大量点赞转发，营造众志成城、共抗疫情的舆论氛围。

换届以来，盟市委各项工作都实现新进步、取得新成效，但与新时代参政党建设要求仍有差距，依然存在发展进步的空间，比如，思想政治建设力度仍需加强、理论研究工作仍需进一步重视、代表性人士的发展速度仍需加快、参政议政工作机制仍需完善、制度建设仍需进一步优化、社会服务工作仍需更精准有效等。今后我们必加倍努力，齐心协力把工作做得更好。

对今后工作的建议

当前中国正面临着百年未有之大变局，国际形势错综复杂，新冠肺炎又加速了这一变局演变，给我国发展带来诸多机遇与挑战。"十四五"时期是我国在全面建成小康社会之后，开启全面建设社会主义现代化国家新征程、实现第二个百年奋斗目标的第一个五年，是一个充满新挑战与新机遇的新阶段。进入新发展阶段，总书记深情寄望广东在全面建设社会主义现代化国家新征程中走在全国前列、创造新的辉煌，省委明确要求东莞在全省实现总书记赋予的总定位总目标中担当起更大责任。

风好正是扬帆时，策马扬鞭再奋蹄。面对新阶段、新发展理念、新发展格局，盟市委要始终坚持"奔走国是，关注民生"的光荣传统，自觉传承民盟精神；要深入学习贯彻习近平新时代中国特色社会主义思想，弘扬多党合作优良传统，继续对标新时代参政党建设"四新""三好"的要求；要集思广益、群策群力、认真思考，逐步探索解决自身发展难题；要以更高站位、更严标准、更实作风，切实履行参政党职能，在构建以国内大循环为主体、国内国际双循环相互促进的新发展格局中实现更大作为，也为奋力推动"湾区都市、品质东莞"建设贡献民盟力量，交出一份优秀的履职答卷。

一、进一步强化思想引领，实现新提升

通过进一步开展多形式、多层级的专题学习、主题会议及培训活动，组织盟员传达学习党的十九届五中全会精神，持续深入学习《中国共产党统一战线工作条例》、习近平新时代中国特色社会主义思想、习近平总书记关于加强和改进统一战线工作的重要思想及关于多党合作的重要指示，提升盟员把准大局方向的能力，筑牢盟员的共同思想政治基础；进一步探索创新具有党派传承和特色的宣传活动，引导全体盟员把参与活动成为强化理论学习、增进思想共识、凝聚奋进力量的过程，同时扩大宣传，提升组织的认同感。

二、进一步深化政治交接，争创新优势

政治交接是民主党派换届的首要任务。在组织人事更替过程中，将始终做到坚持中国共产党领导的政治立场不变，将老一辈领导人长期与中国共产党通力合作形成的政治信念、优良传统和高尚风范在传承中得到丰富，不断深化政治交接的时代内涵，以建设高素质的参政党地方委员会为目标，全面加强自身建设，确保完成政治交接工作；始终坚持人才强盟战略，秉承"坚持标准、注重质量"的原则，注重挑选思想素质好、业务水平高、代表性强、有一定社会影响力的成员充实到盟市委的4个专门工作委员会中，扎实推进专门工作委员会的换届，构建适应履职需要的人才队伍；始终坚持发挥文化教育及相关科学技术领域等主界别的人才优势，整合人才资源，适应参政议政的需要；始终坚持加强机关干部培训，强化能力素质，提高服务意识和工作效率，为盟市委的组织建设和各项工作提供更好的保障。

三、进一步开展参政议政，展现新作为

着眼促进我市"十四五"规划实施等核心问题和人民群众关心的重点问题等精心选题，紧扣推进"双统筹"、夺取"双胜利"各项任务，切实把助推"湾区都市、品质东莞"建设上新台阶的责任担当落实到党派成员履职实践中，将进一步调动专委会的积极性和发挥民盟的界别优势，深入基层，做好调查研究，切实反映情况，提出具有全局性、前瞻性、战略性的意见和建议，努力打造精品提案，不断提升履职能力和参政议政水平；继续举办参政议政工作培训会或专题学习会，增强盟员的全局意识、前瞻意识，提高参政议政工作的针对性、科学性，提升履职建言水平，为助力东莞完善高质量发展体制机制和加快构建更高水平开放型经济新体制做出新的贡献。

四、进一步做好社会服务，彰显新担当

始终将社会服务工作作为扩大党派影响力的重点来抓，进一步推进助学行、环保行、普法行和健康行四大社会服务品牌活动，持续开展病毒防控相关社会服务活动。社会服务工作要立足于知民情、惠民生、增活力、扩影响的职能特点，抓制度建设，谋经费保障，重社会需求，促盟员广泛参与，进一步巩固社会服务品牌活动的优势，开拓新的领域，完善协作机制，吸引带动社会各方资源广泛参与，遵循量力而行、尽力而为的原则，最大程度地发挥各方面力量优势，把好事做实，把实事做好，扎实推进社会服务工作。

同志们，今年是中国共产党成立 100 周年，是中国民主同盟成立 80 周年，也是民盟东莞市委成立 30 周年。回望过去，百年党建、八十载盟史，我们同舟共济、风雨兼程，我们党盟携手、硕果累累。我们不会忘记民盟中央、民盟广东省委给予的亲切关怀和殷切期盼；我们不会忘记与中共东莞市委真诚相待、肝胆相照的挚友情怀，中共东莞市委在各种关键时刻和磨砺锻炼面前始终信任、支持、引领我们，与我们亲密无间、携手共进；我们更不会忘记在前进的道路上广大盟员给予我们的大力支持、信任和付出的辛勤汗水。在改革发展的道路上，这些都成为民盟东莞市委向前迈进的强大动力，以更坚定、更自信、更豪迈的姿态，迎接未来的挑战，共谱新时代多党合作事业新篇章。

各位代表，同志们：

新时代赋予新使命，新征程呼唤新作为。"十四五"规划的蓝图已经绘就，让我们更加紧密地团结在以习近平同志为核心的党中央周围，不忘合作初心、继续携手前进，以一往无前的奋斗姿态、风雨无阻的精神状态，凝聚智慧、凝聚力量，砥砺奋进，继往开来，奋力推动"十四五"开好局，为实现广东"四个走在全国前列"和建设"湾区都市、品质东莞"目标做出应有的贡献，为建设新时代高素质中国特色社会主义参政党、谱写多党合作事业的新篇章而努力奋斗！

领导关怀

1991 年 7 月 5 日，举行中国民主同盟东莞市委员成立大会暨庆祝中国民主同盟成立五十周年纪念大会。民盟广东省委组织部部长郭于锋和洛海滨、郑江林出席会议。郭于锋代表民盟广东省委在大会上致贺词。

1995 年 3 月 1 日，民盟广东省委韩毅文副主委、黄树基副部长、姜可李科长等一行 4 人来指导工作，并参加民盟东莞市委扩大会议和盟员代表座谈会。

1995 年 9 月 7 日，民盟广东省委卢菁光副主委、黄树基副部长等一行 3 人莅临民盟东莞市委指导增选民盟东莞市委副主委、委员等事宜。

1996 年 12 月 17 日，中国民主同盟中央委员会委员、中国民主同盟广东省委员会副主委韩毅之，中国共产党东莞市委员会常委黄发，东莞市人民代表大会常委会副主任宋俊尧，东莞市政治协商委员会副主席李卢谦，东莞市纪律检查委员会副书记刘洪芳，以及中国民主同盟广东省委员会的其他领导、中共东莞市委统战部、东莞理工学院的领导应邀出席中国民主同盟东莞市第二次盟员大会和民盟东莞市第二届委员会第一次委员会议。

2003 年 3 月 6 日，佟星书记在市政协副主席游敏达陪同下，走访了各民主党派和工商联机关，与市各民主党派、工商联负责人进行了亲切座谈，就进一步开展民主党派工作，充分发挥工商联作用，大力推动我市各项事业发展等进行了热烈的讨论和广泛的交流。

　　2006 年 12 月 12 日，民盟东莞市委召开第四次盟员代表大会，民盟广东省委副主委王学成，民盟广东省委组织处处长欧贻宏，民盟广东省委调研员陈海苑，市领导黄双福、吕竞、刘发枝、游敏达、洪讲厚等出席大会。

　　2006 年 3 月 29 日，民盟中央副主席索丽生来东莞调研时在东莞国际会展酒店与省市领导合影（前排左起：温少生、李竟先、索丽生、游敏达、朱伍坤）

　　2006 年 3 月 29 日，民盟中央副主席索丽生来东莞调研时在市政协与省市领导合影（左四索丽生、左三李竟先、左五刘发枝、左二朱伍坤、左六黎锦辉）

　　2006 年 6 月 17 日，民盟中央副主席罗涵先在东莞会展国际酒店与民盟东莞市委领导合影（前排左起：李奎山、朱伍坤、罗涵先、梁永钦）

　　2010 年 6 月 28 日，民盟中央副主席、民盟广东省委主委温思美带队到东莞调研时在会展国际酒店与省市领导合影（左三温思美、左二李竞先、左五邓飞其、左四朱伍坤）

2014年7月18日,民盟广东省委原专职副主委、广东省人民政府参事王则楚(一排左五)和民盟广东省委秘书长程昆(一排左三)率领民盟广东省委机关调研组来东莞调研

2016年3月21日,民盟中央张宝文主席(左五)来东莞调研并接见民盟东莞市委主委朱伍坤(右三)等班子成员

2016 年 6 月 25 日，民盟东莞市委召开第六次代表大会，程发良当选民盟东莞市委主委。市委副书记姚康，民盟广东省委副主委邓飞其、秘书长程昆、组织处处长孙建通，市委统战部常务副部长马凤彪等出席大会。

　　2017 年 6 月 2 日，市委统战部领导走访市民主党派机关并召开座谈会（一排左五：市委统战部部长骆招群；一排左四：民盟东莞市委主委程发良）

　　2020 年 9 月 1 日，受中共中央委托，民盟中央调研组来东莞调研，图为民盟中央丁仲礼主席（一排左四）、陈晓光常务副主席（一排右五）、田刚副主席（一排左三）、曹卫星副主席（一排左六）、程红副主席（一排左二）、张道宏副主席（一排左七）、民盟广东省委会王学成主委（一排左一）亲切接见民盟东莞市委领导班子及机关同志

友好往来

　　2011年10月24日，民盟广东省委联合调研组在民盟广东省委副秘书长兼参政议政处处长欧贻宏同志的带领下参观东莞勤上光电股份有限公司

2012 年 6 月 20 日，与民盟广州市委学习交流后合影

2013 年 9 月 11 日，与民盟天津市委联合调研

2014 年 7 月 18 日，民盟广东省委一支部调研基层组织建设（宏川，松山湖）

　　2014年6月24日，民盟中山市委调研组来东莞开展关于"加快民办学校标准化建设，促进教育公共服务均等化"的专题调研（前排右三：民盟中山市委副主委赵晷湘；左四：民盟中山市委专职副主委段亚平；右四：东莞市人大常委、民盟东莞市委副主委李奎山；左二：民盟东莞市委委员、副秘书长王雪萍）

2014年11月11—18日民盟四平市委来东莞

　　2015 年 8 月 21 日，民盟中山市委来东莞开展专题调研，图
为调研组参观企业生产车间

　　2016 年 7 月 25 日，民盟东莞市委调研组赴省总工会和省妇
联调研，图为座谈现场

　　2017 年 4 月 11 日，民盟梅州市委来东莞开展盟务工作交流，
图为参观市规划展览馆时合影（左五为民盟梅州市委主委韩小
林，右四为民盟东莞市委委员曾平英）

2017年4月11日，民盟梅州市委来东莞开展盟务工作交流，图为民盟梅州市委主委韩小林（右二）等人参观市规划展览馆

2017年4月11日，民盟梅州市委来东莞开展盟务工作交流，图为在宏川调研时合影（左五：民盟东莞市委主委程发良；右五：民盟梅州市委主委韩小林）

2018 年 7 月 31 日，汤瑞刚副主委率队赴同舟小屋参观交流，图为座谈会现场

2018 年 11 月 17 日，民盟肇庆市委主委温树斌来东莞调研，图为温树斌主委（左四）与讲解员交流

2018年11月2日，民盟韶关市委主委林炜东率队来东莞调研，图为学院支部主委陈莉（右一）向调研组介绍学院的情况

2018年12月12日，民盟嘉兴市委来东莞开展课题调研，图为调研组在华南协同创新研究院调研

2018 年 12 月 12 日，民盟嘉兴市委会来东莞开展课题调研，图为民盟东莞市委秘书长王雪萍（左四）与民盟嘉兴市委专职副主委任（左三）等参加调研盟员的合影

2019 年 3 月 27 日，程发良主委带队赴同舟小屋学习"盟员之家"建设经验，图为会议交流现场

　　2019 年 3 月 27 日，程发良主委带队赴同舟小屋学习"盟员之家"建设经验，图为民盟东莞市委主委程发良（左三）在民盟广州市委专职副主委黄雪萍（左一）的陪同下参观广东盟史馆

　　2019 年 6 月 28 日，民盟华南农业大学委员会主委江华率队来东莞调研，图为两地民盟组织进行座谈

2019 年 9 月 4 日，民盟朝阳市委主委邢吉华率队来东莞调研，图为参加调研人员的合影

2019 年 9 月 4 日，民盟朝阳市委主委邢吉华率队来东莞调研，图为座谈会现场

2019 年 9 月 4 日，民盟朝阳市委主委邢吉华率队来东莞调研，图为调研现场

2020 年 9 月 25 日，民盟广东省委专职副主委程昆携重点课题来东莞调研，图为实地调研松山湖材料实验室

后 记

　　《东莞民盟 30 年》虽为中国民主同盟东莞市委员会成立 30 周年纪念刊，实际上本书以参政党地方志的形式记录了东莞盟组织从 1948 年到 2021 年共 70 余年的发展历程。

　　本书是在民盟东莞市委的领导下，编委会成员和机关负责同志认真整理档案、多方收集史料、统筹协调、通力合作的基础上编撰而成的。同时，在本书的构思策划、资料提供、修改审定、出版发行的过程中，省、市有关领导高度重视并给予亲切指导，盟市委往届领导、诸位离退休老同志和广大盟员始终提供帮助，相关部门也给予了鼎力支持。在本书成功出版之际，我们谨向所有参与和支持编撰以及为此做出贡献的同志们和朋友们，致以崇高的敬意和深表衷心的感谢！

　　本书的编写坚持尊重历史，力求真实，但有个别内容因年代久远、资料缺失而无法详尽，还有部分文字措辞带有较明显的时代印记，望读者予以理解和见谅。为进一步推动民盟东莞市委盟史编写和盟史研究工作的发展，对本书疏失遗漏之处，欢迎批评指正。

2021 年 9 月